suhrkamp taschenbuch
wissenschaft 218

Wolfgang Schadewaldt (1900-1974) gehörte zu den bedeutendsten Vertretern der Altphilologie und Literaturwissenschaft. Der in Berlin geborene Wissenschaftler wurde dort 1927 Dozent, war 1928 Professor in Königsberg, 1929 in Freiburg, 1934 in Leipzig, 1941 in Berlin. Von 1950 an bis zu seiner Emeritierung lehrte er in Tübingen.

Wichtigste Werke: Der Aufbau des pindarischen Epinikion (1928); *Iliasstudien* (1938); *Von Homers Welt u. Werk* (1944); *Die Heimkehr des Odysseus* (1946); *Legende von Homer dem fahrenden Sänger* (1942, 59); *Sophokles und das Leid* (1948); *Sappho, Dasein in der Liebe* (1950); *Griechische Sternsagen* (1956); *Hellas und Hesperien, Gesammelte Schriften zur Antike und zur neueren Literatur* (1960, 1970²); *Goethe-Studien, Natur und Altertum* (1963); *Griechisches Theater.* Übersetzung von 8 griechischen Dramen (1964); *Sophokles, König Ödipus.* Text, Essays und Wirkungsgeschichte, it 15 (1973, 1975²); *Sophokles, Antigone*, Text, Essays und Wirkungsgeschichte. it 70 (1974).

Übersetzungen: u. a. *Carmina Burana* (1953); Homers *Odyssee* in Prosa (1957); *Thukydides, Gefallenenrede; Die Ilias* (1975); Dramen von Aischylos, Sophokles u. a.

Band 1 der *Tübinger Vorlesungen* Wolfgang Schadewaldts aus den Jahren 1950–1972 thematisiert die frühgriechische Philosophie vor ihrer Wende durch Sokrates. Ausgehend von den Anfängen des griechischen Denkens, dem Bild des Kosmos und des Menschen bei Homer, der Spekulation über Weltentstehung und Weltordnung in der Lehrdichtung Hesiods, der aus einer neuen Gesellschaft erwachsenen, politisch-philosophische Rechtsideen entwickelnden Elegiendichtung Solons erweist Schadewaldt im ersten Teil der Vorlesung die Präformation der Philosophie in der griechischen *Sprache*, ihrer Grammatik, ihrer Struktur. Dem schließt sich an eine Herkunfts- und Bedeutungsanalyse der bis auf Platon und Aristoteles wirksamen und noch heute denkerisch verwendeten philosophischen Begriffe. Die beiden Hauptteile der Vorlesung betreffen die erhaltenen Fragmente der vorsokratischen Philosophen wie die indirekten Zeugnisse über sie: Thales, Anaximander, Anaximenes; die pythagoreische Schule; Xenophanes; vor allem aber die beiden entscheidenden Denker der Epoche: Parmenides und Heraklit; und schließlich Empedokles, Anaxagoras und Demokrit.

Die Tübinger Vorlesungen Wolfgang Schadewaldts werden in den suhrkamp taschenbüchern wissenschaft in sechs Bänden erscheinen:

Band 1: Die Anfänge der Philosophie bei den Griechen
Band 2: Die Anfänge der Geschichtsschreibung bei den Griechen
Band 3: Die griechische Tragödie
Band 4: Euripides und die Komödie
Band 5: Die frühgriechische Lyrik
Band 6: Wesenszüge des Griechentums und seine Nachwirkungen in der europäischen Literatur

Wolfgang Schadewaldt
Die Anfänge der Philosophie bei den Griechen

Die Vorsokratiker und ihre Voraussetzungen

Tübinger Vorlesungen Band 1

Unter Mitwirkung von Maria Schadewaldt
Herausgegeben von Ingeborg Schudoma

Suhrkamp

CIP-Titelaufnahme der Deutschen Bibliothek
Schadewaldt, Wolfgang:
Tübinger Vorlesungen / Wolfgang Schadewaldt. Unter Mitw.
von Maria Schadewaldt. Hrsg. von Ingeborg Schudoma. –
Frankfurt am Main: Suhrkamp.
(Suhrkamp-Taschenbuch Wissenschaft; ...)
Literaturangaben
NE: Schadewaldt, Wolfgang: [Sammlung]
Bd. 1. Die Anfänge der Philosophie bei den Griechen:
d. Vorsokratiker u. ihre Voraussetzungen. – 5. Aufl. – 1988
(Suhrkamp-Taschenbuch Wissenschaft; 218)
ISBN 3-518-27818-5
NE: GT

suhrkamp taschenbücher wissenschaft 218
Erste Auflage 1978

Satz: Alfred Utesch, Hamburg
Druck: Nomos Verlagsgesellschaft, Baden-Baden
Printed in Germany
Umschlag nach Entwürfen von
Willy Fleckhaus und Rolf Staudt

5 6 7 8 9 10 – 93 92 91 90 89 88

Inhalt

Teil I

1.
Einleitung

Wir wollen uns in dieser Vorlesung mit der Periode des produktiven griechischen Denkens beschäftigen, die etwa vom sechsten vorchristlichen Jahrhundert bis zum Ende des fünften oder noch hinein in das vierte reicht, jener Periode, die, konkret gesprochen, gekennzeichnet ist durch das, was man nennt: die Vorsokratik. Nun habe ich dieses Kolleg aber nicht angekündigt als ein Kolleg über die Vorsokratiker, sondern habe es genannt: ›Die Anfänge der Philosophie bei den Griechen‹, und das mit gutem Grund. Diesen Grund will ich jetzt zunächst erklären, wodurch gleichzeitig der Gegenstand abgegrenzt und das nähere Ziel bezeichnet werden soll.

Wir werden es zu tun haben, materiell betrachtet, mit den Fragmenten der Vorsokratiker, d.h. der Philosophen, die mit Thales beginnen und die wir weiter verfolgen in sogenannten ›Schulen‹: der milesischen, pythagoreischen, eleatischen Schule bis schließlich zur Sophistik. Wer sich wirklich mit den Dingen beschäftigen will, tut gut, sich die Fragmente anzusehen, aus denen wir das alles aufbauen und von denen es heute eine ganze Menge gibt.

Wenn man die übliche Bezeichnung ›Vorsokratiker‹ richtig ansieht, bemerkt man sehr bald, daß das ein seltsamer Name ist. Es handelt sich dabei um eine Gruppe von Philosophen, und es ist doch seltsam, daß diese Gruppe üblicherweise mit einer Bezeichnung versehen wird, die in ihrer Begriffsbildung ein Vorher und damit auch ein ›Noch nicht‹ – noch nicht Sokratik – enthält. Diese Merkwürdigkeit veranlaßt einen zum Nachdenken. Wir kennen auch sonst ähnliches, sprechen etwa von Vorgeschichte und meinen damit den Teil der Geschichte, der vor der literarisch überlieferten Geschichte liegt. Eine Abscheidung also nach der Schriftlichkeit und dem noch nicht Schriftlichen. So hat dieser Begriff seinen guten Sinn, obgleich von den Vorgeschichtlern aus der Begriff der Frühgeschichte danebengetreten ist.

So ist es ohne weiteres klar, daß die Bezeichnung ›Vorsokratiker‹ bekundet, daß in unserem Bewußtsein in der Geschichte der Philosophie der Griechen Sokrates einen besonderen Platz einnimmt, wenn er gleichsam eine Art Nullpunkt werden konnte, an dem man die Geschichte der Philosophie vor und nach ihm teilt.

Daß er wirklich einen solchen Drehpunkt bildet, ist nicht erst in der neueren Philosophiegeschichte gesehen worden, sondern schon in der Antike, und Zeuge dafür ist uns Cicero, Tuscul. V 4, 10, wo er die Meinung äußert, die gewiß nicht erst seine eigene ist, sondern viel älter und auf griechischer Tradition beruhend: Sokrates habe die Philosophie vom Himmel herabgerufen und in die Städte und Häuser eingeführt und gezwungen, von nun an Untersuchungen anzustellen über das Leben, die *mores* – man könnte es übersetzen: die menschlichen Dinge, Lebensformen –, und weiter über Gut und Böse. Dies Wort, Sokrates habe die Philosophie vom Himmel in die Menschenwelt geholt und anstelle einer Naturspekulation eine stark vom Ethischen ausgehende Betrachtung gesetzt, ist, wie immer bei solchen Aussprüchen, einerseits richtig, andererseits auch wieder falsch, aber es bezeugt jedenfalls, daß man sehr früh so etwas angesetzt hat wie eine sokratische Wendung. Und diese ist es, die auch zum Ausgangspunkt wird, wenn man die Früheren nun von Sokrates aus zusammenfaßt und als Vorsokratiker bezeichnet.

Es ist auch richtig, daß all diese Vorsokratiker gegenüber dem, was von Sokrates aus beginnt und sich dann mit Platon und Aristoteles zum Hauptstrom der Philosophie entwickelt bis zu den hellenistischen Systemen, in ihrer Art des Philosophierens handgreifliche Unterschiede aufweisen. Kein Zweifel, daß diese Männer, die man meist mit Thales beginnen läßt, anders und in anderer Richtung gefragt haben als Platon und Sokrates. Man kann es vorläufig vielleicht so sagen, daß sie es zu tun hatten mit den *onta*, ganz allgemein ausgedrückt, den ›seienden Dingen‹ um den Menschen her. Dies Wort, ›das Seiende‹, ist griechisch ein ganz gewöhnliches Wort der Umgangssprache, nicht wie bei uns ein philosophischer Begriff. So kann man bei Aristophanes einem Sklaven befehlen, *ta onta* herauszubringen, womit der Hausrat gemeint ist, ›die Sachen‹, wie wir sagen. Schon das ist bezeichnend, daß das, was bei uns ein philosophischer Begriff ist, zunächst ganz gewöhnlich das um den Menschen herum Vorhandene meint. So ist der Begriff des Seins bei den Griechen tatsächlich primär mit dem Charakter der ›Vorhandenheit‹ geprägt, wie Heidegger richtig erkannt hat. Die Älteren fragten also nach dieser realen Vorhandenheit der seienden Dinge, nach dem uns umgebenden Sein der Natur, der *physis*, und sie fragten zumal in bestimmterer Weise nach dem Ursprung, der *genesis* von allem. Darauf beziehen sich dann auch alle Aussagen im Speziellen, insofern die *onta* sich darstellen als *physis*.

Sokrates und, wie ich gleich sagen will, auch die Sophisten – die in diesem Sinne auch nicht zu den Vorsokratikern gehören, aber solche Inkonsequenzen stören nicht, wenn man terminologisch vorgeht – fragen nicht nach diesen vorhandenen Dingen, sondern, kurz gesagt, nach der menschlichen Tauglichkeit, der *areté*. Wir befinden uns hier im Bereich der Polis, in der die Menschen zusammen leben und in der sie etwas werden wollen, vor allem politisch etwas werden wollen. Da geht es primär darum, wie man tauglich wird im Leben, wie man vorankommt und möglichst in eine herrschende Stellung. Man sieht, dies Fragen nach der menschlichen Bestheit ist ursprünglich durchaus nicht im ethischen Sinne zu verstehen, sondern umfassend nach der vollen Entfaltung dessen, was der Mensch als Mensch an Kräften mitbekommen hat, wodurch er das möglichst ›gute Leben‹, *eu zen*, erlangt, was auch ganz materiell verstanden werden kann, dann aber vom Wohlergehen zum Wohlbefinden wird und schließlich zur *eudaimonía*, ›Glückseligkeit‹ in dem Sinne, daß der Mensch einen guten Daimon hat. Von all diesen Begriffen werden wir noch eingehend zu sprechen haben.

Die Frage nach diesem Gut-Leben und dieser Eudaimonie ist die in der Gemeinschaft sich stellende Frage, die jeden als Lebensfrage angeht und in die die Sophisten hineinzielen vor allem mit dem Mittel des gekonnten Worts, das zum Machtmittel werden kann. Sie versprechen, daß sie den Menschen möglichst tauglich und fähig machen können, so daß er zum ›guten Leben‹, zu Stellung und Machteinfluß gelangt und also auch glücklich wird. Sie sehen, es ist ein ganz anderer Bereich als der, vor dem die Vorsokratiker stehen, die sich vor dem Ganzen des Seienden fühlen. Es sind durchaus die Menschenwelt und die Menschendinge und -bestrebungen, die von den Sophisten behandelt werden, die nun bestimmte Praktiken entwickeln, wie man etwa den schwächeren Logos zum stärkeren machen kann; die aber über diese Kunstgriffe hinaus auch Wissen vermitteln, das den Menschen ertüchtigen und zur Arete erziehen soll – worauf mit Sokrates die Frage entsteht, ob und wie man die Arete überhaupt lehren und vermitteln kann. Es wäre ja schön für den Menschen, wenn er sich diese Höchstform irgendwo beschaffen könnte, wenn es Menschen gäbe, die sie vermitteln könnten. Die Sophisten behaupten, sie seien solche Lehrer der Arete. Aber jeder, der Platon auch nur wenig kennt, weiß, daß bei Sokrates die Frage in völlig neuer Bedeutung gestellt wird. Er zeigt, daß es nicht nur äußere Kraftentfaltung ist, die den Menschen zum ›Guten‹ macht, sondern daß seine Bestheit darauf beruht, daß er Kräfte in sich verwirklicht, die wir Tugenden nennen; Einzel-Bestheiten, die in den ethischen Bereich gehören, wie die Besonnenheit, Tapferkeit, Gerechtigkeit usw. Das Gut-Leben wird gleichsam mit einer Hundertachtziggrad-Drehung in eine andere Richtung gekehrt und meint nun die Verwirklichung des Höchsten im Menschen, die nur durch die Gerechtigkeit möglich ist, und auch die Eudaimonie gewinnt ganz anderen Charakter. Also aus dem gleichen Bereich kommend wie die Sophisten, vollzieht nun Sokrates diese Drehung, indem die Dinge ganz neuen Wertcharakter bekommen. Aber es ist doch der gleiche Bereich der Menschendinge, den auch Cicero in jenem Wort deutlich abhebt gegen den der Vorsokratiker, die nach ganz anderen Dingen gefragt hatten.

Wir können noch von einer anderen Ecke her diese Wendung verdeutlichen, und zwar von dem eigentlichen Anfang her, damit ein Raum frei bleibt für das, was dann wirklich die Vorsokratiker bedeuten. Da wollen wir zunächst von dem Begriff des Philosophierens allgemein sprechen. Es ist nötig, daß wir, die wir uns mit diesen Dingen beschäftigen, einmal versuchen, solche Worte, die zu unserem geistigen Hausgebrauch gehören, da wir nun einmal an ihrem Wurzelbereich stehen, auch von dorther neu zu fassen. Zunächst ist es auffällig, daß der Begriff für die Vorsokratiker noch nicht existiert. Er tritt erst ein bei jener Tätigkeit, die eben wirklich schon Philosophie ist, auch in unserem Sinne, und das ist bei Platon. Von da ab hat er solche Relevanz, erscheint als so völlig entsprechend dem, was man tut, daß er nun fest mit dieser Tätigkeit verbunden bleibt bis auf den heutigen Tag. Und wenn man auch öfter versucht hat, ihn durch andere Begriffe zu ersetzen, wie ›Lebensweisheit‹ u. a., so ist das nie durchgedrungen und hat den Begriff der Philosophie nicht verdrängen können aus den europäischen Sprachen und wohl auch darüber hinaus.

Man wird sich auch diesen Begriff, *philosophia* und verbal *philosopheîn*, vorstellen müssen als einen Begriff der Alltagssprache. Die früheste Stelle ist Herodot I 30, wo von Solon gesagt wird, er sei, nachdem er sein Gesetzeswerk in Athen abgeschlossen hatte, auf Reisen gegangen ›um der *theoria* willen‹ – nicht unsere

›Theorie‹, sondern eigentlich ›heilige Schau‹: die Weise, wie ein Festgesandter etwa den Olympischen Spielen oder sonst einer kultischen Veranstaltung beiwohnte. Von da aus gewann das Wort die Bedeutung eines freien, durch keine Verpflichtung gebundenen Beiwohnens, wobei der Charakter des Festlichen und Feierlichen immer mit ihm verbunden bleibt. Wenn Solon also um der Theoria willen über die Erde gegangen ist, so meint das, daß er es in freier Weise getan hat, nicht von Zwecken bedingt wie etwa ein Handelsmann, sondern einfach um sich die Dinge anzusehen. Das habe er getan *philosophéon,* als Freund des Wissens, wie es hier wohl heißen soll. Wenn man es meist von *sophia* und *phileîn* als ›die Weisheit liebend‹ versteht, so ist das falsch, wie wir heute wissen. *phileîn* kann auch die Bedeutung von ›lieben‹ haben, aber an vielen und ursprünglicheren Stellen heißt es einfach, entsprechend dem Pronomen *sphos,* lateinisch *suus,* eigen, ›sich aneignen‹. *philos* bei Homer heißt immer wieder einfach ›eigen‹: die ›eigenen‹, nicht die ›lieben‹ Hände. Bei Voß kommt etwa mit der ›lieben Pflegerin‹ ein ganz falscher Ton hinein. Verbal bedeutet das Wort also ein Ausgerichtetsein auf ein Aneignen. Der *philosophos* ist ausgerichtet auf ein Aneignen von Wissen, in dem Sinne, daß er diesem Wissen nachgeht. Das ist auch der genaue Sinn der Herodotstelle. Ganz modern könnte man übersetzen: Solon ist in dieser freien Weise auf Reisen gegangen, um sich Information anzueignen, eine Fülle von gewußtem Wissen.

Es gibt noch andere Stellen, etwa bei Thukydides II 40 in der Gefallenenrede des Perikles, wo er in dem berühmten Wort, großartig antithetisch, von den Athenern sagt: »Wir eignen uns das Schöne an – *philokaloûmen* –, und zwar in Schlichtheit, und wir eignen uns Wissen an – *philosophoûmen* – ohne Verweichlichung.« Der Satz ist geradezu zum Grundwort dessen geworden, was die Athener unter Kultur verstanden haben. Aneignung von Dingen des Schönen könnte führen zu Prunk und Prunksucht, die etwas Barbarisches ist, und darum fügt er hinzu: in Einfachheit. Auf der anderen Seite wissen wir, daß Bildung und Wissen führen kann zu Entartung und Dekadenz, Manieriertheit, Überfeinerung; auch das schließt er aus, indem er sagt: ohne Verweichlichung. Das ist die Grundsituation der Kultur, wie sie es schon damals war und auch bleiben wird: immer beiden Bedrohungen ausgesetzt, dem Entarten ins Überwüchsige und Barbarische und dem Zerfall in Verweichlichung und Dekadenz. Auch hier hat das *philosophein* deutlich den Charakter des Strebens nach Wissen und Bildung, nicht dem zweckgebundenen Fachwissen, das nicht *sophia* heißen würde. Aber beide Stellen zeigen deutlich, bei Herodot wie Thukydides, daß das Wort kein philosophischer Terminus ist, sondern ein Ausdruck der höheren Umgangssprache.

Das also ist die Bedeutung des Wortes: ein Nachgehen der Sophia, wie es von Sokrates an für das verwendet wird, was auch wir noch Philosophie nennen. Entscheidend ist, daß dieser Ausdruck deutlich eine Grenze zieht zwischen einer bestimmten Wissensart und einer anderen. Das Wort entsteht dem Begriff des ›Sophisten‹ gegenüber, eine Intensivbildung von *sophos*, der absolut und verfügend Wissende, perfekt Wissende. Der Sophist verfügt über Wissensrezepte: wie man die schwächere Sache zur stärkeren macht, etwa vor Gericht, wie man eine politisch erfolgreiche Laufbahn einschlägt usw. Dem steht Sokrates gegenüber mit seinem besonderen Erlebnis, das ich für historisch halte: daß ein Freund von ihm in Delphi anfragt, wer der Weiseste der Menschen sei, und die Antwort erhält: Sokrates. Das kann Sokrates nicht begreifen, der doch weiß, daß er nichts weiß, und der nun den Gott widerlegen will und zu den einzelnen Berufssparten geht, den Handwerkern etwa, und überall ein gutes Spezialwissen findet, aber sieht, wie die Befragten alle denselben Fehler machen, nämlich aufgrund ihres Spezialwissens zu denken, daß sie ein umfassendes Wissen hätten. Dasselbe trifft er bei den Künstlern wie den Politikern. Überall ist es so, daß man ein partielles Wissen für das ganze hält und so in ein Scheinwissen, die *doxa* verfällt, während Sokrates ihnen voraus hat, daß er dies eine weiß: daß er nichts weiß.

Dies Sokratische Fragen wird nun verbunden mit dem Begriff des Philosophierens: Aneignung von Wissen, Trachten nach Wissen. Nicht perfektes Wissen und ein Verfügen darüber, das auch den Stolz und die Arroganz bewirkt, ein Wissender zu sein. Im Gegenteil: ein Wissen, das man nur vollziehen kann im Wissen des Nichtwissens, in einem Prozeß. Dies ist es, was Sokrates tut, wenn er die Leute befragt, etwa was die Tapferkeit ist oder die Gerechtigkeit, und dann zeigt, daß sie keine Ahnung haben. Das führt zum Gespräch, zur Elenktik, ›Widerlegung‹, und so ist es denn bei Platon das Gespräch, das große Teile – nicht das Ganze! – des Philosophierens trägt. Nicht der große zusammenhängende Lehrvortrag, den man nicht nachprüfen kann und der zu einem

Schein des Wissens führt, sondern ein der Wahrheit Nachgehen im Gespräch, ständig sich kontrollierend, immer wieder fragend: *homologeîs,* ›buchst du gleich mit mir?‹, und wenn ja, kann man zum nächsten Schritt in der Bilanz gehen. Es geht darum, ständig im Einverständnis zu sein. Das Wissen, das auf der Verständigung beruht, und das Sich-in-der-Verständigung-Vergewissern bildet die erste Grundlage für ein Wissen, das nicht individuelles Wissen ist, sondern in dem ein Ich und ein Du sich vereinigen und das damit zum sozialen Wissen wird; weswegen es nun auch die neuen Fragen aufwirft aus dieser neuen Gesellschaft der Athener. Dies Einverständnis ist das ganz feste Ziel bei Platon und weiter. Kein rein intellektuelles Fragen, ob man von etwas Kenntnis genommen und Vorstellungen gebildet hat, sondern einmal die Vergewisserung darüber, daß man der Sache inne geworden ist, sich mit ihr identifiziert hat; das zweite aber ist, daß dies Wissen auch vereinigt im Einverständnis, und so tatsächlich zu einer sozialen Macht werden kann. Das ist auch der Grund, warum die weitere Philosophie immer wieder zur Staatsphilosophie führt und Platons größte Werke auf den Staat gehen.

Ich kann diese Dinge hier nur abgrenzen, und dabei möchte ich vor allem auf den wichtigen Begriff der Aporie hinweisen, jener ›Verlegenheit‹ (eigentlich ›Ausweglosigkeit‹), die notwendig zusammenhängt mit diesem Wissen, das sich im Gespräch vollzieht. Aber ich möchte stark betonen, daß es grundfalsch ist, wenn man diese Aporie, die eine sehr sachliche ist und ständig auf den Gegenstand abgestellt bleibt, erweitert zu einer Art existentieller Aporie (darüber hat übrigens mein Kollege, Professor Walter Schulz, einen hochinteressanten Aufsatz geschrieben). Ich kann diesen Weg nicht weiter verfolgen, sondern wollte nur aufzeigen, wie mit dem Aufkommen dieser Begriffe für die Tätigkeit des Sokrates und Platon ein entscheidendes Merkmal errungen ist für das, was man von da ab Philosophie genannt hat.

Wir aber wollen die Vorsokratiker behandeln, die mit diesen Fragen nichts zu tun haben, die auch nicht dialektisch philosophiert, sondern die Dinge einfach ausgesprochen haben. Die Griechen selbst nannten diese Männer nicht Philosophen, sondern *sophoi,* ›weise Leute‹, wobei ›weise‹ nicht ganz die Bedeutung hat wie bei uns, weil es sowohl auf den wirklich Wissenden wie auch den tätig Geschickten geht. Ein guter Steuermann kann *sophós* heißen, der sein Handwerk versteht und zugleich vieles im Instinkt hat; ebenso wie der Mann, der ein wirklich gewußtes Wissen hat. Diese Sophoi, deren Reihe zurückgeht in die graue Vorzeit – auch Orpheus gehört dazu und dann die Dichter –, sind es, an die jene Denker angeschlossen werden, die wir mit Thales beginnen lassen, über Anaximander, Anaximenes usw. Eine andere antike Bezeichnung für diese Denker ist *physikoí* oder *physiológoi,* nicht das, was wir heute Physiker und Physiologen nennen, sondern eben Leute, die sich mit der Natur abgeben oder die Natur bedenken, in irgendeinem Sinne auf die Natur hin denken. So ist die durchgehende antike Bezeichnung für diese Männer entstanden, deren Lehren zum erstenmal ganz umfassend gesammelt wurden von dem Aristoteles-Schüler Theophrast unter dem Titel *physikôn dóxai,* ›Lehrmeinungen der Physiker‹, mit Thales beginnend und alles zusammenfassend, was diese älteren Denker gedacht und niedergelegt hatten. Es ist die Grundlage für alles, was wir heute haben, und es war die große Leistung von Hermann Diels, daß er dieses Werk weitgehend rekonstruiert hat.

Es ist also richtig, von der Sokratischen Wende zu sprechen, durch die das seit den ältesten Zeiten mitgehende Denkgeschehen, ursprünglich das Bedenken der Natur, nun den Charakter des Philosophierens bekommt, indem es unter Menschen stattfindet, in Schulen oder im Gespräch. Man kann auch sagen: das frühere Denkgeschehen wird damit vor sich selbst, zum Verständnis seiner selbst gebracht. Dies zum Selbstverständnis gebrachte Denken ist nun die Philosophie im eigentlichen Sinne, durch Sokrates und Platon neu begründet. In diesem strengen Sinne hat es vorher wirklich noch keine Philosophie gegeben. Aber man braucht es ja nicht so streng zu fassen, sondern wir können, dem Sprachgebrauch folgend, jede irgendwie geartete nachdenkende Beschäftigung mit den seienden Dingen als Philosophieren betrachten, und dazu gehören dann auch die Vorsokratiker. –

Hier will ich gleich eine Einschränkung machen. Man hat es sehr lange so verstanden, als ob das Neue, das Sokrates gebracht hat, etwas total Neues gewesen wäre, gleichsam als hätten wir den einen Strang, der mit Thales anfängt, über die milesische Schule, wie man es nennt, usw., und dann kämen von einer ganz anderen Seite Sokrates und Platon, wobei Platon eigentlich nichts mit Philosophie zu tun gehabt hätte, sondern Politiker gewesen sei, und erst als er dabei gescheitert und dann auch mit Sokrates bekannt geworden wäre, hätte er diese neue Art von Philosophie gebildet. Man hat sogar von einer Fortsetzung der Politik mit anderen Mitteln gesprochen, nach dem bekannten Wort über die Diplomatie.

Ich will gleich sagen, daß das alles total falsch ist. Mein junger Kollege H.-J. Krämer hat in seinem Buch ›Arete bei Platon und Aristoteles‹ sehr klar nachgewiesen, daß Platon, längst bevor er mit Sokrates in Verbindung trat, von Parmenides beeinflußt war, der eine ganz entscheidende Bedeutung für Platons Philosophieren hat. Ich selber habe einen Aufsatz geschrieben, worin ich Aristoteles (Metaphysik I 6. Kapitel) folge, daß der junge Platon auch zur Schule des Heraklit in Verbindung gestanden habe über die Person des Kratylos. Und da sieht nun die Sache ganz anders aus. Nicht erst der späte Platon ist es, der die Kosmologie wieder einbezieht, sondern dies Kosmologische ist durchaus eine philosophische Richtung, die durch Heraklit und Parmenides hohe Bedeutung gewonnen hat, und in dieser Tradition steht auch Platon. Dann allerdings kommt Sokrates hinein und gibt diese neue Wendung; aber wenn Platon im ›Timaios‹ die Kosmologie behandelt, so ist das nichts nachträglich Hinzugefügtes, sondern gehört zu der Linie, auf der er von vornherein steht. Nur das Fragen aus dem Gesellschaftlichen heraus ist es, wozu Sokrates den neuen Anstoß gegeben hat. Das nur nebenbei. –

Nun sagte ich schon, daß wir die Vorsokratiker mit Recht als Philosophen bezeichnen können im umfassenden Sinne, wenn auch im strengeren Sinne eben als Vor-Sokratiker. Aber ist es damit wirklich so, daß in einem bestimmten Augenblick im sechsten Jahrhundert mit Thales die Philosophie ›angefangen‹ hat? Ich glaube, daß das nicht so gewesen sein kann, weil nämlich die Philosophie, ebenso wie Geschichte, Religion und Kunst, nicht Dinge sind, die in einem bestimmten Augenblick entstehen, sondern Urangelegenheiten des Menschen und mit dem Menschen selbst gesetzt sind. Sie sind nicht irgendwann einmal vom Himmel gefallen, weder bei Sokrates noch bei Thales, sondern es handelt sich um ein sich längst irgendwie unterirdisch vorbereitendes Denkgeschehen, das sich erst in andere Formen verkleidet: Mythos, Dichtung usw., bis es dann ausdrücklich wird, und dieses Ausdrücklichwerden meinen wir eigentlich, wenn wir von einem Beginn der Philosophie sprechen. Ich vergleiche es gern mit dem Bild eines Flusses. Da ist auch zunächst ein mit Wasser gesättigter Quellgrund, aus dem sich ständig Rinnsale bilden, die sich schon vereinigen mögen zu Bächen und vielleicht sogar zu unterirdischen Strömen, die dann in einem bestimmten Augenblick an die Oberfläche kommen. Und so wichtig dieser Moment und Ort des Hervortretens auch ist, so ist gewiß ebenso wichtig der entfernte Quellgrund, der all das vorbereitet und ermöglicht hat.

So ist meine Auffassung, daß die Philosophie nicht mit Thales ›anfängt‹. Es ist ja gewöhnlich so, wenn man sagt, daß eine Sache irgendwo anfängt, daß dann meist noch ein Anfang davorliegt und noch einer. Es gibt wenige absolute Anfänge in dieser Welt. Darum habe ich dieses Kolleg auch nicht ›Die Vorsokratiker‹ genannt, sondern ›Anfänge der Philosophie‹. Denn ich habe die Absicht, nicht mit Thales und der Interpretation der Fragmente zu beginnen – das kommt dann auch –, sondern dort, wo das Denkgeschehen sich in jenem Quellgrund vorbereitet. Da treffen wir auf drei große Bereiche, in denen sich eine noch vorphilosophische Art der Welterklärung ausspricht: Religion und Mythos, die Sprache (die eigentlich sogar das Früheste ist), und zum dritten, wo es schon konkreter wird, die Dichtung.

Mit diesen drei Bereichen will ich also anfangen, und zwar aus bestimmten Gründen zuerst mit der Dichtung, nämlich Homer, und werde zu zeigen suchen, wie sich schon überall bei ihm in dichterischer Form das Denken regt. Den Bereich der Religion und des Mythos werde ich zugleich mit der Dichtung behandeln, bei Homer und vor allem dem ersten ganz wichtigen frühen Denker, Hesiod. Dann werde ich als nächstes zu dem Bereich der Sprache übergehen und anhand der Grammatik untersuchen, inwiefern gerade die griechische Sprache das spätere Philosophieren vorbereitet. Wer kein Griechisch kann, braucht nicht besorgt zu sein, ich werde die Dinge so erklären, daß es auf alle Fälle verständlich wird. Weiter werden wir die wichtigsten griechischen Begriffe behandeln, und erst dann werde ich zu den Vorsokratikern selbst kommen.

Ich möchte bemerken, daß ich nicht der erste bin, der die Anfänge der Philosophie von den Vorsokratikern in die Dichtung hinein zurückverlegt. Das wird schon seit einiger Zeit so gemacht, ausgenommen in einem vor kurzem erschienenen Buch über die Vorsokratiker von Bröcker, der wieder mit Thales anfängt. Aber ich weise hin auf ein sehr wichtiges, 1931 erschienenes Buch von Julius Stenzel, jenem so fruchtbaren Gelehrten, bedeutungsvoll vor allem für die Neufassung unseres Platonbildes. Er hat im

Handbuch der Philosophie eine ›Metaphysik des Altertums‹ veröffentlicht, wo er für die Grundlagen der Philosophie bereits ausgeht von Homer und Hesiod, wenn auch teilweise so, daß ich das nicht mitmachen kann. Auch das Buch von Kirk und Raven hat ein Kapitel über diese ›Vorläufer‹. Ich würde sie allerdings nicht Vorläufer nennen, sondern ganz legitim dazurechnen, als Teil jenes Stromes, der im sechsten Jahrhundert in die Erscheinung tritt bei jenem Mann, den Aristoteles in seiner Übersicht in der ›Metaphysik‹ an die Spitze stellt: Thales von Milet.

Hier müßte ich des weiteren gleich eine Warnungstafel errichten. Wenn man sagt, daß das Philosophieren mit Thales begonnen hat und dann in den verschiedenen ›Schulen‹ weitergegangen ist und tradiert wurde, wie es so in den Philosophiegeschichten steht, dann hat das natürlich seine Bedeutung, aber auch seine Gefahr. Aristoteles, der im ersten Buch seiner ›Metaphysik‹ die ›Lehren‹ dieser älteren Denker kurz referiert, fragt dort eigentlich nach dem Wissen des Wissens, dem wirklich gewußten Wissen, der *episteme:* ein Wissen, das über die Prinzipien und Ursachen verfügt, die *archai* (eigentlich die Anfänge) und *aitiai.* Und weil dieses Verfügen über die Anfänge und Ursachen das ist, was das eigentliche Wissen begründet, fragt er einleitend danach, wer denn mit diesem Forschen angefangen habe und wie das früher gewesen sei. Das führt ihn auf Thales und die weiteren Vorsokratiker, bis schließlich zu Sokrates und Platon. Dieser Gesichtspunkt aber, daß Aristoteles von seinem eigenen philosophischen Ziel ausgehend nun seine Vorgänger befragt, bewirkt, daß dies Fragen nach Prinzipien und Ursachen retrospektiv in die früheren Denker hineingelegt wird. Es ist keine Rede davon, wie sich noch zeigen wird, daß Thales nach Prinzipien und Ursachen gefragt hätte. Auch nicht nach einer Materie, *hyle,* die dann etwa als belebt gedacht wurde, wonach man gar das Wort von den Hylozoisten gebildet hat. All das ist retrospektiv. Es ist ja nun wohl so, daß die Philosophie, auch heute noch, wo sie sich mit bestimmten Dingen abgibt, ein Recht hat, ihre alten Kollegen daraufhin zu befragen, wie das z.B. Heidegger tut in seiner Interpretation des Heraklit und sonst. Aber das ist eben der Unterschied zwischen dem Philosophen und dem Philologen, der ja keine eigene Philosophie aufbieten kann oder will. Der Philologe hat eine andere Aufgabe, nämlich die, von den alten Denkern *her,* statt auf etwas Neues *hin* zu denken. Das wird die Hauptaufgabe dieses Kollegs sein: in

Vorführung und Aufbereitung des Materials – denn ich fühle mich durchaus nur als derjenige, der die Dinge aufbereitet für den Philosophen – die Dinge so zu denken, wie sie dastehen und wie sie bei Thales und den anderen gedacht worden sind.

Um Ihnen gleich etwas in die Hand zu geben: Thales hat nicht, wie man immer lesen kann, nach einem Urstoff, einer Urmaterie usw. gefragt, sondern nach der Genesis, der Herkunft der Dinge, dem ›Von woher‹, und wir werden noch sehen, wie bedeutungsvoll das ist. Wenn wir von irgend etwas den Ursprung haben, zeigt sich darin auch etwas von dem, was man das Wesen nennt. Aber wir wollen zunächst festhalten, daß er eben nicht nach einem Urstoff oder nach Prinzipien fragt, sondern nach dem Ursprung und der Herkunft. Das war das eine.

Weiter hört man immer wieder, daß die Vorsokratiker in vier Schulen aufgeteilt werden: die milesische, pythagoreische, eleatische Schule und endlich die Sophisten. Nun können wir allerdings die Pythagoreer zusammenfassen als eine Gemeinschaft, aber keine Schule; das ist ein Begriff, der viel später aufkommt, eben seitdem es so etwas gibt. Platon hat mit seiner Akademie so etwas Ähnliches gegründet, und von da an kann man von Schulen sprechen, vor allem im Hellenismus, aber nicht in dieser frühen Zeit. Die Gemeinschaft der Pythagoreer war religiöser Art, wir werden noch davon sprechen. Aber es gibt nicht einmal eine milesische Gemeinschaft, sondern die ›Schule‹ beruht nur auf drei Männern, die eben dort zu Hause waren und natürlich in einer gewissen Tradition standen. Nicht einmal eine sophistische Schule hat es gegeben. Allenfalls von den Eleaten könnte man so etwas sagen, aber es trifft auch nicht. All das sind Rückprojizierungen aus späterer Zeit, die nur den Blick auf das Konkrete verstellen.

Die Vorsokratiker waren übrigens (wie schon Dikaiarch es dargestellt hat) durchaus keine Sonderlinge, die in eine Zisterne fielen, weil sie nach den Sternen schauten, und sich darüber den Spott einer Magd gefallen lassen mußten, wie eine Anekdote über Thales berichtet. Im Gegenteil erfahren wir von Thales, daß er ein höchst praktischer Mensch war, nach Herodot eine Art Ingenieur, der einmal einen Fluß umgeleitet hatte, um einen Übergang für ein Heer zu schaffen. Weiter hat er eine Sonnenfinsternis vorausgesagt und einmal, als er voraussah, es werde eine besonders gute Ölernte geben, hat er sämtliche Ölpressen aufgekauft und damit ein Bombengeschäft gemacht – Thales, der Philosoph!

Hier breche ich jetzt ab. Noch einmal: wir brauchen eine Warnungstafel, weil wir zwar einerseits abhängig sind von den Konzepten des Aristoteles, andererseits aber müssen wir ihn auch wieder kritisieren und uns von ihm befreien und versuchen, die Gedanken dieser früheren Denker, soweit wir sie noch fassen können, ganz von ihnen selbst her zu denken. Das wird unser Hauptanliegen sein.

2.

Wir hatten einleitend von dem Begriff der Vorsokratiker gesprochen und abgegrenzt, womit wir es dabei zu tun haben, gegenüber der mit Sokrates eintretenden neuen Wendung zur eigentlichen Philosophie. Andererseits hatten wir gesehen, daß wir für die Anfänge der Philosophie noch über diese Vorsokratiker hinausgreifen müssen, wie es z. T. schon in der Antike geschehen ist. Um die Entwicklung noch einmal möglichst einfach vorzuführen, gebe ich ein Schema:

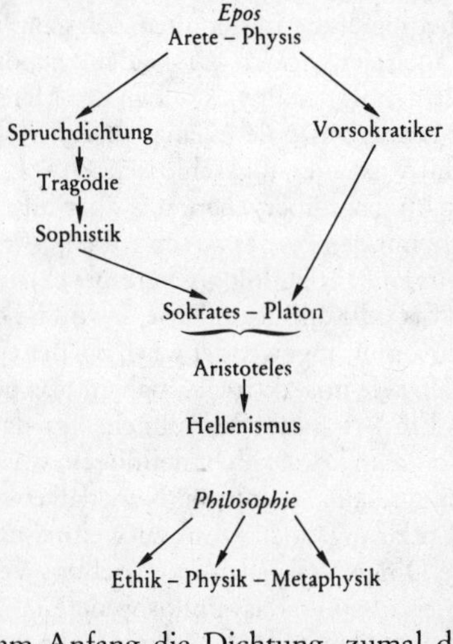

Da haben wir am Anfang die Dichtung, zumal das Epos, und innerhalb davon sowohl Betrachtungen über die Physis wie über die Arete, also die Welt der Natur, der *onta*, und das Leben der Menschen, ›Leben‹ schon im Sinne des *eu zen* und der Eudaimonie. Nun geht es so weiter, daß die älteste Spekulation der

Vorsokratiker ansetzt an der Physisbetrachtung, während wir für das andere weiter die Dichtung haben, die Spruchdichtung wie auch die Epen Hesiods, dann die Tragödie, die für diese Probleme wichtiger ist als die Lyrik, weil es in ihr darum geht, wie der Mensch seine Arete bewährt, wenn er sich im Schicksal verstrickt hat. Die Tragödie hat auch schon das dialektische Element, weil alles sich im Gespräch vollzieht. Hier setzt die Sophistik an, die es mit der Frage der Lehrbarkeit der Arete zu tun hat. Dann folgt die besprochene Sokratische Wendung und nach Sokrates die große Synthese, die durch den Namen Platon charakterisiert ist und zunächst in der Linie des Sokrates steht, aber immer stärker auch das andere aufnimmt: Mathematik und Naturerklärung. Dann bleibt alles beieinander, der Strom hat sich zusammengefunden, Aristoteles folgt, und wir könnten das weiterführen zu den hellenistischen philosophischen Systemen: der Stoa, Epikur, Peripatos, Akademie usw. All das bildet ›die Philosophie‹, die sich nun unterteilt in die Physik, die Ethik und die Metaphysik, die inzwischen zur Prinzipienwissenschaft geworden ist, wir können auch sagen Theologie, die in der alten Zeit ganz in der Dichtung aufging und auch jetzt noch zu beidem gehören würde: das Göttliche stellt sich in der Physis wie in der Menschenwelt dar. – Dies einfache Schema mag den Gang der Entwicklung verdeutlichen, und damit wäre dies abgeschlossen.

Wir müssen nun dazu übergehen, uns über unseren Gegenstand klar zu werden, mit dem wir es zu tun haben. Wir hatten von dem Begriff des *philosophein* philologisch gesprochen, hatten gesehen, wann er als Wort aufkommt und wie er von Sokrates ab auf die Sache der Philosophie angewendet wird, bei der er dann geblieben ist. Nun werden wir uns zu fragen haben, was denn darunter zu verstehen ist. Ein bekanntes Handbuch sagt dazu, daß das ein heißes Eisen sei: man könne nicht definieren, was die Philosophie ist, und eben dies sei die Definition. Nun, daß etwas undefinierbar ist, wäre als Erklärung doch wohl zu weitmaschig, es gibt viele undefinierbare Dinge. Natürlich ist es richtig, wenn Philosophen selbst sagen, man solle das Philosophieren nicht definieren, sondern vollziehen, denn nur im Vollzug stelle sich dar, was es ist. So Heidegger in seiner ›Metaphysik‹. Ich möchte demgegenüber aber doch bei aller Hochachtung sagen: es gibt nichts Besseres und Schöneres in der Welt als die Definition, in der Weise, wie sie Aristoteles eigentlich erst erfunden hat: als *horos tes usías*,

Ausgrenzung des Wesens, Wesensbestimmung. Solche Wesensabgrenzung ist nie ein volles Ergründen der Sache, wo immer ich definiere, selbst bei so einfachen Dingen wie ›Baum‹ oder ›Hund‹, wo auch mit der Bestimmung längst nicht die Sache in ihrer ganzen Fülle und Köstlichkeit erschöpft ist. Um zu wissen, was ein Hund ist, dazu gehört außer der Begriffsbestimmung Erfahrung, Umgang mit Hunden. Man darf eben nicht zuviel verlangen von einer Definition, nicht, daß sie das ganze Wesen darbiete. Aber als Abgrenzung von anderem, Grenzsteckung, ›Bepfählung‹, wie es die Holländer nennen, ist sie von klärender Bedeutung; gerade nicht als Endpunkt der Betrachtung, sondern als Ausgangspunkt.

Um das nächstliegende aufzugreifen, verweise ich auf das bereits genannte Buch von J. Stenzel, ›Metaphysik des Altertums‹ S. 14, wo er eine solche Bestimmung versucht. Er greift dort auf das Buch von Georg Misch zurück, ›Der Weg in die Philosophie‹, das dann erweitert erschienen ist in der Sammlung Dalp 1950, und das Misch selbst eine Fibel des Philosophierens genannt hat. Misch versucht, indem er Aussprüche verschiedener Denker und Philosophen wörtlich abdruckt – deutsche, europäische, aber auch östliche, von Indern und Chinesen –, durch Vergleichen herauszustellen, was als das gemeinsame Menschliche sich überall darin feststellen läßt. Das drückt er etwa so aus, daß überall der Mensch einmal die natürliche Einstellung zur Welt durchbricht, aus dem einfachen Hinnehmen der Welt und seines Daseins in ihr zu einem anderen Sein fortschreitet. Stenzel charakterisiert dieses andere Sein durch den Begriff des ›Tieferen‹, Misch spricht nur vom ›Anderen‹. Ich glaube, daß beides nicht ganz glücklich ist, aber das Gemeinte ist wohl klar.

Hier also wird die Philosophie als eine derartige Grundangelegenheit des Menschen betrachtet und unterschieden zwischen einer Epoche der natürlichen Einstellung zur Welt und der eines Dringens auf ein Tieferes, das in abwandelbaren Einzelformen sich als dauernd darstellt; eine gründende Einheit in der Mannigfaltigkeit der Begegnungen mit der Wirklichkeit. Dies Bestreben des Menschen, auf das Tiefere und Einheitliche zu dringen, sei die eigentliche Philosophie.

Ich möchte hier wieder auf Aristoteles verweisen, der in seiner ›Metaphysik‹ die Dinge angepackt hat. 982 b 12 ist die berühmte Stelle, wo er, zurückgreifend auf die Anfänge des Philosophierens, nach Platon nun als die eigentliche *arché* des Philosophierens im

Menschen das Staunen ansetzt, die Verwunderung, das *thaumázein*. Wegen der Verwunderung habe der Mensch jetzt und auch früher angefangen zu philosophieren, wobei er zunächst auf die im eigentlichen Sinne wunderlichen Dinge geachtet habe, Merkwürdigkeiten, die ihm begegneten; von da sei er aufgestiegen zu größeren Dingen, etwa den Wechselerscheinungen von Mond und Sonne; und schließlich habe er auch darüber hinaus die Frage nach dem Ursprung des Ganzen gestellt – womit wir schon einen wichtigen Begriff für die Vorsokratiker haben. Man könnte vielleicht über Aristoteles hinaus noch weitergehen und sagen, die letzte Stufe sei dann, wenn der Mensch beginnt, sich über das Alltägliche und Selbstverständliche zu verwundern. –

Es wäre reizvoll, die Stelle weiter durchzusprechen; wir werden wohl noch einmal darauf zurückkommen. Für jetzt wollen wir den Begriff der Verwunderung festhalten. In ihr tritt der Mensch heraus aus jener eigentümlichen Abhängigkeit, in der er sich als Mensch zunächst einmal befindet, insofern er in seiner Zweck- und Alltagswelt zu Hause und sicher ist. Man kann das heute deutlich beobachten in der Welt der Technik, wie ein Mensch an seiner Stelle eine außerordentliche Sicherheit hat, umgeben ist von klaren Bezügen, in denen er sich auskennt, die er gelernt hat und in denen er genau weiß, was er zu tun hat. Es ist charakteristisch, daß solch ein Mensch dann nicht mehr die Fähigkeit hat, sich zu wundern. Ich erinnere mich, wie ich einmal einen Monteur, der eine Isolierschicht auf mein Auto spritzte, gefragt habe, was denn das sei. Er antwortete sehr überlegen: ›Das ist mir ganz gleich, Hauptsache, es isoliert!‹ Eine charakteristische Antwort, über die ich sehr nachgedacht habe. Das Sein der Sache, mit der man es zu tun hat, ist also gleichgültig, interessiert nicht, es geht lediglich um ihre Funktion in einem engen Zweckzusammenhang. Das Es-Selbst existiert nicht für ein solches Denken. Das ist nur ein kleines Beispiel für eine Haltung, die in dieser technischen Welt auch in ganz großen Bezügen charakteristisch ist. Die Technik, dies große Bezugssystem, von dem die Maschinen nur Teile sind, ist in Wahrheit eine geistige Erscheinung, die diese feste, sichere und bestimmte Welt geschaffen hat, in der der Mensch gefangen ist, der sich ganz ihr hingibt, so daß er keinen Bezug mehr zu einem eigentlich Seienden kennt. Bekanntlich pflegt in dieser Welt die Frage nach dem Was immer dann aufzutauchen, wenn etwas plötzlich nicht mehr funktioniert, irgendwo eine Störung einsetzt, schon wenn etwa ein Hammerstiel zerbricht, den man vorher als Stiel gar nicht beachtet hat. Jetzt zwingt uns sein Zerbrechen, über ihn nachzudenken, über die Holzart, die Elastizität usw., und man fängt an, sich mit dem Stück vertraut zu machen.

Noch stärker erhebt sich das Fragen in einer primitiven Welt, wo es sich nicht nur um eine Störung handelt, sondern um eine Bedrohung, wo sich der Mensch noch ausgesetzt fühlt unbekannten Mächten, in jener Weltauffassung, die wir die magische nennen. Man fühlt Einwirkungen, denen man nun wieder entgegenwirken will mit bestimmten Praktiken, die ja bekannt sind. Das Erschrecken ist es, das diese Praktiken hervorruft. Von hier geht der Weg noch nicht zur Philosophie, sondern erst wenn auch dies überwunden ist, wenn aus dem einfachen Erschrecken das Erstaunen geworden ist, erst dann tritt der Mensch in dieses fragende Verhältnis zum Seienden, das die Grundlage des Philosophierens ist.

Der Mensch steht also in merkwürdiger Weise zwischen der Möglichkeit des Erschreckens, das ihn in sich hineinjagt und zu Gegenmaßnahmen treibt, ohne ihn zum Seienden zu führen, und auf der anderen Seite der Möglichkeit des bloßen Gaffens, wo er nur roh das Erstaunliche als solches auffaßt; und aus beidem treibt es ihn zum Aufbau einer gesicherten und geordneten Zweckwelt, in der das Bedrohende wie das Erstaunende gleichermaßen ausgeschaltet wird in einem reibungslosen Funktionieren. All das ist eine Abschirmung gegenüber dem eigentlich Seienden. Entscheidend ist für das echte Erstaunen, daß es eine eigentümliche Offenheit in uns bewirkt, eine völlig andere Haltung als Erschrekken, Gaffen oder Selbstverständlichkeit. Dem Verschlossensein in sich selbst und Eingespanntsein in eine Ordnungswelt steht gegenüber ein Offenwerden, Sich-Öffnen für etwas. Es ist wirklich so, daß aus dem Staunen heraus das Philosophieren entsteht, jenes Gefühl des Nichtwissens, der *ágnoia*, aus dem die Frage erwächst und damit meist auch die Antwort, die dann aber gar nicht mehr so wichtig ist. Es ist nicht das Bewußtsein des Nichtwissens schlechthin, das nur deprimieren würde, sondern dies Nichtwissen ist im Gegenteil höchst produktiv, denn es liegt darin die Ahnung eines möglichen Wissens. So ist der Staunende zugleich mit dem Bewußtsein des Nichtwissens von der Möglichkeit erfüllt, Wissen zu erwerben und so in den Stand zu kommen, auch das Staunen zu überwinden. Aristoteles gibt ein hübsches

Beispiel. Für den gewöhnlichen Menschen sei es erstaunlich, wenn er bemerke, daß sich die Diagonale inkommensurabel zur Quadratseite verhält, daß beide kein gemeinsames Maß haben, mit dem sie gemessen werden können, daß ihr Verhältnis irrational ist. Für den Mathematiker aber, der zum Wissen vorgedrungen ist, würde es erstaunlich sein, wenn sich ein solches Maß plötzlich doch fände.

Dies ist nach Aristoteles der Weg, wie man über das Nichtwissen im Staunen zum Wissen hingelangt. Wir werden diese Dinge sehr ernst nehmen müssen. Dann werden wir nicht sagen: der Mensch durchbricht die natürliche Einstellung auf ein tieferes Sein hin, sondern er lebt in einer Welt des Vorhandenen und macht in bestimmten Augenblicken die Erfahrung, daß diese gegebene Welt nicht die letzte ist, die eigentliche Welt. Es ist also nicht ein anderes Sein, was dahinter steht, sondern das eigentliche Sein. Man hat zu rechnen mit Grundformen, Prinzipien, Gesetzen, die sich auftun als das tragende Gerüst alles dessen, was uns sonst als Welt begegnet. Das Überzeugtsein davon, daß hinter den Sachen, die uns begegnen, ein Es-Selbst der Dinge liegt, ist das erste Philosophische, das einem begegnen kann. Man bekommt das Bewußtsein, daß etwas da ist, das wahrer ist als das alltäglich Begegnende, und das ist die Grunderfahrung des Philosophierens. Im Staunen kündigt sich dies wahre Wesen gleichsam noch verhüllt an, wobei es sich, im Verbergen, doch auch bezeugt. Dies Doppelte ist das Entscheidende, das das Staunen hervorruft und das wir erst im Staunen überhaupt wahrnehmen oder doch ahnen.

Aber ich glaube, wir müssen noch einen Schritt weiter gehen, wieder mit Hilfe des Aristoteles (der eben ein verteufelt kluger Bursche war), um zu dem zu kommen, was ich eigentlich machen möchte. Es gibt so viele verschiedene Wege: man kann von Gegenwartsfragen ausgehen, vom persönlichen Interesse, oder wie Stenzel vom Dasein des Menschen, wobei er noch von der Lebensphilosophie beeinflußt ist. Nur glaube ich, daß das nicht ganz adäquat ist dem Gegenstand der Vorsokratiker, und so möchte ich wieder anknüpfen an zwei sehr dichte Stellen in der ›Metaphysik‹ des Aristoteles, 984 a18 und b9. Zusammenfassend sagt er dort: während diese vorsokratischen Denker ihren Weg gingen, habe die Sache selbst ihnen diesen Weg gewiesen und sie gleichsam gezwungen, auf eine bestimmte Weise zu suchen. Oder noch einmal anders: Weil die Vorstellungen, die man zunächst einmal faßte, nicht hinreichend waren, die lebendigen Dinge und Wesen im Geist noch einmal entstehen zu lassen, sei man von der Wahrheit selbst gezwungen worden, das nächstfolgende Prinzip zu entwickeln. ›Wahrheit‹ bedeutet für den Griechen nicht eine Annäherung des Geistes an die Sache, *adaequatio intellectus ad rem*, sondern das, was etwas an sich selbst ist; *alétheia* ist also, wie wir längst wissen, ein Seinsbegriff. So wie die Dinge an sich selbst sind, haben sie diese frühen Denker gezwungen, über sie auszusagen.

Wie Sie sehen, ist das ganz wichtig, nämlich daß die Fragen, die wir an das Seiende stellen, nicht in unserem Belieben stehen, nicht willkürlich sind, sondern Aristoteles nimmt gleichsam eine Aktivität des Seienden selbst an, die die Denker dazu zwingt, folgerichtig einen Schritt nach dem anderen zu machen. Wirklich ist es so, daß wir hier bereits Hegelsche Vorstellungen angelegt finden, daß das Bewußtsein auf das Sein bezogen ist als auf das Frühere.

Dies alles aber muß, glaube ich, dazu führen, die Problementwicklung zu verstehen als eine bestimmte Weise, wie sich das Seiende selbst ins Wort der Menschen hinein bemerkbar macht. In der Abfolge dieser Physiologoi vollzieht sich also ein objektives Denkgeschehen, ein Prozeß, in dem sich das Sein des Seienden selbst immer ausdrücklicher, differenzierter und abstrakter, und damit auch immer ›wahrer‹, seinem eigenen Wesen entsprechend, bemerkbar macht und sich in das Denken und das Wort hinein realisiert. Diese Realisierung von Grundstrukturen des Seienden im Logos ist der eigentliche Vorgang, den wir erleben in dieser Zeit des sechsten bis zum Ende des fünften Jahrhunderts, von den Milesiern bis zu den sogenannten Atomphysikern, über die Hauptdenker Parmenides und Heraklit.

Das sind die großen Anfänge, die beginnen mit dem Satz des Thales, weitergeführt von Anaximander und Anaximenes. Dann kommt von den Pythagoreern her Neues hinein, Dinge der Musik und Mathematik. Dann Parmenides, der sein großes IST setzt, und Heraklit, der es mit dem Werden zu tun hat und dem, was allem Werden und Vergehen zugrunde liegt: dem Logos. Dann der erste große Denker, der alles zusammenfaßt und eine Art System bildet, weswegen er auch ungemein folgenreich geworden ist: Empedokles. Dann folgen mehr einzelne Vorstöße, bis schließlich Parmenides und die Lehre vom Sein wieder aufgegriffen wird, und das führt letztlich zu den Atomphysikern Leukipp und Demokrit. – Das wäre in großen Zügen das Denkgeschehen, das ich Ihnen vorführen will in diesem Kolleg.

3.

Wir befinden uns – um das noch einmal zurückzurufen – in dem Versuch, das, was Philosophie ist, einigermaßen vorsichtig zu umgrenzen, wobei wir ausgegangen waren von den Büchern von G. Misch und J. Stenzel. Weiter hatten wir von Aristoteles gesprochen, der am Anfang seiner ›Metaphysik‹, an Platon anknüpfend, als den Ursprung der Philosophie das Staunen erklärt. Das führt dann in einem weiteren Schritt zur *aporía,* eigentlich ›Ausweglosigkeit‹, aber auch jede Art von Verlegenheit, Zweifel und Fragen. Aus der Verwunderung erwächst also das Fragen, wobei der Zustand des Nichtwissens offenbar als ein unangenehmer empfunden wird. Das zeigt sich schon an ganz einfachen Dingen. Der Fahrschüler entsetzt sich zunächst über jede Veränderung des Motorengeräuschs, der Kundige nicht, weil er die Ursachen kennt. Oder wenn wir uns im Ausland bewegen und die Sprache nicht kennen, kann das sehr beängstigend sein. Sobald wir sie kennen, sind wir von diesen Ängsten befreit. Jedes Wissen hat irgendwie den Charakter des Befreienden. Wer philosophiert, will dem Unwissen entrinnen. Aristoteles führt dann weiter aus, daß das Philosophieren nicht auf einen direkten Nutzen hinführt, wohl aber zu einer freien Betätigung des Menschen, und daß es darum des freien Menschen würdig ist. Ich glaube, man kann wohl sagen, daß auch heute noch das Ziel des Wissens eine Art Befreiung ist, wir sprechen auch von Weltbewältigung. Wobei man hinzufügen muß, daß Aristoteles dies Wissen der Philosophie unterscheidet von dem angewandten, speziellen Wissen, das zu einzelnen Zwecken nützlich ist. So ergibt sich der für das ganze griechische Philosophieren wichtige Satz, daß das Nutzlose nicht unnütz ist und das Zweckfreie nicht zwecklos, im Gegenteil. Das Zweckfreie ist in einem weiteren Sinne im höchsten Grade zweckmäßig. Das ist eine Grundkonzeption, die bei den Griechen ganz fest steht, und keine der bei diesem Volk so zahlreichen Revolutionen hat je daran gezweifelt.

Der andere Gedanke aber, von dem Fliehen des Unwissens, führt darauf, was Aristoteles in seinem berühmten ersten Satz der ›Metaphysik‹ sagt: »Alle Menschen sind auf Wissen aus aufgrund ihrer Natur.« Gadamer hat vor kurzem etwas geschrieben über die Eignung des Menschen zur Philosophie. Nun, Aristoteles diskutiert gar nicht darüber, sondern nimmt es als eine Grundtatsache: der Mensch ist neugierig, wissensdurstig von Natur. Einer, der nicht gern weiß, ist in diesem Sinne gar kein normaler Mensch – nicht nur kein ›höherer‹.

Das wird dann im ersten Kapitel der ›Metaphysik‹ sehr schön entwickelt. Also der Mensch ist auf Wissen aus, hat eine einfache Freude am Wahrnehmen. Die sinnliche Wahrnehmung ist das erste, woran der Mensch eine ganz unmittelbare Freude hat. Entscheidend ist das vitale Element in diesem Drang zum Wissen; es ist gleichsam ein ›Vitamin‹, das man unbedingt braucht zum Leben. Diese naturhafte Freude an der Wahrnehmung, zumal durch das Auge, gehört zur natürlichen Ausstattung unseres Daseins.

Wenn aber diese Wahrnehmungen gleichsam gehortet werden, wird ein entscheidender Sinn notwendig: das Gedächtnis, das ja das Instrument ist, mit dem Wahrnehmungen gespeichert werden. Wo das fehlt, bei Tieren etwa, kann man nicht zum Wissen kommen, sondern lebt aus bestimmten Mechanismen heraus, die sehr kompliziert sein mögen, wie bei Insekten; höhere Tiere haben eine Art Gedächtnis. Indem nun also die einzelnen Eindrücke gehortet werden, entsteht als nächste entscheidende Stufe die *empeiría*, die Erfahrung, wie wir es übersetzen. Gemeint ist einfach der gehortete Schatz von dem, was man gesehen, gehört, erlebt hat, was auf einen eingewirkt hat und natürlich schon in eine bestimmte Ordnung gebracht ist. Damit ist dem Menschen schon sehr viel zugewachsen. Der Erfahrene ist etwa der Arzt, von dem man ja heute noch sagt, daß er kein bloßer Theoretiker sein darf. Man kann den Einzelfall nicht unmittelbar aus einem Allgemeinen erkennen, sondern muß ähnliche Fälle kennen, einen gewissen Instinkt dafür entwickelt haben.

Und trotzdem hat man damals den Erfahrenen nicht so hoch gewertet wie den, der das eigentliche Wissen hat, für das der feste Begriff *epistéme* ist: das Wissen, das sich als Wissen weiß, das gewußte oder bewußte Wissen. Dies kann nur erreicht werden (wie Platon es definiert, zumal Theaitet 201 c) durch die Eindrükke, die man von etwas hat, die adäquate Eindrücke sein müssen, und in Verbindung damit durch ein ständiges Rechenschaft-Ablegen; oder griechisch: *alethes doxa meta logou.* Dies Wissen ist der einfachen Erfahrung überlegen, weil (wie Aristoteles 981a28 weiter ausführt) der Erfahrene nur das ›daß‹ weiß, der wirklich Wissende aber auch das ›warum‹. Dies führt auf ein Verfügen über die *archai* und *aitiai*, die Prinzipien und Ursachen.

So wird die Philosophie bei Aristoteles hergeleitet von der natürlichen Beschaffenheit des Menschen, der einfachen Freude am Wahrnehmen, über das Sammeln dieser Wahrnehmungen im Gedächtnis, was zur Erfahrung wird, und darüber hinaus zu einem Wissen um das Warum einer Sache, dem Verfügen über die eigentlichen Gründe und Prinzipien. Es wird also bei Aristoteles nicht von irgendeiner Notwendigkeit oder Wünschbarkeit der Philosophie geredet, die er beweisen wollte, sondern er sieht in der Philosophie lediglich die Fortsetzung von etwas, das von Natur im Menschen angelegt ist, ein Fortschreiten vom gewöhnlichen Alltagswissen zum wirklich gewußten Wissen; von den uns begegnenden Erscheinungen nicht zu einem hinter ihnen liegenden ›Tieferen‹, sondern zu dem, was diese Erscheinungen strukturiert, zu den Strukturen, aus denen sie sich aufbauen, und das ist dann das Seiende und das Sein des Seienden, was Aristoteles mit kurzem Ausdruck das *on hę on* nennt, das *ens qua ens* der Scholastik.

Philosophie erweist sich so als umfassende Seinswissenschaft. Diese Wissenschaft vom Seienden und vom Sein wurzelt in den verschiedenen Schichtungen der Menschennatur, und so wenig die Katze das Mausen lassen kann und der Bach das Rauschen, so wenig wird der Mensch – auf weite Sicht gesehen – das Philosophieren lassen können. Wenn auch immer wieder Meinungen aufkommen, daß man das reduzieren müsse auf das streng Rationale und Zweckmäßige, so werden doch immer wieder Zeiten kommen, wo man wieder erwacht zu der Notwendigkeit eines umfassenden Wissens vom Seienden, und das heißt eben der Philosophie. –

Ich möchte, ehe wir weitergehen, noch auf eine andere Stelle der ›Metaphysik‹ hinweisen, im sogenannten ›kleinen Alpha‹ (offenbar der genuinen Einleitung, während im Lauf der Überlieferung irgendwie ein anderes Prooimion davorgekommen ist, das vielleicht sogar, wie Jaeger meint, zur ›Physik‹ gehört hätte). Hier, 993b 19, greift Aristoteles offenbar verbreitete Definitionen auf und sagt, es sei richtig, wenn man die Philosophie bezeichnet als die ›Wissenschaft von der Wahrheit‹, *epistéme tês aletheías*. Das war also eine einfache, handgreifliche Definition. Er führt dann aus, daß sie als theoretische Wissenschaft die *aletheia* zum Ziel hat, während jede praktische Wissenschaft ein *ergon* hat. Es gibt kein *ergon*, kein ›Werk‹ der Philosophie, sondern ihr ›Ziel‹, *telos*, ist der Aufweis der Aletheia, und das vollzieht sich durch den Aufweis der Gründe, der *aitíai*, des letztlich Zugrundeliegenden. Weiter führt er aus, wie man auf diese Weise zu immer höheren Ursachen gelangt, und wie das seinsmäßig Frühere auch die Wahrheit des Späteren begründet in einer bestimmten Seinshierarchie. Hiernach ist also die Philosophie das wirkliche Sich-Auskennen im Bereich der Wahrheit durch das Fragen nach den Gründen bis hinauf zu den letzten Ursachen.

Es ist klar, daß wir mit dem Begriff der Wahrheit bereits in einen besonderen philosophischen Bereich hineintreten. Ich bin als Philologe überzeugt, daß die Heideggersche Deutung des Begriffs von *lethe* als ›Schwund‹, ›Entzogenheit‹ (von der das ›Vergessen‹ nur ein Teil ist) richtig ist, und daß *aletheia* also ›Unentzogenheit‹ bedeutet, wie ich es lieber nenne, weil ›Unverborgenheit‹ schon einen mystischen Klang hat. Diese Vorstellung geht davon aus, daß uns die Dinge im Alltag entzogen sind. Und es gibt nun offenbar die mit Aletheia beschriebene Zuständlichkeit, wo das Seiende uns einmal nicht entzogen ist, sondern sich als das, was es ist, zu erkennen gibt. Die Philosophie wäre demnach die Episteme von der Unentzogenheit. Sie drängt hin auf etwas, das sich sonst entzieht und in diesem besonderen Falle einmal zeigt. Auch das ist also nichts wesentlich anderes als was wir früher gesagt hatten: daß der Geist hinausdrängt über das Veränderliche, Viele, Bewegte und Alltägliche auf ein Eines, ein Festes, Gründendes. Dies an sich Seiende, *ens qua ens*, ist nichts anderes als die Aletheia.

Hier ist es notwendig, noch etwas weiter zu gehen und noch einmal neu zu versuchen, die Sache zu fassen. Ich sagte schon, daß Definitionen nie erschöpfend sind, und wer glaubt, damit etwas zu halten, macht einen falschen Gebrauch davon. Aber sie sind Ausgangspositionen, erste rohe Skizzen, anhand derer man seinen Weg nehmen kann. Es gibt die verschiedensten Aspekte und damit Definitionsmöglichkeiten, und der Mensch hat immer nur *eine* Stelle, wo er steht, wenn er auf die Sache blickt. Ich würde etwa sagen – ähnlich wie schon Hegel und auch Goethe –, es ist auch hier so, daß die Dinge nicht neu sind, sondern längst gesehen, wie auch das Goethe einmal gesagt hat: »Wer kann was Dummes, wer was Kluges denken, das nicht die Vorwelt schon gedacht!« Es geht auch nicht darum, Neues zu denken, sondern die Dinge immer neu zu denken.

Wenn wir vom Menschen ausgehen, so können wir sagen, daß der Mensch als das Wesen der Vernunft und der Freiheit nicht wie das Tier in eine bestimmte Umwelt eingepaßt ist, sondern jedenfalls – vorsichtig ausgedrückt – eine große Zahl von Freiheitsgraden für sein Tun besitzt. Er ist irgendwie herausgetreten aus dem festen Zusammenhang, dem Einverständnis mit dem Seinsgrund, in dem sich die Natur befindet, wenn auch vielleicht nicht ganz, bei den höheren Tieren liegt es vielleicht schon anders. Beim Menschen aber ist es deutlich, daß er als Mensch gefährdet ist, weil er getrennt ist von diesem Urgrund. Er erlebt das, was das Tier nur domestiziert kennenlernt: das Zerfahren- und Zerstreutwerden, daß man sich hingibt an eine Zweckwelt und für sie lebt und meint, leben zu müssen. So zerspaltet sich ihm das Dasein in eine Fülle von Einzeltätigkeiten isolierter Art, ohne Zusammenhang, wobei über dem Einzelnen das Ganze verloren geht. Dabei verfällt die Welt in den Charakter des Alltäglichen, wie es am deutlichsten an der großen Erscheinung der Technik zu beobachten ist, die eine technisierte, verwaltete Welt geschaffen hat. Das Merkwürdige an ihr ist, daß sie dem Menschen, der in ihr steht, den Schein der größten Sicherheit gibt. Nirgends fühlt man sich im Denken, Wissen, Schließen so sicher wie in irgendeinem technischen Bereich, wo alles so klar vorgezeichnet ist. Und doch ist es eine Sicherheit mit einem Mangel an jener Gewißheit, die noch etwas anderes ist als Sicherheit. Ich hatte schon ein Beispiel gegeben, wie der Mensch in ihr die Fähigkeit verliert, eine Frage zu verstehen nach dem, was etwas ist; man weiß nur noch, was man damit machen kann. In dieser Sicherheit einer Welt der Vorschriften und Apparate ist der Mensch in Wahrheit im tiefsten wurzellos und heimatlos. Die Folgen davon sind uns heute deutlich. Aber das ist nicht etwas, was erst seit heute da ist, sondern hängt mit der Gefährdung des Menschen als des Wesens der Freiheit zusammen. So hat er die Aufgabe, die leider nur bei wenigen auch nur als Verlangen gespürt wird und fast in dieser Sicherheit erstickt, über die partielle Sicherung der technischen Welt und der Hingabe an das rein Zweckhafte hinaus sich neu zu begründen. Ich glaube, es gibt nur drei Bereiche, wo dieses Sich-wieder-Rückbegründen in den Seinsgrund dem Menschen möglich ist. Dafür habe ich ein Schema ausgearbeitet, das nur Hinweise gibt, aber doch vielleicht zum weiteren Nachdenken anregen mag.

Die drei großen Hauptbereiche, in denen der Mensch die Fähigkeit gewinnt, sich neu zu begründen, sind folgende:

1. das Glauben,
2. das Schauen,
3. das Wissen.

Es ist klar, daß jeder dieser Bereiche bezogen ist auf einen höchsten Wert:

der Glaube auf das Göttliche,
das Schauen auf das Schöne,
das Wissen auf das Wahre.

Weiter ist jedem zugeordnet ein bestimmter faßbarer Bereich des Tuns und Handelns:

dem Glauben die Religion,
dem Schauen die Kunst,
dem Wissen die Philosophie.

Diese drei stehen nebeneinander als derartige Weisen des Sich-Wiederbegründens. Man kann das noch im einzelnen ausführen:

die Religion konkretisiert sich im Kult,
die Kunst im Kunstwerk,
die Philosophie in der Theoria, der Schau, die sich in dem Weltentwurf eines Philosophen, in ›seiner‹ Philosophie darstellt.

Wir können auch die Mittel angeben, durch die sich das vollzieht:

Das Mittel des Glaubens ist die Lehre, die *dogmata*,
das Mittel des Schauens das Bild im weitesten Sinne (etwa auch in der Musik),
das Mittel der Philosophie ist die *apodeixis*, der Begriff, noch aktiv zu verstehen als das Begreifen und dann das, was daraus resultiert.

Dem allen läßt sich nun auch ein Defizienzzustand zuordnen, ein Verfall:

bei der Religion die Moral,
bei der Kunst (wie mir jetzt erst klargeworden ist) die Technik,
bei der Philosophie die angewandte Wissenschaft.

Soweit das Schema.

Diese drei Grundbereiche sind es, in denen der Mensch die Möglichkeit gewinnt, sich wieder universal zu verhalten, um es nun wieder anders auszudrücken. In ihnen – und nur in ihnen – hat er die Fähigkeit, aufzusteigen zum universalen Verhalten, über alles Spezielle hinaus. Es ist bedeutungsvoll, daß von diesen drei Bereichen der Glaube das Umfassendste ist und deshalb an die oberste Stelle gehört, wenn wir es weiter gliedern wollten. Er ist auch insofern das Umfassendste, als er auch dem Menschen zugänglich ist, der zu den beiden anderen Arten nicht fähig ist.

Es wäre noch zu erklären, warum die Moral eine Defizienzform des Glaubens ist. Gemeint sind nicht die moralischen Folgerungen des Glaubens, die es selbstverständlich immer gibt. Aber wo ein Glaube lebendig ist, braucht es keine Moral an sich, als abstraktes Moralgesetz, kategorischer Imperativ oder sonst etwas, sondern der Maßstab des Tuns sind die konkreten Wirklichkeiten, an die geglaubt wird. Man weiß, was man zu tun hat, denn man befolgt die Gebote Gottes. Moral ist das, was sich davon löst und nun sich selbst begründet. Als solche ist sie gewiß immer noch ein hoher Wert, der zumal für das praktische Tun und das Zusammenleben der Menschen bedeutungsvoll genug ist; aber darum ist es doch eine Defizienzform des Glaubens.

Ebenso im dritten Bereich die Spezialwissenschaft. Sie ist eine große Macht, wir könnten nicht ohne sie leben, und wir tun ja alle unser Handwerk mit dem Bewußtsein, daß wir damit etwas Wirkliches leisten. Auch hier geht es nicht um eine Abwertung der Sache und ihrer Bedeutung, aber gemessen an den großen Grundformen des Verhaltens des Menschen zum Universalen ist diese Art der Wissenschaft eben doch ein Defizienzzustand. Darüber stehen auch im allgemeinen Bewußtsein die zweckfreien Wissenschaften, die dazu bestimmt sind, den Menschen neu zu begründen. Die Botanik kann nicht etwa aufhören mit ihrem Geschäft und anfangen zu philosophieren, sondern sie hat ihren Sinn, weil es Pflanzen gibt. Sie darf nicht Philosophie werden. Wohl aber soll die Einzelwissenschaft sich innerhalb des Horizonts der Philosophie wissen und die Fühlung mit ihr bewahren. Man kann sagen, daß echte Einzelwissenschaft nur da ist, wo sie in ihrem einzelnen Tun sich ständig weiß und fühlt in immer weiter angrenzenden Horizonten, bis zu dem Horizont des Menschlichen und endlich des Seins im ganzen. Wo sie das nicht tut, wird sie defizient.

Was die Technik angeht, wäre es ganz falsch, wenn man einerseits über sie klagen, andererseits aber es als unangenehm empfinden wollte, wenn auch nur das Licht ausgeht. Aber man darf sich auch nicht, wie das oft geschieht, von ihr faszinieren lassen und gedankenlos einfach mitmachen. Die Technik ist ohne Zweifel eine der größten Erscheinungen der Gegenwart, sie *wird* uns nicht nur zum Schicksal, sondern *ist* darum unser Schicksal, weil wir alle sie wollen und wollen müssen. Aber wie bei den beiden anderen Formen kann die hohe Bewertung nicht daran hindern, zu sehen, daß die Technik eine defiziente Weise der Kunst ist, die hineingekommen ist in den Sog der Zwecke. – Soviel zur Erläuterung des Schemas und als Anregung zum weiteren Nachdenken.

Ich komme nun zurück auf das vorhin Gesagte. Wenn also der Mensch das Risiko auf sich genommen hat, als das Wesen der Vernunft sich herauszulösen aus dem einfachen Seinsverständnis, und wenn ihn nun das Verlangen überkommt, sich rückzubegründen, ja wenn dies ihm aufgegeben ist, sofern er noch wahrhaft Mensch ist und sich nicht ganz vergessen hat – wenn das so ist, dann vollzieht es sich in diesen drei Bereichen. Wir müssen uns in diesem Kolleg an den dritten Bereich halten. Ich nenne den Vorgang die Rückbegründung in den Seinsgrund; kein besonders schönes Wort, aber ich vermeide lieber andere, naheliegende, weil wir hier nicht Theologie treiben. Indem der Mensch auf einem dieser Wege – oder auch allen dreien, wenn möglich – diese Rückbegründung vollzieht, gewinnt er auch die viel umstrittene Freiheit. Der freie Mensch ist kein anderer als der, der es in einem oder mehreren Bereichen fertig gebracht hat, wieder rückbezogen zu sein auf den Urgrund. Es gibt keine absolute Freiheit, sondern Freiheit ist immer nur eine rechte Art von Gebundenheit, wodurch man die Unabhängigkeit gewinnt von untergeordneten Gebundenheiten; die Freiheit von dem Vielen, den Zwecken und selbst von dem, was als die Pflichten des Alltags einem entgegentritt. Es ist eine bekannte Auffassung, daß nur, wer diese Weise der Gebundenheit erreicht hat, auch den Zwecken gegenüber der Starke ist, der Sichere und Überlegene.

In diesem Sinne ist, wie ich meine, der Ursprung des menschlichen Verlangens, das zur Philosophie treibt, zu verstehen, das andererseits auch wieder der Natur des Menschen entspricht, wie Aristoteles sagt. Es gibt auch einen Nutzen der Philosophie, wenn man danach fragt, den Nutzen der Bildung etwa. Aber es greift darüber hinaus auf ein umfassendes Begründen dessen, was wir sind, und trägt so alles andere. Dies ist nach wie vor die große Aufgabe der Philosophie neben Kunst und Religion.

Noch eins will ich sagen, zur Warnung. Selbstverständlich ist es wie bei allen Schemata in der Realität nicht so klar und sauber getrennt. Die einzelnen Formen der Philosophie, Kunst und Religion verfließen in ihren Grenzen, es gibt Übergänge und Mischformen. Aber auch dabei ist es interessant, sich die Weisen des Übergreifens klar zu machen. –

Damit möchte ich nun auf das kommen, was auch nach Aristoteles das Besondere der Philosophie ist, nämlich daß sie sich im Bereich des Wissens dem Unergründlichen nähert (›Metaphysik‹ 1000a 18ff.). Vorher hatte er von den mythischen Denkern gesprochen, die er auch auf der Linie des philosophischen Erkennens sieht. Aber dann sagt er: über die, die noch in mythischer Weise die Weisheit suchen, wolle er nicht sprechen, sondern über die, welche mit der *apodeixis*, dem Aufweis vorgehen. Diesen wichtigen Begriff stellt er offenbar dem Mythischen gegenüber. Im vierten Jahrhundert bedeutet das Wort schon den exakten Beweis, etwa in der Mathematik. Aber zunächst ist es nur der Aufweis von etwas, nicht durch bloßes Vorzeigen, sondern mit rationalen Mitteln, Mitteln des Logos. Von da wird es zum zwingenden denkerischen Beweis.

Man sieht von diesem Begriff her ohne weiteres, wie sich nun doch die Vorsokratiker und was nachher kommt zu einer Einheit zusammenfinden. Sie fragen nach dem Ursprung des Seienden, Sokrates dann nach der Arete, vielleicht dem umfassendsten Begriff gegenüber dem des Seienden. Selbstverständlich geht es dann weiter zum Begriff des Begriffs als des eigentlichen Mittels des Philosophierens, d.h. des Begreifens. Wir werden unterscheiden müssen, wo das eigentliche Begreifen einsetzt, wo es sich selbst begreift und dann so fortentwickelt, daß es immer begrifflicher sich selbst begreift.

Noch einen kurzen Rückblick, um anhand der Dinge, die wir entwickelt hatten, es noch einmal möglichst klar herauszustellen und damit die Einleitung zu beenden. Überall steht am Beginn des Philosophierens als Grundangelegenheit des Menschlichen das Streben nach Wissen, das Staunen, das Fragen. Überall muß der Mensch das, was auf ihn eindrängt, bewältigen, das Viele, Bewegte und Veränderliche, das er antrifft; und ein Instinkt, wie wir es nennen könnten, treibt ihn an, dahinter ein Eines und Unveränderliches zu suchen. In den ältesten Kulturstufen ist das Verhältnis zu diesem Urgrund zunächst emotionell, emphatisch, bildlich, gleichsam überwüchsig, stark bestimmt von Angst und Machtgier und Sexualität, den einfachsten Daseinsantrieben. Das äußert sich in Mythenbildung wie Magie, wo man versucht, sich der Dinge zu erwehren oder zu bemächtigen, indem man zaubert. Dennoch ist auch in alledem eine Fülle von Vorstellungen, die schon den Charakter der Theoria haben, woraus sich die eigentliche Mythenbildung vollzieht, in die Magisches noch hineinwirkt, aber vergeistigt. Die überwüchsige Bildlichkeit, wo etwa eine Gottheit ein Dutzend Arme oder hundert Brüste und Schöße hat, das alles tritt zurück, das Anschauliche überwiegt, die Ahnung der Schönheit entsteht. Das nächste ist dann die Poesie, wie wir sie bei den Griechen haben, dem Mythischen noch verhaftet und doch irgendwie das rein Mythische bereits überschreitend. Man kann vielleicht sagen, es regt sich das, was wir den Logos nennen, und das Organ des Dichters ist das geistige Auge, der Nus. Darüber hinaus öffnet sich jetzt im spekulativen Bereich eine Art Pseudophilosophieren, noch von poetischen und mythischen Tendenzen getrieben, wo sich Begriff, Vorstellung und Bild seltsam vereinigen. Hesiod mit seiner ›Theogonie‹ ist ein charakteristischer Zeuge dafür. Die Wahrheit wird schon irgendwie sichtbar, und zwar im Sinne des Allegorischen, Symbolischen. – Aus diesem Bereich gelangen wir in den der Vorsokratiker, die nach dem Ursprung des Seienden fragen. Darauf folgt die Frage nach dem *Was* der Arete und damit einem neuen idealen Seinsgrund, und das endet bei Aristoteles, bei dem die rein rationalen begrifflichen Formen in Logik, Hermeneutik, Ethik, Politik usw. klar herausgearbeitet werden.

So können wir verfolgen, wie im Lauf dieser wenigen Jahrhunderte die Philosophie heraufkommt, ein Vorgang, der sich in dieser Weise wohl nur bei den Griechen vollzogen hat. Alles, was wir sonst an Philosophieartigem bei anderen Hochkulturen treffen, ist doch nicht identisch damit, sondern gehört nur dazu innerhalb eines größeren Horizonts. – Das zweite ist, daß keine Erscheinung der griechischen Kultur so schicksalhaft, kontinuierlich und lebendig weitergewirkt hat wie die Philosophie. Alle anderen Traditionen der Griechen: Kunst, Dichtung, Wissenschaft usw., sind wenigstens einmal unterbrochen worden. Die Tradition des Philosophierens, nachdem sie einmal angefangen hat, ist nie wieder ganz abgerissen, und so ist sie der einzig lebendige Strang eines fortgesetzten Denkens und Weiterdenkens, der uns mit den Griechen verbindet. So können wir schon jetzt sagen, daß die Muttersprache der Philosophie das Griechische ist.

4.

Nachdem wir die Einleitung über die Wesensbestimmung des Philosophierens bis zu einer vorläufigen Definition geführt hatten, will ich zunächst einen kurzen Abriß geben der wichtigsten Gesamtwerke über die vorsokratische Philosophie. Monographien wie Aufsätze nenne ich je an dem entsprechenden Ort. Ich gebe keine Bibliographie; es kommt nicht darauf an, daß man alles weiß, was geschrieben worden ist, sondern das Wichtigste, wo Sie auch das Weitere finden können.

Da haben wir erstens das große Werk der ›Fragmente der Vorsokratiker‹ von Hermann Diels, bearbeitet von Walther Kranz (wobei die älteren Auflagen teilweise besser sind als die Bearbeitung, vor allem die Übersetzung, die oft rationaler und klarer ist). Es gibt auch kürzere Ausgaben, etwa von W. Capelle eine kleine Ausgabe bei Kröner. Diels aber ist das Hauptwerk, mit dem wir arbeiten müssen. Es war eigentlich entstanden als Vorarbeit zu einer Rekonstruktion der *physikōn doxai* des Theophrast: die stupende Leistung eines Gelehrten mit einem bemerkenswerten Sinn für das Ordnen und die philologische Technik. Mit diesem Sinn hat Diels die äußerst schwierige Überlieferung auseinandergekämmt und rekonstruiert, wobei er das Motto aus Cicero wählte: ›Es ist das Zeichen eines stupiden Geistes, daß man nur den Bächen nachläuft und die Quellen nicht sieht.‹ Das so entstandene Werk sind die ›Doxographi Graeci‹, worin Diels neben anderen antiken Doxographen wirklich das Werk des Theophrast zurückgewinnt, das in kurzer Form die Lehrmeinungen der älteren Philosophen darlegte. – Weiter müssen wir immer noch zurückgreifen auf das Werk des älteren Gelehrten E. Zeller, bei dem man bedenken muß, daß damals die Fragmente noch nicht gesammelt vorlagen, sondern überall verstreut waren und zusammengesucht werden mußten. Dafür ist es erstaunlich, was er geleistet hat. Zeller war der Lehrer von Diels und hat ihm eigentlich diese Aufgabe gestellt; so muß man ihn hier nennen als den Archegeten unserer ganzen Beschäftigung damit. – Außerdem nenne ich noch Th. Gomperz und P. Tannery, auf die wir gelegentlich stoßen werden. Selbstverständlich verweise ich auf das Handbuch von Überweg-Prächter, das eigentlich eine Philosophiegeschichte ist, ein großes Sammelwerk, sehr praktisch angelegt, das jetzt gerade neu bearbeitet wird. – Weiter, speziell die Vorsokratiker angehend, John Burnet, ›Early Greek Philosophy‹, auch deutsch zu haben, ein vorzügliches Werk und in engerem Sinne grundlegend, weil er in echt englischer Art die Dinge einfach und klar verständlich darstellt. – Sodann J. Stenzels schon erwähnte ›Metaphysik des Altertums‹ und W. Jaegers ›Theologie der frühen griechischen Denker‹, letzteres sehr gut besprochen von Regenbogen im Gnomon 1955, 305. Die Gnomonbesprechungen sind bekanntlich nicht kurze Anzeigen, sondern eingehende produktive Besprechungen, die zunächst die Haupttendenzen charakterisieren, dann einführen in den Gang der Entwicklung der Fragen und endlich zu den Ergebnissen Stellung nehmen und sie oft weiterführen.

Charakteristisch ist vielleicht für alle genannten Werke, daß sie, nach einem Jahrhundert historischer Forschung, doch noch den scheinbar objektiv erkannten historischen Gegenstand in einer Betrachtungsweise angehen, die viele Fragen so auslegt, als ob die alten Denker nichts anderes getan hätten als sich mit dem zu beschäftigen, was auch uns gerade interessiert. Nur daß dann gezeigt wird, wie sie das graduell noch sehr unvollkommen getan hätten. Bei Zeller etwa ist es so, daß er sein ganzes Werk aufbaut auf der Hegelschen Geschichtsphilosophie, die ihm die Vorzeichen für das gibt, was er dann bei den Griechen wiederfindet. So steht alles unter dem Gesichtspunkt, wie die Vernunft des Weltgeistes sich in der Geschichte verwirklicht. Auch die Systematik des Werkes ist davon bedingt. Es ist klar, daß er trotzdem Wesentliches erkannt hat, aber unter diesem Aspekt gewinnt natürlich alles den Charakter eines Noch-Nicht. Burnet wieder, wesentlich später als Zeller, ist ganz bestimmt von der positiven Wissenschaft des neunzehnten Jahrhunderts, dem modernen naturwissenschaftlichen Positivismus. Und da es die älteren Denker mit der Physis zu tun haben, so werden nun ihre Lehren an Grundbegriffen der modernen Naturphilosophie und Naturwissenschaft entwickelt und daraufhin betrachtet, wieweit sie jeweils

Schritte in dieser Richtung gemacht haben. Das Blickfeld hat sich also gegenüber Zeller verengt, wobei aber die Erscheinungen mit einem gewissen Takt behandelt und mit großer Sachkenntnis angefaßt werden, so daß das Buch noch immer grundlegend ist. Man wird überall klar und vernünftig orientiert, nicht gleich in eigene Spekulationen hineingezogen, sondern erst mit den Sachen vertraut gemacht. – Stenzel, der wieder aus einer anderen Generation stammt, die ihre Probleme zumal aus der Zeit nach dem ersten Weltkrieg nahm, hat schon ein Bewußtsein dafür, daß man die Dinge nicht aus einer naiv historischen Art begreifen kann, die alle Erscheinungen auf einer Ebene sieht. Er hat den erstaunlichen Schritt getan, daß er nicht mit Thales angefangen, sondern den Versuch gemacht hat, auch in dem älteren poetischen Denken den Erscheinungen nachzugehen. So beginnt er mit Homer und Hesiod und befragt sie auf das hin, was an unterirdischem Philosophieren in ihnen steckt; er geht noch weiter und zieht auch die attische Tragödie hinein. Das alles gehört noch mit zum Gegenstand und kann nicht gelöst werden von dem schmalen Strang der eigentlichen vorsokratischen Philosophie. Er sieht auch, daß die Philosophie nicht erst beginnt mit dem sich seiner selbst bewußten Philosophieren, sondern daß die Griechen, als hochbegabtes Volk für das Sehen von inneren Strukturen, von bestimmten Seinsvisionen ausgingen, zunächst vorstoßartig, bis sich allmählich etwas entwickelte, das immer mehr Richtung und Zusammenhang gewann. Das Buch ist vorzüglich durch den Ernst des Fragens und seine tiefe Sachlichkeit, aber es ist nicht leicht zu lesen, wie übrigens auch Stenzels andere Sachen. Die Schwierigkeit beruht nicht darauf, daß er etwa nicht geübt genug wäre, sich auszudrücken, sondern darauf, daß sein Denken sich in neuer Weise an neuen Gegenständen versucht, aber noch nicht zu voller sicherer Beherrschung und selbstbewußter Klarheit über seine eigene Stellung gelangt ist. Das muß man immer mitbedenken. Darum ist es auch nicht leicht, ihn kurz zu referieren, weil ich mich dabei auch ungefähr seiner Ausdrucksweise bedienen muß, ich will es aber versuchen.

Drei Punkte sind es, die Stenzel im Blick hat. Einmal das charakteristisch menschliche Dasein der alten Philosophen, das aus einer bestimmten geschichtlichen Lage verstanden werden muß. Das heißt, er geht aus, wie es auch nicht anders sein kann, von der historischen Vergewisserung. Damit steht er ganz auf dem

Boden des Historismus, und es ist merkwürdig, wie er, ohne diesen Boden zu verlassen, doch gleichsam über ihn hinausstrebt. Wir müssen uns für jede geschichtliche Erscheinung ihres Orts in der zeitlichen und räumlichen Welt versichern, der konkreten wie auch geistigen Umstände, Formen des Denkens usw., ehe wir vordringen können zum Erfassen der Eigenart des bestimmten Daseins. Dies nenne ich jetzt die Daseinsform.

Einen anderen Aspekt gewinnt er, indem er vom Formbegriff ausgeht. Es gibt eine Form der philosophischen Selbsterkenntnis, in der man das Bewußtsein des einmaligen geschichtlichen Daseins aufsuchen und daraus die Einheit der Lehre gewinnen kann. – Sie sehen, wie eine bestimmte Tendenz der sogenannten Lebensphilosophie hier weiterwirkt. Verdeutlichend kann man sagen: wenn wir vom konkreten Dasein auf die Daseinsform gekommen waren, so müssen wir nun in der Selbsterkenntnis dieser Männer suchen, wieweit ihnen diese Daseinsform bewußt geworden ist in ihrem Denken und in den Ergebnissen dieses Denkens. Man achte auf die starke Betonung des Bewußtseins. In diesem Bewußtsein also wäre die systematische Einheit der Lehre zu suchen, wie er es nennt; wir sprechen vielleicht besser von organischer Einheit.

Wenn das der zweite Schritt war, von der Daseinsform auf die organische Einheit der Lehre im Bewußtsein des sich selbst erkennenden philosophischen Denkens, so ist drittens zu untersuchen, wie sich darin die Entwicklung des menschlichen Seins überhaupt ausdrückt. Daseinsform – organische Einheit der Lehre – Form des menschlichen Seins überhaupt. Hier spielt der Begriff der Tradition hinein, der Entwicklung des menschlichen Geistes von diesen Männern bis auf uns.

Wenn also ein gewisses Hellwerden des Geistes eintritt und der Prozeß der Erhellung sich als Einheit abzeichnet, was er ja tut, so ist das etwas, das bis zu uns hinreicht und in dem sich das menschliche Sein überhaupt in seiner Entwicklung abbildet als das uns eigene menschliche Bewußtsein. Hier kommt auch der Schicksalsbegriff hinein. Indem sich so ein allgemein Menschliches bis zu uns selbst hin erstreckt, wird es möglich, nicht mehr durch Rückprojizieren der eigenen Meinungen, sondern im Erfassen dieses Philosophierens durchzustoßen zu dem menschlichen und geschichtlichen Sein schlechthin, was auch unser eigenes Denk- und Lebensschicksal mit ausmachen kann. – Damit sind wir wieder bei uns angelangt, aber in einer sehr komplizierten und in ihrer Problematik vor sich selbst gebrachten Weise. –

Ich glaube, man kann sehr klar zeigen, wie verschiedene Tendenzen der neueren Philosophie hier zusammenkommen, etwa die Lebensphilosophie Nietzsches und Diltheys. Merkwürdig ist besonders der Begriff der Tradition als des Hinreichens eines Vergangenen bis zu uns heute. Auch das zeigt das Nachleben von charakteristisch historistischen Vorstellungen. Für uns ist das Alte nicht mehr etwas, das noch zu uns hinreicht; wir können nicht mehr die Geschichte auffassen als Vergangenes in der Ferne, das irgendwie durch Fortsetzen der Tradition noch bis zu uns hingelangt. Geschichte gibt es für uns nur als das Gewesene, ein eigentümliches Element unserer eigenen Gegenwärtigkeit. Was vergangen ist, ist vergangen und hat den Namen mit Recht. Das Gewesene ist aber nicht vergangen, sondern es *ist* und ist so im Sinne der Heideggerschen Gewesenheit ein Element der Gegenwart. Was als Bücher bei uns lebt, ist nichts lediglich Konserviertes, sondern Element unserer Gegenwärtigkeit. So sind auch die Griechen nicht irgendwo hinter den Bergen, sondern das Griechische, von dem wir sprechen, das sich in dem Schema der Abfolge der Jahrhunderte bildlich abspiegelt, ist als Gegenwärtiges um uns herum, lebt und wirkt durch uns und in uns. Darum ist die Weise der geschichtlichen Vergewisserung für uns immer gleichzeitig eine Auseinandersetzung mit der eigenen Gegenwärtigkeit und dem, was uns davon inhäriert. Diese Auseinandersetzung ist das Entscheidende in jedem geschichtlichen Erkenntnisprozeß. Und was schließlich den Schicksalsbegriff angeht, wie ihn Stenzel und auch noch Jaeger anwenden, so liegt in ihm etwas merkwürdig Fatalistisches: das Gebeugt- und Bedingtsein durch einen Zeitenzwang. Auch der Bewußtseinsbegriff, von dem er nicht loskommt, ist ein solches Überbleibsel. – Ich würde also nicht raten, als Anfänger zu Stenzel zu greifen, sondern erst wenn man die Dinge selbst durchdacht hat und so versuchen kann, im Nachvollzug seines Denkens über ihn hinauszukommen; wobei man viel gewinnen wird.

Das gilt auch für Jaegers Buch, das neuer ist, in seiner Entstehung aber doch Jahrzehnte zurückliegt. Dies Buch, das ausdrücklich die ›Theologie‹ der vorsokratischen Denker behandeln will, bringt damit eine ganz neue thematische Wendung. Theologie ist natürlich nicht im engeren Sinne gemeint, sondern wir würden es besser so ausdrücken, daß Jaeger den religiösen Aspekt behandeln will. Damit wendet er sich ausdrücklich gegen Burnet und zeigt, daß diese alten Denker eben nicht Naturforscher gewesen sind, die herausbringen wollten, was es mit der Natur auf sich hat, sondern daß sie in ihrer Wesensart durch die Religion bestimmt sind. Es gibt nun kaum einen gefährlicheren Begriff als den des Religiösen, der auch den Theologen selbst immer etwas verdächtig ist, weil die Thematik oft ins Allgemeinste verfließt – ein Vorwurf, den man übrigens auch dem Jaegerschen Begriff der Paideia machen kann. Man merkt bald, wie der Begriff, der doch erleuchten und klären soll, nun immer neue Farben und Wendungen annimmt, sich den Erscheinungen anschmiegen muß. Kurz, der Gesichtspunkt ist ein zu allgemeiner, als daß er den Hauptnenner abgeben könnte für ein Werk, das diese denkerischen Erscheinungen klären will. Bestehen bleibt, wie auch Regenbogen herausgestellt hat, das Bestreben, die frühe Philosophiegeschichte aus einer zu engen Betrachtung zu lösen und hineinzustellen in die umfassendere Weise, wie in ihr aus dem ganzen Menschsein gedacht und ausgesagt wird. Nun erhebt sich die Frage, wieweit die alten Philosophen, bei ihrem Mangel eines eigentlich philosophischen Bewußtseins, denn ein Bewußtsein von ›Religion‹ hatten oder gar von ›Theologie‹. Auch dies Bewußtsein wächst damals erst heran, teilweise unter dem Eindruck des fortschreitenden philosophischen Denkens, und hebt sich heraus aus dem allgemeinen älteren Denkgeschehen. – So stellen sich eine Menge von Fragen. Aber es ist immerhin eine Fülle von Erscheinungen, die von dieser einen Seite her beleuchtet werden; und das Grundbestreben, über eine zu enge Klassifizierung hinauszukommen, müssen wir anerkennen. –

Weiter sind noch einige wichtige Bücher zu nennen. Ernst Howald: Die Anfänge der europäischen Philosophie, 1925. – Olof Gigon: Der Ursprung der griechischen Philosophie von Hesiod bis Parmenides, Basel 1945; ein Aufsatz: Die Theologie der Vorsokratiker, und schließlich sein Buch: Grundprobleme der antiken Philosophie, 1959. – Hermann Fränkel: Dichtung und Philosophie des frühen Griechentums, 1951; und: Wege und Formen frühgriechischen Denkens, 1955. – Uvo Hölscher: Anfängliches Fragen. Studien zur frühgriechischen Philosophie, 1968. – Bruno Snell: Die Entdeckung des Geistes, Studien zur Entstehung des europäischen Denkens bei den Griechen, ^{3}1955. – Der Sammelband von H. Gadamer: Die Begriffswelt der Vorsokratiker, 1968, wo Sie wichtige Beiträge finden. Und schließlich das Parmenidesbuch von Karl Reinhardt. Er war es, der die damals immer noch doxographische Vorstellung von Parmenides durchbrochen hat und vorgestoßen ist zu dem Philosophen Parmenides; und wenn das Buch auch noch gleichsam die Eierschalen dieses Durchbruchs an sich trägt, bleibt es doch eine bedeutende Leistung. Wir werden noch im einzelnen darauf zurückkommen. – Schon genannt hatte ich wohl Kirk und Raven: Die vorsokratischen Philosophen, 1969, mit einer Sammlung von Texten, und Kirk: The cosmic fragments, das wir für Heraklit heranziehen werden.

Das will ich abschließen, indem ich meinerseits noch eine Abgrenzung dessen versuche, was sich mir selber als Weg – oder Suche eines Weges – dargestellt hat für diese Betrachtung. Da ist zunächst ohne weiteres deutlich für einen Menschen unserer Zeit, daß er einmal bedingt ist durch die Tatsache unseres historischen Bewußtseins. Die Zeiten, in denen man den Dingen der Vergangenheit unmittelbar gegenüberstehen konnte, sind vorbei. Man darf sagen, daß es in Wahrheit nie eine wirkliche Unmittelbarkeit gegeben hat. Man findet zwar auch heute noch in der gebildeten Öffentlichkeit öfter die Meinung, daß alle historische Betrachtung abzulehnen sei und man sich den Dingen einfach gegenüberstellen müsse. Es kann natürlich sein, daß für einen stark empfindenden Menschen, einen Künstler etwa, der Gedanke einer solchen Unmittelbarkeit bei unserem Überladensein von der Zivilisation etwas Verlockendes und auch Nützliches haben kann. Aber das geht nicht in der Wissenschaft, die wir doch treiben. Diese Unmittelbarkeit ist nur ein Schein, den wir überwinden müssen, weil sie in Wahrheit ja nur das Befangensein in den Meinungen von Gestern und Vorgestern bedeutet. Erst durch das Bewußtsein der Distanz ist es möglich, dies Befangensein zu überwinden und damit echte Unmittelbarkeit zu erleben. So müssen wir unseren Standort dem Gegenstand gegenüber immer erst erarbeiten. Erst wenn die Distanz hineindividiert ist in unser Hinsehen, haben wir die Möglichkeit, die wahre Beschaffenheit der Dinge zu erkennen. Das geschieht durch die moderne historische Betrachtung, die die grundlegende Voraussetzung ist für all unser Tun, das sich mit dem Gewesenen beschäftigt. Aber die Art dieser Beschäftigung selbst ist nicht historisch, so, daß einfach charakterisiert wird, sondern, wie eben gesagt, eine Weise der Auseinandersetzung mit Elementen unserer eigenen Gegenwärtigkeit. Dafür gibt uns die Wissenschaft von den Strukturen, Typen und Weisen der Interpretation reichlich Mittel an die Hand. Wir können durchaus in unserem Jahrhundert die Andersartigkeit des Anderen als das ihm Eigene mit den Mitteln unseres Erkennens denkend erfassen; so wunderbar das ist, aber es ist durchaus möglich.

Das ist das Erste. Die Annäherung vollzieht sich zunächst durchaus historisch, aber im Sinne einer Auseinandersetzung von uns mit uns, wobei das zweite ›uns‹ das gegenwärtige Gewesene mit umfaßt. Das wäre ungefähr Punkt eins bei Stenzel: die Vergewisserung der menschlichen Lage und Daseinsform, die wir auch weiterhin vollziehen müssen.

Die Frage ist, ob auch das, was er weiter sagt, für uns fruchtbar ist, daß wir also aus der philosophischen Selbsterkenntnis die Einheit der Lehre gewinnen müßten. Ich glaube, daß es nicht nur im philosophischen Bereich, sondern überhaupt in jeder literarischen und geistigen Betrachtung nicht genügt, alles im historischen Relativismus zu belassen. Die historisch geprägte menschliche Daseinsform ist also nicht das Letzte, wonach wir fragen. Auch im Fragen nach geschichtlichen Erscheinungen geht es darum, das Geschehen, das in der Geschichte sich darstellt, das diese Menschen geformt und ihnen ihre bestimmte Daseinsform gegeben hat, sichtbar zu machen. Es geht um die menschliche und sachliche Grund-Aufgabe, die sie hatten und für die sie nur Instrument waren. Mit ihrer ganzen Lebensform zeigen sie sich, gemessen an dieser sachlichen Grundaufgabe, doch nur als Instrumente eines über den einzelnen Menschen hinausgehenden objektiven Sachgeschehens. Bei den Vorsokratikern ist es so, daß sie von Anfang an versucht haben, das Seiende zu denken, und darum nennen wir sie Philosophen. Nicht die Form, in der sie, und die Bedingungen, aus denen sie das getan haben, sind entscheidend, sondern wie das Seiende von ihnen gedacht worden ist. Das Wesentliche ist nicht der geschichtlichen Relativität unterworfen, sondern es handelt sich um einen Prozeß, der über Jahrhunderte reicht und mit dem auch wir es zu tun haben: einen Prozeß am Seienden und aus dem Seienden selbst, der eine Gesetzmäßigkeit zeigt und vom Historischen allein nie verstanden werden kann. Wir hatten schon die Aristotelesstelle ›Metaphysik‹ 984a 18 kennengelernt: ›Während die Vorsokratiker ihren Weg nahmen in der geschilderten Weise, da habe die Sache selbst, *auto to pragma*, ihnen den Weg gewiesen und sie gezwungen, auf eine bestimmte

Weise zu suchen.‹ Hier erscheint der Begriff der ›Sache selbst‹, die einen bestimmten Problemzwang auf den Weg des Suchens ausübt.

Ich glaube, daß wir niemals eigentlich von einer Sache sprechen können, ohne wenigstens zu versuchen, das Es-Selbst dieser Sache in den Blick zu bekommen, obgleich das vielfach in der Wissenschaft nicht der Fall ist. Dabei kann es trotzdem bedeutende Leistungen geben in einem Sachbereich, wo man die Sache selbst nicht in den Blick bekommt und auch kein Bedürfnis danach hat. Man kann Dichtung behandeln, ohne die Sache selbst der Dichtung zu beachten, die Kunst ohne die Sache selbst, in diesem Falle das Schöne, die Wissenschaft vom Leben ohne das Leben selbst. Dennoch sage ich demgegenüber, daß, wenn man von etwas spricht, man verpflichtet ist, von diesem Etwas zu sprechen; nicht in der Weise, daß man unmittelbar aggressiv darauf losgeht, wohl aber so, daß es zugegen ist in allem Einzelnen, was man bespricht. So glaube ich, daß es darum geht, daß die Sache, mit der es die Vorsokratiker zu tun haben, die Wahrheit und Wirklichkeit der seienden Dinge, mit Notwendigkeit im Blick bleiben muß.

Ich würde sagen, was unseren eigentlichen Gegenstand angeht, daß wir es zu tun haben werden mit den Anfängen des Philosophierens bei den Griechen, und d.h. nicht mit dem Leben und den Daseinsformen und den individuellen Formen des Denkens, in denen das eigentlich Menschliche dieser Denker erreicht werden kann und die als Tradition zu uns kommen, sondern mit jenem umfassenden Denkgeschehen, in dem dies alles steht, das nicht bloß zu verstehen ist als bestimmte subjektive Anstrengungen von denkenden Menschen (auch das gehört natürlich dazu), sondern das in seiner Gesamtheit der Prozeß ist eines Sich-Bemerkbarmachens des Seins des Seienden selbst in Wort, Denken, Ausspruch und Lehre. Das liegt gerade in den Anfängen der griechischen Philosophie so klar vor uns. Daß man jeweils den ganzen Menschen hinzunehmen muß, weil diese Dinge ja nicht nur mit dem Kopf gedacht, sondern vom Menschen als Ganzem getragen werden, sei nur am Rande bemerkt. – So ist unsere Aufgabe die, nach der Sache selbst zu fragen, diesen Zwang der Sache selbst anzuerkennen und in jenem Denkgeschehen zu sehen, das die Epoche durchmißt, von der wir gesprochen haben, etwa vom achten bis zum sechsten und weiter zum vierten Jahrhundert. Dies eigentümliche Denkgeschehen, das sich auf allen geistigen Gebieten damals vollzieht und auch das unmittelbare Handeln charakterisiert, haben wir auf einem bestimmten und begrenzten Gebiet zu verfolgen. – Damit ist diese Einleitung abgeschlossen.

5. Homer

Nach der Einleitung wollen wir heute mit dem Kapitel beginnen, das uns zu den ersten erreichbaren Anfängen der Philosophie der Griechen führen soll, und das heißt in den Bereich der Dichtung. Wie Sie sich erinnern, sind wir davon ausgegangen, daß die Philosophie nicht eines Tages ›entsteht‹, gestiftet, begründet wird, sondern daß sie als Urangelegenheit des Menschen mit dem Menschen selbst gesetzt ist und sich mit ihm entwickelt, so daß längst vor dem sichtbaren An-den-Tag-Treten der eigentlichen Philosophie, die immer mehr ihrer selbst gewiß wird und sich dann auch den Namen bildet, Vorformen vorhanden sind, die für ihre Anfänge von größter Wichtigkeit sind. Wir hatten es mit einem Quellgrund verglichen, der von Wasser durchtränkt ist und aus dem es sich in immer größeren Rinnsalen sammelt und endlich im Strom vereinigt. Mit diesem Quellgrund haben wir es jetzt zu tun, wobei wir ihn nicht vollständig abstecken können, da er zweifellos älter und umfassender ist als unsere Überlieferung. Das erste, mit dem wir zu beginnen haben, sind die homerischen Epen: die Ilias und die Odyssee, die wir heute ansetzen am Ende des achten Jahrhunderts. Daran schließt unmittelbar Hesiod an, um 700, genauer können wir es nicht sagen. Darauf beginnt bald die neue Form der Dichtung, die Lyrik, und dann im fünften Jahrhundert die Tragödie.

Wir werden uns also zunächst Homer zuwenden, der uns eine ganze Weile beschäftigen wird. Es wird nicht sein wie in einem Homer-Kolleg, daß wir uns die Epen als Dichtwerke ansehen: das Gedicht vom Zorn des Achilleus, der Heimkehr des Odysseus, sondern so, daß wir von der Handlung mehr absehen und auf die inneren Strukturen achten wollen. Homer ist für uns bedeutungsvoll, weil er uns Zeuge sein soll für das Sich-Bemerkbarmachen des Logos im poetischen Wort. Damit sind wir in einem Bereich, in dem das Wort noch nicht vornehmlich den Charakter des Begriffs hat, wenn auch im einzelnen durchaus Begriffe da sind, jedenfalls nicht den Charakter des sich als Begriff selbst begreifenden Begriffs, um es zugespitzt auszudrücken, sondern wo das Wort noch als Bild sich verwirklicht. Nicht im Sinne des Malerischen, wie man im achtzehnten Jahrhundert von Homer als dem Maler-Dichter gesprochen hat, sondern es geht um die Weise, wie bei ihm in eigentümlicher Weise gestalthaft da ist, was wir später als Begriff kennen. Zwischen Gestalt und Begriff besteht in der alten griechischen Welt eine wunderbare Beziehung. Zunächst erscheint das später Begriffliche in Form von Gestalten, und lange nachdem das Denken herausgetreten ist aus dieser dichterischen Form, hat es immer noch die Kraft, auch wieder gestalthaft zu werden. Andererseits kann man auch gewisse Göttergestalten auf Begriffe bringen, Aphrodite etwa als die Liebe fassen, wie man sagt. Vgl. das Buch von W. F. Otto: Die Götter Griechenlands, wo die Gestalten ganz ernst genommen werden, nicht als Allegorien, aber in dieser eigentümlichen Sinnerfülltheit und ›Bedeutung‹ im Goetheschen Sinne, daß sie auf etwas hindeuten. So meine ich in diesem Zusammenhang mit ›Bild‹ nicht das, was phantastisch oder subjektiv-emotionell auf uns eindringt, sondern etwas, in dem sich das Wesen abzeichnet. In diesem Sinne sind wir mit der Dichtung im Bereich des Bildlichen und werden zu beobachten haben, wie sich das Sein des Seienden bildhaft ins Wort hinein bemerkbar macht.

Ich glaube, es ist am besten, wenn ich nicht kleine Einzelstellen herausgreife und vorführe, sondern ausgehe von etwas Konkretem, wo dieser Bezug auf das Seiende, das dann auch die Vorsokratiker im Blick haben, ganz eindeutig ist.

Ein solches zusammenhängendes Stück Dichtung ist im 18. Buch der Ilias die Schmiedung der Waffen für Achilleus durch Hephaistos (478 ff.). Die anderen Waffen sind dabei schnell erledigt, aber breiten Raum nimmt die Beschreibung des Schildes ein, wobei es nicht so sehr auf den Vorgang der Herstellung ankommt, sondern auf die Schilderung, jene berühmte ›Schildbeschreibung‹, die von Lessing ab immer wieder in der deutschen Literatur die Aufmerksamkeit auf sich gezogen hat. Lessing versuchte gerade zu zeigen, wie Vergil gegenüber der Vorgang des Machens im Vordergrund stünde, was nicht ganz stimmt. Das Wesentliche dabei ist, daß uns auf diesem Schild die *Welt* gezeigt wird, in einem ganz umfassenden Sinne. Wir können sicher sein, daß auf wirklichen Schilden dieser Zeit, die wir kennen, zwar herrliche Verzierungen waren, aber niemals die Welt in dieser Weise. Schon das ist bedeutsam, wie in diesem so frühen Epos, dem ersten, das wir erreichen können, ein Instrument des menschlichen Gebrauchs dargestellt wird, das über seinen eigentlichen Zweck hinaus noch etwas Höheres darstellt, etwas, das mehr ist als Schild und Waffe – die schon an sich besondere Gegenstände sind, oft göttlichen Ursprungs. Das Entscheidende ist, daß dieser Schild, der hineingehört in die Sphäre des Krieges und auf dem gewöhnlich Schreckbilder und apotropäische Zeichen dargestellt waren, hier von dem Dichter benutzt wird, um darauf ein Bild der Welt zu geben.

Ich will Ihnen dieses Stück zunächst im Zusammenhang vorlegen und bitte Sie, schon darauf zu achten, wie hier der Weltbegriff erfaßt ist und sich im weiteren Gang der Beschreibung nach bestimmten Seinskategorien entfaltet:

»Und Hephaistos machte zu allererst den Schild, den großen und starken,
Ihn rings kunstvoll arbeitend, und legte darum einen schimmernden Rand,
Einen dreifachen, blanken, und daran ein silbernes Tragband.
Fünf Schichten hatte der Schild selbst, und auf ihm
Machte er viele Bildwerke mit kundigem Sinn.
Auf ihm schuf er die Erde und auf ihm den Himmel und auf ihm das Meer
Und die Sonne, die unermüdliche, und den vollen Mond,
Und auf ihm die Sterne alle, mit denen der Himmel umkränzt ist:
Die Pleiaden und die Hyaden und die Kraft des Orion
Und die Bärin, die sie auch ›Wagen‹ mit Beinamen nennen,
Die sich auf derselben Stelle dreht und nach dem Jäger Orion späht
Und allein nicht teil hat an den Bädern im Okeanos.
Und auf ihm machte er zwei Städte von sterblichen Menschen,
Schöne. In der einen waren Hochzeitsfeste und Gelage:
Da führten sie Bräute aus den Kammern unter brennenden Fackeln
Durch die Stadt, und viel Hochzeitsjubel erhob sich.
Und die Jünglinge drehten sich als Tänzer, und unter ihnen
Erhoben Flöten und Leiern ihren Ruf, und die Frauen
Schauten staunend zu, an die Türen getreten eine jede.
Das Volk aber war auf dem Markt versammelt. Dort hatte ein Streit
Sich erhoben: zwei Männer stritten um das Wergeld

Für einen erschlagenen Mann. Der eine gelobte, daß er alles erstattet habe,
Und tat es dem Volke dar, der andere leugnete: nichts habe er empfangen.
Und beide begehrten, beim Schiedsmann einen Entscheid zu erlangen,
Und das Volk schrie beiden zu, hüben und drüben als Helfer.
Und Herolde hielten das Volk zurück, die Ältesten aber
Saßen auf geglätteten Steinen im heiligen Ring.
Und sie hielten die Stäbe von den Herolden, den luftdurchrufenden, in den Händen;
Mit denen sprangen sie dann auf und taten abwechselnd ihren Spruch.
In ihrer Mitte aber lagen zwei Pfunde Goldes,
Um sie dem zu geben, der unter ihnen das Recht am geradesten spräche.
Um die andere Stadt aber lagerten zwei Heere von Männern,
In Waffen strahlend. Und denen gefiel ein zwiefacher Rat:
Entweder sie zu zerstören oder halb und halb alles zu teilen,
Soviel an Habe die liebliche Stadt in ihrem Innern verwahrt hielt.
Die aber gaben noch nicht nach, sondern zu einem Überfall rüsteten sie sich heimlich.
Auf der Mauer standen ihre Frauen und jungen Kinder
Und schützten sie, und mit ihnen die Männer, die das Alter hielt.
Sie aber gingen, und ihnen voran schritt Ares und Pallas Athene,
Beide von Gold und mit goldenen Kleidern angetan,
Schön und groß, in Waffen, wie eben Götter,
Allseits klar erkennbar, und die Männer darunter waren kleiner.
Und als sie nun dorthin gelangten, wo es ihnen zum Überfall recht schien,
Am Fluß, dort wo die Tränke war für alles Weidevieh,
Da ließen sie sich nieder, umhüllt mit funkelndem Erz.
Und ihnen setzten sich dann abseits von den Männern zwei Späher,
Abwartend, wann sie die Schafe sähen und krummgehörnten Rinder.
Die aber kamen bald heran, und mit ihnen gingen zwei Hirten
Und ergötzten sich auf der Flöte und ahnten keine Arglist.
Die aber, wie sie sie sahen, liefen hinzu und hatten alsdann schnell

Rings abgeschnitten die Herden der Rinder und die schönen Haufen
Weißschimmernder Schafe und töteten über ihnen die Viehhirten.
Wie aber nun die anderen das viele Lärmen bei den Rindern vernahmen,
Die bei der Versammlung saßen, da bestiegen sie sogleich
Die leichtfüßigen Gespanne, fuhren herbei und waren rasch zur Stelle.
Und aufgestellt schlugen sie die Schlacht an den Ufern des Flusses
Und warfen gegeneinander mit den erzbeschlagenen Lanzen.
Und unter ihnen machte sich Eris zu schaffen, und unter ihnen Kydoimos und unter ihnen die verderbliche Ker.
Die hielt einen Lebenden, frisch verwundet, einen anderen unverwundet,
Einen anderen, Toten, schleppte sie durch das Gewühl an den Füßen,
Und hatte das Gewand an den Schultern tiefrot vom Blut der Männer.
Und sie machten sich miteinander zu schaffen wie lebende Menschen und kämpften
Und zogen einander die Toten fort, die hingestorbenen.
Und auf ihn setzte er ein lockeres Brachfeld, ein fettes Flurstück,
Breit, dreimal umbrochen, und viele Pflüger darauf
Trieben kreisend ihre Gespanne hierhin und dorthin.
Waren sie aber beim Wenden an die Feldmark gekommen,
So gab ihnen alsdann in die Hände einen Becher honigsüßen Weines
Ein Mann, der hinzutrat; und sie bogen wieder ein in die Furchen
Und strebten, zur Mark des tiefen Brachfelds zurückzukommen.
Und das schwärzte sich hinter ihnen und sah aus wie gepflügt,
Und war doch von Gold: überaus zum Erstaunen war es geschaffen.
Und auf ihn setzte er ein Königsgut; da waren Schnitter
Beim Mähen, scharfe Sicheln in den Händen haltend.
Da fielen teils die Büschel in Schwaden dicht nacheinander zur Erde,
Teils banden Garbenbinder sie mit Strohseilen.
Drei Garbenbinder standen da, doch hinter ihnen
Nahmen Knaben die Büschel auf, brachten sie in den Armen getragen

Und reichten sie unablässig zu. Und der König stand unter ihnen in Schweigen,
Den Stab in den Händen, beim Schwaden, erfreut im Herzen.
Und Herolde richteten abseits unter einer Eiche das Mahl,
Hatten ein Rind geschlachtet, ein großes, und besorgten es, und die Frauen
Mengten zum Mahl für die Schnitter viel weiße Gerste.
Und auf ihn setzte er einen mit Trauben schwer behangenen Weinberg,
Einen schönen, aus Gold, und schwarz waren auf ihm die Trauben,
Und bestanden war er mit Pfählen durch und durch, silbernen.
Da zog er beiderseits entlang einen Graben von Blaufluß und rundherum
Einen Zaun von Zinn. Und ein einziger Pfad war darauf:
Da schritten die Winzer einher, wenn sie aberntеten den Weinberg.
Und Mädchen und junge Männer trugen frohgemut
In geflochtenen Körben die honigsüße Frucht.
Und mitten unter ihnen schlug ein Knabe die helle Leier,
Lieblich, und sang dazu die schöne Linos-Weise
Mit zarter Stimme. Die anderen aber stampften im Takt
Und folgten mit Singen und Jauchzen, mit den Füßen springend.
Und auf ihm machte er eine Herde von Rindern, aufrecht gehörnten.
Da waren die Kühe von Gold gebildet und von Zinn
Und liefen mit Gebrüll vom Viehhof zur Weide
Längs des rauschenden Flusses, längs des schwankenden Schilfs.
Und goldene Hirten schritten neben den Rindern her,
Vier, und neun Hunde folgten ihnen, schnellfüßige.
Und da hatten zwei schreckliche Löwen unter den vordersten Rindern
Den rauhstimmigen Stier gepackt, und der brüllte laut,
Wie sie ihn schleiften, und die Hunde liefen herbei und die Männer.
Die beiden aber hatten dem großen Rind schon den Balg aufgebrochen
Und schlürften die Eingeweide und das schwarze Blut. Die Hirten aber
Trieben umsonst die schnellen Hunde an und hetzten sie:
Doch die, statt zu beißen, wandten sich immer wieder zurück von den Löwen,

Liefen ganz dicht heran und bellten und wichen wieder aus.
Und auf ihm machte eine Trift der ringsberühmte Hinkende
In einem schönen Waldtal, eine große, voll weißschimmernder Schafe,
Und Ställe und überdachte Hütten und Pferche.
Und auf ihm bildete einen Reigen der ringsberühmte Hinkende,
Dem gleichend, den einst in der breiten Knosos
Daidalos gefertigt hatte für die flechtenschöne Ariadne.
Da schritten Jünglinge und vielumworbene Jungfrauen
Im Tanz und hielten einander beim Handgelenk an den Armen.
Von denen trugen die Mädchen zarte Leinenkleider, die Knaben aber
Hatten Röcke an, gutgewirkte, die noch sanft glänzten von dem Öl.
Auch trugen diese schöne Kränze, die aber hatten
Dolche, goldene, an silbernen Tragbändern.
Und sie eilten bald mit geübten Füßen sehr leicht dahin,
Wie wenn einer sitzt und die den Händen angepaßte Scheibe,
Ein Töpfer, erproben will, ob sie wohl laufe;
Und bald wieder eilten sie in Reihen gegeneinander.
Und eine dichte Menge stand rings um den lieblichen Reigen
Und ergötzte sich, und in ihrer Mitte sang der göttliche Sänger
Zur Leier, und zwei Springtänzer wirbelten unter ihnen
Als Anführer des Spiels in ihrer Mitte.
Und auf ihn setzte er die große Gewalt des Okeanos-Stromes
An den äußersten Rand des Schildes, des dicht gefertigten.«

Das also ist die Schildbeschreibung, bei der die Dinge in der dichterischen Ausführung ins Mannigfaltige hinein gestaltet sind, so daß die entscheidenden Grundformen nicht auf den ersten Blick zu sehen sind. Wir kommen jetzt zur Interpretation, unter dem besonderen Aspekt der Frage, wie sich in solch bildhafter Schilderung der Weltbegriff dem Dichter darstellt.

Es beginnt damit, daß in der Mitte des Schildes dargestellt wird Erde, Himmel und Meer, wobei der Dichter zumal bei dem Himmel verweilt mit seinen Sternbildern. Es ist also zweifellos ein Rundschild gemeint, bei dem das Mittelstück dem Himmel vorbehalten ist. Für uns heute mag es merkwürdig sein, daß das Innerste das Oben ist, das Kernstück auch das Umfassendste. Aber der die Erde umgebende Weltstrom, zu dem wir am Ende wieder kommen, nachdem wir die ganze Welt in konzentrischen Kreisen immer weiter nach außen hin durchlaufen haben, konnte auf einem Rundschild kaum anders dargestellt werden als durch den Schildrand. So steht der Himmel als geschlossenes Rund in der Mitte, vielleicht so, daß wir hineinblicken wie in eine Kuppel, dann folgt in verschiedenen Schichten die Erde, am äußersten Rand vom Okeanos als dem Weltstrom eingefaßt.

Das Interessante an diesem Aufbau ist, daß sich hier – der Form des Schildes angepaßt, doch nicht von ihr bestimmt – ein Weltbild ergibt in Form eines Kreises, so wie man sich damals die bewohnte Erde vorstellte: in der Mitte Erde und Meer und rings herum, vom Meer, *pontos*, wohl zu unterscheiden, der Okeanos. Das ist durchaus nichts Natürliches und Selbstverständliches. Wir werden bald von anderen Weltbildern zu sprechen haben, die nicht durch die Kreisform charakterisiert sind. Für die spätere Kosmologie der Griechen ist sie dann allerdings immer grundlegend geblieben, so wie sie hier zum erstenmal erscheint.

Weiter könnte man sagen, wenn sich hier auch die Darstellung der Kreisform bedient, daß doch zweifellos damit eine Kugel gemeint ist. Im achten Buch der Ilias (v. 16) heißt es, der Tartaros sei so weit unter dem Hades wie der Himmel über der Erde. Wir haben also in der Mitte die Erdscheibe, außen herum den Okeanos, darüber die Halbkugel des Himmels, und nun liegt es nahe, daß auch die untere Hälfte eine Halbkugel bildet, obgleich das nicht dasteht. Aber es wird doch eine strenge Gleichheit statuiert. Hesiod, der in seiner ›Theogonie‹ die Dinge aufgreift, sagt noch genauer, daß ein Amboß vom Himmel zur Erde zehn Tage fliegen würde, und ebenso lange von der Erde bis zum Tartaros (720). Hier haben wir also bereits eine genaue Maßangabe; an solchen kleinen Dingen zeigt sich das, was ich den Prozeß des Denkens genannt habe. –

Schon hier ergibt sich ein Doppeltes. Das Weltbild der homerischen Schildbeschreibung geht einmal vom Augenschein aus, von der Erscheinung, so wie der Mensch sie wahrnimmt: die flache Erde, vom Horizont als Kreis umgeben, darüber die Wölbung des Himmels. Zugleich aber wird das Wahrgenommene konstruktiv ergänzt. Die Welt wird hineingesehen in mathematische Formen und Strukturen, d.h., Formen, in denen sich in unmittelbarer Weise Seinsstrukturen und -kategorien darstellen. Das ist der letzte Grund dieser frühen, noch nicht wissenschaftlichen Mathematisierung. Diese Einheit, in der der Augenschein bewahrt und zugleich konstruktiv über ihn hinausgegangen wird, ist eine Grundkategorie der griechischen Seinsdeutung. Erst viel später werden die Dinge auch begrifflich formuliert, wie in dem berühmten Methodensatz des Eudoxos von Knidos, der bis auf den heutigen Tag in der Wissenschaft gültig ist: *diasôzein ta phainómena*, ›die Erscheinungen bewahren‹.

Und noch ein letztes. In dem homerischen Weltbild zeigt sich deutlich eine Dreiteilung nach Himmel, Erde und Unterwelt. Dem entspricht eine Dreiteilung dieser Weltbereiche nach den sie beherrschenden Göttern. Im fünfzehnten Iliasbuch hören wir von einer großen Verteilung der Welt unter die Söhne des Kronos. Zeus als der älteste Bruder erloste den Himmel; der obere Raum als der vornehmste gehört auch dem höchsten Gott. Hades erloste die Unterwelt, die nach ihm auch den Namen hat, und Poseidon als der zweitälteste Bruder das Meer – nicht die Erde, von der ausdrücklich gesagt wird, daß sie noch allen gemeinsam sei. Also eine Dreiteilung anderer Art. Überall strebt das Weltdenken in dieser frühen Zeit hin nach derartig klaren Ordnungen. Sie sehen, wie sich im poetischen Bereich das Sein des Seienden bemerkbar macht in solchen zugleich mythischen und ontologisch bestimmten Grundkategorien.

6.

Wir hatten zuletzt die Schildbeschreibung der Ilias gelesen und auch schon damit angefangen, das im philosophischen Sinne Relevante aus dem Bild herauszuinterpretieren, wozu wir auch andere Stellen mit herangezogen hatten. Als das Interessante daran hatte sich herausgestellt, wie sich das griechische Denken einmal orientiert am unmittelbaren Augenschein, wie aber andererseits dies Gesehene zugleich konstruktiv zur Gesamtform ergänzt wird. Dies Hineinprojizieren des Gesehenen in gesetzliche, mathematische Formen ist von größter Bedeutung für das in der Dichtung sich bildende und dann in der Philosophie weitergeführte Denken der Griechen, zumal wenn wir uns etwas umsehen, wie sonst Menschen auf der Erde sich Vorstellungen von der Welt machen. Man betrachte einmal in der Volkskunde die Weltbilder der Primitiven, aber auch der Hochkulturen. Dabei ist der primitive Mensch durchaus nicht immer der Einfache, im Gegenteil, er ist oft äußerst kompliziert, aber die Welt ist ihm doch anthropomorph, sein spezielles Daseinsinteresse ist es, das seine Sicht auf die Dinge bestimmt. Die Griechen haben ähnliches auch gehabt, wie wir an Spuren noch erkennen. Aber schon bei Homer ist anderes an dessen Stelle getreten.

Was für dieses andere charakteristisch ist, sei schon hier gesagt: der Abbau des Anthropomorphen in der Welterklärung. Es war eine unerhörte Tat, daß der Mensch es fertig brachte, in der Erklärung dessen, was er um sich herum wahrnimmt, zu verzichten auf den engen Bereich seiner ihn als Menschen bestimmenden Daseinsinteressen; daß es ihm einerseits gelingt, den Augenschein festzuhalten, die Phänomene zu bewahren, wie der Satz des Eudoxos fordert, und er andererseits fortschreitet zu einer ergänzenden und interpretierenden Deutung, die schon hier bei Homer so abstrakt, mathematisch und fern von dem eigentlichen Bereich des Menschlichen ist. Wir wissen, wie bedeutungsvoll das Absehen von allem Anthropomorphen gerade in der neuesten Physik geworden ist, wo die Quantenmechanik auf das scheinbar Gesetzlichste verzichten mußte und vollkommen unanschaulich, ja unvorstellbar wurde. Auch das ist nur eine letzte Weiterführung dieser Tendenz, in der Erklärung des Begegnenden vom Anthropomorphen immer mehr abzusehen, weil das, was uns begegnet, eben nicht der Mensch ist. So fassen wir schon hier an der Schildbeschreibung, wie sich in dieser abgegrenzten, kreisförmigen Welt ganz erstaunlich ein Grundmotiv des griechischen und weiter des europäischen philosophischen und wissenschaftlichen Denkens zeigt.

Wir werden nun weiter fortschreiten in der Interpretation. Nachdem auf dem Schild die Welt als ganze abgegrenzt worden war mit Himmel, Erde, Meer und Weltstrom, wendet sich der Dichter der Erde zu, der Menschenerde, und dem Geschehen auf dieser Erde. Das Prinzip, das das folgende beherrscht, um es vorgreifend schon hier zu sagen, ist das Prinzip der Dichotomie, des Schneidens in je zwei Teile. So heißt es, daß der Gott zwei Städte machte, und zwar ist es so, daß in der einen dieser beiden Frieden ist, die andere aber ist belagert. Also zwei verschiedene Zustände, in denen das menschliche Leben sein kann, Frieden und Krieg, stehen sich hier gegenüber. Das wird wieder dichotomisch unterteilt: in der friedlichen Stadt waren auf der einen Seite Hochzeitszüge und Gelage zu sehen, auf der anderen Männer am

Markt, die einen Rechtsstreit schlichten. Hochzeit und Rechtsstreit sind auch in der Friedenssphäre zwei Bereiche, die sich gegenüberstehen: die Hochzeit als ein Geschehen der Vereinigung, nicht nur von zwei Menschen, sondern von Geschlechtern, ein Geschehen, das das Leben und den Fortgang der Gesellschaft verbürgt; und der Rechtsstreit als eine Art Kampf, der trennt und Zwiespalt bringt. Ebenso wird auf der anderen Seite geschieden in die eine Form des Krieges, die damals die Hauptrolle spielte: die Belagerung, und zweitens den Ausfall oder Überfall, wo man Herden erbeutet, woraus sich dann eine Schlacht entwickelt. Diese gleitende Schilderungsweise ist homerisches Stilgesetz. In der Schlacht sind nun drei Formen möglich: einer kann heil bleiben, er kann verwundet werden oder fallen. Hier haben wir also eine Trichotomie. – Indem wir ein Stück Dichtung so analysieren, tun wir dem Dichter nicht Gewalt an, sondern heben nur hervor, was sich uns darstellt.

Es geht nun in dieser Weise weiter, erneut dichotomisch. Wir kommen von der Stadt zum Land – schon in sich eine Polarität –, weiter unterteilt in Pflügen und Ernten, und als andere Form der Ernte tritt dazu die Weinlese. In beiden sind Urformen des Lebens gefaßt, wie sie noch Hölderlin dargestellt hat in der Elegie ›Brot und Wein‹, diese beiden Dinge, die das Leben tragen, wobei das Brot das Nährende ist und der Wein im elementaren Sinne das Geistige und Begeisternde. Mit Pflügen und Ernten ist zugleich *arché* und *telos* bestimmt, Anfang und Ende; eine Denkweise, die weithin das griechische Denken beherrscht. – Weiter geht das dichotomische Prinzip durch: neben der Arbeit steht das Mahl, der Genuß in der einfach natürlichen Form des Essens. Und wie das Mahl zur Erntearbeit, so tritt zur Weinlese das Lied; wie man es heute noch im Süden erleben kann, daß Menschen singen, auch wenn sie schwere Arbeit verrichten.

Nach der Landwirtschaft kommen wir zur Viehzucht, und hier bricht nun das ein, was überhaupt dem friedlichen Leben und der Kultur gegenübersteht. Es geht nicht ohne das Bedrohende, die Gefahr, die überall da ist, wo Kulturarbeit geleistet wird, in der verschiedensten Weise; und noch heute in unserer gesicherten Welt sind wir dem nicht ganz enthoben. Es kann einbrechen in der Form von Ungewitter und Trockenheit, Brand, Überschwemmung, Erdbeben und anderen Katastrophen. Der Dichter zeigt es hier in der Form, die vor allem die Herden bedroht: wilde Tiere,

Löwen, die einen Stier gerissen haben. So kann er von hier gleich weitergehen und den dritten Bereich neben Ackerbau und Viehzucht anschließen: die Jagd.

Man hat mit Recht gesagt, daß in diesem Ganzen gerade das fehlt, was zumal für Griechenland höchst wichtig war: die Schiffahrt. Aber hier zeigt sich, daß Homer gern absieht von den Errungenschaften der eigenen Zeit, wenn er in die ältere Zeit zurückblickt. Hinzu kommt, daß das Meer für die Griechen etwas Unheimliches war in der alten Zeit, und wenn man auch Fischfang betrieben hat, ist man doch nie gern zur See gegangen. Das zeigt sich sehr deutlich bei Hesiod, aber wir können es auch sonst voraussetzen, besonders die Scheu vor dem offenen Meer, die noch die Römer kennen, wo etwa Horaz es als Unerhörtes empfindet, daß der Mensch es auch damit gewagt hat (Carm. I 3 u. ö.). Daß die Griechen dann doch zu kühnen Seefahrern geworden sind, wie schon die Odyssee zeigt, ist wichtig; aber auch dort sieht man, daß es nicht so sehr ein Übermut ist, sondern daß das Leiden dabei durchaus vorherrscht. Die Leute jammern ständig, wenn sie fahren. Es war ja auch kein Vergnügen auf diesen Schiffen, die man bei Windstille noch rudern mußte, auf denen man nicht kochen konnte und die kaum Schutz boten. So war dieser Bereich Homer zwar bekannt, aber wir verstehen auch, daß er in diesem archaischen Bild der Kultur darauf verzichtet. Für das innere Prinzip der Darstellung spielt das keine Rolle.

Wohl aber steht neben der großen Viehzucht auch das Kleinvieh, ein kurzer Absatz über eine Trift mit Schafen, über den man sich manchmal gewundert hat. Das Kleinvieh spielte eben neben den Rindern eine große Rolle. Aber bedeutungsvoll ist auch wieder, daß der Dichter die ebenso wichtigen Ziegen wegläßt. Ihm liegt nicht an der Fülle der Erscheinungen, sondern er hält nur soviel davon fest, daß sich repräsentiv in ihnen das Ganze darstellt, zumal durch das Prinzip der polaren Entgegensetzungen. Man ist logisch durchaus in der Lage, durch ein richtig gewähltes Gegensatzpaar das Ganze des *genos* darzustellen. In Tag und Nacht haben wir das Ganze des Zeitablaufs, in Jugend und Alter das Ganze des Menschenlebens, und so gibt es viele solcher Begriffspaare bei Homer, wo die Gegensätze das Ganze des Stammbereichs repräsentieren.

Aber das alles wird noch einmal in einer noch umfassenderen Gegensätzlichkeit der Darstellung gefaßt, die mit erstaunlicher Gesetzlichkeit das alles abschließt. Es heißt, der Gott machte noch einen Reigen von Jünglingen und Jungfrauen, die bald im Kreise gingen, bald wieder in Reihen gegeneinander. Also ein Tanz, wie wir ihn von Vasenbildern kennen, wieder gegensätzlich nach Geschlechtern und selbst nach Bewegungen, wobei das Runde und das Gerade die zwei Hauptarten der späteren Bewegungslehre vorwegnehmen. Mit diesem Reigen, bei dem auch die Zuschauer nicht fehlen, steht der Bereich des Festes und der Feier den anderen Bereichen des Lebens gegenüber. Vor allem aber steht in der Mitte der Tanzenden der göttliche Sänger, der zur Leier singt. So ist auch der Dichter auf seinem Bild der Welt mit dabei und verkörpert in dieser Welt die Musik, *mousiké*, in ihrer umfassendsten Form.

Nachdem so das Bild der Welt in ihrer ganzen Fülle herausgearbeitet wurde in einer außerordentlich strengen Gesetzlichkeit, schließt nun am Rand des Schildes der Weltstrom alles ab als Grenze, *peras*, womit auch dieser später so wichtige Begriff noch gegeben wäre. Sie sehen, das ist nichts Künstliches, erst Hineininterpretiertes, sondern tritt uns einfach entgegen, wenn man sich die Strukturen, in die die bunte Fülle des Erdgeschehens sich einordnet, einmal klar macht.

Daß das wirklich so ist, daß in diesem poetischen Bild eine so klare Strukturgesetzlichkeit herrscht, ist in verschiedener Hinsicht wichtig, ebenso für die Poesie wie auf der anderen Seite für jenes Sich-Regen eines philosophischen Unterstroms. Für die Poesie Homers wie überhaupt der Griechen, weil sie eben dadurch den ihr eigentümlichen Charakter hat, daß sie nicht eine phantastische, überwüchsig-bildliche, von Emotionen, Affekten und Emphase bestimmte Weise der geistigen Tätigkeit ist, sondern den Charakter eines Gesetzlichen hat, eines in eigentümlicher Weise Gebundenseins, einer Seinsgebundenheit. Man kann sagen, das homerische Epos in seiner inneren Struktur ist konstituiert durch das, was wir nennen können eine dichterische Ontologie. Für Homer und die Griechen ist charakteristisch, wie die Dichtung, die die ihr eigene Schönheit und Gültigkeit immer erfüllt, dies in einer großartigen ›Richtigkeit‹ tut. Es sind große und gleichzeitig unendlich schlichte Seinsvisionen, von denen Homer nicht nur hier bei der Schildbeschreibung bestimmt ist, sondern auch sonst überall.

Indem ich das sage: daß es sich hier um eine Dichtweise handelt, die als Dichtweise in höchstem Maße seinsadäquat ist und deren Schönheit eben darauf beruht, bin ich auch schon bei dem

Philosophischen angelangt. Durch all das ist in Wahrheit nichts anderes charakterisiert als das Philosophische jener Dichtung. Diese Seinsadäquatheit ist es, die schon früh zu ganz bestimmten Seinsdeutungen geführt hat und sich notwendig in bestimmten ontologischen Grundformen niederschlagen mußte. Wir können nicht anders, als in der Weise, wie hier gedichtet wird, schon bestimmte Formen von Seinserfahrung zu erkennen, geordnet und bewältigt; das heißt, wir treffen auf ontologische Kategorien und Denkmethoden.

Da hatten wir bei dem Überblick über das Erdenleben nicht nur eine eigentümliche Totalität aller Erscheinungen der Kultur, sondern eine Ganzheit, die in einer bestimmten Denkmethode gefaßt und dichotomisch gegliedert ist, in dem Sinne, daß Polaritäten, Gegensätze ins Auge gefaßt werden, die dialektisch aufeinander bezogen sind und je ein umfassendes Ganzes darstellen. Das ist die Grundstruktur, die denkerisch ein solches Bild trägt. Wir wissen, wie das dann weitergeführt hat zur Gegensatzlehre des Heraklit und endlich der platonischen Dialektik, wo die Dichotomie oder Diairese zur festen Methode wird der Einengung eines Allgemeinen auf das Individuelle: es wird ausgegangen von einem Genos, einem Stammbereich, und dann jeweils zweigeteilt, bis wir zu einer nicht mehr teilbaren letzten Form kommen, und das ist dann das Individuum, das *átomon eidos*. –

Ich gebe nun zum Abschluß noch einmal einen Überblick über die bisher gewonnenen Kategorien.

Einmal: Homer gibt uns in seiner Schildbeschreibung ein Bild der Welt. Das Wort *kosmos* für das Weltganze fehlt noch bei ihm. Aber es ist ja nicht so, wie man öfter gemeint hat, daß da, wo ein Wort fehlt, auch die Sache fehlen muß. Es wäre ja auch schrecklich, wenn wir nur so viel zu sagen hätten wie wir Wörter haben. Wer etwa mit Tieren umgeht, weiß, daß sie auch ohne Sprache eine Fülle von Sachen haben; und auch im menschlichen Bereich ist der Reichtum an Sachen immer größer als der an Worten.

Die Welt stellt sich uns dar als eine kugelförmige und ganze. Hier fassen wir die Vorstellung der Einheit und Ganzheit, des *hen kai hólon*, das später zu einem entscheidenden philosophischen Begriff wird. Bei Homer stellt es sich dar in der Form des Kreises als der vollendeten Figur, oder, wie die andere Stelle zeigt (Il. 8, 16), der Kugel.

Zum Kreis gehört die Grenze, *peras*, dargestellt in dem umfassenden Weltstrom. Es ist eine eindeutig begrenzte Welt bei Homer, wie auch später wieder bei Aristoteles. Der Gedanke des Begrenzten wird in der Philosophie zum Problem, als das Unendliche und Unbegrenzte, das *apeiron*, in den Blick kommt. So schon bei Anaximander.

Hier können wir gleich hinzunehmen die auch sonst bei Homer und später so wichtigen Begriffe *arché* und *telos*, Anfang und Ende, die wieder zusammen ein Ganzes ausmachen, wozu oft noch das *meson*, die Mitte, tritt.

Weiter haben wir Ränge und Stufungen: das Obere ist zugleich auch von höherer Güte als das Untere, das Helle als das Finstere.

Vor allem aber sind es jene Gegensätze, *enantía* (eigentlich: ›was sich anblickt‹; schöner als das lateinische *opposita*), die den Aufbau dieser Welt bestimmen; das Grundprinzip der Polarität und damit implizit der logische Begriff des *genos*, des Stammbereichs, der je die Gegensätze umfaßt.

Wohin wir auch blicken, überall zeigt sich ein erstaunlicher Sinn für die Grundformen oder, wie wir auch sagen können, das Archetypische. Überall wird eine Erkenntnisaufgabe nicht als gelöst betrachtet durch die Fülle des Empirischen, sondern durch dies Herausstellen von Archetypen. So auch die Archetypen der menschlichen Kultur, wie ich sie entwickelt hatte. – Das war es hauptsächlich, was sich uns bei diesem Beispiel ergeben hatte. Wir werden das weiter fortsetzen.

7.

Nachdem wir zuletzt an der homerischen Schildbeschreibung eine bestimmte Art der Weltsicht kennengelernt hatten und eine ganze Reihe von noch unterirdischen Denkmitteln, die im späteren Philosophieren hervortreten werden, wenden wir uns heute dem gesamten Epos zu, um einige weitere deutlich faßbare Grundbegriffe oder Denkmittel aufzuzeigen, die uns in ganz ähnlicher Weise dann bei den Vorsokratikern wieder begegnen werden. Da haben wir zuerst von der Kategorie des Ursprungs, der *genesis* zu sprechen, und weiter von dem, was wir schon in der Schildbeschreibung angetroffen hatten: der Bedeutung der Gegensätze, und drittens müssen wir uns vor allem mit der Kategorie der Gleichheit, des *ison*, beschäftigen, einem ganz handgreiflichen poetischen Mittel durch das ganze Epos hin: den Gleichnissen. Es wird sich noch anderes anschließen, aber hauptsächlich sind es diese drei.

Der erste Punkt ist also, begrifflich formuliert, das Ursprungsdenken, die Frage nach der *genesis*, dem Werden, der Entstehung von Lebendigem wie auch Unlebendigem. Dies Interesse an dem Ursprung, der Herkunft, ist zunächst etwas, das in der alten griechischen Welt soziologisch gegeben war. Die Gesellschaft, die diese Welt trägt, ist der griechische Adel, und wo immer wir auf aristokratisch-patriarchalische Gesellschaftsformen stoßen, treffen wir auch auf das Interesse am Ursprung und an der Herkunft. Die großen Geschlechter leiten sich letztlich von Göttern her, die einmal mit einer Menschenfrau den Stamm begründet hatten. So mag dies adlige Denken ein Element der griechischen Welt gewesen sein, das auf das Ursprungsdenken überhaupt geführt hat. Aber dies Denken geht schon bei Homer weit darüber hinaus, wenn das auch immer noch sehr wichtig bleibt. Bei den Menschen, zumal wenn ihnen etwas geschieht, wird immer wieder eine kurze Genealogie gegeben, die bei bedeutenden Geschlechtern auch sehr umfangreich sein kann, etwa bei dem Stammbaum des Glaukos im sechsten und dem des Aineias im zwanzigsten Iliasbuch. Dasselbe haben wir aber auch bei Gegenständen, wenn sie bedeutsam werden. Ein wichtiges Beispiel ist Ilias 2,101 ff. der Stab des Königs Agamemnon, der förmlich vorgestellt wird, bevor er dann in der Handlung eine Rolle spielt. Er wird mithelfen, die bedrohte Ordnung in der Versammlung wieder herzustellen, und weil er gleich diese Bedeutung haben wird, wird er ausdrücklich eingeführt. Es wird gesagt, daß Hephaistos ihn einmal für Zeus gefertigt habe; der habe ihn weitergegeben an Hermes, dieser an Pelops, und so sei er über Atreus und Thyestes an Agamemnon gekommen.

Diese Einzelheit ist charakteristisch für diese Art des Denkens, zumal auch hier der Ursprung, ähnlich wie bei den Geschlechtern, zurückgeführt wird auf einen Gott, das heißt zu einem umfassenden, tragenden Grund des Seienden, wie es der Gott und die Gottheit darstellt. – Es sei darauf hingewiesen, daß Homer auch den Ursprung der Götter ins Auge faßt, eine Spekulation, die bei Hesiod dann bestimmter wird in seiner ›Theogonie‹, jener großen Genealogie der Göttergeschlechter; eine Demonstration desselben Denkens wie später bei den Vorsokratikern. Bei Homer steht Ilias

14, 201 der berühmte Vers von ›Okeanos, dem Ursprung der Götter‹. 14, 246 wird er der ›Ursprung von allem‹ (oder ›allen‹) genannt. Schon Aristoteles hat angemerkt, daß Thales, wenn er die *genesis* von allem als das Wasser ansetzt, offenbar diesen Vers im Auge gehabt habe. Der Satz des Thales wäre also nicht lediglich aus der Empirie zu verstehen, vom Augenschein her – das natürlich auch –, sondern bereits von Homer beeinflußt und eine Art Säkularisierung dieses Verses.

Nun ist noch zu sagen, daß neben diesem Fragen nach dem Ursprung auch das in den Blick fällt, was in dem Wort ›Genesis‹ auch liegt – das, wie alle Worte auf -sis, eine Funktion bezeichnet –: Die Werdung, wie wir es nennen können, oder einfacher: der Werdevorgang. Die Frage nach dem Werden und bald auch dem Vergehen oder Entwerden wird später immer wieder erörtert. Aber das Interesse an solchen Vorgängen und Geschehensweisen ist schon in der dichterischen Welt Homers überall gegeben, bis ins Allerkleinste. Zumal sind es Vorgänge, die zu einer charakteristischen Form des Werdens gehören: Vorgänge der Herstellung, *poiēsis*, des Machens. Wenn ein Wagen gebraucht wird, hören wir, wie er zusammengesetzt wird aus seinen Teilen; wenn ein Frühstückstrank bereitet wird, erfahren wir seine Bestandteile und wie sie zusammengefügt werden. So werden immer wieder bestehende Dinge, selbst ein solcher Trank, zurückgeführt auf die Elemente, aus denen sie bestehen und aus denen nun ein neues Ganzes wird. Überall bei Homer haben wir solche Vorgänge, in denen ein Zuständliches gezeigt wird in seiner Werdung. Das Interesse Homers an diesen Dingen beruht nicht, wie man früher gemeint hat, auf naiver Sachfreude, wohl aber ist es ein tief sachliches Interesse. Das ist durchaus nichts Selbstverständliches. Es ist nicht so, daß auch sonst in der Epik anderer Völker ein derartiges Interesse spürbar wird, sondern wir werden sagen dürfen, daß es etwas rein Griechisches ist und einen charakteristischen Sinn für Funktionen des Seins verrät – was in letzter Konsequenz auf den Bereich der Technik führt.

Weiter kommen wir noch einmal auf die Bedeutung des *Gegensatzes*, ein Element, das bei Homer immer wieder begegnet. Auch das könnte man vom Kleinsten bis zum Größten aufzeigen als durchgehende homerische Sehweise, von der wir sagen können, daß es eine charakteristisch ontologische Sehweise ist im poetischen Gewand. Immer wieder sind es Gegensatzpaare, die sich zum Ganzen integrieren: Erde und Meer, Tag und Nacht, Alter und Jugend, Götter und Menschen, die zusammen die Welt bilden, Wort und Werk als Grundformen des Menschlichen, bei Homer meist in der schlichteren Form ›Rat und Hände‹ als das, womit einer tüchtig sein kann. Dies Denken in Gegensätzen beherrscht überall die homerische Gestaltung, und zwar nicht nur als ein Gegenübertreten, sondern als Widerspiel der Gegensätze. Das spätere heraklitische Wort für ein solches Widerspiel ist *antamoibé*, Tausch oder Austausch. Das ganze Weltbild Homers wie auch seine Handlung zeigt eine unendliche Fülle dieser Gegensätze im Widerspiel. Ein Punkt, wo das ganz greifbar wird, ist etwa das Miteinander-Sprechen. Man ist gewohnt, das Epos vorwiegend als Erzählung zu sehen. Und doch bestehen die homerischen Epen zum größten Teil aus Reden; Schilderungen und reine Beschreibungen sind ganz selten. Alles wird dargestellt in Handlung und Rede, einem Gegensatz, der noch bei Thukydides eine Rolle spielt als *logoi* und *erga*, Reden und Werke, mit denen er als Historiker zu tun hat. Bei Homer sind diese Reden häufig – nicht immer – so gestaltet, daß sie sich gegenüberstehen in Rede und Gegenrede, oft wieder vermehrt zu verschiedenen Redepaaren. So gleich am Anfang der Ilias der große Streit zwischen Achilleus und Agamemnon.

Auch die Helden sind bei Homer deutlich in solchen Gegensätzen gestaltet. Dem alten Nestor, der die Erfahrung hat, steht etwa der ganz junge Antilochos gegenüber. Der Schwätzer Thersites ist sichtlich ein Affe des Achilleus. Dann wieder verschiedene Typen des Kämpfers: Achilleus, dem schnellfüßigen, einer Art Leichtathlet, steht in Aias der Schwerathlet gegenüber, der massige Mann, nicht so bedeutend im Angriff wie im Abwehrkampf. In Hektor und Paris werden darüber hinaus zwei verschiedene Lebensformen einander gegenübergestellt: der Mann des Krieges und auf der anderen Seite der Liebling der Aphrodite, zu dem auch das Musische gehört in der Form des Leierspiels und Tanzes.

Das führt schon zu der dialektischen Gestaltung ganzer Szenen, wie der Begegnung von Hektor und Andromache, die ich in meinem Homerbuch übersetzt und interpretiert habe. Diese berühmte Homilia ist ganz auf den wesensmäßigen Gegensatz gestellt von Mann und Frau, nicht nur geschlechtlich, sondern als Weltgegensatz verstanden. Der Mann hat seine bestimmte Welt, die Frau die ihre. Es ist wundervoll gemacht, wie in dieser ganz lebendig geschilderten Szene der Gegensatz, der sie trägt, nicht nur ein individuell persönlicher ist, sondern ein notwendiger; wie sich gleichsam Seinsnotwendigkeiten in diesen beiden Menschen verkörpern. Auch Kategorien der Trennung und Vereinigung können wir in dieser Gestaltung finden. Die beiden sind in ihren Welten ganz getrennt und entfernen sich immer mehr voneinander, die Kluft scheint unüberbrückbar; und dann gibt es doch einen Mittler, der die Vereinigung herbeiführt: ihrer beider Kind. Das sind ganz natürliche Lebenssymbole, die man nicht zu deuten braucht, weil sie sich von sich selber her deuten. Alles sind ganz menschliche Motive, und doch mit einem erstaunlichen Sinn für das Strukturelle erlebt, was eben diese Dichtung so schön macht, auch wenn man es nicht gleich versteht. Es ist eine Seinsrichtigkeit, wenn man es so nennen will, die gar nicht bewußt zu werden braucht, die wir aber ständig spüren und ahnen, wenn wir dieses ganz schlichte Zusammensein von Mann und Frau erzählt bekommen.

So dringt der Gegensatz tief in die Handlung. Oder weiter der große Gegensatz von Menschen und Göttern. Zumal in der Ilias ist es so, daß die menschliche Handlung überbaut ist von einer Handlung im Olymp – dem ›Götterapparat‹, wie man früher gesagt hat –, und zwar so, daß zwischen beiden ein ständiger Rapport stattfindet, Einwirkungen von beiden Seiten, die wieder Gegenwirkungen auslösen. Dieser große Gegensatz ist doch nichts Gewöhnliches. Und auch die Götter selbst sind wieder unter sich getrennt, Gegensätze brechen auf, Spannungen und Verfeindungen. Zeus kann seinen Plan nicht durchführen, weil die eigene Familie sich gegen ihn stellt, Here und der Bruder Poseidon. Dieser Götterstreit beginnt im ersten Buch und endet mit dem oft verkannten Götterkampf im einundzwanzigsten, wo es fast ins Burleske übergeht, weil es nicht anders sein kann, als daß das höchst Erhabene auch wieder den Gegensatz des Scherzes hervorruft. Daß auch die Götter als lebendige Gestalten zugleich bestimmte Bereiche des Seienden manifestieren, die sich wieder dialektisch gegenüberstehen, hat W.F. Otto schön gezeigt in seinem Buch: Die Götter Griechenlands. Über diese Dinge bei Homer könnte man ein ganzes Kolleg lesen.

Damit will ich das Kapitel von den Gegensätzen abschließen und zu einem neuen wichtigen Bereich übergehen, der dazu wieder im Gegensatz steht. Der Gegensatz von *enantia* ist *homoia*, das

Ähnliche, Gleichartige, und das umfaßt den riesigen Bereich der homerischen Gleichnisse. Hier bin ich nicht der erste, der die vorphilosophische Bedeutung der Gleichnisse gesehen hat, sondern kann schon auf verschiedenes hinweisen. Einmal den Aufsatz des bekannten Philosophen und Ästhetikers Kurt Riezler: Das homerische Gleichnis und die Anfänge der Philosophie, in: Die Antike 1936. Weiter Bruno Snell: Gleichnis, Vergleich, Metapher, Analogie; und Hans Diller: *Opsis adelon ta phainomena.* Ich selbst habe mich dazu geäußert in dem Aufsatz: Die homerische Gleichniswelt und die kretisch-mykenische Kunst, auch in dem Kapitel meines Homerbuchs über Hektors Tod.

Wenn wir uns nun den Gleichnissen zuwenden in ihrer Bedeutung für das Kategoriale, dann müssen wir zunächst feststellen, daß der Vergleich in der Welt weit verbreitet ist, auch in der sonstigen Epik. Aber der Vergleich, wo etwas mit etwas anderem verglichen wird (›er griff an wie ein Löwe‹), ist noch kein homerisches Gleichnis. Dafür ist etwas charakteristisch, das nicht schon im Vergleich gegeben ist, nämlich daß es in einer auffälligen Form über das eigentliche Vergleichsmoment weit hinausgeht und immer mehr Bildelemente in sich aufnimmt, so daß ein kleines Gesamtbild entsteht, ein Stück Welt sich gleichsam ausgliedert. Das kann kurz sein oder auch sehr ausführlich. Ein Beispiel dafür ist die Szene, wo Hektor Achilleus draußen vor dem Tor erwartet (Ilias 22, 92ff.), »wie eine Schlange in den Bergen vor ihrem Loch einen Mann erwartet, vollgefressen mit bösen Kräutern, und ein furchtbarer Groll tauchte in sie, und schrecklich blickt sie, um ihr Loch sich ringelnd: so unauslöschlichen Kampfmut hatte Hektor und wich nicht zurück.« Da wird Hektor also mit einer Schlange verglichen, einer giftigen, was so ausgedrückt wird, daß sie sich vollgefressen hätte mit giftigen Kräutern – was ja wohl nicht so ist. Aber sie ist wütend, gefährlich, will zupacken. All das, die Wut und innere Gespanntheit, kennzeichnet auch Hektor in diesem Augenblick. Das Entscheidende hier ist eigentlich die Spannung, die als Begriff nicht da ist, aber sie *ist* da in der Weise, wie das ausgeführt wird. Ähnlich in der Kette der Gleichnisse, die dann Flucht und Verfolgung begleiten, 139ff. Im Gleichnis von Falke und Taube ist es das unablässig Zustoßende, Andrängende des Raubvogels, was hier Achilleus entspricht. Das wird im Gleichnis deutlicher, als wenn es im Begriff ausgesprochen würde. Oder weiter, das Gleichnis von den Rennpferden; oder wie Hunde ein

Hirschkalb hetzen, das sich immer wieder unter Gebüsch duckt und doch wieder aufgespürt wird. Wieder ist damit die Unablässigkeit im Blick, mit der hier verfolgt wird, und doch ist das Wort nur einmal da, aber der ganze Vorgang zeigt es. Und ein letztes, ganz erstaunliches Gleichnis, was man gar nicht für möglich halten sollte in dieser frühen Zeit: wie ein Mann im Traum versucht, einen Flüchtenden einzuholen, und weder kann der entrinnen noch dieser ihn ergreifen . . . Hier ist es gar kein anschaulich-konkreter Vergleich aus der äußeren Welt, sondern ein inneres Erlebnis, das wir wohl alle kennen, ein Angsttraum, der hier herangezogen und aus dem seelischen Bereich auf die konkrete Verfolgung übertragen wird. – Charakteristisch ist überall das Sich-Vermehren des Vergleichs, was nicht Ausmalung ist, wie man früher gemeint hat, sondern auf diese Weise entsteht die Totalität eines Gesamtvorgangs, der einen anderen Vorgang in seiner Gesamtheit sichtbar macht. Das gibt es nicht in sonstigen Vergleichen, es ist speziell griechisch und vielleicht speziell homerisch, denn ich bezweifle, daß es in dieser Form schon in der vorhomerischen Epik dagewesen ist. Man kann es nicht beweisen, wir haben nichts Älteres, aber aus dem sonstigen Stilcharakter Homers läßt sich zeigen, daß es mit seiner ganzen Art zu sehen zusammenhängt.

Wenn wir uns umblicken und fragen, wo es sonst so etwas in der Welt gibt, ohne daß es bereits von Homer beeinflußt ist, wie schon bei Vergil und weiter bei Dante, Shakespeare und vereinzelt auch bei Goethe, so finde ich zu meinem eigenen Staunen nur eine einzige Stelle, wo diese Art der Gleichnisgestaltung aufkommt. Das sind die Gleichnisse Jesu im Neuen Testament. Wir nennen sie Parabeln, nicht Gleichnisse, und es gibt natürlich manche Unterschiede. Ich habe einmal ein Colloquium darüber gehalten, und da zeigte sich, daß diese Parabeln zwar anders strukturiert sind, aber das Gemeinsame ist, daß sie sich ebenfalls runden zu kleinen Geschichten. Damit haben sie keineswegs ihr Vorbild im Alten Testament, auch nicht in der Literatur der Rabbiner, die auch wohl meist später ist. Selbstverständlich glaube ich nicht an eine Beziehung zu Homer. Aber es gibt das ja gelegentlich in der Welt, daß an zwei Stellen Ähnliches entsteht. Der Grund dafür mag sein, daß auch die Parabeln nicht etwas verdeutlichen wollen, sondern in ihrer Art ebenfalls tiefe Grundverhältnisse sichtbar machen.

Soviel zunächst zur allgemeinen Abgrenzung des Horizonts.

8.

Wir sind in eine Behandlung der homerischen Gleichnisse eingetreten und hatten schon gesagt, daß es sich dabei nicht um einfache Vergleiche handelt, sondern daß wir auch hier denselben Weltcharakter finden, wie er überall bezeichnend ist für das homerische Epos, obgleich dieser Weltcharakter durchaus nicht mit dem Epos als Gattung verbunden ist.

Rückt man nun all diese einzelnen, verschieden langen Gleichnisse zusammen, wie ich das in meinem Aufsatz getan habe, nach Sachgruppen geordnet, so ergibt sich auch aus einer solchen Zusammenstellung ein unendlich reiches und vielfältiges Bild der Welt, vergleichbar dem der Schildbeschreibung: vom Himmel über die elementaren Naturerscheinungen, Pflanzen und Tiere, bis zur Welt der Menschen und sogar der Technik, mit Bohrer, Kreisel, Walze und anderem.

Ich will nun versuchen, noch einige Hauptzüge herauszuheben, die für unseren Zusammenhang wichtig sind. Da ist zunächst das eine, daß Homer gerade nicht die ruhende Natur abgemalt hat, sondern alles in Aktion zeigt. Die Behauptung Spenglers von der ›statischen‹ griechischen Kultur ist einfach irrelevant, auch auf anderen Bereichen. Die Darstellung Homers ist gerade nicht beschreibend, sondern überall waltet ein erstaunlich aktives Element. Oder, um es auf den entscheidenden Begriff zu bringen: die Natur bei Homer ist eine durch und durch dynamische Natur. Die griechische Dynamis-Vorstellung, die später in der Philosophie eine so große Rolle spielt, ist hier im bildlichen Bereich bereits durchgeführt.

Aber es ist nicht nur Dynamik im Sinne des Waltens einer Kraft, sondern das Entscheidende ist, wie überall alles am Werk ist. Jedes Wesen tut das, was ihm wesensgemäß ist: der Sturm bläst, das Meer brandet, der Löwe raubt, die Taube flieht. Dies Am-Werk-Sein der Dinge ist die Übersetzung des griechischen *enérgeia*, dieses so wichtigen Begriffs, der mit dem, was wir Energie nennen, nur den Namen gemein hat. Im Griechischen ist es ein Komplementärbegriff zu *dynamis*, der Möglichkeit zu etwas; der Potentialität gegenüber die Aktualität. Energeia ist etwas in seinem vollen Tätigkeitszustand: die Lampe, die brennt, das Haus, das nicht nur dasteht, sondern bewohnt wird und damit die ihm eigene Wirklichkeit gewinnt.

Das ist das Entscheidende: das Am-Werk-Sein aller Dinge der Welt je in ihrer Sphäre. Jedes Wesen ist am Werk in seiner ihm wesensmäßig naturhaft vorgeschriebenen Weise. Wir können auch sagen, es ist das Funktionale, was Homer an der Welt gesichtet hat. So treffen wir bei ihm das große, grundlegende Bild der Wirklichkeit der Griechen, an das dann vieles andere angeknüpft hat; kein statisches Bild, sondern en-ergische Wirklichkeit in diesem besonderen Sinne. Nachdem die Natur einmal so gesichtet war, da war es – aufgrund auch wieder der griechischen Anlagen – nicht anders möglich, als daß man sich nun immer wieder dieser Natur zuwandte und sie befragte, ohne diesen Aspekt der energischen Wirklichkeit je wieder zu verlassen.

Das Zweite ist nun das Problem, was diese Dinge in der epischen Erzählung sollen, die Frage nach der Bedeutung der homerischen Gleichnisse. Auch darüber ist viel geschrieben worden. Das Naheliegende war, daß man sagte, das Gleichnis hätte eine gleichsam pädagogische Funktion, nämlich zu verdeutlichen; so wie man jungen Menschen etwas klar macht, indem man einen Vergleich braucht. Das ist zweifellos falsch, denn wenn man die Gleichnisse daraufhin prüft, so ist keine Rede davon, daß der so verdeutlichte Vorgang ohne das Gleichnis nicht verständlich wäre. Wenn etwa Hektor (Il. 14, 414ff.), von einem Steinwurf getroffen, zu Boden stürzt, ist das denn unverständlich? Und doch wird ein Gleichnis angefügt von einer blitzgetroffenen Eiche, wieder mit additiv hinzutretenden Zügen: sie stürzt um, entwurzelt, der Geruch von Schwefel erhebt sich – man sieht, Homer kannte die Natur sehr genau –, und wer in der Nähe ist und es sieht, ist nicht gerade mutig, wie zurückhaltend noch gesagt wird. – Hier müssen wir zunächst bei dem Hauptgleichnisträger bleiben, also der Eiche. Man hätte kaum von einer Birke sprechen können. Aber es gibt ja auch andere Bäume in ähnlichen Gleichnissen, etwa eine ebenfalls große und schwere Kiefer. Hier aber ist es die Eiche, dieser herrlichste und stärkste Baum, der irgendwie eine Macht ist, wie er weitverzweigt dasteht. Dies Wesen der Eiche ist es, das schon im Begriff sich unmittelbar darstellt. Damit ist zunächst das gefaßt, was Hektor *ist*. Es wird also nichts verdeutlicht, sondern es kommt etwas hinzu, eine andere Dimension wird eröffnet. Aber Hektor *ist* nicht nur wie eine Eiche, er stürzt auch wie eine solche Eiche, und wir fühlen sofort: wenn ein solcher Baum stürzt, wird es ein gewaltiger Sturz sein. Auch nicht der Wind weht ihn um oder ein

Wetter, sondern der Blitz des Zeus schlägt ihn nieder. Alle Nebenumstände wie der Schwefelgeruch oder der Schrecken des Betrachters dienen mit dazu, die Furchtbarkeit dieses Geschehens zu zeigen; wobei mit dem Blitz des Zeus, über das äußerlich Furchtbare hinaus, auch schon etwas Schicksalhaftes mit hereinkommt. All das wird im Bild viel unmittelbarer sichtbar gemacht, als wenn der Dichter Begriffe verwenden würde.

Was das Gleichnis also darstellt, ist, wenn man so will, Wesensexemplifikation. Es illustriert nicht, sondern indem es hineingreift in die Sphäre des elementaren, ursprünglichen Seins und daraus einen analogen Vorgang aufbaut, bewirkt das Gleichnis, daß die abgezogene Menschenwelt, die von dem Seinsgrund entfernter ist, neu begründet wird in die ursprüngliche Welt, in der die Vorgänge so einfach, groß und klar sind und die Wesenheiten sich von sich selbst her unmittelbar und total deuten. Der Menschenwelt mit ihrem Vieldeutigen und Unüberschaubaren steht diese elementare Welt gegenüber, wo alles eindeutig ist und jedes Wesen das tut, was ihm gemäß ist, der Sturm genauso wie das wilde Tier oder der nach mechanischen Gesetzen bewegte Kreisel, der auch vorkommt. Es ist schwer, einem Menschen von außen anzusehen, was eigentlich wesenhaft an ihm ist. Einer kann mit mächtigem Körperbau auftreten und doch ein Feigling sein. Beim Tier ist das anders. Ein Löwe ist ein Löwe und hat seine Löwenart, die er immer hat und von der man weiß, was das ist.

Blicken wir auf die Fülle der homerischen Gleichnisse, so sind es einerseits Substanzen, die sich im Bild nicht nur begrifflich eindeutig, sondern unmittelbar total darstellen. Das zweite ist dann, daß das alles Impulse hat, Energien, Wirkformen in bestimmten Bezügen. Das Waltende ist unsichtbar, ein großes Netz von Verhältnissen und Bezügen, Intensitäten und Kräften. Indem der Dichter das aufgreift, kann er mit wenigen Vorstellungen das ausdrücken, wozu er sonst viele Worte brauchen würde. Die unerhörte Zähigkeit des Aias, seine Härte im Nehmen, wie wir heute sagen, die Art, wie er langsam zurückweicht und sich nicht beirren läßt – wie soll man das ausdrücken? Das Bild des Esels besagt das alles (Il. 11, 558 ff.), der in ein Saatfeld eingedrungen ist und nun, während die Jungen auf ihm ihre Stöcke zerschlagen, sich nicht stören läßt und immer noch ein Maulvoll nimmt. So ist in dem vielbesprochenen Bild eine ganz bestimmte Situation des Kampfes gedeutet.

Das Gleichnis expliziert also nicht in dem Sinne, daß es im einzelnen auffaltet, sondern so, daß mit einem totalen Griff ein Bild entsteht, das erstens das Wesen der Substanz ergibt, hier das Esel-Sein in seiner Kraft und Härte, dem Sich-Aussetzen und doch Tun-was-ihm-paßt; und zweitens das Wesen des Vorgangs: die Troer sind ihm gegenüber wie Knaben, die nichts ausrichten. Man spricht immer wieder bei diesen Gleichnissen von der wunderbaren Anschaulichkeit Homers, und seit langem frage ich mich, was damit gemeint ist, zumal es meist mit einer eigentümlichen Emphase gesagt wird. Warum soll Homer anschaulich schildern? Es gibt Zusammenhänge, wo man nicht anschaulich, sondern präzise schildern und sprechen muß. Aber man muß sich einmal klarmachen, was denn das Wesen der griechischen ›Anschauung‹ ist. Denn damit, daß etwas angeschaut wird, ist noch nichts gesagt, wenn nicht etwas Eigentümliches dabei geschieht, ein Effekt sich ergibt, etwas er-schaut wird. Was die griechische Anschaulichkeit angeht, so ist sie immer bezogen auf das Gründende der Wesenheiten und Vorgänge. Der Mensch sieht mit den Augen, gut oder weniger gut, er sieht die Erscheinung. Aber im Sehen des Auges gibt es noch ein zweites Sehen, das die Griechen den *nus* nennen, verbal *noein*, ein sehr interessantes Wort. Ich bin im allgemeinen kein Freund von Etymologien, hier aber glaube ich einmal, daß die Deutung von dem Stamm *snow*, ›schnaufen‹, richtig ist. Gemeint ist, wie sich aus den Stellen ergibt, eine Art Witterungsvermögen, mit dem man sogar etwas bemerken kann, was hinter einem ist. Immer wieder heißt es bei Homer und bis in die Philosophie hinein nicht ›Denken‹, wie es oft übersetzt wird, sondern bezeichnet ein Bemerken, Spüren. ›Er bemerkte es scharf‹, *oxỳ nóēse*, heißt es immer wieder. Ähnlich wie wir es aus Indianergeschichten kennen, wenn einer plötzlich spürt, daß hinter einem Busch ein Feind liegt; worauf er dann vielleicht auch das Aufblitzen der Waffen mit seinem leiblichen Auge sehen mag. Das Entscheidende ist aber, daß der erfahrene Scout die Gefahr auch spürt, wenn gar nichts zu sehen oder zu hören ist. Dies Merkvermögen ist es, was bei den Griechen einen ganz hohen Platz einnimmt auf der Stufenleiter der Begriffe geistiger Tätigkeit, bis zu Aristoteles.

Anschaulichkeit in diesem Sinne setzt also einmal voraus, daß mit klarem Auge die Erscheinung erfaßt und dargestellt wird. Goethe spricht von ›reiner Anschauung‹ und nennt sie eine seltene

Fähigkeit des Menschen. Es ist sehr schwer, einen Baum, ein Tier, eine Landschaft, eine Farbe ohne subjektive Tönung wirklich so zu sehen, wie es sich von sich selbst her zeigt. Schon dabei geht es also nicht um den bloßen Eindruck auf der Netzhaut, sondern um mehr. Nun aber muß noch hinzutreten der innere Blick des geistigen Auges, des *nus*, ein geistiges Wahrnehmen, das die Kraft hat, in dem sinnlich adäquat Wahrgenommenen zugleich die inneren Strukturen zu erkennen, die die Erscheinung tragen. Anschauung in diesem echten Sinne ist etwas letztlich auf das Wesen der Sache Gerichtetes, das sich dabei nicht durch Reflexion enthüllt, sondern im Hinblick auf die Erscheinung, die bewahrt bleibt; nur nicht als Impression, die noch subjektiv getönt ist, sondern so, daß sich die das Wesen tragende Struktur darin darstellt. Wieder ist es so, daß das Denken von der sinnlichen Erscheinung ausgeht, dann aber die Möglichkeit hat, diese Erscheinung zu durchdringen und in ihr die tragenden Konstituentien zu erkennen. So verstanden ist es richtig, von der ›Anschaulichkeit‹ der homerischen Gleichnisse zu sprechen, die der Forderung der Präzision nicht widerspricht, sondern sie erfüllt.

Und noch ein dritter Punkt, vielleicht der wichtigste. Hermann Fränkel hat in seinem Buch über die homerischen Gleichnisse darauf hingewiesen, wie Homer in diesen Gleichnissen eine Art Bildersprache entwickelt hat. Man könnte geradezu ein Bildlexikon der homerischen Gleichnisse zusammenstellen. Die Masse des Heeres etwa kann mit dem Meer verglichen werden, mit Wolken, einem Kornfeld oder auch einer Rinderherde. Für welches der Bilder sich der Dichter jeweils entscheidet, hängt davon ab, wie er die Situation betrachtet, ob es sich z. B. um ein angreifendes oder ein fliehendes Heer handelt. Ebenso bei dem Vergleich des Einzelkämpfers mit einem Raubtier. Der Löwe ist etwas anderes als etwa der Wolf, der bei seiner Kraft und Wildheit zugleich etwas Gieriges hat, während für den Eber wieder die Wucht charakteristisch ist und das Gerade seines Angriffs.

Wenn also am Anfang eines Gleichnisses zunächst der Gleichnisträger genannt wird, so vollzieht sich bereits darin etwas Wesentliches: eine bestimmte Gattung von Seiendem wird ausgegliedert. An diesen Hauptbegriff schließt sich dann in charakteristischer Form eine Kette weiterer Elemente: Adjektive, Partizipien, Relativsätze, die sich verselbständigen zu Hauptsätzen, usw. Ein

Beispiel. Ilias 16, 156 der Auszug der Myrmidonen: »Die aber – wie Wölfe, rohfressende, denen um das Zwerchfell unsägliche Kraft ist, die einen Hirsch, einen gehörnten, großen, in den Bergen erlegten und ihn verzehren, und ihnen allen ist die Wange von Blut gerötet, und im Rudel laufen sie, um von der Quelle mit schwarzem Wasser zu lecken mit ihren dünnen Zungen das schwarze Wasser, das oberste, erbrechend den Mord des Blutes, und drinnen der Mut in der Brust ist ohne Zittern, doch rings beengt ist der Bauch . . .«

Man hat diese Ausgestaltung meist als Überschuß gedeutet, zumal wenn man von einem zu eng verstandenen *tertium comparationis* ausging. Ich behaupte nun, es ist kein Überschuß, kein Zuviel, sondern indem Homer durch diese Einzelzüge den Gleichnisträger wie mit immer schärferen Strichen herausarbeitet, engt sich der Substanzbegriff eigentümlich ein. Es handelt sich also nicht um Ausmalung, sondern um eine logische Operation, die letztlich zur Definition führt. Mit dem Gleichnisträger ist der umfassende Begriff hingestellt, und die Ausführung engt ihn immer mehr definierend ein, so daß das Allgemeine immer spezieller, konkreter und konturierter wird, bis auf diese ganz bestimmte Art von Kampfmut, um die es dem Dichter hier geht. Oder noch begrifflicher: Der Gleichnisträger vertritt das Genos, und der Dichter kann nun innerhalb des Begriffskreises durch Addition eine Spezifizierung durchführen: das Allgemeine wird immer mehr eingeengt, was nichts anderes bedeutet als eine Einengung des Stammbereichs auf das Individuelle.

Dies wollte ich als das letzte hinstellen neben dem Welthaften der Gleichnisse, dem En-ergischen, der Wesensexemplifikation durch jene Reduktion auf den Elementarbereich: das Definitorische der Gleichnisse. Darin ist eine spätere geistige Operation vorgebildet, ohne daß dabei im geringsten philosophiert würde. Noch einmal: das homerische Gleichnis ist ein komplexes Gefüge von Relationen und Proportionen. Zu Anfang wird die Substanz angegeben, dann die Modalitäten und Funktionen, was zu der Totalität des Gleichnisses führt, das so neben die Haupthandlung tritt, nicht illustrierend, sondern die Dinge auf ihr Grundwesen reduzierend.

Für ein solches komplexes Gefüge von Verhältnissen und Bezügen haben die Griechen ein ganz einfaches Wort: Logos. Es kann mit ›Wort‹ übersetzt werden, mit ›Sinn‹, ›Gedanke‹ und vielem anderen. Aber wenn man beschreiben will, was die

Griechen darunter verstanden haben, so fassen wir es am besten als Proportionalität. Die Proportionalität ist es, was eigentlich das Gleichnis sichtbar macht. Man kann sagen, alles, was in der Welt an Seiendem aufkommt – so ist die spätere stoische Vorstellung –, wird greifbar von seinem Logos aus. Bei technischen Dingen ist es einfach. Ein Haus etwa hat seinen Logos, und ich kann alles, was dazu gehört, aufschreiben in Form von Zahlen. Schnieriger wird es bei der Rose oder beim Wolf, wo es nicht so exakt ist, aber doch noch irgendwie möglich. Noch schwieriger dann beim Menschen, diesem ›nicht festgestellten Wesen‹ (A. Gehlen), wo die Sache sehr problematisch wird. Darauf will ich hier nicht eingehen.

Ehe ich damit die Gleichnisse verlasse, will ich noch darauf hinweisen, daß wir jetzt schon von zwei Seiten her eine merkwürdige Präformation des Denkens eines späteren Vorsokratikers angetroffen haben. All das führt nicht so sehr auf Platon – der liegt hier etwas ferner –, aber ganz unmittelbar auf Heraklit. Einmal in der Bedeutung der aufeinander bezogenen Gegensätze, die in ihrer Polarität eine Einheit bilden. Das zweite aber, das noch wichtiger ist: dem Widerspiel dieser Gegensätze und überhaupt aller Veränderung liegt nach Heraklit etwas zugrunde, das sich im Wechsel festhält, eine ganz umfassende universale Proportionalität, und bei ihm haben wir dafür auch das Wort: Logos, das bei Homer in dieser Bedeutung nicht vorkommt. Er hat es nur je einmal in Ilias und Odyssee im Plural, in der Bedeutung von Reden oder Geschichten. Die Sache aber, die Denkoperation, die darauf führt, läßt sich nachweisen in der Struktur seiner Gleichnisse.

9.

Wir wollen uns heute einem neuen Bereich bei Homer zuwenden, von dem ein entscheidender Aspekt weiterführen wird über die Vorsokratiker hinaus zu Platon. Das ist etwas scheinbar Äußerliches, die sogenannten ›schmückenden Beiwörter‹, wie man sie seit der Rhetorik genannt hat. Es ist bekannt, daß Homer seinen Menschen, aber auch Tieren und selbst Dingen gern solche Beiwörter gibt; der ganze Stil des homerischen Epos ist mit dadurch bestimmt. Da ist die durchaus nicht selbstverständliche Frage, worauf denn das Schmückende dabei beruht, was dadurch eigentlich geschmückt wird und was es überhaupt soll, daß etwas so geschmückt wird. Wir können die Fülle dieser Beiwörter zunächst nach zwei Hauptgruppen zusammenfassen, die ich nennen möchte einmal die wesensbezeichnenden und zum anderen die wesenserhöhenden Beiwörter.

Was die erste Gruppe angeht, so gehört dazu etwa das ›graue Meer‹, die ›breite Erde‹, oder wenn ein Held ›helmschüttelnd‹ genannt wird. Es ist also nicht so, daß der Dichter das ganze Wesen in einem Wort zu umgreifen versuchte, was auch ziemlich unmöglich wäre, sondern er greift einen charakteristischen Zug heraus unter vielen anderen, die es auch gibt; wobei das Gewählte für uns oft überraschend sein mag. So etwa bei Rindern die Bezeichnung ›fußschleppend‹, womit gemeint ist, daß die Rinder beim Gehen die Füße herumklappen, ehe sie sie aufsetzen, wie es bei anderen Huftieren nicht der Fall ist. Es geht bei diesen Wörtern nie um irgendeine Augenblicksimpression, wie überhaupt die homerische Sehweise dem Impressionismus ganz fern steht. Wenn Hektor ›helmschüttelnd‹ genannt wird, so heißt das nicht, daß er in einem bestimmten Augenblick den Helm schüttelt, in besonderer Erregung, sondern das wird ihm als fester Zug beigesellt. Auch Götter haben solche Beinamen, die von einer bestimmten Wesenseigentümlichkeit genommen sind: der Wolkensammler Zeus, die helläugige Athene. Kein Zweifel, daß eine Fülle dieser Beiwörter nicht von Homer stammt, sondern viel älter ist und zu jenem alten Formelgut gehört, von dem heute viel, ja übermäßig viel gesprochen wird in der Homerforschung. Schon diese Beiwörter sind sehr wichtig, indem sie solche festen Wesens-Charakteristika herausheben. Daß dahinter eine scharfe Beobachtung und Aufmerksamkeit auf das Seiende steht, sahen wir gerade an den ›fußschleppenden‹ Rindern.

Aber noch interessanter sind die Wörter der zweiten Gruppe, die wesenserhöhenden Beiwörter, wo irgendeine Qualität durch Verbindungen mit gut, stark, schön und ähnlichem bezeichnet wird. Ein Land ist rossegut, eine Stadt gutbevölkert oder männergut, ein Haus gutgebaut, ein Gerät gutgefertigt oder von guter Bronze und so fort in fast unendlicher Fülle. Was durch solche Beiwörter ›schmückend‹, und d.h. werterhöhend hervorgehoben wird, das ist die Güte, oder griechisch die *areté* des betreffenden Wesens. Damit kommen wir zu einem Begriff, der von größter Bedeutung für alles griechische Denken ist. Man hat es früher von dem gleichen Stamm wie *ararisko*, ›fügen‹, hergeleitet, also die Wohlgefügtheit etwa; die Griechen haben ja einen außerordentlichen Sinn für das Gefügte. Aber wir wissen heute, daß es von dem Stamm *ar* kommt und zu *ariston* gehört, dem Superlativ von *agathón*, ›gut‹. In diesem Sinne bezeichnet es die höchste Qualität von etwas, so wie volkstümlich bei uns ein Kaufmann von einem Produkt von ›bester Güte‹ sprechen kann. Wir haben kein ganz entsprechendes Wort dafür. ›Tugend‹, wie man es früher übersetzt hat, geht zu sehr ins Ethische, ›Tüchtigkeit‹ oder ›Tauglichkeit‹ ins Partielle, als Tüchtigkeit zu etwas. Ich habe mir darum erlaubt, für meinen Privatgebrauch das Wort ›Bestheit‹ zu bilden, und das hat sich als so hilfreich erwiesen, daß es bei meinen Schülern bereits in den Druck eingegangen ist. Auch das Wort *arete* stammt wieder aus der gewöhnlichen Sprache, sogar der Bauernsprache, wie das berühmte Wort des Hesiod zeigt: »Vor die Arete haben die Götter den Schweiß gesetzt.« Da heißt es bestimmt nicht: ›vor die Tugend‹, obgleich auch das eine gewisse Wahrheit hätte, sondern die Arete des Landmanns ist das Gedeihen: das Gedeihen der Felder, des Viehs und natürlich dann auch seiner Kasse. Der Mensch, der in allem das beste erreichen will, muß schwitzen; das ist die einfache Bauernregel, die Hesiod hier ausspricht. Bei uns hat das Wort ›gut‹ eine stark seelische Färbung angenommen. Wenn wir von einem guten Menschen sprechen, meinen wir nicht, daß er gesund und kräftig ist, seine Sinne beisammen hat, gut kämpfen und laufen kann und auch geistig tüchtig ist, was bei Homer durchaus gemeint sein kann, sondern wir meinen etwas Gemüthaftes: ein Mensch von gutem Charakter, wobei ›ein guter Kerl‹ schon fast wieder etwas Negatives sein kann. All das geht in Richtung auf ganz andere griechische Begriffe als *agathon* oder *arete*, oder ist doch nur ein partieller Bereich davon. Bei den Griechen hat sich das Wort schon bald erhoben zu einer ganz wesenhaften, umfassenden Bedeutung, eben der der Bestheit.

Wenn wir bei dieser Bedeutung ›Bestheit‹ bleiben, so können wir sehen, daß Homer einen merkwürdigen Sinn dafür hat – wohl nicht nur er selbst, sondern das muß schon bei seinen Vorgängern ausgebildet gewesen sein –, den Dingen je das abzusehen, worin sie gut sind. Wir können das vielleicht in dreifacher Weise festhalten. Die Güte eines Messers etwa besteht darin, daß es einmal seine Funktion gut erfüllt, nämlich gut schneidet; daß es zweitens dauerhaft ist und nicht gleich zerbricht: das Substanzhafte neben dem Funktionalen; und dann kommt noch ein letztes hinzu: daß es auch gut aussieht, was in Richtung auf die Schönheit geht. In diesen drei Beziehungen zeigt sich die Wesenheit eines Dings in seiner Bestheit: in Bezug auf seine Funktion, in der Fähigkeit des Sich-Bewahrens und im äußeren Anblick.

Es ist falsch, wenn man diese Betonung des Guten bei Homer früher als die Behaglichkeit eines Menschen verstanden hat, der alles nur im schönsten Licht sieht und sich wohl fühlt in einer Welt, in der alles aufs Beste eingerichtet ist. Das ist nicht ganz falsch, wie ein Irrtum nie völlig unsinnig ist, aber es kommt darauf an, daß dies Prinzip, überall das Gute zu sehen, ein sehr sachliches Prinzip ist. Was in diesen Beiwörtern als auszeichnendes Merkmal festgehalten ist, ist die jeweilige Bestheit von etwas. Wenn das Land Pylos ›rossegut‹ genannt wird, so sind die guten Rosse das Produkt dieses Landes, so wie wir umgekehrt besonders gute Produkte nach ihrem Ursprungsort benennen, wie etwa Frankfurter Würstchen. Man könnte danach für Frankfurt die Bezeichnung ›würstchengut‹ bilden. – Damit ist nicht nur, wie in der ersten Gruppe, irgendetwas Charakteristisches gesehen, sondern etwas, das den Wert oder Charme von etwas ausmacht, als Auszeichnung empfunden wird. Die Dinge werden bewertet nach ihrem *ergon*, ihrem ›Werk‹, und das führt wieder auf den aristotelischen Begriff der *en-ergeia*. Nach diesem Am-Werk-Sein in höchster Form wird dann die Bezeichnung gebildet.

Hier ist wohl schon klar, welch ein wichtiger Aspekt sich damit eröffnet. Irgendwie liegt wirklich ein tieferes Erfassen des Wesens im Erfassen seiner Arete. An einfachen Gegenständen wie dem Messer können wir das am besten erkennen. Schon bei einem Pferd wird es komplizierter. Man könnte sagen, das *ergon* eines Pferdes besteht darin, daß es schnell läuft. Es gibt aber auch Zugpferde, bei denen die Kraft wichtiger ist als die Schnelligkeit, Schwere besser als rassige Schlankheit. Ich denke an die Tiere früher vor den Berliner Möbelwagen, deren Güte eben nicht Schnellfüßigkeit und Leichtigkeit war. So könnte man schon hier eine Fülle von Aspekten entwickeln, in denen die Arete sich differenziert. Aber die Arete *des* Pferdes? Schon hier sehen Sie das Problem. Und wie ist es nun erst beim Menschen?

Indem ich diese Frage stelle, stehe ich am Anfang eines Weges, der durch die ganze Philosophie durchgeht bis zum heutigen Tag. Man kann verschiedene Bestheiten feststellen, je nach den verschiedenen Bereichen, in denen der Mensch lebt. Da haben wir einmal den Bereich der Gesundheit, der körperlichen Kraft und Leistungsfähigkeit des sportlichen Menschen wie des Kämpfers im Krieg. Dann in den handwerklichen und geistigen Bereichen, wo es schwieriger ist, aber noch möglich, weil auch das noch Sachbereiche sind. Wie aber, wenn man den Menschen als Glied der Gemeinschaft betrachtet, in der er steht, und wo es darum geht, daß der Mensch dies Miteinanderleben, das ihm von seiner Gattung her zugeordnet ist, in bester Weise vollziehen soll? Es scheint, daß bei den Griechen in dieser sozialen Sphäre der Gedanke der *dikaiosýne*, der Gerechtigkeit, von größter Bedeutung gewesen ist, die als soziale Ethik die Güte in diesem Bereich strukturiert. Hier waren es zumal die Sophisten, die als Lehrer der Arete auftraten und den Menschen tauglich zu machen versprachen im politisch-rechtlichen Kampf. Demgegenüber stellten dann Sokrates und Platon in ganz neuer Weise die Frage nach der Arete des Menschen, und ob diese Bestheit gelehrt werden könnte. Die ganze platonische Philosophie bewegt sich irgendwie um dieses Problem. Dies Fragen bricht damals auf und führt dann immer weiter, wobei jetzt auch das Leben des inneren Menschen mit einbezogen wird, mit einer Verlagerung der eigentlichen Bestheit des Menschen in die ›Seele‹ (im umfassend platonischen Sinne). Aber über all das hinaus geht es darum, daß der Mensch nicht isoliert in der Welt steht, handelt und leidet, sondern daß er mit seinem Leben und Handeln in großen Zusammenhängen steht, sei es, daß er sich in einer dämonischen Welt fühlt, in einem Schicksalszusammenhang oder unter göttlicher Fügung stehend. Wie verhält er sich zu diesen Dingen mit seinen Leiden und Freuden, seinem Leben und seinem Tod? Die Frage nach der Bestheit, die beim Messer so einfach war, wird auch beim Menschen auf die Funktion, das *ergon* gehen, das, was er zu tun hat, wird sich aber dabei vervielfältigen und zur Grundfrage des Philosophierens werden, die als ungelöste und ständig treibende Frage zum Menschsein selber gehört.

Noch eins will ich dazu sagen. Irgendwie ist es natürlich so, daß der Dichter, wenn er etwas diese Bestheit zuspricht mit einem solchen Beiwort, damit auch wieder das Wesen bezeichnet, wie mit den Beiwörtern der ersten Gruppe, jetzt aber nicht partiell, sondern ganz umfassend. Diese Bestheit ist als ein ganz hoher Charakterzug des jeweiligen Wesens zu verstehen. Die Griechen hatten ein außerordenliches Interesse am Normalen und Typischen, das sie gerade als charakteristisch verstanden. Man könnte darauf hinweisen, wie gering das Interesse Homers und überhaupt der Griechen ist an allem Ausgefallenen, dem Charakteristischen im Sinne des Individuellen, Einmaligen. Es ist merkwürdig, in wie hohem Maße der moderne Mensch sich für alles interessiert, das aus der Reihe tanzt, nicht innerhalb der Norm ist. Das hat bestimmte Gründe, die man geistesgeschichtlich aufweisen kann; ich will jetzt nicht darauf eingehen. Jedenfalls wird es vom achtzehnten Jahrhundert an sehr deutlich. Wir nennen ein Gesicht interessant, wenn es gerade nicht schön ist, und können von ›interessanter Häßlichkeit‹ sprechen, was sich kaum ins Griechische übersetzen ließe. Bei den Griechen findet sich statt dessen ein ebenso großes Interesse an der Norm. Ein bekanntes Gegenbeispiel dafür ist die Gestalt des Sokrates, von dem wir wissen, daß er häßlich war und mit seiner ganzen Art wie auch seiner Philosophie als *atopos* empfunden wurde, eigentlich etwas, das keinen Ort hat, nicht unterzubringen ist, aus dem Rahmen fällt, wie wir sagen. Diese Atopia wird immer wieder an ihm hervorgehoben. Vgl. dazu die wichtige Abhandlung von B. Schweitzer über das griechische Porträt, wo er zeigt, daß das Interesse am Häßlichen und damit auch am Individuellen in der Kunst zuerst aufkommt an dämonischen Gestalten wie Satyrn und Kentauren. Das alte Porträt ist sonst nicht individuell, sondern man suchte gerade das Überindividuelle herauszuarbeiten: bei einem Dichter das Dichtersein, bei einem Feldherrn das Feldherrnhafte. Auf Grabreliefs wird nicht gezeigt, wie der Mensch ausah, sondern hier erscheint der Jüngling als Jüngling, vielleicht mit einem Sportgerät in der Hand, das Kind als Kind mit einem Spielzeug, die Frau wie auf der Stele der Hegeso mit einer Dienerin, die vor ihr steht und ihr den Schmuckkasten hinhält.

Dies Interesse am Normalen, Normativen ist in Wahrheit das Interesse an dem im höchsten Grade selbsterfüllten Wesen. Man kann sagen, daß überall da, wo ein Ding oder Wesen sich in seiner ihm spezifisch zugeordneten Bestheit darstellt, es auch am meisten ›es selbst‹ ist. Wir haben den Ausdruck, daß jemand nach langem Training ›in Form‹ ist, d.h. in seiner Höchstform, was vielleicht die beste Übersetzung für *agathon* und *arete* ist. Das Selbst-Sein zeigt sich als Selbsterfüllung in der Bestheit, ebenso beim Messer wie bei dem Pferd – bei dem es differenzierter ist und auch Seelisches hinzukommt – und schließlich auch beim Menschen. Vor allem aber wird man sagen müssen, daß die Bestheit, neben den vorhin genannten drei Funktionen, darin besteht, daß etwas sein jeweiliges Wesen in einer Totalität erfüllt. Hier ist es, wo es zumal beim Menschen problematisch wird. Homer kann das nur dadurch charakterisieren, daß er etwa von einem Mann sagt, er sei mit den Händen so tüchtig wie im Rat; wo sich Körperliches und Geistiges im Umriß vereinigen zu einer Gesamt-Bestheit des Menschen. Der partielle Mensch hat die Bestheit in einer bestimmten Richtung. Er ist der Fachmann, den wir brauchen und ohne den wir nicht auskämen. Die Frage ist nur, wieweit der Mensch dazu bestimmt ist, partiell zu sein und zu bleiben, oder ob er sich, trotz allem, was ihn in das heutige Gesellschaftsgefüge hineinzwingt, nicht doch daran erinnern sollte, daß seine höchste Selbsterfüllung wenigstens im Streben nach einer Totalität liegt.

Im ganzen werden wir also sagen müssen, daß diese wesenserhöhenden Beiwörter bei Homer und den älteren Dichtern ein Denken und Bewerten zeigen, das im Erfüllen der Bestheit jeweils das Charakteristische eines Wesens sieht. Damit kommen wir wieder darauf, wie das Denken aus ist auf die verschiedenen Erscheinungsformen, in denen uns ein Seiendes entgegentritt; auf die den Dingen eigentümliche Seiendheit. Das steht hinter diesem Interesse an der Norm, die nichts Idealisiertes oder Vorgeschriebenes ist, sondern ganz konkret das Seiende betrachtet in seiner Höchstform. Auch bei Platon wird es so sein, daß die Arete auf ein Sein, kein Tun geht; und die Idee des Guten ist die größte und letzte ›Substanz‹, die allem anderen nicht nur die Bestheit gibt, sondern auch die Seiendheit, soweit es durch Methexis darauf bezogen ist. Was immer in der Welt Realität hat, hat sie von jener überhimmlischen Quelle, die das Gute an sich selbst ist.

Noch ein Wort darüber, warum diese Beiwörter, mit denen so viele Dinge als gut oder schön bezeichnet werden, ›schmückende‹ sind, mit jenem Ausdruck der Rhetorik. Hier ist zu sagen, daß der griechische Begriff des Schönen, *kalón*, von Homer ab und weiter, fast identisch ist mit dem des Richtigen. Wir müssen es manchmal geradezu mit ›richtig‹ übersetzen, wenn wir es wirklich treffen wollen. Das geht bis in die Entwicklung des Neugriechischen. Diese Auffassung ist ganz entscheidend für die Frage, wieweit die Beiwörter als Schmuck im Sinne des Ästhetischen zu verstehen sind. Schmuck, *kosmos*, ist für die Griechen nichts äußerlich

Hinzukommendes, wie in allen Formen des barbarischen Schmucks, wo sich der Mensch mit Farben bemalt oder mit Gold und anderen Dingen behängt, wie wir das bei den Primitiven, aber auch bis in die modernste Zeit beobachten können. Das Verb *kosmeîn* heißt zunächst gar nicht ›schmücken‹, sondern ›ordnen‹, so wie bei Homer ein militärischer Führer die Leute in Schlachtordnung bringt, indem er jeden an seinen Platz stellt. Der Begriff des Kosmos enthält immer eine Vorstellung der Geordnetheit, daß ein geheimes Ordnungsgefüge, das im Seienden selbst liegt und gleichsam die Natur eines jeden Dings ausmacht, aus ihm herausgestellt und sichtbar gemacht wird. Damit werden wir wieder hinausgeführt aus dem ästhetischen in den ontologischen Bereich. –

Wenn ich hier abbreche, so ist keine Rede davon, daß damit die Betrachtung Homers am Ende wäre. Man könnte noch ein Kapitel anfügen über *arché* und *telos*, und wie das Hinstreben zum *telos*, die Intentionalität, zumal in der Technik der Vorbereitung, die ganze Struktur des Epos bestimmt. Weiter könnte man über den Physisbegriff Homers sprechen, den großen Naturaspekt, auf den wir in einem späteren Kapitel (S. 201 ff.) noch eingehen werden. Oder man könnte zeigen (wie Dirlmeier in seinem Vortrag nachgewiesen hat), daß die platonische Dreiteilung der Seele schon bei Homer angelegt ist; wobei allerdings meist nur jeweils zwei Teile betont werden: der *thymós*, das Muthafte, und das logistische Element. Auf all das kann ich jetzt nicht eingehen. Ich mußte mich in einer gewissen Auswahl auf die Dinge beschränken, die mir die wichtigsten scheinen für jene Frühstufe des noch unterirdisch wirkenden Denkgeschehens, in dem sich spätere Formen und Kategorien des Denkens in dichterischer Form präformieren.

Nur noch ein Hinweis. Wir hatten vorhin schon eine Linie gezogen von den homerischen Beiwörtern bis zu Platons Agathon. Mein jung verstorbener Kollege Kleinknecht hat in einem Aufsatz ›Platonisches im Homer‹ darauf hingewiesen, wie eine scheinbar ganz harmlose Szene bei Homer einen erstaunlichen vorphilosophischen Gehalt hat: die Begegnung von Odysseus und Athene im dreizehnten Odysseebuch. Odysseus, der von den Phaiaken schlafend nach Ithaka gebracht worden ist, erkennt beim Aufwachen die Heimat nicht, ist ihr so entfremdet, daß er sie nicht erkennen kann; ein großartiges Motiv. Das drückt sich dem Dichter so aus, daß ein Nebel über den Dingen liegt. Da tritt

Athene zu ihm, und als sie ihm alles zeigt, da zerstreut sich der Nebel und Odysseus ›erscheint‹ das Land, zeigt sich ihm. Es ist ein Grundvorgang der Erkenntnis, daß ein Nebel weicht und alles wieder heranrückt, ins Gegenwärtige tritt. Dazu ist der Mensch allein nicht fähig, die Göttin muß helfen, und es ist nicht zufällig, daß es Athene ist, die hier gleichsam die lebendige Verkörperung dessen ist, was bei Platon die Idee des Guten darstellt: jene Sonne, die erst die Dinge sichtbar macht und damit dasein läßt und ihnen ihr Sein gibt.

Ich glaube, diese Beziehung ist von Kleinknecht richtig herausgearbeitet. Wir werden später, wenn wir den griechischen Wahrheitsbegriff behandeln (S. 194 ff.), noch einmal auf diese Szene zurückkommen, die durchaus in den Handlungszusammenhang der Odyssee hineingehört und doch darüber hinaus für die ganze Art der griechischen Welterfahrung von so weitreichender Bedeutung ist.

10.
Hesiod

Wir hatten das Homerkapitel abgeschlossen und wollen uns heute mit einem weiteren Dichter beschäftigen: Hesiod. Zunächst die Hilfsmittel. Griechisch die Ausgabe bei Teubner von Rzach. Eine Übersetzung von W. Marg mit reichen Erläuterungen. Dann ein Aufsatzband: Hesiod, hrsg. von E. Heitsch, Wege der Forschung Bd. 44, 1966, Wissenschaftliche Buchgesellschaft Darmstadt. Darin verweise ich besonders auf den für uns wichtigen Aufsatz ›Hesiod und die Anfänge der griechischen Philosophie‹ von Hans Diller, der die Dinge sehr gut kennt, von 1946. Dort finden Sie auch weiteres. –

Hesiod ist gar nicht viel später als Homer. Wenn wir die Ilias um 730 ansetzen und die Odyssee etwas später, vielleicht um 700, dann wäre Hesiod wohl kurz danach, auch etwa um 700. Aber indem jetzt das heroische Epos zu diesen Lehrformen übergeht, macht das Denkgeschehen einen großen Schritt nach vorn, so daß, während sich bei Homer das Denken im wesentlichen darin niederschlug, wie die Dinge gesehen und erzählt werden, wir jetzt das Denken selbst antreffen, noch nicht in der seiner selbst bewußten Form des reinen Logos, noch bezogen auf das Gestalthafte, Mythisch-Gegenständliche, aber doch so, daß das alles jetzt in ganz neuer Weise vom Denken erfaßt wird und neue Weisen von Verhältnissen, Bezügen und Funktionen sichtbar werden. So hat Aristoteles Hesiod mit Recht in die Philosophiegeschichte aufgenommen unter den älteren Denkern. Er gehörte eigentlich auch in eine Ausgabe der Vorsokratiker hinein, wo man ja sogar Orpheus hat, und man läßt ihn dort wohl nur weg, weil es zu umfangreich wäre.

Hesiod hat mehrere Werke geschrieben, von denen zwei erhalten sind: die ›Theogonie‹, ›Entstehung der Götter‹ oder ›Vom Ursprung der Götter‹, und die ›Werke und Tage‹, ein scheinbar ganz modern anmutender Titel. – Von dem zweiten will ich gleich vorab etwas sagen. Es ist ein wunderschönes Gedicht, ein sehr lebendiger Bauernkalender, der angibt, wann man die verschiedenen ländlichen Arbeiten beginnen oder beenden soll. Und damit ist verbunden ein persönliches Erlebnis: Hesiod hatte einen Rechtsstreit mit seinem Bruder Perses um das Gut des Vaters, und während der noch unentschieden ist, geht er in diesem Werk – vielleicht auch, um die Richter zu beeinflussen – den Prinzipien der Gerechtigkeit nach, der *dike,* die hier ganz wesentlich expliziert wird. Man fragt sich nun, wie diese beiden Dinge: Bauernkalender und persönlicher Rechtsstreit, zusammengehen. Für Hesiod ist das Verbindende Eris, die Göttin des Streits, von der er in der ›Theogonie‹ gesprochen hatte. Und jetzt sagt er sehr naiv, er hätte sich geirrt, es gibt nicht nur eine Eris, sondern zwei: eine böse und eine gute. Die böse waltet über dem Krieg wie auch über dem Prozessieren, das ja immer eine heikle Sache bleibt, und daneben steht die gute Eris, der Wetteifer, die Konkurrenz. Diese beiden: der Wettstreit und der kommerzielle Wettbewerb, stehen unter einer gemeinsamen göttlichen Macht, die dadurch aufgespalten wird. Man könnte sagen, im griechischen Denken vollzieht sich damit eine Art logischer Operation. Die Konkurrenz ist es, die alles Gute fördert, aber die andere Form des Streits ist böse, und hier kommen auch die Gedanken über bestechliche Richter mit hinein. So bilden die beiden disparaten Teile einen ersichtlichen inneren Zusammenhang, überbrückt durch die Vorstellung der doppelten Eris. Darum kann er immer wieder den Bruder anreden: Du törichter Perses, du solltest lieber arbeiten, wie ein Bauer das tut . . ., und nun zeigt er, *wie* er arbeiten soll, und so kommt der Bauernkalender hinein.

Aber jetzt wende ich mich zunächst dem ersten Werk, der ›Theogonie‹ zu und schicke kurz folgendes voraus. Hesiod gehört in die uralte griechische Landschaft Boiotien, ein großes Agrargebiet. Aber er ist nicht etwa ein Ureinwohner dieser Landschaft, zu dem man ihn gelegentlich hat machen wollen, sondern sein Vater war aus Äolien eingewandert, aus Kyme an der kleinasiatischen Küste, und hatte das Gut in Askra erworben, wo Hesiod aufgewachsen war. Dort hat er als junger Mensch die Herden seines Vaters gehütet und dabei zweifellos eine Vision gehabt, wie er sie im Prooimion seiner ›Theogonie‹ beschreibt. Man hat natürlich gesagt, das sei bloße Phantasie – Philologen haben alles für Phantasie gehalten, was nicht in die Vorstellungswelt des neunzehnten Jahrhunderts paßte. Wir sprechen heute wieder richtig von einer Vision, vergleichbar der des Propheten Amos im Alten Testament. Es ist ja wohl so, daß gerade Hirten bei ihrer ruhigen Beschäftigung zum Nachdenken und Grübeln neigen, zu einem gewissen Hintersinn, einem Verkehr mit anderen Welten. Er wird sich auch schon etwas um Poesie gekümmert haben. Und da geschah es denn, daß an einem Morgen, als noch der Nebel lag, er die Musen hörte, wie sie vom Berg herunterkamen und sangen, und daß sie ihn anredeten und sagten, sie wollten ihm den Stab des Sängers geben – den sie übrigens nicht fix und fertig bei sich hatten, sondern von einem Baum brachen, ein Naturstab also. Den gaben sie ihm und bliesen ihm den göttlichen Gesang ein, damit er ein Sänger werden sollte. Und wirklich ist er von diesem Erlebnis aus dann auch Rhapsode geworden. Wir wissen, daß er große Erfolge gehabt hat. Er erzählt selbst (›Erga‹ 657), daß er in Chalkis auf Euboia in einem Sängerwettstreit gesiegt (doch wohl mit der ›Theogonie‹) und den Preis den Musen vom Helikon gestiftet habe. Es gibt eine Geschichte, daß er einmal selbst Homer besiegt hätte; er müßte also mit ihm zusammen aufgetreten sein, was kaum möglich ist. Aber die Geschichte bezeugt, wie beliebt er als Sänger war. Freilich ein Sänger ganz neuer Art.

Entscheidend ist, daß in demselben Prooimion, wo er von seiner Berufung erzählt, auch Angaben gemacht werden über die Musen selbst. Wenn wir das analysieren, führt es auf ein total neues Programm von Dichtung, das hier in den Blick gefaßt wird. Theog. 26 sagen die Musen zu ihm: »Ihr Hirten, die ihr im Freien nächtigt, ihr Schandvolk, die ihr nur Bäuche seid: wir wissen viel Trügliches zu sagen, das dem Wahren ähnlich ist (*pseudea* ... *etymoisin homoia*), wir wissen aber, wenn wir wollen, auch das Wahre zu künden.«

Es ist deutlich, daß hier die Musen, wie er sie gehört haben will, sich zwei ganz verschiedene Aufgaben zusprechen. Einmal wollen sie das Trügliche sagen, das dem Wahren ähnlich ist. Nun, daß die Dichtung Trug ist, ist eine Auffassung, die auch in der späteren Theorie der Sophisten erscheint. In pointierter Form heißt es einmal, daß sich sonst zwar die Menschen im allgemeinen nicht gern belügen lassen; hier aber leiden sie es gern und freuen sich sogar darüber. Also eine vergnügliche, angenehme Lüge. Es ist klar, daß Hesiod hier damit die alte und zumal die homerische Dichtung meint. Es ist der Charakter dieser homerischen Dichtung, daß man das, was im einzelnen erzählt wird, nicht unbedingt als ›Wahres‹ nehmen kann, es gibt viel Unverbürgtes. Aber es ist so, daß es doch einen Bezug hat auf die Wahrheit, einen Ähnlichkeitsbezug. So Hesiod; und man kann nur sagen, daß diese Definition eine große Weiterwirkung gehabt hat, bis in die moderne Ästhetik Schillers und Goethes, der ›Schönheit‹ mit ›Schein‹ zusammenbringt und von ›wahrem Schein‹ sprechen kann. Am besten übersetzt man *pseudes* mit ›Vorgetäuschtes‹, Vortäuschung, Lüge, aber ohne böse Absicht. Eine Vortäuschung also, die dem Wahren ähnlich ist, so daß sich Delineamente des Wahren darin abzeichnen.

Mit diesem ersten Bereich der Musen ist also gemeint die ganze bisherige Dichtung. Aber dieser neue Mann bekommt offenbar noch eine besondere Aufgabe von den Musen, und auf ihn bezieht sich das zweite: die Musen können auch die Wahrheit sagen, die unverborgene, wie sie an sich selbst ist. Es ist deutlich, wie die Musen, die alten Göttinnen des Gesangs, damit einen ganz neuen Anspruch erheben. Neben ihren bisherigen Anspruch, wahren Schein zu verkünden, wie das Homer und alle Dichter vor ihm getan haben, tritt nun der Begriff des wirklich Unverborgenen, des Wirklichen an sich selbst, das sich von sich selbst her zeigt. In diesen wenigen Versen haben wir tatsächlich den Schritt über den Mythos hinaus auf eine ganz andere Weise des Sagens, auf das Philosophische, wie wir sagen können. Denn das eben ist der Anspruch der Philosophie: nicht den Schein des Wahren zu geben, sondern das Wahre zu entbergen, das eigentliche Sein aufzudekken. Wir können in diesem Sinne fast diese Stelle als den Beginn der Philosophie betrachten, als *einen* Beginn jedenfalls, wenn man nicht erst von dem Begriff ausgeht. Wenn wir ausgehen von einer bestimmten Weise, wie man durch die Erscheinungen hindurch auf das eigentlich Zugrundeliegende, das Einheitliche im Mannigfaltigen dringt, dann liegt der Anfang einer solchen Betrachtung hier in diesen Musenversen.

Nachdem wir das festgestellt haben, ist die nächste Frage, wie das nun im einzelnen von Hesiod verstanden wird. Darauf finden wir wenige Verse später die Antwort. – Nebenbei bemerkt könnte man fragen, ob es zulässig ist, eine solche Stelle so zu interpretieren, ob diese Interpretation nicht doch zu retrospektiv sei. Hesiod sei doch schließlich ein Dichter. Ich glaube nicht, daß ein solcher Einwand berechtigt wäre. Es ist zweifellos, daß die neue Form sich zunächst im Bereich der Dichtung erhebt, daß sie diese aber damit zugleich auch sprengt und aufhebt. Das geschieht eben hier; die Dinge werden höchst prinzipiell.

Hesiod will also beginnen mit den Musen. Das sind hier die Göttinnen der Dichtung, nicht bloß als einer schönen Form, es sind nicht Göttinnen der Schönheit, sondern der Wahrheit, auch Töchter der Erinnerung, und indem sie das sind, wissen sie alles, wie auch schon bei Homer (Ilias 2, 484 ff.); der Mensch hört nur die Kunde. Und diese Musen künden (V. 38) ›das Seiende, das Sein-Werdende und das Vorher-Seiende‹ oder ›Gewesene‹. Dieser Vers, der den Musen das gibt, was sie auch ihm, dem Dichter, eingeben, ist höchst merkwürdig. Hesiod denkt gar nicht daran, nun Gegenwart, Vergangenheit und Zukunft schildern zu wollen, sein Gedicht zeigt nicht etwa eine solche Dreiteilung, sondern schildert, wie die Götter entstanden sind und jetzt herrschen. Mindestens die Zukunft kommt also nicht in den Blick. Was gemeint ist, zeigt der Vergleich mit einer Homerstelle. Ilias 1, 70 wird ein ähnlicher Ausdruck von Kalchas gebraucht, einem Seher, der ja wirklich diese drei Bereiche kennt. Alle drei bilden zusammen den riesigen Aspekt des Seins, den gerade der Seher überblickt, für den es keine Zeit gibt, wie wir sagen können. Er überblickt das zeitlos Seiende, das sich sonst staffelt in diesen drei Formen. Das ist es, was auch hier gemeint ist: keine zeitliche Stufenfolge – wir werden noch sehen, daß die zeitliche Aufeinanderfolge auch sonst in dieser alten Zeit keine Rolle spielt –, sondern das Offenbarsein des Seins in allen Formen, in denen es uns begegnet: als das unmittelbar Seiende, als das auf uns Zukommende und als das, was vorher da war, da *ist*, wie wir es übersetzen müssen; mit ›gewesen‹ verfälschen wir den griechischen Sinn. Dies durch alle Stufen durchgehende Sein will Hesiod zum Gegenstand seiner Dichtung machen. Also nicht Geschichten von den Griechen vor Troja, von Achilleus und Odysseus, sondern dies alle Seinsstufen durchdringende Sein, das sich als das Gleiche durchhält. So prinzipiell wird jetzt bereits der Auftrag der Dichtung verstanden von diesem neuen, jungen Dichter.

Weiter V. 45, wieder in Weiterentwicklung des Themas: vom Anfang, vom Ursprung her (*arché* heißt noch nicht ›Prinzip‹ wie später, aber das Wort ist schon lebendig da) besingen die Musen das Geschlecht der Götter, die die Erde und der breite Himmel gezeugt haben, und die Götter, die daraus entstanden sind, die Geber der guten Dinge; und zweitens Zeus, den Vater der Götter und der Männer . . ., und zeigen, wieweit er der Stärkste an Kraft ist; und weiter besingen sie das Geschlecht der Menschen. – Das Prooimion verläuft in einem merkwürdig kreisenden Gang, der vielfach nicht verstanden und darum von der Kritik unerhört mißhandelt worden ist.

Das soweit Ausgeführte leitet über zu einer dritten, noch spezielleren Bestimmung des Gegenstandes, wo der Dichter wieder die Musen anruft (V. 108): sie sollen sagen, wie zuerst die Götter und die Erde entstanden (oder geworden) sind und die Ströme und das grenzenlose Meer und die Sterne, die leuchtenden, und der breite Himmel darüber, und die Götter, die daraus entstanden sind. – Sie sehen, während zuerst die Rede war vom Seienden als dem Gegenstand seines Gedichts, werden dann die Götter genannt, Himmel und Erde und das Geschlecht der Menschen. Und jetzt sind es neben den Göttern schon Erde, Himmel, Meer, Flüsse und Sterne, d.h. die Gegenstände, die dann auch die Vorsokratiker beschäftigen werden. Eine Betrachtung also der Gesamtnatur, wie sie zuerst in Homers Schildbeschreibung begegnete, wo die Welt der Menschen umfaßt erscheint von Erde, Himmel und Meer, nur daß das Seiende jetzt ganz ins Zentrum gerückt wird. Das Seiende allgemein individualisiert sich einmal im kosmischen und andererseits im religiösen Bereich mit dem Geschlecht der Götter und Menschen. Diese Stufung: Kosmos, Götter und Menschen, ist alles, was letztlich das Seiende ausmacht, und die Frage nach dem Ursprung der Götter ist zugleich die Frage nach dem Ursprung der ganzen seienden Welt.

Blicken wir nun auf die besondere Form dieser Frage nach der seienden Welt, so ist sie hier bei Hesiod deutlich identisch mit der Frage nach dem Ursprung der Götter. Man muß dazu wissen, was die Götter bei den Griechen bedeuten. Ich habe mich ein Leben lang damit herumgeschlagen, daß man das griechische Wort *theós* oder *daimon* nicht mit ›Gott‹ übersetzen kann, weil unsere Vorstellung so vom christlichen Gottesbegriff geprägt ist, daß wir immer wieder unwillkürlich diese Vorstellungen auf die vorchristliche Welt rückübertragen und uns damit das Verständnis erschweren, etwa bei dem oft grausamen Handeln griechischer Götter, die nicht grundgütig sind, allwissend und allmächtig, sondern die auch irren können und deren Wirken nicht immer unseren Vorstellungen vom Göttlichen entspricht. So habe ich mich entschlossen, statt von ›Göttern‹ lieber von ›Mächten‹ zu sprechen. Alles, was mächtig ist, tragend, fruchtbar, groß, in das unser Leben eingeordnet ist und das als Macht auch gefährlich sein kann – all das sind ›Götter‹. Da haben wir einmal die bekannten, personhaften und mit Namen benannten Gestalten der olympischen Götter: Zeus, Poseidon, Apollon, Athene, Hermes usw. Und es gibt eine zweite Gruppe göttlicher Gewalten im Tartaros, wohin Zeus sie verbannte, als er seinen Sieg errungen hatte: die Titanen, düstere Gestalten eines früheren Göttergeschlechts, Kronos und seine Verwandten. Und endlich gibt es die Götter, die überall begegnen, in Quellen, Bäumen, Strömen, auf Wegen usw. Es ist ein Erfülltsein der ganzen Welt von göttlichen Wesen, die oft keine besonderen Namen haben, sondern als Gruppen erscheinen, wie etwa die Musen, die erst später Zahl und Namen bekommen, ebenso die Chariten und auch die Erinyen; alles Gewalten, die kollektiv auftreten. Aber diese Mächte leben nicht nur in den Gewalten der Natur, sondern auch gleichzeitig in uns selbst, als Leidenschaften, Affekte, wie Liebe, Haß u.a., die ja nicht bloß Affekte sind, sondern Mächte, und die als wirkende Mächte für den Menschen jener Zeit auch göttliche Wesen sind. Diese Mächte, draußen oder drinnen, ergreifen uns – auch wir sprechen noch davon, daß man von Liebe ergriffen wird, ebenso von Neid oder Kummer. Hier aber ist das noch ganz lebendig gesehen. Und schließlich kann es so sein, daß auch das, was später beim Menschen den Begriff des Charakters gewinnt, ein Gott genannt wird. Das geht weit hinein noch in das fünfte Jahrhundert. Euripides etwa hat den merkwürdigen Vers (›Helena‹ 560): ›Auch wenn man einen Freund erkennt, ist das ein Gott.‹

Wir können sagen, daß die Götter in dieser ganzen Welt noch teilweise vom Magischen her zu verstehen sind, anonyme Mächte, die überall plötzlich begegnen. Man spricht in der Religionsgeschichte von sogenannten ›Augenblicksgöttern‹. In einer Welt, die durchwirkt ist von derartigen Mächten, kann überall plötzlich etwas zu einem Gott werden, etwa eine Wurzel, über die man stolpert. Griechisch haben wir dafür den Begriff des Daimon, der noch diesen Charakter des Anonymen und Plötzlichen hat, meist zum Bösen wirkend. Nur daß diese Mächte bei den Griechen nicht mehr primitiv magisch sind, sondern bereits ontischen Charakter haben, bei dem starken Sinn der Griechen für das Seiende in all seinen Formen. So achten sie auf bestimmte Weisen, wie die Mächte sich im Seienden bezeugen, und finden da die Tatsache, daß alles, was ist, eigentlich seine Seiendheit in bestimmten Mächten hat. Die Göttin ›Erde‹ ist nicht nur die Erde, wie ich sie sehe, die fruchtbar ist und ausgedehnt, sondern indem hier die göttliche Macht erfaßt ist, wird sie zum Inbegriff des Seins ›Erde‹. Immer wieder können wir es fassen, daß die Götter, wie die Griechen sie erlebten, Inbegriffe der seienden Mächte und Kräfte sind: in der Natur, in uns selbst wie auch als Ordnungsgewalten in der Gesellschaft. So kommen wir auf diese vielen Götter, die nicht aus Dichterphantasie geboren sind, sondern aus der noch magischen Welt in die bereits geistig erhellte Welt hineinragen, lebendig vorgestellt in Gestalten. Das muß man im Auge haben, wenn man verstehen will, warum Hesiod eine ›Götterentstehung‹ dichtet.

Wenn wir davon ausgehen, sehen wir sofort, was nun diese ›Götterentstehung‹ ist, nämlich die Lehre, in welcher Weise diese großen Inbegriffe alles Seienden geworden sind, die sich gestalthaft und mit Namen benannt als ›Götter‹ darstellen. Kein Zweifel, daß Hesiod damit die gleiche Grundfrage stellt wie später die Vorsokratiker, die das dann aus dem theologischen Bereich herauslösen, wenn auch nie ganz, wie Jaeger in seinem Buch gezeigt hat. Die ›Theogonie‹ ist in Wahrheit zugleich eine Kosmogonie, eine große Zusammenordnung dieser uns sonst wirr und ungeordnet begegnenden großen Potenzen der Natur, der Seele, des gesellschaftlichen Bereichs. Die riesige Menge dieser Gestalten, die längst da ist, unternimmt dieser Mann jetzt in einen Zusammenhang zu bringen, und zwar nach dem Prinzip der Genealogie. – Sie sehen, welche Sprache hier bereits gesprochen werden muß. Hesiod ist der große Systematiker im Bereich des

Dichterischen. Es ist immer noch so, daß er von ›Göttern‹ spricht, aber es ist doch eine völlig neue Art der Betrachtungsweise.

Aber noch etwas anderes müssen wir heranziehen, V. 112ff. Da sagt er, die Musen sollen künden, wie die Götter ihren Reichtum und die Ehren unter sich verteilt haben. Ehre, *timé* (sonst auch *géras*), bedeutet nicht dasselbe wie bei uns, sondern es sind ziemlich handgreifliche Ämter oder Pfründen, bestimmte Wirkbereiche, in denen der Gott seine Opfer bekommt und reich wird, für die er aber auch verantwortlich ist. Jeder Gott hat seinen bestimmten, ihm zugeordneten Wirkbereich, wie etwa Ares den Krieg, Apollon die Weissagung usw., wenn auch nicht so starr und schematisch, wie es manchmal dargestellt wird; die Grenzen sind fließend.

Hinter dieser Verteilung der Ehren steht ein prinzipiell ganz entscheidendes Geschehen: die Aufteilung des Seienden in bestimmte Bereiche, denen bestimmte Götter zugeordnet werden. Damit stoßen wir auf den entscheidenden ontologischen Begriff der Verteilung, griechisch *moira*, keine Schicksalsgöttin, wie man es meist versteht, sondern das Prinzip dieser großen universalen Verteilung. Auch daraus sind dann wieder drei Gestalten geworden, die Moiren, von denen es auch heißt, daß sie den Schicksalsfaden spinnen u.ä. Aber wenn wir vom Wort ausgehen, so hängt *moira* mit *meros* zusammen, und *meros* heißt zunächst einfach das Teil, die Zuteilung, Portion. Wir lesen etwa in der Odyssee, daß bei einer Verteilung der Beute der Anführer das Doppelte bekommt oder ein besonders schönes Stück.

Nun ist es das Wunderbare, daß wir bei den Griechen in dieser Moira, die selbst über den Göttern steht, nicht ein dumpfes Schicksal haben, sondern das Prinzip einer großen Verteilung. Der Grundgedanke ist der, daß ein Seiendes, damit es als solches in die Erscheinung treten kann, ein irgendwie Differenziertes sein muß. Wo ›Alles in Einem‹ ist, wie es später Anaxagoras nennt, da ist kein Sein. Zum Sein gehört das Verteiltsein, daß Unterschiede gesetzt sind. Die Unterschiedlichkeit ist eine Grundkategorie der Seiendheit, ein Motiv, das weiter gewirkt hat bis zu Platon und seiner Diairesis-Lehre, wo diese Verteilung mit immer stärkerer Herausarbeitung der Unterschiede durchgeführt wird bis herab zum letzten Unteilbaren, dem *atomon eidos*, wie er es nennt, dem Individuellen. Dieser Gedanke der Verteilung und Unterschiedlichkeit zeigt sich hier bei Hesiod in dichterischer Form und doch schon irgendwie denkerisch bewältigt in dieser Vorstellung von einer Verteilung des Reichtums und der Ehren unter den Göttern.

Soviel heute als Einleitung in dieses Werk des Hesiod. Wir sehen, daß sich in der Weise, wie diese lebendig geglaubten Götter hier als Inbegriffe des Seins gesehen und in ein großes System gebracht sind, eine umfassende Ontologie abzeichnet. Wir können sagen, es ist ein ontologisches System, wenn auch noch in mythisch-bildhafter Form, wobei das Begriffliche aber schon so stark ist, daß Gestalt und Begriff hier nur zwei Seiten desselben sind. Das werden wir bei der Durchführung noch weiter überblicken.

11.

Wir sind noch dabei, im Bereich der Dichtung, des Mythos und der Religion zu verfolgen, wie sich Motive und Tendenzen des Denkgeschehens bemerkbar machen, das in einem späteren Augenblick gleichsam an die Oberfläche treten wird in der besonderen Form des Philosophierens der sogenannten Vorsokratiker. Nachdem wir Homer verhört hatten auf die bei ihm faßbaren ontologischen Grundkategorien hin, sind wir zu Hesiod übergegangen, der eine ganz neue Erscheinung ist auf dem Gebiet der Dichtung. Seine äußere Form ist noch die des epischen Verses, aber er schreibt nicht mehr ein heroisches Epos, sondern das, was man ein Lehrgedicht nennt (was nur so ein Name ist). Damit haben wir bei äußerlich noch denselben Formen einen ganz neuen Schritt über Homer hinaus.

Lassen Sie mich ganz kurz zusammenfassend noch die Hauptelemente oder Tendenzen hervorheben, in denen sich das vollzieht. Es sind fünf, die uns schon begegnet sind.

1. Bei Homer hatten wir bereits eine Überwindung des Anthropomorphen oder gar Tierartigen, das in primitiven Weltbildern, aber auch in älteren Hochkulturen noch durchaus lebendig ist. Die Dinge sind bei ihm noch gestalthaft, aber es zeichnet sich schon Andersartiges darin ab.

2. Immer stärkere Vermehrung der Motive. Man kann an eine Fuge denken, wo im musikalischen Bereich sich bestimmte Motive im Fortschreiten des Geschehens ständig vermehren. Das ist uns schon bei Homer entgegengetreten und geht bei Hesiod noch weiter.

3. Immer stärkere Differenzierung dessen, was ins Auge gefaßt

wird. Wir hatten bei Hesiod schon gesehen, wie der bei Homer noch ganz naiv gegebene Wahrheitsbegriff differenziert wird in den Worten der Musen. Hesiod denkt gern in solchen Aufspaltungen, ähnlich bei der Eris, die er zunächst einfach faßt und dann scheidet in eine böse Eris des Streits und Rechtsstreits und eine gute des Wettbewerbs. Diese fortschreitende Differenzierung wird auch das spätere Philosophieren beherrschen.

4. Eine ganz umfassende Abstrahierung. Das hängt zusammen mit Punkt 1, geht aber noch weiter. Bei Hesiod haben wir ein merkwürdiges Zwischenstadium, wo das noch gestalthaft Gesehene und das Begrifflich-Abstrakte nebeneinander stehen und sich auch wohl durchdringen.

5. Das letzte ist die Tendenz zur Systematisierung, Zusammenordnung der verschiedenen Einzelmotive unter einer Einheit. Ansätze dazu hatten wir schon bei Homer kennengelernt. Das wirkt hier weiter, zumal das Ursprungsdenken und das Prinzip des Genealogischen, über das wir eingehend gesprochen hatten.

Diese fünf Elemente sind es, die uns auch weiterhin begegnen werden und schon bei Hesiod mit großer Deutlichkeit in Erscheinung treten. – Was Hesiod angeht, so hatten wir das Prooimion verhört, das eigentlich eine Vision schildert, aber darüber hinaus programmatischen Charakter hat für eine ganz neue Weise von Dichtung, wie er es noch nennt, wo aber schon etwas ganz anderes in die Erscheinung tritt, das sich nun deutlicher und unverhüllter bemerkbar macht. So hatten wir gesehen, wie einmal ein neuer Wahrheitsbegriff aufgestellt wird: die Musen wollen nicht mehr irgendwelche Erzählungen bringen, sondern die Wahrheit selbst, und zwar über das, was ist, was sein wird und was gewesen ist, was wir gedeutet hatten als einheitlichen Seinsbegriff, in dem das Sein des Seienden nicht in drei Zeitstufen, sondern drei Grundzuständen begegnet. Weiter wollen sie sprechen über die Entstehung der Götter, in denen aufgezeigt werden die wahren Inbegriffe des Seins. Ich hatte gemeint, man sollte statt von Göttern lieber von Mächten sprechen, Mächten, die so mannigfaltig sind, daß sie uns sowohl in der Natur begegnen wie andererseits auch in uns selbst, psychisch, worunter der Grieche nichts ›bloß‹ Innerliches versteht, sondern reale Gewalten, die sich unserer bemächtigen; was wir abgeblaßt als Affekte kennen. Und schließlich gibt es diejenigen Mächte, die als Ordner und Bewahrer und Verbürger in der Gesellschaft auftreten. All diese Mächte sind es, die dem Menschen begegnen und die er teilweise benennen kann aus der Tradition, teilweise auch nicht, so daß er sie neu benennen muß, und dazu kommen die sogenannten Augenblicksgötter. Es ist übrigens sehr interessant, daß die Religionsgeschichte dann in der Zeit der Aufklärung im fünften Jahrhundert so weitergeht, daß die Zersetzung der Religion sich vor allem bezieht auf die Götter als Ordnungsgewalten, aber nicht als Mächte. An diesen Mächten ist nie gezweifelt worden; man denke etwa an die ›Bakchen‹ des Euripides, wo sich zwar keine Ordnungsgewalt, aber doch eine unerhörte Macht in Dionysos manifestiert. –

All diese Mächte, die von Hesiod verstanden werden als die Inbegriffe des Seienden, werden von ihm in den großen Zusammenhang einer ›Götterentstehung‹ gebracht, in der eine Kosmogonie mit enthalten ist, vor allem aber dargestellt wird, wie all diese Mächte voneinander abhängig sind und ineinanderspielen. Die Weise der Abhängigkeit voneinander ist die genealogische. Der Begriff der Herkunft ist es, der irgendwie auch das Wesen bestimmt. Da ist es klar, daß von einem Allgemeineren, Umfassenderen, Begründenden in der Genealogie eine Art Abstieg erfolgt zum Differenzierteren, im Einzelnen sich Auflösenden, das nun durch mannigfaltige Beziehungen so verbunden ist, daß das Bild eines riesigen Stammbaums des Seienden entsteht. Das ist es eigentlich, was dies Gedicht zeigt und worin seine epochemachende Bedeutung liegt. Das erscheint also kurz nach den homerischen Epen nun von einer ganz anderen Ecke her bei den Griechen. Tatsächlich hat Hesiod in der ganzen Antike große Verehrung gefunden, und auch noch später. Nur daß er dann in der neueren Zeit, erst im neunzehnten Jahrhundert, ziemlich abgewertet wurde, als man von einer ganz anderen Vorstellung von Dichtung ausging und zumal die Philologen das ›Poetische‹ bei ihm vermißten. ›Poetisch‹ in diesem Sinne war er so gar nicht, sondern schien ›knochentrocken‹, mit allenfalls einigen schönen poetischen Stellen. Wir wissen heute, daß das eine falsche Vorstellung von Dichtung war, die inzwischen überwunden ist. Dichtung, wie wir wissen, beruht nicht auf Wohlklang und schönen Stellen, sondern Dichtung ist eine große Dokumentation dessen, als was der Mensch sich selber vorfindet, und der Weise, wie die Welt und das Seiende ihm begegnet. Das nämlich ist Dichtung auch da, wo man sie ›schön‹ findet, ja ihre Schönheit beruht eben darauf. –

Wir müssen nun weitergehen und noch etwas näher betrachten,

wie dieses so interessante Gebilde eigentlich aussieht, um uns gebührend darüber zu verwundern und auch hier die Denkelemente aufzuzeigen, die in diesem merkwürdigen Gemisch sich darstellen. Das Entscheidende ist, wie gesagt, das Genealogische. Wir haben einmal das *genos*, aus dem etwas abstammt, das sich als differenzierteres Einzelnes darstellt: die Kinder aus einem Geschlecht, oder mit dem späteren Namen die *eide*, noch nicht die Individualitäten, sondern, wie wir es aus der Logik kennen, etwa Gattung und Art. Das nächste würde dann das Individuelle sein, das *atomon eidos* bei Platon, das nicht mehr zu Zerschneidende. Diese einfachen Prinzipien von Gattung und Art sind bereits ganz deutlich beschlossen in dem genealogischen Denken des Hesiod.

Das war das eine, was ich vorweg sagen wollte. Das zweite geht auf die innere Struktur der ›Theogonie‹ im einzelnen, die eine ganz einfache Form zeigt, wie wir sie ähnlich bei den homerischen Gleichnissen angetroffen hatten. Da ist zunächst das Entscheidende für das, was auftreten wird auf der Bühne des großen Seins-Geschehens, der Name, wie etwas heißt. Das ist nichts bloß Äußeres, sondern der Name gehört zu etwas, wie auch heute noch bei einfachen Menschen oder Kindern. Ein Junge, der Bernhard heißt, sagt: »Ich *bin* der Bernhard«, und wenn dann ein Brüderchen kommt, ist das erst einmal ein anderer Bernhard. Da wird Name und Sein ineins gesehen. Im ›Ödipus‹ des Sophokles heißt es einmal (V. 1036): weil er den ›Schwellfuß‹ hatte (wie man den Namen verstand), ›warst du der genannt, der du bist‹. Name und Sein bilden eine feste Einheit, und der Name ist das, an dem man das Sein zunächst erkennt. So ist der Name ganz fest als das, was bei Hesiod zuerst genannt wird.

Das nächste, das hinzutritt zum Namen als der Substanz, ist etwas, das schon näher charakterisiert, modifiziert, irgendwie in Relationen setzt, und das sind die Beiwörter. Wir hatten sie schon bei Homer kennengelernt, wo man von den sogenannten ›schmückenden Beiwörtern‹ spricht. Bei Hesiod nennt man sie nicht so. Sie sind deutlich wesensbezeichnend und modifizieren das, was der Name gibt, in eine bestimmte einzelne Richtung. – Dazu tritt als drittes der Relativsatz oder ein Partizip, wo in Form eines hinzugefügten Satzes eine nähere Bestimmung gegeben wird. Wir können es ›relative Bestimmung‹ nennen. – Dann viertens noch ein weiteres Element. Wenn das bisher Genannte die allgemeine Struktur beherrscht, so ist es im Fortschreiten immer mehr so, daß sich eine Geschichte hineinmischt, kleine Geschichten von denen, deren Namen genannt werden. Wir können sagen, die Bestimmung des Wesens wird durch die Geschichte näher ausgeführt, und andererseits weist die Geschichte auf weitere Zusammenhänge. Soviel vorab zur Charakterisierung.

Nun wollen wir unmittelbar an die Sache selbst herangehen. Es beginnt V. 116 damit, daß Hesiod am Anfang gleichsam Fuß faßt und die Entstehung dessen hinstellt, aus dem alles andere hervorgeht: jenes große negative Prinzip, das er das Chaos nennt. Es ist klar, daß alles Seiende aus einem Nicht-Seienden hervorgehen muß. Die Frage ist nur, wieweit dies das reine Nichts ist oder nicht doch schon irgendwie Gestalt- oder Seins-Charakter hat. In den meisten sonstigen Weltentstehungsmythen, die man jetzt kennt, pflegt man die Welt nicht aus dem reinen Nichts entstehen zu lassen, was offenbar nicht recht begreiflich wäre – ›Aus Nichts wird Nichts‹, heißt später der bekannte Satz der Epikureer –, sondern meist ist schon irgend etwas da, das insofern nichts oder negativ ist, als es ungeordnet ist, wie der berühmte Anfang der Genesis, wo die Erde ›wüst und leer‹ ist, Tohuwabohu, alles in einem, wie es später bei Anaxagoras heißt: *homou panta*. Nilsson hat gut darüber gehandelt. Das griechische Wort Chaos bedeutet aber nicht, wie wir es meist verstehen, ein Durcheinander dem späteren Kosmos gegenüber, sondern hängt zusammen mit *chasko*, das Maul aufsperren, klaffen, und heißt also etwa ›klaffende Leere‹. Man könnte sich vorstellen, daß ursprünglich an ein ungeheures Tier gedacht wäre, das den Rachen aufsperrt, woraus dann alles entsteht. Griechisch ist es schon vollkommen ohne Gestalt, das Klaffen an sich, und das bedeutet, wenn wir hier einmal retrospektiv interpretieren, die Leere, das Leersein. Es ist ein erstaunlicher Schritt des Denkens, daß Hesiod zwar nicht das reine Nichts an den Anfang stellt, aber doch etwas, was dem sehr nahe kommt, nämlich diese Leere.

Das also ist der Anfang, oder richtiger: ›entsteht‹ am Anfang, wie man es wohl fassen muß. Weiter die Erde, die breitbrüstige, die der wankenlose Sitz ist von allem immer . . . Da haben Sie diesen Typus: der Name, ein Beiwort und ein hinzugefügter Relativsatz als nähere Bestimmung. Weiter entsteht der Tartaros und viertens Eros, der Gott des Verlangens und der Zeugung. Diese vier Urgewalten sind hier in den ersten sieben Versen angegeben. Es ist aus dem Text nicht ganz klar, ob Erde, Tartaros und Eros *nach* oder *aus* dem Chaos entstehen; es heißt einfach: ›und dann . . .‹ Ich glaube, daß es wohl ›aus‹ dem Chaos zu verstehen ist, nicht nur im Sinn der Reihenfolge.

Daß zunächst Erde und Tartaros entstehen, ist klar, wenn wir uns an das homerische Weltbild erinnern: die Erde und unter ihr der riesige Raum des Tartaros als des Finsteren. ›Unten‹ ist immer das Dunkel, so wie dem oberen Raum immer das Licht zugeordnet ist und alles andere ›Hohe‹. Das ergibt sich schon aus dem einfachen Raumbild, wie es sich uns zeigt. Ich glaube, es liegt so, daß wir im Tartaros eine andere Weise der Negativität haben; nicht mehr die Leere, aber er ist dumpf und finster und damit doch irgendwie eine Art des Leeren. Die Erde ist ihm gegenüber zwar nicht das Helle, aber doch schon das Geformte und Feste, der ›wankenlose Sitz‹ für alles, wie es heißt. Und wenn das die beiden Grundgewalten sind, so tritt nun Eros hinzu, den wir später als den Begleiter der Aphrodite kennen. Hier steht er als eine Urgewalt gleich am Anfang, und es ist auch deutlich, warum das so ist: weil alles, was nun einsetzt, eine einzige Kette von Erzeugungen und Geburten ist und es eine Potenz geben muß, die das alles in Gang bringt. All das ist schon sehr klar und irgendwie abstrakt gedacht.

Wenn nun diese vier großen Urgewalten da sind, sind es im folgenden zumal drei Linien, die von diesen Grundpotenzen aus durchgeführt werden. Zunächst geht nach wenigen überleitenden Versen das Denken zurück zur Erde. Dann, nachdem eingehend von ihr und ihren Erzeugungen gesprochen ist, geht es in einer ganz merkwürdigen Weise weiter, auf die man kaum kommen würde, wenn man sich fragt, was denn nun die nächste große Urmacht ist. Das ist bei Hesiod die Nacht (die schon V. 124 ff. kurz eingeführt war), wieder mit einer reichen Deszendenz, und das dritte ist dann das Meer. Diese drei Linien sind es, in denen der Gedanke weitergeht. Das ist die einfache Gliederung, die doch wieder in vielem höchst merkwürdig ist.

Kommen wir zunächst zur Erde, so sehen wir, wie sie als erstes aus sich ›gleich sich selbst‹ den Himmel erzeugt, der also ihr gegenüber als sekundär erscheint. Ebenso hieß es V. 124f., daß aus der Nacht und dem Erebos – einer anderen Art der Finsternis – sowohl der Tag wie auch der Äther, der ›Himmelsglanz‹ entstanden waren, also gerade die leuchtenden Potenzen. Daß das Leuchtende aus der Dunkelheit entsteht, ist nur natürlich. Bei jedem Entstehungsvorgang ist es so, daß das Seiende aus dem weniger Seienden hervorgeht; nicht geradezu aus dem Nichtseienden, aber doch aus Vorstufen, aus in geringerem Maße Seiendem – wenn wir das Seiende nach der griechischen Auffassung als ein klar Bestimmtes und Differenziertes verstehen. Hier sei übrigens angemerkt, daß der Äther, bei Homer ein Bereich des Lichtes über dem *aër*, der unteren Luft, nach der späteren Vorstellung ein irgendwie fester, glänzender und ewiger Stoff ist, aus dem dann der Himmel besteht, also nicht nur ein Schein, der sich uns in dieser Gestalt zeigt. Allerdings kennt auch schon Homer die Vorstellung einer festen Himmelsschale, wenn er von einem ›ehernen‹ oder ›eisernen‹ Himmel spricht. –

Aus der Erde entsteht also zuerst der Himmel, ›damit er sie nach allen Richtungen ganz umhülle‹. Wir hatten schon gesehen, daß die Griechen die Fähigkeit hatten, von der Anschauung auszugehen und sie gleichzeitig abstrakt wie auch wesensmäßig zu deuten. So auch hier. Wirklich hat man bei einer naiven Anschauung des Himmels den Eindruck eines Gewölbes, das Gefühl eines Umgeben- und Eingehülltseins. Dies Umhüllende erscheint dem Auge in der bekannten Form der Halbkugel, die sich über der Erde wie auf einem Sockel erhebt, der erst gelegt sein mußte und auch darum das Frühere ist.

Weiter wird gesagt, daß die Erde die großen Berge schafft und schließlich das Meer, das ja in Griechenland überall von der Erde umgeben ist und in Buchten in sie hineinragt. Immer noch ist das ganz sinnlich gesehen. Wir können nicht sagen, ob die Erde eine Göttin ist, ob der Himmel ein Gott ist. Bei den Griechen ist er es auch später nicht, die Erde ja, aber doch als eine besondere Gestalt, die sich dann von ihr her erhebt: Demeter aus Ge-meter, ›Mutter Erde‹, so als ob aus der allgemeinen Vorstellung ›Erde‹ sich die göttliche Gestalt herausdifferenziert. Genauso das Meer. Poseidon ist der Meergott, aber Hesiod spricht hier nicht von ihm, sondern von dem Meer, und der Gott, der auf das Meer bezogen ist, erscheint erst später. Dies Prinzip werden wir noch deutlicher erkennen bei der Mutter von Sonne, Mond und Morgenröte, einer Titanin mit dem Namen Theia, ›die Göttliche‹ (u. S. 103 f.). Wieder ist es ein allgemeines, letztes, nicht näher faßbares Göttliches, aus dem das einzelne Individuelle erst hervorgeht als spätere Stufe. Es ist ganz deutlich, wie hier ein Akt des anschaulichen Denkens vorliegt, den wir als metaphysisch bezeichnen müssen. Man sucht hinter dem konkret Gegebenen etwas Allgemeines, das irgendwie höher ist, und das ist bei den Lichtgottheiten das Göttliche schlechthin, so wie es hinter Demeter die Erde ist und hinter Poseidon das Meer.

Interessant ist, daß die Erde bei Hesiod solch bedeutende Stellung einnimmt. Stenzel hat einmal gesagt, daß es doch merkwürdig sei, wenn die späteren, eigentlichen Vorsokratiker alle anderen Elemente als Urgrund ansetzen: das Wasser, die Luft, das Feuer, aber nie die Erde, bis Empedokles alles zusammenfaßt und auch die Erde dann wieder mit dabei ist. Ich glaube, der Grund dafür ist nicht, wie Stenzel meint, daß die Erde als Element zu starr und fest sei und man darum nach einem schmiegsameren gesucht habe, sondern die Tatsache, daß sie bei einem der Vorsokratiker als Urelement eben doch vorkommt, nämlich hier bei Hesiod. Sie ist das Urelement in dieser Kette der Entstehungen, und das ist durchaus in Ordnung. In der Religion ist die Erde immer wieder die Große Mutter, die heilige Trägerin von unendlich vielem, das aus ihr hervorgeht, in der der Same keimt und aus der die Pflanzen hervorwachsen, von denen sich wieder die Tiere nähren und letztlich dann auch die Menschen. Daß sie auch weiter bei den Griechen ein Gefühl besonderer Heiligkeit umgeben hat, ist bekannt. So ist es nur natürlich, daß sie hier diesen vorzüglichen Platz erhält und, noch in der dichterischen Form, zum großen Grundelement wird, allerdings neben anderem, das ihr gleichgestellt wird, wie etwa die Nacht.

Die Linie geht so weiter, daß Erde und Himmel sich vereinigen und aus dieser Vereinigung Kinder hervorgehen, und nun setzt die Genealogie ein. Hier ist es sehr interessant, im einzelnen darauf zu achten, was dieser Grübler, der dabei ein scharfer Denker ist, alles zusammenstellt. So haben wir bei Erde und Himmel drei verschiedene Gruppen von Nachkommen: die Titanen, die Kyklopen und drittens Riesen und Ungeheuer. Auf der einen Seite also die Titanen, sehr bedeutende Wesenheiten, Kronos und seine Verwandten, die Zeus später niederkämpfen muß. Unter ihnen ist auch Hyperion, eigentlich ›der Hohe‹, der Gott der Höhe. Helios wird später sein Sohn genannt und in der Dichtung öfter als Titan bezeichnet. Weiter jene Theia, die Göttliche, von der wir gesprochen hatten. Aber auch Themis, die Göttin der alten Satzung, ist eine Titanin, und Mnemosyne, das Gedächtnis, bei der man sich vielleicht fragt, warum das eine so wichtige Gewalt sein soll. Aber später erfährt man, daß Zeus mit ihr die Musen erzeugt hat. Der große Bereich des Musischen ist es, der hier ziemlich früh hereinkommt. Was es bedeutet, wenn die Musen von dem Gedächtnis herkommen, überlasse ich Ihrem eigenen Überlegen.

Weiter die Kyklopen, wie wir einen aus der Odyssee kennen, den einäugigen Polyphemos. Hier wird der Name damit erklärt, daß sie ein kreisrundes Auge mitten auf der Stirn hätten. Einige Beispiele von Etymologien hatten wir schon bei Homer gefunden; hier wird es fast schon methodisch. Das geht weiter bis zu Platons ›Kratylos‹, wo es ganz thematisch durchgeführt ist, nicht als Etymologie im modernen Sinne, sondern so, daß man versucht, durch Erforschung der Namen etwas über das Wesen zu erkennen. Bei Aphrodite hat die etymologische Deutung zu der ganzen Entstehungsgeschichte geführt. Der Name wurde von *aphrós*, ›Schaum‹, her gedeutet, und so erzählt Hesiod die Geschichte, wie Kronos seinen Vater Uranos mit einer riesigen Sichel entmannt, weil seine Mutter es von ihm verlangt hatte, und wie die blutenden Schamteile ins Meer fallen, während die Blutstropfen von der Erde empfangen werden und die Erinnyen erzeugen, die Rachegöttinnen, die Kinder der Erde sind aus dem Blut ihres ermordeten Vaters. Aus dem ins Meer gefallenen Samenschaum aber entsteht die Göttin Aphrodite. Wir wissen heute, daß Aphrodite ein orientalisches Wort ist und daß die Göttin von Kypros herüberkam und Beziehungen hat zu der Astarte des Ostens. Aber all diese Dinge sind sehr bedeutsam für die frühe Etymologie, und ich weise darauf hin als ein frühes Denkmotiv, ein heuristisches Motiv, das sich hier ganz tastend regt.

Bei den Kyklopen werden drei Namen hervorgehoben: Brontes, Sterope und Arges: Donner, Lichtglanz oder Blitz, und der Grelle oder besser Hellscheinende, der auch mit dem Blitz zusammenhängt. Von ihnen wird gesagt, daß sie später dem Zeus den Donner und den Blitzstrahl gaben. Sie sind also nicht selbst als Instrumente verstanden worden, sondern als Wesenheiten, verankert im ersten der Geschlechter. – Weiter entstehen Ungeheuer und Riesen, ›Hundertarme‹ mit fünfzig Köpfen und andere, alle zu jener Urwelt gehörig, die die Griechen als Vorwelt verstanden haben, die von Zeus bezwungen wurde: barbarische Wesen gegenüber den neuen Lichtgestalten der olympischen Götter, wie sie auch von der bildenden Kunst immer wieder dargestellt wurden, mit dem deutlichen Bewußtsein, daß mit Zeus und dem Lichtbereich eine neue Welt heraufkommt.

Interessant ist nun die andere Linie, die V. 211 mit der Nacht beginnt. Merkwürdige Jungfrauenerzeugungen: die Nacht ist keinem vermählt, und was aus ihr entsteht, sind Wesen, die ganz andersartig sind. Da ist Moros, das Todesschicksal, Ker, die Todesgöttin, Thanatos, der Tod selbst, und daneben der Schlaf und das Geschlecht der Träume. Dies alles erzeugt die Nacht, wie es ausdrücklich heißt, ohne sich jemandem zu verbinden. Weiter wird Momos erzeugt, der Tadel oder die Kritik – in Tübingen kennt man wohl den Namen –, und Oizys, die Trübsal, eng damit verbunden. Hier sind wir im Bereich der sogenannten ›Begriffsgötter‹, die, wenn man einmal den ganzen Horizont im Blick hat, nicht Begriffe sind, sondern ebenfalls Mächte, und zwar dunkle Mächte, so wie auch wir noch das Wort gebrauchen: Kinder der Nacht. Es ist ein ganzer Nachtbereich, der sich hier neben dem der Erde auftut. Weit über die ›klaffende Leere‹ und die Finsternis des Tartaros erhoben wirkt jetzt die Nacht als Urmutter dieser ganzen Nachtwesen und Nachtgeschöpfe. Was diese klar geschiedenen Wesenheiten hervorbringt, muß eine Art Negativität des Dunkels sein, aber bereits in greifbarer Form. Das eben ist die Nacht: rein negatives Prinzip in dieser doch schon irgendwie konkreten Weise, eine Konkretisierung der Finsternis. Hier stoßen wir auf etwas ganz Wesentliches. Die Nacht ist nicht wie für uns Abwesenheit des Sonnenlichts, sondern eine Substanz, so wie auch die Lichterscheinungen für das griechische Denken Substanzen sind. So ist sie es, die nun als Gestalt all die anderen Gestalten hervorbringen kann.

Zu den Kindern der Nacht gehören auch die Hesperiden, herrliche Jungfrauen, dem Abend angehörend und weit im Westen wohnend. Weiter die Moiren, die Schicksalsfrauen, und Nemesis, eigentlich die böse Nachrede, die in den alten bäuerlichen und patriarchalischen Verhältnissen geradezu tödlich sein konnte, und so wurde später daraus die furchtbare Göttin des Verhängnisses, als die auch wir sie noch kennen. Hier heißt die Nacht ›die verderbliche‹, *oloé,* wie schon bei Homer. Man denkt an das Wort Shakespeares: »Die Nacht ist keines Menschen Freund.« Weiter entstehen im Nachtbereich Apate, der Trug, und Philotes, die Liebesumarmung, die ja auch dem nächtlichen Bereich angehört, und das Greisenalter, so wie auch wir noch vom ›Lebensabend‹ sprechen; und endlich die Eris. Später wird Hesiod sich dann selbst korrigieren (›Erga‹ 11 ff.), wie wir gesehen hatten, und sagen, daß es zwei Erides gibt, eine gute und eine böse: die schlimme Göttin des Streits wie auch des Rechtsstreits und die gute des Wettstreits als eine Kraft, die das Leben auch wieder anregt. Hier ist sie also noch ungeschieden, nicht aufgespalten in diese beiden Seiten.

Nun geht es weiter mit den Kindern der Eris (Theogonie 226ff.): Ponos, die Mühsal oder einfach die Arbeit, weiter Lethe, von der wir bei *aletheia* gesprochen hatten (o. S. 31): der Entzug oder das Zudecken; weiter der Hunger, die Schmerzen, Feldschlachten, Händel zwischen Männern, Ermordungen und Männertötungen, das Lügen, die Täuschungen und das Hin- und Herreden von zwei Seiten, das also auch dem Nachtbereich angehört. Von da aus kommt es folgerecht zur Dysnomia, dem schlechten Recht oder der Gesetzlosigkeit, und weiter zur Ate, der Göttin der Beirrung, die sich auch als Verblendung auswirkt. Uns mag es merkwürdig erscheinen, daß hier auch der Eid, Horkos, genannt wird als der, ›der die Erdenmenschen am meisten schädigt‹. Man muß wissen, daß in den Frühformen des Rechts der Eid seinem Wesen nach eine Selbstverfluchung ist, oft verbunden mit einer magischen Handlung, daß man etwa den Schädel eines Opfertiers einschlägt, was das Schicksal des Meineidigen gleichsam vorwegnimmt. So gesehen ist der Eid allerdings etwas sehr Düsteres. In seinem anderen Gedicht spricht Hesiod auch davon, daß der Eid ein Daimon ist, der sich in dem Augenblick, wo jemand seinen Eid bricht, in Bewegung setzt und ihn verfolgt und schließlich auch packt.

Sie sehen, wie das alles durchdacht ist und wie hier große Potenzen des Lebens gefaßt sind. Das mag dazu beitragen, daß wir heute Hesiod doch anders sehen als früher, wo man ihn meist als zu wenig dichterisch abtat. Heute hat man wieder einen tieferen Sinn dafür, diese Dinge als göttliche Mächte zu sehen, die hier in diesen großen Zusammenhang gebracht sind, in dem sich doch ein Wissen um die Realität ausdrückt. Auch wir sind ja noch bestimmt von diesen Mächten, die teilweise in uns selber sind, mögen wir sie nun Affekte nennen oder wie auch immer. Aber mir hat noch nie ein Mensch erklären können, wie diese psychologischen Dinge denn in die Psyche hineinkommen. Wenn sie auch nur als Möglichkeiten angelegt sind, so ist doch in ihnen etwas Seiendes angelegt, etwas, das Wirklichkeit, Kraft und Macht hat und von dem sich immer wieder zeigt, daß es von Bedeutung ist für das Schicksal eines Menschen. Es ist also eine Macht und wurde von den Griechen entsprechend als ein Gott gefaßt. So ist es hier von Hesiod großartig gemacht, während die eine Linie der Erzeugungen von der Erde her mit Himmel, Meer und alledem bei den großen Realitäten bleibt, daß hier ein mehr geistiger Bereich der Wirklichkeit mit erfaßt ist, der freilich überwiegend düster und negativ verstanden wird.

Wenn so weit die Linie der Erzeugungen von der Nacht her geht, so kommen wir V. 233 zu einem Dritten, eigentlich von der Erde Erzeugten: dem Meer, von dem ja klar ist, daß es ein ungeheurer Bereich der Erzeugungen ist, wie schon die einfache Anschauung zeigt. Auch für uns heute ist das Meer der Bereich, aus dem alles Leben gekommen ist. Davon hatte man auch damals schon ein Bewußtsein, und so wird es, nachdem es schon vorher erwähnt war, jetzt gleichsam herausgehoben und zum Ausgangspunkt einer großen Kette weiterer Erzeugungen gemacht. Wir wollen das nicht mehr im einzelnen durchgehen. Es ist sehr schön zu sehen, wenn aus der Erde zunächst die großen Grundgewalten konkreter Art entstehen und aus der Nacht mehr geistige und geisterhafte Wesenheiten, die zumal auch die seelische Struktur bestimmen, wie nun aus dem Meer sowohl das Ungeschlachteste entsteht wie auch wieder das Liebenswürdigste und Entzückendste: Ungeheuer und Meertöchter, die nun in großen Katalogen aufgezählt werden; auch diese übrigens nicht ›knochentrocken‹, sondern so, daß in dem, was die Namen besagen, sich eine ganze Welt des Liebreizes vor uns auftut.

Da haben wir einmal einen Nereiden-Katalog, ähnlich dem im 18. Iliasbuch, nur wesentlich vermehrt. Man hat natürlich gemeint, der Katalog der Ilias sei von Hesiod abhängig, was unsinnig ist. Die Katalogdichtung ist viel älter als Hesiod und auch Homer. – Eine andere Linie führt von Phorkys aus über die Gorgonen zur Perseus-Sage und mit dem Sohn der Medusa, Pegasos, zu Bellerophon, der ihn gezähmt und bestiegen hatte, aber dann herabgestürzt ist bei seinem Versuch, mit ihm den Himmel zu erreichen. Sie sehen, wir kommen bei dem genealogischen Abstieg schon langsam in bekanntere Sagen von den ältesten Helden und ihren Taten. Ebenso mit einer Reihe sehr düsterer Gestalten, die auch vom Meer herkommen: Echidna und der Hund Orthos, der zu dem Riesen Geryoneus und damit in die Heraklessage gehört, weiter auch der Höllenhund Kerberos, die Hydra, die Chimaira, auch die Sphinx, mit der es Ödipus zu tun hat – alles bekannte Gestalten, auch der Nemeische Löwe und eine besonders schlimme Schlange. Es sind Ungeheuer, doch nicht mehr die ungeschlachten Formen des älteren Geschlechts, sondern schon differenzierter.

Das sind diese beiden Linien, die vom Meer herkommen: neben den Nereiden, die das Liebreizendste sind, was es gibt – auch Galateia ist darunter –, diese düsteren Unholde, die das Wilde und Gefährliche des Meeres darstellen; und doch beides Nachkommen der gleichen Grundpotenz. – Und zum Abschluß (337-370) noch etwas, das zu dieser Meereswelt gehört: die Kinder des Okeanos und der Tethys, also des Weltstroms und der großen Ur-Meeresgöttin. Sie erinnern sich, daß Okeanos bei Homer (Ilias 14, 201) der ›Ursprung der Götter‹ genannt wurde. Hier wird die Nachkommenschaft aufgegliedert in Söhne und Töchter: einmal die großen Ströme der Erde und auf der anderen Seite die Okeaniden, die wieder in Katalogform aufgezählt werden, aber es wird gesagt, daß es in Wahrheit wohl dreitausend wären. Unter ihnen sind so bedeutende und bekannte Gestalten wie etwa Tyche, das Glück oder richtiger das ›Treffen‹, das Gelingen. Weiter Metis, von der wir später hören, daß Zeus sich mit ihr vereinigt: nicht in Liebe, sondern so, daß er sie in sich aufnimmt; und nachdem das geschehen ist, kommt es dazu, daß er eine Tochter von ihr zur Welt bringt: Athene, die aus seinem Haupt entspringt. Auch diese Metis tritt hier unter den Okeaniden auf. Und endlich auch der Unterweltstrom, die Styx; sie wird gewaltig geehrt, weil sie die Gewalt ist, bei der auch die Götter schwören.

Bei V. 371 kommen wir noch einmal zu der Titanin Theia, die mit Hyperion die drei Lichtgottheiten erzeugt, die erst jetzt genannt werden: Helios, Selene und Eos, die Morgenröte. Dann hören wir noch von einem Sternwesen Astraios, das mit Eos die Winde erzeugt, den Morgenstern und dann auch alle anderen Sterne. Hier sei noch eine andere Lichterscheinung nachgetragen, die sich vom Meer her bedingt: der Regenbogen. Als V. 233 ff. davon gesprochen wurde, welche Kinder der Pontos mit der Erde erzeugt, war auch ein merkwürdiges Wesen genannt: Thaumas, vom Stamm *thaum*, das Staunen, und man fragt sich, warum eine solche Macht des Staunens gerade bei den Nachkommen des Meeres auftritt. Nun, ich glaube, daß es wohl nicht überinterpretiert ist, wenn ich sage, daß die Griechen bei ihrer außerordentlichen Ausgesetztheit mit ihrem ganzen Leib, mit den Sinnen, dem Wahrnehmungsvermögen, offensichtlich das erlebt haben, was auch heute noch jeder erleben kann, wenn er mit unseren so gesicherten Schiffen über das Meer fährt: nämlich daß dieses Meer ein Bereich der Wunder ist. Es wechselt ständig, wenn auch scheinbar gar nichts zu sehen ist als hin und wieder eine Insel, aber in sich selbst ändert es sich ständig. Auch Gefahr ist dabei, ein Wind kann aufkommen. Aber das Wunderbarste sind doch die sich ständig ändernden Lichterscheinungen, die man beobachten kann. So konnte wohl eine solche Gestalt des Staunens aus diesem Meer entstanden gedacht werden und (265 f.) zum Vater werden jener wunderbarsten Erscheinung am Himmel: des Regenbogens, Iris; im Griechischen weiblich, wie auch Selene, der Mond.

Kommen wir nun zu Helios, dem Sohn der Theia, so eröffnen sich wieder durchgehende Beziehungen, die längst gesehen worden sind. Ich habe einen Aufsatz geschrieben über Pindars 5. Isthmische Ode, die anfängt: »Mutter des Helios, vielnamige Theia ...« Pindar fährt dann so fort, daß von ihr her alles komme, was auf Erden Glanz hat, nicht nur das Gold, d. h. das Materielle, sondern auch etwa der Glanz, der auf den Sportspielen liegt und zumal auf dem Sieg, der bei ihm immer als etwas Glänzendes empfunden wird – es ist das etwas, das auch heute noch dem Menschen am Sport immer wieder ein höchst geistiges Vergnügen bereiten kann. Das, wovon dieser Glanz herkommt, könnte die Sonne sein; aber das genügt Pindar noch nicht, sondern es ist eine eigentümliche Glanz-Substanz, die noch hinter der Sonne liegt, so daß gleichsam ein Aufstieg stattfindet von der Sonne, die wir am Himmel sehen, zu ihrem Ursprung, einer ›Mutter‹ dieses Glanzes des Helios, und das eben ist Theia, die einfach die ›Göttliche‹ heißt.

Das hat man aufgegriffen und von dieser Pindarstelle her eine Beziehung zu Platon gezogen, der bekannten Stelle im Staat (6, 508 e ff.), wo er die Idee des Guten, die allem nicht nur die Sichtbarkeit, sondern auch das Dasein gibt, vergleicht mit der Sonne im Bereich des Natürlichen und Sichtbaren. Nun meine ich natürlich nicht, daß bei der Theia Pindars bereits an eine Idee des Guten gedacht wäre. Aber beide Male haben wir den Drang, einen Ursprung des Glanzhaften zu finden, der nicht selbst im sichtbaren Bereich liegen kann, sondern etwas jenseits der Sichtbarkeit sein muß. Das ist für Pindar Theia, die ›vielnamige‹, die er überall in ihren Wirkungen findet. Und diese Theia ist von Hesiod zuerst gedacht worden als die Mutter der Sonne, in dieser genealogischen Abstufung, die ja auch eine Wesensstufung ist, so daß diejenigen

Wesenheiten, die hier die älteren sind, auch die höheren sind, die die spätere Philosophie im metaphysischen Bereich aufsuchen wird.

12.

Ich muß heute zum Ende eilen, glaube aber auch, daß ich alles Wesentliche über die Theogonie gebracht habe. Es ist noch zu sagen, um dieses großartige Gedicht dann abzuschließen, daß wir im weiteren Gang immer mehr in die Bereiche der bekannten Götter kommen. Das heißt, von den großen Urmächten steigen wir immer mehr hinab ins Gestalthaftere, wo dann auch die Geschichten breiteren Raum einnehmen. Wir hören davon, wie die Göttin Leto geboren wird, deren Kinder Apollon und Artemis sein werden; hören von Rheia, der großen Urmutter, und Kronos, dem ›Krummgesonnenen‹, wie er seine Kinder verschlingt, gleich nachdem sie geboren sind. Zeus aber wird von Rheia durch eine List gerettet, und wirklich stößt er später dann auch den Vater Kronos vom Thron. Weiter die Geschichten von Prometheus, wie er den Zeus auf üble Weise bei einem Opfer betrügt und ihm schließlich auch das Feuer stiehlt und es den Menschen gibt; wofür Zeus zum Entgelt die Pandora schafft und wunderbar herrichten läßt, was eingehend geschildert wird. Von ihr stammen, wie Hesiod es darstellt, die Frauen ab, die für die Männer ein einziges Leiden sind; wohl eine alte bäurische Vorstellung. In den ›Erga‹ werden es nicht die Frauen sein, sondern die bekannte ›Büchse‹ mit Übeln, die Pandora bringt und dann aufmacht, so daß alle Leiden und Krankheiten und alles Böse herausfliegt und sich über die Erde verbreitet. Auch das ist als Ausgleich zu verstehen, den Zeus gibt, damit die Menschen nicht zu glücklich und mächtig werden. Die Leiden und Krankheiten sind also dem Größten und Schönsten zugeordnet, was der Mensch hat: der Kultur. Nur die Hoffnung, die Illusion, die uns über die Übel hinweghelfen könnte: die bleibt nach Hesiod im Kasten. – Dann geht es immer mehr über in die Geschichte vom Kampf des Zeus mit den Titanen, und als er sie endlich – mit Hilfe anderer Titanen – niedergekämpft hat, da erfolgt nun die Inthronisation der Zeusherrschaft: die Götter bitten ihn, daß er die Herrschaft übernehme.

Dann folgt noch ein weiterer Teil, der eigentlich Einleitungscharakter hat (886ff.), wie durch neue Erzeugungen die jetzt herrschenden jungen Götter entstehen, und zwar in einem Katalog von Frauen, mit denen diese olympischen Götter nun Kinder erzeugen. So füllt sich immer mehr die Szene mit den olympischen Lichtgöttern, nachdem alles Urtümliche nun weit hinten gelassen ist. – Dann noch ein dritter Teil (965 ff.), in dem berichtet wird, wie die weiblichen Götter sich mit Sterblichen verbinden und jetzt keine Götter erzeugen, sondern das Geschlecht der Heroen. Dann aber bricht es ab, und das andere haben wir nur bruchstückweise.

So weit der Überblick über die Theogonie, wobei ich ein Motiv noch ausgespart habe, das ganz konstitutiv ist und alles durchdringt und das dann weiterführen wird zu dem zweiten Gedicht des Hesiod, den ›*Erga kai hemérai*‹, und weiter zu Solon und Aischylos: das ist das Motiv der *dike*, der Gerechtigkeit. Wenn dies alles eine große Urgeschichte war, die in mehreren Etappen und die verschiedensten Potenzen umfassend schließlich zur Errichtung des olympischen Zeusreichs führte, so ist diese ganze genealogische Abfolge bei Hesiod durchdrungen und beherrscht von diesem Prinzip der *dike*.

Das ist nun sehr interessant, denn gerade diese teilweise sehr urtümlichen Geschichten führen uns über das Griechische hinaus in den orientalischen Bereich, wo die Dinge ganz anders waren. Die Philologie war früher sehr empfindlich, wenn man solche Einflüsse aus dem Vorderen Orient zu erkennen glaubte; alles sollte immer rein griechisch sein. Aber inzwischen sind neue Fakten hinzugekommen. Ich verweise hier auf H. Ehelolf, H. Otten und H.G. Güterbock und vor allem auf die grundlegende Schrift von A. Lesky: Hethitische Texte und griechischer Mythos (jetzt Gesammelte Schriften 1966, 356ff.), wo Sie auch weitere Literatur finden. Ich gebe nur kurz das Wesentliche.

Es zeigte sich, daß die Geschichte, die Hesiod von Uranos und Kronos erzählt, in viel älteren churritischen Mythen erzählt wurden von Kumarbi. Da hören wir, daß einst Alalu König im Himmel war und der starke Anu vor ihm stand als Diener und Erster der anderen Götter. Neun Jahre war Alalu König, dann beginnt Anu den Kampf mit ihm und besiegt ihn, und er entflieht auf die dunkle Erde. Jetzt steht Kumarbi vor Anu als Diener. Wieder kommt es zum Kampf, in dem Anu flieht, Kumarbi ihn aber packt, bei den Füßen vom Himmel herunterzieht und ihm die Schamteile abbeißt und sie verschluckt. Nun verkündet ihm Anu, daß er von drei furchtbaren Göttern geschwängert sei, und so speit er das Verschluckte aus, so daß die Söhne aus der Erde entstehen, von denen der Wettergott der Feind und Überwinder des Kumarbi wird. Es ist längst gesehen worden, daß dies fast genau der Geschichte bei Hesiod entspricht, und ich zweifle nicht, daß es enge Beziehungen gegeben hat entweder zwischen dem alten Boiotien und Kleinasien oder der Unterschicht der gemeinsamen Ureinwohner. Auch ein phoinikischer Schöpfungsmythos gehört hierher; kurz, es ist eine ganze Gruppe von Mythen, die man heute kennt.

Nun aber das Entscheidende, was ich nicht als erster gesehen habe, sondern was in der philologischen Wissenschaft immer wieder hervorgehoben wurde. Abgesehen davon, daß es im Orientalischen viel gröber und urtümlicher war als im Griechischen, spiegelt sich in diesen Mythen offenbar das wider, was wir aus Hofgeschichten und Chroniken kennen und was in diesen alten Großreichen immer wieder vorkam: eine Palastrevolution, daß ein Wesir den König vom Thron stößt und ihn selbst besteigt, bis er dann wieder von einem anderen gestürzt wird. Es ist der Typos eines Sukzessionsmythos, wie wir das nennen, ganz im Bereich des dynastischen Denkens; auch Kultur-Deszendenzen mögen schon damit verbunden gewesen sein. Was bei den Griechen und Hesiod nun als ganz Neues hinzukommt, ist der Gedanke, daß diese Abfolge von Dynastien beherrscht wird von der Idee der Dike, der Gerechtigkeit. Indem Zeus den Vater Kronos stürzt, übt er Vergeltung für das, was Kronos an Uranos getan hatte, so daß das gestörte Rechtsverhältnis wieder hergestellt wird.

Mit anderen Worten: dieser Mythos, veranlaßt durch orientalische Vorbilder, erfährt eine neue Deutung als das Sich-Durchsetzen des Rechts, so daß die ganze Urgeschichte schließlich hinführt auf die Inthronisation des Zeus als der Herrschaft der Gerechtigkeit. Das ist Hesiod, und das ist griechisch. Damit ist nun aber, in der merkwürdigen Gewachsenheit, mit der sich dies alles vollzieht bei den Griechen – man könnte fast sagen: eine Rechts-Idee aufgetaucht, jene Idee, die dann weiter eine so unerhörte Macht und Größe gewinnt.

Dazu möchte ich auf zwei grundlegende Bücher verweisen: Victor Ehrenberg: Die Rechtsidee im frühen Griechentum, 1921; und Kurt Latte: Heiliges Recht, 1920. Außerdem der Artikel

›Dike‹ im kleinen Pauly Bd. 2, Sp. 24 von H. v. Geisau und Erich Berneker. – Was den Begriff angeht, so hat Ehrenberg ihn wohl falsch gefaßt, wenn er ihn mit einem griechischen Stamm *dik* von ›Werfen‹ in Verbindung bringt und meint, es handele sich um das Werfen von bestimmten Marken, die so oder so fallen können, eine Art Befragung also. Das Wort hängt vielmehr zusammen mit *deiknymi*, ›weisen‹, und bedeutet die Weisung oder zumal im Plural die Rechtsweisungen, die man beim Schiedsmann, *istor*, dem ›Wissenden‹, einholt. Ein anderes altes Wort dafür ist *themistes*, die Satzungen.

Man muß wissen, daß es zwar seit ältesten Zeiten natürlich eine Ausübung des Rechts gegeben hat, aber nicht im Hinblick auf eine Rechtsidee. In den alten patriarchalischen Zeiten, wo es noch keine niedergeschriebenen Gesetze gibt, auf die man sich berufen kann – das kommt erst im sechsten Jahrhundert mit der neuen Form der Polis herauf –, ist die Rechtsprechung der Versuch, den letztlich für die Gesellschaft nicht vorteilhaften Kampf der Einzelnen, der entsteht, wenn einer sich benachteiligt fühlt, irgendwie abzulösen durch eine vernünftige Weise der Schlichtung. Das geht weit zurück. Schon früh wird die Rache für einen Erschlagenen abgelöst durch das Wergeld, wie wir es schon bei Homer fassen. In jeder Gemeinschaft gibt es Leute, die lange gelebt und eine Menge von Präzedenzfällen im Kopf haben, und zu denen geht man, wenn ein Streit entstanden ist, und läßt sich Rechtsweisungen erteilen. Die Aufgabe dieser Rechtsweisungen ist die Schlichtung, der Ausgleich, aber nicht eigentlich die Gerechtigkeit. Es geht nicht darum, wenn eine derartige Störung des Gemeinschaftslebens wie etwa ein Totschlag geschehen ist, ein abstraktes Recht wiederherzustellen, und auch nicht darum, daß der Täter nun büßen muß, sondern daß eine vernünftige Lösung gefunden wird, die es ermöglicht, daß das Leben weitergeht. Noch heute ist es im Privatrecht so, daß man möglichst auf Schlichtung dringt; daß man nicht lange prozessiert, was nur beide Seiten viel Geld kostet, sondern sich vergleicht.

Das bedeutet in unserem Zusammenhang, daß in der frühen Zeit noch nicht eine wirkliche Idee des Rechts als eines Prinzips des Lebens aufgetaucht ist. Man nimmt gewisse Störungen wahr, die sich überall und immer ergeben, und versucht, sie durch Korrektur in Ordnung zu bringen. Das Wissen um das Rechte ist gleichsam noch eingehüllt in das Wissen von vielen Einzelfällen, bleibt noch unabstrahiert. Die Abstraktion tritt nun in der weiteren Entwicklung ein, zusammenhängend mit der engeren und strengeren Gemeinschaft der Polis, wo sich das Recht immer mehr bemerkbar macht als tragendes Lebensprinzip und geheime Ordnung, die allem zugrunde liegt. Als solche regelt es die verschiedenen gegensätzlichen Ansprüche, die entstehen, und sorgt für die Harmonie dieser Ansprüche, indem es ein ausgewogenes Gefüge bildet, wo jedes seinen Ort hat. Und während sich dieses Prinzip im Lebensgefüge der Polis immer mehr bemerkbar macht, ist es so, daß auch die Rechtsidee im Denkgeschehen immer stärker hervortritt als eine die Gesellschaft der Menschen tragende Grundharmonie des Seienden. Es ist interessant, wie das, was so zunächst erlebt wird an der menschlichen Gemeinschaft, sehr bald auch in der Natur erkannt wird, wie das bei Anaximander geschieht. Bei ihm wird die Idee einer solchen Rechtsordnung übertragen auf den Bereich der *onta*, womit sich zum erstenmal so etwas wie eine Gesetzlichkeit bemerkbar macht.

Sie werden sich erinnern, daß wir bisher noch keine Gelegenheit hatten, von einer Gesetzlichkeit zu sprechen, die im Geschehen waltet. In der Religion sind es eben die Götter, die als Seinsmächte darüber wachen, daß ihnen die Ehre zuteil wird, auf die sie Anspruch haben; also eine ganz personale Vorstellung. Odysseus verletzt den Sohn des Poseidon und wird entsprechend von ihm verfolgt, aber nicht in dem Sinne, daß der Gott eine Idee verkörperte, der er irgendwie verpflichtet wäre. Was sich als Gesetzlichkeit in dieser Welt der Mächte darstellt, ist nur damit gegeben, daß die einzelnen über ihren Ansprüchen wachen und dafür eintreten, daß ihr Wille von den Menschen beachtet wird. Ein allgemeines Gesetz ist dagegen nicht anzutreffen. Auch nicht von seiten der Moira, die zwar über der Verteilung waltet, durch die allein jedes Seiende als ein differenziertes Einzelnes in die Erscheinung tritt. Aber diese Moira hat eigentlich keine Exekutive. Die liegt durchaus bei den einzelnen Göttern, die die Menschen verfolgen oder belohnen, so wie große Herren das eben tun, aus der Machtvollkommenheit ihrer Existenz heraus. Man könnte höchstens sagen, daß, insofern sie große Seinsmächte sind, ihr Handeln eine noch verhüllte Gesetzlichkeit erfüllt. Allerdings ist es so, daß ein starkes Bewußtsein des Rechts in den homerischen Epen spürbar wird. Nachdem im vierten Iliasbuch die Troer den beschworenen Waffenstillstand gebrochen haben, ist es für Agamemnon ganz offensichtlich, daß sie damit das Unheil über sich herabgerufen haben. Aber auch hier bleibt es ganz im Konkreten: sie hatten vorher feierliche Eide geleistet, und wir hatten schon gesehen, daß der Eid, begleitet von einer entsprechenden Handlung, eine Selbstverfluchung bedeutet. Weiter wird von den Erinyen gesprochen, den Göttinnen, die für ein Vergehen Rache üben und später noch in der Tragödie eine große Rolle spielen. Weiter haben wir im neunten Iliasbuch (502 ff.) den Mythos von der Ate, der göttlichen Macht der Beirrung und Verblendung, die zum Unheil wirkt und der wieder die *litai,* die Bitten, als göttliches Korrektiv gegenüberstehen. Von dieser Ate heißt es ein andermal (Il. 19, 91 ff.), daß sie einst auch Zeus beirrt habe und dann von ihm herabgeworfen worden sei vom Himmel und nun unter den Menschen wirke. Das bedeutet, prinzipiell gesprochen: die Weise, wie es auf der Erde zum Unrecht kommt (ohne daß dieses Wort dabei gebraucht würde), stellt sich darin dar, daß es eine göttliche Macht gibt, die die Menschen zur *hybris* verleitet, wörtlich ›Übergriff‹, ein Zuviel, ein Übergreifen in einen fremden Rechtsbereich. Dies Unrecht erregt weitere Unheilsmächte, so daß Unheil auf Unheil folgt. Als Korrektiv braucht es nun wieder eine andere göttliche Macht, eben die Bitten, die Töchter des Zeus, wie Homer sie nennt, die dann wieder den Ausgleich herstellen.

Interessant ist nun die berühmte Zeusrede im ersten Buch der Odyssee, wo zum erstenmal im Epos etwas anderes auftaucht (wo ich allerdings glaube, daß es ein späterer Dichter ist). Da sagt Zeus in plötzlicher Reflexion, wie seltsam es doch sei, daß die Menschen die Götter beschuldigen und sagen, von ihnen komme das Böse. Und es gibt doch auch Fälle, wo sie sich selbst etwas zuziehen, über ihr Teil hinaus. So hatten die Götter selbst den Aigisthos gewarnt, er solle nicht Agamemnon töten und seine Gattin zur Frau nehmen. Er aber hatte nicht darauf gehört, und nun hat ihn Orest dafür getötet. – Die Weise, wie Zeus hier argumentiert: wenn ein Mensch ein Vorwissen davon hat, daß etwas schlimme Folgen haben wird, und es dann doch tut – das ist, wie längst gesehen worden ist, der erste Gedanke an eine Selbstverantwortung des Menschen, wo nicht mehr alles, was über ihn kommt, einfach das Wirken eines Gottes ist, sondern ein Bereich von Gut und Böse abgesondert wird, innerhalb dessen der Mensch für sein Tun selbst verantwortlich ist. Hier ist es schon so, daß die Götter nicht nur personal handeln aus der Wahrung ihrer Ehren und

Ansprüche heraus, sondern daß sie doch irgendwie eine Art Norm vertreten. Hier ist schon ein Schritt über die alte Form der Religion hinaus getan, wenn auch noch dichterisch-mythisch verhüllt.

Bei Hesiod wird dann der nächste Schritt vollzogen, indem die Idee des Rechts sich verwirklicht in dem großen Geschehen der Abfolge verschiedener Götter-Dynastien, bis zur Errichtung der Zeusherrschaft über die Welt als großes Tribunal, das nun alles regelt und wo auch die Rechtsidee als solche in den Blick fällt. Von nun ab ist die Ahnung einer derartigen universalen Gesetzlichkeit in der Welt, der die Götter mit ihrem Handeln zwar nicht unterstellt sind, aber sie vollziehen sie einfach. Die Dike wird die *Bei*sitzerin des Zeus (steht nicht etwa über ihm!), und sie beide wachen nun über die Taten der Menschen, auch solche, die nicht mehr den Gott selbst verletzen, sondern wenn ein Mensch den Rechtsanspruch eines anderen verletzt. Das wird dann gemeldet, und die Dike tritt dafür ein und sorgt dafür, daß wieder Ordnung und Ausgleich hergestellt wird.

Das wird von Hesiod zumal in seinem zweiten Werk, den ›*Erga kai hemerai*‹ entwickelt (wohl einige Jahre nach der ›Theogonie‹ entstanden). Wir hatten schon gesehen, wie hier einmal eine Dichtung durch ein konkretes, greifbares Ereignis entstanden ist, den Rechtsstreit des Hesiod mit seinem Bruder Perses, der das väterliche Gut an sich zu bringen sucht. Ich kann das nicht mehr im Einzelnen vorführen. Wichtig ist hier der bekannte Mythos von den fünf verschiedenen Zeitaltern; übrigens auch das vom Orient beeinflußt. Es ist so, daß der gegenwärtige Weltzustand irgendwie ein Endzustand ist. Am Anfang stand das goldene Weltalter, dann folgte das silberne, als drittes das eherne; das vierte ist das unmittelbar vor unserer Zeit liegende Zeitalter der Heroen, dem kein besonderes Metall entspricht, und dann folgt das unsere, dem zugeordnet ist das Eisen. Es ist eine große geschichtliche Dekadenz-Idee, die hier auftaucht, und zwar wieder, um daran zu zeigen, daß und warum es gerade jetzt nötig ist, die Dike anzuwenden. Zeus hat es so geordnet, daß die Fische und Vögel und die wilden Tiere einander fressen – in ihrem Bereich gibt es keine Dike –, den Menschen aber hat er als eine große Gabe die Dike gegeben, auf die sie hören sollen und sich der Gewalttätigkeit enthalten.

All das sind sehr interessante Formen, wie dies neue Rechtsbewußtsein hier wirklich von Hesiod erlebt wird. Zunächst ganz unmittelbar von seiner eigenen Sache aus, aber es bleibt nicht dabei, sondern aus dem Erleben heraus bauen sich nun diese Vorstellungen einer Dike-Spekulation auf, einer Dike-Religion, wie wir sagen können. Das erscheint noch in mythischen Vorstellungen, aber auch wieder nicht wie im alten Mythos, sondern so, daß wir in der Gestalt den Inbegriff der Sache selbst haben. Das Recht ist auch hier eine korrektive Macht und korrigiert das Unrecht, aber nicht mehr in Form der alten Rechtsweisungen, sondern als *ein* Wesen, das überall da ist, wo es notwendig ist. Kein Zweifel, daß nun ein ganz neues Bewußtsein da ist von dem Recht als einer großen Macht und göttlichen Gewalt.

Soviel zum Gedanken der Dike, der den Gedanken der Vergeltung einschließt, aber nicht eigentlich vergeltendes Recht ist, sondern ausgleichendes. Der Grieche empfindet bekanntlich immer so, daß der gesunde Zustand von etwas der Zustand der Ausgeglichenheit ist. Jede derartige Tat, die wir als Vergehen bezeichnen, bedeutet die Störung eines solchen Grundzustands. Wir können sagen, daß letztlich eine Harmonie besteht, in der die verschiedenen Ansprüche der Menschen ineinander gefügt sind. Wenn sie gestört ist, wird zugleich der Rechtsgrund des Zusammenlebens gestört, auf dem das Sein der Gemeinschaft beruht, und dann tritt die Dike ein als großes Korrektiv; und indem sie dafür sorgt, daß die Rachegöttinnen den Täter verfolgen oder der Eid sich in Bewegung setzt, wird der Ausgleich wieder hergestellt.

Interessant ist, daß gerade der Rechtsgedanke, der hier aufkommt, irgendwie bezogen wird auf das Sein als ganzes, den Normalzustand des Gesamtseins, womit der Rechtsgedanke bei den Griechen von vornherein die Richtung hat auf eine Gesetzlichkeit. Damit wird der Begriff der Gerechtigkeit zum entscheidenden Seinsbegriff. Hier bei Hesiod gewinnt der Begriff zuerst den Charakter einer solchen universalen Gesetzlichkeit, so daß das, was die Götter tun, dies Grundprinzip irgendwie verwirklicht. Zeus als der oberste Gott wird zum Repräsentanten dieser Idee. Schon bei Homer ist er eigentlich kein Gott neben den anderen, sondern man könnte fast schon von einer Art Monotheismus sprechen, so weit steht er über den anderen Göttern. Das ist hier sehr wichtig. Es gibt keine andere Idee, die die Grundlage und tragende Idee eines obersten Gottes sein könnte, sondern Zeus wird notwendig zur Verkörperung der universalen Seinsidee, also der Gerechtigkeit. Das wird weitergehen bei Aischylos und dann bei Platon, wo mit dem Problem der Arete auch die Frage nach der Gerechtigkeit aufkommt. Sie ist für ihn nicht, wie das oft mißverstanden wird, die Einzeltugend eines Menschen, sondern Platon versteht genau das darunter, was sich hier in den Anfängen aufzeigen läßt: eine bestimmte Seinsverfassung, die eine gesunde und wirkliche ist; die dem Seienden seine Dauer verbürgt. Ein ausgeglichener Zustand, wo alle Teile an ihrem Ort das ihre tun, keiner sich vordrängt und das Ganze über seine Teile herrscht. So kann Gerechtigkeit verstanden werden als Ordnungsprinzip im Staat wie in der Seele, die Platon in diesem Sinne nebeneinander stellt. Der Staat ist gesund, wenn das Prinzip der Gerechtigkeit ihn durchregelt; der Mensch ist gesund in seiner Seele, wenn er so beschaffen ist, daß in seiner inneren Verfassung die einzelnen Teile sich dem Ganzen unterordnen in einem harmonischen Gefüge. Der Name dafür ist bei Platon *dikaiosyne*, Gerechtigkeit, wieder als Prinzip dieses Ausgleichs.

13. Solon

Wir hatten zuletzt von der Entwicklung der Rechtsidee bei den Griechen gesprochen und gesehen, wie wir damit schon näher herankommen an den eigentlichen Bereich des Denkens. So wollen wir noch von dem Mann sprechen, der den Dike-Gedanken weitergeführt hat, und mit dem wir herangeführt werden an die ersten Vorsokratiker, an die er auch zeitlich fast heranreicht: *Solon* von Athen.

Dabei treffen wir wieder auf das Bedeutungsvolle für die ganze ältere griechische Denkgeschichte, daß sie sich nicht nur vollzieht in einem Denkfortschritt des Problems selbst, sondern immer wieder aus den Situationen des Lebens heraus die großen Anstöße gewinnt. So schon bei Hesiod und noch stärker bei Solon, dem großen Staatsmann und Dichter, der in seinen Gedichten die Rechtsidee entwickelt im Zusammenhang mit seinem eigenen staatsmännischen Wirken. Bekanntlich war das siebente und sechste Jahrhundert die Zeit großer Umwälzungen; einmal im Seelischen als das Zeitalter der Lyrik, die in ganz neuer Weise dem Epos gegenüber die menschliche Innerlichkeit aufgreift, die dann auch zur Grundlage des späteren Philosophierens wird, was ich jetzt nicht verfolgen kann; und andererseits als die Zeit der Kolonisation, der Entwicklung von Handel und Wirtschaft, was vor allem in den Städten des Ostens zu politischen Umwälzungen führt. Die alte patriarchalische Gesellschaft wird umgestaltet, die neue Polisgesellschaft kommt herauf, zuerst noch nicht als Herrschaft des Volkes, aber doch der großen Geschlechter. Hier findet sich zum erstenmal das Bedürfnis, das bisher mündlich gesprochene Recht zu kodifizieren als ein fest vor Augen stehendes. Das heißt, es kommt jetzt zu einer wirklichen Gesetzgebung, die aufgeschrieben wird. Schon das ist ein wichtiger Akt des geschichtlichen Lebens, daß das Recht sich vor sich selbst bringt in Form der aufgeschriebenen Gesetze (man denke etwa an die erhaltene Inschrift von Gortyn).

Andererseits ist es so, daß mit der Entwicklung von Wirtschaft und Handel auch innere Umschichtungen aufkommen. Es entwikkelt sich das Kapital und damit der Gegensatz zwischen Arm und Reich, der zu erheblichen Kämpfen führt. Vor allem in Athen wurde die Situation so unerträglich, daß viele Freie in Schuldknechtschaft gerieten. Drakon hat bekanntlich versucht, wieder Ordnung hineinzubringen, aber es glückte nicht. Dann aber kam Solon, der es in erstaunlicher Weise fertiggebracht hat, den Staat neu zu ordnen, vor allem durch die ›Schuldenabschüttelung‹, wie man es nennt, das Aufheben aller Schuldverhältnisse. So fand er tatsächlich den Ausgleich zwischen beiden Seiten, Armen und Reichen, den er dann in die Form einer Verfassung brachte und Gesetze schrieb. Nachdem er das vollbracht hatte, ließ er die Athener beschwören, diese Gesetze zu halten; und damit sie ihn nicht zwingen konnten, etwas daran zu ändern, ging er für zehn Jahre außer Landes. Man hat in Athen auch später noch behauptet, unter den Solonischen Gesetzen zu leben, wenn diese Gesetze auch nach der Unterbrechung durch die Tyrannis in neuer Form wieder hergestellt wurden. Aber Solon hat doch wirklich die Grundlagen auch der späteren Gesetze geschaffen.

Solon selbst spricht von sich selbst und seinem politischen Wirken in seinen Gedichten, die nur in Fragmenten auf uns gekommen sind. Immer wieder sagt er dort, wie schwer es für ihn gewesen sei; wie die Parteien gegeneinander standen und sich auch gegen ihn stellten, der einen Ausgleich suchte. So werden diese Gedichte, auch als Dichtungen wertvoll, zum bedeutsamen

Dokument des griechischen Denkgeschehens, und es ist eigentlich unmöglich, von griechischer Philosophie zu sprechen, ohne auch darauf hinzuweisen. Die Form dieser Dichtung ist vor allem die Elegie, wenn es auch vereinzelt andere Formen bei ihm gibt, etwa Iambisches.

Ich will nun versuchen, Ihnen die Hauptgedanken unmittelbar an den Fragmenten zu entwickeln.

Noch einmal: diese Gedichte sind zunächst eben Gedichte, und zwar sehr schöne und bedeutende Gedichte. Aber das Denkerische ist in ihnen doch bereits so stark, daß man eigentlich nicht mehr von bloßer Dichtung sprechen kann. Wir treten schon bei Hesiod in einen Bereich, in dem die Dichtung sich immer stärker mit denkerischem Gehalt füllt. Das geht bei Solon noch weiter, der die dichterische Form höchst elegant benutzt, aber bei dem sie dennoch immer mehr zur Ausdrucksform des spekulativen Denkens wird. Erst dann haben wir den großen Bruch, daß die dichterische Form völlig überwunden wird und das Denken eine ganz neue, ihm angemessene Form findet: die ›nackte Rede‹, *psilós logos,* die Prosaform. Das hängt auch mit dem Aufkommen des vorsokratischen Philosophierens zusammen, obwohl die älteren Vorsokratiker ihre Gedanken durchaus noch teilweise in Gedichtform niedergelegt haben, selbst Parmenides und sogar noch – oder wieder – Empedokles. Die Formen überlappen sich in dieser Welt des aufkommenden Logos. Soviel zur äußeren Form.

Das andere, was ich vorausschicken muß, ist, daß man auf den ersten Blick sieht, wie stark Solon auf Hesiod aufruht und ihn fortsetzt. Denn alles, was er als Staatsmann tut, tut er nicht im Sinne eines bloßen Zweckdenkens, sondern aus religiösem Geist, eben aus jener Dike-Religion und dem Glauben an jenen Gott, der auch weiterhin für die Griechen ein Gott der Gerechtigkeit sein wird: Zeus.

Kommen wir nun zu den Fragmenten selbst, so ist für uns das wichtigste Fr. 3, über die Eunomia, ›Wohlgesetzlichkeit‹, guter gesetzlicher Zustand; ein Wort, das große Bedeutung hat für das spätere Rechtsdenken und überhaupt das ganze Staatsdenken der Griechen. Bei Hesiod war Eunomia eine Tochter der Themis, neben Dike und Eirene. All das kommt nach jenem genealogischen Denken von der gleichen göttlichen Macht: die gute rechtliche Ordnung, das Recht in der Stadt und schließlich auch der Frieden. – W. Jaeger hat in einem Aufsatz gezeigt, wie dies Fragment Solons an die Zeusrede der Odyssee anknüpft, wenn es heißt: ›Nicht durch eine Schickung von Zeus her gehen wir zugrunde oder sonst nach dem Sinn der Götter ... nein, die Bürger selbst sind es, die durch ihre Vermessenheiten die Stadt vernichten ...‹ Hier ist der Gedanke der Selbstverantwortung entscheidend in den Mittelpunkt gerückt: der *ádikos nóos*, der ungerechte Sinn ist es, der die Völker zugrunde richtet, und die *hybris;* der Begriff, der später in der Tragödie eine so große Rolle spielt. Wir hatten davon gesprochen (o. S. 110); es heißt nicht ›Übermut‹, sondern ist ein Rechtsbegriff, der Übergriff auf eine andere Rechtssphäre, der eine Gewalttat sein kann oder ähnliches. Diese Hybris ist es nach Solon, aus der den Menschen die großen Schmerzen erwachsen. Sie sind reich durch ungerechte Werke und – nun zitiert er fast Hesiod – sie haben keine Scheu vor dem erhabenen Sockel der Dike, die alles weiß, schweigend, und einmal kommen wird zu strafen, *pantōs:* ›auf alle Fälle‹. Auf dies letzte werden wir noch zurückkommen. Ich will das Gedicht nicht weiter vorführen. Es ist also ein Appell, an die Bürger gerichtet, und gehört damit zweifellos in die Zeit des politischen Kampfes, bevor das Gesetzeswerk abgeschlossen war. Im weiteren Gang spricht er dann ausdrücklich von dem anderen Zustand, der Eunomia, dem rechten gesetzlichen Zustand, der alles Gute zeitigt und ›das Rauhe glättet‹ (was Sie bitte im Gedächtnis bewahren wollen).

Noch deutlicher fassen wir diese Gedanken in Fr. 1, der sogenannten Musenelegie, weil sie mit einem Gebet an die Musen beginnt. Da sagt Solon, daß auch er sich Reichtum wünscht, aber nicht auf ungerechte Weise, denn ›auf alle Fälle‹ (wieder dieses *pantos!*) kommt dann die Dike hinterher. Und später noch einmal: die Strafe des Zeus mag spät kommen, vielleicht erst im dritten Geschlecht, aber sie kommt *pantos.* In einem so kleinen Wort, das wir aber vorher nie so hätten antreffen können, liegt das Lückenlose, Unabdingbare des Kommens der Dike, die Tatsache einer großen Gesetzlichkeit.

Was hier im Bereich des Rechtsdenkens zum erstenmal auftaucht, ist geradezu ein erstes Bewußtsein von Kausalität. Auch das ist etwas, das dem natürlichen Menschen nicht so ins Auge fällt. Er weiß, daß bestimmte Ursachen mit bestimmten Wirkungen verknüpft sind, aber er erkennt nicht die universale Gesetzlichkeit darin. Das geschieht hier bei Solon. Die Ursachen für eine Störung des Zusammenlebens sind für ihn der ungerechte Reichtum, die

Hybris und die Ate, die sich dann einmischt, wie er sagt, die Göttin des Schadens, und dann ist es so, als ob aus einem kleinen Funken eine Flamme hervorbricht und einen gewaltigen Brand verursacht. All das sind Vorstellungen für die innere Notwendigkeit der Dike. Ebenso, wenn er ausführt, wie Zeus allein auf das Ende blickt; die Menschen haben immer nur einzelne Glieder der Geschehenskette vor Augen, nur der Gott hat die Kraft und die Fähigkeit, jeweils das Ende mitzusehen. Aus diesem Wissen um das Ende handelt er, vielleicht erst spät, aber plötzlich und gewaltig. Das Bild dafür ist das Gewitter, das sichtlich ebenfalls verstanden wird als eine Störung der Atmosphäre. So wie dies Gewitter ist die Strafe des Zeus. Aber das Wichtige an diesem Bild ist, daß Solon nicht so sehr die strafende Wirkung darstellt, sondern daß der Blick schon darauf fällt, wie dadurch wieder heiterer Himmel geschaffen wird. Wieder liegt der Aspekt auf dem Ausgleich, dem Wiederherstellen des rechten Zustands. Es ist also so, daß der übermäßig angesammelte Reichtum eine Störung schafft, indem durch ihn die Ausgeglichenheit in Frage gestellt wird. Er ist eine Art Zündstoff, aus dem ein Brand entstehen kann, eine Störung wie in der Atmosphäre, aus der ein Gewitter entsteht, wobei dann die Luft gereinigt und alles in Ordnung gebracht wird und die Harmonie des gesamten Verhaltens der Dinge zueinander und zum Ganzen sich wieder herstellt.

Diese Bilder muß man vor Augen haben, um zu sehen, wie die Dike von diesem Dichter tatsächlich verstanden wird als ein Seinsprinzip. Was er in seinen Gedichten niederlegt, ist eine Manifestation dieses seines Dike-Glaubens, den er auch befolgt in seinem staatsmännischen Handeln. Bei Solon ist es zum erstenmal von einem Menschen bewußt gefaßt worden, daß die menschliche Gesellschaft so strukturiert sein muß, daß sie ein derartiges Gefüge eines Ausgleichs darstellt. Das heißt, daß die Menschen, die alle von Egoismen her bestimmt sind – was man einfach anerkennen muß –, wenn man sie im Staat zusammenbindet, eingeformt werden müssen in das Gesamtgefüge einer solchen Harmonie, wo jeder das bekommt, was ihm zusteht, und doch das Ganze höher steht als die Teile. Man kann sagen, daß hier zum erstenmal der Gedanke des Rechtsstaats gedacht ist, und mehr als das: er ist nicht nur gedacht, sondern in der solonischen Gesetzgebung auch durchgeführt worden. Damit war das Prinzip des rechten staatlichen Lebens paradigmatisch hingestellt, nicht aufgrund eines

Zweckdenkens, weil es so am nützlichsten gewesen wäre, sondern aufgrund jener Dike-Religion, die sich dann freilich als außerordentlich zweckvoll herausgestellt hat.

Ich will noch auf einige interessante Fragmente hinweisen, die das Besondere dieser Rechtsidee gerade im Hinblick auf die allgemeine Bedeutung einer umfassenden Gesetzlichkeit des Seins selbst schön zeigen. Es ist ja schwierig mit Fragmenten; man muß immer erst den allgemeinen Horizont haben, auf dem man sie dann zum Sprechen bringen kann. So Fr. 10, knappe Verse, herausgerissen aus ihrem Zusammenhang. ›Aus der Wolke kommt die Gewalt des Schnees oder Hagels, und der Donner aus dem leuchtenden Blitz. Von Männern, die zu groß geworden sind, geht die Stadt zugrunde, und das Volk fällt in die Knechtschaft eines Einzelnen, durch seine Unwissenheit.‹ Auch in diesem Gedicht bedeutet der Naturvergleich doch wohl, daß die Dinge im staatlichen Leben fast die Notwendigkeit von Naturgesetzen haben. So notwendig wie der Schnee aus der Wolke kommt und der Donner auf den Blitz folgt, so notwendig folgt das Verderben der Stadt, wenn Männer in ihr zu groß werden. Zum erstenmal sind hier die Dinge der menschlichen Gesellschaft als eine Gesetzlichkeit gefaßt, die zusammen mit der dahinterstehenden Naturgesetzlichkeit eine ganz umfassende Seins-Gesetzlichkeit ausmacht. Zu einer solchen Seinsgesetzlichkeit wird, noch über Hesiod hinausgehend, bei Solon die Dike. Hierhin gehört auch der merkwürdige Satz Fr. 11, der zeigt, wie schwer es ist, einfaches Griechisch zu übersetzen: ›Von den Winden wird das Meer aufgerührt. Wenn es aber keiner bewegt, dann ist es von allen Dingen das Gerechteste.‹

Sie sehen, daß die Übersetzung ›gerecht‹ hier nicht ganz trifft. Das Gemeinte ist klar: durch einfallende Stürme wird das Meer von außen in Unordnung gebracht, und es erscheint ein Wirrwarr, ein gefährlicher Aufruhr. Wenn man es aber in Ruhe läßt, nicht durch äußere Störung in solchen Aufruhr bringt, dann ist es in sich selbst von allem das –? Es ist klar, daß *dikaiótatos* hier die Bedeutung des konkreten Ausgeglichenseins haben muß. Das Meer in sich selbst ist glatt, die schöne Glätte, die wir alle kennen und die bei einer Seefahrt ein reines Vergnügen ist. Dies in sich selbst Ausgeglichensein, Ungestörtsein und Ruhen, das ist die Vorstellung, die man griechisch einfach mit diesem Wort wiedergeben kann. Von irgendeinem Handeln kann keine Rede sein, es geht nicht um Gerechtigkeit im Sinne eines praktischen Tuns. So ist auch sonst das Gerechtsein ein innerer Zustand, ein Wesenszustand, eine Verfassung, und zwar nicht so sehr der Zustand einer Harmonie, sondern eines ganz Bei-sich-selber-Seins, In-sich-Seins und In-sich-Ruhens. Es gibt kaum ein besseres Zeugnis für das, was *dike* als Begriff und als lebendige Vorstellung bedeutet, als dieses Fragment 11.

Und nun zu dem vielleicht bedeutsamsten dieser Fragmente, nur zwei Verse. Fr. 16: ›Am allerschwersten ist in den Blick zu bekommen das unsichtbare Maß der Erkenntnis, das von allem einzig und allein die Grenzen hält‹ (oder ›innehat‹). – Wenn hier vom Maß gesprochen wird als dem umfassenden Seinsprinzip, das unsichtbar zugrundeliegend alles aufbaut, so ist klar, daß dieser Maßbegriff zwar nicht identisch ist, aber doch in starker Affinität steht zu dem Rechtsbegriff Solons. Letztlich ist es so, daß das große Prinzip des Ausgleichs, das in allem waltet und ein eigentümlich harmonisches Grundgefüge des Seins meint, dazu führt, daß man sich besinnen muß auf den Maßbegriff. Der Begriff des Maßes, *metron,* führt dann weiter zu dem in der Mathematik wie auch der Kunst so entscheidenden Begriff der Symmetrie. Symmetrie ist das, was ein gemeinsames Maß hat. Das ist das Entscheidende: daß es das gibt in der Welt – nicht Symmetrie im einzelnen, sondern daß es ein gemeinsames Maß gibt für verschiedene Erscheinungen. Die griechische Mathematik ist zunächst ganz ausgerichtet auf dies Phänomen einer inneren Symmetrie, in der die Dinge miteinander verbunden sind. Als man später auf Dinge stieß, die sich dieser Symmetrie nicht fügen wollten, wie etwa die Inkommensurabilität der Diagonale zur Seite des Quadrats, da empfand man das als so ungeheuerlich, daß man, als der Entdecker dieser Dinge in einem Seesturm zugrunde ging, dies als eine Strafe der Götter empfand. Das Phänomen des Irrationalen hat die Mathematiker dann jahrzehntelang beschäftigt, bis der Platonschüler Eudoxos von Knidos eine Lösung fand, wie man das Inkommensurable dennoch in eine Beziehung bringen konnte. Aber zuerst geht es im griechischen Denken um das Phänomen der Symmetrie und des Maßes, wie es hier in den Blick kommt, und dazu gehört auch der Begriff des *peras,* der Grenze, neben dem des *telos* ein ganz entscheidender Begriff. Alles was *ist,* ist nur insofern, als es ein Einzelnes, von anderen Getrenntes ist durch seine Begrenzung. Das Unbegrenzte, *apeiron,* ein Begriff, der sehr bald aufkommt bei Anaximander, *ist* nicht in diesem Sinne, sondern ist ein eigentümlicher Modus des Nicht-Seins. Grenze-Haben heißt Sein. Und wenn hier gesagt wird, daß das innere Maß die Grenzen von allem – oder allen – hält, so wird es damit zum Prinzip des Seins. Entscheidend ist, daß es ein unsichtbares Maß ist, das also nicht im Vordergrund sich darbietet, sondern als inneres Prinzip in den Dingen selber liegt. Man könnte das Wort von der ›Maßhaftigkeit‹ aller Dinge bilden. Diese Maßhaftigkeit ist hier von Solon entdeckt und übertragen auf das richtige Erkennen, die *gnomosyne*. Dies unsichtbare Maß der Erkenntnis in den Blick zu bekommen, ist also das Schwerste, aber offenbar auch das Wichtigste. Bei Heraklit werden wir noch sehen, welche Bedeutung diese Vorstellungen gewinnen. –

Leider kann ich hier aus der Fülle der Dinge nur weniges bringen. Aber als ein Beispiel, wie Solon diese Vorstellungen des Gerechten als Maß, Grenze und Ordnung auch auf anderes überträgt, möchte ich noch auf ein Gedicht verweisen, das man lange nicht verstanden hat: Fr. 19, das Gedicht über die Lebensalter. Ich habe es einmal übersetzt und interpretiert. In diesem Gedicht verfolgt Solon das Menschenleben nach Siebenerjahren; an sich ein Gedanke, der viel älter ist. – Hierhin gehört übrigens auch das andere Fragment, 22, in dem Solon auf ein Gedicht des Mimnermos gleichsam antwortet – eine ganz modern anmutende Korrespondenz zweier Dichter. Während Mimnermos, ein östlicher Dichter und Zeitgenosse Solons, der die Melancholie des Alterns zum Thema seiner Dichtung gemacht hatte und zumal in seiner bekannten Altersklage (Fr. 1) nur von den entsetzlichen Dingen spricht, die uns erwarten, nun daraus den Schluß zieht (Fr. 6), daß man am besten mit sechzig Jahren sterben sollte, so antwortet ihm Solon darauf, daß er diesen Vers streichen sollte und lieber sagen: erst mit achtzig Jahren soll einen der Tod ereilen. – Wenn hier die gesunde Kraft des Attikers dem dekadenten östlichen Dichter gegenübersteht, so ist das Entscheidende in dem Gedicht über die Lebensalter aber noch ein anderes. Während sonst das Alter mit all seinen Nachteilen beklagt wird, geht Solon hier ganz sachlich die Kurve des menschlichen Lebens durch und zeigt darin eine große Ordnung des Lebens auf. Es ist ein naturgemäßes Wachstum, das sich in diesen Perioden von Siebenerjahren vollzieht, und zwar mit zwei Höhepunkten: mit 28 Jahren ein Höhepunkt des Körperlichen, und dann vierzehn Jahre lang die Höhe des Geistigen, zwischen 42 und 56 Jahren. Dann sinkt es ab, aber es geht immer noch an, bis an die siebzig oder, wie er in dem anderen Gedicht sagt, an die achtzig Jahre. Das Gedicht zeigt, wie auch diese Dinge des Menschenlebens in einer großen Ordnung gesehen sind, über die er nicht klagt und die er nicht verurteilt, sondern in die er sich erkennend klaglos und einfach einfügt. –

Ich muß hier abbrechen. All das hat weitergewirkt, nicht nur im politischen Leben Athens durch die Solonischen Gesetze, sondern gedanklich auf die Vorsokratiker, und zwar zunächst auf Anaximander, der einmal sagt, daß die Dinge sich nach einer Notwendigkeit vollziehen und einander Buße zahlen nach der Ordnung der Zeit. Wieder eine Übertragung der Rechtsidee auf den Kosmos. Der nächste ist dann Heraklit, einmal mit deutlichem Anklang in Fr. 54: ›Die unsichtbare Struktur ist stärker als die sichtbare.‹ Da haben wir wieder den Gedanken eines unsichtbaren inneren Gefüges, des Logos. Ein anderes Fragment, wo er unmittelbar auf Solon und Hesiod fußt, ist Fr. 94: ›Die Sonne wird ihre Maße nicht überschreiten, sonst würden die Erinyen, die Helfer der Dike, sie finden.‹ Wieder wird eine Naturgesetzlichkeit von der Dike aus verstanden, oder richtiger: die Dike wird von den Griechen dieser Zeit auf die Natur übertragen, womit zum erstenmal der Gedanke eines Naturgesetzes gefaßt wird, ein Ausdruck, der als solcher noch nicht vorkommt. – Die Entwicklung geht dann weiter über Aischylos, der zumal in seiner Orestie und Promethie ganz von der Rechtsidee durchdrungen ist, und auf der anderen Seite über die Sophistik, wo sie von dem Gedanken der Physis zurückgedrängt wird, zu Platon. Zumal im ›Gorgias‹ (482e-84) wird das entwickelt, wo Kallikles zuerst behauptet, die Gesetze seien nur zum Schutz der Schwachen erfunden, der wirkliche Mann macht sich zum Herrn, und dann ›leuchtet hervor das Gesetz der Natur‹. Das ist es nun, wo Platon ansetzt und eine ganze Rechtsspekulation entwickelt, bis hin zum ›Staat‹, wo er die Dikaiosyne als den inneren Zustand der Ordnung sowohl im Staat wie auch in der einzelnen menschlichen Seele bestimmt, nicht als ›Tugend‹, sondern als inneren Zustand der Ausgeglichenheit der Parteien wie der Seelenteile, so daß alles einzelne im rechten Proportionsverhältnis zueinander steht. ›Proportion‹ ist ein Begriff, der dann immer deutlicher aus dem Rechtsbegriff heraustritt und dem wir später noch begegnen werden. Damit will ich dieses Kapitel abschließen.

14. Die Sprache

Im ersten Teil dieses Kollegs, nach der Einleitung, hatten wir uns zunächst beschäftigt mit dem Quellbereich des Denkens: einmal der Dichtung, und zwar der großen epischen Dichtung, sodann der Religion, zumal in der spekulativen Dichtung des Hesiod, was weitergeführt hatte zu der Rechtsidee, die wir verfolgt hatten zu Solon und weiter in kurzem Überblick bis zu Platon. Damit haben wir zwei große Bereiche, in denen sich die Philosophie präformiert, durchmessen. Wir kommen jetzt zu einem dritten, noch umfassenderen Bereich, und das ist die *Sprache*. Es ist notwendig, wie ich glaube, daß, wo man von den Anfängen des Philosophierens spricht, man nach Möglichkeit versuchen muß, sie aus dem, was als unbewußt Philosophisches längst in der Sprache vorlag, herzuleiten. Dafür fehlen fast alle Vorarbeiten, aber ich will einige Hinweise geben, damit die Wichtigkeit dieses Bereichs wenigstens im Blick ist.

Wir haben also von der Sprache zu sprechen, speziell der griechischen Sprache als Träger des griechischen Philosophierens. Es ist bekannt, daß zwischen Denken und Sprechen ein enger Zusammenhang besteht. An sich ist das Sprechen uns allen etwas ganz Gewohntes, wir tun es alle seit unserer Kindheit mehr oder weniger gedankenlos, und zwar gar nicht schlecht dabei; es ist durchaus möglich, in der einfachen Hingabe das Wesen der Sprache zu erfüllen, und doch ist es eins der geheimnisvollsten Dinge. Ich will jetzt auf die Sprachphilosophie nicht eingehen, werde später Literatur dazu nennen. Einstweilen halte ich mich an konkrete Dinge, die aber wichtig sind für das, worauf es uns ankommt.

Zunächst bleibt es dabei, was immer man über die Sprache sagen mag, daß sie irgendwie eine Verständigung über die Welt mit sich bringt, wenn sie auch nicht primär dazu dienen mag. Eine einfache Aufforderung: bring mir den Hammer! ist nicht möglich, ohne daß eine vorgängige Verständigung besteht, was gemeint ist. Das Geben muß im Blick sein, das ›mir‹, der Hammer; und so stehen auch ganz einfache Dinge, die wir zur primitiven Verständigung brauchen, in dem umfassenden Horizont eines Weltverständnisses. Sie sind darauf bezogen, man könnte auch sagen, sie manifestieren dies Weltverständnis, denn die Einzelsprache ist nur eine besondere Weise davon. Wir wissen wenig über die Entstehung der Sprache, trotz aller Theorien darüber, aber wir werden wohl sagen können, daß sie eine noch grundsätzlichere Erscheinung des Lebens ist als alles vorher Besprochene, und zwar des menschlichen Lebens, wenn wir von der ziemlich entwickelten Verständigung unter manchen Tieren jetzt absehen. Beim Menschen jedenfalls ist sie mit der Weise, wie der Mensch lebt, eng verbunden, er könnte ohne Sprache nicht leben. Man versuche einmal, sich all das wegzudenken, was wir nur dadurch haben, und es würde kein Leben mehr möglich sein, wir würden in uns selbst zusammenschrumpfen. Die Sprache ist das tragende große Element, in dem wir eigentlich leben.

Weiter können wir wohl sagen, daß die Sprache uns zu etwas sehr Entscheidendem verhilft: zur Weltbewältigung. Sie ist eines der allerwesentlichsten Medien – nicht Mittel oder Instrument! – dazu. Es ist offensichtlich so, daß der Mensch den andrängenden Erscheinungen des Seienden gegenüber als das Ich, das Subjekt, von sich und seinem Dasein aus auf dieses Seiende im Ganzen einen Entwurf macht. Das vollzieht sich zunächst völlig unbewußt und darum umso genialer in der Sprache. So kann man die Sprache fassen als ontologischen Entwurf des Daseins des Menschen auf das Seiende im Ganzen, das ihm gegenübersteht.

Es ist charakteristisch, daß verschiedene Sprachen auch verschieden strukturierte Entwürfe darstellen. Offenbar ist eine Sprache um so höher und besser, ist um so mehr ›Sprache‹, als sie gerade nicht das ist, was man heute als das Wünschenswerteste proklamiert, möglichst deutlich, eindeutig und exakt, sondern sofern sie möglichst adäquat ist diesem Seienden. Ausdrücklichkeit und Exaktheit ist nur *ein* Modus, wie das Seiende begegnet. Diese Seinsadäquatheit ist verschieden in den verschiedenen großen Sprachfamilien, aber sie ist ein Charakteristikum der Sprache, die wir sprechen, des Indogermanischen und besonders des Griechischen, mit dem wir es zu tun haben. Diese Sprache hat eine außerordentlich hohe Seinsadäquatheit in bezug auf das Einfangen und Sichtbar-werden-Lassen der Strukturen dieses Seins, seiner Geschichtetheit und inneren Bezüglichkeit, eben des Logos. So können wir dieses Wort als Kennzeichen der indogermanischen Sprachen und des Griechischen nehmen. Denn innerhalb des Indogermanischen ist das Griechische am meisten Logos, eignet sich am besten zum Abbilden des Gesamtgefüges und Gewebes des Seienden. Ich möchte aber einschränkend hinzufügen, daß es wohl keine Sprache gibt, die man als *die* seinsadäquate bezeichnen könnte. Der spricht, ist ja immer der Mensch, der dem Seienden immer partiell und begrenzt gegenübersteht. Jeder derartige ontologische Entwurf wird bei aller vielleicht erreichbaren Adäquatheit doch anderes vernachlässigen, das auch in dem unerschöpflichen Sein des Seienden liegt. Man wird bescheiden beim Studium der Sprachen, wenn man beobachtet, daß immer wieder die eine etwas hat, was der anderen fehlt. Soviel zum Allgemeinen.

Ich denke, es ist schon deutlich geworden, warum ein Studium der Sprache, in der philosophiert wird, für die Philosophie von so großer Bedeutung ist. Das, was wir Philosophie nennen, hat sich nur aus dieser Sprache heraus vollziehen können und ist nicht anders denkbar. Heidegger hat es einmal schön so ausgedrückt, daß der Denker wie ein Ackermann über das Feld der Sprache seine Furchen zieht. Das ist richtig. Wir werden die Sprache zu verstehen haben als ein solches großes, uns tragendes Feld, das wir uns vielleicht besser nicht als Kornfeld denken, obgleich das auch richtig wäre, sondern als eine Art Kraftfeld. Es ist aufgebaut worden in der Vergangenheit, aus der wir kommen, in einer Zeit, die wir nicht kennen, die vor der bekannten Geschichte liegt. Wenn wir nach vorgeschichtlichen Zeugnissen suchen und danach graben, so vergessen wir oft, daß wir aus dieser Zeit jenes höchst differenzierte und bedeutungsvolle Zeugnis haben, das die Sprache ist. Irgendwie müssen in dieser Zeit Menschen die Grundlagen geschaffen haben für die Sprache, ehe sie sich aufgliedert in einer Weise, über die es verschiedene Theorien gibt, und sich die Einzelsprachen entwickeln. Eine solche Sprache ist immer als ein Totales aufgebaut worden und muß sich in einer unvorstellbaren Genialitätsperiode mächtig entfaltet haben, und die ganze Produktivität dieser Menschen muß sich hinein in diese Sprachgestaltung vollzogen haben. So hat sich ein solches Feld gebildet und in immer neuen Entfaltungsvorgängen differenziert und weiter bereichert, so wie sich in die Menschen, die die Sprache sprachen, das Seiende hinein bemerkbar gemacht hat in seiner Strukturiertheit, seinen Substanzen und Gegebenheiten. Ähnliches lernen wir in neuester Zeit noch kennen, wenn etwa eine neue politische Richtung kommt, wie sich da auch neue Worte bilden oder wie alte Worte die Bedeutung ändern können. Da ist weiter die technische Welt mit ihren neuen Realitäten und Wirklichkeiten, aus der sich eine ganz neue Sprachwelt für uns ergeben hat, die das Feld neu bereichert und durchwirkt hat. Es handelt sich dabei nicht nur um materielle, sondern vor allem um funktionale Bereicherung.

Diese Tatsache, daß sich das Seiende immer neu in unser Bewußtsein hinein bemerkbar macht, scheint mir der Hauptgrund für die Sprachveränderung. Im Griechischen, das wir überblicken, ist es klar aufzeigbar, wie bestimmte Neuerungen einfach in dem Augenblick auftreten, wo neue materiale oder funktionale Bereiche hineinschlagen in das Bewußtsein und Sprache werden. Damit ist auch – um auch das schon zu berühren – die Degeneration der Sprachen verbunden. Wir können beobachten, wie Sprachen entarten, und es ist wohl nicht zu hart, wenn ich darauf hinweise, daß in unserer deutschen Sprache, in der so vieles Gute angelegt war und neu hinzuerworben wurde, bestimmte Erscheinungen greifbar werden, von denen wir sagen können, daß sie im Sinn jenes Logos Entartungen sind. Demgegenüber ist zu sagen, daß das Altgriechische in einer wunderbaren Weise seinsadäquat ist im Sinne des Logos, und nur von hier aus konnte das, was wir in seiner speziellen Form als Philosophie kennen, seinen Anfang nehmen. Es gibt bestimmte Dinge, die unter allen indogermanischen Sprachen nur diese hat, und die sie ermächtigten zu einem philosophischen Selbst- und Weltverständnis. –

Wenn wir also die Sprache im Sinne jenes Feldes verstehen, so ist es deutlich, wie sich die einzelnen Sprechenden in einem wunderbaren Rapport befinden mit diesem Sprachfeld. Es ist nicht von uns geschaffen, wir wachsen hinein, und dieses Hineinwachsen erweckt uns zum Selbstbewußtsein. Das erleben wir in der Kindheit, wenn wir übergehen zum Ich-Sagen, uns selbst entdekken, eben im Zusammenhang mit der Sprache, die wir als ein Überkommenes vorfinden. Der ganze innere Aufbau unseres Mikrokosmos ist von ihr durchdrungen und vollkommen geformt. Und wenn wir erwachsen sind und an einer bestimmten Stelle leben und wirken und mit dem Seienden zu tun haben, haben wir wieder die Möglichkeit und Fähigkeit, sie irgendwie zu fördern, zu entfalten und zu bereichern, wenn auch nur in einem kleinen Bezirk. Die Dichter haben diese Fähigkeit bekanntlich in erstaunlicher Weise, und die Bibelübersetzung Luthers war eine Sprachtat, die weit hinaus über den Kreis der Bibelsprache gewirkt und das Deutsch mit gebildet hat, das wir heute noch sprechen. Aber selbst in diesen Fällen hat man es doch immer bereits mit einer gewachsenen und vorgeformten Sprache zu tun, in die auch ein Luther und ein Goethe hineintritt, die ihn durchdringt und trägt, die sein Denken, Philosophieren und sein ganzes inneres Gefüge bestimmt.

Das andere wahrhaft Wunderbare ist, wie wir bei jenem Rapport mit dem Feld der Sprache sowohl ganz wir selbst sind, individuell, und doch zugleich allgemein. Auch das Individuellste, das in uns aufkommt und von dem wir das Gefühl haben, daß es allein unser ist, steht, indem wir es aussprechen, schon in Zusammenhängen genereller Art. Es gibt kein besseres Beispiel dafür, wie Individuelles und Generelles in ständiger Wechselwirkung miteinander stehen, als die Weise, wie der Einzelne im Sprechen immer er selbst als Individuum ist und doch zugleich ein Generelles in Bewegung setzt. Er steht in einem System, das sich in ihm in verschiedenen Überkreuzungen erst zum Individuellen zusammenfügt.

Mit alledem wollte ich nur sagen, daß der innere Zusammenhang zwischen Denken und Sprechen so stark ist, daß man wohl sagen kann: keiner kann aus seiner Sprache herausdenken. Darum ist es so bedeutungsvoll, daß wir andere Sprachen lernen. Nicht damit man sich bei einer Auslandsreise ein Schnitzel und einen Kaffee bestellen kann, das ginge mit sehr wenig Kenntnissen. Das Entscheidende ist, daß das Sprachenlernen ein wirkliches Instrument der Bildung ist, daß wir mit dem Hinzulernen einer fremden Sprache den Bereich der Struktur unseres Denkens und Fühlens und überhaupt unserer inneren Möglichkeiten erweitern. Nicht nur, daß wir erst dann auch die eigene Sprache besser kennenlernen, sicherer in ihr werden, sondern es ist so, wie von Ennius gesagt wurde, daß er drei Herzen gehabt habe, weil er drei Sprachen wirklich sprach. Wir erwerben andere Möglichkeiten, Wege, Methoden des Denkens. Es versteht sich von hier aus, daß man das Sprachenlernen als Instrument der Bildung nicht nach praktischen Gesichtspunkten ausrichten sollte, sondern eben als dies kostbare Instrument der Erweiterung unseres Weltverständnisses behandeln müßte wie auch unseres Selbstverständnisses – beides geht ineinander – und darum an solchen Objekten, die von der Struktur her besonders geeignet sind zu diesem Zweck. Das ist der Grund, weswegen ich selbst meine, daß nach wie vor Griechisch und Latein gelernt werden sollten, weil sie in ihrer höheren Strukturiertheit sich als geeignetere Instrumente erweisen für dieses gesuchte Verständnis. – Soviel einleitend über das Überantwortetsein des Denkens und Philosophierens an die Sprache, in der gedacht und philosophiert wird.

Es ist nun an der Zeit, uns nach Literatur umzublicken. Ich sagte schon, daß es für unser besonderes Problem kaum etwas gibt. Man wird an Wilhelm v. Humboldt zu denken haben und seinen Beitrag zur Sprachphilosophie, etwa in der Einleitung seines umfänglichen Werks über die Kawi-Sprache. Humboldt ist es gewesen, der, ausgehend von dem Problem, wieso es überhaupt so verschiedene Arten des Sprachbaus geben kann, wo doch der Mensch der gleiche ist, dazu kommt, die Identität zu statuieren zwischen dem, was er Geist nennt, und der Sprache. Unter ›Geist‹ versteht er etwa die nationale Strukturiertheit eines Volkes, die besondere Weise, wie dieses Volk aufgrund seiner nationalen Eigenart jenen ontologischen Weltentwurf in seiner Sprache gemacht hat. Er lehnt es ab, in der Sprache nur ein Verständigungsmittel zu sehen, und spricht davon, wie der Mensch in der Sprache gleichsam eine zweite Welt aufbaut. Das ist von entscheidender Bedeutung und führt auch auf die Abhängigkeit des Denkens von der Sprache. Aber er hat die besondere Ausprägung der einzelnen Nationalsprachen im Auge, nicht so sehr *die* Sprache als Leistung des Menschen, so daß wir für unser spezielles Anliegen nichts bei ihm finden. – Weiter verweise ich auf E. Cassirer: Die Philosophie der symbolischen Formen. Bruno Snell hat einen kleinen ›Aufbau der Sprache‹ geschrieben, sehr allgemein, stark aufruhend auf Karl Bühler, der die Leistung der Sprache im wesentlichen gefaßt hat in der Dreiheit von Kundgabe und Ausdruck eines Inneren, Appell und auslösenden Signalen an andere und reiner Darstellung oder Bezeichnung; oder anders: Selbstausdruck, Anrede und Information, was Snell auf die Dreiheit von Ich, Du und Es gebracht hat. Das Buch ist in seiner etwas aphoristischen Form sehr anregend, hilft uns aber auch nicht viel weiter. Ferner verweise ich auf Snell: Die Entdeckung des Geistes, Kap. 12, Die naturwissenschaftliche Begriffsbildung im Griechischen, wo er schön auf das Griechische eingegangen ist und Dinge gesehen hat, auf die wir noch kommen werden.

Es ist jetzt notwendig, da sich das griechische Denken und Philosophieren präformiert hat in der griechischen Sprache, in der sich ein bestimmtes Weltverständnis bereits verwirklicht hatte, daß wir die Sprache daraufhin betrachten, was an ihr ein solches

Weltverständnis materiell wie funktional manifestiert. Da ist es zunächst klar, daß wir uns mit nichts anderem beschäftigen müssen als dem, was wir alle kennen als die Weise, wie uns die besondere Struktur einer Sprache entgegentritt: das ist die Grammatik. Diese ist in Wahrheit nichts anderes als ein vielleicht sehr grobes Einfangen der Struktur der Sprache; darum muß man sie sich vornehmen, vom Elementarsten bis zur Stilistik, und eine Strukturanalyse der Sprache zu unternehmen versuchen. Von da gewinnt man bereits eine bestimmte Weise des Weltverständnisses.

Schließlich würde dieser Versuch hinauslaufen müssen auf eine Aufgabe, die sehr groß wäre und die ich bezeichnen würde als eine Physiognomie der griechischen Sprache. Das bedeutet eine Darstellung der Physis, des lebendigen Gefüges, Sinn- und Klanggefüges einer Sprache. Das ist verschiedentlich unternommen worden; ich denke etwa an Voßlers Untersuchungen, der auch in der Nachfolge Humboldts steht und versucht, aus der französischen Sprache nun den französischen Geist zu deuten. Es geht uns aber nicht um den Nationalgeist der Griechen, sondern um ihre sachliche Leistung, die eigentümliche Weise ihres Weltverständnisses, das uns in ihrer Sprache inkorporiert vorliegt. Dafür wäre es von größter Bedeutung, daß wir uns einen Überblick verschafften über alle Sprachen der Erde. Erst wenn man ganz anders strukturierte Sprachen überblickt und andere Lösungen und Entwürfe kennt, kann man die Eigentümlichkeit des Griechischen recht erkennen. Man sollte also allgemeine Sprachwissenschaft studieren. Das bedeutet, daß man diese Probleme als Achtzehnjähriger erkennen müßte und sich daranmachen mit der Hoffnung, daß man sie vielleicht im Alter lösen kann. Ich kann nur auf diese Aufgabe hinweisen.

Es gibt ein Büchlein, das schön in die Dinge einführt, immer noch brauchbar, von Franz Finck: Die Haupttypen des Sprachbaus, ^{2}1923 (ähnliches wird zur Zeit bei Fischer vorbereitet). Finck gibt anhand von acht Sprachen Beispiele in Interlinearversion, je mit einer Einleitung über die besondere Eigentümlichkeit. Was die griechische Grammatik angeht, so gibt es ein vortreffliches Buch von Ernst Kiekers: Historische griechische Grammatik, Göschen 1925.

15.

Wir sind eingetreten in eine Betrachtung der griechischen Sprache, und ich hatte hingewiesen auf die Wichtigkeit einer sprachphysiognomischen Betrachtung, die untersuchen müßte, was jede Sprache als ontologischer Entwurf auf das Seiende im ganzen hin leistet. Das führte uns darauf, diese Betrachtungen in den Horizont der allgemeinen Sprachwissenschaft zu stellen, wo durch Vergleich mit anderen Sprachen die Eigentümlichkeit der indogermanischen und besonders der griechischen erst erkannt werden kann. Ich will auf einige dieser Dinge eingehen und zeigen, welch interessante Probleme hier liegen.

Es sei vorausgeschickt, daß man die Sprachen der Erde in vier Hauptstämme einteilt. Das erste sind die isolierenden Sprachen, in denen ein Wort gleichsam ein Atom ist, das in sich unverändert bleibt und seine Bedeutung nur durch seine Stellung im Satz gewinnt. Diese eigentümlich elementare Weise des Sprechens zeigt sich besonders im klassischen Chinesisch, wo die Wörter auch meist einsilbig sind. Die Sprache als ganze ist merkwürdig von ihren Elementen ausgehend. Demgegenüber stehen die sogenannten polysynthetischen oder inkorporierenden Sprachen, für die ein Hauptbeispiel das Grönländische ist und gewisse nordamerikanische Indianersprachen. Hier ist es umgekehrt, es gibt nicht den entwickelten Satz, sondern nur unerhört geballte Vorstellungen, ausgedrückt durch eine Menge von Suffixen, die nie eigene Wörter sein könnten, sondern an Wörter angeschlossen werden. Diese Ballungen sind für die Menschen das einzig Bewußte und Konkrete, wobei ein Satz vielleicht nur aus einem oder zwei Wörtern besteht. Wir kennen diese Möglichkeit zumal im Bereich der Abkürzungen, wie Heibaudi: (für: Heimstättenberatungsauskunftsdienst) u. ä. Sie sehen, was es bedeutet, wenn sich hier das eigentümliche Deuten der Welt vollzieht aus solchen Ballungen, die immer ein Zentrum suchen für vieles, das als Wort keinen eigenen Bestand hat. Das dritte ist die bekannte Form der agglutinierenden Sprachen, wie das Türkische. Es gibt einen Satz, in dem die Stellung den Sinn mit bestimmt, aber es gibt auch eine große Reihe von Affixen, die additiv herantreten. Also das Wort ist weder vereinzelt noch geballt, sondern es handelt sich um Addition. Das vierte sind dann die flektierenden Sprachen wie das Indogermanische und Semitische, jene beiden großen Sprachgruppen, die sehr nahe verwandt sind. Die Flexion ist charakteristisch für beide, eine Besonderheit, auf die wir noch vom Griechischen aus zurückkommen werden. Im ganzen ist an diesem Überblick zu sehen, daß das, was wir als selbstverständlich vor uns haben und in das wir hineingewachsen sind, das wir auch in den meisten anderen Sprachen antreffen, die wir lernen, durchaus nicht der Normalfall ist, sondern eher die Ausnahme.

Wenn man nun versucht, ohne auf Einzelnes einzugehen, bestimmte Grenzbegriffe zu bilden – ich betone noch einmal, daß alles, was ich darüber sagen kann, verhältnismäßig aphoristisch sein muß –, so gibt es zwei Extreme. Einmal haben wir einen merkwürdigen Mangel an Abstraktionsfähigkeit, andererseits eine ebenso merkwürdig übertriebene Neigung zur Abstraktion. Nicht nur der Mangel also, sondern auch der Überschuß an Abstraktion kann ›primitiv‹ sein – ein Wort, das man besser meiden sollte, weil es ein irgendwie wertender Begriff ist. Für den Mangel an Abstraktion haben wir das Beispiel der Kpellesprachen, dargestellt von Westermann, der uns in wörtlicher Umschrift wirklich einen Begriff davon gibt, wie diese Menschen denken. Wenn man es liest, versteht man kein Wort, weil es so anders gedacht ist. So bringen es diese Leute nicht zu dem Begriff ›Fuß‹. Sie haben ›mein Fuß‹, ›dein Fuß‹, ›mit dem Fuß‹, aber ›Fuß‹ ist nicht möglich. Was hier vorliegt, ist eine ungeheure Überkonkretisierung. Es ist bekannt, wie Cassirer beschreibt, daß ein Mensch, je mehr er mit einer Sache vertraut ist, umso weniger ihren allgemeinen Begriff kennt oder gebraucht, weil immer die Spezialbezeichnungen dafür eintreten. So gibt es in manchen Sprachen eine Menge der verschiedensten Vogelnamen, aber nicht den Begriff ›Vogel‹, und ebenso hat der Eskimo keinen ›Schnee‹, wohl aber die verschiedensten Schneearten. Man denke an die Art, wie der Skifahrer über Schnee spricht, der sich auch nicht für ›den‹ Schnee interessiert. Ebenso ist es in jedem Fachgebiet. Der Autohändler kennt kein ›Auto‹, sondern geht gleich über zu den einzelnen Marken. Je mehr man sich in einem Bereich auskennt, je unmittelbarer die Erfahrung ist, umso weniger bedürfen wir des allgemeinen Begriffs, wenn wir ihn auch immerhin haben. Es kann aber sein, daß eine Sprache überhaupt nicht dazu gelangt, und das sind eben jene überkonkretisierten Sprachen, die so sind, wie bei uns nur bestimmte Redeweisen.

Demgegenüber stehen die anderen Sprachen, die primär in

allgemeinen Begriffen denken und davon ausgehen, wo das Individuelle immer erst aus dem allgemeinen Begriff herausgehoben wird. So kann man etwa nicht sagen ›ein Mensch‹, sondern nur ›ein Stück Mensch‹. Hier kann der allgemeine Begriff nicht ohne weiteres individualisierend gebraucht werden. Auch unsere Begriffe haben die Fähigkeit, allgemein zu werden, aber wir arbeiten für gewöhnlich nicht so damit. Wenn wir ›Baum‹ sagen, meinen wir ›einen Baum‹, oder noch deutlicher bei ›Erde‹: ›eine Erde‹ gibt es nur im fachlichen Sinn, sonst müßte man es mit ›eine Handvoll‹ umschreiben, wenn man wirklich den Teil meint. Das, was bei uns eine besondere Kraft der Sprache ist, ist in diesen Sprachen die einzige Möglichkeit. Natürlich wird dann die Bezeichnung des Individuellen erschwert, so daß wir sagen können, auch hier hat das Indogermanische die leichtere Lösung. Es ist eine sehr merkwürdige Neigung, die wir besonders in den sogenannten Klassen-Sprachen finden, diese Neigung zum Allgemeinen, Kategorialen. Finck gibt schöne Beispiele, z.B. die Bantusprache Ssubija. Man nennt sie Klassensprachen, weil man in ihnen kaum etwas sagen kann, ohne eine allgemeine Kategorie oder Klasse anzusprechen. Sie ist der Begriffsraum, in dem etwas steht, wo das Einzelne gleichsam durch Verengung erst gewonnen wird. Auch das ist eine sehr hohe geistige Leistung, der Sinn für derartige Begriffsräume, in denen etwas steht. So steht etwa der Plural in einem ganz anderen Begriffsraum als der Singular, ›Leben‹ in einem anderen als ›Lebendiges‹. Es gibt Präfixe für eine Menge, für Individuelles, Kleines und Großes, Einzelnes und Vieles, Beschaffenheit, Richtung, Oberfläche und Inneres. Diese Klassifizierung wird ständig beim Sprechen durchgeführt. Etwa ›ein halbes Paar Beine‹ = ein Bein; man geht davon aus, daß die Beine nur in der Form der Zweiheit auftreten. Für den einzelnen Tag heißt es wieder ›Stück Tag‹, und ein anderes Präfix bedeutet ›viele Tage‹. Man kann nicht einfach sagen ›Knabe‹, sondern ›Person-Knabe‹, nicht ›Kopf‹, sondern ›Lebendes-Kopf‹. ›Baum‹ heißt ›Ding-Baum‹, und zu ›Schlange‹ tritt das Wort für Organismus. Überall wird aus dem Seienden, das uns umgibt, erst das Allgemeine gesichtet, wodurch das Sprechen äußerlich für unser Gefühl sehr kompliziert wird; wenn man auch bedenken muß, daß diese Präfixe wohl nicht die volle Anschauungskraft haben wie unsere Wörter, sondern nur hinweisen auf einen Bereich, der sofort vor Augen steht. Auch die Adjektive sind Zusammensetzungen aus den jeweiligen Bereichen. Interessant ist es, wie hier die Reduplikation intensiviert; ›Lebendes-Lebendes-Kopf‹ heißt ›*der* Kopf‹. Die Art, wie die Vorstellungen durch die Präfixe gleichsam häkelnd hineingezogen werden, gibt uns die Vorstellung eines merkwürdigen Ringens um den Ausdruck, das man auch noch spüren kann, wenn diese Menschen dann andere Sprachen sprechen; das Emotionale ist immer noch spürbar.

Diese Dinge sind höchst interessant und verdienten es, genauer studiert zu werden. Wir sprechen hier nur davon, um uns bewußt zu werden, wie anders so etwas gemacht werden kann. Selbst wenn wir davon absehen, daß man das Gewohnte meist auch für das Richtige hält, so glaube ich doch, daß man zu Bestimmungen über die Art des Indogermanischen kommen kann, die es für die charakterisierte Art der Weltbewältigung und Weltdeutung als besonders praktisch erweisen – womit durchaus kein Werturteil ausgesprochen werden soll.

Ich will noch hinzufügen, wie eigentümlich sich nun so etwas in den isolierenden Sprachen darstellt. Das klassische Chinesisch etwa kennt nur einsilbige Wörter, bei denen keine Flexion möglich ist und wo man zunächst auch kaum Präfixe kennt. Dafür haben wir eine sehr feste Abfolge in dem Gedanken, der den Satz bildet, und die Abfolge bestimmt es, was ein Wort je bedeutet. Die Weise, wie unsere Kinder sprechen, ist die Art, wie Millionen Menschen in kultivierten Sprachen noch heute sprechen. Es gibt keine Differenzierung der Pronomina; was Subjekt oder Objekt ist, bestimmt die Stellung. ›Er schlägt König‹ – ›König schlägt er‹. – Es ist klar, daß jeder solche Weltentwurf, wenn er auf der einen Seite gewisse Vorzüge hat, auch wieder anderes vernachlässigen wird. Offenbar ist es so, daß in den eben charakterisierten Sprachen eine große Mannigfaltigkeit von Schwingungen der Empfindung und der Bezüge von Mensch zu Mensch ausgedrückt werden kann, wie das in unseren rationalen Sprachen nicht möglich ist, die mehr auf die Sache gerichtet sind.

Im ganzen kann man, glaube ich, umgrenzend wohl so viel feststellen für das Indogermanische im allgemeinen wie das Griechische im besonderen: für seine Art des Sprechens wie des Denkens ist es charakteristisch, daß es eine eigentümliche Mittelstellung einnimmt zwischen Abstraktion und Konkretisierung. Es verfällt weder der übermäßigen Abstraktion wie die Klassensprachen, wenn es auch die Möglichkeit allgemeiner Bezeichnungen hat, noch der Konkretisierung des Denkens, die nicht mehr zum allgemeinen Begriff gelangt, sondern es nimmt eine, wie wir wohl sagen können, glückliche Mittelstellung ein. So steht es zwischen den isolierenden wie den inkorporierenden Sprachen, in denen entweder die Worte atomartige Elemente darstellen, die jede Relation abgleiten lassen, oder wo auf der anderen Seite diese unglaublichen Ballungen stehen, die alles in eine Grundvorstellung hineinsaugen. Die Elemente sind auch im Indogermanischen Elemente, aber es sind flexible Elemente, die die Fähigkeit haben, mit anderen in unmittelbar sinnliche Beziehung zu treten. Das Besondere des indogermanischen Satzes ist, daß er ein Bezugssystem darstellt. Andererseits gibt es auch die Möglichkeit gewisser Sprachballungen, es gibt grammatisch die Möglichkeit, daß sich manche Gebilde strenger zusammenschließen als andere. Attribut und Substantiv gehören eng zusammen, während das Adverb wieder enger zum Verb gehört. Aber es bleiben Gruppierungen, nicht feste Ballungen. Die Flexion schafft Möglichkeiten der Bezüge und bewirkt, daß gewisse Teile des Satzes gleichsam einander ansehen können. So erweist sich das Indogermanische doch als ein sehr glückliches Mittel der Weltbewältigung, und deswegen ist es wohl auch die Grundlage der Art von Weltbewältigung geworden, die die Philosophie ist und die sich heute auch in der Technik auswirkt, die nur aus dieser Art Sprache entstehen konnte.

Damit möchte ich diese Partie, die rein orientierend sein sollte, aber doch schon Wesentliches auch für die griechische Sprache gezeigt hat, jetzt abschließen.

Wir würden nun zu einem ersten Überblick kommen. Dabei treffen wir sofort auf etwas, das zunächst vielleicht unerfreuliche Schulerinnerungen heraufruft, aber von dem wir sehen werden, daß es in Wahrheit hoch interessante Dinge sind: eine doch eigentlich merkwürdige Art des Sprechens in verschiedenen Wortarten. Ich hebe vor allem fünf Kategorien hervor; man könnte es auch anders machen. Da haben wir zunächst das *Substantiv* oder Nomen, dann das *Adjektiv* oder Artwort, weiter das *Verb* oder Tätigkeitswort, dann das *Pronomen*, das also ›für‹ das Nomen steht, und endlich die *Praepositionen* oder Verhältniswörter.

Zunächst haben wir also eine Wortart, die wir *Substantiv* nennen oder Nomen oder Dingwort. Was die Bezeichnungen angeht, so ist ja unsere ganze Grammatik ein Nachklang der stoischen Grammatik der Griechen, die in der ersten ›Rückbeugung‹, Reflexion auf die eigene Sprache in ihrer logischen Struktur diese Einteilungen ausgearbeitet und oft nicht sehr glücklich benannt haben. Aber wie immer man es auch nennen mag, es ist jedenfalls außerordentlich charakteristisch, daß wir eine Wortart haben, die den Namen einer Sache nennt, das Ding benennt, das wir dann im Benennen auch kennen. Ich erinnere an den Gebrauch von ›nennen‹ bei Hölderlin, als das fast beschwörende Ansprechen eines Wesens. Irgendwie liegt in diesen ›Dingworten‹ doch die Ahnung, daß es Wesenheiten gibt. Wir müßten sie eigentlich besser Wesenswörter nennen oder Wesenheitswörter. Dabei ist es gleichgültig, ob Lebendes oder Totes gemeint ist. Es gibt ja in der alten Zeit nichts Totes, sondern alles ist irgendwie Wesen. Diese Wortart finden wir übrigens in fast allen Sprachen; es gibt kaum eine Sprache, die nicht auf diese Tatsache der Wesenheit stößt, da sie es doch zu tun hat mit dem Seienden. Allerdings möchte ich gleich betonen, daß es natürlich etwas anderes ist, ob es in einer Sprache irgendwelche Ausdrücke für Gegenstände gibt oder ob sich diese bestimmte Kategorie bildet neben anderen Wortgruppen für Tätigkeiten, Bezüge usw. Erst hier kann die Wortart, die sich auf Gegenständliches bezieht, den Charakter der Wesensbezeichnung haben. Nicht an sich ist die Bezeichnung von etwas auch schon eine Wesensbezeichnung, sondern erst in Gemeinschaft mit andersartigen Wörtern.

Das Interessante ist also einmal, daß es in der Sprache eine Kategorie gibt, in der die Seiendheit erfaßt ist – ohne daß wir auf die Frage der Entstehung eingehen wollen; ob es nun ein Anruf war, der sich versachlicht hat, oder was sonst. Dazu tritt sofort das *Adjektiv*, wieder eine ganz äußerliche Bezeichnung des ›Hinzutretenden‹. Es ist eine Wortgruppe, die ursprünglich schwer von der ersten zu trennen war. Später gibt es komplizierte Adjektive, die sich rein durch die Endung als solche ausweisen, auf *-ikós* oder *-eidés*, in einer Zeit entstanden, als man schon die Dinge begrifflich gefaßt hat. Noch bei Homer ist es so, daß man oft nicht weiß, ob ein Wort ein Substantiv oder Adjektiv ist. Ein Mann, der Hirte ist, heißt ein ›Hirten-Mann‹, und ebenso ein ›Sklaven-Mann‹ oder ein ›Arzt-Mann‹, wobei einfach die beiden Begriffe nebeneinandergestellt werden. Das Interessante bei diesen Wörtern ist aber nun, daß sie eine Eigenschaft haben, die sonst Wesenswörter nicht haben: man kann sie steigern. Indem diese Möglichkeit besteht, kommt der eigentümliche andere Charakter hinein, den wir im Adjektiv fassen; daß sich hier eine Wortgruppe offensichtlich ganz früh herausbildet aus den einfach gesehenen Wesenheiten: der große Bereich der Qualitäten, in dem auch Quantitäten mit gefaßt sind. In der ursprünglichen Sprache ist das noch nicht gesehen, sie kommt mit Wesen und Wesensarten aus, die sie einfach daneben stellt. Aber dann geht es nicht anders, die Bildung dieser Wörter beginnt und entwickelt sich im Griechischen vor unseren Augen.

Das dritte wäre das *Verb*, auch das etwas, das in dieser Form sonst nicht oft vorzukommen scheint; ich sehe da nicht ganz klar. Aber im Griechischen und überhaupt im Indogermanischen ist das Verb von größter Bedeutung für die Weise des Weltverständnisses. Es handelt sich nicht immer um ein Tun, es kann etwa ebenso um ein Erleiden gehen, und doch kann man es in dieser Weise so bezeichnen als ob es ein Tun wäre. Man könnte vielleicht, um irgendeinen Namen vorzuschlagen, von Vollzugswörtern oder Geschehenswörtern reden. Entscheidend ist nicht der Name, sondern daß wir uns darüber klar werden, was da vor sich geht. Es ist das Einfangen einer bestimmten Weise, wie Wesenheiten in der Welt sind. Es geht um ihr ›Am-Werk-Sein‹, wie der aristotelische Ausdruck dafür ist, ihre *enérgeia*. Ich glaube, daß dies das Wesen des Verbs am meisten trifft. Darin liegt, daß etwas sowohl wirkt und tut als auch in seinem Sein so ist, daß es darin einfach am Werk ist, sich verwirklicht, Wirklichkeit darstellt. Die Tatsache, daß ein Haus steht und bewohnt wird, ist die *enérgeia* des Hauses, obgleich es nicht eigentlich etwas tut. Aber daß es sich voll verwirklicht, heißt nicht nur, daß es einfach fertiggebaut ist, sondern daß es auch wirklich in Benutzung ist. In diesem Sinne der *enérgeia* hat das Verb eine hohe Bedeutung in unserem Bereich, indem es im Sinne des Weltverständnisses sprachlich die Tatsache einfängt, daß Wesenheiten in dieser eigentümlichen Weise am Werk sind. Wie sich das im einzelnen vollzieht, werden wir noch sehen.

Dann kommen wir weiter zu dem Pronomen, wobei ich zunächst nicht nach der großen Menge der anderen Pronomina frage, die man auch braucht, sondern nach den sogenannten Personalpronomina: Ich, Du, Er Sie Es, Wir, Ihr, Sie. Wenn man das Männliche, Weibliche und Sächliche einmal zusammenfaßt, so ist es klar, wie sich in dieser Dreiheit von Ich, Du und Es gleichsam ein Dreieck bildet, in dem jede Rede, jeder Logos sich vollzieht. Man kann in der ›Rhetorik‹ des Aristoteles (I 3, 1358a 36ff.) lesen, daß es für das Gutsein einer Rede von Bedeutung ist, wie diese drei zusammenwirken. Die Rede muß adäquat sein für den, der spricht: ein König spricht anders als ein gemeiner Mann. Sie muß sich richten nach dem jeweiligen Gegenüber, strukturiert sich anders, wenn sie an einen Höhergestellten oder Untergebenen gerichtet ist. Aber das bloße Ich und Du genügt noch nicht, sondern jede Rede ist bezogen auf ein Es, von dem gesprochen wird. In dieser dreifachen Bezogenheit bewegt sich jede Rede, und wir hatten gesehen (o. S. 127), daß der Sprachtheoretiker K. Bühler darauf eine Theorie von der Sprache als Leistung gegründet hat; ähnlich auch Snell, der diese Dreiheit als die Grundlage jeder Sprache ansieht. Wirklich wird dadurch etwas zum Ausdruck gebracht, das für das ganze Miteinandersein der Menschen, das auch wieder Welt konstituiert, von entscheidender Bedeutung ist. Auch hier ist übrigens der Name Pro-nomen für die Wortart ganz äußerlich. –

Schließlich wäre zu sprechen von jenen sehr zahlreichen Wörtern, welche Verhältnisse und Bezüge zum Ausdruck bringen. Schon für den primitiven Menschen ist es klar, daß er bestimmte Verhältnisse als real wahrnimmt, wenn er leben will. Es ist nicht unwichtig, sich darüber klar zu sein, ob ein Mensch vor oder hinter einem steht. So sind die räumlichen Bezüge als erste wichtig; die Grundkategorie des Räumlichen ist es, die mannigfaltig erfahren wird und als erfahrene im Weltverständnis zum Ausdruck kommt durch derartige Verhältniswörter. Das geht sehr weit. Es ist bekannt, wie solche Wörter, die zunächst Räumliches erfassen, dann auf das Zeitliche übertragen werden (z. B. ›vor‹) und weiter auf den ganzen Bereich der sonstigen modalen und abstrakten Bezüge. Das läßt sich auch in anderen Sprachen zeigen, auch im Deutschen, wo ›während‹ von ›währen‹ kommt, ›dauernd‹ von ›dauern‹; ›weil‹ von ›weilen‹ kann im logischen Bereich kausal gebraucht werden, das demonstrative ›da‹ ebenfalls. So auch im Griechischen. Auch die Konjunktionen kommen dazu, die nichts anderes sind als Verhältniswörter, die als Scharniere einen Nebensatz in den Satz einrenken, in denen ein großer Bereich von Bezügen gesichtet ist und aus der Sichtung heraus sich sprachlich manifestiert.

Das mußten wir erst abgrenzen. Es ist schon ein Besonderes, wie wir in der Tatsache der verschiedenen Wortarten sehen: Hier lebt ein Sinn für Substanzen, für Modalitäten, Vollzüge und Geschehensweisen, für jene Dreiheit des Miteinander der Menschen, und darüber hinaus dann auch für Verhältnisse und Bezüge aller Art, in denen eine Wesenheit stehen kann. Dies alles wird in der Sprache bewußt und in bestimmten Wortgruppen manifestiert. Damit haben wir noch etwas grob, aber doch schon vorhanden, eine Logik ausgebildet, die einfach in der Sprache enthalten ist. Das ist der Grund, warum wir uns abgeben mit der Sprache und vor allem der Grammatik, die eine bedeutende logische Schulung für den Menschen darstellt.

Das nächste Interessante ist, daß das Indogermanische drei *Geschlechter* hat, männlich, weiblich und sächlich, wie es heißt, wobei das Neutrum wieder ganz allgemein bezeichnet, daß es eben keins von den beiden andern ist. Dabei ist die einfache Teilung des Begegnenden in zwei Geschlechter ganz geläufig; zumal der einfache Mensch denkt stark in Vorstellungen der Sexualität. Das Leben beruht darauf, und irgendwie liegen hier große seinsbestimmende Polaritäten von größter Kraft, die immer und überall gesichtet worden sind. Die Ordnung der Dinge nach ihnen ist nur die Ausdehnung von etwas, das wir im eigenen Bereich kennen, auf die Welt, wobei noch hinzukommt, daß ganz im lebendigen Bereich gedacht wird. Für den ursprünglichen Menschen gibt es nichts Totes, alles sind lebendige Mächte, die auf ihn eindringen. Diese Einteilung ist also nichts Verwunderliches, sondern etwas sehr Menschliches. Dennoch ist es schon hier die bedeutende Kategorie der Polarität, wenn auch durch unsere eigene Natur uns gleichsam zugewachsen. Merkwürdig ist demgegenüber erst das Neutrum, das, soviel ich sehe, nur das Indogermanische hat. Neben den beiden genannten wird damit ein dritter Bereich aufgedeckt, und so entsteht wiederum eine Dreiheit anderer Art. Man kann zeigen, daß im Griechischen das Neutrum pluralis keine Mehrzahl bedeutet, sondern eine kollektive Einzahl. –

Die eigentlich philosophische Bedeutung des Neutrums aber ist gewaltig: daß man eben nicht nur rein anthropomorph die Welt so interpretiert, daß in ihr das vorkommt, das wir auch von uns kennen, daß nicht nur diese Polarität alles beherrscht, sondern daß durch eine gleichsam geniale Tat hier neben dem Männlichen und Weiblichen der Bereich des *Es* gesehen wird. Überall ist es ja so, daß das Anthropomorphe am Anfang steht und immer wieder überwunden werden muß, wie zuletzt in großartigster Weise in der Atomphysik. Hier aber ist gesehen, daß es Wesenheiten gibt, die in dieser einfachen Polarität nicht aufteilbar sind: der große Bereich der Sachen, des Es: eine Entdeckung, die bei den Griechen letztlich zur platonischen Ideenlehre führt, wo das Es-Selbst der Sache in der Form der Idee gefaßt wird, das Es-Selbst des Schönen, des Guten, Gerechten usw.

Es ist charakteristisch, daß die große kulturelle Leistung der Griechen überhaupt sich deutlich so darstellt, daß sie es fertig gebracht haben, den Umweg in der Welterklärung zu gehen über das Es-Selbst der Dinge; also nicht die Dinge im anthropomorphen oder Zweckbereich zu belassen wie andere Völker, die etwa rechnen, weil man das braucht, oder die Sterne erklären, weil man daraus das Schicksal ablesen will, sondern man sieht plötzlich: es gibt ein Es-Selbst der Zahl, das man unabhängig von der Zweckbestimmung betrachten kann. Diesen Weg, der vom Zweckmäßigen her ein unerhörter Umweg ist, haben die Griechen gemacht und so die Mathematik entwickelt als Wissenschaft, die dann auch wieder von größter Bedeutung geworden ist für die zweckmäßige Anwendung. Ebenso in der Astronomie, der Medizin und vielen anderen Bereichen. All das entspringt diesem Blick auf die Sache, losgelöst von ihrem Zusammenhang in der Polarität des Männlichen und Weiblichen. Man kann wohl sagen, daß in dieser sehr frühen Konzeption des Neutrum etwas ganz Wesenhaftes liegt für den Umgang mit dem Seienden überhaupt. –

Das Einzigartige aber, was die indogermanischen Sprachen so charakterisiert, daß man sie danach eingeteilt hat, ist die *Flexion*, das Flexionssystem, das sich darstellt in der Verbindung vom Wortstamm mit der Endung. Wir wollen nicht danach fragen, ob diese Endung ursprünglich ein Suffix gewesen ist; es scheint so zu sein. Dieses personale Suffix ist dann einmal in Verbindung getreten mit dem Stamm, wie auch sonst in primitiven Sprachen. Aber es ist eben nicht Suffix geblieben, sondern in feste Verbindung mit dem getreten, was wir den Stamm nennen, und so zur variablen Endung mit verschiedenen Bedeutungen geworden, am Nomen wie auch am Verb. Dasselbe wie am Nomen geschieht aber auch am Adjektiv, und zwar ist es nun so, daß sogar wieder das Geschlecht daran zur Geltung kommt und die Zahl. Aber auch noch bei anderen Mitteln des Satzes, Partizipien, Verbaladjektiven usw., haben wir überall reiche Möglichkeiten der Beugung. Auch Adverbien werden durch die Endung abgeleitet von einfachen

Adjektiven. Der Ausdruck ›Beugung‹ besagt wieder nichts Wesentliches, man muß einfach die Sache an sich selbst betrachten.

Das Entscheidende, das wir an Nomina, Adjektiven, Verben usw. haben, ist, daß überall zunächst ein Kern da ist, der fest und unveränderlich bleibt, bis auf verhältnismäßig wenige Um- und Ablautungen; viel weniger veränderlich als etwa in den semitischen Sprachen, sondern in der Lautrichtung ziemlich fest. Und diesen kernhaften Gebilden angehängt erscheint sodann jenes andere, bewegliche Element der Endung, so daß man in dem ganzen Wortgebilde beim einfachen Hinhören sowohl das unveränderliche wie das veränderliche Element empfindet, zu einer Einheit verbunden. Damit sind wir wieder bei etwas angelangt, was sich später zu Grundkategorien entwickeln wird. Das Unveränderliche wie das Veränderliche sind die Grund-Sichten, in denen die Späteren das Sein sehen. Platon geht in seinem großen Welt-Dualismus davon aus, daß Wesenheiten anzunehmen sind, die fest und unveränderlich sind, von denen als dem eigentlich Seienden aus die Welt des Vielen und Veränderlichen ihr Sein oder ihre Existenzweise gewinnt durch Teilhabe. Diese große Grundtatsache des Kernhaften am Seienden im Sinne der Wesenheit – in diesem Sinne gehören auch die Qualitäten zu den Wesenheiten – in Verbindung mit dem Element des Veränderlichen, das es zum Träger von bestimmten Bedeutungen macht, ist hier in der Sprache angelegt.

Wir können zuerst vielleicht auf die *Kasus* hinweisen. Bekanntlich hat das Indogermanische acht, von denen manche dann weggelassen wurden, weil sie nicht unbedingt nötig waren und die Sprache zur Vereinfachung drängt. In diesen Kasus tritt in Erscheinung, daß die Wesenheiten nicht bloß Atome sind, als Elemente rein für sich in der Welt stehen, sondern wie sie in und neben ihrem Für-sich-Sein an sich selbst bereits Bezüge erfahren und entwickeln. Der Ausdruck dafür ist dies bewegliche Element der Endung. Am Anfang steht der Vokativ, der meist der reine Stamm zu sein pflegt, bezeichnenderweise der An- und Aufruf eines Seienden. Dann der Nominativ, der schon eine Endung hat und der das einfache Für-sich-Bestehen der Wesenheiten bezeichnet. Er wird zum Träger des Satzgebildes, von dem das Am-Werk-Sein ausgeht und auf den es sich bezieht. Weiter bezeichnet der Akkusativ eine Richtung, auf die sich das Am-Werk-Sein bezieht, sich sowohl räumlich wie auf seine Wirkung hin erstreckt; es ist der Kasus, in den vor allem das Objekt tritt. Ganz anders der Genitiv. Er ist der Ausdruck des Bereichs, zu dem etwas gehört oder von dem es sich herbestimmt, und bringt so auch die Zugehörigkeit zum Ausdruck. Es ist der Kasus der Herkunft, zumal nachdem im Griechischen der Ablativ darin aufgegangen war. Also Bezeichnung der Teilhabe und Zugehörigkeit zu einem Bereich. Der Dativ wieder zeigt nicht nur die Richtung, auf die hin sich etwas erstreckt, sondern betont die besondere Rücksicht des Am-Werk-Seins, die außer der Erstreckung auch noch mitspielt. ›Ich gebe dir den Apfel‹, dabei richtet sich das Geben auf den Apfel, aber mit Rücksicht auf einen anderen. Diese Rücksichtlichkeit, die der Dativ je bezeichnet, kann die Fülle der besonderen Formen klären. Den Ablativ finden wir im Griechischen nur noch in geringen Spuren, er bezeichnet das reine Woher von etwas und fällt so mit dem Genitiv zusammen. Weiter ist sehr wichtig der Lokativ für den räumlichen Bereich, in dem sich etwas vollzieht, der im Griechischen mit dem Dativ zusammengefallen ist. Dann gab es noch den Instrumentalis als besonderen Kasus, wo die Kategorie des Mittels in den Blick fällt, mit dem sich das Einwirken und das Am-Werk-Sein vollzieht. Noch einmal: als bedeutungsvoll empfunden wurde außer dem Wesen in seiner Reinheit, das im Anruf erscheint, sein Für-sich-Sein, die Richtung, auf die hin es sich erstreckt, der Bereich, von dem aus es sich bedingt, die Rücksicht auf etwas, in der sich etwas vollzieht, der Raum, in dem es sich vollzieht, das reine Woher und das, vermittels dessen es sich vollzieht. Schon in den Kasus stellt sich so das ganze Wunder von Bezügen dar. Diese Bezüge können als so wichtig empfunden werden, daß man später immer mehr das Bedürfnis hat, sie durch Verhältniswörter auszudrücken, die so eng damit verbunden werden, daß die Präpositionen die Kasus ›regieren‹ wie man sagt – falsch, die Kasus sind das Primäre, das schon die Bedeutung einer solchen Beziehung in sich hat. Erst später tritt mit dem Bedürfnis, es noch klarer herauszustellen, das Verhältniswort hinzu und verwächst fast damit. Ursprünglich sind diese Beziehungen so stark und wesenhaft empfunden worden, daß sie sich am Wesen selbst manifestierten in dem beweglichen Teil des Wortes, der Endung. –

Wir können noch kurz die *Numeri* betrachten: Singular, Plural und Dual, die für die Tatsache des Einen, des Vielen und des Paares stehen – nicht der Zwei, sondern der geschlossenen Zweiheit.

Darin ist wieder etwas gesehen, was der Wesenheit so unmittelbar eignet, daß es sich mit der Endung ausdrückt in den verschiedenen Kasus. Auch das wird später von größter Bedeutung für die griechische Philosophie. Wir kennen die Spekulationen, die vom Einen ausgehen und sich auf das Viele erstrecken, und es ist eine Grundfrage, wie das Eine das Viele bestimmt und wie das Viele wieder auf dem Einen fußt. Das ist schon bei den Vorsokratikern ein Problem. Man könnte weiter zeigen, wie das Eine und die Zweiheit bei Platon als Prinzipiengegensatz erscheinen, der sich in der ganzen gestuften Wirklichkeit findet und sie in mathematischen Formen aufbaut. Das Wichtige des Zahlhaften ist das Auseinanderfallen des Einen und des Vielen (noch nicht des Unendlichen!), wobei aber das Viele wieder kollektiv gefaßt werden kann; eine Grundspekulation wichtigster Art, die sich hier darstellt. Es gibt keine Einzelheit, die uns begegnet, die nicht hineinpaßte in diese Kategorien des Einen, des Vielen oder der Zweiheit.

16.

Wir kommen heute zu der wichtigen Erscheinung des Verbs, das uns so vertraut ist und doch ein ganz seltsames Gebilde, wodurch neben dem Nomen, das, wie wir sahen, auf die Wesenheit führt, und dem Adjektiv, das, vom Nomen entwickelt, bestimmte Formen der Modalität ausdrückt, ein sprachliches Gebilde entsteht, das den Vollzug bezeichnet, das Am-Werk-Sein als eine Potenz der Realität, die uns entgegentritt. Wie gesagt, es ist uns so vertraut, daß wir kaum darüber nachdenken, ob es nicht auch anders sein könnte. Es ist aber doch höchst wichtig, wie neben dem ganzen Bereich ruhender Substanzen, die gewisse Relationen nur durch die Endung ausdrücken, nun dieses unendlich reich gestaffelte Andere steht. Wir brauchen nur daran zu denken, wie kurz in der Grammatik die Deklination in ihren Grundtypen behandelt wird, und wie viele Arten des Verbs es gibt. Es hat nicht nur, was die Nomina auch haben, Einzahl und Mehrzahl, sondern ist aufgeteilt in Personen, und mit diesen in zweimal drei verschiedene Zeiten: Gegenwart, Vergangenheit und Zukunft, in Wahrheit aber noch viel differenzierter, wie wir gerade an den alten Sprachen erkennen können. Dann die Modi: neben dem Indikativ der Konjunktiv und Optativ, und ganz für sich der merkwürdige Infinitiv, von dem wir auszugehen pflegen, und dann gibt es noch Dinge wie Verbaladjektiv, Gerundium, Gerundivum usw., und endlich die Haupt-Modalitäten des Verbs: Aktiv und Passiv. Das ist eine außerordentlich reiche Aufgliederung. All das wird durch die verschiedenen Endungen zum Ausdruck gebracht, wobei in den indogermanischen Sprachen am Verb auch Ablautungen, etwa des Stammvokals, eine Rolle spielen. Wie schwer muß das zu verstehen sein für einen, der in seiner Sprache diese Möglichkeiten nicht hat! Schon für den Engländer ist es schwierig, wo sich die Sprache stark reduziert hat. Auch im Deutschen ist es bereits dadurch einfacher geworden, daß wir vieles nicht mehr mit den Endungen ausdrücken, sondern durch Hilfsverben, die wir durch ›haben‹ und ›werden‹ bilden und hinzufügen. Schon das ist eine Verarmung, aber es ist doch wenigstens noch im Denken differenziert.

Von hier aus geht der Blick notwendig wieder zur allgemeinen Sprachwissenschaft, von wo es klar wird, daß es ein von Grund auf anders strukturiertes Denken geben kann, in dem diese Differenzierungen nicht existieren. In den genannten Büchern finden Sie Hinweise darauf. Eine Sprache, die das gar nicht kennt, ist etwa das Chinesische, wo die verschiedenen Personen und Zeiten immer nur durch eine Silbe bezeichnet werden. Man muß sich die Bedeutung einer solchen schöpferischen Leistung klarmachen, die sich im Indogermanischen (und im Semitischen) wie aus der Luft gegriffen vollzieht und die andere Denkweisen gar nicht brauchen. Wir könnten ohne weiteres sagen: ich geh, du geh usw., und würden es ohne Schwierigkeit verstehen. Es ist also kein praktisches Bedürfnis, das dazu geführt hat; man kann sich mit einer Form vollkommen deutlich verständigen, sogar ohne ›ich‹ oder ›du‹ zu differenzieren, indem man sich einfach der jeweiligen Sache überläßt, von der man spricht. ›Schlag Knabe‹ heißt, daß ich ihn schlage, sonst stünde es umgekehrt. Also auch für die Darstellung von Beziehungen ist die Endung nicht nötig. Umso wundervoller ist es, wie sich aus einem schöpferisch geistigen Akt heraus diese Gestaltung gebildet hat für die verschiedenen Weisen des Vollzugs.

Das wollte ich vorausschicken. In einigen Negersprachen gibt es übrigens ein sehr entwickeltes Tempussystem, das ich nicht recht beurteilen kann, man muß dazu die Sprache sehr gut kennen. Schon das Griechische ist ganz anders als das Deutsche, was man erst allmählich merkt. Professor Krahe hat mir bestätigt, daß es noch kaum Hilfsmittel zum Verständnis dieser Dinge gibt. –

Nun werden wir in der Vorläufigkeit, mit der man solchen Gebieten gegenüber nur verfahren kann, noch näher herangehen müssen. Da dürfte es am Verb zunächst interessant sein, was in diesen differenzierten Weisen des Vollzugs sich wirklich an Welt- und Geschehensbezügen darstellt. Man kann es vielleicht mit dem Nomen vergleichen. Etwas an ihm ist genauso: die Zahl, die Unterscheidung des Einzelnen und der Menge. Wir kennen für die indogermanischen Sprachen das Gesetz der Kongruenz, d.h. das Prädikat richtet sich nach dem Subjekt im Numerus, wie wir das lernen. Die Menge, die der Träger des Geschehens ist, drückt sich sowohl an der Substanz aus wie auch am Verb, da das Tun als ein anderes erscheint, wenn es von einem Einzelnen getan wird oder von einer Menge. Schon das ist merkwürdig und brauchte nicht zu sein, und in gewissen modernen Sprachen wie im Englischen ist es auch nicht so. Aber ursprünglich geht diese Unterscheidung durch. Ich hatte schon beim Neutrum erklärt, daß die sogenannte Pluralform in Wahrheit kollektiv zu verstehen ist und eigentlich zur Einheit gehört. Die durchgehende Differenzierung zeigt wieder die große Bedeutung der Zahl, die so wesentlich ist, daß sie sich an den Bildungen selbst zum Ausdruck bringt. Ein anderes aber erscheint merkwürdigerweise nicht, obgleich auch das möglich wäre: das Geschlecht. Ausgenommen beim Partizip natürlich, das irgendwie heraustritt und sich zum Adjektiv stellt. Beim Verb aber ist das Geschlecht des Tuenden nicht so entscheidend, daß man die Weise des Tuns dazu in Beziehung setzte. Warum aber sollte man nicht am Tun ebenso unterscheiden wie am Träger? Es kann nicht geleugnet werden, daß das Tun ein sehr verschiedenes sein kann, je nachdem es von einem Mann oder einer Frau ausgeführt wird oder von etwas Sachlichem. Man muß einfach sagen, daß es nicht undenkbar wäre, daß es in unserer Sprachbildung aber eben nicht so ist, sie sieht davon ab, was ja auch ganz vernünftig und praktisch ist. Ich hatte schon davon gesprochen, daß auch die Überdifferenzierung von Übel sein kann, nicht nur die zu geringe.

Weiter ist von Bedeutung für das Verb die genannte Dreiheit von Ich, Du und Es, die beim Nomen natürlich nichts zu suchen hatte, da die Wesenheit in allen enthalten sein kann. Anders gesprochen: dieser Bezug tritt an der Wesenheit selbst nicht in Erscheinung.

Aber wo wir eintreten in die Welt des Geschehens und der Bewegung und Veränderung, da geschieht alles in der Weise, daß von einem Wirkungen ausgehen, die sich auf anderes beziehen, und da treten wir ein in diese dreidimensionale Welt. Es ist die Dreidimensionalität des Miteinanderseins, die sich so zum Ausdruck bringt. Eine Menge Menschen kann in der Form miteinander sein, etwa in einem Hörsaal, daß einfach eine Menge menschlicher Wesenheiten nebeneinandersitzt. Aber sowie zwischen ihnen irgendwie ein Austausch eintritt, hört sofort das atomare Nebeneinander auf und die Bewegung nimmt die Form dieses Dreiecks an. Denn auch ein scheinbares Ich-Ihr-Verhältnis reduziert sich in Wahrheit auf die Ich-Du-Beziehung. Man spricht nicht zu einer Menge als vielen Einzelnen, sondern als einer Einheit. Aber auch das kann niemals geschehen, ohne daß sich die Rede auf etwas Drittes bezieht. Es mag ein Einverständnis geben, das sich nicht auf ein anderes bezieht, das stillste Einverständnis der Liebe etwa, aber dann ist auch keine Sprache nötig. Sobald wir aber heraustreten aus dem Ich-Du-Verhältnis des innersten Einverständnisses, sind wir immer bezogen auf jenes Es. So ist es klar, daß in dem Augenblick, wo wir in die bewegte Welt der Vollzüge eintreten, die das Verb darstellt, wir sofort in den dreidimensionalen Geschehensraum des menschlichen Miteinanderseins gelangen. Dies Verhältnis bildet sich darum in charakteristischer Weise an den Formen ab, die es übernommen haben, dieses Am-Werk-Sein der Wesenheiten darzustellen; in den verschiedenen Verbformen, genau differenziert. Noch einmal, praktisch notwendig war diese Differenzierung nicht, aber sie ist entscheidend für die klare Herausstellung dieses dreidimensionalen Verhältnisses im menschlichen Geschehensraum.

Wenn ich noch einen Schritt weitergehe, so komme ich auf etwas Merkwürdiges beim Verb: auf die Tatsache, die wir kennen als Einteilung in Aktiv, Medium und Passiv. Ich kann hier nur vom Griechischen sprechen, weil mir diese Dinge sonst nicht bekannt sind. Das Aktiv ist nicht weiter problematisch, es ist der Raum für jenes Am-Werk-Sein, die Bewegungen, die von uns ausgehen als Handlungen, Wirkungen usw. und sich auf die Objekte beziehen, sich an ihnen verwirklichen. Merkwürdig ist aber nun, daß es ein Passiv zunächst nicht gibt, sondern eben das Medium. Auch sonst ist es so, daß in den Sprachen das Bedürfnis nach Passivbildungen sehr gering ist. Im Chinesischen etwa gilt die Regel, daß ein Verb, das gewöhnlich ein Objekt hat, wenn es einmal keins hat, passivisch zu verstehen ist. ›Frühere Könige nicht vergessen‹ – d. h. sie *sind* nicht vergessen, wobei aber nicht ›sind‹ zu ergänzen ist sondern ›Leute‹, nämlich die Leute vergessen sie nicht, also wieder aktiv. Wie gesagt, ich selbst weiß nicht, ob das stimmt. Im Griechischen ist das anders, es hat das Medium – ein unsinniger Begriff – erst eingeführt, als die beiden anderen Bezeichnungen schon da waren. In Wahrheit aber ist es das Alte, und die Passivformen sind entweder Medialformen oder bestimmte Weiterbildungen des Aktiv, wie der Aorist. Wir müssen uns damit abfinden, daß in der früheren Zeit das Passiv, die Leideform, nicht interessiert. Höchst merkwürdig, daß etwas scheinbar so praktisch Wichtiges, das doch in der Welt durchaus vorkommt und für das egoistische Empfinden sehr wichtig sein kann, zunächst nicht zum Ausdruck kommt, nicht gesichtet ist in der Sprachbildung. Finck bemerkt darüber sehr interessant, daß im Chinesischen wie auch bei uns eine Neigung besteht, vieles, was in Wahrheit eigentlich auf uns eindringt, als Aktion von uns aus zu deuten. Wenn mir etwas erscheint, so kann ich das von mir aus deuten und sagen: ich sehe. Aber vom Erscheinenden her als Aktion gedeutet, ist es doch wieder etwas anderes als ›ich sehe‹. Finck weist darauf hin, wie merkwürdig es ist, daß selbst die entscheidendste Leidensform in diesem Denken aktiv verstanden wird: ich sterbe. Man könnte sich auch eine ganz andere Denkform vorstellen, in der alles Aktive fehlte und wo man selbst für ›ich töte‹ sagen würde: ›er erstirbt mir‹. Man muß sich in solche Möglichkeiten hineindenken, um zu sehen, daß das scheinbar Selbstverständliche gar nicht so selbstverständlich ist.

So kommt man zu diesem für uns so ungewöhnlichen Medium. Was die Grammatik darüber an die Hand gibt, ist richtig. Da hören wir, daß es reflexive Bedeutung hat, mit dem Interesse zu tun hat, auch intensive Bedeutung haben kann usw., und für das alles gibt man einfach Beispiele. So kann man z. B. ›Gesetze geben‹ verschieden ausdrücken. Aktiv, wenn ich die Gesetze gebe, so daß sie unabhängig von mir dann weiter gelten. Wenn aber eine Volksversammlung Gesetze gibt, muß das medial ausgedrückt werden, weil der Gesetzgebende hier auch der ist, der weiter unter diesen Gesetzen steht. So wird es meist gedeutet, aber das ist noch zu rational. Oder ›ich bade‹, was bei uns einfach als Aktiv aufgefaßt wird, bei den Griechen aber nicht, weil es sich immer auf mich bezieht, wie man sagt. Wenn wir wirklich versuchen wollen, in diese Erscheinung einzudringen, müssen wir es anders anfangen.

Ich würde es ungefähr so verstehen. Über das rein aktive Tun ist kein Zweifel, es ist überall da, wo eine Handlung vollzogen wird und die Wirkung von dem Handelnden gleichsam wegläuft in die Welt. Nun aber gibt es Fälle von Handlungen (und das sind mit die wichtigsten), wo es nicht so ist, daß das, was ich durch eine Handlung in Bewegung setze, von mir wegläuft, sondern daß ich dabeibleibe bei dieser Handlung und sie mich weiterhin trägt. Diese eigentümliche Weise der Beteiligung, des Verbundenbleibens der Handlung mit der Person hat im Indogermanischen zu dieser Form des Verbs geführt. Wie wunderbar das ist, weiß jeder, der Griechisch kann. Es sind Finessen, für die man im Deutschen umständliche Umschreibungen braucht. In dieser Deutung geht Reflexion, Interesse usw. mit auf, aber nur als Sonderfälle, im ganzen ist es umfassender. Im Medium ist die Tatsache gesichtet, daß gewisse Vollzüge weiter auf den Täter bezogen bleiben. Was sich für unsere Frage hieran zeigt, ist, daß bei der Gestaltung des Medium ein außerordentlich starker Sinn entwickelt war für die besonderen Qualitäten des Vollzugs: ob er nur anstoßgebend ist oder weiterhin bestimmend bleibt. Damit ist die Weise gesichtet, wie ich in dem Gesamt, in dem ich stecke, entweder nur anstoßgebend oder Mitträger bin. Das ist menschlich eine entscheidende Verschiedenheit, und das Problem der Ethik, wie sie später entwickelt wird, ist von dieser Unterschiedenheit mit abhängig. –

Ich wollte noch von den *Tempora* sprechen und einleitend zeigen, was dabei das Problem ist. Sie sind nicht, wie der Name besagt, zeitbezeichnend, sondern ursprünglich sind es verschiedene Aktionsarten, das Zeitliche kommt erst später hinein. Es müßte einmal genau untersucht werden, wann der Aorist etwa nur zeitlich verstanden wird; meist nämlich durchaus nicht. Das führt auf etwas anderes, nämlich daß in diesem Phänomen der Sprachbildung das Interesse für die Zeit so gut wie inexistent ist. Die Zeit, die uns in unserer philosophisch durchstrukturierten Bewußtseinsform so wichtig erscheint, vor allem seit dem Aufkommen der christlichen Welt; die wir heute in den verschiedensten Formen kennen: als physikalische, biologische, subjektiv seelische Zeit – das alles ist zunächst gar nicht gesichtet, fällt nicht in den Blick. Man kann im Griechischen durchaus alles im Präsens sagen, und es ist klar verständlich, wobei auch die Zeitangabe hinzutreten kann. Diese sogenannten Tempora, sehr alte Bildungen, sind also nicht temporal zu deuten, sondern als feinste Abschattierungen der Weisen des Vollzugs. Da gibt es den reinen oder dauernden Vollzug, den abgeschlossenen oder unabgeschlossenen oder den daraus resultierenden Zustand. Also: rein, sich fortsetzend, punktuell abgeschlossen oder bereits Zuständlichkeit geworden. Man sieht bald, daß diese Betrachtung eine viel geistigere ist und wichtiger für die Weltdeutung als die rein zeitliche, über die man sich darüber hinaus leicht einigen kann.

17.

Wir sind in eine Vergewisserung dessen eingetreten, was das Verb bedeutet in den indogermanischen Sprachen und zumal im Griechischen. Ich hatte von Aktiv, Medium und Passiv gesprochen und mich dann zugewandt den Tempora.

Heute muß ich noch etwas nachholen, das mir erst jetzt eingefallen ist und geeignet sein mag, die Merkwürdigkeit des Mediums vom Deutschen her deutlich zu machen. Ich hatte es bisher so zu deuten gesucht, daß das Aktiv eine Handlung bezeichnet, die ich aus mir entlasse im Sinne eines Stiftens, Veranlassens, während das Medium die Handlung bezeichnet unter dem besonderen Aspekt, daß sie mich weiter mit umfaßt und bestimmt. Dazu gibt es unter den deutschen Verben eine Parallele bei denen, die man die kausativen zu nennen pflegt. Es ist bekannt, daß bei den rein aktiven Formen im Präteritum meist durch Umlaut des Stammvokals eine Veränderung eintritt: ich trinke, trank, habe getrunken; während die kausative Form immer schwach dekliniert wird: ich tränke, tränkte, habe getränkt. Ebenso bei fallen – fällen. Es teilt sich also bedeutungsmäßig, auch abgesehen von der geschichtlichen Entwicklung, wo die kausativen Bildungen sekundärer Art sind. Sie sind das, womit eine Handlung in Gang gebracht wird. Fällen bedeutet, daß ich bewirke, daß etwas, das aufrecht stand, nun am Boden liegt durch meine Tätigkeit. Fallen aber bedeutet, daß diese Handlung von dem Baum selbst vollzogen wird, der umfällt. Ebenso bei tränken und trinken, wobei das erste nicht rückbezüglich ist; beim anderen bin ich selbst betroffen von dem Vorgang. Das mag zum

Verständnis dienen für das griechische Medium. Hier wird die aktive Form in den Endungen differenziert, wie im Deutschen durch den Stammumlaut. Sie sehen, wie nahe es liegt, wenn man kein Passiv hat, später das Medium passivisch zu verwenden und darauf aufzubauen. Ich fälle den Baum; das Umfallen kann man sich nun deuten als ein Gefälltwerden, und damit bin ich schon im Bereich des reinen Betroffenseins durch eine Aktion von außen. –

Was die *Tempora* angeht, so hatte ich schon darauf hingewiesen, daß die Zeitvorstellung dabei zunächst inexistent war und sich verhältnismäßig spät entwickelt hat. Aber man interessiert sich beim Vollzugsbegriff für die Weisen des Vollzugs, und diese verschiedenen Weisen des Vollzugs sind es, die im Griechischen mit großer Sorgfalt und Lebendigkeit dargestellt werden am Verb. Äußerlich spricht man von Präsens, Imperfekt, Aorist und Perfekt. Vom Futur braucht man kaum zu sprechen; es fällt völlig heraus, hat sich erst spät entwickelt und ist auch dann nicht immer nötig, sondern wirkt selbst bei uns oft noch unnatürlich.

Es liegt nun so, daß das *Präsens* nicht die zeitliche Gegenwart bedeutet, sondern nichts anderes ist als das Mittel, wodurch der reine Verbalbegriff sichtbar wird. Man erkennt das am besten in bestimmten Verbindungen, etwa dem berühmten Satz in der Anklage gegen Sokrates: ›Sokrates tut Unrecht, indem er die jungen Leute verdirbt.‹ Dabei ist keine Rede von Zeit, Sokrates tut nicht *jetzt* Unrecht, sondern es ist gemeint, daß Sokrates einer ist, der unter die Rubrik ›Übeltäter‹ fällt, also eine bestimmte Rechtsrubrik. Das Unrechttun ist als reiner Begriff genommen und dann wieder bezogen auf das, worin es besteht: Sokrates verdirbt die jungen Leute. So gibt es eine Fülle zeitloser Begriffe, wie wir sagen, die nur den reinen Vollzug herausstellen. Wir werden denken müssen, daß die ursprünglichen Präsentia auch weiter nichts wollten. Es liegt nahe, daß solch ein Herausstellen dann auf die Gegenwart bezogen wird, die ja eigentlich nichts ist als der Übergang vom Möglichen in Geschehenes, ganz punktuell und in sich irgendwie inexistent, ein sehr komplexes Gebilde, in dem Erinnerungen und Intentionen eine Einheit bilden, denn wir erleben eigentlich nicht das Punktuelle. Das ist gemeint, wenn diese Zeitlosigkeit des Tempus dann auf Zeitliches übertragen wird. – Was das *Imperfekt* angeht, so ist bekannt, daß auch dies nicht Vergangenheit bedeutet, sondern reine Erstreckung. Eine Handlung kann im Präsens ganz punktuell gedacht werden, und demgegenüber meint das Imperfekt die Erstreckung, die als Dauer erscheint, darum Durativ genannt, aber auch als das Unvollendete, über dessen Vollendung nichts gesagt werden kann, und von hier gewinnt es die Bedeutung des Versuchs, des Anfangens usw. – Der *Aorist* wieder betont gerade das Abgeschlossene einer Handlung. Sie ist fertig, zum Ende gelangt, ein sehr bedeutsamer Unterschied der Vollzugsweisen. – Das Letzte ist dann, wenn in der Aktion eine Art Zustand angedeutet werden soll, der aus dem Vollzug resultiert, und das ist das *Perfekt.* Ich spreche jetzt nicht davon, daß es Perfekta gibt, die sich erst spät, im fünften Jahrhundert entwickelt haben; die Denkweise aber ist alt.

Diese vier Möglichkeiten des Vollzugs sind es im Grunde, die das Verb des näheren hervorhebt. Es ist deutlich, wie dies Sehen sich richtet auf bestimmte Weisen des Geschehens, die uns entgegentreten. Man erkennt, daß das, was als Geschehen uns umgibt, von uns verursacht oder unabhängig, auf sehr verschiedene Art geschieht. Diese merkwürdige Grundanalyse des Geschehens ist am Verb vorgebildet, das dann wieder auf die spätere Philosophie sich auswirkt, etwa im geschichtlichen Bereich. Soviel darüber. –

Ich komme noch zu einer anderen Erscheinung am Verb, die in wieder andere Richtung weist auf eine praktisch ›unnötige‹ Analyse des Geschehens; das sind die *Modi.* Wir sprechen, wieder ganz äußerlich, von Indikativ, Imperativ, Konjunktiv und Optativ. Der *Indikativ* ist bezogen auf das einfache, undiskutierte Reale des Geschehens. Daneben steht der *Imperativ,* der bei uns verkümmert, im Griechischen aber noch voll da ist. Es gibt dabei Singular und Plural, aber auch die dritte Person. Hier haben wir eine ganz bestimmte, von dem Sprechenden ausgehende Intention, die aber den realen Charakter des Befehls hat. Die Intention, daß ich etwas will, nimmt im Befehl die höchste Realität dieses Wollens an. Dabei ist es gleich, ob es dann ausgeführt wird oder nicht, aber indem ich den Befehl gebe, zeige ich meinen Willen, daß etwas geschieht, und kann verschiedene Handlungen auslösen, erwarte jedenfalls, daß sie ausgeführt werden. Es ist eine unmittelbar eindeutige, sachlich bestimmte punktuelle Intention auf etwas, das zu tun ist, die auf andere übertragen wird.

Ganz anders wieder der *Konjunktiv* und *Optativ.* Letzteren haben viele Sprachen nicht, auch das Latein nicht mehr. Im Griechischen aber haben wir beides, und damit zwei durch die Form wohlgeschiedene Weisen wieder der Intentionalität. Dem rein Realen steht also das Intentionale gegenüber, aber das ist in sich wieder äußerst fein differenziert. Es ist so, daß sich die Intention im Konjunktiv bewegt in einem ebenfalls wohldifferenzierten Horizont der Erreichbarkeit, um es einmal so auszudrükken – man spricht ja von erreichbaren und unerreichbaren Wünschen –, während der Optativ sich in dem viel umfassenderen Horizont des nur Möglichen bewegt. Der Konjunktiv hat es nicht mit dem Möglichen zu tun, sondern mit dem Erreichbaren, Ausführbaren, einem engeren Horizont. Der Optativ kann sich auf rein Mögliches, Denk- und Wünschbares beziehen, darum nennt man ihn auch den Modus des Wünschens, während man im Konjunktiv mehr den Bereich des Wollens sieht. Es ist bedeutungsvoll, daß man diese beiden Horizonte scheidet, den Willen ausgrenzt aus dem umfassenderen Bereich, der viel weiter geht, wo die reine Möglichkeit in den Blick kommt. Wir können es auch so ausdrücken, daß das eine die Form des bewußten und bestimmten Willens ist, das andere die des reinen Wunsches, der nur als Möglichkeit auftritt.

Von hier aus versteht man auch, warum der Konjunktiv an die Stelle des Imperativs treten kann oder einer Warnung im Sinne des Abratens. Weiter wird deutlich, warum der Optativ mit dem Beiwort *an* zum Modus der reinen Möglichkeit werden kann. Sie sehen, wie reich gegliedert das alles ist. Man hat das rein Reale, das sich einmal auf ein undiskutiert Gegebenes bezieht, sodann den ganz fest angepeilten Zustand, der willkürlich hervorgerufen werden soll; dann zwei Bereiche der Intentionalität: den weiteren des bloß Wünschbaren und den engeren des wirklich Erreichbaren, und dem wieder zugeordnet das imperativische Element. Wieder sind es bestimmte Weisen des Vollzugs, aber ganz andere als bei den Tempora, und auch hier können wir sagen, daß sie praktisch überflüssig wären. Das Großartige ist die aktiv schöpferische Form, wie wieder ein großer Bereich des Geschehens, in dem sich die Veränderungen um uns her vollziehen, analysiert wird im Hinblick auf die verschiedenen Weisen des Seins. – Hier könnte man das *Futur* anschließen, das auch der Form nach innerhalb des Konjunktivs steht und teilweise mit ihm identisch ist, wie auch sonst vielfach davon abgeleitet. Es ist ohne weiteres klar, daß das Futur, das zur Zeitbezeichnung des Zukünftigen wird, sich herleitet aus der Intentionalität. Es ist uns ja nicht anders gegeben als im Bereich des Möglichen oder Intendierten. Indem ich Vergangenes – oder besser Gewesenes – in mir trage, wird es Erinnerung, Zukünftiges ist Erwartung, eigentlich das Wirksamwerden des Gewesenen für die Zukunft, so daß die Gegenwärtigkeit sich befindet auf dem schmalen Grat oder dem Ineinanderwirken von beidem wie zwischen verschiedenen Lichtquellen.

Das Nächste ist eine Erscheinung, die man als Schüler auch lernt und meist nicht sehr glücklich dabei ist: die *Kongruenz*. Das kann es weder in den isolierenden noch den ballenden Sprachen geben, sondern diese Erscheinung kann nur in den reich flektierenden Sprachen aufkommen. Sie läßt sich einfach definieren, wie wir das alle kennen und gelernt haben: das Adjektiv richtet sich in Numerus, Genus und Kasus nach dem Substantiv. Es wird also ähnlich wie das Substantiv dekliniert mit genauester Entsprechung der Endungen. Das Adjektiv ist gleichsam der Diener und Begleiter, der genau den Herrn nachahmt in jeder Gebärde. Das ist das Eine. Das Zweite, Weitergehende ist die Kongruenz zwischen Subjekt und Prädikat, ebenfalls in der Zahl und teilweise dem Geschlecht. Also das Verb richtet sich in der Zahl nach dem Subjekt, in dem Geschlecht nur, wenn es im Partizip steht. So besteht nicht nur zwischen Substantiv und Adjektiv eine Kongruenz, sondern auch zwischen Subjekt und Prädikat, und wir haben zwei Einheiten. Das ist eine ganz einfache Tatsache, die aber zunächst für den, der sie zu lernen hat, äußerst schwierig ist, zumal bei komplizierten Deklinationssystemen und Konjugationen. In Wahrheit ist es unendlich einfach, und doch kann man sagen, daß es eine der herrlichsten Erscheinungen ist, die die flektierende Sprachgruppe hat.

Denn wenn man die Regel hat, was bedeutet das nun? Das einfache Sich-Richten nach etwas ist nicht ganz treffend, es stimmt vielleicht beim Adjektiv, weil die Wesenheit ihm gegenüber ein höheres Recht hat, aber beim Subjekt und Prädikat ist es nicht so klar, vielleicht sogar umgekehrt. Jedenfalls hat es keinen rechten Sinn, es so auszudrücken. Was man anzuerkennen hat, ist die Tatsache, daß in den Sprachen, die durch ein Flexionssystem diese Differenzierung der Grundwesenheiten haben, sich bestimmte Relationen darstellen. Es besteht also da ein Zusammenstimmen, eine *sympatheia* gewisser Teile des Satzes, wie es griechisch richtig heißt, ein Zusammenstimmen in bezug auf den gegenseitigen Rapport, wie man es auch vom Planetensystem kennt oder von der Wirkung des Mondes auf Ebbe und Flut, also für das Zusammenstimmen von Vorgängen auf der Erde mit solchen am Himmel, zu denen sie in fester Beziehung stehen. Man kann *sympatheia* kaum übersetzen; es ist irgendwie ein ›gleiches Erleiden‹. Wir sprechen von sympathetisch, während Sympathie rein auf Seelisches bezogen ist. Daß auch der Kosmos davon durchwirkt ist, d.h. daß Vorgänge in größter Nähe wie größter Ferne aufeinander wirken, ist ein Gedanke, den die griechische Kosmologie sehr bald gedacht hat. Diesen Grundbegriff möchte ich anwenden auf die Erscheinung der Kongruenz. Auch das war ein rein schöpferischer Gedanke, wie wieder der Vergleich mit anderen Sprachen beweist; man braucht es nicht zur Verständigung. Hier liegt ein bestimmtes inneres Bild vor, eine Vision jenes Kosmischen auch im Bereich der Begriffe, der Logoi, und man sieht deutlich, daß man besser täte, die sogenannten flektierenden Sprachen hiernach zu bezeichnen. Denn daß eine Sprache beugungsfähig ist, daß sie Endungen hat, die sich verändern können, ist ganz äußerlich, während wir doch andere Sprachformen nach Wesensmerkmalen benennen. Es ist wichtig, wenn Menschen so sprechen, daß sie nicht bloß Einzelgebilde herausbringen, die in ihrer Reihenfolge bezogen sind auf Vorhandenes, sondern daß sie im Sprechen etwas Kosmisches bezeugen in diesen merkwürdig durch Sympatheia gebundenen Gebilden. Man könnte auch mit dem Bild des Organismus arbeiten, so wie gerade die moderne Medizin ihn erforscht. Indem sie etwa die Bedeutung der Hormone, Wirkstoffe usw. kennenlernt, muß er uns als ein Abgrund erscheinen, vor dem einem schwindeln könnte: was da an derartigen Rapporten besteht, auch Fernwirkungen verschiedenster Art, die zusammen das hervorbringen, was wir das Leben nennen. Wir ahnen ja gar nicht, wie großartig unsere eigentlich physischen Grundlagen aufgebaut sind; und wenn wir dann noch bedenken, was wir als Vernunftwesen alles damit anfangen können! Und ähnlich wie der Organismus ist auch die Sprache ein derartiges Gefüge von Wirkformen und Wirkträgern, die aufeinander bezogen sind und im Rapport miteinander die Totalität des Ganzen tragen als lebendiges Bezugssystem. Es ist ja wirklich phantastisch, wie man sagen kann, was wir alles ausdrücken können, wie alles sofort eingeordnet wird in einem solchen lebendig-kosmischen Begriffsgefüge, wo die verschiedenen Wortarten und Unterteilungen wieder gebunden sind durch derartige Rapporte. Das ist, wie mir scheint, das Wesen dieser Kongruenz.

Ich brauche wohl nicht viel hinzuzufügen darüber, was hier alles ansetzt an denkerischen Möglichkeiten der Griechen und ihrer Fortsetzer, die noch Möglichkeiten haben, das in ihrer Sprache zu vollziehen. Wir sind ja so glücklich, daß wir das im Deutschen noch können, wodurch etwa die Dichtung auch eine ganz andere Grundlage findet, als wenn bloß noch die Begriffe irgendwie dastehen. Soviel darüber.

Noch eins wäre nötig, das ich selbst nicht mehr aufarbeiten kann: eine Geschichte des griechischen Satzes. Wir wissen einiges darüber, die historische Syntax ist ja mehr oder weniger eine solche Geschichte. Aber ich stelle sie mir noch anders vor als aufgeteilt in Regeln und einfach beschreibend. Der Satz müßte verstanden werden als ein geistiges Kunstgebilde, und ähnlich wie in der Kunstgeschichte müßte man nun die Stilentwicklung verfolgen. So wie dort die Entwicklung von den alten gebundenen Statuenformen zur Kunst des vierten Jahrhunderts, so könnte auch in der Entwicklung des Satzes gezeigt werden die Stilentwicklung und Entfaltung eines solchen Kunstgebildes. Deutlich ist schon heute, daß Homer noch nicht wesentlich die Unterordnung kennt, sondern die Beiordnung, *lexis eiroméne*, wie wir sie auch bei Herodot finden, und dergegenüber dann die andere Form in der Tragödie und bei den Rednern aufkommt mit ihrem Höhepunkt bei Demosthenes und bei den Römern dann Cicero. Dieser Fortschritt von der anreihenden zur unterordnenden Redeweise ist nichts anderes als die in der Kongruenz schon angelegte stilistische Weiterentwicklung. Bei Homer stehen die Dinge noch sehr locker beieinander, was man in der Übersetzung meist zudeckt (wir müssen es auch, es würde sonst zu primitiv wirken), aber wir wissen, daß die sogenannten Relativsätze bei ihm noch mit *te* angefügt werden, ebenso Sätze, die mit Konjunktionen eingeleitet werden. ›Den Mann . . . *der* viel herumgeirrt ist‹, da ist *hos* noch ganz direkt: ›der ist viel herumgeirrt‹. Diese einfach reihende Sprechweise verschwindet immer mehr, Relativsätze werden wirklich untergeordnet, die Konjunktionen sind die Gelenke, die die Scharniere bilden zwischen Ober- und Untersatz, und der griechische Satz wird immer mehr zur Periode, wo gleichsam ein Kreis beschrieben wird im Satz, der nun aus einem bestimmten geistigen Entwurf sich aufbaut und in Gliedern und Teilen einen kosmischen Kreis durchläuft. Diese Periodik, die im vierten Jahrhundert ihren Höhepunkt erreicht, ist durchaus nicht am Schreibtisch entstanden, sondern von höchster Dynamik, wenn sie gesprochen wird. Was in der Sympatheia sich an Spannungen zeigt, davon lebt die Periode; sie ist in Wahrheit ein Kraftgefüge und so höchst geeignet gerade für die forensische Rhetorik. Erst wenn sie herausgerissen wird aus dem Leben, gewinnt sie ihre mehr papiernen Formen. Es ist deutlich, daß der Weltentwurf und das Weltverständnis der Griechen und ihrer Nachfolger nur möglich waren auf der Grundlage eines solchen lebendig produktiven Gefüges, das die flektierenden Sprachen haben.

18.

Wir wollen heute noch einmal bei dem Verb verweilen, jenem reichen Instrument des Weltverständnisses, und zwar bei einer besonderen Erscheinung des Verbs, die Ihnen allen bekannt ist, wenn Sie sich auch vielleicht nicht Gelegenheit genommen haben, sich nach Gebühr darüber zu verwundern. Ich meine das *Partizip*, das wir auch in unserer Sprache noch haben und von dem besonders das Englische einen sehr interessanten Gebrauch macht, das darin noch teilweise antiker ist als das Deutsche. In den antiken Sprachen war es sehr reich strukturiert, im Griechischen noch mehr als im Lateinischen. Wir kennen eine ganze Anzahl davon, fast zu jeder Aktionsart gibt es eins: Präsens, Aorist, Perfekt, später auch für das Futur, und ähnlich im Medium und Passiv. Wir haben gelernt, daß es zwei Formen gibt: attributiv und prädikativ, also auf ein Substantiv oder ein Verb bezogen. Ich glaube aber, die Erscheinung, auf die wir zu achten haben, ist doch wohl die, daß wir hier ein bestimmtes Gebilde haben innerhalb des Verbs (das, wie wir sagten, Ausdruck eines Geschehensvollzugs ist), das sich nun wieder durch eine bestimmte Art der Endung zu dem stellen muß, was wir sonst Adjektiv nennen. Man kann die Partizipien im allgemeinen durchaus als Verbaladjektive bezeichnen, wenn man sie auch im engeren Sinne nicht so gebraucht. Es sind also als Adjektive verwendete Vollzugsvorstellungen. Das ist das Interessante. Was wir sonst als Vollzüge kennen, sind Mittel, um das Am-Werk-Sein darzustellen, das in der Welt ist. Nun aber hat dies Vollziehen den Charakter bekommen eines qualifizierenden Elements. ›Blühen‹ ist ein Vollzug; aber der ›blühende‹ Baum, da bedeutet es nicht einen Vollzug, sondern einen Baum in der charakteristischen Form des Blühens, die wir alle kennen. Dieser Vollzug wird jetzt auf die Wesenheit ›Baum‹ bezogen und mit ihm ineins gedacht. Das ist ein Partizip, das adjektivische Bedeutung hat. Oder im Perfekt: ›die abgestorbene Eiche‹, wo der ganze Vollzug eines Sterbens hineingenommen ist in eine gerundete Gesamtvorstellung, und damit zu einem Charakteristikum der Eiche geworden ist. Der Vollzug also, daß etwas abgestorben ist, gerinnt hier gleichsam zu einer bestimmten festen und Bild-formenden Qualität. – Das andere ist etwa so, daß wir sagen: dieser Vortrag ist belebend, wobei die Weise des Vortrages qualifiziert wird. Und das ist nichts Künstliches, sondern gewöhnliche Sprache. Statt von einem prädikativen Gebrauch des Partizips kann man auch von einem ausgestaltenden sprechen. Da diese Form sich nur an Verben anschließt, also ein Geschehen voraussetzt, kann der Vollzug auch wieder zusammengeballt sein und ein Ganzes ergeben, das nun den Charakter einer Aussage hat, womit wir wieder ein wirksames Element für die Rede gewinnen.

Zunächst aber wollen wir noch mehrere Arten unterscheiden, auf die wir vielleicht nicht mehr zurückkommen werden. ›Er kam tief deprimiert‹, ›er gab hocherfreut zur Antwort‹, das ist eigentlich weder – noch. Vielleicht handelt es sich um eine Art appositionales Partizip. Es gibt eine Fülle von solchen Dingen, die wir ganz gewöhnlich beim Sprechen gebrauchen, auch daß ein ganzer Geschehensvollzug irgendwie jetzt neu zusammengefaßt, verwesentlicht und zu einer bestimmten modalen Qualitätsbestimmung der Befindlichkeit eines Menschen wird. – Das führt zu dem, was wir in den antiken Sprachen häufig und im Deutschen gelegentlich haben: den absoluten Partizipien, griechisch vor allem im Genitiv und Akkusativ. Wir haben etwa den Ausdruck: ›gesagt, getan‹, zwei Partizipien, die durchaus für sich stehen. – Das wären wohl die Hauptarten.

Wir müssen unsere Aufmerksamkeit vor allem konzentrieren im Griechischen auf den außerordentlichen Reichtum des prädikativen Gebrauchs bei festen Verbindungen mit bestimmten Begriffen, die man auswendig lernt, z. B. das bekannnte: ›ich werde müde bei einem Tun‹, *kamno poion ti,* oder *lantháno poion ti,* ›ich bleibe unbemerkt, etwas tuend‹. Ebenso *phanerós eimi, delós eimi,* was wir deutsch meist adverbial übersetzen: ›ich tue etwas offensichtlich‹. Das setzt sich fort; es gibt eine andere Gruppe mit Verben des Anfangens und Verharrens, sowohl in der Form, daß das Partizip sich zum Subjekt stellt, aber auch so, daß es auf das Objekt bezogen wird, wie der bekannte Begriff der sinnlichen Wahrnehmung: ›ich sehe, daß alles wahr ist‹, *alethe onta,* ›wahr seiend‹. Das Interessante dabei ist, daß hier mit dem Mittel des Partizips eine merkwürdige Zusammenordnung zweier Vollzugsweisen erreicht wird. ›Ich werde müde, etwas tuend‹, z.B. marschierend, da habe ich den bestimmten Vollzug des Marschierens, dem an einer bestimmten Stelle zugeordnet wird ein zweiter Vollzug: daß ich dabei müde werde. Darin ist präformiert eine bestimmte Analyse verschiedener Geschehensweisen. Wir können auch sagen, bei einem bestimmten Vollzugskreis vollzieht sich dann noch etwas innerhalb davon, wobei klar ist, daß der Kreis des Marschierens offenbar der weitere ist, denn das Müdewerden bezieht sich auf das Marschieren, nicht umgekehrt. So auch bei den anderen Beispielen. ›Ich zeige mich als einer, der etwas tut‹: dabei ist der Kreis des Tuns der weitere und das Offenbar-werden dringt hinein und macht ihn sichtbar. Ebenso das Anfangen, wobei das Tun das weiter Ausgreifende ist gegenüber dem Anfangen. Es liegt so, daß in dieser Weise der Sprachbildung der Grundtatsache Rechnung getragen wird, daß Vollzüge nicht bloß vorkommen an Wesenheiten und auf diese bezüglich, sondern auch auf Vollzüge bezüglich, und diese Art des Bezugs drückt sich dann aus durch die Weise, wie sich zwei verschiedene derartige Verba durch Partizipien einander zuordnen. Es ist klar, daß eben der Vollzug etwas sein kann, das als ein Begriffliches hinzutreten kann zu der Wesenheit. – Mit diesen Hinweisen mag es genug sein.

Noch eine Kleinigkeit, das kleine Wort ›ist‹, das wir *Kopula* nennen, was nur besagt, wie irreführend wieder die Bezeichnung ist. Hierzu ist zu sagen, daß die meisten Sprachen dies kleine, uns so geläufige Wort nicht kennen, auch nicht alle indogermanischen. Vom Praktischen aus ist es vollkommen überflüssig, und auch das Griechische kennt es zunächst nicht. Bei Homer steht der einfache Satz: ›Nicht gut Vielherrschaft, einer soll Herr sein.‹ Das ›soll sein‹ ist imperativisch wiedergegeben und notwendig, aber das ›ist‹ ist nicht notwendig, es ist völlig verständlich, und so sprechen denn auch die Chinesen und andere Sprachen. Oder: ›Ein ärztlicher Mann so viel wert wie viele andere‹. Diese einfache Weise des Sprechens wird auch bei uns gelegentlich noch volkstümlich gebraucht oder auch poetisch. Das Interessante ist, daß diese völlig unnötige Kopula, die eine einfache Identität bestimmt, sich dann doch entwickelt hat und auch im Griechischen bald durchaus gebraucht wird. Wir können sehen, wie sie sich entwickelt, beginnend bei und nach Homer, dann vor allem bei den vorsokratischen Philosophen, und dann geht es weiter. Was liegt darin? Sicher ist es kein praktisches Interesse gewesen, das diese Entwicklung hervorgerufen hat, es gibt völlig verständliche Sätze ohne das. Wenn wir also seit den Griechen diese Marotte haben (bei den Lateinern hat es sich ähnlich entwickelt), so bestimmt nicht aus einem Bedürfnis nach Klarheit, sondern es ist vielmehr etwas sehr ›Philosophisches‹, wenn man es so ausdrücken will. Irgendwie ist ein Bedürfnis aufgekommen, nicht bloß auszudrükken, daß eins wie ein anderes ist, sondern die Tatsache des Seins, Gleich-Seins ist in den Blick gekommen. Es ist schon so, daß in jeder Kopula nicht nur ein kleines Instrument der Gleichsetzung vorliegt, sondern daß in ihr das Sein hineinwirkt in unser Sprechen. Irgendwie kommt vor unseren Augen das Interesse auf an der Tatsache, daß in diesem Nebeneinander sich eine eigentümliche Wirksamkeit des Seins äußert. Und indem diese eigentümliche Wirksamkeit des Seins sich vollzieht, etwa daß in einer Rose, die rot ist, das Rot-Sein ein bestimmtes Sein der Rose wird, da wird nicht nur die Wesenheit Rose zu der des Roten in eine Beziehung gesetzt; der Vorgang ist nicht nur ontologisch, sondern ontisch, und zwar liegt das in der bestimmten Weise, wie ich mich damit auseinandersetze. Nur aus dem besonderen Interesse an diesen Seinsvorgängen heraus ist das aufgekommen. –

Ich komme jetzt zu etwas Wichtigem, das schon von anderen behandelt worden ist, während die meisten Dinge, die wir besprochen haben, soviel ich weiß, noch kaum untersucht sind. Ich meine die Erscheinung des *Artikels*, die wieder nicht sehr alt und auch nicht sehr verbreitet ist und auch im Griechischen erst vor unseren Augen aufkommt. Ich darf dafür verweisen auf die Arbeit von Bruno Snell, Entdeckung des Geistes, 1955, Kap. XII: Die naturwissenschaftliche Begriffsbildung im Griechischen, wo er sehr umfassend auch davon spricht. Es liegt so, daß z.B. das Lateinische und andere indogermanische Sprachen keinen Artikel haben, das Griechische zunächst auch nicht. ›Nenne mir den Mann, Muse . . .‹, da steht das ›den‹ nicht da, wird aber durch die Endung klar ausgedrückt, und das genügt. Die Beispiele dafür sind bei Homer massenhaft, bei bestimmtem wie unbestimmtem Artikel, was längst aufgefallen ist. Ebenfalls bekannt ist, daß der Artikel sich entwickelt hat aus dem Demonstrativpronomen, so wie er auch aus dem artikellosen Latein dann entwickelt wurde in den romanischen Sprachen. Übrigens habe ich mich schon immer nach den Gründen dieser Entwicklung gefragt. Ich glaube nicht, daß das Vulgärlatein das deiktische Element so sehr betont hat; es gibt eine Fülle von volkstümlichen Sprachen, die nicht daran denken. Ich muß mich noch umhören, wieviel darüber genau bekannt ist. Meiner Meinung nach kann auch diese Erscheinung nur vom Geistigen her verstanden werden. Das höhere und anspruchsvolle geistige Leben, mag es auch auf kleine Kreise beschränkt sein, ist immer ein ausstrahlender Faktor der Sprachentwicklung. Man kann sich vorstellen, daß es sich in der Spätantike vollzogen hat an bestimmten Denkvorgängen, vielleicht im kirchlichen Bereich, aber das sind nur Vermutungen. Wir haben jedenfalls die Erscheinung vor uns. Die germanischen Sprachen machen diese Entwicklung dann einfach mit. – So haben wir auch im Griechischen zuerst die demonstrativen, hinweisenden, deiktischen Fürwörter, wie man es nennt. In einem bestimmten Moment entsteht das Bestreben dieser Deixis, daß man sagt: ›der‹ Mann, ›die‹ Frau, ›das‹ Schwert. Ebenso im Plural. Das wird dann in konkretisierender Bedeutung gebraucht, d.h. das Einzelne hervorhebend. Dann aber wird es in einem merkwürdigen Umschlag zu dem, was man gerade den generalisierenden Artikel nennt. Wie soll das vor sich gehen, daß das gleiche sprachliche Mittel, das zunächst rein hinweisend ist, einerseits diese konkretisierende und andererseits generalisierende Bedeutung gewinnt? Das ist doch ein gewaltiger Unterschied. Aber in der Grammatik wird das einfach festgestellt. Man kann sagen: ›der‹ Mensch, ›das‹ Tier, und dann hat es eben generalisierende Bedeutung. Gerade dieser generalisierende Gebrauch findet sich ziemlich früh, mit der aufkommenden Philosophie, und wird dann immer differenzierter, als eine neue Art, wie das Seiende sich bemerkbar macht. Nun glaube ich nicht, daß es sich bei dieser Erscheinung um einen generalisierenden Gebrauch des ursprünglich deiktischen Artikels handelt; das Hinweisende kann immer nur konkretisierend sein. Offenbar ist es so, daß es dabei gar nicht am Konkretisieren eines Hinweisens liegt, sondern an dem, auf was ich je hinweise. Da ist der wunderbare Vorgang, daß das, worauf ich zunächst hinweise, das Einzelne ist, das aber schon sehr bald verstanden wird als der Sonderfall eines Generellen. Es ist das neu aufkommende Interesse an großen Generalbegriffen, und wenn dann der Artikel vor solch einzelnen Begriff tritt, so konkretisiert er den Einzelfall eben zum Begriff. Das ist das Entscheidende. Wo der Grieche sagen kann: ›das‹ Gute, und damit meinen kann die höchste Idee des Guten, da ist der Artikel nicht generalisierend geworden, sondern das Bewußtsein ist aufgekommen, daß es Genera gibt, daß sie *sind*, daß es eine Seinsweise gibt des Allgemeinen, und indem das der Artikel deiktisch anzielt, konkretisiert sich jetzt, etwa beim Guten, das Generelle zu jenem Konkreten, das der Begriff ist. Man könnte dazu an Hegel erinnern und seine Beziehung zwischen dem Konkreten und Allgemeinen.

Es ist klar, daß nun der Artikel eine unerhörte Kraft hat. Er kann alles verwirklichen. Die konkretisierende Bedeutung wird auf dieser nächsten Stufe eine verwesentlichende. Man kann ein Adjektiv verwesentlichen, kann das Blau, das eine Qualität ist, als Wesenheit fassen, ebenso das Sterben, das Geborenwerden usw. Damit wird das, was sich zunächst nur als Vollzug und Bewegtes zeigt, zu einer neuen Wesenheit, und zwar durch diese Bedeutung und Kraft des Artikels. Man kann nun auch andere Dinge so herausheben: ›das‹ gut, *eu*, kann die einzelnen Buchstaben herausheben oder in der Philosophie einen kleinen Satz, das bekannte *to ti ēn einai*, ›das Was-es-war-Sein‹, was ein ganz fester Begriff geworden ist, mit dem Aristoteles operiert. So auch Infinitive, und weil man daran wieder allerhand anschließen kann, ganze Sätze. Diese Bedeutung der Verwesentlichung ist das Entscheidende am Artikel, der seine deiktische Grundbedeutung nie aufgibt. Nur daß sich das Sein im ganzen immer mehr bemerkbar macht und so in der Sprache immer mehr Möglichkeiten des Seins in die Erscheinung treten, die der Artikel dann aufweist. Diese wichtige geistige Tätigkeit ist ihm zugeordnet, und darum ist es vollkommen richtig, wenn Snell sein Loblied singt für das Philosophieren. Und man kann wohl sagen, in artikellosen Sprachen wäre ein Philosophieren wie das griechische nicht möglich. Das sieht man schon beim Latein, als Cicero es dort einführen will, welche Schwierigkeiten er damit hat. ›Das Gute‹ etwa läßt sich lateinisch nicht wiedergeben, man muß es umschreiben: *id quod bonum est*, sehr umständlich. Es geht, wenn man es herübernehmen will, aber man wäre wohl nicht leicht dazu gelangt, solche bestimmte Seinsweisen überhaupt einzuführen. Auch hier gilt der Satz, daß das Denken zunächst nur das erfassen kann, was in der Sprache vorgebildet ist. Das nur als Beispiel. Noch einmal: ich meine, wenn die modernen Sprachen den Artikel weitgehend ausgebildet haben, daß das im Zusammenhang steht mit der philosophischen Durchbildung der Spätantike. Erst wenn dies Philosophieren seine Ansprüche stellt, sieht man sich genötigt, den Artikel auszubilden. Soviel darüber.

Zunächst aber noch etwas zur Entwicklung des Artikels. Wir sprachen schon von dem Element des Deiktischen, des Zeigens, was schon primitive Sprachen haben. Das Kind sagt bekanntlich zuerst ›da!‹, ein sehr bedeutungsvolles Wort im kindlichen Leben, wo es noch nicht Richtung und Gegenstand bezeichnet, sondern das Gegenüber gleichsam unaufgebrochen, in dem Richtung und Gegenstand verschmelzen zu einem Komplex, der wieder mit einem Bedürfnis und Begehren verbunden ist. Diese Weise, mit der Welt zeigend in Verbindung zu treten, dürfte eine der Urweisen sein, wenn der Mensch anfängt, sich der Welt zu vergewissern, nicht bloß auf sie wirkt und Einwirkungen erfährt. Man kann zeigen, daß auch die historischen Sprachen zunächst durch und durch deiktisch sind. Damit hängen alle anderen Eigentümlichkeiten zusammen: die Artikellosigkeit, daß die Kopula fehlt, aber auch die starre Neben- und Beiordnung der Nebensätze statt der späteren Unterordnung, was beweist, daß die sogenannten Relativ- oder Temporalsätze das nicht eigentlich sind, sondern rein deiktisch. Immer von neuem wird auf eine Erscheinung hingewiesen, auch wenn sie längst vor mir liegt. Wenn wir das übersetzen wollten, würde es merkwürdig primitiv erscheinen. Für uns ist wichtig genug, daß wir von diesem Grundcharakter wissen, der zunächst da ist und sich auch weithin noch hält. Es ist klar, daß in einer solchen Welt des Zeigens das konkret-dingliche Element, das dem Menschen begegnet, den Vorrang hat vor logischen Bezügen. Der Mensch, der in einer Welt lebt, in der das Deiktische so wichtig ist, hat noch nicht das Netz von Verhältnissen und Bezügen wahrgenommen, sondern ein Ding ist für ihn das, was sich vordrängt, und das Entscheidende ist nur, daß *am* Dinglichen noch anderes wahrgenommen wird, wie wir gesehen hatten, das sprachlich fest mit ihm verbunden wird. Hier finden sich dann die Ansatzpunkte für das Sehen der logischen Bezüge. Das Vorwiegen des Dinglichen läßt sich noch gut etwa in der Pindarischen

Dichtung erkennen. Die Weise, wie Pindar verbindet, ist oft noch die der Assoziation, und das Wunderbare dabei ist, wie es bei ihm gleichsam Wesens-Assoziationen sind. Die Dinge sind bei ihm so tief in ihrem Wesen gesichtet und als Wesen erfahren, daß die Assoziationen, die ihn von einem Ding zum anderen führen, ihn nicht einfach in die Irre führen. Sein Denken, wie es sich uns zeigt, stellt sich noch dar als ein Weitertasten von Ding zu Ding, wobei auch sogenannte geistige Phänomene zunächst als dinglich beobachtet werden.

Charakteristisch für diese Stufe des Deiktischen und An-den-Wesenheiten-selber-Haftens der Sprache ist, daß etwas in der alten Zeit noch nicht so ausgeprägt ist, das dann immer mehr in den Vordergrund rückt: die vielen kleinen *Verhältnis-* und *Bezugswörter,* die wir kennen in ihren verschiedenen Gruppierungen. Wir teilen sie merkwürdigerweise in verschiedene Arten auf: Partikel, Präpositionen, die in Wahrheit auch nur Partikel sind, als dritte Gruppe daneben Pronomina, die für ein Nomen oder eine Person stehen, eine Gruppe die durchaus eigene Bedeutung hat als Bezugs- und Verhältniswörter. ›Wo‹ oder ›wann‹ ist noch kein Pronomen, es gehört zur Kategorie des Ortes und der Zeit im Sinne des Erfragt-Seins. Schließlich die Konjunktionen, Bezugswörter, die fest geworden sind als Gelenke zur Eingliederung der Nebensätze. Diese verschiedenen Arten von Partikeln kommen nun hoch, bilden sich aus, und man kann sagen, daß im weiteren Fortschritt vom Deiktischen zum Entdecken der logischen Bezüge, dem Bewußtwerden des logischen Bezugssystem der Sprache, immer mehr die Endungen zurückgedrängt werden, die Kasus weniger werden und dafür diese atomartigen Partikel aufkommen in großer Fülle und nun die eigentliche Regelung der Bezüge übernehmen. Dazu kommen neue Endungen am Adjektiv, die als ganz neu aufkommende Spezies logischen Charakter haben, *-ikos, -eides;* aber auch Nominalbildungen kommen erst auf; je mehr sich die Tatsache bemerkbar macht, daß das Seiende, wie es uns begegnet, von Strukturen getragen wird, müssen sich nun auch in der Sprache bestimmte Instrumente bilden, die das dann einfangen. Die Entwicklung geht so weiter, daß das Deiktisch-Dinghafte immer mehr zurücktritt und die reinen Begriffe als Begriffe entdeckt werden, und damit sind wir bei Platon und Aristoteles. – Soweit die Hauptrichtung der Entwicklung.

19.
Grundbegriffe

Wir hatten einleitend bisher gesprochen über die Bedeutung des Weltverständnisses, das in der Sprache bereits präformiert ist, für das spätere Philosophieren. Heute will ich dazu übergehen, Ihnen eine Auswahl wichtiger Begriffe praktisch vorzuführen. Da wir im Gang unserer Betrachtung schon auf einige dieser Begriffe gestoßen waren, werden sich hier gewisse Wiederholungen nicht vermeiden lassen. Ich halte es aber doch für richtig, die Dinge noch einmal im Zusammenhang vorzulegen. – Ich sagte wohl schon, daß der, der sich mit diesen Dingen abgibt und die Weise des griechischen Denkens verstehen will, sich in solche Betrachtungen einarbeiten muß, wie ich das im einzelnen gleich vorführen werde. Ich wähle also einige Begriffe aus, die ich für besonders wichtig halte, wobei ich sie nicht historisch betrachten werde, was jeweils an Bedeutungen an den Tag getreten ist – das geht auch gar nicht; in der vorphilosophischen Zeit ist es diffus, noch nicht konzentriert, und man kann die Richtung erst nachträglich erkennen aus dem voll entwickelten Bewußtsein des Begriffs. Das ist im allgemeinen abgeschlossen etwa bei Aristoteles, der als erster sich gleichsam ›zurückbeugt‹ in der Philosophie auf das ältere griechische Denken und dabei auch gerade das Sprachliche berücksichtigt, die Bedeutung der Begriffe, natürlich in seiner Weise, aber doch so, daß er dabei Wesentliches über das griechische Denken selbst aussagt. So in der ›Metaphysik‹; aber auch in der ›Ethik‹ findet sich eine Fülle solcher Deutungen, die man einfach braucht, wenn man es mit dem griechischen Denken zu tun hat. Ich werde mehrfach auf diese Deutungen des Aristoteles verweisen. Klar ist jedenfalls, daß sich der streng im Logos entfaltete und bewußt gewordene Begriff aus einer Wurzel entwickelt, wo alles Spätere in der Sprache selbst bereits angelegt ist. Für alles Verstehen der griechischen Philosophie ist es entscheidend, daß man die Dinge nicht als eine Terminologie aufnimmt, sondern sie aus der Sprache selbst heraus zu verstehen sucht.

Wir beginnen mit dem Nächstliegenden, dem Begriff des Wissens, *eidénai, oida* = ich weiß. Da liegt es auf der Hand, daß das Perfekt vom Stamm viđ den resultierenden Zustand bezeichnet, der hervorgeht aus dem Am-Werk-Sein. Da der Stamm die Bedeutung von ›sehen‹ hat, geht also das griechische ›Wissen‹ auf die Vorstellung des ›Sehens‹ zurück, und zwar so, daß es im Wort noch lebendig ist. Wissen ist der Zustand, der resultiert aus dem Seh-Akt. Das ist schon sehr wichtig. Wissen ist demnach ein Gesehen-Haben im wörtlichen Sinn: daß man etwas, das man gesehen hat, auch wirklich ›hat‹ und besitzt. Wenn jemand sehr viel gesehen hat und dies Gesehene besitzt, hat er Wissen. Wissen gehört also in den Bereich der Sicht und ist als resultierender Zustand ein Verfügen über Sichten. Das Leben bietet Sichten, und wenn ein Mensch wirklich vieles gesichtet hat, nicht bloß mit dem Auge darüber hinweggegangen ist, und diese Sichten in sich anreichert, hortet, dann ›weiß‹ er. Wir sehen, in wie hohem Maße dieser Wissensbegriff sich auf den einfachen sinnlichen Akt des Sehens gründet. Das Entscheidende dabei ist, daß nicht etwa der subjektive Vorgang darunter verstanden ist, was dann bloß ›meine‹ Ansicht wäre, das ist ganz auszuschalten. Aristoteles sagt einmal vom Sehen überhaupt (*opsis*, ›Über die Träume‹ 459 b-460 a), es sei dadurch charakterisiert, daß es gleichzeitig ein Tun und ein Erleiden sei. Im Seh-Akt, den ich vollziehe, liegt ein aktives Tun, von mir ausgehend, aber zugleich auch ein Affiziertwerden, in irgendeiner Weise Geprägtwerden. Das Sehen ist darum so wunderbar, weil es in einem übergreifenden Akt zugleich aktiv und passiv ist, ein Tun und ein Erleiden vereinigt. Ich hatte schon davon gesprochen, daß uns das Griechische immer wieder dahin führt, daß wir mit dem Dualismus von Subjekt und Objekt nicht weiterkommen, daß alles falsch wird, wenn man es von da aus interpretiert. Dies Eigentümliche also, daß in der Sicht Subjekt und Objekt immer schon einander begegnet und beieinander sind, konstituiert das griechische Sehen und Wissen. Das ist nicht vom Subjekt aus zu verstehen; die Frage, wie das Ich zur Welt kommt, hätte für die Griechen keinen Sinn, weil in solchen Vorgängen wie etwa dem Sehen der Ich-Weltbezug schon überbrückt ist.

Wir kommen gleich zum nächsten Wort, das damit verwandt ist, wieder kaum übersetzbar. Man sagt ›denken‹, aber das trifft es nicht ganz. Das ist *noeîn*, von *nóos, nus*, und weiter *nóesis* und *nóema*. Der Infinitiv *noein* bezeichnet die Tätigkeit, die Endung *-ma* bedeutet den einzelnen Gedanken; die Bildung auf *-sis* hat wie gewöhnlich Vollzugscharakter, und der *nus* ist das Ausführende. Das Wort kommt offenbar, wie wir gesehen hatten (o. S. 71) von einer Wurzel *snovos, snow*, was zusammenhängt mit unserem ›schnaufen‹, ›schnauben‹. Das ist höchst interessant. Wir wissen, daß der wichtige lateinische Begriff der *sapientia* von ›schmecken‹ hergeleitet ist, eine Weise des sublimierten geistigen Geschmacks, während wir im Griechischen, wo wir eben noch beim Auge waren, jetzt bei der Nase sind, einem anderen leiblichen Organ, von dem aus sich ein bestimmtes geistiges Tun interpretiert. Ludolf Malten hat eine schöne Abhandlung darüber geschrieben, wie im römischen Porträt der Mund von großer Bedeutung ist, während es bei griechischen Darstellungen zwar nicht die Nase ist, aber doch das Auge, was entscheidend den Ausdruck bestimmt. Ich glaube, daß das nicht nur ein hübscher Einfall war, sondern etwas von objektiver Bedeutung. – Kurz, Sie sehen, daß der Bezug zu ›schnaufen‹ immerhin im Bereich dieser Wortbildungen liegt. Es geht also bei diesem Geistbegriff um ein zugrundeliegendes Witterungsvermögen, ein Erwittern der Dinge. Das ist von großer Bedeutung für den Menschen. Wir kennen es bei Nomaden, daß sie das Wasser auf große Entfernungen ›riechen‹ können. Dies also mit gewissen Vorbehalten, weil die Ableitung nicht ganz sicher ist, aber doch fast sicher, wie ich denke.

Die Bedeutung von *noein,* wie wir sie in früher Zeit antreffen, etwa bei Homer, liegt durchaus auf dieser Linie, und man kann sehen, daß es oft ein instinktives Bemerken ist, nicht nur mit den Augen, sondern man bemerkt auch einen, der hinter einem steht. Ein eigentümlich totales Merkvermögen also. Sie sehen, wie wir uns damit der geistigen Sphäre nähern. Dies ziemlich umfassende, instinktive, nicht intellektuelle Merkvermögen ist der griechische Nus. Man erkennt das noch an der Art, wie Aristoteles das Wort gebraucht, wenn er etwa die Tätigkeit des höchsten Gottes als *nóesis noéseos* (›Metaphysik‹ 1074b 34) bezeichnet, meist übersetzt mit ›Denken des Denkens‹, also ein Denken, das sich selber denkt. Selbst da spielt die alte Bedeutung noch mit hinein. Es ist ja die Errungenschaft unseres Jahrhunderts seit Bachofen, Nietzsche und Burckhardt, daß wir die Griechen immer mehr aus dem Triebhaften und Sinnlichen verstehen und auch das Geistigste bei ihnen von daher zu deuten haben. So auch im Bereich des Denkens. Wir werden hier den Horizont eines totalen, umfassenden Merkvermögens anzusetzen haben als Bereich, in dem dieser Sinn des Nus sich vollzieht, der später zu einem höchst intellektuellen Vermögen und selbst zur Schau der Ideen wird. Bei Platon wird der Nus gleichsam das Auge der Seele (›Staat‹ 6, 508c/d; 519b), wobei ›Seele‹ einfach das ist, was den inneren Menschen ausmacht. Und so, wie der Leib das Auge und den Blick hat, hat auch die Seele ihr Auge, und dies eben ist der Nus. Wir können in diesem Sinne den Nus interpretieren als eine eigentümliche Weise der Schau, in dem Sinne, wie wir ja auch ›schauen‹ von ›sehen‹ trennen. Während das Sehen sich auf einzelnes richtet, ist das Schauen immer total und umfassend zu verstehen. Dies Totale und Umfassende müssen wir immer mit hinzudenken, wenn wir *noein* mit ›denken‹ übersetzen, und darum sprechen wir besser von einer Art denkender Schau. Wie man das in der Übersetzung im einzelnen wiedergibt, kann verschieden sein, ist auch nicht so wichtig; man kann je nach dem Zusammenhang das eine oder das andere betonen. Die Worte sind auf alle Fälle unzureichend, wichtig ist nur, was wir an Gedanken damit verbinden, wenn wir mit ihnen arbeiten.

Weiter ist wichtig, daß dasselbe, was wir vorher über das Wissen gesagt haben, auch für das *noein* gilt. Auch hier ist das Subjektive und Objektive immer bereits beieinander. So vor allem im *nóema*, was den einzelnen Gedanken bezeichnet, als das Resultierende aus dem *noein*, und dies so Bemerkte ist dann der Gedanke. Der Gedanke war ein Bemerktes für die Griechen, nie nur Illusion, nichts Ausgedachtes oder von der Welt Getrenntes. Sie sehen, daß es nicht genügt, unser ›Geist‹ für Nus zu setzen; am besten ist es schon, wie man es auch meist tut, daß man Nus schreibt, und wenn man sich die Dinge allmählich aneignet, kann man das Wort dann ebenso im Deutschen gebrauchen wie andere griechische Wörter, die wir schon haben.

Noch kurz zu *gignóskein*, ›erkennen‹. Hier verweise ich darauf, daß Bruno Snell als Erstlingsarbeit über die Begriffe des Wissens und Erkennens bei den Griechen gearbeitet hat, in ›Philologische Untersuchungen 29‹, worauf ich mich öfter beziehen werde. Es ist jetzt vor über dreißig Jahren (1924) geschrieben und natürlich inzwischen in mehrfacher Hinsicht überholt. – Was dies Wort angeht, woher auch *gnosis* kommt, *gnome* usw., ist schon die Bildung merkwürdig. Der Stamm ist *gno*, vorn eine Reduplikation, dann ein *sk* und die Endung. Die Reduplikation ist intensivierend, das *sk*-Element oft iterativisch, und davon her wieder die Intensivbildung. In dem Wort, wie es vor uns steht, steckt also eine Intensivierung, ganz anders als in den bisher betrachteten. Man kann wohl sagen, daß unsere Übersetzung ›erkennen‹ hier dem Richtigen einmal ganz nahe kommt. Im Wort selbst liegt ein eigentümlicher Rückbezug, der sich im Erkennen ausdrückt. Ich blicke auf ein Etwas, das vor mir steht in der Natur, nehme es wahr, einen Baum etwa, und sage dann: das ist eine Eiche. Ich will hier nicht darauf eingehen, daß im Begriff ein a priori vorliegen muß. Der Akt ist der, daß ich dies Etwas, das ich da wahrgenommen habe, zunächst beziehe auf ein vertrautes Was, dem ich es zuordne. Das ist der Vorgang des Erkennens in einfacher Struktur: ein Zurückführen im Akt eines Hineinsehens des Wahrgenommenen in ein Allgemeines, über das ich verfüge. Indem ich es einordne in diesen Horizont und daraus spezifiziere, kann ich das Ding erkennen als das Etwas, das es wirklich ist. Das ist ganz deutlich die Struktur, die hier gemeint ist. Interessant ist dabei, wie *gnome* sowohl die spezielle Einzelerkenntnis bezeichnen kann wie auch den allgemeinen Weisheitsspruch, aber auch den Akt dieses Erkennens, während *gnosis* das Wort ist, das zumal den Akt bezeichnet. Von der besonderen Bedeutung der Gnosis, die später aufkommt, will ich hier absehen. –

Nun weiter zu dem Begriff, der weit über die Vorsokratiker hinaus wichtig ist für die Platonische Philosophie und die ganze griechische Ethik: *phroneîn.* Hier ist die Etymologie ganz klar, von *phren, phrenes,* das Zwerchfell. Es ist eine geistige Tätigkeit, die noch bei Homer fest bezogen ist auf einen bestimmten Körperteil, in dem sich dies Geistige darstellt; und da der Mensch das Zwerchfell ganz gut kennt durch den Druck, den es auf das Herz ausüben kann, wenn man erregt oder bedrückt ist, so lokalisiert man hier eine bestimmte Weise des inneren Sinnes, wie ich lieber statt ›denken‹ sagen will, und das *phronein* ist dann die Tätigkeit dieses Zwerchfells. Wir haben diese verbalen Bildungen nach Organen auch im Deutschen: die Zunge ›züngelt‹, das Auge ›äugelt‹; bei *phronein* können wir es nicht nachmachen. Das führt noch nicht zur eigentlichen Bedeutung, aber es ist klar, daß es mit dem rationalen Denken, dem Intellektuellen, nichts zu tun hat. Dahin kommen wir von den ›Sichten‹ viel eher. Die Bedeutung fassen wir am besten von der Negativform *áphron,* dergegenüber das *phronein* das Positive ist. *áphron* heißt soviel wie ›nicht bei Sinnen sein‹, z. B. wenn einer den Verstand verloren hat, umnachtet ist, ›verrückt‹, wie wir sagen. Auch hier müssen wir hineinsteigen in die vitale Triebsphäre, ›Vernunft‹ ist dann erst die sekundäre Ableitung. Also nichts anderes als ein Bei-Sinnen-Sein, mit dem man auch einen Menschen bezeichnen kann, der aus tiefer

Umnachtung erwacht und wieder hell wird, wie in der Tragödie Aias oder Herakles. Hier baut sich von ganz einfachen physischen Vorgängen wie dem des Wachwerdens und Zu-sich-Kommens eine gewaltige Stufenleiter von Bedeutungen auf. Vor allem ist es ein geistiges Wachsein. Daher immer wieder in der Tragödie die Mahnung, wenn ein Held wenig vernünftig ist: *phrónei*, ›komm zur Besinnung‹. Diese Mahnung wird als Imperativ dem anderen entgegengehalten. Von hier führt der Weg zu einem höheren und immer höheren Beisinnensein, einem höchsten Hellsein und Wachsein in uns, was dann überleitet zu dem Bereich des Ethischen und der ›Vernunft‹ (was bei uns als Wort von ›vernehmen‹ herkommt und etwas ganz anderes meint). Wir peilen gleichsam die Erscheinung des Wachseins von einer anderen Seite an, wenn wir Vernunft dazu sagen. Wir sprechen ja auch von einem Hellsein des Menschen, und im Berlinischen Sprachbereich, aus dem ich selber stamme, pflegt man das ›helle‹ zu nennen. Das greift über in den Bereich des Praktischen, wenn einer weiß, wie man etwas macht. Ebenso das *phronein*, das auch in den Bereich der praktischen Vernunft gehört, im Sinne des praktischen Lebens und damit auch der Ethik. Das zeigt sich sehr schön bei Aristoteles, Nikomachische Ethik 6, 1140b 4, aufgelöst und einfach entwikkelt: Der Sinn des höchsten Bei-Sinnen- und Wach-Seins, die Phronesis, sei ein Sinn, der sich bewegt in einem Bereich *(peri)*, und zwar des Guten und des Schlechten, des Tauglichen und Untauglichen für den Menschen. Weiter sagt er, daß dieser Sinn eine *hexis* sei, ein *habitus*, habituelles Vermögen; so wie wir sagen, daß etwas einem in Fleisch und Blut übergegangen ist, zur zweiten Natur geworden, zur Art, wie man ›sich hat‹. Das ist das Entscheidende. Also eine Hexis, die sich bewegt im Kreis der Güter, des Nützlichen oder wie wir es nennen wollen. Aber es ist eine *hexis praktiké*, auf ein Handeln gerichtet, und nicht nur das, sondern sie ist verbunden mit *alethés logos* – schwer zu übersetzen. *logos* ist das Rechnen oder die Rechenschaft, wie wir bald sehen werden. Also ein Handeln, verbunden mit einer Rechenschaft, die wahr ist, wirklich objektiv trifft. Das ist die Definition dieser Phronesis. Ein bestimmtes Verhalten, auf das praktische Handeln gerichtet, im Bereich des Vorteilhaften und Nachteiligen für den Menschen, verbunden mit einem Rechenschaftgeben, das ständig in der Wahrheit sein muß. Also ein ganz bedeutender Sinn des praktischen Handelns, man kann von einem eigentümlichen Instinktsinn sprechen, den der wirkliche Praktiker braucht. Dirlmeier, der eine Übersetzung und einen Kommentar herausgegeben hat, übersetzt es hier mit ›richtiges Planen‹, das geht ganz gut, wenn auch nicht genau. Wenn man etwa *phronein* als ›sittliche Einsicht‹ faßt, ist das falsch; schon ›Einsicht‹ ist nicht ganz richtig, und ›sittlich‹ gar nicht, allenfalls ›praktisch‹; der bekannte Sinn, den der Kaufmann braucht, aber auch sonst jeder, der es mit einem praktischen Verfügen zu tun hat, vor allem auch der Politiker. Die Phronesis ist der höchste politische Instinkt bei den Griechen, ein über das rational Erfaßbare weit hinausgehendes, umfassendes Orientierungsvermögen des Menschen im Bereich der *agathá* und *kaká*, des Guten und Schlechten.

Das alles mußten wir heranziehen, um die Stufungen dieses Begriffs aus einem einfachen Wach- und Bei-sich-Sein zu entwikkeln. Es ist klar, wie von da aus der Weg bis zu der Bedeutung bei Platon führt, wo nun die *agathá* im höchsten Sinne gefaßt werden, wie ja das *agathón* bei ihm das höchste Seiende ist, so daß das Wort *phronesis*, das wir zuerst im praktischen Bereich faßten, nun zum Organ der höchsten und reinen Vernunft wird. Wieder sehen Sie, wie dieselbe Erscheinung von einer ganz anderen Seite her angegangen wird.

20.

Ich fahre heute fort in der Betrachtung der wichtigsten Begriffe und wende mich zu *synesis* mit dem Verb *syniénai*, meist übersetzt mit ›Verstand‹ oder ›Verstehen‹. Es ist wieder höchst interessant in seiner Grundstruktur, und ich glaube, daß ich hier wohl Snell berichtigen muß, der in dem genannten Buch sagt, in diesem Begriff stelle der Mensch die Einheit her zwischen dem aufnehmenden Geist und dem Gegenstand. Es heißt ja ursprünglich ›zusammenschicken‹, zusammengehen lassen, fast ›zusammenwerfen‹, jedenfalls eine Bewegung, die von mir ausgeht, und eben darin sieht Snell die hergestellte Einheit von Aufgenommenem und menschlichem Geist, was auch im Medium liege. Das ist deutlich sehr modern gedacht; wir hatten ja gesehen, daß das Gegenüber von Subjekt und Objekt für den Griechen noch gar nicht so ausgeprägt ist. Wenn man Ähnliches heranzieht, zeigt sich, daß hier, wie in ähnlichen Bildungen mit *syn-*, eine andere Art von

Zusammenschicken gemeint ist: daß die verschiedenen Elemente von etwas richtig zusammengenommen werden. Das eben bedeutet ›verstehen‹, wie ohne weiteres einsichtig ist. Es kann sein, daß ich ein Ganzes in keiner Weise verstehe, insofern die einzelnen Momente an sich nicht verständlich sind, oder insofern ich nicht die Fähigkeit habe, sie in ihrem Gesamt zu erkennen. Den Motor etwa habe ich nicht verstanden, wenn ich die einzelnen Teile vor mir sehe und kenne, sondern wenn ich sie zusammenschießen lassen kann zu diesem Ganzen, das der Motor ist. Dies Zusammennehmen scheint mir die eigentliche Bedeutung von *synienai* zu sein, auch das Medium deutet sich so. *symbállein*, ›zusammenwerfen‹, ist ganz ähnlich, ebenso *syllabeîn* von *syllambáno*, ›zusammennehmen‹, wovon unser Wort ›Silbe‹ kommt, als die Zusammenfassung von einzelnen Buchstaben. Aischylos kann in den ›Sieben gegen Theben‹ (V. 468) sagen: in den Zusammenfassungen der Buchstaben ergibt die Schrift das und das. Also das Zusammenfügen verschiedener einzelner Realmomente zu dem Ganzen, das, wenn wir es so zusammenführen, wir dann verstanden haben. Sie sehen, daß es wirklich so etwas wie unser ›verstehen‹ bedeutet.

Nun komme ich zu einer ganzen Gruppe nicht unwichtiger Einzelbegriffe: dem Begriff der Erfahrung, *empeiría*, dann *techne*, *epistéme*, das bei Platon das Wort für die eigentliche Wissenschaft wird, und *sophia*, von dem wir schon kurz gesprochen hatten, meist mit ›Weisheit‹ übersetzt, wobei kein Mensch weiß, was das eigentlich sein soll. Weiter noch *mechané* und als Entsprechung zur *episteme* die *doxa* mit dem Verb *dokeîn* und endlich *istoríe*, was zum Grundwort für ›Geschichte‹ Historie, geworden ist.

Um mit der *empeiría* zu beginnen, ist zunächst zu sagen, daß das Wort im modernen Denken bei uns unerhört abgewertet worden ist, zumal durch Kant, der von ›bloßer Erfahrung‹ usw. spricht. Gehlen, der bekannte Soziologe und Philosoph, war es, der die Erfahrung dann doch wieder neu zur Geltung gebracht hat. Kein Zweifel, daß das Wort bei anderen Nationen, zumal im Englischen, von größter Bedeutung ist. – Die griechische Struktur des Begriffs ist merkwürdig und führt zurück auf ein Wort, das wir aus Homer kennen: *peira* und *peirâsthai*, meist als ›Probe‹ und ›Erproben‹ gefaßt; vgl. die große Peira im zweiten Iliasbuch, die Trugrede des Agamemnon. Solche ›Erprobungen‹ waren offenbar in der alten Zeit häufig, und so ist *peira* eine ganz bestimmte Weise des Auf-die-Probe-Stellens. Andererseits heißt es immer wieder, daß ein Kämpfer den anderen ›erproben‹ möchte, oder ›sich an ihm versuchen‹. Ich glaube nicht, daß das wirklich die richtige Vorstellung ist. Sich-Erproben heißt ja, die eigene Kraft feststellen, und auf einen solchen Selbstversuch geht es sicher nicht, sondern manchmal ist es so, daß es nur die Bedeutung hat von ›sich an jemand machen‹, ›herangehen‹. So in einer ganzen Menge Stellen bei Homer; und so können wir – mit gewisser Vorsicht – als die Grundbedeutung ein solches ›sich dranmachen‹ an etwas oder jemand ansetzen. Dann ist es deutlich, wie es von Homer aus zu dem späteren Erfahrungsbegriff kommt. Erfahrung ist ja letztlich nichts anderes, als daß man sich mit etwas befaßt hat, ganz konkret verstanden. Der Mensch, zunächst ein stark visuelles Wesen, wird, wenn er einer noch unbekannten Sache gegenübertritt, zum fühlenden Wesen, wie das Kind. Sie können es selbst erproben. Die Augen genügen nur bei einer Sache, die man bereits einordnen kann; wenn man aber etwa in der Dunkelheit auf ein fremdes Objekt trifft, fühlt man. Das Sich-Be-fassen, Abtasten von etwas ist eine Grunderfahrung, durch die erst die Plastizität eines Körpers angeeignet und eben zur Erfahrung wird, die man später beim Sehen mit hineinlegt. Dies Befassen und Befaßtsein ist die Grundlage des Begriffs der Erfahrung bei den Griechen. Unser ›Erfahren‹ bedeutet ein ›Erwandern‹, auch die Vorstellung des ›fahrenden Gesellen‹ gehört hierhin. Griechisch ist es noch ganz konkret gefaßt: man muß etwas gespürt haben, im alten Sinne mit ihm aneinander gekommen sein, so wie man bei Homer mit einem Gegner aneinander gerät und ihn so ›erprobt‹. So dumpf bleibt die unmittelbarste Weise des Erkennens. Aristoteles behandelt die Erfahrung vor allem am Anfang der ›Metaphysik‹ (980b - 982a), wo er sie als ein Wissen definiert, das ganz auf dem verknüpfenden Gedächtnis beruht. Denn die Erfahrung umfaßt immer *pollá*, ›vieles‹, und das Gedächtnis erst muß die Dinge festhalten und verknüpfen. Das ist nach Aristoteles die Grundlage der Empeiria. Dann aber ist es so, daß diese Empirie wesentlich darin besteht, daß sie das Einzelne als Einzelnes miteinander verknüpft. Sie gelangt nicht darüber hinaus zu dem anderen, daß sie wirklich den Gesamtbegriff, das *kathólon*, erfaßt und über die Gründe, *aitíai*, verfügt. Und doch ist sie etwas Großes und Gewaltiges, und eine riesige Erfahrungsfülle kann von einem Menschen erworben und beherrscht werden. Es ist bekannt genug, wie wichtig das im Leben ist und wie bestimmte Berufe darauf beruhen. Der Arzt etwa braucht heute noch die Erfahrung; Aristoteles führt gerade ihn in der Nikomachischen Ethik (6, 1141 b 14-25) als Beispiel dafür an, was den rein Erfahrenen unterscheidet von dem wirklich Wissenden. Der rein Erfahrene kann durchaus fruchtbar wirken, weil er über eine Menge von Verknüpfungen verfügt und sie richtig anwendet; der Wissende aber verfügt außerdem noch über die Gründe.

Nun kommen wir zu dem schon herangezogenen Begriff der *techne*, der in unserer modernen ›Technik‹ immer noch enthalten ist. Ich verweise auf meinen Aufsatz darüber. Hier will ich nur wenig davon geben; es ist in Wahrheit so umfassend, daß auch der Aufsatz eigentlich nicht genügt, sondern das ganze müßte einmal aufgearbeitet werden. Das Entscheidende ist, mit welcher unerhörten Differenziertheit das griechische Denken schon sehr früh zu unterscheiden weiß zwischen den verschiedenen Wissensarten. Das Wort *techne* hängt zusammen mit *tekton*, ›Zimmermann‹, vom Stamm *tek*, im Lateinischen mit ›Weben‹ verwandt, hat aber offenbar schon vorgriechisch diesen Bezug auf das Herstellen, das dann bei den Griechen eine bestimmte Wissensart ist, zugeordnet dem *poieîn*, ›herstellen‹. Man deutet es sich also am besten als ›herstellendes Wissen‹ oder doch auf ein Herstellen gerichtetes Wissen. Damit unterscheidet es sich eindeutig von den anderen Wissensarten. *istoríe* ist nichts anderes als ein Erkundethaben, die Summe von Erkundungen, die zusammenkommt. *episteme*, auf die wir gleich kommen, ist die höchste Weise des bewußten Wissens. Demgegenüber haben wir in *techne* eine ganz besondere Wissensart, die so beschaffen ist, daß, wenn man sie anwendet, dann je ein ganz bestimmter Prozeß des Entstehens, Werdens, Gestaltens, Schaffens in Gang gebracht wird. Es ist klar, wie das Wort nun gerade für das Handwerkliche gebraucht wird, obgleich es auch darüber hinausgeht. Einer kann z. B. im Bereich der Musik ein *technikós* sein; er stellt dann nicht eben etwas her, hat aber doch zu tun mit Gestaltung, die von ihm her produziert wird. Man kann sagen, es ist eine Art Fachwissen, immer im Hinblick darauf, daß etwas dann irgendwie entsteht, vollzogen wird, etwa auch die Technik des Heerführers. Er produziert nicht etwas, das dann da ist, aber es gibt bestimmte Regeln, die er einhält, das Wissen, wie man einen Feldzug führt. Das geht bis zur rhetorischen Technik, die die Regeln übermittelt, die sich beziehen auf das Produzieren von guten Reden. Auch viele unserer heutigen Wissenschaften haben eine bestimmte Technik entwickelt, die Philologie etwa, die über eine Fülle von Methoden verfügt, die gerichtet sind auf ein bestimmtes Tun: den Umgang mit Literatur, Sprache usw. Das ist das eine. Auch hier sei verwiesen auf die Bestimmung, die Aristoteles gibt, Nikomachische Ethik 6, 1140a 10, wo er sagt, *techne* sei eine *héxis metà lógou alethoûs poietiké*. Hexis, *habitus*, ist, wie wir sahen, ein Wissen, das mit Können identisch ist, das ich ständig übe, so daß es zur Haltung wird, zu etwas unbedingt Gehabtem, nicht bloß Gewußtem. Ein solches Wissen, das man hat und kann, ist also die *techne*, und zwar ein auf das Herstellen, ein wirkliches Tun, *poiein*, gerichtetes Wissen. Und das nun wieder verbunden mit dem *logos alethes*, der Rechenschaft, die man von etwas ablegt, und die eine ›wahre‹, d. h. die Sache wirklich treffende sein muß. Wenn also jemand ein ihm vollkommen in Fleisch und Blut übergegangenes Wissen hat, das auf ein Herstellen gerichtet ist, und zwar so, daß er jederzeit Rechenschaft darüber geben kann, warum er etwas tut, dann hat er eine *techne*. Hier will ich abbrechen und die Konsequenzen für die moderne Technik nicht ziehen.

Noch kurz zu dem Begriff der *istoríe*. Er ist aufgekommen in der Zeit der ionischen Kolonisation, wo man mit wachem Blick überall hinfuhr, hinblickte und, was es zu sehen gab, rezipierte. *istoríe* umfaßt alles, was man erkunden kann, völlig ungeordnet, vielfach gleichbedeutend mit dem, was wir heute Empirie nennen. Aber es kommt nicht so sehr auf die Erfahrung an, die man dann hat, sondern auf die Fülle dessen, was einer gesehen hat, wenn er die Welt bereist hat. So wird es zum Grundbegriff für die ›Geschichte‹, die zunächst nicht das ist, was wir heute so nennen, nämlich der Aufweis von Zusammenhängen des Geschehens, sondern einfach das Sich-Ausbreiten über das, was man auf Reisen gehört und gesehen hat. Was man dabei von fremden Völkern erfährt, ist zunächst eine Fülle von Einzelheiten: Ethnographisches, Wirtschaftliches, Besonderheiten in Kult und Brauchtum, Sehenswürdigkeiten usw., wozu auch Geschichten von berühmten Männern oder Geschehnissen aus der Vergangenheit gehören. Das wird zunächst etwa in der Form unserer Reiseberichte zusammengestellt, und erst als das Epos hineinwirkt in diesen Bereich, bekommt das Wort die Bedeutung von ›Geschichte‹, weil jetzt auch der Sinnzusammenhang eines Geschehens hineinkommt. Das geschieht bei Herodot, der damit zum ›Vater der Geschichte‹ wird. –

Ich will noch von *mechané* sprechen, dem Wort, das gelegentlich bei den Vorsokratikern auftritt und später zu unserem Wort ›Maschine‹ wird. So schon bei den Griechen im fünften Jahrhundert, vor allem für die Bühnenmaschine, wie sie schon bei Aischylos vorkommt, aber auch die Kriegsmaschine. Von da aus ging es ins Lateinische und ist dann über das Französische zu uns gekommen, was man noch an der Aussprache erkennt; anders ›Mechanik‹ von demselben Begriff. Das Grundwort *mêchos* kommt schon bei Homer vor mit der offensichtlichen Bedeutung von ›Griff‹, Trick, List, mit der man etwas bewältigt und die dann auch zum ›Ausweg‹ wird. Es setzt immer eine Schwierigkeit voraus, aus der man einen Ausweg finden muß. Interessant ist, daß das Wort gerade von hier aus zu ›Maschine‹ wird. Es gibt eine Schrift des Aristoteles darüber, ›Mechanik‹ (wenigstens unter seinem Namen überliefert, und ich glaube, daß sie auch wirklich von ihm ist), wo er zu Anfang darüber spricht, daß der Mensch im herstellenden Wissen der Technik zu seinem eigenen, menschlichen Nutzen handelt. Die Natur denkt nicht an den Menschen und handelt nicht unbedingt zu seinem Nutzen. Was der Mensch im Umgang mit ihr zu tun hat, ist, hinzuhören auf die Art, wie sie waltet, und diese Weise dann hinzubiegen zu seinem Zweck und Vorteil. Das verlangt immer irgendwie Gewalt; die Technik tut der Natur immer etwas Gewalt an, wenn auch mit ihren eigenen Mitteln. Man muß sie erst kennen, um sie dirigieren zu können, etwa wenn man beim Bewegen von Lasten Hebel und Kran anwendet. All diese Aushilfen, Tricks, Griffe, die in Schwierigkeiten einen Ausweg schaffen und ermöglichen, das Naturgeschehen hinzubiegen zum Vorteil des Menschen: das ist *mechané*. Soweit das kurze Kapitel am Anfang der ›Mechanik‹ über die Bedeutung der Maschine, und man kann es heute noch kaum besser definieren. Natürlich gibt es noch andere Aspekte, aber für das, was da vor sich geht, hat Aristoteles durchaus das Nötige gesagt.

Damit kommen wir nun zu dem wichtigen Begriff der *epistéme*. Das Wort kommt von *epístasthai* und ist schon früh gebildet. Es bedeutet, daß man über etwas steht, vor etwas steht, in dem Sinne, daß man es beherrscht. Der Charakter des Davor- und Darüberstehens führt zu der weiteren Bedeutung des Sich-Auskennens. So schon in der frühen Dichtung, besonders in der Form *epistámenos* bei Homer: im Kämpfen, aber auch überhaupt in einem Tun sichere Sachkunde. Oder das berühmte Archilochos-Fragment 1, wo er sich *epistamenos* nennt in Bezug auf die Gabe der Musen, d.h. einen im höchsten Sinne Kundigen, sicher Ausgelernten in diesem Bereich. Diesen Charakter einer außerordentlichen Gewißheit hat das Wort also ganz früh. Das hat dann dazu geführt, daß in der philosophischen Sprache unter allen Wissensbegriffen gerade die Episteme zum Begriff für ›Wissenschaft‹ wird und zumal bei Platon das höchste Wissen bezeichnet. Man kann es definieren als ein im höchsten Maße gewußtes Wissen, das sich selber als Wissen kennt und weiß. Platon definiert die Episteme als *alethes doxa meta logou* (Theaitet 201 c/d), was wir erst richtig verstehen können, wenn wir auch die Doxa besprochen haben. Vorab will ich darüber zunächst sagen, daß wir in *doxa* das haben, was die Grundlage alles Wissens ist, nämlich den Eindruck, der ›mein‹ Eindruck ist, aber doch auch Eindruck von ›etwas‹. Wenn dieser Eindruck *alethés* ist, so bedeutet das, daß sich dabei wirklich die Sache von sich selbst her zeigt, nicht subjektiv getrübt. Wenn ich das habe: einen klaren Eindruck, der mir das Sein von sich selbst her zeigt, und wenn sich damit noch der Logos verbindet, jene Rechenschaftsabgabe, dann ergibt sich daraus das höchste Wissen, die *episteme*.

21.

Wir hatten zuletzt von dem so wichtigen Begriff der *episteme* gesprochen. Jetzt wollen wir uns noch etwas mit der *doxa* beschäftigen, die wir schon mit hineingezogen hatten, ein vielgestaltiges und sehr interessantes Wort. Die Herleitung ist nicht ganz klar, man hat gemeint, vom Stamm *dek*, empfangen, aber das bleibt doch zweifelhaft. Im neuesten etymologischen Wörterbuch von Frisk wird keine Ableitung mehr vollzogen und nur gesagt, daß es eben zweifelhaft ist. Nun, wenn sich keine Deutung von der Etymologie her gewinnen läßt, muß man umsomehr von der Interpretation ausgehen. Die Bedeutung des Verbs *dokeîn* ist bekanntlich als ›scheinen‹ festgelegt, und so versteht man *doxa* als den bloßen ›Schein‹, die ›Meinung‹, dann aber auch wieder als ›Ruhm‹, ›Ruf‹, ›Stellung‹. Nun ist es klar, wenn ein Wort all dies in sich schließt, daß es dann in sich selbst unfest, schwankend ist und man ihm wirklich den Bereich des Schwankenden und Subjektiven zusprechen muß. Aber eigentlich ist das nicht richtig, sondern auch in diesem Wort ist die Überbrückung von Subjekt und Objekt vollzogen, wie wir sie immer wieder gesehen hatten. Am besten geht man aus von der deutschen Vorstellung des Eindrucks, den etwas auf mich macht. Da ist zunächst klar, daß es *mein* Eindruck ist und vielleicht anders als der eines anderen, dadurch kommt das subjektive Element hinein. Aber es muß auch immer etwas da sein, das diesen Eindruck hervorruft, und so ist nie die bloße Vorstellung gemeint, sondern immer muß etwas dem entsprechen, was mir im Eindruck begegnet. Man könnte im Deutschen auch von dem Begriff der ›Ansicht‹ ausgehen; dann gibt es ›meine‹ Ansicht und die allgemeine, von der man Ansichtspostkarten verkauft, wo dann bestimmte Sichten festgelegt werden. Weiter ist es klar, daß man den Eindruck, den man von etwas gewonnen hat, dann eine ›Meinung‹ nennen kann, und wie sich eine solche Meinung in dem Bereich, in dem man lebt, aus den Eindrücken vieler als Kollektiv summieren kann zu dem, was wir den ›Ruf‹ eines Menschen oder einer Sache nennen. Der Ruf ist ja die eigentümliche Weise, wie unser Bild in anderen besteht, was nicht unbedingt von uns selbst abhängt, es kann falsch sein, und die Propaganda ist geradezu dazu da, dies allgemeine Bild zu beeinflussen und zu bilden, wobei ein vollkommen falsches Bild entstehen kann. Andererseits ist es aber so, daß wir für unsere *doxa* z. T. doch auch selbst verantwortlich sind. Auch hier wieder die Doppelheit.

Entscheidend ist nun, daß unter den verschiedenen *doxai,* die von etwas in mir sein können, auch die *alethes doxa* sein kann, von der wir gesprochen hatten. Es kann durchaus sein, daß der Eindruck, den man von etwas hat, nicht ein solcher ist, daß sich etwas dabei entzieht, sondern daß etwas sich als das zeigt, was es an sich ist, *óntōs on.* Wenn das der Fall ist, wenn ich einen wahren Eindruck habe, in dem sich mir die Sache von sich selbst her unverstellt zeigt, dann entsteht eine sehr hochgradige Weise des Wissens. Aber der Eindruck kann auch trügen, *pseudés,* falsch sein. Als solch falscher Eindruck baut er nur falsches, unechtes, inadäquates Wissen in mir auf. Hinzu kommt, daß der *doxa* anhaftet ein eigentümliches Ate-Moment (hier im subjektiven Sinne von ›Verblendung‹, ›Beirrung‹). Das Meinen, das Sich-Hingeben der bloßen Meinung grenzt immer – nach der Vorstellung der Griechen – an das, was wir Dünkel nennen (ebenfalls von ›dünken‹, ›meinen‹), das Scheinwissen, das überall in der Welt zunächst da ist, wo Leute eben nur oberflächliche Eindrücke von den Dingen gewinnen, nicht tiefe, nachhaltige, gereinigte, wahre, und wo die Summe von solchen Eindrücken ein Wissensgerüst aufbaut, das auch als ganzes nur scheinhaft, oberflächlich, schief, trügerisch ist, und wo aufgrund eines solchen angesammelten, durch und durch oberflächlichen Scheinwissens geurteilt und weiter dann auch entschieden und gehandelt wird. Das ist der Zustand der *polloí*, der Vielen, ein Begriff, dem wir bald begegnen werden. Und zugleich ist die *doxa* ein Weltzustand, in dem die Welt sich dem Philosophen darstellt als ein merkwürdiges Wesen, wie ein schief gezimmertes Gebäude, das ständig schwankt und von dem man sich wundern kann, daß es doch noch steht. Das ist nicht eine poetische Schilderung von mir, sondern das, was man als eine Grundsituation des Philosophen vor der Welt bezeichnen kann (wie etwa bei Heraklit und wieder bei Platon). Eben die *doxa* ist es, was die Philosophie zerstören muß, sofern sie dazu übergeht, sie durch eine bestimmte Weise der Erziehung in wahres Wissen zu verwandeln.

Damit sind wir bei Platon und Sokrates angelangt, wo immer wieder danach gefragt wird, was etwas sei, die Tapferkeit etwa, und der andere ist meist sofort mit der Antwort heraus. Das ist Doxa, ungefährer Eindruck, und die weitere Nachfrage führt dazu, ihn als trügerisch zu entlarven. Die Frage wird dann eingeengt, aber was herauskommt, ist wieder nichts als Doxa, und so geht das Gespräch vorwärts, mit persönlichen Dingen verbunden, da der Befragte meist dünkelhaft ist, wie ein Leben im Schein den Menschen macht und ihn sogar äußerlich auch es recht weit bringen läßt. Ein solcher Mensch wird dann böse, bekommt einen roten Kopf, und das ist der Augenblick, wo entweder die Erschütterung einsetzt, die ihn zurückreißt aus der Welt der Doxa und erwachen läßt, oder wo er wegrennt, Drohungen ausstößt und eines Tages zu denen gehört, die Sokrates verurteilen. – Das alles hängt an diesem Begriff, der einerseits ganz reale Bedeutung hat, andererseits aber auch diese gewisse Zweispurigkeit, so daß er einmal die Grundlage alles wirklichen Wissens ist, andererseits aber, als bloß subjektiv Scheinhaftes, die Quelle aller Ungewißheit, Unklarheit, falscher Entscheidungen, und damit überhaupt Quelle all jenes Jammers im Leben, von dem Platon sagt, daß er erst dann gebannt sein wird, wenn entweder die Könige, d. h. die Herrschenden, Philosophen werden oder die Philosophen zur Herrschaft kommen. In unserer Sprache heißt das: wenn die große Politik betrieben wird aus der echten Vereinigung von Macht und Einsicht. Das ist der Horizont, in den das gehört.

Nun noch kurz zu einem Begriff, den Sie alle kennen: *manthánein, matheîn,* bekannt von ›Mathematik‹, deren alter Name einfach *ta mathémata* war. Wir übersetzen es mit ›Lernen‹, und zwar ist es ein irgendwie intensiveres, gründlicheres Lernen als ein bloßes ›sich belehren lassen‹, *didáskesthai.* In der Weiterbildung *ekmatheîn* kommt es häufig in der Tragödie vor, zumal bei Sophokles, und bedeutet ein eindringliches Ausforschen, etwa bei einem Verhör, gegenüber *pynthánesthai,* ›in Erfahrung bringen‹, was z.B. für das Nachfragen bei einem Orakel gebraucht wird. *mathémata* sind die ›Lerndinge‹, die Gegenstände eines solchen Lernens, und es ist wohl nicht zufällig, daß der Name gerade bei den mathematischen Gegenständen geblieben ist, die nur erfaßt werden können durch ein intensives Aneignen.

Nun aber zu einem sehr wichtigen Begriff, einem Hauptbegriff des griechischen Philosophierens, der weit darüber hinaus auch als Fremdwort bekannt ist: *sophía, sophós* und was damit zusammenhängt. Man pflegt *sophía* üblicherweise mit ›Weisheit‹ zu übersetzen, wobei man nur jeweils hinzufügen müßte, was man darunter versteht. Das englische *wise* vom gleichen Stamm heißt nicht ›weise‹ in unserem Sinne, sondern nur soviel wie ›klug‹, ›vernünftig‹, was wir noch in der negativen Form ›unweise‹ haben. Aber wie kommt es von da aus zu jenem hohen Weisheitsbegriff? Sie sehen, wenn man Ernst macht mit dem wirklichen Erfassen der Begriffe – und das muß man doch wohl, wenn man sich nicht nur allgemein unterhält, sondern versuchen will, griechische Philosophie zu verstehen –, müssen wir davon ausgehen, daß wir gar nichts wissen, und versuchen, durch Observation, die ziemlich kompliziert sein kann, den Dingen auf den Grund zu kommen. Die Lexika helfen kaum dabei. Denn man vergißt nur zu leicht, daß das, was dort als Bedeutungen angegeben ist, in Wahrheit einer Interpretation der griechischen Sprache entstammt. Und da diese Lexika meist alt sind – oft reichen sie bis vor die Jahrhundertwende zurück –, so sind es eben Niederschläge damaliger Interpretation, die die neueren dann einfach abschreiben. Das läßt sich deutlich zeigen, wenn man die angegebenen Bedeutungen daraufhin durchsieht und sie interpretiert auf die eigentümliche Geisteshaltung, die weit zurückreicht und eigentlich immer noch die unserer

Klassik ist. Das lebt dann weiter von Auflage zu Auflage, weil ein so großes Unternehmen wie ein Lexikon nicht so bald neu gemacht wird. So stehen wir heute vor der Aufgabe, eigentlich alles neu zu schreiben, da man sich vor allem in den letzten vierzig Jahren ziemlich um die Dinge gekümmert hat. Man müßte sich dabei aber hüten, wieder ein persönliches Steckenpferd zu tummeln, sondern es braucht dazu eine gewisse grobschlächtige, vernünftige Art, damit man die Dinge nicht wieder zu sehr festlegt. Eine schwierige Aufgabe, und letztlich wohl überhaupt nicht lösbar. Hier tritt, wie beim Gesetzbuch der Richter, der Benutzer ein, der aus dem Gegebenen das Richtige finden muß.

Das wollte ich vorausschicken. Und nun zu *sophia.* Wir können es ruhig weiter mit ›Weisheit‹ übersetzen, müssen aber wissen, daß wir es dabei mit einem recht unbestimmten Begriffskreis zu tun haben, dem man erst auf den Grund kommen muß. Snell hat richtig gesehen, daß der *sophos* zumal aus dem Bereich des Praktischen kommt; die Praxis ist das Entscheidende. Das Wort bezeichnet zunächst durchaus den ›geschickten‹ Menschen, der in einer Verrichtung, die nicht leicht ist, besonders geschickt ist, ähnlich wie *epistámenos* und *technikós.* Vor allem vom Steuermann wird es immer wieder gesagt, vielleicht nicht zufällig, da der Bereich der Steuermannskunst doch noch ein anderer ist als etwa der des Zimmermanns. Der Zimmermann hat es mit seinem Material zu tun und Aufgaben, die er überblicken kann. Der Steuermann einerseits natürlich auch, aber ein großer Teil seiner Kunst besteht in der Anwendung von Übersicht und Können in einem Bereich, den er nicht überblicken kann, nämlich Meer, Winde und Wetter. So ist er weit mehr auf die ihm eigentümliche Geschicklichkeit angewiesen als der Tischler, bei dem es nicht so schlimm ist, wenn er sich einmal irrt. Irgendwie ist also das *sophon* eine noch höhere Geschicklichkeit als nur das Verfügen über technische Handgriffe und Verfahrensweisen, und das zeigt sich vor allem an dem Gebrauch des Worts bei Pindar. Er nennt sich selbst als Dichter *sophos* (nicht *poietés*), was zwar auch nicht ›Weiser‹ heißt, aber es gibt eine berühmte Stelle (Olympien 2, 86), wo es heißt, *sophos* sei der, der vieles weiß aus innerem Wuchs. Die bloß Gelernten *(mathóntes)* aber krächzen dann wie Raben gegen den göttlichen Adler des Zeus, d.h. Pindar selbst. Hier werden zwei Wissensarten unterschieden: ein bloßes Gelernthaben, das schon ein Wissen ist, aber aufgrund eben des Begegnens mit den

Dingen, die sich in uns als gewußte Dinge niederschlagen; und demgegenüber ein Wissen, das in der *physis, phyá* des Menschen selber wurzelt, ein Wissen aus innerem Wuchs. – Wichtig ist weiter Aristoteles, Nikomachische Ethik 6, 1141 a 9ff., der der Sophia den Ort anweist unter den schöpferischen Arten des Tuns und sie als Bildhauer dem Pheidias zuspricht und dem Polyklet. Eine besondere Geschicklichkeit also, die er dadurch ausgrenzt, daß er sie unter die gewissesten, genauesten, akkuratesten Vollzüge zählt, und dazu gehört auch der Bereich des Bildhauers; auch der Musiker wird an anderer Stelle genannt und die Baukunst. In diesem Bereich sei die Sophia die *arete technes,* ›die Bestheit des herstellenden Vollzugs‹, die höchste Form des herstellenden Wissens. Wo also die Technik als herstellendes Wissen im schöpferischen Bilden ihre höchste Wesensform erreicht, ihre höchste Perfektion, da ist sie Sophia. Das scheint mir mit großer Klarheit auf das hinzuweisen, was die Sophia bei den Griechen ist; nicht nur persönliche Interpretation des Aristoteles. Überall, wo die Technik sich in höchster Perfektion vollendet, da wird sie zur Sophia, was also soviel bedeutet wie ›höchstes Geschick‹. So ist klar, was gemeint ist, wenn es heißt, daß die strikteste Wissensart *(episteme)* die *sophia* ist. Natürlich geht das nicht bloß auf die äußere Exaktheit, sondern auf die Weise, wie ein Wissen im höchsten Maße unbeirrbar und unfehlbar wird. Und nun der wichtige Satz: ›Und so ist es denn nötig, daß der *sophos* nicht nur das weiß, was von den Anfängen oder Prinzipien herkommt, sondern daß er darüber hinaus auch derjenige ist, der im Umkreis dieser Prinzipien in der Wahrheit ist.‹ Sie sehen, wie jetzt der Begriff durch diese Definition, die durchaus dem Wort auf den Grund kommt, zu dem ganz hohen Begriff der Philosophie aufsteigt. Aristoteles fährt noch fort: ›. . . so daß die Sophia sein würde eine Episteme mit Nus.‹ Nus bedeutet immer wieder jene eigentümlich totale, umfassende Einsicht, das Auge der Seele, die große Fähigkeit der Intuition als geistiger Einsicht und Sicht. Soweit diese Stelle bei Aristoteles, die eine wirklich genaue Deutung des Begriffs gibt. Damit wäre denn die Sophia wirklich eine ganz hohe Wissensart, und zwar nicht so sehr vom Wissen her gesehen als vom Träger dieses Wissens her, stark personal bezogen. *epistémon* ist längst nicht so häufig wie *sophos*, bei der Episteme ist eben nicht so stark der Bezug auf den Träger empfunden. Es ist wohl klar, wie diese Weise des Wissens nicht nur intellektuell sein kann, das hört schon auf bei dem Steuermann, der, wie Pindar sagt, ›den am dritten Tag kommenden Wind vorausmerken kann‹. Es ist ein Vorauswissen, wir nennen es Instinkt, das in jeder Kunst mehr oder weniger da ist, auch der Zimmermann hat es eigentlich bei jedem Hammerschlag. Und auf dieser Grundlage erhebt es sich dann höher und bezeichnet schließlich, personal bezogen, jene eigentümliche Wesenshaltung, die dann keine bloße Wissensart mehr ist, wenn sich jemand im Bereich der Gründe wirklich in der Wahrheit bewegt, d.h. wenn diese Gründe sich ihm von sich aus zeigen als das, was sie an sich selber sind. Er hat dann das Wissen nicht bloß im Kopf, sondern sein ganzes Wesen ist von diesem Wissen her konstituiert. So entwickelt sich das Wort von bestimmten, besonders hohen Formen des Handwerks wie der Kunst zu jener höchsten Sophia als Bestandteil der ›Philosophie‹. Beim Menschen ist eine solche Wissens- und Wesenshaltung kaum zu verwirklichen, wie Platon erkennen läßt, sondern nur beim Gott. Der Mensch philosophiert, der Gott nicht, weil er es nicht nötig hat (Symposion 204: Phaidros 278; Lysis 218 a u. ö.). So hoch ist der Begriff *sophia* gestiegen, daß man das Philosophieren selbst von ihm her versteht, als die Tätigkeit des Mit-der-Wahrheit-in-Fühlung-Seins, des Wahrheit-Suchens, Sich-aneignen-Wollens (was in *philein* liegt, o. S. 13). Wir können also sagen, daß der *sophos* die höchste Geschicklichkeit hat, die als umfassender Sinn auch das Intellektuelle mit umfaßt, aber außerdem noch das andere, daß man über die lebendigen Inbegriffe verfügt (was wieder einen anderen Aspekt der Archai meint). So ist es allerdings ein Wort von höchstem Rang und umfassender Bedeutung geworden, weil es den ganzen Menschen konstituiert und darüber hinaus, als umfassende Wesenshaltung, das Verhältnis des Menschen zur Welt, den Mitmenschen, zum Handeln usw., eben das, was wir Weisheit nennen – womit wir zurückkehren können zu dieser Übersetzung.

22.

Wir kommen heute zu zwei weiteren, ganz zentralen Worten, die wir ständig als Fremdwörter gebrauchen und die doch im Grunde ganz unbekannt sind: *theoria* und *logos.*

Näheres zur Theoria in dem Buch von Otfrid Becker: ›Das Bild des Weges und verwandter Vorstellungen im frühgriechischen Denken‹. Es gibt zwei Möglichkeiten der Ableitung, von denen man sich jetzt überwiegend für die eine entschieden hat. Im zweiten Teil haben wir klar den Stamm *wor*, soviel wie ›etwas wahrnehmen‹, einer Sache achten. Die Frage ist, was bedeutet *the*? Eine Möglichkeit ist die Ableitung *theá*, was mit *wor* verschmilzt und soviel bedeutet wie ›Schau‹, woran man auch zunächst denkt. Eine zweite Möglichkeit ist *theo*, wie in *theós*. Entweder also ›eine Schau wahren‹ oder ›einen Gott wahren‹. Das erste scheint einleuchtender, aber man muß nur etwas nachdenken, um zu merken, daß es merkwürdig abstrakt wäre. Der *theorós* ist ein bestimmter Beamter, der als Abgesandter im Auftrag der Stadt zu den Götterfesten entsandt wird in verschiedenen Missionen, entweder um ein Orakel zu befragen oder einfach, um mit dabei zu sein und den ritualen Akt durch seine Gegenwart zu begleiten. Eine Art Sakralgesandter also, und das führt deutlich auf die zweite Ableitung. Er hat irgendwie den Gott oder göttliche Dinge zu wahren. So hat das Wort mit ›Schau‹ nichts zu tun, auch nicht das davon abgeleitete Verb, sondern es geht um die Durchführung einer solchen sakralen Gesandtschaft, wobei man die Pflichten gegen den jeweiligen Gott wahrzunehmen hat. Merkwürdig, wie von hier das Wort zu der Bedeutung Theorie kommt, schon bei den Griechen, bei Aristoteles ganz ausgeprägt. Nikomachische Ethik 10, 1177b 17ff. charakterisiert er es als hohe Weise geistiger Betätigung, vgl. auch unser ›Betrachtung‹. Das beruht darauf, daß zumal bei den großen Festen der Theoros der Gesandte ist, der ihnen beiwohnt, und zwar nur noch beiwohnt. Merkwürdig, daß Herakleides Pontikos einmal sagt, daß der sich selbst nicht Beteiligende als der im Rang Höhere gilt (Wehrli, ›Schule des Aristoteles‹ Fr. 88), was von unserem modernen ›Zuschauer‹ her kaum zu verstehen wäre. Aber wenn man weiß, daß es eine sakrale Handlung ist, so gewinnt ein solches Dabeisein und Wahrnehmen eine Bedeutung im geistigen Sinn. *theoria* ist also nicht so sehr eine Weise geistiger Tätigkeit, sondern vielmehr eine bestimmte Weise geistigen Seins, für die charakteristisch ist das ›Sich-nicht-Befassen‹, das bloße Beiwohnen, bei dem allerdings der Gegenstand ein heiliger, göttlich-festlicher ist. So bezeichnet das Wort, über den reinen Denkvorgang hinausgreifend, das schauende Beteiligtsein an einem derartig heilig-festlichen Geschehen. Sie sehen, wie von hier aus die Brücke geschlagen wird von der Theorie zur Kontemplation, für die ja auch charakteristisch ist, daß der Mensch nicht als geistig Bohrender dabei tätig ist, sondern sich nur öffnet gegenüber einem Gegenstand, der ein heiliger und umfassender ist. In diesem Sinne kommt das Wort dann zu einer Bedeutung, die der aktiven geistigen Tätigkeit geradezu entgegengesetzt ist, wie unser Gegensatz von Theorie und Praxis. Auch die alte Theoria befaßt sich nicht, handelt nicht selbst; nur daß bei uns das Wort sich vollständig von der Grundbedeutung entfernt hat, wenn auch auf dem schon damals eingeschlagenen Weg. Wir verstehen heute die Theorie, der Praxis als Ausführung gegenüber, als den rein geistigen Entwurf, oder gar als bloße Hypothese, mit der es oft verwechselt wird. In der Theoretischen Physik wird nicht im einzelnen die Natur befragt, indem man bestimmte Zustände herstellt, in denen sie auf bestimmte Fragen antworten soll, wohl auch mit Apparaturen arbeitet, sondern es ist ein betrachtendes und in Beziehung setzendes Wissen. So auf allen Gebieten. Interessant ist, wie das Wort im allgemeinen Bewußtsein dabei abgesunken ist zur ›bloßen‹ oder ›grauen‹ Theorie, dem abgezogenen, weltfremden, gespensterhaften ›bloßen‹ Gedanken, was sie ursprünglich gerade nicht war. Sie sehen, das Wort ist höchst interessant, und wenn wir es im ersten, tiefen Sinn fassen, kann die Kenntnis der Herkunft dazu dienen, ihm vielleicht auch heute die volle Kraft wiederzugeben. Nicht daß man die Entwicklung rückgängig machen könnte, aber wir können in uns eine Einsicht erzeugen, die vielleicht auch den heutigen Gebrauch beeinflussen mag.

Und nun zu dem Wort *logos,* das ganz bekannt ist und auch dem, der kein Griechisch kann, immer wieder begegnet in den vielen -logien, die wir haben, auch mit lateinischen Stämmen verbunden, wie etwa in ›Soziologie‹, eine erst moderne Bildung. In diesen Zusammensetzungen heißt es kaum etwas anderes als ›Wissenschaft von – ‹. In den alten Bildungen, die schon aus dem Griechischen kommen, liegt die Sache etwas anders. Weiter ist bekannt ›Logik‹ und ›logisch‹, das auch in die Volkssprache übergegangen ist: etwas ist ›logisch‹, für ›evident‹ oder ›wahrscheinlich‹. In den Lexika finden Sie als Bedeutung angegeben: Wort, aber auch Sinn, Gedanke, manchmal auch Sprache, was alles eigentlich nicht zutrifft. Man kennt die Stelle, wo sich Goethe im ›Faust‹ an der Übersetzung ›Wort‹ am Anfang des Johannesevangelium gestoßen hat und es mit ›Sinn‹, ›Kraft‹ und schließlich ›Tat‹ versucht, was es nun bestimmt nicht heißt. ›Sprache‹ aber auch nicht, wenigstens im eigentlichen Sinn des Gesprochenen, wie unser ›Zunge‹, lateinisch *lingua*, griechisch *glotta*. Logos ist nicht notwendig gesprochenes Wort, wenn es auch dafür eintreten kann, sondern Sprache entsteht erst vom Logos her durch das, was Aristoteles so charakterisiert (›Über die Entstehung der Tiere‹ V 7, 786b 21): Das gesprochene Wort hat gleichsam zwei Hemisphären, die eine ist der *logos*, die andere die *phoné*, Stimme oder Laut, wie in ›Phonetik‹, das einfache Lautieren. Er sagt noch genauer, daß beides sich zueinander verhält wie Form und Materie, *eidos* und *hyle*. Der Logos ist die geprägte, sinnhafte Form, die in der Materie der Laute ausgeprägt ist. Man kann an das Bild einer Münze denken, wo die Materie Gold und Silber sein mag; das ist aber noch nicht die Münze, sondern damit es dazu wird und bestimmte Geltung hat, muß noch das Gepräge darauf gedrückt werden, und erst beides zusammen ist dann die Drachme oder der Taler. Ich glaube, das ist sehr deutlich. Der Logos hat eigentümlich strukturellen Charakter, wie schon aus dieser Deutung hervorgeht, und steht so als Formalursache der reinen Materie gegenüber, die der Laut ist. Man kann auch darauf verweisen, daß dieselben Lautierungen in verschiedenen Sprachen verschiedene Bedeutungen haben, eben weil sie im Zusammenhang der Sprache erst ihr Gepräge bekommen, von dem her sich ihre Bedeutung bestimmt. Logos ist also das Bedeutung-Gebende, und in dieser Hinsicht kann man auch von ›Sinn‹ sprechen. Aber wir werden sehen, auch das paßt noch nicht richtig.

Wir können es auch abheben von anderen Formen für ›Wort‹, die es noch gibt. Da haben wir einmal *epos*, offenbar zusammenhängend mit *ops*, Stimme, lat. *vox*. Dann, oft im Gegensatz zu Logos gebraucht, *mythos* und das davon abgeleitete mediale Verb *mytheîsthai*. Wir sprechen immer wieder von Mythos und Logos, wobei der Logos meist sehr schlecht wegkommt, zumal seit der Neuromantik vom Beginn des Jahrhunderts. Nun, Mythos scheint die Bedeutung eines von innen heraus Gedenkens und Kündens zu haben, und wir verfehlen es wohl nicht sehr, wenn wir es zumal dem Logos gegenüber einfach als ›Künden‹ deuten oder ›Sagen‹ im tieferen Sinn des Wortes, wie ja auch unser ›Sage‹ gebildet ist als ein irgendwie hoch und feierlich Gesagtes. Dieses Sagen kann dem bloßen Reden gegenüber tiefere Bedeutung haben, etwa wenn wir die Verbindung bilden: es wurde viel geredet und wenig gesagt. Dann liegt die Bedeutung von ›sagen‹ darin, daß ein Inhalt damit übermittelt wird. Kein Zweifel, daß es das ist, was auch der epische Dichter tut: nicht *legein,* sondern *mytheisthai.*

Damit sind wir allerdings in Bezug auf die eigentliche Bedeutung von *logos* noch nicht weitergekommen. Im Epos haben wir das Wort nur an zwei Stellen, je einmal in Ilias und Odyssee, in einem ganz allgemeinen Sinn. Kalypso versucht Odysseus zu bewegen mit ›berückenden Logoi‹, und ähnlich in der Ilias, wo ein Verwundeter mit Logoi unterhalten wird, Erzählungen wohl oder irgendwelchen Reden. Häufig sind dagegen im Epos die Verbindungen mit *legein: katalegein* etwa, ein Herunter-Erzählen, Herzählen, wenn einer mit ›erstens, zweitens, drittens‹ heruntererzählt, was er erlebt hat. Das führt dann sinngemäß weiter überhaupt zu ›zählen‹. Wir kennen ja zu griechisch *legein* das lateinische *legere,* ›lesen‹ im ursprünglichen Sinn des Suchens, im Deutschen etwa Beeren lesen. Also etwas auflesen, und später erst für das eigentliche Lesen von Büchern verwendet. Man liest eben auch die Buchstaben auf, eine weit zurückgehende Grundvorstellung. Das also ist die ursprüngliche Vorstellung, von der wir auszugehen haben. Das führt zunächst weiter zu ›erlesen‹, d. h. daß man aus einer Fülle etwas Bestimmtes herausliest, was ja im Grunde schon in dem einfachen Vorgang des Lesens enthalten ist: wenn einer Brombeeren oder Himbeeren liest, so wählt er gerade diese aus allem, was da sonst im Wald noch zu finden wäre. Schon dieser so einfache Vorgang verlangt ein nüchternes Wissen und Hinblicken auf das Gegebene, ein Unterscheiden, das am Anfang des Wissens steht, das ja den nüchtern auf die Realitäten gerichteten Blick voraussetzt. Ferner gehört zu der Vorstellung das Sammeln, daß man etwas zusammentut. In diesem Sammeln und Zusammentun ergibt sich die Vorstellung des Gruppierens, Bündelns und auch hier weiterhin des Zählens: man zählt Dinge in einen Korb oder zählt sie einzeln vor. So ist das Zählen mit der Tätigkeit des Lesens eng verbunden. Und weiter führt es schließlich zum Rechnen, was dem Wort noch so nahe steht, daß das eigentliche Rechnen als ein Operieren mit Zahlen nur durch die intensivierende Weiterbildung *logizesthai* ausgedrückt wird. Aber *legein* geht schon in Richtung darauf und bedeutet ein Umgehen mit Zahlen. – All das sind Versuche, den Begriff in eine einzige Anschauung zu bringen: heruntererzählen, lesen, sammeln, gruppieren und rechnen. Aus alledem ist die Grundbedeutung klar gegeben, zumal wenn man sieht, wie die Römer das Wort (das sie nicht wörtlich, sondern als Bedeutungslehnwort übernommen haben) interpretieren. Sie übersetzen Logos mit *ratio*, was wir alle kennen in Bildungen wie rational usw. Es heißt aber auch wieder ›Rechnung‹, ebenso das davon gebildete Verb.

Kurz gesagt, die Grundbedeutung des Wortes auch im geistigen Bereich ist herzuleiten von jener Bedeutung im Bereich des einfachen Tuns, und ist somit ein geistiges Rechnen.

Dazu gehört jene nüchterne, wache Weise des Geistes, die auch wir noch mit dem Rationalen verbinden. Immer wieder hat man gesagt: das, was die Griechen den älteren Kulturen gegenüber neu in die Welt gebracht haben, sei die Ratio gewesen. Auch der Unterschied zu den fernöstlichen Kulturen wird so verstanden, daß die europäische Kultur ihnen gegenüber das Rationale hat. Bei uns selbst steht das Wort nicht immer in höchster Achtung, von gewissen Strömungen her, und doch läßt sich nicht leugnen, daß es die Grundform unserer Kultur ist, wenn auch im weiteren Sinne als wir oft davon sprechen. Es ist richtig, daß mit dem Konzipieren der geistigen Haltung, die mit dem Logos zusammenhängt, etwas total Neues in die Welt gekommen ist, etwas vollkommen Umwälzendes, Welterschütterndes, Weltveränderndes, das es vorher nicht gegeben hatte und das dann von unerhörter Folge war und – zumindest äußerem – Erfolg. Die rationale Weise des Sich-zur-Welt-Verhaltens hat sich gegen alle Widerstände von Mystik, Bildlosigkeit, auch von romantischen Strömungen, die immer wieder einbrachen, durchgesetzt und beherrscht unsere ganze Kultur heute, zumal in den Formen der Technik, deren Macht und Kraft ebenso wie das tief Bedenkliche, was sie auch an sich hat, auf dieser Ratio beruht. Die Technik ist in ihrem Wesen nichts anderes als der bis in seine letzten Konsequenzen durchgeführte Logos, angewendet auf die Beherrschung der Natur, wobei letztere zum bloßen Objekt degradiert wird, was bei den Griechen nie geschehen ist – der eigentliche Grund, warum sie eine Technik in diesem Sinne nicht gehabt haben. Das ist die moderne Entartung und Gefahr der Technik. Der Struktur nach aber ist sie eine der klarsten, entschiedensten Ausprägungen des Logos, und wenn manche sie heute gern als ein Unheil auffassen, so möchte ich einmal sehen, was sie ohne sie anfangen würden.

Wenn wir diese Dinge kulturhistorisch betrachten, sehen wir sie gewissermaßen von uns selber her, und dann ist man zunächst geneigt, sie zu preisen. Man kann es aber auch von einer anderen Seite her sehen, wenn man auf das blickt, was vorher da war, in Ägypten etwa, und dann sieht es etwas anders aus. Man sieht nämlich bald, daß die Welt damals sehr ruhig war. Da war der Dynast, mitunter unangenehm, aber doch nicht so schlimm, die Menschen lebten ruhig, lebten an Flüssen, bestellten ihre Felder, es gab auch Mißwuchs und Hunger, das war dann ein Unglück, aber im ganzen waren es doch ruhige, behäbige Kulturen mit ihren Herrschern an der Spitze. Die Zeit verlief gleichsam langsamer in diesen Kulturgefügen. Und nun muß man verstehen, wie in diese ruhige Welt die Griechen eintreten und die geistige Unruhe bringen, indem sie den Dingen in ihrer ganz neuen Art mit Hilfe von Logos und Rationalität zu Leibe gehen. Sie stören im Grunde nur in dieser einfachen, großen, in ihrer Ruhe starken Welt. Und doch hat sich das von ihnen aus wie eine Kettenreaktion fortgesetzt, so daß es heute schon kaum eine Stelle auf der Erde gibt, wo man in Ruhe dahinleben kann, im inneren wie äußeren Sinn, wohin man sich retten könnte.

Was ich damit etwas scherzhaft gesagt habe, hat, wie ich glaube, doch einen bestimmten Realitätswert. Die Bedeutung des Logos ist die eines geistigen Elements oder Ferments. Bei den Griechen selbst sehen wir, wie es sich allmählich durchsetzt und dabei z.B. die Dichtung vernichtet. Nietzsche hat das gesagt in Bezug auf die Tragödie, wo er es von Sokrates her gedeutet hat und damit wohl irrt. Aber es ist Tatsache, daß die umfassend gültige Dichtung am Ende des fünften Jahrhunderts aufhört und es seitdem nur noch partiell große und wichtige Dichtung gibt, während die Gesamtstruktur des Lebens von Rhetorik, Philosophie und Verwaltung her immer stärker durchrationalisiert wird. Als dann Völker in die Entwicklung eintreten, die dies Element noch nicht haben, wie die Germanen, dauert es nicht lange und sie müssen sich der rationalen Kultur des Römerreichs beugen. Es scheint, wenn sich einmal eine solche Struktur durchgesetzt hat, dann ist sie unentrinnbar; wer immer in Beziehung mit ihr kommt, der erliegt ihr.

Soviel zu der großen Bedeutung dieser griechischen Seinsvision. Noch einmal, um es noch schärfer zu fassen: Wir sehen, wie der Logos ein bestimmter Strukturbegriff ist, der der Stimme, *phoné*, ihre Bedeutung gibt, den ›Sinn‹, als klar bestimmten und eingrenzend bezeichnenden Sinn (nicht im inneren, tieferen Sinn, darum ist auch unser Wort unglücklich, bei dem der äußere und der innere Sinn durcheinandergehen, so daß man kaum das eine ausdrücken kann, ohne daß das andere mitklingt). Als Bedeutungstotalität hat es die ganz scharfe Vorstellung der Ratio und des Rechnens. Das führt darauf, daß an sehr vielen Stellen die spezielle, zumal philosophische Bedeutung des Wortes die der Proportion ist. So auch das ganz gewöhnliche Wort ›analog‹, ›dem Logos entsprechend‹, das klar eine bestimmte Proportion bezeichnet. Proportion von bestimmten Verhältnissen, Bezügen, Strukturen, ist darum die eigentliche Bedeutung des Worts, proportionales Gefüge. Das, was hinter dem Gesichteten steht, ist dies Unsichtbare, Abstrakte, wenn man so will, dies rationale Gefüge von Verhältnissen und Bezügen. Das ist die ontologische Grundvision dieses Worts. Sie sehen, daß sich damit ein ganz bedeutungsvoller Aspekt eröffnet, insofern als es dann auch ›Sinn‹ und ›Wort‹ heißt als sprachlicher Ausdruck, mit der *phoné* vereint. Wir können es am besten bei Heraklit fassen, bei dem es eine unerhörte Bedeutung gewinnt, die dann in der Stoa weiterwirkt, die in der direkten Nachfolge dieser Logoslehre steht. Etwa Heraklit Fr. 1: ›. . . dies sei sein Logos, den keiner zu fassen imstande ist, auch nicht die Leute, die mit ihm umgehen‹. Daran sieht man: dieser *sein* Logos ist in Wahrheit auch der Logos des Weltganzen, Seienden. Es ist klar, wie Logos als derartig strukturales Seinsgefüge und Proportion diese dreifache Schichtung haben kann. Zunächst etwas Objektives, Ontisches, das, was eigentlich das Seiende aufbaut, die Struktur des Seins. Andere haben diese Struktur als die Zahl gefaßt, das Mathematische, und noch heute ist man auf verschiedenen Wegen immer wieder zu der Meinung gelangt, das letzte Seiende seien Symmetrien, Proportionen und Strukturen; sogar die Materie sei nichts anderes als eine Struktur von derartigen Grundbezügen, die in der Weise, wie sie sich verbinden, erst das ergeben, was wir Materie nennen. Der Logos ist der große Seinsaspekt, der diese Tatsache, daß das, was uns jederzeit begegnet, auch erscheinen kann als derartige Proportionalität, zum Ausdruck bringt. Man kann jedes Ding auflösen in eine Rechnung oder Formel, kann auf einem Blatt Papier jedes seiende Ding in einer solchen Rechnung ausdrücken. Insofern ist der Logos als Gefüge geradezu der Grund des Seienden. Aber indem nun Heraklit diesen Logos in sich aufnehmen kann, ihn versteht, seiner inne wird, ist der Logos *sein* Logos, jenes adäquate Verstehen, das nichts anderes sein kann als ein solches System von Bezügen nun in der Subjektivität – wenn wir einmal die Dinge voneinander lösen, was die Griechen nicht taten. Und insofern er das dann ausspricht, diese eigentümliche Weise des Seinsverständnisses hineinprägt in die *phoné,* ist es zum dritten das Wort, das er spricht und schreibt.

Diese dreifache Schichtung hat der Logos, und ist damit doch das ›Wort‹, und es ist durchaus sinnvoll, den Anfang des Johannesevangeliums so zu übersetzen. Nicht das gesprochene Wort, nicht der subjektiv gedachte Sinn, sondern das Wort im Sinne jener umfassenden, seinsbestimmenden, göttlichen Proportionalität, die das Sein trägt. In diesem Sinne ist der Logos bei Gott, ist er Gott. Es ist deutlich, wie das im Zusammenhang steht mit der ganzen griechischen Philosophiegeschichte. Ähnlich in der Stoa, wo der Logos in der Gestalt des Feuers identifiziert wird mit dem göttlichen Prinzip, das alles durchwaltet.

Ich glaube, ich brauche die Dinge nicht weiterzuführen. Es ist klar, wie ein solches Wort im Sprachgebrauch die verschiedensten Bedeutungen annehmen kann. Bei Herodot kann es etwa ›Geschichte‹ bedeuten, Geschichte von Ägypten u. a. Gemeint ist das Herzählen dieser Dinge. Logos kann aber auch Rechnung und Rechenschaft bedeuten; so das platonische Rechenschaftgeben, Rechnung ablegen von einer Sache. Wir hatten schon gesehen, daß es mit dem Zusatz ›mit wahrem Eindruck‹ jene höchste Wissensart der Episteme definiert, die zunächst den ›wahren Eindruck‹ umfaßt, den eine Sache von sich selbst her macht, wenn sie sich so zeigt, wie sie wirklich ist; wenn mit diesem Eindruck dann noch der Logos verbunden ist, jene Rechenschaft, die auf die Vergewisserung der umfassenden Seins-Proportionalität aus ist, dann ist es die höchste Wissensweise.

Natürlich ist auf der anderen Seite das Wort auch abgegriffen. Denken wir nur an das Wort ›Philologen‹, das einmal die sehr hohe Bedeutung haben kann: ›die sich um den Logos bemühen‹. So im stoischen Bereich, wo man sich um den Logos bemühte wie in der Philosophie um die Sophia. Und doch kann das Wort auch im banalen Gebrauch den meinen, der das Reden liebt, wie schon bei Thukydides von den Athenern gesagt wird, wo es geradezu heißt, daß sie geschwätzig sind. So groß ist der Umfang dieses Worts. Aber in dem Bereich, mit dem wir es hier zu tun haben, besinnen wir uns doch lieber auf die weltumfassende Grundbedeutung.

23.

Heute zunächst einige Begriffe, die ich schnell abmachen kann, auch sie grundlegend für die ganze Art des griechischen Denkens und Seinsverständnisses. Da haben wir zunächst den Begriff *eoikénai*, vom Stamm *eiko*, irgendwie ein Angleichen, und davon bedeutet das Perfekt den Zustand, der daraus hervorgeht: ›gleichsein‹ oder ›gleichsehen‹, oder besser: ein eigentümliches ›Danach-Aussehen‹. Also ein bestimmtes Aussehen von etwas, das an ein anderes Aussehen erinnert. Das führte uns bei Homer auf die Wichtigkeit der Gleichnisse, die wir ausführlich behandelt hatten. Wichtig ist, wie dann im fortschreitenden Denken das Wort *eikós*, Neutrum, zum Begriff für die Wahrscheinlichkeit wird. Wahrscheinlichkeit ist etwas, das nach etwas aussieht, ein Danach-Aussehen.

Eine zweite Gruppe von Wörtern geht auf die Weise des erkennenden Schließens, das auch, wie ich gleich sagen will, ein logisches ist. Da steht das Wort *syllogízein*, wo zwei Logoi in einen Zusammenhang gebracht werden, eine verhältnismäßig späte Bildung. Aber früh schon gibt es zwei andere Begriffe, die von konkreten Dingen abgeleitet werden. Der eine ist das Wort, das auch ›Grabmal‹ heißen kann: *sêma*, mit dem Verb *semaínein* und einer Fülle von Ableitungen, die auch wir noch in Fremdwörtern haben, Semantik etwa. Es ist also das Grabmal und das Mal überhaupt, und das Verb *semainein* bedeutet, etwas durch Malzeichen verdeutlichen und damit bedeuten, einen Wink geben. So meint das Wort eigentlich ein Bezeichnen. Sie kennen das berühmte Wort des Heraklit (Fr. 93): »Der delphische Gott rechnet nicht vor und verbirgt nicht, sondern bedeutet«, er gibt Zeichen, Winke, wie es das Wesen des Orakels ist und zumal dieses Gottes, der nicht einfach vorzählt, wie etwas ist, es aber auch nicht im Dunkeln läßt, zudeckt, sondern eine Zwischenweise wählt, eine bestimmte Art der Wahrheit, die er verkündigt, indem er Winke gibt, bezeichnet oder im magischen Sinn ›bedeutet‹. – Das andere Wort, das ebenso wichtig ist, ist *tékmar*. Das Verb *tekmaíresthai*, medial gebraucht, heißt ›etwas für sich markieren‹, was dann weiterführt zum Erschließen von etwas anhand bestimmter Markierungen. Beide Ausdrücke (aus *tekmar* wird später *tekmérion*) sind für Thukydides eigentlich die Grundlage dafür, wie der Historiker über das Überlieferte hinaus Fakten erschließen kann;

auch das wieder nicht logisch, sondern aufgrund von symptomatischen Dingen, die auf etwas hinweisen, eine Art diagnostischer Betrachtung, wie auch bei *semainein*. Diese ganze Vorstellung, daß man zur Erkenntnis kommen kann, wenn man bestimmte Dinge anmerkt und von da aus etwas erschließt, das dahinter steht, diese Weise des diagnostischen Erschließens ist zumal aufgekommen in der Medizin des fünften Jahrhunderts. Es gibt Kennzeichen, die man sieht und von denen man auf ein innerlich Wirkendes schließen kann. Der andere Bereich, neben Geschichte und Medizin, in dem das aufkommt, ist die Mantik, die methodisch der Medizin nahe steht. Der Seher bricht ein Opfertier auf, sieht die Leber an und schließt aus ihrem Zustand, ob ein Krieg günstig oder nicht günstig ausgehen wird. Das ist gar nicht so abwegig bei einer Vorstellung, nach der alles mit allem zusammenhängt, und so kann Leber, Galle, Blut eines Tieres durchaus ein Zeichen sein für gewisse Vorgänge, nach denen man fragt. Wenn man vom Erfolg einmal absieht und rein auf die Methode blickt, so ist die Weise des Schließens, die der Seher wie der Arzt ausbilden, die gleiche, und darum ist auch die Begrifflichkeit eine ähnliche.

Das führt nun auf Weiteres, noch Wesentlicheres, nämlich auf das, was diese Art des Denkens ermöglicht; es liegt doch eine bestimmte Vorstellung zugrunde. Ich habe es schon angedeutet: es ist die wichtige Grundvorstellung des alten magischen Denkens, daß es ein großer lebendiger Zusammenhang ist, der den Menschen umgibt, in dem es eigentlich nichts Totes gibt, auch keine bloßen Dinge und Objekte, sondern was den Menschen umgibt, sind Manifestationen von Mächten, die als lebendige Mächte zu verstehen sind. So kann all das auftreten, was in der Magie eine Rolle spielt: Kontakt- oder Analogiezauber, die man hauptsächlich unterscheidet. Kontaktzauber etwa, wenn man einen Menschen vernichten will und sich ein Gewand von ihm besorgt, das zerfetzt oder verbrannt wird, und das geschieht dann irgendwie auch dem Körper des Trägers. Oder Analogiezauber, wenn man ein Bild macht, das nicht ähnlich zu sein braucht, das aber einen bestimmten Menschen bedeutet, und das man nun ebenfalls zerstören kann, was sich analog auswirkt auf den Gemeinten. Analogiezauber sind auch Dinge wie das Regenmachen, indem man Grünzeug mit Wasser besprengt, also etwas im Kleinen tut, was entsprechende Auswirkungen im Großen haben soll. All diese Dinge haben ihre innere Bedeutung in der Überzeugung eines großen Zusammenhangs der gesamten Wirklichkeit, den die Griechen später *sympatheia* nannten, und so können dann Beeinflussungen verschiedenster Art stattfinden. Ein typisches Beispiel für solche kosmischen Zusammenhänge sind Ebbe und Flut, was früh beobachtet wurde. Sympatheia bedeutet nicht, daß irgendeine Sympathie besteht zwischen zwei Erscheinungen, sondern daß in einem übergeordneten Sinn verschiedenartige Bewirkungen verbunden sind. Vor allem das, was in der Sternenwelt vor sich geht, ist in dieser Weise auf Irdisches bezogen. So primitiv uns heute vieles daran erscheinen mag – obgleich diese Dinge noch immer unter den Menschen leben, man denke nur an die Horoskope u. ä. –, so hat es doch große Bedeutung gehabt im Sinne eines Weltbildes, das im höchsten Grade ehrwürdig ist, auch wenn wir heute wissen, daß es nicht so einfach ist damit. Aber dies ist der eigentliche Urboden für entscheidende Methoden des Denkens, die wir noch heute in den Einzelwissenschaften ständig anwenden, auch in den Naturwissenschaften. Nachdem diese Methode sich einmal in bestimmten, vorgegebenen Bereichen entwickelt hat, greift sie sehr schnell auch auf andere Bereiche des Erkennens über. Dahinter steht einmal die Vorstellung dieser großen Einheit des Seienden, aber auch der Gedanke, daß das Viele, was ich sehe, was ich ergreifen und feststellen kann, eben doch nur symptomatisch ist, zusammenfallend mit einem anderen, was sich nicht zeigt, verborgen bleibt und doch der eigentliche Grund ist für das andere, Sichtbare. Ein äußeres Sich-Zeigen steht für ein innerlich Wirkendes. Diese Vorstellung findet sich bei den Griechen überall, und wir können sie jetzt an einer ganzen Gruppe verfolgen.

So spielen eine große Rolle im griechischen Denken – erst in der Poesie, dann im wissenschaftlichen Denken – die Begriffe des Klaren, Sichtbaren und des Unsichtbaren, des Sich-Klarmachens und Klarwerdens, Verbergens und Verdeckens. Man sieht, wie wichtig das ist: daß man eine Sphäre unterscheidet, wo die Dinge sich zeigen, daß das aber nicht das einzige ist, sondern daß eben dies, was sich uns zeigt, wieder hinweist auf etwas anderes, was sich nicht zeigt. Es ist eine Grundüberzeugung des griechischen Seinsverständnisses, in der sich uns ankündigt eine bestimmte Ahnung von einer mindestens Zweischichtigkeit des begegnenden Seienden, daß in der Mannigfaltigkeit sich etwas anderes kundgibt, das als eigentliches Sein dahintersteht. Das sind die Begriffe *dêlos* und *delóo:* ›klar‹, ›sichtbar‹, und ›klarmachen‹, ›klären‹. Es ist ein Unterschied, ob eine Sache nur etwas bezeichnet oder wirklich offenbart, ein Zeichen, einen Wink gibt oder wirklich offenbar macht. Hier bei delóo wird es wirklich sichtbar gemacht, die Sache tritt in die Sichtbarkeit. Aber das Wort ist noch nicht so entscheidend wie das andere: *phaínein* und *phaínesthai,* bekannt aus unserem Fremdwort Phänomen, eigentlich: das sich Zeigende. Die Bildung des Wortes können wir ziemlich klar durchschauen; *phos,* Licht steht dahinter, eigentlich *pháos,* davon wird dann das Verb gebildet und das Adjektiv *phanerós. phainein* heißt aktiv ›etwas ans Licht bringen‹; in diesem Sinne ist es das Zeigen von etwas, das An-den-Tag-bringen, wie wir so schön sagen, wobei auch wir den Tag als Helligkeit verstehen, nicht als Zeitabschnitt. Es unterscheidet sich von dem anderen griechischen Wort für ›zeigen‹, *deíknymi,* wie etwa im Deutschen ›zeigen‹ und ›weisen‹. In *deiknymi* liegt das Hinweisen auf etwas, ein Wort, das im späteren Wort für das Recht, *dike,* liegt. Bemerkt sei, daß das Wort urverwandt ist mit lateinisch *dicere,* sagen, weisen. *phaino* aber ist kein Zeigen, sondern ein Ans-Licht-Bringen von etwas. Die deutsche Unterscheidung von ›weisen‹ und ›zeigen‹ trifft es nicht ganz. Wir haben ja auch noch das Fremdwort ›Phänomen‹, weil es kein besseres Wort dafür gibt. ›Erscheinung‹ ist gut, hat aber doch nicht diese geprägte Umrissenheit. Es ist von größter Bedeutung, wie eine bestimmte Seinsweise den Griechen als die des Phänomens in Erscheinung tritt. Anaxagoras gibt die berühmte Definition: *ópsis adélon tà phainómena* (Fr. 21 a). *ádelos* ist das, was unsichtbar ist. ›Von dem Unsichtbaren sind die Phänomene die Sicht‹. Die Erscheinungen also, alles, was sich mir als ein Zum-Licht-Kommendes zeigt, sind die Sichten auf das Unsichtbare hin. Sie sehen, es gibt die große Sphäre des eigentlich Unsichtbaren, und von dort her das jeweils sich Zeigende, das nicht einfach das andere offenbart, sondern eine Sicht darauf gewährt. In diesem kurzen Satz haben wir gleichsam die ganze Grundstruktur dieser Weise des Zur-Erkenntnis-Kommens, die die Griechen damit im Blick hatten. Noch hinzuweisen wäre auf das Adjektiv *phanerós,* dem gegenübersteht das *aphanés,* das, was nicht in die Erscheinung tritt, ähnlich wie *ádelos.*

Interessant ist, daß hier bei *phainesthai* eine Doppelheit des Gebrauchs auftritt: mit dem Infinitiv oder dem Partizip, wobei das erstere ›scheinen‹ heißt, das letztere ein Offenbarsein; ›es scheint, daß einer etwas tut‹, oder ›er tut es offensichtlich‹. Das Tun eines Menschen kann ans Licht treten als etwas, das er wirklich tut. Viehhüten etwa: er tritt ans Licht als ein Viehhütender, oder er scheint nur einer, der Vieh hütet – kein sehr geistreiches Beispiel, aber es ist nicht so wichtig. Es ist fast so, als ob das, was *phainesthai* mit dem Partizip bedeutet, höchsten Realitätswert hat, ein Höchstmaß an wirklich Gegebenem, während es mit dem Infinitiv das Scheinhafte hat; beides liegt in dem Wort. Das Zeigen ist in sich selbst indifferent, es geht darum, was und in welchem Grade etwas sich zeigt. Sie sehen, wie einfach und objektiv die Wirklichkeitsbegriffe bei den Griechen sind. Wir haben immer die Vorstellung: hier bin ich und drüben ist die objektive Welt; hier ist der Historiker und dort die Schlacht von Marathon, und so in allen Bereichen. Überall gibt es für uns das objektive Getrenntsein von den Dingen, auf die sich dann die Spekulation richtet. In Wirklichkeit ist das eine ungeheure Vereinfachung, dazu völlig unproduktiv, und es ist bezeichnend, daß heute gerade die Naturwissenschaft davon abkommt, daß es da so etwas gäbe, das man mit klarem Hinsehen erfassen könnte. Es geht aber nicht nur um das Verhältnis vom Subjektiven zum Objektiven, sondern um Verhältnisse des Seienden an sich selbst. Das Seiende ist nicht etwas, das real einfach vor mir steht, sondern es gibt die mannigfaltigsten Arten des Sich-Zeigens, wie es die Sprache im Griechischen ausgemacht hat. Die höchste Weise, wie etwas da ist, nennt man das Offenbarsein. Dabei geht man davon aus, daß wir in einem solchen übergreifenden Zusammenhang leben, in dem die verschiedenen Bereiche sich auftun mit verschiedenen Graden von Offenbarkeit und Deutlichkeit, und nach diesen Stufen bestimmt sich der Grad ihres Wirklichseins.

In diesem Zusammenhang ist auch das Wort *einai*, ›sein‹, wichtig. Kein Zweifel, daß damit kein abstraktes, allgemeines Sein gemeint ist, das gibt es ja eigentlich auch gar nicht. Das Wort hat einen ganz konkreten Sinn; das Partizip *ta onta* kann, wie wir sahen, in der Alltagssprache einfach den Hausrat bezeichnen, so wie auch wir sagen ›meine Sachen‹ oder ›alles, was da ist‹. Das Beispiel zeigt, daß dieses Sein die Form eines Vorhandenseins hat, eines Zuhandenseins. Das Seiende ist vor allem zu verstehen als Vorhandenes, als die Vorhandenheit, *usia*. Denn auch dieses Wort, das weitergeführt hat zu dem Begriff der Seiendheit, meint ebenfalls primär das Seiende als Vorhandenes.

Wichtig ist, wie von hier abgeleitet wird *pareinai*, der Begriff des ›Dabeiseins‹ oder ›Anwesens‹, wenn wir das Wort im verbalen Sinne fassen. Sie kennen den alten deutschen Begriff ›wesen‹ im Sinne von ›lebendigsein‹, der auch im Substantiv noch irgendwie mitklingt. Man erkennt es noch in ›verwesen‹, wo das Lebendigsein aufgehoben und ins Gegenteil verkehrt wird. Die ganzen Begriffe mit -wesen haben also, was das griechische Wort nicht hat, den Charakter des Lebendigen. *usia*, was oft mit ›Wesenheit‹ übersetzt wird, hat nichts damit zu tun, wenn wir nicht – was die Philosophen ohnehin tun – dabei die Tatsache des lebendigen Wesens vergessen und den Begriff ganz abstrakt nehmen. Dann haben wir in *parusía* die Wesenheit oder Seiendheit, die herantritt, und so ist es denn auch ein entscheidender religiöser Begriff geworden, die Parusie eines Gottes, sein wirkendes Dabeisein. –

Nun zu dem nächsten Begriff, auf den alles hinzielte: *alétheia*, die Wahrheit. Der Begriff ist in letzter Zeit stark ins Gespräch gekommen, weit über die Philosophie und Philologie hinaus, durch Heideggers Ansatz der *aletheia* als ›Unverborgenheit‹, wobei das Wort so zerlegt wird, daß das alpha als privativum verstanden wird und wir dann auf den Stamm *leth* kommen, der zusammenhängt mit *lanthano* und soviel heißt wie ›Verborgensein‹ im gewöhnlichen Gebrauch. Wir werden sehen, daß es noch etwas anderes ist. Daran gehängt ist dann die übliche abstrahierende Endung *eia*, etwa unser -heit. Dieser Heideggersche Begriff der ›Unverborgenheit‹, der in der Philosophie von größter Bedeutung geworden ist, interessiert uns hier nicht als solcher, sondern die Frage ist, ob er korrekt vom griechischen Wort her entwickelt ist. Das ist teilweise von Philologen geleugnet worden, in verschiedener Hinsicht. Einmal scheint das Adjektiv bei Homer etwa doch einfach nur ›wahrhaftig‹ zu heißen. Dann stünde am Anfang die subjektive Wahrhaftigkeit eines Menschen, und das wäre dann später objektiviert und zur ›Wahrheit‹ geworden. Andere, wie Friedländer, stellen die Ableitung in Frage und sagen, es hätte gar nichts mit *lethe* zu tun, sondern sei ein vorhomerisches Wort, das wir nicht kennen. Es müßte noch einmal rein sprachlich darüber gearbeitet werden, interpretatorisch, anfangend mit Homer, so, daß die ganzen Stellen aufgearbeitet würden und festgestellt, was es jeweils heißt, damit ein wirkliches Bild davon entsteht. Nach der heute verbreiteten Meinung ist eine Aussage dann ›wahr‹, wenn sie einen Sachverhalt so aussagt, wie er sich wirklich verhält.

adaequatio intellectus ad rem lautet der scholastische Wahrheitsbegriff, der von der Aussage ausgeht, während Heidegger die Wahrheit als eine Weise des Seins an sich selbst faßt. Die Frage für uns ist, wie es damit im Griechischen steht, ob Heideggers Deutung eine produktive Interpretation ist, die darum nicht notwendig eine richtige sein muß, so daß er auch mit der Ableitung recht hätte. Nun, ich will gleich sagen: ich habe die Sache genau durchgeprüft und bin zu der Überzeugung gelangt, daß er recht hat, daß *aletheia* nichts zu tun hat mit irgendeiner Angleichung des Verstandes an die Sache, sondern eine bestimmte Weise ist, wie das Seiende selbst sich uns zeigt. Ich glaube, man kann das griechische Denken nicht verstehen, wenn man diesen wichtigen Grundbegriff nicht erfaßt.

24.

Wir hatten angefangen mit der Behandlung des wichtigen griechischen Wortes, das für das gebraucht wird, was wir ›Wahrheit‹ nennen: *aletheia.* Ich hatte einleitend davon gesprochen, wie dieses Wort in den letzten Jahren ins Gespräch gekommen war vor allem durch die Deutung Heideggers als ›Unverborgenheit‹, was von Friedländer bestritten worden ist im Anhang zu seinem Platonbuch, der es für ein vorgriechisches Wort hält, wie wir ja eine Fülle solcher Fremdwörter im Griechischen kennen. Nebenbei sei gesagt, daß wir auch die Struktur solcher Fremdwörter einigermaßen kennen, vor allem durch die Forschungen von Kretschmer, jetzt weitergeführt von H. Krahe. So etwa *asaminthos,* das Fremdwort für ›Badewanne‹, mit der Endung *nth,* ähnlich wie in Kori*nth.* Andere Dinge sind etwa *ss* am Schluß, was in den vorderasiatischen Bereich weist. All das sind Wörter, denen man es ansehen kann, daß sie nicht mit dem gewöhnlichen Griechisch zusammengehen. Aber das Wort *aletheia* hat nichts derartiges an sich; abgesehen davon, daß es auch merkwürdig wäre, wenn ausgerechnet das Wort für ›Wahrheit‹ ein Fremdwort sein sollte. So glaube ich, daß man das zurückweisen muß und daß sich die Deutung Heideggers bewährt hat, nur daß man es im einzelnen noch genauer fassen muß, weil die Übersetzung ›Unverborgenheit‹ dem Begriff etwas gibt, das er nicht hat. Für uns schwingt durch das ›bergen‹, ›verbergen‹ etwas Geheimnisvolles mit, wie überhaupt leicht bei Heideggers Begrifflichkeit, obwohl er meist etwas ganz Eindeutiges und Klares meint.

Wir können es uns noch von einer anderen Seite aus klarmachen. Es gibt im Griechischen neben *lanthano* noch ein anderes Wort für das Verbergen von etwas. Das ist *kryptein*, das wir noch in unserem ›Krypta‹ haben. Zwischen *lanthanein* und *kryptein* besteht ein wesentlicher Unterschied. *kryptein* bedeutet ein Verdecken; eine Sache ist mir deswegen entzogen, weil etwas anderes sich davorschiebt. So wird das Wort immer wieder gebraucht von einem Toten im Grab, wo auch wir sagen, daß ihn die Erde ›deckt‹. Man kann es oft geradezu mit ›zudecken‹ übersetzen. Also etwas wird der Sicht entzogen durch etwas rein Objektives, das eine verdeckende, konkrete Schicht zwischen mir und dem entzogenen Gegenstand ist. Das ist auch wichtig für das von Heidegger öfter herangezogene Wort des Heraklit: *phýsis krýptesthai phileî*, ›Die Natur liebt es, sich‹ – nicht zu ›verbergen‹, sondern zu ›verstecken‹, sie ist das merkwürdige Wesen, das je und je dahinter ist. Wie tief ich auch in sie eindringe, und das gilt auch für die heutige Naturwissenschaft: immer ist sie noch irgendwie dahinter. Je mehr an Schichten man gleichsam abträgt und entdeckt, desto weiter zieht sie sich zurück und bleibt verdeckt. Das ist eine Grundtatsache, die jeder kennt, der damit umzugehen hat. Man kann sie nicht fassen. Immer bleibt sie so entzogen, daß eine neue, verdeckende Schicht dazwischen ist.

Anders bei dem Stamm *lath* in *lanthano*, der nicht das Verbergen im objektiven Sinn bezeichnet, sondern eine eigentümliche Funktionalität des Entzogenseins. Der Tote liegt hinter der ihn deckenden Erdschicht, ganz konkret. Bei *lanthano* können wir ausgehen von dem charakteristischen Satz, den Sie alle kennen: *láthe biósas*, ›Sei verborgen als einer, der lebt (in deinem Leben)‹. Damit ist nicht gemeint, daß man sich versteckt hält, sich etwa in ein Zimmer zurückzieht oder nur maskiert auf die Straße geht, sondern es heißt anders übersetzt: ›Lebe zurückgezogen‹, lebe so, daß du eben nicht dich überall unter die Menschen mengst. Man geht nicht zu Einladungen, empfängt möglichst wenig Besuche, besucht keine öffentlichen Veranstaltungen, übt vor allem keine Ämter aus, die ja in Griechenland alle mit der Politik zusammenhingen, sondern lebt als Privatmann. Das Verborgensein bezieht sich also auf die Lebensart des Menschen in Bezug auf alles, was an ihn herantritt. Überall, wo er an die Öffentlichkeit treten würde mit seinem Leben, ›erscheinen‹, wie wir sagen, tut er es eben nicht. Dies *lanthanein* geht also auf eine Haltung, Funktion, die Art und Weise, wie jemand sich entzieht. Während das andere ein wirkliches Verbergen und Verdecken bezeichnet, meint dies Wort ein funktionales Verhalten, ohne besondere äußere Mittel. Ein Mensch kann offen durch die Welt gehen und doch so leben, daß ihn niemand beachtet. Diese Funktionalität, die das Wort hat, ist wichtig. Zu demselben Stamm gehört auch *lethe* (Schillers berühmte Lethe, die wir alle kennen). Man pflegt es meist mit ›Vergessenheit‹ zu übersetzen, das heißt es auch so ungefähr, aber auch hier ist der Schwund des Gedächtnisses eines Menschen nicht die eigentliche Grundbedeutung, sondern etwas viel Umfassenderes. Kurz gesagt, auch diese Lethe ist eine merkwürdige Macht, ein *daimon*, wie wir sagen können, so wie alle großen und wirksamen Mächte der Griechen als Götter zu fassen sind. So ist diese Lethe die Macht, die etwas entzieht, und als solche kann sie sich überall im Leben bemerkbar machen. Sie ist gleichsam der Daimon des Entzugs. Pindar kann sprechen von der ›Wolke der Lethe‹ (Olympien 7, 46), sehr bezeichnend: im Nebel entzieht sich uns etwas, ohne daß es eigentlich zugedeckt wäre. So kann eine Wolke uns das klar umrissene Profil eines Berges entziehen: eben war er noch da, jetzt ist er nicht mehr da. Das ist das Entscheidende; nicht daß überhaupt etwas verdeckt ist, sondern daß es erst da war und dann nicht mehr da ist, entzogen ist. Diese Tatsache ist allgemein charakteristisch für Lethe. Psychologisch kann es dann auch den Schwund des Gedächtnisses bedeuten, den wir Vergessen nennen, der aber nur eine Auswirkung des allgemeinen Geschehens ist, dieses Entzugs, der uns überall umgibt. Bei Hesiod (Theog. 227) ist die Lethe ein Abkömmling der Nacht, der es zumal zukommt, daß sie uns die Dinge entzieht. Die Griechen hatten einen feinen Sinn für solche Geschehensformen. Es gibt einen Bereich, wo die Dinge nicht offenbar sind, auch wenn sie da sind. Das Vergessen ist nur ein Spezialfall, wie man auch an der Medialform *lanthanesthai* erkennt, meist noch dazu mit der Vorsilbe *epi-*, wenn es sich auf Bestimmtes richtet.

Wieder haben wir also hier die übergreifende Einheit von Subjekt und Objekt, in der sowohl wir sind wie die Dinge. Es gibt einen bestimmten defizienten Modus des Daseins der Dinge, eine Entzogenheit. Sein ist Vorhandensein, wie wir sagten, und wir hatten davon gesprochen, wie wichtig die Begriffe des Erscheinens und An-den-Tag-Kommens im Griechischen sind. Sie sehen, wie notwendig dazu gehört diese Weise des Entzogenseins, die kein äußerlich konkretes Verdecken meint, sondern eine funktionale Zuständlichkeit ontologischer Art, ein defizienter Zustand des Seins selbst.

Kommen wir nach alledem zu *aletheia* zurück, so fragen wir zuerst, ob man das Wort philologisch fassen kann. Ich hatte es schon zergliedert, wie es sich eigentlich von selbst ergibt: *a-leth-eia.* Das führt uns nicht unmittelbar zu dem Stamm *lath*, sondern was wir voraussetzen müssen, damit diese Bildung überhaupt möglich ist, ist *lethos*, ein Neutrum, ähnlich wie *genos – eugeneia.* Nun, diese Form ist wirklich belegt, und zwar bei Theokrit (23, 24), *lathos* mit dem dorischen *a*, und damit ist die Sache so einsichtig, daß man nichts mehr dagegen sagen kann.

Wenn das alles so ist, so komme ich nun zu der eigentlichen Deutung, die höchst merkwürdig ist. Denn wenn *lathos* und *lethe* den Entzug bedeuten, dann ist *aletheia* die eigentümliche Weise einer ebenfalls funktionalen Zuständlichkeit, wo dieser allgemeine Entzug aufgehoben ist, die Aufgehobenheit dieses Entzugs, deutsch also nicht ›Unverborgenheit‹, sondern ›Unentzogenheit‹. Das ist für das ganze griechische Seinsdenken von außerordentlicher Bedeutung. Zunächst könnte man sich fragen, wie ein Wort von solcher Würde, wie es bei uns und in anderen Sprachen die ›Wahrheit‹ ist, überhaupt ein negativer Begriff sein kann. Nun, es gibt das auch in unserer Sprache, wo Begriffe negativer Struktur so positiv sind, daß wir an die Struktur gar nicht mehr denken. Etwa ›Unschuld‹, die ja nicht bloß ein Fehlen von Schuld bedeutet, sondern eine höchst positive Weise des Seins. Das kann man doch wohl als Parallele heranziehen.

Dahinter steht etwas Wesentliches, von dem ich schon bei *phainesthai* gesprochen hatte. Es ist so, daß *aletheia* nicht von ›Wahrhaftigkeit‹ her zu verstehen ist – gewisse Stellen bei Homer scheinen darauf hinzudeuten, aber ich glaube, eine genaue Untersuchung würde ergeben, daß das nicht stimmt. Dafür gibt es eine Fülle von anderen Ausdrücken in dieser Zeit, etwa *etétymos*, woher unser ›Etymologie‹ kommt oder der Name Eteokles, oder in Verbindung mit Völkernamen wie *Eteokretes,* ›echte Kreter‹. Oder auch *atrekés,* was Herodot sehr liebt. Wenn eine Rede wahr ist, so ist sie ›unverdreht‹, auch wieder negativ ausgedrückt. Der Stamm *trek* entspricht lateinisch *torqu*, ›drehen‹, ›verdrehen‹. Das, was gerade geblieben ist, ist ›unverdreht‹, speziell der Logos. Wir sagen auch, daß man an etwas ›dreht und deutelt‹. Aber mit alledem hat *aletheia* nichts zu tun, sondern geht unzweifelhaft auf die übergreifende funktionale Zuständlichkeit, innerhalb derer es dann auch ›wahrhaftig‹ bezeichnen kann, aber nicht primär. Es geht nicht um die Wahrheit einer Aussage, sondern dieser Wahrheitsbegriff ist vom Seienden selbst hergenommen.

Aber nun ergibt sich das sehr Interessante, daß man nämlich im gewöhnlichen Leben nicht in der Wahrheit ist. Der gewöhnliche Zustand ist der der Entzogenheit der Dinge. Der Mensch sieht nicht klar, sondern wie im Nebel, wenn der Nebel auch leicht sein mag und man ihn vielfach gar nicht bemerkt, weil man ja darin lebt. Und nun ist es so, daß die Möglichkeit besteht, daß dieser Nebel, in dem die Dinge sich entziehen, sich auch lichten kann und dann alles offenbar wird, die Dinge in den Zustand der Unentzogenheit treten. Es ist ein Vorgang, wie ihn die Griechen seit Homer gern schildern, der Vorgang eines An-den-Tag-Tretens, wie wir ihn auch in *phainesthai* hatten. Wir hatten bei Homer davon gesprochen (o. S. 81 f.), daß Odysseus bei der Heimkehr sein Land nicht gleich erkennen kann, es entzieht sich ihm gleichsam nach der langen Ferne. Das drückt der Dichter so aus, daß er sagt: ein Nebel lag darüber; ein Grundsymbol für dies Geschehen eines Sich-Entziehens. Und erst als die Göttin ihm alles zeigt: ›Da ist das Neriton-Gebirge, da die Nymphengrotte‹ – da weicht der Nebel zurück, und Odysseus erkennt sein Ithaka und fällt nieder und betet zu den Nymphen des Ortes. Es ist schon ein ganz erstaunlicher Vorgang, den der Dichter hier mit seinem unerhörten Sinn für das geistige Abenteuer des Menschlichen erfaßt und so dargestellt hat, daß er ganz von dieser Welt ist und doch etwas präformiert, das später im philosophischen Bereich ausdrücklich wird.

Ich würde also sagen, daß in diesem Begriff der Aletheia ein menschliches Urerlebnis gefaßt ist, das man ebenso im sinnlichen Bereich antreffen kann wie auch im seelischen und geistigen. Es braucht durchaus nicht immer in höchsten Höhen vor sich zu gehen, ist aber immer außerordentlich bedeutungsvoll, fast etwas Erschütterndes liegt darin. Ich selbst habe es einmal bei einer Gebirgswanderung erlebt, wo man sich im Nebel völlig verloren fühlt, jeder Schritt kann den Absturz bringen – und dann das Gefühl des Beglückenden, wenn der Nebel weicht und alles wieder klar und deutlich sichtbar ist, *da* ist. Was man in solchen

Situationen naturhaft empfindet, gibt es auch im Akt des Erkennens, etwa der Situation des Forschers. Er hat Material gesammelt, die Dinge liegen vor ihm, aber sie sind gleichsam in Nebel gehüllt, er findet nicht den eigentlichen Zusammenhang. Da kann es passieren – meist in einem Augenblick –, daß sich zwar gar nichts ändert, das Material bleibt das gleiche, aber irgendwie ist es, als ob sich ein Nebel von ihm hebt und der gesuchte Zusammenhang unvermittelt so hell und deutlich vor ihm steht wie bei jener Wanderung die Bergkuppe.

Diese Unentzogenheit der Dinge ist es, die man vernünftigerweise mit ›Wahrheit‹ übersetzt. Sie sehen, auf die Übersetzung kommt es nicht an, sie ist ein reines Surrogat, weil unser ›Wahrheit‹ nichts von dieser Seinsstruktur enthält. Darum ist es, wenn man die griechische Philosophie so betrachten will, daß das griechische Denken von sich selbst her verstanden werden soll, unsinnig, dies von Übersetzungen aus zu versuchen. Die Übersetzungsworte führen nicht heran, sondern schieben im Gegenteil etwas dazwischen, so daß das andere Denken gerade nicht in seiner Unentzogenheit und Wahrheit sich darstellt. Es hilft nichts, man muß an die Begriffe herangehen, es genügt nicht, sie lexikonmäßig zu kennen, sondern man muß in einem ständigen, nie endenden Bemühen versuchen, mit ihnen in Fühlung zu bleiben und sich der eigenen Wahrheit zu vergewissern. Das ist die Aufgabe, die ständig mitgeht, wenn man sich mit griechischer Philosophie beschäftigt. Es genügt nicht, daß man sich ein Handbuch vornimmt und die Lehrmeinungen studiert und dann anfängt, selber zu denken, etwa was Thales gelehrt hat. Man denkt dann nur, was bereits andere gedacht haben, daß er gedacht hätte. Manchmal nicht einmal das.

Nur eins will ich noch hinzufügen, weil es im praktischen Gebrauch wichtig ist. Es ist klar, daß dies Aufheben der Entzogenheit ontologisch, aber auch ontisch gefaßt werden kann. So gibt es immer wieder Stellen im Griechischen, wo wir *aletheia* nicht als ›Wahrheit‹ übersetzen können, sondern eher als das ›Wirkliche‹. Es ist klar, wenn etwas in diese Unentzogenheit tritt, daß es dann auch in sich selbst Wirklichkeitscharakter gewinnt. Ein Beispiel ist etwa das bekannte *hōs alethōs* der Umgangssprache, das synonym ist mit *hṓs ontōs*. Es ist häufig so, daß das, was wir als den Bereich des Wirklichen verstehen, vom Griechischen her gefaßt wird als das, was sich zeigt, offenbar ist. Immer wieder diese Struktur, daß da ein Sein ist, das bei mir sein kann, und im Vorhandenen erst das Sein ausmacht, in dem ich lebe. Daß da ein Verborgenes, Dunkles ist, das sich enthüllen, mir entgegentreten, offenbar werden kann und dann erst eigentlich wirklich ist. Die Gegenwart ist eine Grundkonstituante des Seins, weil der Mensch mit darin ist in einer ganz umfassenden Wirklichkeit. Es gibt nicht bloß ein An-sich-selbst-Sein des Seins (was vielleicht überhaupt nur gedacht ist), sondern das Sein kann nur gedacht werden in Bezug auf den Menschen, auf den hin dies Sein ist. So ist das Entzogensein der Grundcharakter der Wirklichkeit, was von großer Wichtigkeit ist gerade für den griechischen Wirklichkeitsbegriff, der uns bald begegnen wird bei den Vorsokratikern, die es ja zu tun haben mit der umgebenden Wirklichkeit. All diese Begriffe, die wir nun kennengelernt haben, weisen immer wieder auf die Grundtatsache, daß das Wirkliche scheinhaft sein kann und entzogen, und daß es bestimmte Vorgänge gibt, wo das Scheinhafte sich in Wirklichsein verwandelt, das Meinen in festes Wissen, das Trübe in Klarsehen, das Entzogene in das Unentzogene, das Verdeckte in Offenbarsein. All diese Stufungen sind das, was in stärkstem Maße die Vorstellung der Griechen von der Wirklichkeit konstituiert. Sie sehen, wie von dem Begriff *aletheia* zu den vorher behandelten Begriffen eine klare Linie führt.

25.

Wir werden heute noch einen letzten Begriff zu behandeln haben, die wohl genialste griechische Seinsvision, die auch den größten Erfolg in der Welt gehabt hat und mit der wir dies Kapitel abschließen können: *physis,* ›Natur‹. Im Deutschen haben wir dafür die lateinische Form *natura,* und zwar als Fremdwort, ohne daß es irgendwie angeglichen worden wäre, abgesehen von dem weggelassenen *a* der Endung (wobei aber das lateinische Wort selbst wieder aus dem Griechischen stammt als Bedeutungslehnwort). Und doch ist es uns so vertraut, daß es z. B. jederzeit auch in einem lyrischen Gedicht stehen kann. Das andere Bemerkenswerte ist, daß das Wort, soviel ich weiß, in alle europäischen Sprachen eingegangen ist und dort weiterlebt, verschieden ausgesprochen: im Italienischen voll, englisch mehr gequetscht, aber es ist doch dasselbe Wort. Soweit ich unterrichtet bin – und ich sage es ausdrücklich mit dieser Einschränkung – gibt es auch sonst nirgends auf der Erde ein Äquivalent dafür, das selbst gewachsen wäre. Das weist schon darauf, daß es sich bei diesem Wort um eine höchst eigenartige und bedeutungsvolle Konzeption handelt.

Das alte lateinische Wort kommt offenbar von *nasci*, ›geborenwerden‹, und findet sich zumal in Schriften über Tierzucht und im landwirtschaftlichen Bereich. Im strengeren Sinne bezeichnet *natura* die Gebärpforte am Muttertier, den Ort, wo die Geburt geschieht. Dies ist dann benutzt worden, um das griechische Wort *physis* wiederzugeben. Also keine Neubildung und auch keine Übernahme, sondern ein vorhandenes Wort wird von seinem sehr speziellen Ursprung gelöst und nun für etwas verwendet, was die fremde Vorstellung beinhaltet; eine Entwicklung der Sprache, die wir auch sonst kennen. Man hat es also verstanden als etwas, das mit der großen Erscheinung des Werdens zu tun hat. Wir werden gleich sehen, daß das ganz richtig ist. Wann diese Übertragung stattgefunden hat, können wir nicht sagen; sehr früh, ehe die lateinische Literatur für uns beginnt (was ziemlich spät ist). Das also war der Weg, und wir werden somit zurückverwiesen auf das griechische Wort als das eigentliche Urwort, das der griechischen Sprache unmittelbar entkeimt ist.

Wie gesagt, es ist zum Glück so durchsichtig in seiner Bildung, daß wir es deutlich verstehen können. Der Stamm ist *phy* wie in dem Verb *phyo*, dazu die Endung *-sis*, die eine Aktion bezeichnet, gegenüber der auf *-ma*, die das Einzelding meint. Wir haben auch *phyma*, das Gewächs im medizinischen Sinne etwa, *phytón*, das Gewächs als Pflanze, und noch eine Reihe anderer Wörter. Bei *physis* ist zweierlei klar. Die Grundbedeutung, die im Stamm steckt, ist soviel wie ›wachsenlassen‹, ›hervortreiben‹, medial ›wachsen‹. Also ein Hervortreiben wie ein Baum Blätter treibt oder ein Tierleib Hörner. Die Bildung mit *-sis* ist nun wichtig, weil sie eine Tätigkeit bezeichnet, ein In-Funktion-Sein. Wir wollen dabei dahingestellt sein lassen, wieweit dieser Stamm zusammenhängt mit *bhu*, lat. *fui*, deutsch ›bin‹, oder vielleicht auch *bûan*, was dann eine Art lebendiger Bau heißen würde. Aber so nahe das zu liegen scheint, so unsicher ist es auch. Wir brauchen es auch nicht, wenn auch die Vorstellung von etwas Gebautem immer mit in dem Wort enthalten ist. Wichtig ist dagegen, daß wir uns im Umgang mit dem Wort von etwas lösen, das erst bei uns hineingekommen ist – bei den Römern auch noch nicht –, nämlich daß die Natur etwas Gegebenes, Objektives, Festes, Statisches sei, von dem man im Alltag spricht als von der ›Natur da draußen‹, als Kollektiv von all dem, was es da gibt. Man macht einen Ausflug in die schöne Natur usw. Diese Vorstellung der Natur als etwas kollektiv Gegebenen, dem Menschen Gegenüberstehenden, des ganz Anderen – wie übrigens auch bei ›Kosmos‹ – ist insofern geradezu verhängnisvoll, als diese so gefaßte Natur denn auch zum Objekt unseres Forschens wird, mit dem wir machen können, was wir wollen. Sie ist uns unterworfen, wir machen ihre Kräfte uns dienstbar, und so wird sie schließlich zu nichts anderem als einem großen Ausbeutungsfeld und Energielieferanten, dem man für seine Zwecke abzugewinnen sucht, was man nur kann.

Dem steht gegenüber die ganz andere Bedeutung des Wortes Physis, das schon durch seine Endung *-sis* niemals solch objektiven Bereich umfassen kann, sondern ein Walten und Wesen darstellt, ein ganz umfassendes Walten und Wesen im Sinne eines Hervortreibens und Wachsenlassens. Es ist charakteristisch, wenn man die Natur als ganze bezeichnen will, daß man nicht einfach sagen kann *hē physis*, sondern das Kollektiv der seienden Dinge muß umschrieben werden mit *physis tōn ontōn*, lat. *natura rerum*, wie auch der Titel des großen Gedichtes des Lukrez ›Über die Natur‹ lautet. Erst dadurch wird jenes Objektive bezeichnet, was der Naturbegriff selbst nicht hat, der nur die ›lebendige Gewachsenheit‹ bezeichnet, um es nun in der Übersetzung wiederzugeben.

Von diesem Stamm und dieser Endung her also kommen wir zu einer großartigen Grundvision. Es ist die Konzeption, daß alles, was an Erscheinungen um uns herum sich andrängt, verstanden werden kann als eine einzige, zusammenhängende, große, lebendige Form des Waltens, derart, daß da ständig hervorgetrieben wird, etwa bei der Pflanze; der Begriff ist zunächst aus dem pflanzlichen Bereich zu verstehen, wo ja ständig Wachstumsvorgänge gesetzlicher Art sich vollziehen, wo aus einem Keim sich etwas Lebendiges entfaltet in einer Art, die immer gleichzeitig gesetzlich ist. Das Besondere, das die Pflanze zeigt gegenüber etwa dem Tier, ist, daß es bei ihr doch stark mathematisch ist, wie sich aus dem Keim eine bestimmte Wesensgestalt entfaltet und verschiedene Phasen der Entwicklung durchmacht. Jede Pflanze hat eine ganz bestimmte Form der Blätter und des Stengeldurchschnitts, einen bestimmten Blattstand um den Stengel herum und eine bestimmte Form der Blüte, die sich auch zahlenmäßig erfassen läßt, so daß wir hier das Doppelte fassen: das Lebendige, die Bewegung, und in der

Bewegung wieder die Gesetzlichkeit, die dabei eingehalten wird. Dies beides ineins führen wir auf eine Kraft zurück, und diese Kraft ist die Physis.

Dies Ineinander von lebendigem Wachstum und Gesetzlichkeit wird nun übertragen auf den großen umfassenden Seinsaspekt. Für den Griechen ist alles, was sich um ihn her vollzieht, im kleinsten Wölkchen wie im großen Weltmeer, Kosmos, ›Ordnung‹ und zugleich Physis. Überall sieht er dieses lebendige Walten, das sich zeigt in gesetzmäßigen Formen. Es gibt nichts in der Welt, das bloß chaotische Kraft wäre; insofern es sich bezeugt, ist es immer auch schon geformte Kraft. Das ist das Wesen des Lebens: Dynamik, die sich immer geformt äußert. Man könnte sich durchaus hineindenken in eine andere Erklärung der Natur, die das nicht hat. In Ägypten etwa, wo die Erscheinungen ungeheuer sachlich gefaßt werden, aber dieser Physis-Aspekt der Natur sichtlich fehlt. Die inneren Auswirkungen eines solchen Aspektes kann ich jetzt nicht durchführen. Nehmen wir nur die Wirkung auf die bildende Kunst allein, die bei uns ganz von dieser Auffassung her bestimmt ist, bis hinein in die moderne Kunst. Es geht also nicht nur die Wissenschaft an; es gibt eine Fülle von Erscheinungen, die nur denkbar sind, wo einmal dieser Aspekt den Dingen abgewonnen ist. Es war eine der größten Entdeckungen des Griechenvolks in einer Zeit, die wir nicht mehr erfassen können.

Die Stelle, wo das Wort uns zum erstenmal entgegentritt, ist bedeutungsvoll genug: Odyssee 10, 302ff., wo Odysseus seine Gefährten verloren hat, die bei Kirke in Schweine verwandelt wurden, und sich nun auf den Weg macht, um sie zu suchen. Dabei kommt er durch einen tiefen Wald, und dort begegnet ihm der Gott Hermes in der Gestalt eines freundlichen jungen Mannes, der ihm helfen will, und er tut das, indem er ein Zauberkraut aus der Erde zieht, das ein Gegenzauber gegen den Zauber der Kirke ist, wie sich dann in der späteren Handlung erweist. Entscheidend ist die Stelle, wo der Gott dem Odysseus das Kraut gibt. Es heißt: er zog es aus der Erde; für sterbliche Menschen wäre es nur schwer zu ergraben gewesen, der Gott aber findet es leicht, und es hat den Namen Moly. Und als er es herausgezogen hat, *zeigt* er es dem Odysseus, zeigt ihm, wie der Dichter sagt, daß es schwarz ist an der Wurzel, aber wie Milch die Blüte. Das so Gezeigte nennt der Dichter die Physis der Pflanze. Hier ist klar, daß die nähere Ausführung charakterisiert, was in dem Begriff liegt, und zwar von den beiden Extremen aus: der Wurzel und der Blüte, womit wohl die ganze Pflanze gemeint ist: ihr Bau, ihre Gewachsenheit. Es ist eine wunderbare Szene, die mich immer sehr bewegt hat, wie hier, so früh in der Dichtung, dies Zauberkraut nicht so wie sonst im Märchen das besonders Wunderbare ist, mit goldener, mächtiger Blüte, starkem Duft usw. Der Aspekt des Wunderbaren fehlt fast ganz bei den Griechen, sie hatten sehr wenig Sinn dafür. Und doch ist es höchst wunderbar, wie hier in dieser Heldenwelt der Gott und der Held dastehen, über eine Pflanze gebeugt, und sich ihre Gewachsenheit ansehen. Dies Interesse am einfach Seienden, dies ruhige Betrachten ist schon ein Grundzug des Griechischen, der sonst, soweit ich sehe, nicht vorkommt, dieses gelassene Staunenkönnen über das Selbstverständliche, von dem ich schon früher gesprochen hatte. – Entscheidend ist, daß auch hier mit dem Wort *physis* die Grundbedeutung der Gewachsenheit gemeint ist, also der eine jener beiden Aspekte, wobei der andere des Wachsenlassens gleichsam geronnen ist und verfestigt im einzelnen Gegenstand. Man könnte es zugleich mit ›Wesen‹ und ›Gewachsenheit‹ wiedergeben. Von dieser Grundbedeutung her kann das Wort bei einzelnen Gegenständen die Bedeutung von ›Beschaffenheit‹ gewinnen, aber immer als Gewachsenheit, Grundbeschaffenheit von etwas. So sprechen wir noch heute von der Natur einer Sache, des Staats z.B., womit wir die Grundform meinen, aber zugleich als etwas Lebendiges und Gesetzmäßiges, nichts Zufälliges, von außen Kommendes, wenn es auch, wie beim Staat, ein Gebilde des Menschen ist. Überall stoßen wir bei Dingen, die wir betrachten, auf diese Weise der natürlichen Gewachsenheit.

Betrachten wir nun, wie Aristoteles es interpretiert hat, in den wichtigen Partien ›Physik‹ 2, 192b 8-194b 15, ›Metaphysik‹ 5, 1014b 16ff. Da ist es so, daß er ausgeht davon, daß die Physis in den großen Bereich des Werdens gehört, der Genesis, des Werdens der seienden Dinge, und daß er dann ›Physis‹ interpretiert als den Werde-Prozeß jener Dinge, die den Ursprung der Bewegung in sich selber tragen. Nüchtern und sehr gut. Man muß wissen, daß Aristoteles mit ›Bewegung‹ die verschiedensten Formen der Veränderung meint, unter denen die Ortsbewegung nur eine ist, auch chemische Veränderungen etwa gehören dazu, und ebenso wachsen und schwinden. Da ist Physis nun ein derartiger Werde- und Produktionsprozeß, für den charakteristisch ist, daß er keinen Anstoß von außen erhält, sondern den Ursprung in sich selber trägt. Wir können ja nie sagen bei etwas Natürlichem, wo sein Ursprung herkommt, wenn man nicht in die Metaphysik und Theologie übergeht und sie auf einen Ersten Beweger, d.h. Gott, zurückführt, wie es Aristoteles tut; aber wir wissen auch keine bessere Auskunft. Wenn man einmal davon absieht, ist es für die Physis charakteristisch, daß sie ihren Ursprung in sich selbst hat, während technische Prozesse zwar ähnlich verlaufen wie die natürlichen – außerordentlich ähnlich, nach Aristoteles –, aber den Ursprung ihrer Bewegung außer sich haben, sie verlangen den Menschen, der den Anstoß gibt. Das ist die eine Definition.

Die zweite ist, daß Physis, ähnlich wie die ›Gebärpforte‹ des lateinischen Worts, den Bereich bezeichnet, aus dem heraus alles Werden und Wachsen geschieht. Also nicht nur der Vollzug des Werdens, sondern auch das Woher. Aristoteles nennt es *próte hýle*, ›erste Materie‹. Auch das ist klar aus der alten Auffassung, wonach es nichts Totes gibt, sondern der große Urgrund, aus dem alles hervorgegangen ist, selbst die Kraft in sich trägt, mit der er die Dinge aus sich hervortreibt. ›Materie‹, wie wir *hyle* übersetzen, ist also nichts Materielles, hat überhaupt nichts zu tun mit unserem modernen Materiebegriff, sondern das erst spät in diesem Sinne aufkommende Wort – erst bei Aristoteles, vorher heißt *hyle* einfach ›Holz‹ oder ›Wald‹ – ist immer gedacht als Komplementärbegriff zur Form. Es gibt keine absolute Materie, nur immer Materie für etwas. Alles kann für alles Materie sein, eine Gruppe lebendiger Menschen z.B. für ein Theaterpublikum oder einen tragischen Chor. Es ist ein Aspekt jeweils auf das Seiende hin, unter dem alles erscheinen kann als etwas, das für etwas anderes als Träger dienen kann und dann ein bestimmtes *eidos*, eine Form verkörpert. Das ist ebenso mit dem lateinischen *materia*, ebenfalls zunächst ›Bauholz‹, dann ›Baustoff‹ allgemein. Wer das festhält, kann gar nicht darauf kommen, den Materialismus als eine mögliche Weltanschauung zu betrachten. Der Begriff der Form würde immer mitgedacht werden müssen; undenkbar, daß die Materie selbst Fähigkeiten haben sollte, um sich hoch zu organisieren, ein Grieche würde das gar nicht verstehen. Materie ist nur ein Aspekt neben dem anderen der Form oder des *eidos*, beides steht in einem Korrelatsverhältnis für das antike Denken. So kann auch die Physis als heilig verstanden werden, das große erste Heilige, der Bereich der Elemente, die für den Griechen lebendig sind, nicht tot, noch in der Zeit des Aristoteles.

Denn als drittes muß bei der Physis immer mitgedacht werden, daß bei ihrem Walten aus einem Urgrund immer zu beobachten ist eine Gerichtetheit. Physis ist *per definitionem* immer gerichtet, auf ein *telos* ausgerichtet, was in unserem Denken als Teleologie so viel Unheil angerichtet hat. Man kann darunter nämlich ebensogut Zwecktätigkeit wie Zweckstrebigkeit verstehen, was total verschiedene Dinge sind. Auch in der modernen Naturwissenschaft, die jede Teleologie streng ablehnt, weil der Begriff zu unklar ist, kann man durchaus von einer gewissen Gerichtetheit sprechen. Es ist klar, daß alles Geschehen der Natur nicht bloß von *einer* Ursache herzuleiten ist. Nach Aristoteles gibt es vier: die materielle Ursache, die formale, die eigentlich kausale und dann noch das *telos* als letzte Ursache (›Physik‹ II 3, 194b 23ff.). In ›Über die Teile der Tiere‹ I 1, 642a 3ff. heißt es: Es ist klar für jeden, der mit der Natur Bescheid weiß, daß es bei ihr nicht nur eine Ursache gibt, die *causa efficiens*, sondern daß hinzukommt die *causa finalis*, jene Gerichtetheit; und er fügt sehr bärbeißig hinzu, daß, wer nicht versucht, dies beides immer gleichzeitig zu verstehen, überhaupt nicht von der Natur redet, weil diese Doppelheit von Bewegtsein von etwas her und Gerichtetsein auf etwas hin, die *hyle* wie die Verwirklichung einer neuen Form, fest zum Wesen der Natur gehört. –

Das war etwas gedrängt referiert, aber ich hoffe, daß die Grundvorstellung so einfach ist, daß sie unmittelbar klar geworden ist. Ich habe auch einen Aufsatz geschrieben: Natur und Technik bei den Griechen; wo die Hauptstellen besprochen sind. – Charakteristisch also für diese Physis ist, daß sie nicht statisch ist, sondern ein Wesen und Walten, analog zu Wachstumsvorgängen im Pflanzenbereich; man kann es im einzelnen auch als die Gewachsenheit bezeichnen, die aus einem solchen Wesen und Walten hervorgeht. In diesem Sinne ist Physis etwas ganz Umfassendes, nicht Objekt, sondern durchaus Subjekt, sie handelt, tut, stellt zusammen usw., was alles Aristoteles ihr zuspricht: jede Art vernünftigen Tuns, gesetzmäßigen und vernünftigen Handelns. Es ist erstaunlich, wie stark dieser Begriff der Physis bei den Vorsokratikern ins Zentrum rückt, die sich ja mit diesem eigentümlichen Wesen abgegeben haben. Und doch scheinen es zuerst die Mediziner gewesen zu sein, die die ersten wirklichen Erfahrungen damit gemacht haben. Das ist ganz verständlich, die Physis tritt uns unmittelbar am menschlichen Körper entgegen, eher als in Wind, Wolken und Sternen. So stehen auch entscheidende Dinge über die Physis im Corpus der griechischen Mediziner. Ein Arzt z.B. tat den Ausspruch, daß über das, was Physis ist, nirgends so genaue Kenntnis gewonnen werden kann wie bei der Heilkunst. Es ist deutlich, wie der Begriff sich dann in andere Bereiche hineinbegibt und dort bedeutungsvoll wird, z.B. in der Geschichtsschreibung des Thukydides, der sein Bild des Geschehens ganz auf der menschlichen Natur aufbaut und etwa sagt, daß die Greuel kein Ende nehmen werden, solange die menschliche Natur die gleiche bleibt (III 82). Er meint also nicht, daß diese Natur an der Basis entscheidende Mutationen erfahren würde. Alles, was im Geschehen vor sich geht, ist nach Thukydides aber nicht allein darauf gegründet, sondern es gibt auch die Tyche, das Zusammenkommen von Ereignissen, die wir als Zufall verstehen. Es gibt den Bereich des Zufalls im Geschehen, aber nur als eine Komponente, neben – nicht so sehr der Vernunft, als der gesamten Natur des Menschen, dem, wie er nun einmal als Mensch gewachsen ist, bis in seine Affektformen hinein, aus denen die Anlässe des Handelns sich erheben. Das ist bei Thukydides deutlich kategorial entwickelt, von der Natur des Menschen im Hinblick auf das Feld des Geschehens. Bei Aristoteles ist es dann so, daß die Physis größte Bedeutung für die ganze Philosophie gewinnt, da er sie aufbaut zumal auf der Vorstellung der Bewegung. Ich kann nicht genauer darauf eingehen, und wie das zumal heute in unserer eigenen Naturwissenschaft neu von Bedeutung geworden ist. Entscheidend müssen wir nur hervorheben, daß auch für diesen nüchternen griechischen Denker die Natur immer das lebendig Handelnde ist, nie Objekt wird, sondern immer ein Du, nicht bloß ein Es. Sie wird als göttlich verstanden, nicht einfach, daß sie ein Gott sei, dazu ist sie zu unbestimmt, sie ist ein Prinzip, und das nennen die Griechen nicht Gott, aber neben den Göttern gibt es andere fruchtbare Aspekte auf das Seiende hin.

Indem wir das Ganze des Seienden unter diesem Aspekt sehen als ein sich entfaltendes Wachsen und Walten, das heilig und göttlich ist, haben wir die Naturvorstellung, die bei den Griechen gültig bleibt bis zum Ende der Antike. Der größte Unterschied des modernen Naturbegriffs von dem antiken liegt darin, daß sie nun säkularisiert wird im christlichen Bereich, zumal bei Descartes mit seiner Trennung von *res extensa* und *res cogitans*, wo der denkende

Geist des Menschen gegenübergestellt wird der ganzen übrigen Welt, zusammengefaßt in dem abstrakten Begriff der Ausdehnung. Dies große, treibende Wesen, bei dem Form und Leben primär zusammengehört, wird jetzt zur Materie unter dem Aspekt der Ausgedehntheit, noch dazu nicht mehr göttlich durchwaltet, sondern nur Schöpfung. Erst wird sie auch so noch wenigstens von Gott her gesehen, sehr bald aber empfindet man mehr das Getrenntsein. Bei Kepler hat sie noch den Charakter des Heiligen, dann ist sehr bald all das verschwunden, vor allem seit Newton, und der heutige Zustand erreicht, wo die Natur als ein riesiges Feld vor dem Menschen liegt, auf dem er sich als Forschender oder Ausbeutender nach Belieben bewegen kann, während die, die den richtigen Blick für sie haben, die geistig Ohnmächtigen sind, nämlich die Dichter, eine kleine Gruppe, die den antiken Naturbegriff lebendig weiterbewahrt hat. In allerneuester Zeit ist auch bei Naturforschern der Weg einer Betrachtung aufgekommen, die sich der griechischen Anschauung wieder zu nähern scheint, aber man kann noch nicht sagen, wie es weitergehen wird.

Soweit im wesentlichen über die griechische Naturkonzeption. Es ist klar, daß dieser umfassende Entwurf von größter Bedeutung werden mußte für alles folgende, was dann noch bei den Griechen aufgekommen ist, z. B. den Aristotelischen Begriff der Entelechie, der weitergewirkt hat bis auf unsere Zeit, Leibniz etwa u. a. Danach wird das Wesen betrachtet als das Dauernde in der Verwandlung, was jedes Naturwesen an sich hat im Wachstum, wobei sich manche Erscheinungen so stark verändern, daß man sie nicht wiedererkennen würde als das gleiche Grundwesen. Aber daß es das gibt: ein Grundwesen, das immer das gleiche ist und sich in allen Verwandlungen durchhält, diese Grunderscheinung ist es, was Aristoteles die Entelechie nennt, und zwar vor allem im Hinblick darauf, was schließlich am Ende daraus entsteht. Beim Huhn also etwa vom Keim, dem Ei, über das Kücken bis zur ausgewachsenen, eierlegenden Henne oder dem Hahn. Es ist deutlich, wie damit nur das, was die Physis ist, noch schärfer gefaßt ist. So könnte ich eine Fülle von Dingen bei Aristoteles auf diesen Aspekt zurückführen, auch die Zerlegung von Dynamis und Energeia und manches andere. – Damit sei dieses Kapitel abgeschlossen, und im nächsten Teil wollen wir uns den eigentlichen Vorsokratikern selbst zuwenden.

Teil II

1.
Thales

Nachdem wir im ersten Teil dieses Kollegs in einer umfassenden Einleitung von den Ursprüngen der griechischen Philosophie gesprochen hatten in den drei großen Hauptbereichen der Sprache, der Religion und der Dichtung, wende ich mich heute den eigentlichen Anfängen zu und beginne mit Thales von Milet, der auch in den Philosophiegeschichten meist am Anfang steht.

Dazu muß ich eine kurze Einleitung vorausschicken über die Überlieferung der frühen Vorsokratiker überhaupt. Wir dürfen, insofern wir wissenschaftlich verfahren, niemals nur ein Buch aufschlagen und meinen, wir hätten es dann: hier steht es und darum ist es so. Wir müssen uns vielmehr Rechenschaft darüber geben, wie wir zum Wissen gelangen. Diese Vergegenwärtigung ist es, die wir brauchen in der Wissenschaft, wenn wir ehrlich verfahren wollen und uns nicht auf das verlassen, was wir irgendwo finden. Das bedeutet in unserem Falle die Vergewisserung der Überlieferung, die zwischen dem sechsten Jahrhundert v. Chr. liegt und dem Buch, das wir heute in der Hand halten: wie es dazu gekommen ist, daß wir dieses Buch überhaupt haben; denn wir werden uns selber sagen, daß das ja nicht selbstverständlich ist. Erst wenn wir uns von dem naiven Glauben an Bücher befreit haben, wie wir ihn zunächst wohl alle haben, kommen wir dazu, mit den Dingen arbeiten zu können. Aber wir müssen uns nicht nur Rechenschaft darüber geben, wie es dazu kommt, daß wir etwas wissen, sondern auch, wie dieses Wissen jeweils geformt ist und geformt war, als es auf uns gekommen ist. Das erst nennen wir Überlieferung: nicht nur ein zufälliges Strandgut der Zeiten oder bloßes Überbleibsel wie etwas in Gräbern Gefundenes, sondern der lebendige Prozeß, an dem Wille und Erkenntnis vieler Menschen lange Zeiten hindurch beteiligt waren; bestimmte denkerische Kräfte, die zusammengeführt wurden, damit etwas bestehen bleibt. Tradition ist nichts Totes, sondern etwas höchst Lebendiges, vergangenes Leben, in dem künftiges Leben aufbewahrt ist.

Von den Vorsokratikern wurden nicht einfach Bücher als ganze überliefert, wie dann von Platon und Aristoteles, sondern durch einen komplizierten Überlieferungsprozeß, von dem ich im einzelnen jetzt nicht sprechen kann, haben wir nur Fragmente, die dann in dem grundlegenden Buch von Diels gesammelt wurden. Fragment bedeutet, daß ein Wort lediglich zitiert vorliegt bei anderen Autoren, oder daß die Lehren eines Früheren bei einem Späteren berichtet werden. Die Vorsokratiker sprechen also vielfach nicht im eigenen Namen zu uns, sondern ihre Worte stehen überall verstreut. Wenn wir uns Diels ansehen, so finden wir, daß eine große Rolle für die Überlieferung das Philosophiebuch des Diogenes Laertius gespielt hat; ein später Autor, der viele Lebensbeschreibungen bringt. Wieder andere interessierten sich mehr für das Schriftstellerische, andere für die philosophischen Meinungen, so etwa Cicero und Seneca, aber auch Griechen, dann kamen historische Gesichtspunkte hinein, später auch christliche usw. In welchem Zusammenhang auch immer diese Leute also Stellen zitieren, hat man sie herausgenommen und zusammengestellt in unendlicher Arbeit. Solch zerstreute Überlieferung nennt man eine indirekte.

Dann ist die nächste Aufgabe, das alles zu prüfen. Denn ein Autor zitiert einen anderen immer in bestimmten eigenen Gedankengängen. Wieweit entspricht das, was er zitiert, wirklich dem Gemeinten, oder wieweit hat er es auf seine eigenen Gedanken hin zurechtgebogen? Wenn er wörtlich zitiert, gleichsam Anführungsstriche setzt, ist es gut, aber das ist bei den wenigsten der Fall, meist haben wir nur Berichte. Schwierig wird es z.B., wenn es von Thales heißt, er habe als die Arché von allem das Wasser gesetzt. Hat er wirklich diesen Ausdruck *arché* gebraucht, oder nimmt der Berichtende den ihm geläufigen Ausdruck für die Interpretation dessen, was der andere gesagt hatte? Die Philosophiegeschichte hat diese Behauptung meistens gläubig hingenommen, noch bis in die neuesten Handbücher. Und doch ist wahrscheinlich in dieser Aussage jedes Wort falsch; sie sagt, was Thales gemeint hat, aber sagt es in anderer Weise. Hier ist retrospektiv etwas in ein Denken ganz anderer Art hineinprojiziert worden, und so werden Thales Begriffe in den Mund gelegt, von denen er keine Ahnung hatte. Das ist aber wichtig, wenn man die Dinge an sich selbst betrachtet, nicht nur im Licht einer allgemeinen Menschheitsphilosophie. Sie sehen, wie schwierig es dadurch wird, daß viele Zitate nur als Berichte vorliegen, gefärbt durch den Berichtenden. Eine andere Frage ist die, wo die größere Glaubwürdigkeit liegt: Bei Späteren oder Früheren? Das Frühere ist nicht notwendig besser. Und so gibt es Fragen über Fragen.

Dies alles durchdacht und so geordnet zu haben, daß wir heute mit den Dingen arbeiten können, ist das Verdienst von Hermann Diels, dessen Werk später von Kranz weitergeführt wurde. Er selbst war Gymnasiallehrer, aus der Bonner Schule, ein Freund von Wilamowitz, auch Zeller nahestehend, der die erste umfassende griechische Philosophiegeschichte geschrieben hatte auf der Grundlage der Hegelschen Philosophie. Diels hat sich, als außerordentlich klarer und technischer Denker, mit der Masse dieser Überlieferung auseinandergesetzt, sie geordnet und ein riesenhaftes Stemma herausbekommen, das aus der Antike bis in die Spätantike und zu den Kirchenvätern reicht. So hat er das ganze System der griechischen Überlieferung durchverfolgt und gezeigt, daß dies alles schließlich zurückgeht auf das entscheidende Buch des Aristoteles-Schülers Theophrast, das wir ansetzen und versuchen müssen zu rekonstruieren: *Physikôn dóxai*, ›Lehrmeinungen der Physiker‹, womit er die alten vorsokratischen Philosophen meint. Dies Buch des vierten Jahrhunderts v. Chr. ist die erste große Zusammenfassung der alten Überlieferung in einer Zeit, als die Schriften noch da waren und man gute Berichte und Zeugnisse hatte. In diesem Buch waren sie alle beisammen, natürlich geformt von der Aristotelik. Das hat dann in der Antike weitergewirkt; man hatte die Dinge meist nicht mehr selbst, sondern wo sie zitiert sind, bezog man sie aus dieser Quelle. Diese Entdeckung war die große Tat von Diels, die er seinem ersten Werk zugrundelegte, dem Wegbereiter der späteren Sammlung, den ›Doxographi Graeci‹. Dies Buch hat Diels noch als Oberlehrer 1877 in der Berliner Akademie eingereicht und einen Preis bekommen, woraufhin er Mitglied der Akademie wurde und sich nun der Wissenschaft widmete. Lange danach folgte dann die Ausgabe der Fragmente der Vorsokratiker, die große architektonische gelehrte Leistung, einzigartig in der Unerschütterlichkeit dessen, was hingestellt wurde. Im Eigentlichen ist es nie wieder angefochten worden, wenn es auch ständig weiter bearbeitet werden muß.

Wenn also Thales auf uns gekommen ist, so beruht das darauf, daß Theophrast im Sinne seines Lehrers Aristoteles dieses Buch geschrieben hat, das in der ganzen Antike gekannt und benutzt worden ist. Aristoteles ist es bekanntlich, der die griechischen Denker zum erstenmal wirklich befragt hat, der den eigenen philosophischen Gedanken zurückbeugt auf Älteres, wobei er das Ältere als Vorstufen des eigenen Denkens faßt, als eine bestimmte

Weise der Wahrheitsfindung, die er ganz ernst nimmt. Aristoteles ist damit der erste – anders als Platon, der rein produktiv denkt –, der sich kümmert um die Problemgeschichte. Er meint, daß die alten Weisen zum Teil immer schon die Wahrheit erfaßt hätten, daß also die Späteren sie verhören und mit dem eigenen Logos prüfen müßten. So hat er in seiner ›Metaphysik‹ den kurzen Abriß einer Philosophiegeschichte gegeben, von der ich gesprochen hatte (o. S. 19ff.). Insofern steht Aristoteles am Anfang der Philosophiegeschichte. Es ist klar, daß in einer solchen Geschichte, die abhängig ist von seinen eigenen denkerischen Tendenzen, dann das eintritt, was ich nennen möchte retrospektive Verformung des Materials. Es kann nicht anders sein, als daß gerade ein produktiver Denker von seinen eigenen Gedanken ausgeht und daraufhin das Alte verhört. Er fragt nach dem, was ihn selber interessiert, und so ist es auch geblieben bis in die allermodernste Zeit nach dem Historismus, die sich wenigstens bemüht, das zu finden, was eigentlich gewesen ist; wobei sie trotzdem nicht sicher ist, ob nicht auch diese Frage in Wahrheit ihre eigene ist. Die Folge davon ist, daß überall, wo die Fragmente nicht wörtliche Zitate sind – was es auch gibt –, die spätere Begrifflichkeit dem früheren Denken untergeschoben ist.

Ich habe das so breit ausgeführt zur Warnung für das praktische Umgehen mit den Fragmenten, also mit dem Werk von Diels. Man muß diese Tatsache der retrospektiven Verformung kennen und in sein Lesen mit einschalten. – Nachdem ich über die Entstehung dieses Werks gesprochen habe, möchte ich noch einen Hinweis geben für seine Benutzung. Das Werk ist so angelegt, daß bei den einzelnen Denkern – früher fing es mit Thales an, der jetzt an 11. Stelle steht, weil ältere Denker davorgerückt sind – jeweils der erste Teil A zusammengefaßte Berichte über Leben und Lehre gibt, in Kleindruck gesetzt, dann Teil B die Fragmente selbst, das wörtlich Überlieferte gesperrt. Dazu jeweils die Übersetzungen des wörtlich Zitierten unter dem Strich, von denen Diels in schöner Bescheidenheit gesagt hat, er habe sie beigefügt, damit man kontrollieren könne, wieweit er die Dinge verstanden hätte. Gerade von diesen Übersetzungen sind starke Wirkungen ausgegangen. Sie sind heute teilweise stark verändert, nicht immer zum Guten, weil sie gegenüber dem einfach Rationalen der ersten Fassung oft stark ins Subjektive gehen. Dann folgt noch ein Abschnitt C, der Zweifelhaftes enthält, entweder klare Fälschungen oder wo Verdacht besteht, daß es untergeschoben worden sei. Weiter ist in den späteren Auflagen ein kritischer Apparat beigegeben, der die Probleme in knapper Form gibt. Die Fragmente werden durchgezählt, was eine einfache Zitierung ermöglicht. Das alles ist musterhaft in seiner Klarheit.

Noch einmal: es ist falsch zu meinen, weil etwas unter ›Lehre‹ steht, daß das dann auch die Lehre des Thales gewesen sei. Es ist das, was der Betreffende darüber mitteilt. Nietzsche hat gesagt, daß die Art, wie ein Philosoph einen anderen versteht, notwendig das Mißverständnis sei. Das mag zu weit gehen, aber daß produktives Denken das Hinnehmen einer Autorität aufhebt, ist wohl klar. So können wir uns nur auf das Wörtliche stützen. Außerdem müssen wir hinzubringen, was wir wissen von den Möglichkeiten der Zeit und des Denkens der Zeit, um abzugrenzen, ob und wie damals ein Gedanke gedacht werden konnte, den Aristoteles etwa in bestimmter Form mitteilt. So lassen sich vielleicht spätere Schichten abheben, und das ist nicht so einfach, zumal es immer nur Bruchstücke sind in den Gedankengängen späterer Denker. Das eigentliche Arbeiten damit ist also nicht Sache des Anfängers. Soviel zur Benutzung. – Für weitere Literatur verweise ich auf die Einleitung in den ersten Teil dieses Kollegs (o. S. 38 ff.), wo ich die Hauptwerke eingehend besprochen habe.

Ich komme nun nach dieser Einleitung zu Thales und den Milesiern selbst und will gleich noch einmal betonen, daß es falsch ist, von einer ›milesischen Schule‹ zu sprechen, wie das immer noch in allgemeineren Büchern geschieht. Die Bezeichnung ›Schule‹ ist von den späteren Philosophenschulen genommen, die erst seit Platon und dann im Hellenismus bestehen, und trifft darum nicht zu auf die älteren Formen solcher Gemeinschaften. Es gab Gemeinschaften, aber mehr kultischer Art, wie auch noch die Platonische Akademie in ihren Anfängen. Selbst der Staat war damals noch eine solche Gemeinschaft verschiedener Kulte. Darum sollte man die Vorstellungen von den vier vorsokratischen Schulen möglichst beseitigen.

Weiter ist es eine retrospektive Verformung, wenn man von Thales und denen, die auf ihn folgen, überhaupt als ›Philosophen‹ spricht im Sinne der doxographischen Darstellung der Philosophiegeschichte, die auf Aristoteles zurückgeht. Noch in neuen Philosophiegeschichten kann man lesen, daß Thales der erste

Naturphilosoph gewesen sei, der in fast chemischem Sinn nach dem Urstoff gefragt habe. Man darf solche Bezeichnungen nicht ganz verurteilen. Wenn man zurückblickt auf die Anfänge des Denkens, die noch nicht in den festen Formen der späteren Zeit kanalisiert sind, brauchen wir irgendwelche Ordnungsprinzipien, um uns der Dinge zunächst zu bemächtigen. Aber wenn die Erkenntnis dann weitergeht, muß man versuchen, sie wieder zu überwinden und die alten Gedanken in der Form zu denken, in der sie gedacht worden sind, nicht nur Grundprinzipien allgemeinster Art in ihnen zu finden. Es ist sicher nicht ganz falsch, wenn man sagt, daß Thales mit seinem Ansatz des Wassers versucht hat, die Mannigfaltigkeit der Natur auf eine Einheit zurückzuführen. Die Vorstellung der Einheit in der Mannigfaltigkeit ist ein Denkmotiv bei ihm: die Reduktion des Veränderlichen, Wandelbaren auf Eines, das es trägt und die Erscheinungen begründet. Es geht für uns aber nicht darum, was er irgendwie im Blick gehabt hat, sondern in welcher Weise er es im Blick hatte. Thales hat weder mit philosophischen Begriffen gearbeitet noch spezielle Naturforschung getrieben. Man muß zunächst das heranziehen, was sonst noch von ihm überliefert ist, um sich eine richtige Vorstellung von seinem Denken machen zu können.

Da haben wir unter A bei Diels-Kranz einige alte Stellen über ihn aus Herodot. Einmal heißt es (Herodot I 170), er habe den Milesiern politische Ratschläge gegeben: sie hätten eine einzige große Ratsversammlung machen sollen für alle Ionier, ein gemeinsames Parlament, wie wir fast sagen können, so daß die autonomen Städte nur noch den Charakter von Bezirken gehabt hätten, abhängigen Gemeinden. Ein großartiger Gedanke, wie er die Macht des angrenzenden Lyderreiches sah und eine große politische Vereinigung verlangte unter einer gemeinsamen ionischen Regierung. Er ist natürlich nicht damit durchgedrungen, aber es zeigt, daß er ein Politiker war, der weit vorausschauende Ratschläge gegeben hat, wie sie in Hellas niemals verwirklicht worden sind. – Eine andere Stelle (Herodot I 74) erzählt, wie im Krieg zwischen Lydern und Persern plötzlich eine Sonnenfinsternis gekommen sei (vom 28. 5. 585, ein exaktes Datum auch für die Datierung), und Thales habe diese Sonnenfinsternis vorausgesagt. Diese Tatsache ist zweifellos historisch. Er hat sich also auch um die Himmelsdinge gekümmert. Wir sagen heute, das war nicht so schwer; die Babylonier hatten schon große Tabellen für diese

Erscheinungen. Aber es beweist die Beziehung, die Thales und die ionischen Griechen zu den Babyloniern hatten, eine Tatsache, auf die wir auch sonst kommen. Und wir sehen, daß er sich damit beschäftigt und auch in der Öffentlichkeit gewirkt hat durch eine solche Voraussage. Er war also ein Mann, der im Licht der Öffentlichkeit und des politischen Lebens stand. – Noch eine interessante Geschichte wird von ihm erzählt (Her. I 75), auch sie offensichtlich richtig. Es geht um den Kampf des Kroisos gegen Kyros am Halysfluß, und man sagte, daß Thales ihm den Übergang ermöglicht habe. Er hätte gesehen an der Art, wie der Fluß lief, daß es möglich war, oberhalb der Stelle, wo die Lyder standen, den Fluß zu spalten, vielleicht in einen alten Flußlauf abzulenken, was ohne große Mühe getan werden konnte. Hier erweist er sich also als Ingenieur, der mit klarem Blick eine solche Gegebenheit geologischer Art erkannte und auch die Möglichkeit fand, wie man sie benutzen konnte. – Es gibt auch Anekdoten über ihn, die bezeugen, daß er ein tüchtiger Geschäftsmann gewesen sei, der die scheinbar so fernliegende Wissenschaft und Weisheit zu sehr praktischen Zwecken angewandt habe. So die schon erwähnte Geschichte (o. S. 20), wie er einmal durch Vorausberechnung des Wetters aus den Sternen eine riesige Ölernte vorausgesehen habe (bei der Unsicherheit noch der modernsten Wettervoraussage nicht ganz glaublich), worauf er alle Ölpressen aufgekauft und ein gutes Geschäft gemacht hätte (Aristoteles, ›Politik‹ I 11, 1259a6). Wahr oder nicht, es zeigt dieselbe Art.

Das alles führt dazu, daß man von diesem frühen Denker die Vorstellung gewinnt, daß er als ein Mann der Tat und des praktischen Wissens mitten im Leben stand. Ich verweise auf die wichtige Abhandlung von W. Jaeger in den Berliner Sitzungsberichten 1928: Über Ursprung und Kreislauf des philosophischen Lebensideals, jetzt: Scripta minora I 347. Jaeger zeigt, wie zwei verschiedene Auffassungen in der Zeit des Platon und Aristoteles sich bilden und nebeneinander stehen. Die eine ist von Platons Sokratesbild her bestimmt, nach dem der Weise, indem er den Blick auf das Wesen der Welt und des Himmels wie die Tiefen der eigenen Seele richtet, nach außen hilflos ist. Es gibt Geschichten, die aus diesem Bereich kommen und auch auf Thales übertragen wurden. So, daß er einmal beim Gehen, nach oben guckend, in eine Zisterne gefallen sei und sich von einer thrakischen Sklavin, der schmutzigsten und dümmsten Art der Menschen, hätte auslachen lassen müssen: was das für ein weiser Mann sei, der nicht sieht, wo er hingeht. Es ist klar, wie diese Idee des weltfremden Weisen zusammengeht mit bestimmten Bildern des Philosophen, der den Weg zum Markt nicht kennt und sich entfernt hält von der Politik (Theaitet 173 c/d). Das hat bei Platon begonnen und sich dann fortgesetzt. Demgegenüber steht das andere Ideal des Weisen, wie es Aristoteles und sein Schüler Dikaiarch beschrieben (ein Mann, der stark auf Cicero gewirkt hat), wohl richtiger: die alten Weisen seien Männer des öffentlichen Lebens gewesen und hätten mit klarem Blick aus dem Bereich des praktischen Tuns ihre Sophia gewonnen und mit ihr wieder darauf eingewirkt. Dafür wird die Geschichte mit den Ölpressen herangezogen.

Ich habe auf all das hingewiesen, weil es in wichtige Denkmotive hineinführt, aber auch, um einmal den Boden zu gewinnen, auf dem wir bestimmen können, wie ein Mensch wie Thales etwa gewesen ist. Nicht Schulphilosoph und Lehrer, wie es spätere Philosophen wirklich waren. Er gehört zu den Sieben alten Weisen, wobei *sophía* noch eine Art Geschicklichkeit meint, die vom Praktischen ausgehend dann auch die höhere Erkenntnis mit umfaßt. Als solchen Menschen müssen wir ihn uns denken, ebenso wie seine beiden Nachfolger Anaximander und Anaximenes, von denen der eine eine Kolonie mitbegründet und noch manches andere getan hat, das von ihm überliefert ist. Nach alledem bleibt von der Auffassung eines ›typischen Philosophen‹ nichts übrig.

Wir müssen uns klarmachen, daß eben dieses Bild des tatkräftigen, lebensklugen Mannes, wie wir es nach den Quellen aufgebaut haben, auch das ist, was in diesem Jahrhundert zu erwarten war. Milet war damals eine bedeutende Handelsstadt, die seit dem Beginn der Kolonisation gewaltig ausgegriffen hatte, eine Hafenstadt mit den weitesten überseeischen Verbindungen, das Zentrum des buntesten und lebendigsten Lebens der Zeit, mit Beziehungen nach Ägypten und dem Westen, ja bis zum Schwarzen Meer. Aber nicht nur Schiffe gingen von dort aus in die Welt, sondern da war das lydische Hinterland, der ganze Orient, der ja auch noch da war und in lebendigen Beziehungen zu den Küsten stand. Das Wissen dieser ganzen Welt strömt in Milet zusammen, das Griechische wird weltoffen, lernt ganz andere Weisen des Lebens kennen gegenüber den patriarchalischen Formen der älteren Zeit und regt nun seine denkerische Phantasie, denn das Fremde muß verarbeitet werden. Und so stellt sich auch von hier aus wieder die Frage nach der Einheit in dem Verschiedenen. Das heißt, die philosophische Frage wächst aus der besonderen Lebenssituation den Menschen zu, die in alter Tradition verwurzelt sind und nun konfrontiert werden mit der Fülle von Erscheinungen des Menschlichen, die an sie herantritt. – Weiter haben wir die Zeit der Lyrik hinter uns, das Erwachen der Subjektivität, der Persönlichkeit, die als selbstbewußte Persönlichkeit nun in lyrischer Form dichtet. Man kennt jetzt den Markt der Städte als das Feld der Politik, die es früher nicht gab; und der Mann, der hochkommt, ist der selbstbewußte Diktator, die Persönlichkeit der Zeit des heraufkommenden Individuellen. Dies Zeitmoment ist von größter Wichtigkeit für die inneren Voraussetzungen dessen, was geschieht: daß man immer noch im Zusammenhang alter Ordnungen steht und doch das Leben eine eigentümliche neue Freiheit des Fragens gewinnt, der Selbstbehauptung auch im geistigen Bereich. Kein Zweifel, daß, historisch gesehen, die ersten Fragen, die nun auf neue, rationale Art an das Sein gestellt werden, nur aus dieser Situation begriffen werden können.

2.

Zuletzt haben wir uns ein allgemeines Bild zu machen gesucht von der Art eines solchen Mannes, der im sechsten Jahrhundert als etwas ganz Neues das tut, was nachher als Philosophie bezeichnet wird. Da sehen wir, daß Thales, wie schon die Antike betont hat, ein Mann des praktischen Lebens war, der in seiner Vaterstadt Milet eine bedeutende Rolle spielte, an der Politik teilnahm, wie es damals selbstverständlich war, und zwar als weitschauender Ratgeber, ein kluger Mann mit gewaltiger Empirie, der sich dann auch um die Dinge der Natur gekümmert und diese Gedanken wieder in der praktischen Ingenieurkunst angewendet hat. Also ein *sophós* in dem ganz umfassenden Sinn des Wortes, kein ›Weiser‹, sondern ein weltoffener Mann, der nicht nur eine Fülle von empirischen Dingen beherrschte, sondern auch ein neuartiges Bestreben damit verband. Denn wenn wir auch wohl von allem Überlieferten etwas abstreichen müssen, so läßt sich doch das Allgemeine, das dahinter steht, gut erschließen.

Heute will ich zunächst kurz über sein Leben sprechen. Sie finden das bei Diels A 1, Diogenes Laertius. Dieser teilt auch sich widerstreitende Meinungen mit, etwa über die Herkunft, ob er Phoiniker gewesen sei oder aus altem milesischem Geschlecht stammte. Das hängt zusammen mit der Unsicherheit der Überlieferung, und daß die Biographen dann leicht falsche Schlüsse zogen. Durch die vorausgesagte Sonnenfinsternis ist wenigstens die Datierung gesichert, und da er damals bereits ein erfahrener Mann gewesen sein muß, läßt sich sagen, daß seine *akmé*, die Zeit seiner Vollkraft – meist mit ›Blüte‹ übersetzt –, in die erste Hälfte des sechsten Jahrhunderts gefallen sein muß. Thales war sicher ein Mann vornehmer Herkunft. Der Name des Vaters ist gewiß richtig überliefert in einer Zeit, als man auf seinen Adel Wert legte: Examyes, wohl ein karischer Name, also noch von der Urbevölkerung. Auch der Name der Mutter ist ein Adelsname. Das entspricht durchaus der Vorstellung, die wir auch sonst von seinem politischen Wirken haben.

Auch daß er Reisen gemacht habe, ist sehr wahrscheinlich in einer Stadt wie Milet, die als der wichtigste Handelsplatz Kleinasiens reiche Möglichkeiten bot, ins Ausland zu kommen. Weiter wird behauptet, er sei geradezu ein Schüler ägyptischer Priester gewesen, wohl übertrieben; aber möglich, daß er da gewesen ist und sich dann natürlich auch um die Dinge des Wissens gekümmert hat. Er habe eine Meinung über die Nilschwelle gehabt, die Herodot überliefert: daß nämlich die Stauung des Wassers zurückgehe auf die Einwirkung der sommerlichen Nordwinde. Herodot nennt Thales nicht, ein Unbekannter hat später diese Angabe mit ihm in Verbindung gebracht, es kann bei Theophrast gestanden haben. Auch seine Kenntnis von gewissen Formen des Berechnens und der Geometrie scheint darauf zu weisen, daß er von ägyptischer Geometrie, die rein praktisch war, Kenntnis hatte, vielleicht auch von der babylonischen.

Mit diesen Vorbedingungen wären wir nun so weit, uns der eigentlichen ›Lehre‹ zu nähern. Burnet faßt diese Dinge zusammen in drei Sätzen: 1. Die Erde schwimmt auf dem Wasser. 2. Wasser ist der stoffliche Urgrund aller Dinge. 3. Alles ist voll von Göttern. Noch anderes kommt hinzu, das sich diesen drei Hauptsätzen unterordnen läßt. Wenn wir hier hören, Thales habe einen stofflichen Urgrund der Dinge angesetzt und dieser sei Wasser, so werden wir uns damit kaum zufrieden geben können, sondern werden bei Thales selbst und den Möglichkeiten seiner Zeit nachprüfen, ob das wahr sein kann. Daß die Erde nicht in den

Tiefen verwurzelt war, sondern auf dem Okeanos schwamm, in dem dieses Tragende auch sichtbar erschien, klingt für uns sicher bedeutsamer als es für ihn war. Er kannte diese Dinge, die an sich nicht neu waren, und so ist dies kein Kernsatz seiner eigenen Lehre, sondern höchstens einer unter vielen. Schon das ist wichtig. Die retrospektiven Verformungen, wie wir das genannt haben, sind natürlich nicht erst modern, sondern gehen auf antike doxographische Notizen zurück. Da sieht man z.B. bei Diels-Kranz A 3, Scholion zu Platons Staat 600a, eine typische Aufzeichnung von Lehrmeinungen, wo die Dinge in dieser Art zusammengestellt sind. ›Thales wurde als erster *sophos* genannt (nun, es gab wohl schon früher Leute, die man so nannte!) und fand, daß die Sonne sich verfinstert, wenn der Mond vor sie läuft.‹ – Daß er von einer Sonnenfinsternis etwas gewußt hatte, ist sicher; aber wenn er die Daten hatte, ist noch nicht gesagt, daß er auch diesen Grund der Erscheinung kannte. Sie sehen, wie aus solchen empirischen Angaben sofort Behauptungen werden. Ähnliche Dinge werden ihm auch in der Mathematik unterstellt: er ›müßte‹ den Satz von der Kongruenz der Dreiecke gekannt haben, weil er nämlich schiefe Dreiecke berechnet hatte. Das konnte er einfach tun aufgrund der ägyptischen bekannten Regeln. Diese Weise, wie aus Überlegungen anderer schließlich eine Tatsache entsteht, müssen wir immer einrechnen. – Weiter habe er das Sternbild des kleinen Bären erkannt. Es wäre interessant, wenn er es selbst angesetzt hätte, aber es ist nicht sicher und auch nicht so wichtig. – Er habe die Sonnenwenden bezeichnet. Was damit gemeint ist, weiß ich nicht; die Tatsache der Sonnenwenden als solche war längst bekannt. Weiter habe er behauptet, daß auch das Leblose Seele habe, weil er das aus der Anziehungskraft des Magneten und des Bernsteins geschlossen hätte. – Und dann der typische Satz: Als Prinzip unter den Elementen habe er das Wasser angesetzt. Wir werden sehen, daß er weder ›Prinzip‹ noch ›Element‹ gesagt haben kann. – Weiter, daß der Kosmos beseelt und alles voll von Göttern sei. Hier ist klar, daß er das letztere gesagt hat; das erste ist dann daraus erschlossen und beides in der doppelten Form mit *kai* verbunden, eine Erscheinung, die wir immer wieder finden. – Er sei in Ägypten von Priestern ›erzogen‹ worden; auch das ist typisch. Er wird sich mit Priestern unterhalten haben wie Herodot, aber in der Doxographie müssen möglichst der Lehrer und dann die Schüler angegeben werden. Weiter stamme von ihm das Wort ›Erkenne dich selbst‹, das am Tempel von Delphi stand und überhaupt in den Bereich der delphischen Religion gehörte; bestimmt falsch. – Er starb als ›Einspänner‹ im hohen Alter, als er einem Agon beiwohnte, am Hitzschlag. – Das ist die bekannte Weise, wie in der antiken Biographie die Leute sterben. Diese ganzen Dinge sind leider schon im vierten Jahrhundert ins Belletristische ausgerutscht und daher meist unverläßlich. Sophokles sei z. B. entweder an einer Weinbeere erstickt, oder ihm sei, als er einmal seine ›Antigone‹ vortrug, bei einer langen Passage der Atem und zugleich auch die Seele ausgegangen. Ähnlich abenteuerlich enden viele bekannte Persönlichkeiten nach den Biographien. Auch die Angabe, daß Thales als ›Einspänner‹ gestorben sei, klingt für eine frühe Überlieferung nicht wahrscheinlich.

Das also ist dies Zeugnis, ein typisches Produkt der Doxographie. Nun müssen wir aber doch versuchen, einen Weg zu finden, um zu erfassen, was dahinter steht. Dazu kann Aristoteles helfen, Diels-K. A 12; ›Metaphysik‹ I 3, 983 b6. Ich will das wichtige Stück vorlegen, um zu zeigen, wie man aus solch einer Notiz doch versuchen kann, die eigentliche Grundform des Gedankens herauszuentwickeln. »Von denen, die zuerst begonnen haben mit der Philosophie, haben die meisten gemeint, daß allein die Prinzipien, die in dem Bereich des Stofflichen, der reinen Materie auftreten, die Prinzipien von allem seien. Denn sie sagten, daß das Element und die Arché sei von allem Seienden, von woher alles Seiende ist, von woher alles Seiende wird als einem Ersten und wohin es schließlich zugrundegeht, wobei die Wesenheit darunter beständig dauert, während sie sich in den Erscheinungsformen *(pathe)* verändert. Deswegen, meinten sie, gebe es im eigentlichen Sein kein Werden und Vergehen, weil die zugrundeliegende Physis sich durch die verschiedenen Wechselformen der Erscheinungen bewahre ... Denn es müsse sein ein gewisses Grundwesen, ein einziges oder mehr als eines, von dem her das andere alles entsteht, wobei dieses beharrt. Was nun angeht die Anzahl und die besondere Art eines solchen Prinzips, darin stimmen sie nicht alle überein, sondern Thales, der Archeget dieser Art von Philosophie, sagt, es sei das Wasser, weswegen er auch behauptete, daß die Erde auf dem Wasser schwimme; wobei er wohl diese Vorstellung gewann, weil er sah, daß die Nahrung von allem feucht ist und daß ebenfalls daher (aus dem Feuchten) das Warme entstünde und dadurch Leben gewinne. Denn das, von woher etwas entsteht, das ist dann das Prinzip von allem. Ferner auch, weil er bemerkte, daß die Samen von allem, was es gibt, eine feuchte Natur haben. Das Wasser aber ist das Grundprinzip der Wesenheit des Feuchten ...« Für Vorgänger dieser Meinung verweist Aristoteles auf Homer, Ilias 14, 201 u. 246, wo Okeanos und Tethys die Genesis der Götter oder überhaupt von allen (oder allem) genannt werden.

Das ist diese wichtige Stelle, und wenn wir sie uns näher ansehen, so kann man gerade an ihr in greifbarer Weise die retrospektive Vermischung von Begriffen erkennen, wie Altes mit Neuem verbunden erscheint. Wenn wir gleich zu Anfang lesen, daß sich die Archai in der Wesensart der Materie bewegen, so sind die Begriffe *arché* und *hyle* spät und bestimmt nicht vor Aristoteles selbst. Ferner ›Element‹. In alter Zeit hieß *stoîchos* ›die Reihe‹ (= *stichos*); davon kommt dann *stoicheîon*, ›Element in einer Reihe‹, und endlich ›Element‹ überhaupt. Aber daneben finden sich zur Begründung dieser Theorie auch Dinge, die in einer ganz anderen Sprache gesagt sind. ›Das sei das Element und die Arché, von woher alles Seiende ist, aus dem als dem Ersten es wird und wohin es zugrunde geht.‹ Die Bezeichnung *arché* taucht dann noch einmal auf. Vorgreifend will ich schon sagen, daß dieselben Begriffe auch für Anaximander von Bedeutung sein werden. Aber wir brauchen nur an die Weise zu erinnern, wie die Dichter vor Thales philosophiert hatten, wie etwa Hesiod in der ›Theogonie‹. Wir hatten gesehen, wie er die *génesis theôn* geben wollte, das ›Werden der Götter‹, und wie er in diesem großen Bild vom Werden der Götter, ihrem Stammbaum, auch eine Kosmologie entwickelt hatte, nicht nur eine Kosmogonie. In der Weise, wie dieses große Werden miteinander zusammenhängt, bildet sich auch die Grundstruktur des Seienden ab. Die Grundfrage geht in der alten Zeit auf die Genesis, das genealogische Denken beherrscht die Menschen und gründet in allgemein menschlichen Vorstellungen, zumal in einer Adelswelt. Schon bei Homer: wenn ein Fremder kommt und man wissen will, wer er ist, so fragt man nach seinen Eltern und danach, woher er ist; das ist seine Wesensbestimmung. Und man kann nicht leugnen, daß irgendwie der Ursprung auch über das Wesen entscheidet, daß es in ihm präformiert ist. Der Edle ist auch von edlen Eltern geboren, wie ein edles Pferd aus einer guten Zucht stammt. Der Stammbaum bildet mindestens die Grundlage für die *areté* des Einzelwesens. Das

Denken orientiert sich also zunächst noch am Gewohnten. So sehen wir, wie sich diese Frage damals natürlich aus den Denkmöglichkeiten der Zeit und Welt ergibt, wie sie andererseits aber auch den Weg öffnet für eine neue Erfassung des Wesens.

Wenn also bei Thales diese Frage gestellt wird, erscheint sie uns nicht als die Frage nach Prinzipien und Elementen, sondern, nach den Möglichkeiten des damaligen Denkgeschehens, in der Form der Frage nach der Genesis, dem Von-Woher, dem Ursprung oder Urgrund, wie wir sagen können. Das paßt alles zusammen. Wir sehen auch an der Stelle selbst, wie Thales mit dieser Frage Vorgänger gehabt hat, eben Homer, der den Okeanos nennt, den großen Weltstrom, aus dem alles Wasser und auch die Götter und alle anderen Wesen entstehen. Diese Vorstellung war also der Zeit gegeben, und von Aristoteles wird mit der großen Klarheit, mit der er über die Dinge referiert, darauf hingewiesen. Wir dürfen also nun wohl den Schlußstrich darunter ziehen, und ich behaupte, daß die Form, in der Thales das Wasser als Element ansetzte, wie man später sagte, in seiner Denkform gelautet habe: Das Wasser ist die Genesis von allem. So ist es nicht überliefert, aber ich glaube, daß wir zwangsläufig auf diese Form geführt werden. Ob er gesagt hat, es sei die Grundform von ›allem‹ oder von ›allem Seienden‹, ist nicht klar, aber er wird sich irgendwie angelehnt haben an die Homerstelle. Er fragt also nicht nach einer Urmaterie; es gibt ja den Begriff der Materie damals noch gar nicht. Man bildet für die frühen Denker gelegentlich das seltsame Kunstwort Hylozoisten, also Menschen, die die Materie verlebendigt hätten. Das brauchten sie nicht, sie kannten ja noch gar keine tote Materie. Darüber noch später. – Das erste Ergebnis unserer Betrachtungen wäre demnach, daß aus den Möglichkeiten der Zeit heraus der Satz des Thales ungefähr die Form gehabt haben mag: *hýdor génesis hapánton.*

Die Frage ist nun, ob das nicht einfach das Alte ist, was schon bei Homer steht, oder ob er etwas Neues damit gebracht hat. Sie werden sofort sehen, daß hier entscheidend Neues vorliegt, in doppelter Hinsicht. Einmal ist eben nicht der Okeanos der Ursprung, sondern das Wasser, nicht der göttlich-mythische Weltstrom, sondern schon hier ist offenbar eine Reduktion erfolgt einer solchen göttlichen Gestalt auf das Wasser. Damit sei nicht gesagt, daß dieses Wasser des Thales einfach identisch ist mit dem Wasser, wie wir es heute chemisch fassen. Wir werden noch sehen, daß es irgendwie mehr ist, auch ein Belebtes und damit vielleicht

Göttliches. Aber es ist doch das Wasser anstelle der göttlichen Gestalt. Das ist das eine, weswegen Thales mit Recht von Aristoteles als der Beginner dieser Art denkerischen Suchens bezeichnet wird. – Das zweite geht ebenfalls aus Aristoteles hervor: daß Thales anscheinend im Zusammenhang mit diesem Satz auf Tatsachen verwiesen hatte. Aristoteles sagt, Thales habe wohl diese Vorstellungsart gefaßt, weil er sah, daß die Nahrung feucht ist, daß aus dieser die Wärme hervorgeht und man dadurch auch zum Leben kommt; und schließlich, weil die Natur des Samens in allen Formen, pflanzlichen wie tierischen, feucht sei, das Feuchte sich also auch von daher als Element des Lebens erweise. Das war offenbar von ihm beobachtet worden. All das sind noch nicht unsere ganz nüchternen, naturwissenschaftlichen Fakten, aber doch vielfältige Beobachtungen. Und das ist das Entscheidende gegenüber den Dichtern, daß all diese aus so verschiedenen Bereichen genommenen Beobachtungen – es mögen noch mehr gewesen sein – denkerisch so zusammengeschaut werden, daß ihnen eine Grunderkenntnis abgewonnen wird: daß überall das Feuchte ist, und zumal überall dort, wo die Ingredienzien dem Leben dienen. Daß dies letzte von entscheidender Bedeutung ist, weist darauf, daß nicht nur das reine chemische Element gemeint ist, sondern etwas Lebensträchtiges. Das führt wieder auf die Genesis und zeigt, wie richtig wir diesen Begriff gefaßt hatten. Es ist ein Begriff, der auch im Lebendigen Bedeutung hat, nicht nur ›Entstehung‹ im Sinne eines physikalischen Geschehens, daß sich aus irgendeiner Turbulenz bestimmte Formen bilden. Also durchaus im Sinne von lebendiger Werdung, wie wir sie kennen im Bereich des Samens und der Geburten.

Dies Doppelte wollen wir festhalten. Es ist eine gewisse Entmythisierung, modern ausgedrückt, andererseits eine neue Art des Rechenschaftgebens und Angebens von Gründen, eine Methode, die Hesiod nicht einmal als Notwendigkeit gespürt hat, der einfach erzählte und in den Verbindungen seiner Götter Grund genug sah. Wenn wir dies beides zusammensehen, stoßen wir damit durch auf die großartige Tatsache, daß das Wasser des Thales doch ein Ursprung lebendiger Art bleibt, warum er auch seine Gründe vor allem aus den Bereichen des Lebendigen nimmt.

3.

Wir hatten von Thales gesprochen und versucht, aus der Überlieferung und Zusammenhängen geschichtlicher Art, in denen die Anfänge der eigentlichen Philosophie der Griechen stehen und stehen müssen, die besondere Form zu ermitteln, in der der berühmte Satz, daß alles Wasser sei, von Thales selbst gedacht und gesprochen sein kann. –

Heute wollen wir uns noch anderem zuwenden, was wir von Thales wissen, und da ist das Bezeichnendste der Satz, den ich schon zitiert hatte, daß alles voll sei von Göttern, *panta plérē theōn* (Diels-K. A22). W. Jaeger, der in seinem Buch die älteren Vorsokratiker speziell unter dem Gesichtspunkt der Religion sieht, ist von diesem Satz ausgegangen, der ganz auf seinem Wege lag, und hat ihn ausführlich behandelt. Er meint, man könne nicht ganz genau sagen, was bei Thales damit gemeint war, es sei aber von Bedeutung, daß dieser Satz am Anfang der frühen griechischen Philosophie steht. Das ist gewiß richtig, uns geht es hier aber gerade um den Sachgehalt dieses Satzes bei Thales.

Da sind es vor allem zwei Zusammenhänge, in die wir diesen Satz rücken müssen. Denn es ist klar, daß man nie ein solches Fragment isoliert aus sich selbst verstehen kann. Die Methode, wenn uns ein solcher Ausspruch begegnet, ist, daß man ihn in irgendeinen Zusammenhang mit Ähnlichem zu bringen und so aus seiner Isolierung zu befreien sucht, um ihn sachlich erfassen zu können. Das erste ist ein Zusammenhang, auf den schon die Antike hingewiesen hat: einmal, daß nach Thales der Magnetstein, den er kannte und über den er sich wunderte, beseelt sein müsse, und ebenso auch der Bernstein; und weiter soll er gesagt haben, auch das Unbeseelte sei beseelt, es gäbe also nichts Totes. Der Gedanke an die Allbeseeltheit des ganzen Kosmos liegt bei den Griechen überall zugrunde. Ich glaube, daß es richtig ist, daß Thales gesagt hat, wenn man eine so merkwürdige Kraft im Magnet sieht, dann kann man das nur analog erklären zu dem anderen Bereich, wo eine innere Kraft in Erscheinung tritt: dem Bereich des Lebens. Wo er also eine Kraft sah, setzte er Seele und Leben voraus. Wir müssen *psyche* mit ›Seele‹ übersetzen, aber dabei bedenken, daß unser Wort so stark durch andere, damit verbundene Vorstellungen abgebogen ist, daß wir uns auch wieder vorsehen müssen. Die ›Seele‹, wie noch Aristoteles sie faßt in seiner Schrift *perì psychês*, ist oft nichts anderes als das Prinzip der Lebendigkeit. Es lag also nahe, wo man eine Kraft sah, zu sagen, daß dieses Ding nicht tot, sondern beseelt sei.

Das andere, warum Thales ›alles voll von Göttern‹ sein läßt, hängt zusammen mit einer Tatsache des gesamtgriechischen Denkens und führt zurück in primitive Urformen, die wir überall kennen als Magie, Animismus usw. Es ist eine alte allgemeine Grundvorstellung, daß tatsächlich alles beseelt und voll von göttlichen Wesen ist, und diesen Zug kennen wir auch an der griechischen Religion, wo er die Dichter immer wieder begeistert hat: daß überall diese göttlichen Wesen herrschen. Da sind die Nymphen, die in Bäumen und Grotten leben, auch andere Geister, die Berge haben ihre göttlichen Wesen, die Winde sind lebendig göttlich gedacht, selbstverständlich auch der Himmel, die Erde usw. Das geht weiter durch fast in der ganzen griechischen Antike, daß die großen Erscheinungen, in denen der Mensch lebt, wenn auch nicht mehr als unmittelbare Götter, so doch als göttlich und heilig verstanden werden. Die Tatsache, daß die Natur bei den Griechen nicht zum Objekt wurde, sondern lebendiges Gegenüber des Menschen blieb, und zwar, da sie ihn bedingte, etwas Höheres als der Mensch und damit göttlich und heilig, das ist der Hauptunterschied zwischen der ganzen antiken Naturauffassung und der neuen, die mit der Renaissance aufkommt und in der diese Vorstellung langsam verschwindet, bis wir heute vor der Natur stehen als reinem Materialbereich oder etwas Gespenstischem, beherrscht von Größen, für die man Ausdrücke hat und der Meinung ist, damit auch die Erscheinungen verstanden zu haben. Das alles war bei den Griechen anders und wahrscheinlich richtiger, und diese Auffassung wirkt sich in der ganzen griechischen Naturbetrachtung aus, bis sie völlig vom Logos durchdrungen und damit wissenschaftlich wird bei Aristoteles. Aber auch hier ist es noch so, daß die Physis einen bestimmten Rang im Seienden einnimmt, den Rang eines Überbaus, der doch letztlich hinführt auf den Gott, so daß das Seiende im ganzen gar nicht anders gesehen werden kann als im Bilde einer lebendigen Hierarchie.

Für Thales war irgendwie die Vorstellung gegeben, daß die uns umgebende Natur erfüllt ist von Göttern, so daß er eigentlich gar nichts Neues damit sagt, nicht etwa der alten Zeit gegenüber einen Pantheismus predigt, wie auch gesagt worden ist. So fragt es sich nun, was das Besondere dabei ist, und ich glaube (das ist also meine

Vermutung), wir müssen hier dieselbe Methode anwenden wie auch auf jenen anderen Satz. Auch darin war das Neue nicht, daß das Wasser der Ursprung von allem sei, was schon bei Homer stand, sondern zweierlei: daß Thales die ältere Vorstellung ›entmythologisiert‹ und daß er Fakten dazu angegeben hat. Das ist, wie ich glaube, auch hier das Neuartige. Aristoteles sagt, Thales habe den Ausspruch von der Beseeltheit des Unbeseelten getan im Hinblick auf den Magnetstein. Er hat es also nicht allgemein gesagt, sondern gerade auf solche Dinge dabei hingewiesen, in denen das göttliche Walten nicht so ohne weiteres in Erscheinung tritt wie beim Meer mit seiner Bewegung, den Winden, den Pflanzen oder der Erde. Er konzentriert sich auf etwas ganz Konkretes, die anziehende Wirkung beim Magnetstein, und gerade darin sieht er den Beweis, daß alles von Leben, und das heißt von Göttern erfüllt sei. Der Logos also ist das entscheidend Neue, das hineinkommt in die an sich ältere Vorstellung.

Das andere kann ich nur als Frage stellen, ob und wieweit in dem Satz etwa auch der Begriff des Gottes anders als bisher gefaßt ist. Die griechischen Götter sind teilweise ganz gestalthaft gesehen, aber immer wieder auch nur als Mächte verstanden, wie in der magischen Sphäre. Was Thales gemeint hat, ist offenbar die Macht, die Dynamis. Die Frage wäre, ob nicht auch in dem Satz irgendwie eine Neufassung des Begriffs der Götter vorliegt, abstrakter, gleichsam physikalischer, vielleicht stark mit Macht oder Kraft als solcher identifiziert. Das wäre ebenfalls eine Änderung, die in die alte Vorstellung kommt, bedingt durch das Hinzutreten des Logos, der seinen Siegeszug beginnt. –

Damit wäre eigentlich dies abgeschlossen. Gewöhnlich ist man nach diesen Dingen mit Thales fertig, philosophisch wie geschichtlich. Und doch ist noch eine ziemlich reiche Überlieferung vorhanden, die direkt anknüpft an das, was wir schon an der Biographie hervorgehoben hatten, über bestimmte mathematische Erkenntnisse. Es ist merkwürdig, wie dieser ganze Bereich als selbständig offenbar nicht hineingehörte in die Philologie und Philosophie, sondern in die sogenannten Hilfswissenschaften, die Geschichte der antiken Naturwissenschaften. Das geht aber doch nicht, wenn man die Untersuchung so weit faßt, daß man wirklich von einem Denkgeschehen spricht. Es geht nicht um das, was Philosophie ist, obgleich auch die Mathematik wieder zur neuesten Philosophie gehört und auch in früheren Epochen, etwa bei

Leibniz, dazu gehört hat, sondern es ist etwas, an dem wir einfach nicht vorbeigehen können. Daß das mathematische Fragen aufkommt, ist eine Erscheinung von größter Würde und Bedeutsamkeit für das Denkgeschehen und damit wohl auch für die Philosophie. Auf das Problem der ›Philosophie‹ des Thales komme ich noch am Schluß.

Zunächst einige Literatur. Ein älteres Buch, das man noch heranziehen kann, ist von Edmund Hoppe: Mathematik und Astronomie im klassischen Altertum, 1911. In neuerer Zeit kann ich hinweisen auf das Buch des bedeutenden Mathematikers Van der Waerden, Basel 1956, Erwachende Wissenschaft, über Thales S. 143. Weiter das Büchlein von dem Tübinger J. Hofmann: Geschichte der Mathematik I, Göschen, gedrängt, aber sehr gut, wenn auch nicht so leicht für den Anfänger. Dann die vorzüglichen neuen Arbeiten von Oskar Becker, Philosoph und Heideggerschüler: Das mathematische Denken der Antike, 1957, auf dem ich stark fuße, obgleich es gedrängt und nicht leicht zu lesen ist. – Soweit das Wichtigste.

Noch auf eine Frage sei hier hingewiesen: wie die Doxographie zur Kenntnis mathematischer Dinge gelangt ist. Das hat nicht bei Theophrast gestanden, sondern bei dem anderen Aristotelesschüler, der speziell Mathematiker war: Eudemos von Rhodos. Er hat parallel mit Theophrast eine Arbeit verfaßt, in der er die älteren mathematischen und astronomischen Meinungen aufzählt, bei Diels öfter zitiert. Das Werk war eine Geschichte der Mathematik, richtiger ›Geschichten‹, denn es sind Mitteilungen mannigfaltigster Art, getrennte geometrische und arithmetische Dinge werden historisch zusammengestellt und als drittes auch ›Astrologisches‹, wie es damals genannt wurde; heute würde man von Astronomie sprechen. Auf dies Werk also geht alles zurück, was wir in der Doxographie lesen als Sätze des Thales. Sie werden diese Dinge von der Schule kennen; ich werde sie nur zusammengefaßt zitieren, nicht erst herausentwickeln.

1. Ein Kreis wird von seinem Durchmesser halbiert.
2. In jedem gleichschenkligen Dreieck sind die Basiswinkel ähnlich (er unterscheidet noch nicht zwischen ›ähnlich‹ und ›gleich‹, darum wird es oft mißverstanden).
3. Wenn zwei Geraden sich kreuzen, sind die Scheitelwinkel gleich.
4. Zwei Dreiecke sind kongruent, wenn eine Seite und zwei

Winkel gemeinsam sind (van der Waerden 143).

Weiter wird berichtet, Thales habe die Höhe einer Pyramide ausgemessen oder die Entfernung eines heransegelnden Schiffes berechnet, und Eudemos sagt, wenn er das gekonnt hat, muß er auch den Satz von den Dreiecken gekannt haben. Ich will gleich sagen, daß die neuere Forschung die Dinge anders sieht. Die Pyramidenberechnung weist auf Ägyptisches und hängt offenbar zusammen mit bestimmten Meßmethoden, die die Ägypter gehabt haben, womit sie die Dinge nicht mathematisch genau festlegten, aber immerhin so, daß sie sie verwenden konnten. Es ist klar, daß man die Höhe messen kann an der Schattenlänge zu einer bestimmten Zeit, die man mit einem Stab vergleicht, und das Verhältnis beider zueinander kann man dann ausrechnen. Auch die Babylonier hatten so etwas wie den Satz des Pythagoras, daß sich im rechtwinkligen Dreieck die Seiten wie 3:4:5 verhalten, aber sie konnten nicht beweisen, warum. So haben wir frühe, recht erhebliche Meßmethoden, die wir nicht als mathematisch bezeichnen können, weil sie nicht auf wirklicher Einsicht und strengen Beweisen beruhen. Es ist wohl richtig, wenn einige Forscher meinen, daß Thales einfach auf diese ägyptischen Dinge zurückgeht.

Aber vor allem ist ein Satz bekannt, den man den Satz des Thales nennt, daß der Peripheriewinkel über dem Halbkreis jeweils ein rechter ist. Da ist es sehr erfreulich, wie v. d. Waerden seinen Helden gegen die moderne Kritik und Wissenschaft verteidigt, die immer wieder gesagt hat, das könne für Thales nicht stimmen. Aber so sympathisch das ist, zeugt es doch davon, daß er sich nicht klargemacht hat, was es heißt, wenn solch mathematisches Denken aufkommt; daß es Vor- und Frühformen gibt und von wirklich beweisender Mathematik bei Thales wohl noch keine Rede sein kann.

Wir können eine Figur zeichnen, an der man sich die Dinge schön klarmachen kann (s. Seite 233).

Sie sehen, daß man daran verschiedene der zitierten Sätze einfach ablesen kann. Wir können uns vorstellen, daß Thales, angeregt von mathematischen Spekulationen, Freude gehabt hat an solchen Figuren, die er vielleicht einfach in den Sand gemalt hat. So hat er zuerst vielleicht ein Rechteck gemalt, die Diagonalen gezogen, und damit hatte er eine sehr schöne, harmonische Figur, an der vor allem etwas ins Auge fällt: das Symmetrische.

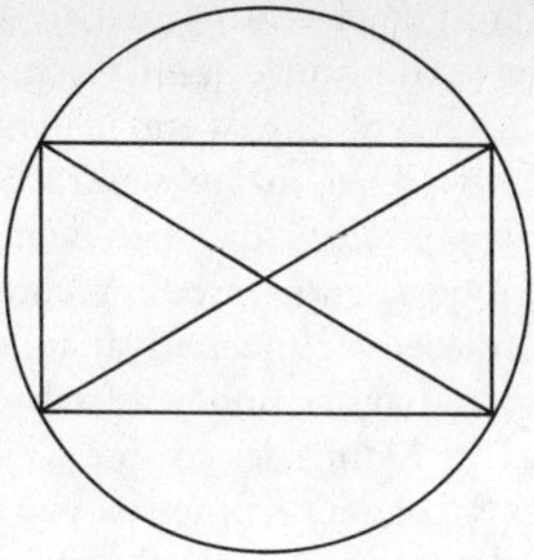

Damit ist der Begriff genannt, der für die alte Mathematik grundlegend ist. Man war aus auf Symmetrien, daß die Dinge in Maßverhältnissen zueinander stehen und durch gemeinsame Einheiten gemessen werden können, und so suchte man Beziehungen auf, wie es noch heute die Mathematik mit apodiktisch aufweisbaren Beziehungen tut. In dieser Figur gibt es verschiedene solcher Beziehungen, und man sieht sie einfach. Es ist klar, daß etwa die Gegenwinkel gleich sind, und damit haben wir den Satz, daß bei sich kreuzenden Geraden die Scheitelwinkel gleich sind, wie man heute sagt. Aber daß er das gesehen und darauf geachtet hat, ist das Entscheidende: daß er gesehen hat, daß hier etwas Seiendes vorliegt. Man kann das Rechteck quer oder aufrecht einzeichnen, und wenn die Winkel auch andere sind, sie sind doch wieder gleich. Wir haben also eine Beziehung als etwas Seiendes aufgewiesen, unabhängig davon, daß unendlich viele verschiedene Rechtecke möglich sind. Wir sehen die Beziehung als das einheitlich Obwaltende im Vielfachen, und so ist der Satz des Thales ein durchaus philosophischer Satz, entsprechend dem über das Wasser. Die Sehvorgänge sind bei beiden Gedanken die gleichen.

Weiter sieht man sofort, daß das, was durch die Diagonalen entsteht, je Dreiecke sind. Also sieht man auch den zweiten Satz, daß im gleichschenkligen Dreieck die Basiswinkel gleich sind. Und ebenso erhält man bei der Halbierung des Rechtecks durch die Diagonale zwei Geraden, die verschieden lang sein mögen, aber in ihrem Bezug aufeinander je gleich sind. Wenn sie das aber sind, kann man einen Kreis darum beschreiben, dessen Radius sie sind.

Das läßt sich einfach mit einer Schnur im Sand ausführen, die man vom Mittelpunkt aus herumführt, und dann geht der Kreis durch die vier Eckpunkte des Rechtecks. Wenn man nun die Figur dreht, daß die schrägliegenden Diagonalen senkrecht und waagerecht stehen, so ist klar ein Dreieck da über dem Durchmesser des Kreises, und der Peripheriewinkel ist ein rechter.

Ich habe versucht, dieselbe einfache Darstellungsart zu zeigen, wie sie für Thales denkbar ist und wie sich die Dinge intuitiv eidetisch darstellen. Der Mann, der so spielt, entdeckt eine ganze Reihe grundlegender Sätze der Geometrie: von der Gleichheit der Gegenwinkel, der Scheitelwinkel, der Basiswinkel, der Diagonalen, und endlich den wichtigen Satz, daß der Peripheriewinkel im Halbkreis ein rechter ist. Er entdeckt das alles, aber nicht im Sinne von Sätzen, auf die er aus wäre und die er beweisen könnte. Es gibt noch nicht das indirekte Beweisverfahren: Wenn das nicht so ist, dann . . .; sondern wovon er ausgeht, ist das Bild, die Figur, das Plastische, Gezeichnete, worin ihm etwas entgegentritt, das sich ihm als ein Seiendes anzeigt. Weil die Figur variabel ist, sieht er ihr ab, wie in den Verschiedenheiten gleichartige Grundbezüge walten, und dieser wunderbaren Erscheinung der Symmetrie geht er nach.

Als das im Griechischen einmal angefangen hatte, hat man offenbar nicht so bald damit aufgehört – bis dann die große Krise kommt, daß man auf Erscheinungen stößt, wo man diese Symmetrie nicht mehr antrifft. Da konnte man aber schon recht gut Mathematik. Das ist schön dargestellt bei Scholz und Hasse an den Diagonalen des Fünfecks und des Quadrats. Das hat zunächst die ganze Mathematik aus den Angeln gehoben, und es brauchte neue, angestrengte Arbeit, die erst bei den Schülern Platons zuende kam, um die Tatsache der Asymmetrie (d. h. der Inkommensurabilität) neu mathematisch klar zu erfassen. Das also gibt es noch nicht in der alten Zeit. Man gibt sich hin dem Sinnlich-Eidetischen in diesen Figuren, spielt mit ihnen und ersieht dabei diese Verhältnisse.

Die griechische Mathematik entwickelt sich in drei großen Perioden, wie ich vorgreifend schon hier sagen möchte. Zuerst die eidetisch-intuitive, die aber schon sehr weit geht. Sodann, nach dem erwähnten Bruch, die apodeiktische, vor allem bei den Platonschülern und ihren Nachfolgern. Die dritte ist dann die systematische, die zu dem großen zusammenstellenden Werk des

Euklid führt. Damit ist die Mathematik als großer Bau nun da, bis in die Einzelheiten großartig durchgeführt.

4.
Anaximander

Wir kommen heute zu dem zweiten der großen vorsokratischen Philosophen: Anaximander von Milet, aus derselben Stadt also. Das Biographische und Doxographische finden Sie bei Diels-K. Nr. 12 A, vor allem A 1, Diogenes Laertius. Der Name des Vaters deutet auf vornehme Herkunft, und es ist deutlich, daß wir einen Mann der gleichen Art vor uns haben wie Thales, der in seinem Gemeinwesen eine Rolle gespielt hat, also politisch tätig war, wie es damals auch selbstverständlich war, und es wird ausdrücklich hervorgehoben, daß auch er sich um die empirische Welt gekümmert hat, was nahe liegt in einer Stadt wie Milet. Wir hören im besonderen, daß er sich mit den Dingen am Himmel beschäftigt habe, den Sonnenwenden, Tag- und Nachtgleichen usw., und daß er den Gnomon erfunden habe, einen Sonnenzeiger, ein Instrument mit einem Stab, an dem man die Tageszeit ablesen kann, ähnlich wie bei einer Sonnenuhr. Nach anderen (Herodot) hätte er den Gnomon von den Babyloniern übernommen; vielleicht richtig. Weiter habe er als erster eine Erdkarte gezeichnet. Wir werden nicht glauben, daß es eine Erdkarte im modernen Sinne gewesen ist, wohl eine mehr schematische Darstellung, wie man sich die Erde und ihre Länder inmitten des Okeanos zu denken hätte. Diese Landkarte war die Vorlage der späteren des Hekataios, die schon genauer gewesen sein muß. Nach Herodot hatten die Spartaner damals einen Kriegszug nach Persien erwogen, darauf habe man ihnen die Entfernung auf der Karte klargemacht, und sie hätten von dem Vorhaben abgelassen. Weiter hören wir, daß Anaximander ein Buch geschrieben habe, was Thales noch nicht getan hatte, natürlich in Prosa. Das war ein gewaltiger Schritt voran. Und doch war er noch ein jüngerer Zeitgenosse des Thales. Aber die Zeit ist rasch vorangeschritten und bewegte sich immer mehr auf das geschriebene Wort hin. Soviel über das rein Faktische.

Auch Anaximander war also ein *sophos* im alten Sinn des Wortes, ein geschickter Mann auf den verschiedensten Gebieten des

Lebens. Das, was immer wieder an ihm hervorgekehrt wird, steht schon im zweiten Satz von A 1: er habe als Prinzip und Element das *ápeiron* angegeben, wobei er es im einzelnen nicht unterschieden habe von Luft, Wasser und den anderen Elementen. Damit haben wir den entscheidenden Begriff, der in der Doxographie und Philosophiegeschichte mit seinem Namen verbunden ist. Wir können schon jetzt sagen, daß der Hauptteil unserer Arbeit darauf gehen wird, den eigentlichen Sinn solch philosophischer Begriffe zu finden, darum sei das Wort vorläufig unübersetzt. – In der Doxographie finden sich noch weitere ›Lehren‹, die ihm zugeschrieben werden und die uns teilweise sehr abstrakt anmuten. Bei Burnet steht eine ganze Menge darüber, aber von fast allem ist zu sagen, daß es nicht richtig ist. Anaximander sei auf den Kampf der Gegensätze aufmerksam geworden (falsch! das war erst Heraklit); er hätte eine unzerstörbare Substanz angesetzt, eine unendliche Menge von Welten nebeneinander im Unendlichen – das soll ein Denker des sechsten Jahrhunderts gelehrt haben! Das Buch von Burnet ist immerhin eins der besten, und doch ist es so, daß man das meiste schon heute nicht mehr für richtig halten kann. Besonders über die Annahme unzähliger Welten werden wir noch ausführlich zu sprechen haben.

Das Problem ist nun, was das *apeiron* des Anaximander gewesen ist. Es gibt seit der Antike eine unendliche Literatur darüber, und wir werden versuchen müssen, von unserem Horizont aus die Lösung zu finden. Wenn wir die Doxographie zurückverfolgen, so sehen wir, wie die retrospektive Verformung schon bei Aristoteles eingesetzt hat, wenigstens aber bei Theophrast. Auch Stenzel spricht in seiner ›Metaphysik des Altertums‹ von einer qualitätsfreien unendlichen Grundsubstanz. Mit Recht finden es verschiedene moderne Betrachter erstaunlich, daß ein so abstrakter Begriff wie der einer qualitätsfreien Substanz so früh hat gedacht werden können. Da muß vor allem festgestellt werden, daß von Qualitätslosigkeit überhaupt keine Rede war; die hätte wohl wirklich noch nicht gedacht werden können. Wie soll sich auch ein natürlicher Mensch so etwas vorstellen! Selbst heute kann man es kaum, ohne mindestens die Vorstellung der Schwere beizubehalten. Stenzel verweist auf Aristoteles, ›Physik‹ III 5, 204b, wo er sagt, daß eine qualitativ bestimmte Substanz nicht unendlich sein könne, weil sie sich sonst auf Kosten aller anderen Substanzen ausbreiten müßte. Darum müsse das Unendliche notwendig qualitätslos sein. Das ist ganz aristotelisch gedacht. Aber daß, wie Stenzel meint, schon Anaximander so gedacht hätte, halte ich für ausgeschlossen. Ich führe das an, um zu zeigen, wie schwierig die Sache hier liegt.

Nun ist es notwendig, daß wir uns darüber klar werden, was damals überhaupt das *apeiron* bedeuten konnte, wenn dies alles nicht zutrifft. Wenn wir zunächst als Philologen vom Wort ausgehen, so finden wir es als Adjektiv schon bei Homer, gewöhnlich für die Erde (Il. 7, 446; Od. 1, 98) oder für das Meer (*pontos* oder *hellḗspontos*, nicht Okeanos! So Il. 1, 350; 24, 545 Od. 4, 510). Nur an wenigen Stellen wird es in bezug auf etwas anderes gebraucht. Das Wort hängt zusammen mit *peirar*, später *peras*, lat. *terminus*, ›Grenze‹. So spricht Homer von den Grenzen der Erde und des Meeres. Diese naive Bedeutung ›Grenze‹ (nicht ›Ende‹, was *telos* heißen würde!) müssen wir festhalten: daß etwas gleichsam von einer Linie umgeben ist, einer Endkontur. Wenn das Wort nun durch *alpha* negiert wird, so bedeutet das nichts Unbestimmtes oder Unendliches, sondern heißt eben ›grenzenlos‹. Vom Meer oder der Erde gesagt, meint es den sinnlichen Anblick, den man etwa von einem Berg aus hat; denn man weiß: wo man den Horizont sieht, ist noch nicht die Grenze, man kann weiterfahren, und es geht dann immer noch weiter. Es ist klar, wie diese Vorstellung des Grenzenlosen, die im Volksbewußtsein lebt, die ursprüngliche ist und festgehalten werden muß. Man kann zwar sagen, daß ein Gott zu den Grenzen der Erde und des Meeres gehen will, wie Here in der Ilias (14, 200 u. ö.), aber ein Gott kann eben dahin gehen, wo alles endet, das ist die Ausnahme. Die Frage kann nur sein, ob man ›grenzenlos‹ oder ›unbegrenzt‹ übersetzen soll. Es ist nicht sehr wichtig, aber beides ist genau genommen nicht identisch, und ich möchte lieber bei ›unbegrenzt‹ bleiben, weil das andere einen emphatischeren Charakter hat in unserem Sprachgebrauch.

Wenn sich das Wort dem Sprachgebrauch der alten Dichter anschließt, so wird wohl auch die Vorstellung hier anzuschließen sein. Die Verbindung mit ›qualitätslos‹ kann erst eingetreten sein, als man das Wort Qualität, *poiótes*, gebildet hatte, und das geschah erst später, als das Denken schon sehr abstrakt geworden war. Die alte Zeit kennt weder das Wort noch die Vorstellung, und wir müssen sie fernhalten. Ebenso wenn die Doxographie das *apeiron* als ›Element‹, *stoicheion*, versteht. Auch dieses Wort war noch nicht in dem Sinne gebildet. Schließlich ist noch die Frage, ob

Anaximander auch von *arché* gesprochen habe in Verbindung mit dem *apeiron*. Im Sinne von Prinzip bestimmt noch nicht. Merkwürdig ist immerhin, daß das Wort sich in zwei voneinander unabhängigen Zeugnissen findet, A 9 Simplicius und A 11 Hippolytus, wo es ausdrücklich heißt, er habe das *apeiron* als *arché* eingesetzt und dabei als erster diesen Namen gebraucht. Ich glaube nicht, daß wir ein so klares Zeugnis beiseite setzen können. Es ist wohl deutlich, daß der Satz auf Theophrast zurückgeht, der darauf aufmerksam geworden war. Aber man muß hinzufügen, daß es zunächst eben nur ›Anfang‹ heißt und weiter nichts. Wir werden noch sehen, daß Jaeger in seinem Buch eine recht gute Erklärung bringt für die Weise, wie der Begriff der *arché* in bezug auf das *apeiron* gebraucht worden sein mag.

Was also ist nun mit dem *apeiron* gemeint? Ich sagte schon, daß bei Homer und den Dichtern nur das gemeint sein kann, was sich visuell darstellt, wenn man von etwas kein Ende sieht, wie bei Erde und Meer. Von dieser einfachen und gesicherten Grundvorstellung müssen wir ausgehen. Das würde bedeuten, daß Anaximander diese Vorstellung nun nicht auf Himmel und Erde bezog, sondern allgemein auf das, was uns umgibt als Unbegrenztes oder Grenzenloses. Da ist es deutlich genug auch für uns, deren Gesichtsfeld meistens begrenzt ist durch Nebel und Wolken, daß wir an einem schönen klaren Tag plötzlich das Grenzenlose zu sehen meinen. Und in Griechenland mit seiner durchsichtigen Luft und der Klarheit der Sicht liegt es nahe, daß man eine unmittelbare Anschauung vom Grenzenlosen gewinnt, die Vorstellung, daß alles Reale, Feste, das uns umgibt, irgendwie selbst vom Grenzenlosen umgeben ist, nicht abstrakt gedacht, sondern so, wie man es sinnlich unmittelbar erfassen und erleben kann. Für die ältesten Denker müssen wir wohl von solchen Vorstellungen ausgehen. So merkwürdig es klingen mag, wenn nun an Stelle all dieser abstrakten Begriffe das Visuell-Grenzenlose tritt, so glaube ich doch, daß wir es so annehmen müssen. Alles, was uns umgibt, ist umgeben vom Grenzenlosen, und das ist – was? Weder Substanz noch sonst etwas, sondern, wie bei Thales das Wasser, die Genesis von allem. Diese Genesisspekulation, die auch bei Thales die Denkform gewesen zu sein scheint, lebt hier einfach weiter. Auch Thales hat nicht gesagt, das Wasser, als ein begrenztes Seiendes, sei die Genesis, sondern als dieser Ursprungsbereich hat das Wasser selbst etwas Unbegrenztes. Das ist hier nur konsequenter durchgeführt, nicht als abstrakter Gedanke, sondern wir sehen ja, wie alles Begrenzte und Differenzierte umgeben ist von einem Unbegrenzten, und da kommt es her. Es ist falsch, weiter zu fragen, was das nun ist, Substanz oder Element. Auch heute, wo die Zahl der Elemente so groß geworden ist, wird man dahinter wieder auf ein Letztes zurückgeführt und kommt auf so etwas wie Energie, die in bestimmten Dosierungen das hervorruft, was wir Qualitäten nennen. All das müssen wir hier fernhalten. Hier ist nicht darüber gedacht worden, was das Letzte sei, das Denken ist noch nicht so weit fortgeschritten, daß man dazu gezwungen wäre. Man geht aus von der großen Frage nach dem Woher der Dinge und nennt das das Unbegrenzte. Eine Erklärung wird nicht gegeben, weil das Denken noch nicht so weit vorstieß und die Tatsache dieses Unbegrenzten etwas sinnlich Gegebenes war. Mehr kann man darüber nicht sagen. Das ist streng philosophisch vielleicht unbefriedigend, bleibt aber in den Denkmöglichkeiten der Zeit. Daß der Gedanke von etwas immerhin noch Angebbarem vorgeschritten war zu diesem Umfassenden, das nur noch negativ zu bezeichnen war, ist ein ganz gewaltiger Denkschritt, der bei allem Konkreten auch wieder eine mächtige Abstraktion enthält gegenüber den üblichen menschlichen Denkgewohnheiten. Überall sonst, wo wir Genesis erleben, entsteht immer eins aus dem anderen. Hier dringt das Denken auf das Ganze soweit vor, zu sagen, daß dieses Ganze, soweit es ein Angebbares ist, seine Genesis haben muß in einem, das kein einzelnes Angebbares ist, und wendet sich nun zu der Grundvorstellung des Unbegrenzten, die die Dichter bei bestimmten Dingen wie Erde und Meer schon hatten. Nur daß es jetzt davon gelöst und als ein Es-Selbst statuiert wird. So ist auch dieser Gedanke nicht vom Himmel gefallen und überspringt nicht die Möglichkeiten der Jahrhunderte, sondern bleibt im damals Möglichen. Darin zeigt sich uns die großartige Fähigkeit dieser frühen Denker, im sinnlich Gegebenen zu abstrahieren und doch gleichsam ganz konkret abstrakt zu sein. Das ist die Erklärung, die ich hierzu geben möchte. –

Nun kommen wir zu dem Problem des einzigen wörtlich überlieferten Satzes des Anaximander, wie wir ihn bei späteren Zeugen finden, die das Buch des Anaximander bestimmt nicht selbst gelesen hatten. Aber Theophrast hatte es gelesen und wohl auch diesen wichtigen Grundsatz zitiert. Da lesen wir, Diels-K. A 9, bei Simplicius, den Zusammenhang, aus dem der Satz ausgespart ist, den wir unter B als Fragment finden. Anaximander habe das *apeiron* angesprochen als *arché* und Element der seienden Dinge, wobei er als Erster diesen Ausdruck gebrauchte. Als diese *arché* habe er weder das Wasser bezeichnet noch irgendetwas anderes von den sogenannten Elementen, sondern eine gewisse andere Wesenheit *(physis)*, die unbegrenzt ist (sehr vorsichtig ausgedrückt!), aus der heraus alle Himmel entstehen und die Welten in diesen Himmeln. (Die Himmel sind als runde Kugeln zu denken, Fixsternsphären, die die Welten enthalten.) Jetzt das Zitat: »Aus welchen Dingen aber die Genesis ist für die seienden Dinge, in diese hinein geschieht auch das Vergehen nach der Schuldigkeit. Denn es geben die Dinge einander Strafe und Buße *(díkēn kai tísin)* für ihre Ungerechtigkeit nach der Anordnung der Zeit *(chrónou táxin)*.«

Das sind die denkwürdigen Worte, mit denen die europäische Philosophie einsetzt, als sie zum erstenmal zu uns spricht, schwer zu übersetzen, weil jede Übersetzung schon eine Deutung ist. Hier haben wir auch das Wort *genesis*, das wir für Thales nur erschlossen hatten. Vielleicht kann man statt ›in diese hinein‹ auch schon sagen ›in dasselbe hinein‹; man kann es offen lassen, und es war wohl auch nicht so scharf denkerisch unterschieden, mehr konkret gedacht. *taxis* ist auch mit ›Ordnung‹ übersetzt worden, aber gemeint ist wohl nur die Reihenfolge, wie auch die ursprüngliche Bedeutung von *taxis* die Reihe in der Schlachtordnung meinte. Jaeger versteht es als richterliche Entscheidung und spricht von einem »Richtstuhl der Zeit«, wohl übertrieben, wenn auch durch die Begriffe *tisis* und *adikía*, ›Ungerechtigkeit‹, nahegelegt. Wir dürfen nicht das uns vertraute Tribunal der Zeit hineinbringen. So bleibe ich bei der konkreten Vorstellung, daß die Zeit eine Reihe bildet und diese eine Anordnung enthält.

Wir blicken erst weiter auf den Zusammenhang bei Simplicius: ». . . wobei er diese Dinge ausdrückt in ein wenig zu poetischen Ausdrücken.« Das heißt, wir haben hier wirklich die Sprache des alten Denkers, die wir auch noch aus anderen Fragmenten kennenlernen werden, und diese Sprache wird von den Späteren als ›poetisch‹ empfunden. Ich will schon hier betonen, daß diese Denkform ganz entscheidend ist für das Gesagte. Simplicius fährt fort: »Klar ist (wenn es so heißt bei einem Interpreten, ist es immer falsch, nämlich seine subjektive Deutung), daß Anaximander im Auge hatte den Übergang der vier Elemente ineinander, und aufgrund dieser Anschauung hat er nicht für richtig gehalten, eines von diesen zum Substrat zu machen, sondern ein anderes neben all diesen.« Das ist es, was Burnet einfach übernimmt. Anaximander hätte gesehen, wie alles andere ineinander übergeht, und nun muß er ein anderes Element als den Urgrund von allem suchen. So hat also Simplicius geschlossen oder schon die vor ihm. Weiter: »Er läßt die Werdung sich auch nicht dadurch vollziehen, daß das Element sich verändert, sondern indem die Gegensätze abgeschieden werden durch die ewige Bewegung (!)«, usw. Ich habe das vorgeführt, damit Sie sehen, wie die Dinge liegen. Aus der Interpretation des Simplicius, vielleicht schon des Theophrast, stammt alle spätere Verformung. Immer wieder müssen wir diese doxographischen Behauptungen in Beziehung setzen zu den Möglichkeiten, die wir in der alten Zeit selbst aufweisen können.

5.

Wir hatten versucht, den schwer verständlichen Begriff des *apeiron* von retrospektiven Deutungen zu befreien und aus den Möglichkeiten der Zeit neu zu umgrenzen. Weiter waren wir fortgeschritten zu dem wichtigen Satz des Anaximander, der bei Simplicius im Wortlaut überliefert ist, wohl über Theophrast. Die Frage ist also, was dieser Satz bedeutet. Er wirkt dunkel, aber es ist möglich, daß er nicht an sich selbst dunkel ist, sondern nur in Bezug auf uns, die wir den Ort der Begriffe noch nicht kennen und sie nicht richtig einordnen können. Simplicius sagt, es sei etwas poetisch ausgedrückt, und dabei versteht er diese Form sicher als Einkleidung für das eigentlich Gedachte, obgleich überall, wo in der Welt Großes gedacht wird, dies niemals durch etwas anderes ausgedrückt wird, sondern ›Kern und Schale‹ (um mit Goethe zu reden) ist ›alles mit einem Male‹. Wir müssen versuchen zu erkennen, was gesagt ist und wo die Akzente des Gedankens sitzen, was das Neuartige daran ist und worum es eigentlich dabei geht.

Wir haben z. B. gleich den neuartigen Begriff der Schuldigkeit, *to chreon* – nicht etwa ›Schuld‹ in unserem Sinne. Der Begriff wird später bei Herodot eine große Rolle spielen in seinem theologischen Geschichtsbild mit seiner Verknüpfung von Hybris und Tisis. Dann der Begriff *tisis*, die Buße, die man zahlt und die durch Rechtsweisung festgesetzt wird, und der Begriff der Ungerechtigkeit, *adikía.* – Neuartig ist nicht, daß von Genesis geredet wird. Wir sahen, daß der alte Begriff des Von-Woher schon bei Homer und Hesiod, dann auch bei Thales anzusetzen war. Anaximander geht also weiter auf dem alten Weg und fragt nach dem Werden oder Urgrund der seienden Dinge. Total neu aber ist, daß daneben die *phthorá*, das Vergehen, Entwerden (um diesen Ausdruck der Mystik zu gebrauchen) genannt wird. Es ist nicht so wie bei den Älteren, die die Welt als ein Bestehendes erkennen, so wie sie ist, und nun danach fragen, wie dies Bestehende einmal geworden ist, sondern plötzlich geht der Blick weiter, und die Welt, wie sie vor uns steht, wird verstanden als ein Werden und Vergehen, eine Einheit von beidem. Das ist zunächst das unerhört Neue. Der einfache Mensch denkt nicht daran, die Welt, in der er lebt, mit ihrem Himmel, ihren Bergen usw. unter dem Gesichtspunkt des Werdens und Vergehens aufzufassen. Er nimmt sie hin als das Bestehende und fragt allenfalls auf einer ersten Stufe des Nachdenkens nach ihrem Werden. Hier aber ist darauf geachtet, daß alles nicht einfach statisch besteht, sondern in seinem Bestand charakterisiert ist durch ein Ineinander von Werden und Vergehen, Erscheinungen also, die die späteren Philosophen aufgreifen, zumal Heraklit, der den Gedanken stark weiterführt, und dann Platon, der die Welt des reinen Seins dieser Welt der Veränderungen als etwas ihr Enthobenes gegenüberstellt, dieser Welt, die nur *›ist‹*, insofern sie an der wahrhaft seienden teil hat. Es ist also ein wichtiges Grundmotiv, das hier aufgegriffen wird: die Welt nichts statisch Gegebenes, mit gewissen Veränderungen, sondern das Wesen dieser Welt bestehend aus dem In- und Nebeneinander von Werden und Vergehen. Das war das eine Neue und Folgenreiche.

Der weitere Teil des Satzes fragt nun, nach welcher Regel sich das alles vollzieht, und damit kommen wir auf den Begriff der Schuldigkeit, wobei wir vielleicht vor allem an die *phthorá*, das Vergehen denken. Es gibt also eine bestimmte Regel, die über diesem Werden und Vergehen waltet. Es ist klar, daß man überall, wo man Bewegung und Veränderung des Seienden ansetzt, auch irgendwie der Tatsache Rechnung tragen muß, daß das Ganze doch besteht, daß also in der Veränderung etwas Regelmäßiges anerkannt werden muß. Heraklit wird es den Logos nennen. Hier ist es die ›Schuldigkeit‹, was man erst gar nicht versteht. Aber wenn man den nächsten Satz hinzunimmt, so hören wir von der Ungerechtigkeit, der Strafe und Buße. Was hier vor Augen steht, ist ohne weiteres deutlich. Gemeint ist die große Tatsache, daß, so wie wir die Welt vor uns sehen, wir überall beobachten, wie das eine vom Tod des anderen lebt, auf Kosten des anderen da ist. Das ist so vor allem in der Welt des Lebendigen, der Pflanzen und Tiere, wo eins das andere frißt und verdrängt, alles sich ausdehnen will und im Kampf mit anderen steht, dem Kampf ums Dasein, wie wir die Vorstellung kennen (es ist längst gesehen worden, wie Anaximander merkwürdig ähnliche Ansichten hat wie Darwin). Man kann sagen, daß die Ungerechtigkeit etwas ist, das mit dem Seienden, so wie es ist, gesetzt ist. Jedes Lebendige behauptet sich durch *adikía*, indem es übergreift über den eigenen Bereich hinaus in einen anderen Rechtsbereich, wie dies speziell in dem Begriff der *hybris* liegt, der hier nicht genannt ist. Es gibt in der Welt nicht ein ausgeglichenes Nebeneinander der Dinge in störungsfreiem Zustand, nicht einmal im Bereich des sogenannten Leblosen. Das Wasser nagt das Land an und trägt es ab, das Land wieder schränkt das Wasser ein und drängt es zurück, das Flüssige verdampft unter der Wärme, und überhaupt ist das Heiße etwas, das stark solche Ungerechtigkeit ausübt. So gibt es nichts in der Welt, das nicht in diesem Sinne *adikía* verübt und auch erleidet, wenn man diese Verhältnisse unter dem Gesichtspunkt des Rechts betrachtet.

Aber es ist nicht ganz so, und das ist das Besondere, das jetzt kommt. Nicht *adikía* konstituiert das All, das sonst wohl allmählich zugrunde gehen müßte. In der Tatsache dieser *adikía* bezeugt sich auch eine Gegenkraft. Und so wirkt der großen Grundtendenz des Seienden, in seinem Leben vom Leben des anderen zu leben, eine andere Kraft entgegen, die immer wieder den Ausgleich herstellt. Denn letztlich bleibt alles im Ausgleich, trotz dieser ständig ausgeübten *adikía*. Gemeint ist die *dike*. Hier kann ich an Solon anknüpfen, Fr. 11, das Bild von dem Meer, das ohne Winde, die es bewegen, das ›Gerechteste‹ von allem sei. Die Dike ist, wie wir besprochen hatten (o. S. 108 ff.), das alte Prinzip des Schiedsspruchs, des Vergleichs. Es gibt zunächst noch keine ordentlichen Gerichte, sondern ältere Männer, die vieles wissen, und vor diese wird es gebracht, wenn eine *adikía* geschehen ist, wenn einer z. B. den Sklaven eines anderen erschlagen hat. Damit ist eine Störung geschehen, die nun einen Ausgleich verlangt, und zwar einen gerechten Ausgleich. So erteilen die Schiedsmänner dann ihren Spruch, der die Ausgeglichenheit wieder herstellt. Diese Grundvorstellung, in der man lebte, wird hier übertragen auf den Bereich des Seienden im Ganzen, und das ist das Neue innerhalb des griechischen Denkgeschehens, das hier eintritt.

Man muß wieder die ältere Literatur kennen und darauf hinblicken, um das Neuartige an das Frühere anknüpfen zu können. Da ist eine entscheidende Stelle in Hesiods ›Werken und Tagen‹, 276ff. Hesiod steht selbst im Rechtsstreit mit dem Bruder um das väterliche Gut, und bei dieser Gelegenheit hat er seine ganze Lehre von der Gerechtigkeit entwickelt in seiner realistischen Weise. Und nun sagt er, Kronion habe folgendes Gesetz den Wesen verordnet: den Fischen und den wilden Tieren und den Vögeln, einander aufzufressen, da unter ihnen keine Dike sei. Den Menschen aber habe er die Dike gegeben, die das bei weitem Beste sei. Hier haben wir die beiden Bereiche geschieden: den Bereich der Natur und den des Menschen. In der Natur und unter wilden Tieren besteht keine Dike, darum fressen sie einander auf. Aber im menschlichen Bereich hat Zeus die Dike gegeben, und darum gibt es Rechtsweisungen und die Möglichkeit, daß man nicht nur einander totschlägt und beraubt und alles dann so weiter geht, sondern daß ein Ausgleich besteht als Regel des menschlichen Daseins, und daß durch Buße und Strafe alles wieder ins Gleiche gebracht werden kann.

Während Hesiod diese beiden großen Bereiche scheidet, können wir jetzt deutlich sehen, daß sich eine charakteristische Wendung vollzieht. Es gibt nicht mehr nur ein Recht, das von Zeus den Menschen gegeben wäre, sondern, wie man sagen könnte, auch den Tieren und Fischen und Vögeln und überhaupt allem, was ist: den seienden Dingen ganz allgemein. Was dort partiell dem Menschen zugesprochen wurde, wird von dem prinzipielleren Naturdenker auf das Gesamt der seienden Dinge übertragen und als ein Prinzip des Seins überhaupt erkannt. Es gibt überall Übergriffe, die doch nie zu einer letzten Zerstörung führen, weil das große Prinzip des Ausgleichs darüber waltet. Das heißt, die Dike wirkt sich überall aus.

Wenn wir diesen Gedanken des Anaximander hier anschließen, beobachten wir zweierlei. Einmal, wie die Rechtsspekulation von diesem Menschen des griechischen Ostens auf den ganzen Bereich des Seienden übertragen wird, und wie nun die Rechtsordnung verstanden wird als eine Seinsordnung. Das ist der zweite entscheidende Schritt, neben dem ersten, daß neben dem Werden das Vergehen ins Auge gefaßt wurde. Es ist interessant, wie das *allélois* auch bei Hesiod vorkommt in dem Satz, daß die Tiere und Fische ›einander‹ fressen. Dieses ›einander‹ ist entscheidend für die Weise, wie die seienden Dinge Buße zahlen. Wenn es heißt, daß das ›nach der Schuldigkeit‹ geschehe, so heißt das, daß ständig solche Übergriffe vor sich gehen und wieder geahndet werden, nach allen Seiten. Was immer lebt und sich ausdehnen will, kann es nur durch eine solche *adikía*. Und der Bestand des Ganzen erhält sich durch das ständige Gegenwirken jener anderen Kraft, die immer wieder den Ausgleich bringt. Wenn also das Entstehen und Wachsen nur möglich ist infolge der Ungerechtigkeit, so erleben wir dadurch, daß ständig wieder dafür Buße gezahlt wird, das Vergehen, auch in den milderen Formen des Verändert- und Eingeschränktwerdens. Es ist deutlich, wie der zuerst betrachtete Gedanke des Vergehens in diesen großen Gesamtaspekt hineingehört. Das scheint mir der Sinn dieses Satzes, wie wir ihn unabhängig von der späteren Substanz- und Elementenlehre verstehen können. Gewiß, die Elemente sind von diesem allgemeinen Geschehen mit betroffen, sind aber noch nicht als solche ausgesondert. Und ebensowenig wird nach einer Substanz hinter den Elementen gefragt. Anaximander sieht eben die Einheit des großen Geschehens von Entstehen und Vergehen, die sich aus etwas und wieder in etwas hinein vollzieht, und dies nennt er das Unbegrenzte. Denn was immer entsteht, hat Grenze, und Vergehen heißt auch wieder Verlieren seiner Grenzen, insofern jedes Sein nur wird als ein Abgegrenztes, und die Begrenzung es erst zu dem macht, was es ist. Darum kann das Von-Woher und Wo-hinein nichts Bestimmtes sein, von dem man etwas aussagen könnte, eine Substanz oder was immer, sondern nur dieses Unbegrenzte. Dabei sollte man bleiben, statt nach dem Substanzcharakter dieses Unbegrenzten zu fragen.

Und nun müssen wir das Letzte interpretieren, das noch fehlt: die ›Anordnung der Zeit‹. Ich hatte schon gesagt, daß das wörtlich nur heißen kann die Aufeinanderfolge, die sich in der Zeit vollzieht, was wir das Kontinuum der Zeit nennen, die Tatsache des Nacheinander, als das die Zeit sich uns darstellt. Die Vorstellung eines Gerichts liegt hier ganz fern. Denn wenn sich uns das Sein als etwas darstellte, das überall Werden und Vergehen ist, so ist klar, daß als ganz neues Motiv, das vorher bei Thales und den Dichtern noch nicht da war (die es mit einem beständigen Zustand zu tun hatten), nun die Zeitkomponente in den Blick kommen muß.

Dieses Werden und Vergehen vollzieht sich ja eben im Rahmen des Zeitlichen. Dieser Zusatz ist also mit äußerster denkerischer Exaktheit angefügt worden. In dem Nacheinander, das die Zeit uns darstellt, vollzieht sich das Übergreifen wie auch die Buße dafür. Hier ist zum erstenmal auf die entscheidende Zeitkategorie als eine seinstragende Komponente hingewiesen. Es ist die erste Spekulation über das Seiende, die es nicht einfach statisch faßt, sondern den Zeitbegriff dazu braucht, um es in seinem Wesen zu verstehen: einer Statik, die nicht starr ist, sondern funktional sich ständig herstellt. Man kann ganz allgemein sagen, was später immer wieder auch gesagt wird, daß die Zeit der Raum ist, in dem die Gerechtigkeit sich vollzieht. Das ist zunächst ein ganz konkreter Gedanke. Die Spekulation auf die Zeit entspringt einfach aus dem Gefühl, wenn einem ein Unrecht geschehen ist, daß er dann abwarten muß. So war es bei Solon in der Musenelegie (o. S. 116 f.), und wieder zeigt sich, wie der Gedanke eng mit dem des Ausgleichs der Dike verbunden ist und nun auf diese Weise in die Ontologie hineinkommt, als ein entscheidendes Motiv.

Damit ist die Interpretation dieses Satzes, wie ich ihn verstehe, abgeschlossen. Ich will gleich noch zum *apeiron* hinzufügen Fr. B 3, Aristoteles, ›Physik‹ III 4, 203 b 13 (wie A 15), das *apeiron* sei ›unsterblich und unzerstörbar‹. Fr. B 2 wurde es *aïdion*, ›ewig‹, genannt (ein später Begriff) und ›ohne Alter‹, was wieder als ›poetisch‹ bezeichnet werden könnte und daher sicher wörtlich ist. Anaximander hat dem *apeiron* also gewisse Prädikationen beigelegt, und zwar nicht die des Qualitätslosen und Substantiellen, sondern die des Unsterblichen, Nicht-Alternden und Unzerstörbaren. Dazu schon bei Aristoteles der Hinweis auf die Göttlichkeit dieses *apeiron*. Denn all dies sind Bezeichnungen, wie wir sie seit Homer für die Götter und Göttliches kennen. Das heißt, so unbestimmt dies *apeiron* auch von Anaximander gelassen war, so tritt es doch bei ihm irgendwie an die Stelle, an der sonst bei den Griechen die Götter standen. Nicht für einen Einzelgott – wahrscheinlich glaubte er durchaus noch an diese Götter –, sondern als etwas Dahinterstehendes, vergleichbar etwa der Moira bei Homer, der großen Verteilerin, die allem die Grenzen setzt und noch über den Göttern steht, die ja auch begrenzt sind und einzelne Funktionen haben. Wir sahen (o. S. 90), daß *moira* nicht eigentlich ›Schicksal‹ bedeutet, sondern die Bestimmung alles Seins, die Gewalt des Begrenzenden, die jedes Ding zum Eins-Sein heraufruft. Daß man schon in alter Zeit das Göttliche so abstrakt fassen konnte, beweist die Gottheit dieser Moira, die selbst Zeus befragen muß, weil ihrer Verteilung alles unterliegt, was ist. So könnte wohl das *apeiron* des Anaximander als ein Göttliches an eine solche allgemein und auch grenzenlos empfundene Macht anschließen, zu der das griechische Denken schon vorgedrungen war.

6.

Wir wenden uns nun dem übrigen Teil des Weltbildes Anaximanders zu und können dabei ausgehen von einigen wörtlichen Fragmenten, weil sie uns die Denkform zeigen, in der dieser frühe Denker seine Dinge gedacht hat, und die in allen späteren Berichten immer verändert und umgesetzt erscheint. Daher gewinnen wir eine Kontrolle von seiner eigenen Sprache aus, mit der wir auch die Berichte beurteilen können.

Da heißt es B 5, die Erde sei ähnlich einem Säulenstein. In A 10 finden wir eine Menge Zitate, die damit zusammenhängen, aber während dies zweifellos der von ihm selbst gebrauchte Ausdruck ist, finden wir dort andere, wie ›zylinderförmig‹. Das Verhältnis ihrer Tiefe zur Breite wird angegeben mit 1 : 3. Das würde bedeuten, daß die Erde, die bei den älteren Denkern und wohl noch bei Thales einfach als eine Scheibe gedacht war, die auf dem Wasser schwimmt, nun zu wachsen anfängt. Dabei kann man natürlich von ›Zylinder‹ sprechen, aber er hat eben gesagt ›Säulenstein‹ oder Säulentrommel, wie wir es nennen. Das ist nun interessant. Wir sehen, wie die Vorstellungen noch am Älteren haften, sich aber anzunähern suchen den Erscheinungen selbst. Schon wenig später wird die Erde von den Pythagoreern als Kugel erkannt werden. Wenn wir vorher die Scheibe haben und nachher die Kugel, so steht dies Bild der Säulentrommel sozusagen in der Mitte, ist noch Scheibe, aber doch schon massiv und körperhaft. Für die Denkform Anaximanders ist nun charakteristisch, wie er das ausdrückt, nämlich daß er in Bildern spricht. Simplicius hatte gesagt, daß seine Ausdrucksweise etwas poetisch sei. Dieses Sprechen in Bildern werden wir ständig antreffen und können geradezu sagen, daß überall, wo uns solche Ausdrücke entgegentreten, wir ihn unmittelbar noch selber hören. Da findet sich noch eine ganze Menge von Worten, die noch nicht unter die wörtlichen Fragmente aufgenommen sind, wie sie eigentlich sollten.

Das nächste, auf das wir kommen, ist Fr. 4, *prestêros aulós*, ›Röhre eines Glutwinds‹, einer heißen Luft. Ich bin leider mit dem alten Handwerk und seiner Technik nicht so vertraut, um sagen zu können, was gemeint ist; zweifellos etwas Bestimmtes, wahrscheinlich aus dem Bereich der Schmiede, nicht Blasebalg, aber eine Art Luftzufuhr oder auch Luftabzug, eine Art Schlot, Kamin, der durch Ausströmen der heißen Luft Wind hervorruft und damit die Flamme entfachen kann. Das ist hier verwendet für bestimmte Öffnungen, durch die die Sterne erkannt werden. – Andere Bilder kommen aus dem Bereich des Biologischen, auch sie nicht alle unter die echten Fragmente aufgenommen, sondern nur mit einem Hinweis im Anschluß an Fr. 5 hervorgehoben, editorisch nicht ganz konsequent. A 10: ›Etwas, das fähig war, das Warme und das Kalte zu erzeugen aus dem Ewigen (späte Ausdrucksweise!): daß dieses im Zuge der Werdung des Kosmos abgeschieden worden sei und daß daraus eine gewisse Sphäre von Feuer außen herumgewachsen sei um die Luft, die um die Erde liegt, wie die Rinde um einen Baum.‹ – Der Ausdruck ist wieder von dieser konkreten Art, wenn auch der Satz, wie er jetzt dasteht, eine ganz andere Struktur hat. Eine merkwürdige Vorstellung. Das Grenzenlose, dem er nun, nachdem er es festgelegt hat, abzugewinnen sucht die Vorstellung der Welt, scheidet das Warme und das Kalte aus, also wohl das Feuer und das Feuchte als Luft oder Wasser. So bildet sich eine Feuersphäre, die um die Luft herum liegt, die die Erde umgibt. Er sagt einmal (A 11, 3), daß die Erde frei schwebe, und es ist nicht klar, ob die Luft nun kugelförmig gedacht ist oder als ein größerer Zylinder, der den kleineren der Erde umgibt, worauf vielleicht der Ausdruck ›Rinde‹ deuten könnte. Bei den späteren Zeugnissen ist unbedingte Klarheit nicht zu erwarten, und wir müssen hier die Weisheit des Nichtwissens üben und sehr vorsichtig sein im Ergänzen.

Noch einmal will ich die Denkform betonen, durch die wir dem alten Denker auf der Spur bleiben können. Da haben wir diese schlotartigen Gebilde, die Säulentrommel, die Rinde und manches andere. Dazu kommt die merkwürdige Stelle über die Sonne, A 21 u. ö. ›Einige sagen wie auch Anaximander (das heißt dann meist nur der Genannte), es entsende die Sonne das Licht, wobei sie das Aussehen habe eines Rades (anderswo spricht er von ›Wagenrad‹).

Denn wie in dem Rad eine hohle Nabe ist, und es hat von der Nabe ausgespannt die Speichen zu der Felge außen, so schicke auch sie aus dem Hohlraum das Licht heraus und bewirke dann die Strahlen und den äußeren Lichtkreis.‹ – ›Einige sagen, wie von einer Trompete aus einem engen Hohlraum sende sie (die Sonne) das Licht aus wie Glutstrahlen.‹

Ich will nicht auf alles eingehen, was man darüber vermutet hat, sondern meine Meinung dazu geben, die auch nur Vermutung sein kann. Ich meine also, wenn wir diese Bilder haben, wieder aus dem technischen Bereich, daß diese Bilder so beschaffen sein müssen, daß sie irgendwie die Erscheinung, die wir vor Augen haben, verständlich machen. Ähnlich A 18, wenn es heißt, die Sterne seien Verfilzungen, *pilémata*, der Luft, radförmig, mit Feuer angefüllt, die in einem gewissen Bereich (›zu einem Teil‹) aus Mündungen Glut hervorblasen. – Wir müssen uns vorstellen, daß es für das alte Denken schwer war, zu bestimmen, wie die Sterne am Himmel sitzen. Wir wissen heute, daß sie frei schweben, aber das ist zunächst nicht denkbar, und man dachte sie sich noch später an der Fixsternsphäre oder anderen durchsichtigen Kugelschalen angeheftet. Andere alte Völker denken sie sich am Himmel hängend wie Lampen an einer Decke. Anaximander macht es nun so, daß er meint, die Luft verfilze sich. Sie hat Verdickungen, man kann fast sagen, sie hat Taschen gebildet, die mit Feuer gefüllt sind. Indem sie an bestimmten Stellen solche Einbuchtungen bildet, haben da die Sterne ihren Ort. Nun sehen wir aber, wie bei der Sonne ihre Kraft auch durch Hitze und Helligkeit auf uns wirkt. Da kommt das Bild der Radnabe. Man stelle sich eine Wagennabe vor, die vorn ein Loch hat, aber auch Löcher an den Seiten (das können viele sein oder auch nur drei, wie wir es von alten Rädern kennen), und aus allen bricht Licht oder gar Feuer heraus und bildet, sich vereinigend, die Felge und damit einen Feuerkreis. Die griechischen Wagen hatten Speichen, die sich nach der Felge hin erweiterten, das würde der Vorstellung gut entsprechen. Er will die Tatsache erfassen, daß das Licht sich überhaupt verbreitert. Man weiß heute, daß es sich nach allen Richtungen des Raumes fortpflanzt nach bestimmten Gesetzen der Schwächung, stellt es sich also noch so ähnlich vor. Dazu stimmt auch das Bild von der Trompete. Von der Seite gezeichnet, ist es charakteristisch, daß sich die Trompete nach vorne erweitert. Von vorn gesehen, bilden sich Kreise und blitzen nach allen Seiten, zumal eine Trompete doch aus Metall besteht. Mit dem Schall ist es ähnlich, von dem er aber nicht spricht. Das ist die Erklärung, die ich mir dafür zurechtgelegt habe. Überliefert ist nur die Tatsache dieser Bilder, deren Deutung versucht werden muß, aber ungewiß bleibt.

Ich habe dies schon im ersten Gang der Betrachtung entwickelt, weil ich noch einmal hinweisen wollte auf die Eigentümlichkeit dieser Denkform, die sich dieser technischen Bilder bedient, um kosmische Weltvorgänge und Erscheinungen irgendwie zu erklären. Daß es sich dabei nicht nur um eine Einkleidung handelt, hatte ich schon betont. Diese Bilder, mit denen Anaximander und andere arbeiten (so etwa auch Anaximenes, der das Himmelsgewölbe mit einer Filzmütze vergleicht, die sich auf einem Kopfe dreht), sind nicht erdacht, um etwas pädagogisch klarzumachen, während man selbst die eigentliche Weisheit hat, sondern in diesen Bildern wird gedacht, in ihnen macht man sich die menschenfernen Erscheinungen klar. Es sind Formen und Mittel des vorstellenden Denkens, verschieden von dem späteren begrifflichen Denken, das weniger anschaulich ist, aber größere Sicherheit verbürgt. Es ist deutlich, wie wir damit wieder an die Dichtung anknüpfen, die ihre Gleichniswelt hatte. Ich hatte im ersten Teil bei Homer von der philosophischen Bedeutung des Gleichnisses gesprochen (o. S. 165 ff.). Kein Zweifel, daß die Grund-Denkform der Bilder und Gleichnisse, die von Homer im Bereich der Dichtung ausgestaltet wurde, dann noch eine ganze Weile das Denken der Menschen beherrscht hat, als man längst mit den Mitteln des Logos die Erscheinungen zu fassen suchte.

Nun komme ich dazu, unter Absehung von dieser besonderen Form nachzuzeichnen, wie sich Anaximander die Welt vorgestellt hat. Dabei können wir ausgehen von dem schon erwähnten Satz aus A 10, daß das Apeiron (denn das ist gemeint) in einem Weltentstehungsakt die Dinge aus sich heraussetzt im Sinne einer Kosmogonie, mit deutlicher Affinität zum Chaos des Hesiod. Zuerst bilden sich aus ihm das Warme und das Kalte, also wohl Feuer und Luft. Auch hier kann man nicht so vorgehen wie Burnet, der das für Anaximander einfach wörtlich nimmt und sagt, daß irgendwie – wir erfahren nicht, wie – Erde, Wasser, Luft und Feuer sich differenzieren. Es ist fraglich, ob Anaximander es sich so vorgestellt hat. Er hatte vielleicht nur das Kalte und Warme gedacht, unbestimmt in den Elementen. Später sind das Kalte und Warme, zugeordnet dem Feuchten und Trockenen, häufig vorkommende Begriffspaare. Aber es ist nicht einmal sicher, ob Anaximander auch nur diesen einen Gegensatz klar formuliert hatte. Jedenfalls scheint sich aus dem Apeiron so etwas zu bilden wie Luft, die sich in Wasser und Erde differenziert, und um das Ganze eine Feuerrinde. – Hinzukommt A 27: ursprünglich sei der ganze Raum um die Erde feucht gewesen – das Feuchte tritt ja als Wasserdampf oder feuchte Luft und Nebel auf –, dann aber sei das durch die Sonne ausgetrocknet worden und habe verdunstend Winde erzeugt und die Sonnenwenden beeinflußt. – Die Sonne bewegt sich ja nicht weit draußen, sondern im Luftraum, und so können Nebel und Dünste sie hemmen, daß sie nicht weiterkommt. Ebenso die Wenden des Mondes. Teile des Feuchten, die nach diesem Prozeß übrig bleiben, bilden das Meer.

Das muß man sich etwa so vorstellen. Das große Apeiron bildet aus sich diesen Baumstamm: die Erde, darum Feuchtigkeit, die in Form von Luft und Wasser auseinandertritt. Darauf wirkt von außen Hitze ein, Winde entstehen, die den Lauf der Sonne und des Mondes beeinflussen und die Feuchtigkeit austrocknen bis auf einen Rest, der jetzt das Meer ist. Die Vorstellung, daß das Meer der Restbestand einer ursprünglich die Erde umgebenden Feuchtigkeit ist, entspricht auch unseren Vorstellungen ungefähr. Die Erde war einmal von mächtigen Dämpfen umhüllt wie noch jetzt die Venus, auch dunkel natürlich; dann, beim Erkalten, kamen zuerst heiße Regen herab und setzten schließlich das Wasser ab, das das Meer wurde. Erstaunlich, wie gerade Anaximander, noch naiv tastend, auf Vorstellungen kommt, die den heutigen ähnlich sind. Wie sich nun weiter die feste Erde heraussonderte, darüber ist nichts gesagt oder wenigstens nichts überliefert, und wir müssen das offen lassen.

Wir kommen zu einem weiteren wichtigen Punkt. A 10 hieß es, daß aus dem *apeiron* hervorgehen ›die Himmel und alle die *kosmoi*, die unendlich sind‹. Dieser Satz, der bei anderen ähnlich überliefert ist, weil alle auf Theophrast zurückgehen, hat eine ziemliche Debatte hervorgerufen und lebt bis heute in den Philosophiegeschichten so fort, daß nach ihm Anaximander eine Unzahl von Welten angenommen hätte; noch von Burnet so gedeutet, daß dabei nicht nur eine zeitliche Folge gemeint sei, sondern auch ein Nebeneinander all dieser Welten. Andere, wie Zeller, halten das für unwahrscheinlich bei einem so frühen Denker, Jaeger aber ist auch dafür.

Dazu will ich meine Meinung sagen, die zugleich in andere Zusammenhänge führt. Ich halte nach allem, was ich über das konkrete Denken dieses Mannes entwickelt habe, eine Vorstellung von zahllosen Welten nebeneinander für ausgeschlossen. Das taucht später in der Atomphysik auf bei Leukipp, Demokrit und Epikur, wo die unzähligen fallenden Atome auch eine Unzahl von Kosmoi bilden und in den Zwischenräumen dieser Kosmoi die Götter ein seliges und unbekümmertes Dasein führen. Das alles gehört in eine viel spätere Stufe des Denkgeschehens. Daß schon hier am Anfang eine solche Vorstellung aufgekommen sein sollte, halte ich für ganz unmöglich. Wenn man genau zusieht, ist es schon unwahrscheinlich, daß Anaximander auch nur den Begriff *kosmos* verwendet hätte. In jener Zeit hieß *kosmos* noch vorwiegend Heeres- und politische Ordnung und wurde erst später auf das Weltganze übertragen. Es ist interessant, wie der Satz gebaut ist: ›die Himmel *und* alle zahllosen Welten‹. Das ›und‹ ist dabei meist die Klammer zwischen dem, was die Alten gesagt haben, und einem interpretierenden Zusatz: ›und das heißt doch wohl . . .‹, wobei das unscheinbare *kai* oft riesige Klüfte überbrückt. So ist es wenig wahrscheinlich, daß Anaximander von unzähligen Welten gesprochen hätte. Der alte Begriff ist ›die Himmel‹, und wir werden also zunächst meinen, daß er von ›Himmeln‹ gesprochen hat.

Das nächste wichtige Zeugnis ist bei dieser verstreuten Überlieferung Cicero, De natura deorum I 10, 25; Diels-K. A 17: ›Anaximander sei der Meinung gewesen, daß die Götter entstanden seien und (als Entstandene) in langen Intervallen aufgegangen seien und wieder gefallen (so wie die Sonne aufsteigt und auch wieder absinkt), und daß sie unzählige Welten seien.‹ Diese Stelle ist höchst wichtig. Zunächst hat er also davon gesprochen, daß die Götter in langen Zeiträumen (*longis intervallis*) immer wieder aufgekommen und zugrunde gegangen seien. Dann waren diese Götter als ›Welten‹ verstanden. Sobald man diese Stelle richtig faßt, ist man aus aller Verlegenheit und gewinnt die Möglichkeit, den Gedanken anzuschließen an die Denkweise der alten Zeit. Die Möglichkeit von lauter Weltkugeln war der alten Denkweise nicht entsprechend. Aber wir hatten schon gesehen, wie stark Anaximander an Hesiod anknüpft. Und so ist wohl klar, wie diese Vorstellung von entstehenden und vergehenden Göttern ebenfalls auf die ›Theogonie‹ zurückgeht. Man kann soweit gehen, zu sagen, daß die Haupt- und Grundgedanken Anaximanders herausgewonnen sind aus der tiefen Auseinandersetzung dieses neuen Geistes, der auf die Realität der Welt blickt und das Rechenschaftgeben übt, mit Hesiods ›Theogonie‹. Da haben wir verschiedene entstehende und vergehende Götter, ein Heraufkommen des Uranos, der die Welt bildet mit seinem göttlichen Leib, seine Entmannung, mit der ein neues Weltalter beginnt, wir können auch einfach sagen: eine neue Welt, und schließlich der Sturz auch dieser Welt durch das Aufkommen der dritten, die Zeus heraufführt. Uranos war eine andere ›Welt‹, wenn man ›Welt‹ als die von den Göttern bestimmte Ordnung faßt. Wir hatten schon davon gesprochen, daß man die griechischen Götter, wenn man sie überhaupt definieren will, am besten als Inbegriffe der Wirklichkeit versteht, lebendig und umfassend, und wir hatten gesehen, daß die ›Theogonie‹ des Hesiod nicht nur eine ›Götterentstehung‹ bringt, sondern damit zugleich eine Kosmoserklärung. Es ist klar, daß aus dieser Gleichsetzung des Gottes mit der Wirklichkeit auch solche Auffassung von Göttern möglich wird, die zugleich Welten sind. Was dem Satz des Anaximander also zugrunde liegt, ist etwas, das wir aus dieser Zeit kennen. In der Theogonie sind es mindestens drei Göttergeschlechter, die heraufkommen und wieder vergehen. Nur daß Anaximander diese Vorstellung nun hineingeformt hat in seinen Gedanken des *apeiron*. Immer wieder sind danach Götter aufgestiegen, die von sich aus Welten bestimmt hatten als lebendige Inbegriffe des Wirklichen. Damit haben wir nach unserer Methode den Satz angeschlossen an das der Zeit nach Mögliche und dabei zugleich von neuem gezeigt, wie tief Anaximander von Hesiod bestimmt war. Soviel darüber.

7.

Wir haben uns heute noch etwas mit der sonstigen Lehre des Anaximander zu befassen, in der sich bekundet, wie das alte Denken einer breiten Empirie entspricht, aus der es nun eine Welterklärung sucht nach allen Richtungen hin. Wir werden verfolgen, wie diese Naturbetrachtung weitergeht bei den Vorsokratikern, sogar bei Parmenides, der sein Buch in zwei verschiedene Teile scheidet, wobei er im ersten die Wahrheit behandelt und im zweiten die Doxa, wo er eine umfassende Welterklärung gibt.

Das ist ein ganz festes Motiv. So wird auch Anaximander in seinem Buch nach diesem grundlegenden Satz versucht haben, den Gedanken im einzelnen durchzuführen. Das eine, das ich wegen der Bildlichkeit der Sprache schon vorweggenommen hatte, war das Bild, wie die Feuersphäre wie eine Rinde um den Luftraum herumliegt; oder wie die Sterne wie Röhren erscheinen, durch die das Feuer sichtbar wird. Andererseits scheinen sie wieder aufgefaßt als Feuerfüllung von Luftverfilzungen, eine Art Taschen mit Löchern, verglichen mit Wagenrädern, um die Verbreiterung des Lichts zu verdeutlichen. Ebenso spricht er von einem Kreis der Sonne – wohl nicht eine Sphäre, die um die ganze Erde herumgeht, wie Burnet es versteht, sondern der Strahlenkranz des Gestirns selbst, wie er erscheint –, der 27 oder 28mal größer sei als die Erde; der des Mondes 19 (oder 18) mal; wobei er, wie Burnet wohl richtig sieht, von einer bestimmten Reihenfolge von Zahlen ausgeht, also nicht von der Erscheinung, sondern von einer Konstruktion. Wenn die Röhren sich schließen, verdunkeln sich die Sterne, es entsteht Sonnen- und Mondfinsternis. Auch das Zu- und Abnehmen des Mondes wird damit erklärt, daß sich vorn eine Art Deckel davorschiebt. Das ist etwas primitiv, aber es ist interessant, wie nun die Himmelserscheinungen, die früher mythisch verstanden wurden, so nüchtern technisch erklärt werden. Ebenso wird Donner und Blitz, früher der Wetterstrahl des Zeus, den er auf die Frevler wirft, hier erklärt aus derartiger Gluthitze, die in eine dicke Wolke eingeschlossen ist, die dann zerreißt, so daß die Glut hervorbricht (A 23). Wieder ist nicht das Entscheidende, wie primitiv die Vorstellung noch ist, sondern daß die Erscheinungen zurückgeführt werden auf die gleiche Basis, auf der auch wir noch die Erscheinungen deuten, wenn auch im einzelnen anders. Es ist im Prinzip die gleiche, rein rationale, mechanistische Art, hergeleitet aus den einfachen Technevorgängen. So sind die Winde, einst Götter, Luftströmungen oder heiße Dämpfe durch Einwirkung der Sonnenhitze. Was Erde und Meer angeht, so hatten wir schon die Fragmente besprochen, wo er die Erde umhüllt sieht vom Feuchten, das allmählich austrocknet durch die Sonnenhitze und als Restbestand das Meer zurückläßt, heutigen Vorstellungen sehr nahe kommend. Daß dabei auch das Feste entsteht, was er nicht beschreibt, konnte er abnehmen etwa der bekannten Erscheinung der Salzgewinnung durch Verdunsten des Meerwassers. Von der Erde hören wir A 11, daß sie frei im

Luftraum schwebt, der von der Feuerrinde umgeben ist, von allen Seiten gleich weit entfernt. Diese sehr abstrakte Vorstellung, die Anaximenes wieder aufgibt, hat er also schon. Wir leben auf einer Seite dieser Erde; was auf der anderen zu denken ist, sagt er nicht.

Nach Geophysik und Meteorologie kommt er auch auf die Entstehung der Lebewesen (A 30), und das ist nun ganz erstaunlich. Er bringt sie in Verbindung mit dem Feuchten, das alles umhüllt hatte, und meint nun, daß die Menschen ursprünglich andere Lebewesen gewesen sein müßten. Sie können also nicht nach den Schöpfungsmythen gleich als Menschen geschaffen worden sein, wie die Griechen so gut wie andere Völker zunächst angenommen hatten, sondern müssen sich erst zu Menschen entwickelt haben. Diese Behauptung ist so auffällig, daß man Anaximander von hier aus längst als den antiken Darwin bezeichnet hat, nicht ohne Recht. Interessant ist weiter, wie er das erschließt. Alle anderen Lebewesen sind nach der Geburt sehr schnell imstande, sich selbst zu ernähren (wenn es auch da den Unterschied von Nestflüchtern und Nesthockern gibt). Der Mensch aber braucht so lange Zeit hindurch Hilfe und Pflege, daß er sich nie hätte am Leben erhalten können. Damit ist ein wichtiges Motiv vom Wesen und der Entstehung des Menschen berührt, auch die Frage, wieweit er teilweise als Tier zu verstehen ist und doch vielleicht schon auf niederen Stufen eine Form gehabt hat, die ihn von anderen Tieren unterschieden hat – eine Auffassung, die heute vielfach vertreten wird (etwa von Arnold Gehlen). Der Mensch war danach immer Mensch, ist niemals Tier gewesen. – Auch der Begriff des Mangelwesens ist damit bei Anaximander schon gedacht worden. Die Lösung, die er gibt, ist folgende: Alle Tiere sind im Feuchten entstanden – auch das eine These, die noch heute vertreten wird, mit erweiterter Empirie und guten Gründen –, und da sei jedes eingeschlossen gewesen in eine Stachelrinde (wobei der Ausdruck ›Rinde‹ wieder an die Feuerrinde um die Luft erinnert). Man kann sich denken, daß er die Vorstellung nach der Analogie von Krebsen und anderen Schalentieren gefaßt hat. Dann ist es so gewesen, daß einzelne dieser Tiere an Land gekommen sind; wobei nicht klar ist, ob vielleicht erst hier die Rinde notwendig war, damit sie nicht austrockneten. Dann aber barst die Rinde, und die Lebewesen begannen, sich zu ändern. Der Mensch sei ursprünglich ein fischartiges Lebewesen gewesen; er denkt vor allem an einen Haifisch. – Waren auch die Formen der Erklärung noch einfach, so ist das Prinzip, das angewandt wurde, doch erstaunlich modern. Es ging bekanntlich wieder auf Jahrhunderte hin verloren, über das ganze Mittelalter.

Noch etwas ist erstaunlich für die Weise, wie das Denkgeschehen sich vollzieht. Wir sehen, wie bei Anaximander an einer bestimmten Stelle das Wasser eine entscheidende Rolle spielt, nämlich da, wo es ihm um das Leben geht. Das Wasser ist der Bereich des Lebens, während Thales es ganz allgemein als die Genesis von allem bezeichnet hatte. Ein früherer Denker faßt also eine Erscheinung als universal, ein späterer legt einen umfassenderen Horizont darum, so daß die Erscheinung eingeordnet und so bewahrt wird. So ist es hier mit dem Wasser, das nicht mehr die universale Genesis ist, wohl aber die des Lebens. Diese Weise, wie ein Gedanke eingeengt und so bewahrt und weiter tradiert wird, ist eine Erscheinung, die wir immer wieder im Denkgeschehen der Wissenschaft beobachten können. Man denke etwa an die Gesetze der klassischen Physik, die lange als die allein richtigen galten und nun innerhalb des erweiterten Horizonts immer noch als ein Sonderfall bewahrt bleiben. So auch hier. Es ist klar, wenn so das Wasser als Bereich des Lebens gefaßt wird, wie Anaximander damit wieder anschließt an die frühe Spekulation der Dichter. Bei Hesiod vor allem war das Meer der Bereich eines gewaltigen Entstehens von Lebenserscheinungen. Auch hier hat der Dichter schon die Grundbedeutung des Elements für alles Lebendige geahnt.

Damit wären wir im wesentlichen mit Anaximander am Ende. Sie werden beachtet haben, daß er der erste ganz große und bedeutende Denker gewesen ist, weit über Thales hinaus, von dem wir auch weniger wissen. In interessanter Weise ist bei ihm schon das Denken bis an die Grenzen des Denkbaren gegangen, worin sich immer die große Kraft des Denkens bekundet hat, zumal bei den Griechen. Das Denken, wo es sich als echtes Denken weiß und fühlt, kümmert sich nie um das Vorstellbare, Anthropomorphe, was den Alltagsauffassungen entspricht. Wenn unser Weltbild im Lauf der Zeiten fortgeschritten ist, so durch diese Kraft des Denkens, immer unbekümmert um seine Konsequenzen fortzuschreiten. So noch heute. Das Denken kümmert sich nicht darum, ob es zu unanschaulichen Ergebnissen kommt, etwa ob ein und dieselbe Erscheinung des Lichts sich von verschiedenen Seiten her gleichzeitig als Welle und Korpuskel zeigt. Die Vorstellungen der allgemeinen Plausibilität werden von diesem Denken durchbrochen. Das hat bei den Griechen angefangen, die das Denken als Abenteuer in sich selbst betrieben, unbekümmert um das, was sich für die anschauliche Welt daraus ergab. Diese Radikalität des Denkens ist europäisch, vor allem in Verbindung mit der Rationalität, d. h. es stützt sich auch wieder auf Anschauliches, von dem es ausgeht, und gelangt zu Begriffen und Prinzipien, die energisch und radikal durchgeführt werden. Man muß sich einmal klarmachen, daß diese Weise des Denkens etwas total Neues war, das damals in die Welt gekommen und dann so folgenreich geworden ist. Es ist entscheidend, daß man nun nicht mehr in praktischen Zwecken oder Vorteilen denkt, sondern das Es-Selbst der Dinge denkt, unbekümmert, ob es einen Zweck hat oder vielleicht gar einen Nachteil. Dadurch unterscheidet sich dieses Denken, soweit ich sehe, von allem anderen Denken vorher bei den orientalischen Völkern, wo es durchaus zweckhaft bleibt. Die Griechen hatten die Fähigkeit, rein in sich und an sich selbst das Denken zu betreiben und sich in seinen eigenen Konsequenzen vollziehen zu lassen, und damit haben sie einen Weg beschritten, der ein Umweg ist: den Weg über das Es-Selbst der Dinge. Man hat nicht kurzschlüssig gefragt nach der Anwendbarkeit und dann von daher gedacht und sich darauf eingeschränkt, sondern hat eben gedacht und dieses Sich-dem-Denken-Überlassen als Abenteuer auf sich genommen. So ging die mathematische Entwicklung nicht weiter über die Feldmesserei und Astrologie, sondern fragte nach dem Wesen des Zahlenmäßigen, nach den Proportionen und Bezügen, die sich in der Realität finden und sichtbar werden in der Geometrie; schließlich reizte dann der ganze Bereich der Arithmetik an sich selber, und nun sprechen wir von Grundwissenschaft oder reiner Theorie. Dieses rein Prinzipielle und Theoretische ist, retrospektiv betrachtet, schon hier. Und weiter hat dieses Denken dann dazu geführt, sich in weiterer Instanz wieder zurückzuwenden auf die Bewältigung der Welt, für die ihm nun ganz neue Mittel an die Hand gegeben waren, die auf direktem Wege nie hätten ermittelt werden können. Die Griechen stehen damit am Anfang einer Denkbewegung, die mit gewissen Unterbrüchen und Ruhezeiten bis zu uns heute reicht und uns seit der Renaissance und wieder seit dem achtzehnten Jahrhundert bis in unsere Tage hinein hinreißt zu den erstaunlichsten neuen Weltsichten, und so gleichzeitig auch den Charakter einer Gefährdung hat, der mit dem echten Abenteuer verbunden bleibt. – Soweit der allgemeine europäische Bezug, in dem diese Dinge stehen.

8.
Anaximenes

Ich komme heute zu Anaximenes, der kürzer besprochen werden kann. Die Zeugnisse finden Sie wieder bei Diels-K, 13 A, vor allem A 1, Diogenes Laertius. Auch er war Milesier, Sohn eines vornehmen Vaters, und er habe Anaximander ›gehört‹, wie es heißt; nach einigen auch Parmenides, was unmöglich ist. Dann wird kurz seine Lehre angegeben: sein Prinzip sei ›die Luft und das Apeiron‹, und dann folgen Einzelheiten. Er habe ein Buch geschrieben und sich dabei der einfachen, schlichten ionischen Sprache bedient. Das ist wichtig, weil wir bei Anaximander gehört hatten, er habe sich etwas poetisch ausgedrückt. Anaximenes schreibt offenbar in viel stärkerem Maße reine Prosa als sein Vorgänger, der Logos nähert sich immer mehr der reinen Prosaform. Diese Nüchternheit ist für ihn als Denker charakteristisch. Es ist eine großartige neue Nüchternheit, die bei dem dritten großen Naturdenker dieser Stadt aufkommt. Darum ist diese Notiz über seinen Stil bedeutsam, denn Theophrast, der die Dinge festgelegt und weitergegeben hat, hat sicherlich das Buch gekannt. Alles wird bei Anaximenes einfach, klar, rational, ja mechanistisch, und das gerade ist bezeichnend für den Fortschritt des Denkens. Es ist interessant, daß in der späteren Bewertung der milesischen Denker Anaximenes als der größte gilt, weit größer als Thales und Anaximander. Ähnlich werden wir später sehen, wie Empedokles allen Vorgängern gegenüber am erfolgreichsten in der Tradition geworden ist: der, auf den man am stärksten zurückgreift. Er ist der erste ganz umfassende Synthetiker dieser vorsokratischen Denker. Und eben das ist auf einer früheren Stufe auch Anaximenes. Er ist nicht neu, in vielem sogar rückschrittlich gegenüber Anaximander, und dennoch ist er es, der in Folge seines klaren und nüchternen Denkens und einiger neuer Prinzipien als erster die Sache wirklich rundet. Wo die Vorigen Vorstöße gemacht hatten, schließt er nun die Dinge zu einer Art von System (noch nicht einem wirklichen System!) zusammen und bietet sie in plausibler und verständlicher Redeweise dar in seinem Buch.

Solche Denker pflegen bei der Nachwelt immer beliebt zu sein und die ursprünglichen Denker an Ruhm weit zu übertreffen.

Ich glaube, die Abfolge der milesischen Denker ist, wie so vieles bei den Griechen, fast typisch, weil sich darin eine Grundgesetzlichkeit des Denkgeschehens zeigt. Es ist so innerhalb eines bestimmten Genos – denn hier endet ein solches Genos, und von einer anderen Ecke her beginnt es wieder neu, nicht nur wegen der Eroberung von Milet, sondern weil es sich erschöpft hat –: innerhalb einer solchen Gattung, die auf Älteres zurückblickt, zeigt sich jener Dreischritt mit einer Art Gesetzlichkeit. Der erste kann einiges packen, anderes empirisch hinzufügen und die Sachen einfach hinstellen; der zweite knüpft an ihn an, aber großartig darüber hinausgreifend, vertiefend, vermehrend und bereichernd; worauf der dritte zu ordnen beginnt, zu vereinfachen, zusammenzufügen und möglichst universal zu erklären. Diese Gesetzlichkeit der Aufeinanderfolge zeigt sich überall bei den Griechen und darüber hinaus wohl bis heute. –

So viel zum allgemeinen. Wir müssen jetzt noch A 5 heranziehen, Simplicius, der bedeutend später ist, aber ein vorzüglicher Berichterstatter und ein klarer Kopf, darum ist er oft wichtiger als Frühere. Nach den üblichen Angaben spricht er weiter von der Lehre des Anaximenes, und nun heißt es nicht mehr ›die Luft *und* das Apeiron‹, sondern klar: ›Auch er selbst habe als die zugrundeliegende *physis* angesetzt wie Anaximander eine einzige und unbegrenzte, aber nicht eine unbestimmte, sondern eine bestimmte, wobei er sie bezeichnete als die Luft.‹ – Das ist interessant. Wir sehen, daß der Gedanke des Apeiron weiterwirkt, so daß er ihn einfach übernimmt, aber nun bleibt es nichts Unbestimmtes. Ich darf daran erinnern, daß ich gerade nachzuweisen gesucht hatte, man dürfe das Apeiron bei Anaximander nicht zu bestimmen versuchen; es ist einfach das Umfassende, was alles umgibt. Dieser Denker stößt sich daran: es kann doch nicht unbestimmt sein, es muß doch ein Etwas sein; und so bestimmt er es und setzt es gleich mit der Luft. Wir hatten es offengelassen, ob das Apeiron nicht schon bei Anaximander von der Luft her konzipiert sein könnte; in seiner Kosmologie ist es noch weiter draußen zu denken, jenseits der Feuerrinde, unterhalb derer erst die Luft ist. Anaximenes beginnt bei dem, was um uns herum ist, und faßt das Apeiron nicht als das Letzte in einfacher Abstraktheit, sondern will es plausibel machen als das, was es ist. Man könnte sagen, nach dem großartigen Vorstoß des Anaximander wird wieder ein Rückschritt vollzogen zu etwas Stofflichem. So hatte ich es früher auch einmal verstanden, es ist aber wohl nicht ganz richtig. Wenn man die Zeugnisse genauer studiert, so sieht man, daß sein eigentliches Denkmotiv ein ganz anderes ist, sehr neuartig und folgenreich.

Anaximenes sieht also einmal, daß der Bereich der Genesis die Luft ist. A 10 (Cicero, *De natura deorum* I 10, 26) heißt es, daß Anaximenes die Luft Gott genannt habe. Bei Anaximander hatte das Apeiron irgendwie göttliche Prädikationen. Jetzt wird es konsequent auch als ein Gott gefaßt. Wir müssen noch A 7 hinzunehmen, den Hauptbericht von Hippolytus, an den sich anderes anfügt. Da wird die Luft als Apeiron und Arché bezeichnet, ›aus der alle Dinge entstanden sind, die sind, gewesen sind und sein werden (da sind wir immer noch in dem alten ›Von-Woraus‹) und auch die Götter und göttlichen Wesen, alles übrige aber aus deren Abkömmlingen.‹ Also auch Anaximenes gibt im Grunde eine *genesis theon* wie Hesiod, nur in der neuen Form, daß er nicht bei den göttlichen Gestalten bleibt, sondern zu Potenzen kommt. Die Luft ist eine solche Potenz, ist selbst ein Gott, und aus ihr entstehen die einzelnen Götter und aus ihnen alles andere. Das ist das Kernstück dieser Lehre. Daß auch die Götter aus der Luft entstehen, hat später bei den Christen, aber auch schon bei Früheren starken Widerspruch erregt. So schon bei Cicero in *›De natura deorum‹*, der durch diesen Widerspruch bezeugt, daß wirklich die Luft als göttliche Potenz gemeint war, daß sie ferner nicht von einem Gott geschaffen war, sondern die Götter erst aus ihr entstanden seien. Also der letzte große Urgrund, nicht materiell, sondern göttlich.

Das zweite aber ist, daß Anaximenes nicht nur ausgeht von der uns umgebenden Luft, sondern auch von der inneren Luft, dem Atem als dem auszeichnenden Merkmal des Lebens. Das ist doch etwas ganz Neues gegenüber dem einfachen Ansatz des Wassers bei Thales, obgleich auch das als Raum des Lebens gefaßt war und diese Bedeutung auch bei Anaximander in seinem erweiterten Rahmen behalten hatte. Aber hier geht das noch tiefer. Was den lebendigen Menschen bestimmt, nennt schon Homer die *psyche*, den Hauch. Das Aufhören des Atems ist es, was zuerst den Toten vom Lebenden unterscheidet. Der Leib ist noch warm und unzersetzt, als ob er nur schliefe, aber er atmet nicht mehr, was einem beklemmend auf die Seele fällt, wenn man einen Toten sieht:

eben hat er noch geatmet, und nun atmet er nicht mehr. Das mag den einfachen Menschen darauf führen, in dem Hauch das eigentliche Leben zu sehen. Die Seele ist bei Homer ein luftartiges Gebilde, das beim Tod des Menschen entflieht und als eine Art Abbild oder Schatten weiterlebt im Hades. Diese Vorstellung, die wir bei den Dichtern finden, ist eine Grunderfahrung, die jetzt aus der vorphilosophischen Welt der Dichtung hineinwirkt in dieses neue Rechenschaftgeben, wie es bei Anaximenes vorliegt.

Anaximenes sieht also, daß das, was der Lebendigkeit im Menschen entspricht, dasselbe ist, was wir auch draußen überall finden. So ergibt sich eine merkwürdige Einheit des uns umgebenden Elements des Alls mit dem Prinzip der Lebendigkeit in uns: der Seele. Wir sehen hier schon das ganz neue Denkmotiv und damit den Fortschritt gegenüber den älteren Denkformen. Er spricht auch von *pneuma*, dem später so wichtigen Begriff vor allem in den Ärzteschulen und schließlich im Neuen Testament. Fr. B 2: »So wie unsere Seele, die Luft ist, uns zusammenhält, so umfaßt auch den ganzen Kosmos Hauch, *pneuma*, und Luft.« So gewinnt Anaximenes das große einheitliche Prinzip für das Lebendige und alles, was wir die materiellen Grundlagen nennen würden. Diese Doppelheit, daß sie alle verschiedenen Elemente bilden kann und zugleich seelenartig ist und der Lebendigkeit in uns entspricht, führt die Luft vom rein Mechanischen zum Lebendigen und weiter zum Göttlichen. Sie ist Element und lebendige Wesenheit, die, wenn man sie beobachtet und konstruktiv auf klare Übergangsformen zurückführt, sich mechanistisch darbietet, andererseits aber auch in die göttliche Sphäre hinüberreicht, so daß aus ihr die Götter und göttlichen Wesen entstehen können und alles weitere.

Aus dieser Luft kann Anaximenes nun auf glückliche und einleuchtende Weise alles herleiten, was entsteht. Es ist klar, daß man etwa vom Wasser aus nicht so leicht zum Feuer kommt. Man kommt zum Festen als Eis oder zur Erde etwa bei dem Versanden der Flußmündungen, auch wohl zum Dampf nach oben, aber da ist dann bei der Luft immer noch Wasser. Anaximenes kommt einfach durch Verdünnung der Luft zum Feuer, so wie ja auch schon bei Homer zwei verschiedene Luftbereiche übereinander im Kosmos waren: der *aër* und der *aither*, eine Art Höhenluft feuriger Natur. Auch hier sind also dichterische Spekulationen vorangegangen. Alles Untere entsteht aus verschiedenartigen Verdickungen. Die

Luft ist zuerst ganz durchsichtig, trübt sich dann, wird Nebel, der fein oder dicht sein kann, bis zur Wolke, aus der wir sehen, wie die Wassertropfen herausfallen, und damit sind wir beim Wasser angelangt, von dem wir auf dem früheren Weg zur Erde kommen, bis zu den Steinen, die manchmal mit Wasser gefüllt sind.

Interessant ist, wie er das im einzelnen ausdrückt (A 7). z.B. sagt er, daß die Luft, sofern sie ganz unbeweglich und gleichmäßig ist, unsichtbar ist. Sichtbar wird sie durch das Kalte, Warme, Feuchte und die Bewegung. Sie sei aber immer in Bewegung, weil sie sonst keine Veränderung erfahren könnte. Mit dem so bewegten Element kommt ein wichtiges Prinzip hinein, das vorher nicht da war. Jener Vorgang, bei dem sich die Qualitäten ändern, wird von ihm zurückgeführt auf ein ganz neues, zum erstenmal in dieser Weise gesichtetes Prinzip, das wir fast mechanistisch nennen könnten. Ich hatte eben schon die Ausdrücke gebraucht, die er auch selber braucht: Verdünnung und Verdickung, *araíosis* und *pýknosis*, von den alten Adjektiven *pyknós* und *araiós*. Er spricht bei Verdickung auch von ›Verfilzungen‹, etwa bei der Wolke, legt also das Bildhafte noch nicht ganz ab, nur daß er sich daneben auch dieser anderen Ausdrücke bedient.

Wir müssen stark betonen, daß es also nicht so sehr darum geht bei Anaximenes, in der Luft einen materiellen Körper aufzuweisen, der mannigfaltige Möglichkeiten von Aggregatzuständen hat, ähnlich wie das Wasser. Man muß es eher so auffassen, daß er in der Luft wirklich eine Art Apeiron sieht, unbestimmt und unbegrenzt, und daß sie für ihn eigentlich nichts anderes ist als ein völlig Unbestimmtes und, wie wir sagen würden, Qualitätsloses, das nun der Träger ist von diesen mechanistischen Vorgängen. Entscheidend ist nicht die Luft als Luft, sondern als solch ein unbestimmtes Substrat, retrospektiv ausgedrückt, das Träger dieser Vorgänge sein kann.

Das ist das eigentlich Neue, das er bringt. Es ist ohne weiteres klar, wie gerade er zum Vorläufer der späteren Atomistik wird. Auch dort sind die Atome qualitätslose Gebilde, die durch Lage und Form unterschieden sind und erst durch ihr Zusammenkommen und ihre verschiedenen Verfilzungen das aufbauen, was Körper sind, Elemente und schließlich greifbare Gebilde. Im Prinzip ist das, was nachher so gedacht ist im Hinblick auf kleine Körperchen, schon hier gedacht, indem diese Prinzipien eingeführt werden, wonach die Luft die verschiedenen Gebilde hervorruft. Anaximenes erklärt also, wie es möglich ist, daß die Luft diese Formen annehmen kann, was Thales für das Wasser noch nicht getan hatte. Diese Erklärung und die Prinzipien der Verdünnung und Verdickung sind das Neue, und wenn wir die Zeit nicht genau wüßten, könnten wir allein von hier aus Anaximenes einordnen nach Thales und Anaximander, die das noch nicht im Blick hatten.

Soviel über die eigentlichen Grundprinzipien des Anaximenes. Interessant ist in diesem Zusammenhang eine Plutarchstelle (die wir merkwürdigerweise unter B finden), wo wir sehen, daß selbst Wärme und Kälte für ihn nicht Primärerscheinungen sind, sondern zurückgeführt werden auf das Prinzip der Verdickung und Verdünnung. Er erklärt das Warme, das er offenbar *chalarón*, ›schlaff‹ nennt, aus dem Lockeren, Dünnen, das Kalte dagegen aus dem Dicken. Also gerade nicht die heutige Vorstellung, daß Druck Temperatursteigerung bewirkt, sondern umgekehrt: Verfeinerung führt zum Feuer, Verdickung zum Stein, und je dicker und schwerer etwas ist, in dem Maße hat es auch Kälte, und umgekehrt. Das Feuer ist ein ganz Feinteiliges und brennt nach oben, ist also feinteiliger als die Luft; so noch bei Aristoteles. Interessant ist, wie so etwas im einzelnen bewiesen wird. Man kann es fast eine Art Experiment nennen. Anaximenes weist hin auf eine Erscheinung, die wir alle kennen und die ihm zum Beweis wird, daß verdickte Luft kühl, verdünnte warm wird. Wenn wir mit offenem Munde hauchen, strömt warme Luft aus; wenn wir mit geschlossenen Lippen blasen, ist die Luft kalt. Das hat er gesehen und daraus gefolgert, daß die geblasene Luft verdickte ist, also kalte (so auch die Winde), die gehauchte aber lockere und also warme. Ich will nicht auf die Erklärung selbst eingehen, die gar nicht so leicht ist. Sie ist bei Anaximenes mit Sicherheit falsch, aber es kommt gar nicht auf das Einzelne an, sondern nur darauf, daß er überhaupt darüber nachdachte, auf die Denkstruktur, und da wird eine solche Erklärung an einem Beispiel gezeigt, das jeder Mensch ausführen und nachprüfen kann. Wenn wir an den Händen frieren, hauchen wir hinein; wenn etwas abkühlen soll, blasen wir, etwa in die Suppe. – Entscheidend ist, daß er diese Temperaturzustände ebenfalls zurückführt auf seine Prinzipien mechanistischer Art. Ich brauche nicht zu sagen, daß die später so wichtigen Grundprinzipien des Trockenen und Feuchten natürlich auch darauf zurückgeführt werden. Mag er diese einfachen und allgemeinen

Grundprinzipien nicht immer richtig anwenden, so ist doch zu erinnern, daß noch in einem großen Teil unserer physikalischen Erscheinungen die Grundvorstellung der größeren und geringeren Dichte eine große Rolle spielt, daß damit also wichtige physikalische Gesetzlichkeiten wirklich entdeckt sind.

Dies also ist das Entscheidende an der ›Luft‹ des Anaximenes, und damit sind wir wirklich einen Schritt weiter gekommen von dem Wasser des Thales, das, wenn auch nicht ein Materielles oder Substrathaftes, doch ein Etwas war. Hier geht es nicht mehr um das Etwas, sondern um ganz anderes: um ein Unbegrenztes und mechanistische Erscheinungen. So sehen wir, wie bei dem Dritten dieser Denker das Denkgeschehen immer prinzipieller wird, die Fähigkeit in sich ausbildet, immer mehr absehen zu können von dem Gegebenen und zum eigentlichen Wesen der Erscheinungen vorzudringen, die wohl eine Form haben, in der sie uns entgegentreten, aber selbst doch immer mehr ins Funktionale und damit Prinzipielle hinein verfolgt werden. Das ist der Sinn des Weges, den diese Denker, von den Dichtern herkommend, gemacht haben.

Im übrigen wird nun, was Einzelheiten angeht, vieles von Anaximenes auf höchst plausible Weise erklärt. Es ist merkwürdig, wie er einerseits so zum Prinzipiellen vorstößt und dann wieder merkwürdig drastisch plausibel wird. So rechnet er die Erscheinungen durch. Hagel z. B. ist Luft, die zu Wasser und dann zu Eis verdickt wird im Fallen, wie er annimmt. Schnee ebenso, nur daß etwas Luft eingeschlossen bleibt; er meint das Poröse der Schneeflocke. So geht das weiter. Das technische Denken, das sich gern der Bilder bedient, spielt auch bei ihm neben dem Prinzipiellen noch immer eine große Rolle. Aber die Bilder sind recht primitiv. Die Erde ist wieder platt und breit, ›tischförmig‹ (A 20); sie ›fährt‹ auf der Luft (A 7) wegen ihrer Plattheit und Breite, und B 2 a sagt er, auch die Sonne sei ›platt wie ein Blatt‹. Wir kennen die Erscheinung des Blattes, das in seiner Flachheit und Breite auf dem Wasser schwimmt und selbst vom Wind getragen wird. Aber daß nun auch die Erde und selbst die Sonne so aufliegen soll, weil sie platt ist, das ist doch verhältnismäßig wieder zu einfach gegenüber dem so weit fortgeschrittenen Denken. Dazu Vorstellungen, daß die Sterne nicht um die Erde herumgehen, sondern nur oben herum wie eine Filzmütze auf dem Kopf. Der Apex dieser Mütze ist dann der Polarstern. Selbst die Nacht entsteht bei ihm nicht dadurch, daß die Sonne auf die andere Seite der Erde kommt, sondern die Erde sei gleichsam schief gebaut mit an einer Seite sehr hohen Bergen, und nun gehe die Sonne einfach zeitweise dahinter. So vereinigt sich bei ihm überall großartige Beobachtung und Durchdringung mit merkwürdig Primitivem. Bilder finden wir etwa noch A 14, wo es heißt, die Sterne seien nach der Art von Nägeln am Firmament befestigt (woher der Ausdruck ›Fixsterne‹ kommt). Während es also bei Anaximander Glutröhren waren, sind sie nun ganz einfach angenagelt, ebenfalls ein technisches Bild, aber viel primitiver. Das geht so weiter. Die Winde sind, wie gesagt, bewegte und verdickte Luft. Die Bahn der Planeten mit ihren Rückläufigkeiten, auf die man offenbar schon aufmerksam geworden war, erklärt er damit, daß sie abgelenkt würden durch zusammengepreßte Luft. So ein Stern stößt also auf dicke Luft, kehrt um und geht später weiter. Das ist immerhin eine Erklärung dieser Erscheinung, die erst später richtig gedeutet wurde, mathematisch annähernd genau von Eudoxos, richtig erst in der Neuzeit. Merkwürdig ist seine Theorie des Regenbogens. A 18 heißt es, der Regenbogen entsteht dadurch, daß Sonnenstrahlen auf verdickte Luft fallen. Der vordere, uns zugewandte Teil erscheint rot, von den Strahlen der Sonne durchglutet, während der andere Teil dunkel erscheint, weil in ihm die Feuchtigkeit vorherrscht. Auf die einzelnen Farben geht er nicht ein, unterscheidet nur das, was sonnenähnlich und was dunkel ist.

Wir müssen also sagen, daß das Denken im allgemeinen großartig fortgeschritten ist zum Prinzipiellen und Funktionalen, mechanistisch Gesetzmäßigen, während die Durchführung im einzelnen grob plausibel, ja primitiv bleibt, eine Erscheinung, die man auch im Modernen sehen kann, wenn die mechanistischen Prinzipien konsequent durchgeführt werden. So erklärt er einfach alles. Ich glaube, ich kann die Darstellung hier abbrechen. Es gibt noch vieles einzelne, aber wir haben das meiste berührt und die Hauptsache herauszuarbeiten versucht. Der dritte wirklich große Schritt, den das Denkgeschehen hier macht, ist, daß es Generalprinzipien in den Blick faßt und die Luft nur hereinnimmt, weil sie ein besonders geeigneter Träger dieser Prinzipien ist.

Wir sehen schon bei diesen drei Denkern deutlich die Denkbewegung, die sich von dem, was vor Augen ist, freimacht und die Fähigkeit gewinnt, von dem Kompakten der Erscheinung, wie sie uns begegnet, durchzudringen auf funktionale Vorgänge und

Prinzipien. Damit ist im Grunde in wenigen Schritten in einem einzigen Jahrhundert der Weg begonnen zu unserer Wissenschaft, die dann freilich noch viele weitere Schritte machen mußte, wie wir noch sehen werden. Aber der Unterschied des Denkens des Anaximenes zum Denken unserer Zeit ist viel geringer als etwa zu dem seiner eigenen Zeit im Orient. Der größte Schritt ist vollzogen: daß im Befragen des Seins auf das Sein hin die Erkenntnis herrschend geworden ist, daß dieses Sein nicht erfaßt wird in mythischen Gestalten oder willkürlichen Personen göttlicher und dämonischer Art, sondern in Grundzuständlichkeiten und festen Vorgängen, die wir Gesetze nennen und die der menschliche Logos fähig ist zu erfassen und zu durchdringen. Darauf ruht unser Denken noch heute so auf wie damals, ganz anders als in der mythischen Zeit kurz vorher. Es ist ein wahres Wunder, wie von einfachster Empirie aus, ohne Hilfsmittel und Experimente, durch einfaches Beobachten der Erscheinungen damals ein neuartiges prinzipielles Wissen erworben wurde.

Damit schließe ich die milesischen Denker ab. Sie bilden, wie gesagt, keine ›Schule‹, stehen aber doch in einer gewissen Reihenfolge, die mit Anaximenes zuende geht. Der äußere Grund dafür ist die Zerstörung von Milet 494 durch die Perser, ein Ereignis, das die ganze griechische Welt gewaltig erregt hatte. Der Tragiker Phrynichos etwa brachte den ›Fall von Milet‹ auf die Bühne und erregte einen solchen Sturm der Rührung, daß er dafür mit einer Strafe belegt wurde, weil er dieses große Leid aller durch sein Stück neu lebendig gemacht hatte. Wenn die Stadt auch später wieder neu gegründet wurde, so ist doch die alte große milesische Kultur damit abgeschlossen und diese Art des Denkgeschehens darin zuende. Wir müssen uns nun nach Italien und dann wieder nach Ephesos wenden, um im Kreis des Pythagoras, Parmenides und Heraklit einen weiteren Fortschritt des Denkens zu beobachten, wieder getragen vor allem durch drei Männer, wobei sich andere unterordnen. Das wird abgeschlossen mit Empedokles, der wieder in seiner Weise für die ganzen Vorsokratiker einen Abschluß bildet, weil er dem allen das zusammenfassende System gibt.

9.
Pythagoras

Wir beginnen heute mit einem neuen Abschnitt. Vorher hatten wir die Milesier betrachtet und gesehen, daß sie zwar keine Schule, aber immerhin eine Einheit bilden im Sinne einer Tradition, verbunden natürlich auch durch die Gemeinsamkeit der Welt, die durch den Namen der Stadt bestimmt ist. Wir werden sehen, wie sich nun eine neue Wendung vollzieht, indem Männer zwar in diese Tradition eintreten, aber doch von ganz anderer Seite her: Pythagoras, Xenophanes und die Eleaten, die folgen. Charakteristisch ist einmal, daß diese Männer auswandern nach Westen, Süditalien, das damals ganz griechisch besiedelt war: Großgriechenland, und daß sie in dieser Kolonisationswelt des Westens mit ihren ganz andersartigen geistigen Strukturen, die sich, wie meist in solchen Fällen, sehr produktiv auswirken, sich doch so entwickeln, daß sie einmünden in den Weg dieser Deutung des Seins, wie wir ihn kennengelernt hatten. Wir können sagen, im Bilde gesprochen, es ist, als wenn ein Fluß einen Nebenfluß von großer Kraft in sich aufnimmt. Dann kann es sein, daß er nicht nur an Masse bereichert wird, sondern vielleicht seine Richtung und die ganze Art seiner Existenz eine andere wird. Solch ein Nebenfluß ist für das Denkgeschehen gegeben mit diesen Männern, zumal mit Pythagoras und den Pythagoreern.

Wir wollen sie vorab zunächst allgemein zu charakterisieren suchen. Wir hatten gesehen, daß die milesischen Naturdenker ausgehen von den seienden Dingen, der Gesamtheit der seienden Dinge, des um uns her Vorhandenen, der sichtbaren Welt, wie sie vor Augen liegt, der Natur; wobei dies Fragen in Bezug auf die Welt, vor allem ihre Genesis, längst vorgeformt war durch die Dichtung, die seit Hesiod schon spekulativ wird. Mit der Frage nach der Entstehung dieser Welt, ihrem Woher, suchten diese Denker den eigentlichen Seinsgrund, das tragende Element, das sie, sei es das Wasser, das Apeiron oder die Luft nannten.

Für den neuen Schritt des Denkens wird jetzt vor allem Pythagoras wichtig, weil er von einem ganz neuen Seinsbereich ausgeht, nicht von dem vor Augen Liegenden, sondern von einer geistigen Wirklichkeit: der Seele. Pythagoras ist es, der sich, aus Zusammenhängen, von denen wir noch sprechen werden, um die Seele bemüht und ebenfalls von da aus zur Musik kommt, die ihr in gewisser Weise zugeordnet ist, und weiter auf die Zahl. So kommt er, ausgehend von ganz anderen Gegenstandsbereichen, ebenfalls auf die tragenden Gründe. – Natürlich ist auch das nicht plötzlich und wie vom Himmel gefallen da, sondern vorbereitet und enthalten, ähnlich wie bei den Milesiern, in einem umfassenden Quellgrund, der hier nicht die Dichtung, sondern eindeutig die Religion ist. Aber eine andere Religion als die Homers und des griechischen Adels. Es ist sehr schwer, diese andere Religion mit einem adäquaten Namen zu bezeichnen. Man hat sich gewöhnt, diese Strömung, die sehr alt sein mag und sich im siebenten Jahrhundert schon bemerkbar macht, mit dem Namen des Orpheus zu verbinden, von dem die bekannten Mythen erzählen, wie er mit der Kraft seines Gesanges die Tiere, ja auch die Bäume und Steine bewegen konnte und als erster Mensch in die Unterwelt gestiegen sei, wo ihm die Gattin zurückgegeben wurde, die er aber, als er sich vorzeitig umblickte, wieder verlor. Weiter wird berichtet, daß er von Mänaden getötet und zerrissen wurde, sein Haupt aber auf der Leier schwimmend nach Lesbos gekommen sei, und anderes mehr; schöne Mythen, in denen bereits die Musik eng mit seiner Gestalt verbunden erscheint. Man hat sich also gewöhnt, diese Richtung die Orphik zu nennen. In Wahrheit sind es die verschiedensten Strömungen, die aber alle eine charakteristische Eigenart zeigen, die den Sammelnamen rechtfertigt. Vgl. dazu Otto Kern: Orphicorum fragmenta, 1922; ferner Diels-Kranz Nr. 1 A, bei dem jetzt auch Orpheus aufgenommen ist, nicht direkte Fragmente, aber alles, was dazu gehört. Burnet geht in einem Kapitel kurz darauf ein, ebenso Jaeger a. a. O. 69 ff., der von sogenannten orphischen Theogonien spricht; auch in dem Kapitel über den Ursprung der Lehre von der Göttlichkeit der Seele. Soweit das Wichtigste.

Wir müssen für diese Wendung, die einen neuen Einstrom in die Deutung des Seienden bringt, noch einmal in Kürze von der Seele sprechen. Da verweise ich einmal natürlich auf Erwin Rohdes ›Psyche‹, ein Buch, das in seiner Grundauffassung von der Seele als Doppelgänger heute überholt ist, aber immer noch wichtig; ferner auf Ottos Kritik an Rohde in ›Die Manen‹. – Wir hatten schon gesehen, daß *psyche* sprachlich zunächst ›Hauch‹ oder ›Atem‹ heißt. Bei Homer ist die Psyche das Prinzip der Lebendigkeit, das mit dem Atem im Tod den Körper verläßt und in Form eines Abbilds im Hades fortlebt. Der Mensch ›selbst‹ ist durchaus der

Leib, besonders deutlich da, wo er der Seele gegenübergestellt wird, wie Ilias 1, 3 ff.: der Zorn des Achilleus hat ›viele kraftvolle Seelen dem Hades vorgeworfen von Helden, sie selbst aber zur Beute geschaffen den Hunden und den Vögeln zum Mahl‹. Der Mensch selbst kann also sterben und zerstört werden, nur dies Bild von ihm dauert irgendwie fort, schattenhaft und ohne Bewußtsein. Daneben besteht noch die andere, volkstümliche Vorstellung, daß der Tote im Grab auch leiblich fortwirkt. In der Hadesbeschreibung der Odyssee steht verschiedenes unvermittelt nebeneinander: die kraftlosen Abbilder der Gestorbenen, die erst Opferblut trinken müssen, um Bewußtsein und Stimme zu gewinnen; der Seher Teiresias, dem durch die Gunst Persephones das Bewußtsein beständig geblieben ist; Minos, der Richter unter den Toten; die Unterweltstrafen eines Sisyphos oder Tantalos; selbst ein Abbild des Herakles, während er selbst – also doch wohl leiblich – zu den Göttern entrückt war.

All diese Vorstellungen leben damals nebeneinander, man systematisiert noch nicht in der alten Zeit. Im einzelnen können wir nicht sagen, wo etwas herkommt. Vorstellungen von dem Toten als Gespenst sind über die ganze Erde verbreitet; auch daß der Gestorbene leiblich umgehen und anderen schaden kann, so daß man ihn fesseln muß oder durch Opfer begütigen. Weiter spielt Orientalisches herein, die Griechen selbst haben auf Ägyptisches verwiesen (Herodot II 123). Man kann sagen, es ist gerade das Besondere bei den Griechen, daß sie in der homerischen Religion so stark von all diesen Dingen absehen. Es verlangt eine große menschliche Existenzstärke, wenn man es auf sich nehmen soll, sich das Fortleben so blut- und bewußtlos zu denken und sich so stark auf die Diesseitigkeit zu konzentrieren. Es ist eine bestimmte Form adligen Glaubens, bei der das Weiterleben des Menschen im höheren Sinne allein im Ruhm gewährleistet ist, allenfalls in den Nachkommen. Jedenfalls haben die Griechen diese adlige Form des Glaubens aufgenommen und in großartiger Weise gepflegt und ausgebaut.

Das Neue, was jetzt hochkommt, ist, daß die Personalität des Menschen in die Seele verlegt wird, mit der Konsequenz, daß der Leib nun geradezu als das Grab der Seele gesehen werden kann. *soma* wird zum *sema* (Diels-K. 1, B 3), was sowohl ›Grabmal‹ bedeutet wie überhaupt ›Zeichen‹, also ein Zeichen für etwas Dahinterstehendes, das nun als der eigentliche Urgrund und

Träger des Seins des Menschen gesehen wird, das Unzerstörbare. Auch das ist nichts eigentlich Neues. Überhaupt ist es sehr schwer, bei diesen Dingen wirklich sagen zu können, was jeweils das Neue oder das Alte ist. Vieles von dem, was Kern in seinem Buch unter orphischen Fragmenten bringt, werden wir sehr kritisch betrachten müssen. Die Quellen fließen in hellenistischer Zeit ziemlich reich, für das Ältere aber recht spärlich, schon deswegen, weil es Geheimlehren waren, die nicht verraten werden durften. Das Geheimnisvolle zieht bekanntlich die Menschen an, und so sind erstaunliche Bücher darüber geschrieben worden, denen gegenüber man seinen kritischen Sinn wahren muß. Wenn man sich aber diese Schwierigkeiten vor Augen hält, so können wir doch etwa folgendes sagen.

Man hat in dieser sogenannten orphischen Richtung einerseits den Glauben an die Weiterdauer der Seele als Träger der Personalität und Individualität des Menschen. Die Vorstellung vom Hades wird beibehalten. Es gibt nun Totenrichter, der Tote muß sich verantworten für die Taten seines Lebens. Das nächste ist dann der Gedanke der Strafen im Hades – auch schon bei Homer vorgebildet – und der Belohnungen, die nun eine Rolle spielen; das Elysium ist der Ort für die Seelen, die ein reines Leben geführt haben. Weiter gibt es den Gedanken der Seelenwanderung, daß die einzelnen Seelen je nach dem Grad ihrer Verschuldung in neue Leiber übergehen, auch in Tierkörper. Jede Seele erlangt so die Existenzform, die ihr zukommt. Das ist auch bei den Griechen fester Bestand dieses Glaubens.

Die praktische Folge, die sich aus alledem ergibt, ist klar. Da nun der Gedanke an eine Verantwortung der Seele nach dem Tod aufkommt, muß das praktische Folgen haben für die Lebensführung. Darauf liegt ein entscheidender Akzent dieses Glaubens. Man hat so zu leben, daß man möglichst gnädige Richter gewärtigen kann, das Leben muß also rein geführt werden. Der Gedanke der Reinheit spielt eine große Rolle, und zwar nicht so sehr der moralischen und ethischen, sondern der kultischen Reinheit. Da gibt es eine Fülle von Regeln, wie man sich auch äußerlich rein halten muß: kein Blut vergießen, kein Fleisch essen und anderes, von dem wir noch sprechen werden.

Das nächste sind die Weihen. Man sucht schon im Leben eine Art Versicherung für den Tod, und dies wird erreicht durch mystische Einweihungen, wobei man sich einer Fülle von Regeln zu unterwerfen, auch Proben zu bestehen hat. Diese Dinge sind uns nicht fremd, es gibt eine große Tradition in den verschiedensten Formen, die sich bis heute fortsetzen. Man denke an Mozarts ›Zauberflöte‹ und ähnliches. Bei den Griechen haben wir z. B. im ›homerischen‹ Demeterhymnos in der Schilderung eines Weihevorgangs einen Abglanz solcher Formen. Man kann sich vorstellen, daß einer, der aufgenommen werden will, fasten muß und derartiges. Auch bestimmte Darstellungen spielten eine Rolle, die nicht verraten werden durften. Über all das wissen wir wenig. Aischylos ist einmal Mysterienverrat vorgeworfen worden, wie berichtet wird. In den Grundzügen ist jedenfalls klar, daß die Weihen in Verbindung mit reiner Lebensführung die innere Sicherheit gaben, daß damit die notwendige Reinheit erreicht war, die ein gutes Schicksal der Seele nach dem Tode sicherte.

Das ganze ist ›Religion‹ in einem uns ganz vertrauten Sinn. Es hat mächtig weitergewirkt in der Antike und auch ins Christentum hinein. Unter den griechischen Zeugnissen, die wir haben, sind verhältnismäßig alte Reflexe dieser Vorstellungen. Und so will ich, um auch etwas Konkretes zu geben, auf zwei Stellen bei Pindar hinweisen. Da ist einmal die Zweite Olympische Ode, wo Pindar plötzlich auf diese Dinge zu sprechen kommt. Man kann wohl kaum zweifeln, daß es sich hier um orphische Lehren handelt; selbst Wilamowitz hat das zugegeben, der solche Dinge gar nicht mochte, aus der Ablehnung der romantischen Lehren Creuzers heraus, die damals sehr gewirkt hatten. – Pindar spricht zuerst von dem Sieg, dann von dem Reichtum, der nach ihm für den Menschen ein hohes Gut sein kann, wenn er mit Tugenden, *aretai*, verbunden ist. »Wenn einer ihn aber hat und weiß das Kommende ...«, und nun schildert er die Strafen und Belohnungen der Seelen nach dem Tode, spricht auch von der Seelenwanderung und sagt endlich, daß einer, der dreimal hier und dort die Reinheit bewahrt habe, zu des Kronos Turm komme – eine Vorstellung, von der wir nichts weiter wissen, die aber irgendwie zusammenhängt mit diesem Gott des älteren Zeitalters – und zu den seligen Inseln, wo ein herrliches Leben ewigen Frühlings auf die Seelen warte.

Die andere Stelle bei Pindar haben wir nur in einer Fragmentgruppe, von Plutarch überliefert, heute bei Snell, Fr. 129, 131, 133 (leider nicht ganz nah zusammen). Dort hören wir von der Unterwelt, in der, wenn bei uns oben Nacht ist, die Sonne scheint, hören vom Tun dieser edlen Toten, ganz aus der Welt des dorischen Adels gesehen: sie erfreuen sich an Pferderennen, Ringkampf und am Brettspiel. – Wichtiger ist das zweite Fragment: ›Aller Menschen Leib folgt dem übergewaltigen Tod. Aber lebendig bleibt zurück ein Abbild des Lebens (*eidolon aionos*, *aion* als ›Lebenszeit‹ in einer einzigen festen Form genommen, die wir als ganze überblicken können. Also nicht nur ablaufende, sondern sich rundende Zeit), denn dies allein ist von den Göttern. Und dieses Abbild schläft, solange tätig sind die Glieder (also im Wachen), doch zeigt es den Schlafenden in vielen Träumen die herannahende Entscheidung von Freudigem und Schwerem.« – Es ist klar, daß dieses *eidolon* nicht der Hauch ist oder das alte kraftlose Schattenbild, sondern etwas Geformtes, eine Art innerer Leib, ein eigentlicher Leib gleichsam, der eben das Überlebende ist, während der äußere Leib zerfällt. – Und das dritte: »Bei denen aber Persephoneia die Sühne annehmen wird für alte Schuld, deren Seelen sendet sie wieder empor zur oberen Sonne im neunten Jahr. Daraus erwachsen dann die erlauchten Könige, die gewaltigen Läufer und die an Weisheit größten Männer. Für die künftige Zeit aber werden sie heilige Heroen unter den Menschen genannt.« Hier steht auch der Ausdruck *psyche*. Wieder eine Zahl, die mit der Drei zu tun hat: dreimal drei, und die so Gereinigten werden dann die für Pindar wünschenswertesten Arten von Menschen, wieder ganz naiv gesehen: Könige, sportliche Sieger und – ›Weise‹, d.h. Dichter, wie er selbst. – Diese Stellen aus Pindar zur Illustration solcher orphischer Reflexe in verhältnismäßig alter Zeit. Dann taucht das erst wieder bei Aristophanes in den ›Fröschen‹ auf, ins Scherzhafte gewendet, aber wohl auch damit zusammenhängend.

Über die Weiterwirkung brauche ich nichts zu sagen; wer Platon kennt, weiß, wie ernst er das genommen hat und wie nicht nur die Lebensführung, sondern auch im Sinn des eigentlichen Philosophierens sein Gedanke der Psyche nur in diesem Zusammenhang verstanden werden kann. Besonders in einigen seiner Mythen spielt diese Lehre eine große Rolle. Aber das alles ist in der frühen Zeit Religion, noch nicht Philosophie.

Die Frage ist jetzt, welche Bedeutung diese Dinge gewinnen für die Philosophie. Da ist kurz zu sagen, daß durch die so verstandene Seele des Menschen als Träger des eigentlich Menschlichen eine Tür aufgeschlossen ist zu einem neuen Seinsbereich. Nicht, daß hier nur eine Subjektivierung einsetzt und ein armseliges Bedürfnis des Menschen nach Weiterleben entscheidend wird, sondern entscheidend ist, daß im Zusammenhang mit diesem Seelenmythos ein neuer Seinsbereich im Seelischen entdeckt wird. Das Seiende ist nun nicht mehr einfach das Vorhandene; die Seele ist nicht in diesem Sinne vorhanden und zuhanden, und doch ist sie sogar mehr seinsartig als dies Vorhandene. Diese neue Wendung mußte vollzogen werden von rein religiösen Bereichen aus, und eben das hat Pythagoras getan. Ich gestehe, daß ich diesen Zusammenhang erst jetzt so deutlich erkannt habe und in meinen früheren Vorlesungen vielleicht Pythagoras nicht ganz gerecht geworden bin.

Wenn wir versuchen, uns über seine Gestalt klar zu werden, so erscheint Pythagoras zunächst als eine Art ›Medizinmann‹, wie Burnet das nennt, ein Wundermann. Wir haben keine Schriften von ihm, und es hat vielleicht auch keine gegeben; die Zeugnisse finden Sie bei Diels-K. 14 A. Auch die Viten sind spät. Schon der Bericht bei Aristoteles (Fr. 191 Rose) ist ganz legendarisch. Dann hat Aristoxenos ihn behandelt und auch Dikaiarch, der wieder einen nüchternen Staatsmann aus ihm gemacht hat, wie bei ihm überhaupt alle Leute Praktiker werden (vgl. dazu den genannten Aufsatz von W. Jaeger über Ursprung und Kreislauf des philosophischen Lebensideals). Von dem, was bei Diels-K. unter A 7 steht, ist vieles wahrscheinlich echt oder jedenfalls alte Überlieferung. Da wird z.B. erzählt, als ihn einmal eine giftige Schlange gebissen hätte, habe er sie auch seinerseits gebissen, worauf die Schlange gestorben sei. Weiter habe er sich an verschiedenen Orten gleichzeitig gezeigt. Im Theater habe er einmal gezeigt, daß er einen goldenen Schenkel hatte. Oder er habe mit anderen einen Fluß durchwatet und dabei eine große, übermenschliche Stimme gehört: »Pythagoras, sei gegrüßt!«, was an die Evangelien erinnert. Oder, er sei Apollon Hyperboreios genannt worden. Ähnliches kennen wir auch von anderen Griechen, Epimenides und auch Empedokles. All das gehört zum Bild des Medizinmanns und Schamanen, der ja auch in bestimmten Rauschzuständen seine Seele vom Körper lösen kann, in die Unterwelt gehen u.ä.

Kein Zweifel, daß man zunächst in Pythagoras einen solchen seltsamen Mann zu sehen hat, wie ihn die Legenden bezeugen. Genauer wissen wir nur, daß er der Sohn eines Mnesarchos war aus Samos, daß er im sechsten Jahrhundert zugleich mit Polykrates gelebt hat, Samos verlassen mußte, weil er sich dem Diktator nicht fügen wollte, dann weite Reisen gemacht hat, wohin, ist unsicher, aber er geht schließlich nach Italien und wird in Kroton aufgenommen (A 8). Dort hat er große Wirkung ausgeübt, eine Art Orden gegründet, eine Bruderschaft orphischer Art, die bis in platonische Zeiten lebendig und machtvoll geblieben war; Platon hat sie noch besucht. Auch politischen Einfluß hatte sie, wie alle solche Gemeinschaften damals. Weiter hatte er dann, wie das immer zu geschehen pflegt, Gegnerschaft gefunden, mußte ausweichen und ging nach Metapont, wo er auch gestorben ist. Es hat dann noch Kämpfe gegeben, aber sein Nachfolger hat sich gehalten und durchgesetzt, und besonders mit ihrer Mathematik haben die Pythagoreer die Akademie beeinflußt, die auch irgendwie nach ihrem Vorbild gegründet war. Soweit das Wichtigste.

10.

Wir hatten uns Pythagoras zugewendet und zu zeigen gesucht, wie nun in das griechische Denkgeschehen, das in Milet seinen Anfang genommen hatte, andere Lebensströme einmünden, die von der religiösen Richtung bestimmt sind, die wir die Orphik nennen. Damit wurde neben den sichtbaren *onta* ein neuer Bereich eröffnet, um die Grundlagen des Seienden zu fassen: der Bereich der Seele und letztlich der Zahl. Von dem Mann selbst hatten wir schon gesprochen und seinem Leben, von dem wir nicht viel wissen. Wir hatten uns seine Erscheinung klarzumachen gesucht als eine Art Wundermann und schamanistischen Medizinmann, wie die Zeugnisse lehren, die wohl nicht nur legendarisch sind. Hier aber ist das Entscheidende, daß dieser Mann auch noch ein bedeutender Geist war, als den wir ihn immer mehr zu fassen suchen werden.

Jetzt wollen wir erst auf die Zeugnisse eingehen, die wir über ihn aus ältester Zeit haben, dicht heranreichend an seine unmittelbare Lebenszeit, die zweite Hälfte des sechsten Jahrhunderts, wo noch bestimmte Kunde von ihm lebte, während die späteren Quellen immer legendarischer werden. Sie finden sich z. T. bei den Vorsokratikern selbst; das erste bei Xenophanes, Diels-K. 21 B 7, ein wörtliches Fragment: ›Sie sagen, er habe einmal im Vorübergehen gehört, wie ein Hündchen geprügelt wurde. Da habe er Mitleid empfunden und folgendes Wort gesagt: Höre auf und schlage nicht mehr! Denn wirklich, es ist die Seele eines mir befreundeten Mannes, die ich erkannte, wie ich die Stimme hörte.‹ Xenophanes erzählt das durchaus objektiv, aber der Spott ist nicht zu verkennen. Auch daran sehen wir, daß Pythagoras charakteristische Züge eines solchen Wundermannes hatte, der sich gern in Szene setzte, wie wir das heute noch erleben können bei solchen Menschen. So sehen wir an diesem Zeugnis zugleich verschiedenes: seine Auffassung von der Seelenwanderung und die Weise, wie er bei solchen Gelegenheiten die Dinge ›brachte‹, und drittens auch die Art, wie man so etwas aufnahm.

Das nächste steht bei Heraklit, und das klingt anders, ist bitterböse Kritik an aller geistigen Hohlheit, die er um sich her und an den Früheren wahrnimmt. So wird denn auch Pythagoras von ihm vorgenommen, Diels-K. 22, Fr. 40: ›Vielwisserei lehrt nicht, den Blick *(nus)* zu haben. Denn wenn es so wäre, hätte sie es den Hesiod gelehrt und Pythagoras, Xenophanes und Hekataios.‹ Also eine Gruppe von bedeutenden Männern; auch das weist auf den großen Ruhm des Pythagoras hin. Dazu gehört noch ein anderes Zeugnis, Herodot IV 95; Diels-K. 14 A 2, das ihn einen ›keineswegs schwachen Weisen‹ nennt. Noch zwei Heraklitstellen, Fr. 81 und 129, letzteres zweifelhaft und vielleicht identisch mit Fr. 40. Fr. 81 scheint es so zu sein, daß er Pythagoras genannt hat den Anführer der Flunkereien, Scharlatanerien; in seiner Härte sieht er nichts anderes in ihm. – Dann Empedokles, Diels-K. 31 Fr. 129, Porphyrios, sehr wichtig: ›Es lebte unter ihnen ein Mann, der Übermäßiges wußte, der den größten Reichtum an Vernunft erworben hatte und der sehr mächtig war mancherlei und weiser Werke. Denn wenn er sich mit allen seinen geistigen Kräften streckte, dann erblickte er leicht jedes einzelne von allem Seienden selbst in zehn und auch zwanzig Menschenleben.‹ Wieder der Gedanke der Seelenwanderungen, die Pythagoras in höheren Zuständen überschauen konnte. Ebenso, wenn er nach anderer Überlieferung behauptet hatte, er sei der neu verkörperte Euphorbos, der in der Ilias erwähnt war, wieder durch eine wirkungsvolle Szene unterstrichen, man weiß nicht recht, ob er es selbst geglaubt hat oder nur auf Wirkung ausging. Es wird jedenfalls ganz ernsthaft berichtet.– Bei Ion von Chios, B 2 u. 4, Diels-K. 36, eine kurze Notiz, daß er einiges auf Orpheus zurückführte, was er sagte. Das zweite ist ein Ausspruch über Pherekydes, der, weil er sich durch Mannesmut und Ehrfurcht ausgezeichnet habe, auch jetzt nach dem Tode ein der Seele ergötzliches Leben habe, und das wird begründet mit der Lehre des Pythagoras: ›. . . wenn es denn richtig ist, daß Pythagoras, der Weise, über alle Menschen hinaus Einsichten gewonnen und gelehrt hat.‹ Er beruft sich auf ihn ganz im Sinne einer hohen Anerkennung. – Soviel als die ältesten Bezeugungen über ihn; alles Spätere ist zweifelhaft. Aber was wir auch als Lehre im Zusammenhang in späteren Quellen finden, ist hier in diesen zufälligen Zeugnissen schon mit bezeugt: das Leben der Seele nach dem Tod, Reinheit des Lebens, Seelenwanderung, Eingehen in Tierleiber usw.

Hier werden wir uns nun seiner Lehre und unmittelbaren Tätigkeit zu nähern suchen müssen. Pythagoras hat keine Schrift hinterlassen, aber mächtige Wirkung ausgeübt durch seine Schule oder richtiger Bruderschaft, die er begründet hat, und durch die seine Lehre, wie wir sie kennen, überliefert wurde. Darum ist es vielleicht richtig, wenn wir uns zunächst der ›Schule‹ zuwenden. Vom Äußeren hatten wir schon gesprochen, der Bedeutung, die sie gehabt hat. Wir wissen von dem späteren Philolaos und Archytas (Diels 44 u. 47). Nicht umsonst treten bei Platon bedeutende Pythagoreer auf; er selbst war Anhänger dieser Verbindung, und kein Zweifel, daß die an sie anknüpfende Richtung von größter Bedeutung für das geistige Leben Griechenlands geworden ist. Aristoteles spricht dauernd von den Pythagoreern, oft mit dem Zusatz ›die sogenannten Pythagoreer‹, wodurch er sich davon absetzt. Diese Geschichte der Schule muß man vor Augen haben, sie ist auch mit der weiteren Geschichte der Mathematik eng verbunden. Vor Archytas lebte noch im fünften Jahrhundert Hippasos, der als erster eine Revolution im mathematischen Denken erregte, weil er vor der Erscheinung der irrationalen Verhältnisse stand: den Diagonalen im Quadrat und im Fünfeck. Das hat große Erregung hervorgerufen, weil man überall auf reine Symmetrie hinauswollte und nun diese Ordnung an einer Stelle nachweislich gestört schien. Dies wollte ich vorausgreifend sagen, damit Sie sehen, was alles daran anknüpft. Denn man darf wohl sagen, wenn in einer menschlichen Gemeinschaft sich so bedeutende Dinge ergeben, daß dann wohl auch ihr Gründer von Bedeutung gewesen sein muß. Es kommt doch sonst nicht vor, daß an einen reinen Wundermann und Flunkerer sich so viel Ernstes und Wichtiges anschließt. Wir sehen, wie in diesen frühen Zeiten eine Persönlichkeit noch vielseitig ist, viel übernimmt und an bestimmten Stellen geniale Durchbrüche hervorruft.

Nun werden wir uns mit der Lehre abzugeben haben, soweit wir sie bei den Pythagoreern noch fassen können. Da ist es interessant, wie wir eine Art Katechismus fassen können, der zwei Seiten hat, eine mehr theoretische und eine praktische. Auch die äußere Form ist die des Katechismus, wie sie sich bis heute gehalten hat. Wir kennen das: die Frage ›Was ist das?‹, auf die dann die Antwort und Erklärung folgt. Dies ›Was ist das?‹ ist uralt, griechisch *tí esti* oder auch in der Form *ti málista*, ›in besonderem Maße‹, ›im höchsten Grade‹. So wird etwa gefragt, Diels-K. 58, C 4: ›Was sind die Inseln der Seligen?‹, und der Schüler antwortet im pythagoreischen Sinn: ›Sonne und Mond‹, womit offenbar gemeint ist, daß hier, wie sonst nur selten in griechischer Religion, die Gestirne eine Rolle spielten. Oder eine andere Frage: ›Was ist das Weiseste?‹ Antwort: Erstens die Zahl, danach, was allen Dingen den Namen gibt, also der Logos. Man kann noch weiter fragen, was das Weiseste ist im irdischen Umkreis, und die Antwort lautete: ›Die Heilkunst‹. In dieser Stufung also lernte man die Lehre (man muß sich erinnern, daß auch Orphisches mit der Heilkunst in Verbindung gebracht wurde). Wir können geradezu von einer Geschichte dieser Form des Fragens und Antwortens sprechen, die sich auch bei den sogenannten Sieben Weisen findet, zu denen auch Pythagoras gerechnet wird, und später taucht sie bei den Sophisten auf und bildet eine besondere Literaturform, die wir in den ›Problemata‹ des Aristoteles wiederfinden. Dort ist es vor allem die Frage nach dem Grund für eine Erscheinung, meist physikalischer Art, etwa: Was geht beim Gehen vor sich? und ähnliches. Dies wenig bekannte Werk ist von Helmut Flashar übersetzt und behandelt worden, es schließt sich der Form nach ohne Zweifel an solche Katechismen an.

Der zweite Teil dieses Katechismus geht mehr auf bestimmte Lebensregeln, teilweise sehr merkwürdig, verstreut in den überlieferten Fragmenten (Diels-Kranz 58 C, bes. C 3 u. C 6). Man soll z. B. keine Bohnen essen; soll sie wohl aus Reinheitsgründen vermeiden. Andere behaupten, daß man sie gerade essen soll, weil sie die Verdauung fördern. So geht es auch ins Medizinische hinein, und Hocherhabenes paart sich mit Alltäglichem und Banalem. Man soll nicht aufheben, was zu Boden gefallen ist, keinen weißen Hahn anfassen (der Hahn war damals noch ein exotischer Vogel, eben erst vom Osten gekommen), das Brot nicht brechen, nicht über den Querbalken einer Waage treten, nicht

Feuer mit einem Dolch schüren (ich selbst habe als Kind noch gelernt, wie gefährlich es sei, eine Flüssigkeit mit einem Messer umzurühren). Diese Dinge gehen weit zurück und leben sehr weitgehend noch heute. Man soll die Spur des Topfes nicht in der Asche lassen, ebenso im Bett beim Aufstehen die Spur des Körpers (beides ganz primitive Regeln, die verhüten sollten, daß einer mit diesen Umrissen einen Zauber macht), man soll nicht neben einem Licht in den Spiegel sehen (hier kann ich den Grund nicht einsehen), und ähnliches. Sie sehen, es handelt sich z. T. um primitiven, magischen Aberglauben, der damals noch lebt und in dieser Form nun weitergetragen wird. Man meinte schon in der Antike, daß einige von diesen Regeln bereits symbolische Bedeutung gehabt hätten. So etwa das Wort vom Waagebalken: man dürfe nicht habgierig sein; oder daß man Feuer nicht mit einem Dolch schüren soll: man dürfe den Zornigen nicht mit scharfen Worten aufreizen. Ich glaube, daß es zunächst ganz primitiv gemeint war, aber von klugen Leuten so gedeutet werden konnte. Das ist auch sonst die Weise, wie diese Dinge als Bestandteile in fortgeschrittenen Religionen geistig erhöht werden. So finden wir überall solch primitive Züge und müssen uns doch klar sein, daß dicht daneben höchst Bedeutungsvolles entstanden ist.

Noch etwas über die ›Pythagoreische Schule‹. Daß wir darüber klarer sehen, verdanken wir zwei wichtigen Arbeiten von Kurt v. Fritz, einem ausgezeichneten Kenner dieser Dinge. Einmal das Buch: Über die Politik der Pythagoreer in Unteritalien (englisch 1949), wo er zeigt, daß sie nicht selbst leitende Stellen inne hatten, sich aber indirekt stark ausgewirkt hatten. Weiter der Aufsatz: Mathematiker und Akusmatiker bei den alten Pythagoreern, SB München 1960, 11 ff. Vor allem diese zweite Arbeit ist darum so wichtig, weil sie dem früher übermäßig herrschenden Kritizismus entgegentritt. Bei Burnet ist etwa noch zu lesen: daß es verschiedene Gruppen gegeben habe wie Esoteriker, Exoteriker, Theoretiker, Mathematiker, Akusmatiker u. a., sei reine Fiktion. Ich muß darauf eingehen, weil die Art dieser halbreligiösen Bruderschaft dadurch verdeutlicht werden kann. Es scheint klar, daß es bestimmte überlieferte Einteilungen gab, die zeigen, daß man mehrere Stufen der Einweihung unterschied. Da gab es *akustikoi, mathematikoi, physikoi,* und es scheint, daß die ersteren die waren, die schweigend zuzuhören hatten, die zweite Gruppe Fragen stellen konnte und die Physikoi die eigentliche Erkenntnis hatten.

Man könnte auch von einem äußersten Kreis der Hörenden, einem engeren der Lernenden und einem kleinen der Wissenden sprechen; eine sehr schöne Form der Stufung, die sich in gewissem Sinne auch in unserer heutigen Universität noch findet. Auch die Einteilung in exoterische und esoterische Anhänger scheint richtig zu sein, die von Platon übernommen wurde, also in einen äußeren und einen inneren Kreis von Teilnehmenden. Es gibt Bilder, die das verdeutlichen und vielleicht auf Pythagoras selbst zurückgehen. Da werden die Schüler verglichen mit Besuchern in Olympia. Es gibt viele, die nur hingehen, um Geschäfte zu machen; dort kommt ja alles zusammen, es ist eine Art ›Messe‹. Für Delos haben wir Zeugnisse darüber, wie die Festtage die Händler anzogen. Das ist die eine Gruppe. Die zweite kommt, um sich an den Sportkämpfen zu beteiligen und Preise zu gewinnen, und die dritte sind die reinen Zuschauer. Wir würden wahrscheinlich umgekehrt denken, aber das wäre eben nicht griechisch. Nicht das aktive Anstrengen ist das Höchste, sondern das reine schauende Teilnehmen. Diese Einstellung wird auf Pythagoras zurückgeführt. Also ein Leben der Zwecke, das der Vielen, dann ein anderes, das noch befangen ist im Aktiven, und endlich das höchste, das noch über die Tat hinausgeht.

Interessant ist nun das besondere Problem der Akusmatiker und Mathematiker, das vor allem v. Fritz schön geklärt hat. Kein Zweifel, daß die Einteilung alt ist und bis an Pythagoras selbst heranführt und daß wir demnach in der Schule mindestens diese beiden Gruppen unterscheiden müssen, die zunächst vielleicht mit dem mehr exoterischen und dem esoterischen Kreis identisch sind. In späterer Zeit sind die Akusmatiker dann die, die sich auf die Überlieferung vom Hörensagen berufen, der Meister hatte ja nichts geschrieben. Sie sagen, daß sie selber keine Erkenntnis hätten; sie seien nicht würdig, anderes zu tun als die große Tradition treu weiterzugeben und zu befolgen. Das sind die strengen Konservativen. Bei ihnen stand die Lehre so hoch, daß sie sie nur übernehmen und ihr folgen konnten. Die anderen sind die, die die Lehre fortsetzen, selber erkennend lehren und auch forschen, die eigentlich über den Meister hinaus die Lehre entwickeln. Das sind die Fortschrittlicheren und Aktiven gegenüber den Fanatikern des reinen Glaubens. Es ist interessant, wie sich innerhalb einer solchen Lehre diese doppelte Richtung anzeigt, die wir auch sonst in Bereichen religiöser Gemeinschaften kennen. Da ist eine Richtung, die unbedingt auf dem Wort besteht, und eine andere, die meint, das Wort würde am besten verstanden, wenn es weitergedacht und entwickelt würde. Ähnlich im Urchristentum der Kreis von Jerusalem und Paulus, wenn der Vergleich auch nicht ganz stimmt. Man muß diese Dinge verstehen, wenn man sich die Namen erklären will, denn die Bezeichnung ›Mathematiker‹ ist rein sprachlich nicht zu verstehen, es heißt einfach ›Lernende‹. So muß man es nicht vom Wort her betrachten, sondern von der Geschichte, und da sind es die durch ihre Erkenntnis weiter Forschenden bei den Pythagoreern. Dann aber wird das Wort *mathemata* bald die Bezeichnung dessen, was diese Forschenden in ausschließlicher Weise trieben: der Zahlenlehre. Das beginnt mit einfachen Gebilden; sie beschäftigen sich mit dem ganzen Bereich der zahlenmäßigen Verhältnisse, Proportionen, Funktionen. Und weil diese Mathematiker in ihrem Lerninhalt immer mehr das betrieben, nennt man dann den Umgang mit Zahlen die Mathematik. So ist der Begriff schon bei Platon im vierten Jahrhundert fest geworden.

Es ist interessant, wie auch in der weiteren Geschichte der Schule sich die beiden Hauptrichtungen der Mathematiker und Akusmatiker scheiden. Wie schon erwähnt, erregte die Schule, die ja große Macht hatte, Gegenbewegungen. So steht Kylon etwa gegen Pythagoras selber, den er vertreibt (Diels-K. 14 A 16). Seine Anhänger bekämpfen dann auch die Schüler und verbrennen sie im Beratungshaus. Aber zwei entkommen, Archippos und Lysis, einer geht nach Tarent, der andere nach Griechenland, Theben, und soll später der Lehrer des Epameinondas gewesen sein. Die Schüler sammeln sich aber wieder und ziehen nach Rhegion. In den folgenden Kämpfen zeigt sich immer wieder, wie die Akusmatiker die Konservativen sind, die auch an den alten aristokratischen Vorstellungen festhalten, eine reine Elite wünschen und fanatisch wie an der Lehre des Meisters auch an den alten Anschauungen haften. Die Mathematiker sind auch politisch durchaus fortschrittlich. Selbst nach diesen Richtungen hin drückt sich diese Scheidung innerhalb der Schule aus. Wir sprachen schon von den späteren bedeutenden Mathematikern, die der Schule entstammen, wie Hippasos, der die umwälzende Erscheinung der Irrationalität entdeckte, das Problem aber nicht lösen konnte, sondern bei einem Schiffbruch ertrank, was die an der Symmetrie festhaltende Richtung als eine Strafe der Götter deutete. Trotzdem war der Beweis nun als ein Faktum in der Welt, wenn es auch noch bis in die Zeit Platons gedauert hat, ehe man neue Möglichkeiten sah, auch diese Verhältnisse in mathematischen Proportionen darzustellen. – Das sprichwörtliche *autòs épha*, ›Er selbst hat gesagt . . .‹, geht übrigens auf jene Akusmatiker zurück, die sich damit auf die Lehre des Meisters beriefen.

11.

Wir kommen heute zu der Hauptleistung des Pythagoras oder jedenfalls der ältesten Pythagoreer. Wir hatten schon gesehen, daß das Neuartige bei ihnen ist, wie nun eine neue Wendung in das Denkgeschehen kommt, ein neuer Seinsbereich eröffnet wird im Seelischen. Und nun wird, im Zusammenhang damit, plötzlich die Musik zu einem Erfahrungsbereich, ursprünglich zusammenhängend mit Reinigungsriten; und von der Musik gelangt man zur Zahl. Man könnte es grob so ausdrücken: während die Milesier sich in ihrem Denken einfach an das halten, was vor Augen liegt, irgendeine Grundsubstanz ansetzen als die Genesis von allem (richtiger irgendeinen Seinsgrund), so würden die Pythagoreer nicht mehr sagen: Alles ist Wasser oder Luft, sondern: Alles ist Zahl. Damit haben wir den Fortschritt von einem noch irgendwie Materiellen, wenn auch nicht in unserem Sinne Stofflichen, zu einem Formalen und Funktionalen, in dem nun der eigentliche Grund des Seienden gesucht wird. Damit ist im Prinzip die Wissenschaft der Mathematik begründet.

Das ist nun von größter Bedeutung. Es gibt in der neuen mathematikgeschichtlichen Forschung heute aufgrund von Funden eine Fülle von Zeugnissen dafür, daß eine komplizierte Rechenkunst längst vor den Griechen bestanden hat bei den Babyloniern und Ägyptern, in Indien und China. Und doch betonen Kenner dieser Dinge, daß die Mathematik mit den Griechen eine ganz neue Wendung nimmt. Vorher handelte es sich doch überwiegend um praktische Rechenkunst zu irgendwelchen Zwecken, Landmessung oder Astrologie. Jetzt aber wird das plötzlich nicht mehr betrieben aus einem praktischen Interesse heraus, sondern weil man sich für das Wesen der Zahl selbst interessiert, das, was man antrifft bei diesen Betrachtungen: die Symmetrie, in der man einerseits etwas Göttliches sieht, andererseits etwas Seinsbegründendes. Das ist die eigentliche Wendung damals, weg vom bloß Anwendbaren auf das Prinzipielle. Von hier hat die Wissenschaft der Mathematik begonnen und sich in strenger Problementwicklung bis heute fortbewegt. Es ist einer der deutlichsten Einzelzusammenhänge, wo der Fortschritt der Problembewegung von den Griechen über eine Spanne, wo das dann ruhte, bis heute klar ersichtlich ist.

Den Anfang hat also Pythagoras gemacht, jedenfalls den Anstoß gegeben, wenn wir auch im einzelnen nicht wissen, was er selbst getan hat. Mit ihm beginnt es, daß man die Mathematik nicht mehr als Mittel der Weltbewältigung betrachtet – auch das kommt dann bald wieder auf und hat bis heute eine große Rolle gespielt –, sondern als reine Mathematik, eine Weise, wie das Phänomen von Verhältnissen, die in großer Fülle im Erfahrbaren vorliegen, nun an sich genommen und auf Prinzipielles zurückgeführt werden kann. Damit ist der Seinsgrund gleichsam noch ein Stück weiter zurückgerückt als dasjenige, das sich, je weiter man eindringt, schließlich nur noch zeigt als die Erscheinung von Symmetrien. Das ist so wichtig, weil gerade moderne Theorien der Physik wieder auf Ähnliches hinausgelangt sind. Ich verweise auf den Vortrag von W. Heisenberg bei der Max-Planck-Feier, wo er das, was man seine Weltformel genannt hat, mitgeteilt hat: ›Die Plancksche Entdeckung und die philosophischen Grundlagen der Atomlehre‹. Heisenberg stellt dort selbst aus seinem Bereich die Beziehung zu den Griechen her und sieht prinzipielle Ähnlichkeiten. Dabei kommt heraus, daß nach exakten Ermittlungen der modernen theoretischen Physik das letzte, das sich als Seiendes zeigt, Symmetrieverhältnisse sind, die dem Physiker als etwas Schönes erscheinen, wie er selbst sagt. Überhaupt spielt der Begriff der Schönheit bei den wahren Mathematikern noch heute eine große Rolle, und das durchaus in Analogie zum griechischen Denken.

Wir wollen nun zunächst von den Einfallstoren sprechen, die hinführen auf diese Mathematik als eine philosophische Erhellung des eigentlichen Seinsgrundes. Da müssen wir uns der Musik zuwenden. Sie gehörte, wie schon angedeutet, zu gewissen Riten der Reinigung und der Weihen, nicht als ästhetisches Phänomen, sondern in elementar aufrührender Kraft, auf die man heute in neuer Weise besonderen Wert legt. Man hat untersucht, welche Tonfolgen und Instrumente die Seele in verschiedener Weise erregen, etwa die Kithara im apollinischen Bereich, die Flöte im dionysischen usw., wie die Musik erregen und besänftigen kann und damit eine Wirkung ausübt unmittelbar auf den gesamten Seelenzustand des Menschen. Musik kann die Seele krank und wieder gesund machen, das Innere aufrühren und wieder ordnen, und man hat versucht, selbst leibliche Krankheiten dadurch zu beeinflussen oder gar zu heilen. Es gibt Geschichten, wie man das mit der Politik zusammenbringt und etwa einer Revolution gegenüber Musik einsetzt. Das alles beweist, daß die Musik eine universale Form ist, die, vom Elementarsten bis zum höchsten Geistigen reichend, den ganzen Menschen umfaßt und tiefe Wirkung auf ihn ausübt. (Vgl. dazu H. Abert: Die Lehre vom Ethos der Musik bei den Griechen.)

Das alles muß man voll vor Augen haben, um die Anwendung der Musik in den Reinigungsriten zu verstehen. Der Mensch kann durch sie in Erregung versetzt werden, und dann kann die Reinigung erfolgen. Diese Bedeutung hatte die Musik überall in diesen Sekten. Nun aber ist das Wunderbare, wie Pythagoras jetzt entdeckt, daß das, was an der Musik das Bewegende ist, Zahlenverhältnisse sind. Die Legende erzählt, er sei an einer Schmiede vorbeigekommen und habe plötzlich gehört, daß sich beim Hammerschlag eine Quinte und eine Quarte ergab; er habe dann die Hämmer gewogen und die Verhältnisse herausbekommen. Musikkenner versichern, das sei ganz unmöglich, ich weiß es nicht. Verschiedene Töne hört man jedenfalls, soweit man eine Schmiede heute noch hören kann. Es ist klar, daß man vor allem bei Saiteninstrumenten darauf kommen konnte, daß die Länge der Saite nicht zufällig war, sondern in einem bestimmten Verhältnis zum Ton stand. Jedenfalls war damit Entscheidendes gesehen, was sich dann weiter ausgewirkt hat in der griechischen Musik und auch in der Philosophie. Wir brauchen nicht im einzelnen zu verfolgen, wie kompliziert das später weiterentwickelt wurde von griechischen Musiktheoretikern. Jedenfalls führte es auf das Wunderbare, daß das, was solche Macht über den Menschen gewinnen kann, der Wohllaut, der an sich unmittelbar lustvoll wirkt, im Grunde eine Proportion ist zahlenmäßiger Art. Damit war die Brücke geschlagen vom scheinbar Abstraktesten und Denkbaren zum unmittelbar ergreifenden, lebendigen und sinnlichen Bereich. Das Elementare, Dynamische, Leben und Seele Bewegende wird zugleich rational aufweisbar, d.h. Logos. –

Was die Mathematik angeht, hatten die Pythagoreer anknüpfen können an die Dinge, die wir bei Thales besprochen hatten, wo schon mit neuer Wendung die Geometrie beginnt, noch eidetisch-intuitiv verfahrend, aber doch schon im bloßen Sehen zu Symmetrien kommend, die sich in verschiedenen Sätzen ausdrükken ließen. Das lag vor, und diese Spekulationen, die noch nicht eigentlich apodeiktisch verfahren, sondern von Figuren ausgehen, müssen wir auch für Pythagoras und seine unmittelbaren Nachfolger ansetzen. Die Dinge haben sich damals in Griechenland mit unerhörter Rapidität entwickelt. Kaum ist irgendwo eine große Entdeckung gemacht, so stürzt man sich darauf, und in wenigen Menschenaltern ist ein kompliziertes System da. Ich verweise dazu auf das schon genannte Buch von O. Becker: Das mathematische Denken der Antike, wo Sie im Literaturverzeichnis Weiteres finden. Auch hier also kann man nicht sprechen von voraussetzungsloser Erfindung, sondern die Dinge hatten bereits ihren Anfang genommen. Ich kann nicht auf alles Einzelne eingehen, muß aber wenigstens kurz sprechen von dem pythagoreischen Lehrsatz, den Sie alle kennen und von dem erzählt wird, daß Pythagoras, als er ihn gefunden hatte, dem Gott einen Ochsen geopfert habe (und seitdem hätten sich alle Ochsen gegen diesen Lehrsatz verschworen). Wir wissen, daß es für diesen Satz die verschiedensten Beweise gibt, schon Euklid kennt mehrere. Ich glaube, daß wir das für Pythagoras und die ältere Zeit noch nicht voraussetzen können, eine wirkliche Apodeixis, sondern ich will zu zeigen versuchen, daß wir auch hier, noch im sechsten Jahrhundert, rechnen können mit ganz einfachen eidetischen Spekulationen.

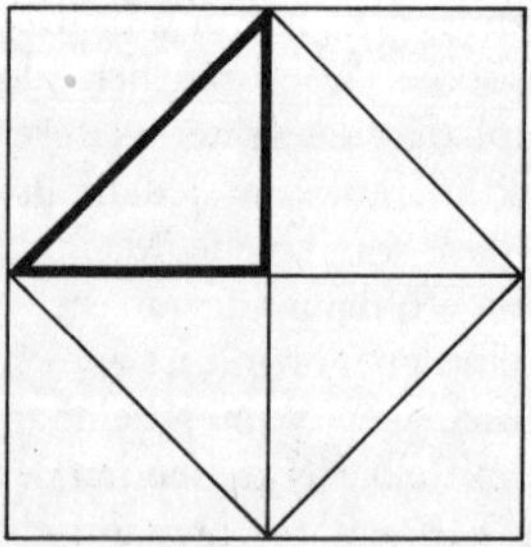

Diese Figur enthält den Beweis für einen besonderen Fall. Wenn wir dies Dreieck als das pythagoreische ansetzen, wie es bei den Griechen genannt wurde, so ist klar, daß das eingeschriebene Quadrat über der Hypotenuse doppelt so groß ist wie das über jeder Kathete; das sieht man hier einfach. Denselben Satz auch für nicht gleichgroße Kathetenquadrate nachzuweisen, konnte er ruhig den Späteren überlassen, die dann auch bald Methoden dafür gefunden hatten. – Wenn es nun auch hier die Symmetrien sind, die vorzüglich interessieren, so ist klar, wie sich sofort die wichtige Aufgabe ergibt, wie man ein Quadrat verdoppeln kann.

Wichtiger aber ist die Arithmetik, die die Pythagoreer (Eurytos und Philolaos, Diels-K. 45 u. 44) eigentlich begründet haben. Ich kann nur das Einfachste und Prinzipielle hervorheben, auch das ist nicht ganz einfach. Die Methode ist sehr merkwürdig, auch wieder zuerst eidetisch. Man arbeitete einmal mit dem, was man die ›Steinchen‹, *psêphoi* nennt, die man so setzt, daß sie bestimmte Figuren und Muster bilden, woraus die Verhältnisse sich von selbst ergeben, so daß man sie sehen kann (Aristoteles ›Metaphysik‹ 13, 5, 1092b). So entstehen dann Dreieckszahlen, Quadratzahlen und schließlich Rechteckszahlen oder Heteromeken. Das sieht dann so aus:

1 3 6 10

Das sind also die Dreieckszahlen, bei denen das vierte Gebilde besonders interessant ist, weil es den Gesamtwert von Zehn hat. Mit diesem Gebilde, der Dekas oder Tetraktys, hat man sich so stark beschäftigt, daß man sogar dabei geschworen haben soll wie bei etwas Heiligem. Wenn das also die Dreieckszahlen sind, die man beliebig vermehren kann, so sind das Folgende die Quadratzahlen. Man bedient sich dabei dessen, was man Gnomon nennt, was zunächst einfach den Zeiger an der Sonnenuhr meint, dann allgemein Anzeigestab, gerade oder gebogen. Man geht wieder von einem Steinchen aus und fügt weitere in Form eines Gnomon hinzu:

1 4 9 16

So werden diese Reihen aufgebaut. – Als Drittes kommen die Heteromeken, die Rechteckszahlen, die wieder andere Proportionen sichtbar machen. Das beginnt mit der geraden Zahl Zwei:

6 12 20

Es ist interessant, sich klarzumachen, was daraus alles folgt. Z. B. ergibt sich für die Rechteckszahlen, daß man sie auffassen kann als Verdoppelungen der Dreieckszahlen. Man kann sie einfach durch die Diagonale teilen. Die Quadratzahlen ergeben sich als Summation der Ungraden: $4 = 1 + 3$, $9 = 1 + 3 + 5$, $16 = 1 + 3 + 5 + 7$ usw. Das sind doch erstaunliche Dinge für diese so frühe Zeit, die da einfach gesehen wurden. Die Heteromeken wieder entstehen durch Summation der geraden Zahlen: $6 = 2 + 4$, $12 = 2 + 4 + 6$ usw. Interessant ist weiter, wie die Dreieckszahlen etwas ganz Besonderes haben, nach damaliger Auffassung auch im Sinne der Wertung der Zahlen. Sie sind diejenigen Zahlen, die sich aufbauen durch Summation der natürlichen einfachen Zahlenreihe: $1 + 2 + 3 + 4$ usw. Man könnte das noch beliebig fortführen; ich will nur noch einiges nennen.

Das eine ist, daß man auch wieder auf etwas geachtet hat, das man später *díaulos*, ›Doppellauf‹ nannte, der verschieden ist bei den Quadrat- und den Rechteckszahlen. Wenn man bei einem Quadrat an der Ecke anfängt und die Diagonale entlangläuft, kommt man zu den Zahlen 1 2 3 4 3 2 1 (bei dem Quadrat von 4), also wie bei der Rennbahn geradeaus und dann um die Wendesäule, den *kamptēr*:

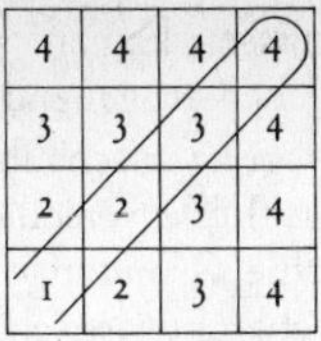

Bei den Heteromeken gibt es keine Diagonale, sondern zwei solcher Kehren: 1 2 3 4 4 3 2 1.

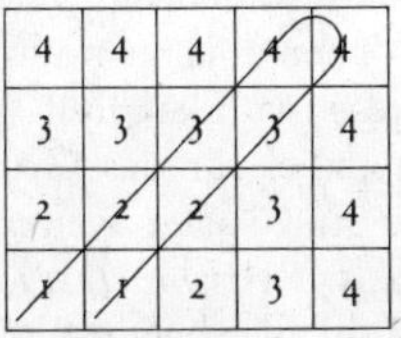

Weiter wäre noch zu sprechen von der besonderen Bedeutung der Tetraktys. Man hat sich viel damit abgegeben und gefunden, daß die Zehnzahl die vollkommenste ist, aus den verschiedensten Gründen. Hier zeigen sich wirklich erstaunliche Bezüge. Einmal enthält sie in sich die erste viergliedrige Progression und ist gleichzeitig deren Summe: 1 2 3 4 = 10. Zweitens enthält sie ebensoviele Primzahlen wie Nicht-Primzahlen: 1 3 5 7 / 4 6 8 9. Spätere sind es gewesen, die ein *pythmēn* aufgestellt haben, wie man sagt, etwas, das schon über das rein Mathematische hinausgeht ins Spekulative. Man versucht, die Zahlenreihe auf Hexaden zurückzuführen. Die erste ist klar: $1 + 2 + 3 = 6$. Dann folgt $4 + 5 + 6 = 15$, da macht man es so, daß man die Dekas als Einheit faßt, also $10 = 1$, dann ist $15 = 1 + 5$ und also wieder $= 6$. Ebenso $7 + 8 + 9 = 24$, also $4 + 2(\times 10)$; ebenso $10 + 11 + 12 = 33$ oder $3 + 3 (\times 10)$ usw. Solche Sachen sind mit großem Scharfsinn durchgeführt worden.

12.

Wir hatten zuletzt von der Bruderschaft der Pythagoreer gesprochen und hatten uns dann zugewendet ihrer Harmonielehre, einem der wichtigsten mit dieser Gemeinschaft verbundenen Gedanken. Wir hatten gesehen, wie sie dabei von der Musik ausgingen und zu mathematischen Verhältnissen kamen, zunächst zur Geometrie und, wieder vom Eidetischen ausgehend, auch zu arithmetischen Reihen, durch Steinchenlegung anschaulich gemacht und entwikkelt, wodurch schon eine Fülle verschiedener Bezüge entdeckt wurde. Ich wollte daran die Grundzüge aufdecken, die für diese beginnende Mathematik charakteristisch sind.

Es kommt nun weiter darauf an, die rein sachliche Weiterentwicklung der mathematischen Spekulation, die mehr und mehr zur eigentlichen mathematischen Wissenschaft führt, in dem Zusammenhang zu sehen, in dem sie gedacht war bei Pythagoras und den älteren Pythagoreern, denen es ja nicht um Fachwissenschaft ging, sondern wenn sie diese wunderbaren Bezüge entdeckten, so interessierten sie sich dabei für das Grundwesen des Seienden überhaupt. Die Dinge sind später weitergetrieben worden und ausgebaut zu dem, was wir *Arithmetica universalis* nennen, nach der alles Zahl ist, die Zahl alles beherrscht, das Grundwesen aller Dinge ausmacht und alles Seiende bestimmt. Es ist auch ganz natürlich, wenn man bei bestimmten Erscheinungen wie gerade der Musik darauf stößt, daß sich das, was zunächst als etwas ganz anderes erscheint, zahlenmäßig ausdrücken läßt, daß man das auch auf alles andere überträgt. So hat man weiter geglaubt, daß jedem Ding eine Zahl zugeordnet sei, auch den Einzeldingen wie Pferd, Baum usw., und hat vor allem die höheren bestimmenden Begriffe damit gleichgesetzt, etwa die Gerechtigkeit mit der Vierzahl, den *kairós,* den ›günstigen Augenblick‹, mit der Siebenzahl u. a. Aristoteles spricht davon mit starker Zurückhaltung (Metaphysik I, 5, 985 b 23; Diels 58, Pythagoreische Schule B 4). Er sagt dort, vor Leukipp und Demokrit hätten die sogenannten Pythagoreer sich zuerst mit der Mathematik befaßt und sie vorangetrieben. ›Und nachdem sie tief eingedrungen waren (gleichsam damit aufgenährt), glaubten sie, daß die Prinzipien der Mathematik die Prinzipien aller seienden Dinge seien.‹ – So bei Aristoteles der philosophiegeschichtliche Bericht. Er fährt fort: ›Da aber in der Mathematik die Zahlen der Natur nach das erste sind, glaubten sie, in den Zahlen viele *homoiómata,* Ähnlichkeiten mit den seienden und entstehenden Dingen zu sehen, mehr als in Feuer, Erde und Wasser, nämlich daß die so und so geartete Beschaffenheit einer Zahl Gerechtigkeit, eine andere Seele und Geist sei‹ usw. Vier ist z. B. dabei eine ganz bestimmte substantielle Grundbeschaffenheit, die durch Gleichsetzung, fast im Sinne von Gleichung, auch das zeigt, was die Gerechtigkeit ist. – ›Demnach seien die Elemente der Zahlen die Elemente von allen seienden Dingen, ja der gesamte Himmel sei Harmonie und Zahl . . . Und da die Zehnzahl für die vollkommene gilt und die gesamte Natur der Zahlen umgreift, behaupteten sie, daß auch die Sphären *(ta pheromena)* zehn sein müßten. Es sind aber nur neun, darum haben sie eine Gegenerde angesetzt als zehnten Körper.‹ – Man sah nur acht Planeten und die Fixsternsphäre; die Gegenerde, die man nicht sieht, wäre dann uns entgegengesetzt zu denken, wobei sich beide um ein unsichtbares Zentralfeuer drehten. Das alles ist rein spekulativ, daß nun sogar bestimmte spezielle Seiendheiten aufgrund eines allgemeinen Postulats gesetzt werden, was Aristoteles ablehnt. Er sagt weiter (986a 15), die Pythagoreer hätten die Zahl für das Grundprinzip gehalten sowohl als Materie wie als Form. Dabei nennt er die Elemente des Geraden und Ungeraden, das eine als begrenzt, das andere als unbegrenzt. Das ist erst spätere pythagoreische Lehre, die dann auch von Platon aufgegriffen wird und seine ganze Prinzipienlehre bestimmt.

Das wollte ich Ihnen vorführen als unmittelbares Zeugnis. Wir sehen, wie diese *Arithmetica universalis* bewußt zum Weltprinzip erhoben und auch als materielles Substrat gefaßt wird, nicht nur funktional, und so alles trägt.

Es wäre reizvoll, nun weiterzugehen und dieses mathematische Denken ins Spezielle zu verfolgen. Ich kann das hier nicht tun. Wir hatten schon davon gesprochen, wie zumal die Mathematik in dieser Schule schnell vorangetrieben wurde, auch rein fachlich, wie wir sagen würden. Es ist besonders im fünften Jahrhundert eine so schnelle Entwicklung, wie man es sich kaum vorstellen kann, ebenso auf allen anderen Gebieten. In der Mathematik konnte es nun nicht ausbleiben, daß man von dem großen Ansatz aus, daß alles Symmetrie und Harmonie sei und ein gemeinsames Maß habe, an eine Stelle kam, wo sich dieses gemeinsame Maß nicht feststellen ließ, und Hippasos war es, der das Irrationale, das *álogon* entdeckte in der Inkommensurabilität der Diagonale zur Quadrat- und Fünfeckseite und auch zeigen konnte, daß das so sein müsse. Es ist klar, daß das eine gewaltige Erschütterung der ganzen Weltauffassung bedeuten mußte, wenn man es zuerst so wundervoll erlebt hatte, wie die Zahl als Symmetrie und Harmonie alles beherrschte und harmonische Verhältnisse den ganzen Kosmos begründeten. So war diese Entdeckung eine Art Einsturz des Himmels, und der Vertreter dieser Dinge mußte geradezu als Frevler am Göttlichen erscheinen in dieser Glaubenswelt. Es wird auch überliefert, daß man Hippasos aus der Bruderschaft ausgestoßen und in seinem Schiffbruch eine Strafe des Himmels gesehen habe. Aus diesen Dingen, die oft mit Unrecht belächelt werden, wird deutlich, wie diese ganzen Denkvorgänge, von denen wir hier sprechen, noch nicht im Bereich des reinen, abstrakten Denkens lebten, sondern es ging in ihnen um die Begründung des Lebens und der ganzen Welt, wie Jaeger schön heraushebt, der von ›Theologie‹ spricht. Der Ausdruck mag etwas zu speziell sein, das Gemeinte aber ist ganz richtig. Es ist eine große Krise gewesen, nicht nur in der sich entwickelnden Wissenschaft, sondern in der ganzen Weltauffassung der Pythagoreer und aller, die ihnen anhingen. Vom Mathematischen aus ist das gut dargestellt in dem Buch des Mathematikers Hasse und des Philosophen Heinrich Scholz: Grundlagenkrise der antiken Mathematik; auch in dem genannten Buch von O. Becker.

Es ist interessant, die weitere Geschichte zu verfolgen. In nichtpythagoreischen Kreisen hat man die Dinge ruhiger betrachtet und ging bald mit Energie daran, sich der Sache zu bemächtigen. Wir kennen eine Reihe von Namen. Vor allem sind es junge Mathematiker, die Platon an sich zieht und die unter seinem Einfluß daran arbeiten, wie Theaitet und Eudoxos, dem es gelingt, eine Proportionslehre aufzustellen, die schon fast modernen Charakter hat und mit der auch diese neu entdeckten Verhältnisse mathematisch ausdrückbar werden. Damit war alles in Ordnung, und diese Lösung ist aufgegangen im 5. Buch des Euklid. – Aus all dem wird schon deutlicher, weswegen Platon später, mindestens von der Mitte seines Lebens an, der Mathematik so große Aufmerksamkeit gewidmet hat. Wir werden auch sonst noch darauf eingehen müssen.

Jetzt komme ich zum letzten Teil dessen, was hier noch zu sagen ist, der Kosmologie der Pythagoreer, in der viel Sonderbares und Wunderliches und doch wieder Interessantes zu finden ist. Die Fragmente wieder bei Diels 58, Pythagoreische Schule, vor allem B 26 u. 30 (Aristoteles ›Metaphysik‹ 13, 3, 1091 a 13 und ›Physik‹ IV 6, 213 b 22) u. B 21 (Proklos), die ich jetzt nicht vorführen kann. Natürlich gilt hier dasselbe wie überall, daß man diese Zeugnisse mit Vorsicht lesen muß. Aber da die Schule als Einheit gesehen wurde, ist nicht so wichtig, was im einzelnen jünger oder älter ist.

Das erste Wichtige ist hier, daß Pythagoras und seine Nachfolger zunächst nicht eben ein neues Weltsystem aufstellen. Ihr Blick ist auf ganz anderes gerichtet: Ideen der Reinigung, Lebensgestaltung, Lehren orphischer Art von der Seelenwanderung und dem Fortleben der Seele, und dann den ganzen Bereich der Musik. Die eigentlichen *onta* lagen noch gar nicht auf ihrem Wege, und es ist klar, daß sie sich hier stützten auf das, was die Milesier gemacht hatten. Da ist es vor allem Anaximenes, den sie zunächst aufgreifen und dem sie folgen. So übernehmen sie die Luft als das eigentliche große Element, in dem der Mensch lebt und ebenso die ganze Welt, die schon Anaximenes selbst irgendwie gleichgesetzt hatte mit dem Apeiron des Anaximander, von dem ich meine, daß er es nicht näher bestimmt hätte und daß es dann von Anaximenes so gedeutet worden sei. Das System ist also das des Anaximenes, von den Pythagoreern neu gedeutet, in der Weise, daß in dieses System nun die ganze Zahlenspekulation gleichsam hineindividiert wurde. Das ist im einzelnen höchst seltsam, etwa so: die Pythagoreer hatten klare Vorstellungen, wie sich gegenüberstehen das Gerade und Ungerade; die Einheit, das *hen,* und das Unendliche, Unbegrenzte, beides Größen, die noch heute mathematisch wichtig sind. Nachdem nun irgendwie das Eins sich gebildet hatte (Diels 58, 26) in den verschiedensten Bereichen, da wird dieses Eins dann gleichsam ausgreifend auf die nächstliegenden Teile des riesigen Unbegrenzten, das ihm gegenübersteht, und so geht vom ersten Eins eine ordnende Bewegung aus, eine zahlenmäßige Emanation, wie wir sagen können, obgleich es kaum vorstellbar ist. Das wird immer wieder aufgegriffen, und so werden nun bestimmte Grenzen gesetzt von jener Grenze aus, die das Eins als Grenzbegriff ist. Das erscheint ziemlich abstrakt, ist aber auch wieder gar nicht abstrakt gedacht. Dann wieder etwas Merkwürdiges, daß das Unbegrenzte gleichsam eingeatmet wird und so die Einheiten voneinander getrennt hält (Diels-K. 58, 30). Indem etwa der Mensch es einatmet, atmet er Leere ein, und indem das Körperliche in sich Leere aufnimmt, kommen Elemente der Leere in die ganze Weise, in der die einzelnen Zahlen sich gliedern. Merkwürdig, wie übergreifend geistig und körperlich versucht wird, die Erscheinung einer diskontinuierlichen Masse zu erklären mit der Leere, die sich zwischen die verschiedenen Einheiten setzt. Man muß wissen, daß an anderen Stellen wieder das Grenzensetzende das Feuer heißt, das Apeiron die Dunkelheit. Weiter muß man wissen, daß schon für Homer irgendwie die Dunkelheit das Charakteristikum der unteren Luft, des *aër*, ist, die er von der oberen Luft, dem *aither*, unterscheidet. Ein Gott kann sich verhüllen, indem er ›Luft‹ um sich legt. Es gibt in ihr die verschiedensten Dichtigkeitsgrade: Dunst, Wolke, Nebel und finstere Dunkelheit. Das Dunkle empfindet man in früher Zeit ganz stofflich; auch wenn man bestimmte Farben außerordentlich verdichtet, entsteht Dunkles. Das ist dann auch bei der Luft so gedacht. Das mag merkwürdig sein, ist aber doch wieder ganz sinnlich. – Hier bei den Pythagoreern ist offenbar die Dunkelheit der Nacht gemeint, in der die Sterne als helle Feuer stehen, die diese Dunkelheit als das Unbegrenzte beherrschen. Sie sehen, der Gedanke des Anaximander, daß das Feuer als Begrenzung eine Art Rinde um den Kosmos sei, führt nun zur Feuergrenze, die alles umgibt, der Fixsternsphäre, und innerhalb davon das große Luftgemenge, das dunkel ist und dem Menschen durch die Sonne erhellt wird. Merkwürdig, wie hier wieder ganz Sinnliches identifiziert wird vom Apeiron her mit rein spekulativen Größenverhältnissen. Es ist klar, ohne daß es irgendwo Deutlichkeit gewinnt, wie einzelne Sphären sich absetzen innerhalb dieses ganzen Kosmos und Weltraums und doch wieder harmonische Verhältnisse darstellen, die von der Musik bekannt sind und hier in denselben Intervallen erscheinen (Aristoteles, *De caelo* II 9, 290b 12; Diels 58, B 35): Gedanken, die Platon aufgegriffen hat im ›Timaios‹, wo es sehr kompliziert wird, und die schließlich weiter zu dem Gedanken einer Sphärenharmonie führen, der die Menschheit lange beschäftigt hat. Und noch heute versucht man ja, im Bereich des Seienden auf reine Verhältnisse zu kommen.

Merkwürdig ist die Auffassung über die Bewegung der Planeten. Später hat man es so aufgefaßt, daß sie sich eben bewegen, zuerst angeheftet gedacht an gewisse Bänder, Kykloi, später an Schalen, sogenannte Sphären, die sich in verschiedenen Geschwindigkeiten bewegen, die näheren schneller, die entfernteren langsamer. Bei den Pythagoreern ist es gerade umgekehrt, wieder durch Zahlenspekulation. Man weiß, daß die längste Umlaufszeit eines damals bekannten Planeten, des Saturn, etwa 30 Jahre dauert, andere sind viel schneller, bis herab zum Mond im geozentrischen System. Die Pythagoreer aber meinten, daß eine einzige Bewegung alles beherrschte, die der Fixsterne. Von dieser werden die Planeten herumgerissen, aber da sie stofflicher Natur sind, bleiben sie zurück, die nächstgelegenen am wenigsten, die weiter entfernten unteren immer mehr. Also auch auf diese Fragen sind die Pythagoreer gestoßen, und es ist schade, daß wir so wenig kennen, was sie im einzelnen zu manchem veranlaßt hat. Letztlich wird die entscheidende Vorstellung die der Einheit gewesen sein, in der die Zahl die wichtigste Rolle spielte.

Es ist wohl nicht nötig, auf weitere Einzelheiten dieser Berichte einzugehen, zumal vieles unsicher bleibt. So weiß man nicht, was es damit auf sich hat, daß Plutarch im Zusammenhang mit den Pythagoreern von mehreren Welten spricht. 183 soll es geben, die im großen Weltraum in Gestalt eines Dreiecks angeordnet seien (Petron, Diels-K. 16); das sieht nach späterer Spekulation aus. Kein Zweifel, daß die großen Grundansätze dann ins Spielerische und Übertriebene ausgeartet sind, während andererseits die eigentliche Mathematik großartig vorwärtsgetrieben wurde, zumal von dem Zeitgenossen Platons, Archytas. Die Tüfteleien entstehen überall da, wo die Mathematik nicht in ihrer Reinheit bewahrt wird, sondern der Versuch gemacht wird, sie unmittelbar zur eigentlichen Wesenheit des Seienden zu machen. Wir sind alle überzeugt davon, daß die Natur in ihrem Wesen mathematisch oder der Mathematik analog ist, aber wir wissen auch, daß es nicht so einfach ist. Das alles ist viel tiefer, als es zunächst erscheint, wie auch die neuesten Ergebnisse zeigen, die auf ähnliche Grundlagen gestoßen sind. Ich hatte schon in diesem Zusammenhang auf Heisenberg verwiesen.

Damit schließe ich das ab, noch einmal sei es gesagt, mit Bedauern, daß wir diese Dinge nicht besser fassen können. Es schließt sich daran eine bestimmte Richtung, die ihren Weg nimmt über die Mathematik bis zu Platon, wo sie von größter Bedeutung wird, wie neue Untersuchungen gezeigt haben.

Xenophanes

Ich hatte immer wieder zu zeigen gesucht, daß die Entwicklung des frühgriechischen Denkgeschehens nicht eine einfache, eingleisige ist. Wir können in geschichtlichen Zusammenhängen niemals auskommen mit der Vorstellung einfacher Sukzession. Ich hatte das Bild des Quellgrunds gegeben, zunächst der Sprache, weiter der Religion und der Dichtung, die bereits das Element des

Denkerischen in sich aufnimmt bei Homer und Hesiod, und die Milesier sind es dann, die direkt daran anschließen. Nun zeigte sich, daß von ganz anderer Seite her, der eigentlichen Religion des Volkes mit ihren besonderen Bedürfnissen, die nicht die des Adels sind wie in der homerischen Religion, etwas ganz anderes hinein kommt mit Pythagoras, der zugleich die mannigfaltigsten Einflüsse von den Milesiern erfahren hat, und wie dies alles zusammen dann weitergeht zu Platon. So sind es zwei Ströme aus dem zunächst gemeinsamen großen Bereich, die sich vermischen und eine neue Einheit bilden.

Jetzt kommen wir wieder zu einem neuen solchen Strom, der schwer einzuordnen ist. Wir müssen ihn unter die Dichtung setzen, aber nicht wie bei Homer und Hesiod das Epos, sondern die Elegie, die man auch zur Lyrik rechnet, die sich äußerlich an die epische Form anschließt, aber schon früh das Gefäß wird für die mannigfaltigsten Inhalte. So ist es bei Tyrtaios, Kallinos u.a. das Kriegslied, aber bald nimmt die Elegie auch bestimmte weltanschauliche Dinge in sich auf. Bei Solon erscheint die Politik in dieser Form, bei Mimnermos sind es bestimmte Lebensauffassungen, etwa daß nur die Jugend lebenswert sei. Hier taucht nun ein Mann auf, Xenophanes, den wir nicht verstehen dürfen von irgendeiner Philosophie her, sondern durchaus von dem, was längst in der Elegie an Spekulativem angelegt war: daß man sich in freier Weise auseinandersetzt mit Dingen des Lebens und der Welt. Natürlich ist auch Xenophanes wieder beeinflußt von den Milesiern; es ist klar, daß so wichtige Gedanken der Zeit nun auch in die Dichtung eindringen. Es gibt ja noch keine Fachgrenzen: es gibt geistige Ströme und Erklärungen, die in verschiedenster Form geäußert werden. Aber diese Gedanken der Milesier müssen doch stark gewirkt haben, wenn ein Mann wie Xenophanes, der von Beruf wohl Rhapsode war, sie in seine Gedichte aufnahm. Dieser Mann tritt nun ein in die Entwicklung des Denkgeschehens und übernimmt dabei manches von den beiden Strömen, die wir besprochen hatten. Auch er lebte später in Italien, und auf ihn baut dann Parmenides auf und die eleatische Schule, die zum erstenmal wirklich mit diesem Namen bezeichnet werden kann. Wir kennen noch andere Namen aus dieser Schule, etwa Zenon und Melissos. Dann geht die Entwicklung wieder nach Ionien hinüber, aber nicht unmittelbar anknüpfend. Der letzte der Großen war schließlich Heraklit von Ephesos. Dann geht es wieder nach Westen, Sizilien, mit Empedokles, dem großen Systematiker der alten Zeit, wie es schon in gewisser Weise Anaximenes gewesen war. Was auf ihn folgt, ist nur Einzelnes, Ausarbeitung des Früheren.

13.

Wir hatten Pythagoras abgeschlossen und schon gezeigt, daß wir wieder eine neue Wendung vor uns sehen innerhalb des Denkgeschehens. Das Neuartige, was mit Xenophanes von anderer Seite einmündet, ist, daß ein Dichter und damit überhaupt die Dichtung in Form der Elegie, und dahinterstehend das Lehrgedicht, nun Einfluß gewinnt auf das Denkgeschehen, nachdem die Vorigen seit Thales bisher auf dem Boden der reinen Prosa gestanden hatten.

Xenophanes stammt aus Kolophon, also auch aus dem Osten wie Pythagoras. Die Beziehungen zu Unteritalien waren damals besonders häufig. Über sein Leben s. Diels-K. 21, A 1 u. 2. Er war der Sohn einer guten Familie, der sein Vaterland verlassen mußte, wo die Griechen von Lydern und Persern bedrängt wurden, und ging erst nach Sizilien und ließ sich vor allem dann in Elea nieder. Der Ausdruck trifft vielleicht nicht ganz, er erzählt selbst, wie er hin- und hergestoßen worden sei im Leben. Die ›Blüte‹ wird angegeben etwa um 540/37. Sein Name wird schon bei Heraklit genannt in dem erwähnten Fragment, daß die Vielwisserei nicht den Nus lehrt. Auch er galt ihm also als Beispiel solcher Vielgelehrtheit ohne wirkliche Einsicht, und in der bitteren Weise, wie er berühmte Männer behandelt, stellt er ihn hier neben Hesiod, Pythagoras und Hekataios.

Was Xenophanes seinem Beruf nach eigentlich darstellt, ist schwer zu erkennen. Er war ein Dichter, wie auch Parmenides. Bei Diels-K. A 18 wird von Parmenides gesagt, dieser habe wie Hesiod, Xenophanes und Empedokles durch Dichtwerke philosophiert. Man nennt also keineswegs nur Empedokles und Parmenides, sondern auch Hesiod, der ganz dazugehört, was ich für richtig halte. – Was seine Dichtungen angeht, so sind umfangreiche Stücke erhalten, und damit kommen wir auf viel festeren Boden als mit dem Bisherigen. Ein Teil hat die Form der Elegie, andere der Silloi, Spottgedichte, Hexameter mit Jamben versetzt. Aus alter Zeit kennen wir in dieser Art den sogenannten homerischen ›Margites‹. Die versmäßige Mischung unterstreicht die Buntheit des Inhalts und den Charakter des Spottens. – Weiter wird ihm ein Gedicht zugeschrieben *perì phýseos*, ›Über die Natur‹. Ich schließe mich den Gelehrten an, die der Meinung sind, daß ein solches Gedicht nicht existiert hat. Die Bezeugung ist schwach und kann oft einfach meinen, daß er sich zu Fragen der Natur geäußert habe; daß das aber in Form eines besonderen Gedichts geschehen sei, halte ich für spätere retrospektive Verformung (vgl. dazu Jaeger a.O. 3. Kapitel). – Außerdem wissen wir, daß er Epen von ca. 2000 Versen geschrieben hatte, von denen nichts erhalten ist, weil später kein Interesse mehr dafür bestand; über die Gründungsgeschichte seiner Heimatstadt und über die Besiedelung von Elea (wohl nicht dasselbe Gedicht). Diesen Titeln nach stellt er sich uns dar als ein moderner Epigone des Epos mit neuen Stoffen, die er mit guter Technik behandelt. Er ist sehr alt geworden, wie wir ihm selbst entnehmen können, Fr. 8: »Es ist bereits 67 Jahre her, seitdem meine Sorge (*phrontis*, nicht *cura*, sondern mehr die denkende Beschäftigung, sein Dichten; so oft bei Pindar) über ganz Hellas hin und hergeworfen ist.« – Er ist also 67 Jahre gewandert. »Von der Geburt ab waren es damals 25 Jahre, wenn ich darüber die Wahrheit sagen kann.« Dieses Jahr muß also eine wichtige Epochenscheide gewesen sein, wohl die Unterwerfung Ioniens unter Harpagos, 540 oder 545. Dann stammt das Gedicht von 473 oder 478. Demnach ist die Angabe über seine ›Blüte‹ wohl richtig, ebenso, daß er noch weit in die Zeit der Perserkriege hinein gelebt hat. Auch das Herumirrende seines Lebens ist bezeugt. Danach liegt es nahe zu denken, daß er Rhapsode war, der Homer und andere vortrug und natürlich auch seine eigenen Werke. Das ist, wie gesagt, nicht sicher, aber durch die Tatsachen dieses Lebens wahrscheinlich. Soweit die großen Grundzüge.

Ich will gleich Literatur nennen und verweise wieder auf H. Fränkel, Wege und Formen frühgriechischen Denkens, München 1955, ein Sammelband, in dem eine Abhandlung über Xenophanes wie auch über Parmenides steht. Weiter J. Stenzel in seiner Metaphysikgeschichte 37; W. Jaeger a.O. 50ff. Soweit das Wichtigste. – Nun kommen wir mehr zur Sache. Bei Aristoteles, ›Metaphysik‹ I 5, 986b 18; Diels-K. A 30, wird ausdrücklich gesagt, Parmenides habe Xenophanes ›gehört‹; ›wie man sagt‹, wird vorsichtig hinzugefügt. Andere behaupten weniger vorsichtig ganz ausdrücklich, Parmenides sei sein ›Hörer‹ gewesen; so Diogenes Laertius, Diels-K. A 2. Jedenfalls treffen wir also auf eine Konstruktion, die wohl auf Theophrast zurückgeht und die auch meist angenommen wurde, wenn man den Begriff des Hörens und der Schule etwas weiter nimmt. So auch bei Zeller, Burnet u. a. Nun aber kam eines Tages das große Ereignis, daß 1916 Karl Reinhardts Habilitationsschrift über Parmenides erschien, ein Werk, das nicht umfangreich ist, aber vielleicht überhaupt die genialste Leistung von allem, was dieser bedeutende Philologe gemacht hat: ›Parmenides und die Geschichte der griechischen Philosophie‹, Bonn 1916; [2]1959. Wir werden immer wieder von dem Wert des Reinhardtschen Buchs zu sprechen haben, auch später bei Parmenides und Heraklit. Es ist ein Buch, das an zwei Stellen die bisher bekannte Geschichte der Philosophie vollkommen auf den Kopf gestellt hat. Das eine ist, daß Heraklit nicht vor, sondern nach Parmenides anzusetzen sei. Ich will gleich sagen, daß ich den Nachweis für völlig gelungen halte. Die zweite Umstellung aber ist die, daß Xenophanes nicht vor, sondern hinter Parmenides gehöre. Ich kann auf die Einzelheiten nicht eingehen. Reinhardt hat vielleicht in diesem Buch, so gut auch in ihrer Art die Älteren waren, zum erstenmal Ernst gemacht damit, diese griechischen Denker wirklich als Denker zu verstehen. Zeller beurteilt die Dinge philosophisch nach Hegel, Burnet in seiner Weise etwas naiv. Man hat aber vorher niemals daran gedacht, hier, wo doch das Wort des Xenophanes wie des Parmenides selbst zu uns spricht, sich klarzumachen, daß man damit auch die Art des Denkens vor Augen hat, wie wir das für die Früheren nicht haben. Hier können wir das Denken einmal nachvollziehen. Diese Aufgabe, die sich scheinbar von selbst versteht, wurde erst in Angriff genommen, als einmal das Eis gebrochen war, und so hat das Buch von Reinhardt epochale Bedeutung für alles Weitere.

Reinhardt zeigt in Parmenides den leidenschaftlichen Logiker, ja Ontologen und Metaphysiker. Er hatte einen starken Sinn für das Genie, war damals tief beeinflußt von Nietzsche, den sein Vater noch selbst gehört hatte, und diese Beziehung mag ihm den Blick geschärft haben für das Phänomen des Genialen. Es ist klar, daß Parmenides so für ihn in größte Höhe wächst und sich als fast einzigartige Originalität enthüllt. Das bedeutet für ihn, daß Xenophanes entwertet wird, und zwar in dem Hauptansatz der früheren Doxographie: daß Parmenides seinen Gedanken des Seins in Gestalt einer Kugel dem Gott des Xenophanes nachgebildet habe. Das will Reinhardt nicht dulden, leugnet es ganz entschieden und dreht darum das Verhältnis um. Nicht Parmenides habe das Bild des Gottes zum Seinsgedanken entwickelt, sondern umgekehrt: nachdem einmal plötzlich das Sein so gedacht worden war, hat Xenophanes es dann auf seinen Gott übertragen. Im Zusammenhang damit glaubt er auch an das Gedicht des Xenophanes ›Über die Natur‹. Das hat nun keine Schwierigkeiten mehr: warum sollte ein Epigone nicht auch ein solches Gedicht geschrieben haben, wie andere Spätere. Aber diese ganze Theorie ist angreifbar. Es gibt eine pseudaristotelische Schrift ›Von Melissos, Xenophanes und Gorgias‹, Diels-K. 21, A 28, die in durchaus später Denkform über die Lehre des Xenophanes berichtet und ihn schon ganz zum Logiker macht. Er erscheint wirklich als Philosoph nach der Art der ganzen Sprache, und wenn wir von dem Denker ausgehen, als den diese Schrift über ihn referiert, hat Reinhardt recht, das müßte nach Parmenides sein. Aber die Sache ist eben so, daß diese ganze Schrift nach Parmenides ist und noch viel später, eine typische retrospektiv verformende Doxographie, wie ich sie öfter an Beispielen gezeigt habe. Das darf nicht benutzt werden, um die eigentliche Denkform, die Xenophanes auch als Dichter gehabt hat, zu erforschen. Es paßt nicht zu dem, was wir in direkten Zeugnissen haben. Das hat Jaeger S. 66f. gegen Reinhardt entwickelt, wo er einmal wie sonst kaum gegen ihn polemisiert und auch Aristotelesstellen anführt, die das klar widerlegen. Ich glaube also, man wird damit dies Zeugnis los und damit das Hauptargument für den späteren Ansatz des Xenophanes.

Heute, wenn wir nach Jahren darauf zurückblicken, ist es wie so oft, daß man sich gar nicht mehr so anzustrengen braucht, weil die Zeit selbst inzwischen weiter gedacht und uns wie eine Drift auf einen Punkt geführt hat, wo die Dinge schon anders aussehen. Es ist merkwürdig, wie stark, trotz der großartigen Erschließung des Parmenides, das Buch Reinhardts doch begrifflich sich bestimmt zeigt durch die Art des Jahres 1916, was sogar noch in Jaegers Buch zu verspüren ist. So wird operiert mit den Begriffen ›philosophischer‹ und ›nicht philosophischer Dichter‹, und noch Jaeger kann sagen, daß es natürlich nicht ›Philosophie‹ war oder ›Systematik‹. Ich möchte fragen, wie es denn nach der ganzen Denksituation der vorsokratischen Zeit damals steht mit diesem Gegensatz. Die Unterscheidung ist für diese Zeit einfach gegenstandslos. Xenophanes war kein ›Philosoph‹, aber wer war denn das sonst damals?

Auch Parmenides und Pythagoras nicht. Allerdings war Xenophanes nicht ›Denker‹, das ist richtig. Seine Form, die die dichterische ist, läßt deutlich erkennen, daß sie nicht die durch und durch denkerische Form ist, die mit Parmenides in Erscheinung tritt. Aber muß man ihn deswegen gleich aus allem Denken ausschließen? Beruht die Entwicklung des alten Denkens denn gerade auf den ›Denkern‹? War Pythagoras ein Denker, wenn er so stark die orphischen Riten hineinnahm? Umgekehrt ist man geneigt, bei Parmenides und Empedokles die Bedeutung der dichterischen Form abzuschwächen, sie wäre ›nur‹ Einkleidung für das eigentlich Denkerische. Man ist gewohnt, solche Dinge eindrucksvoll zu formulieren: man spüre geradezu, wie die Härte seiner Gedanken in Widerstreit trete zur geforderten Schönheit der poetischen Form, usw. Ich halte das für Ästhetizismus und denke von der poetischen Form doch etwas anders. Diese poetische Form, die das Denken jetzt plötzlich wieder hat nach Hesiod, neu von der Elegie und dem Lehrgedicht her, ist bestimmt nichts nur Äußerliches, schon gar nicht bei Xenophanes. Ich verstehe die Entwicklung so, daß von der Elegie her wieder ein neuer Strom in die Hauptrichtung des Denkens einmündet. Wir werden noch sehen, daß die Elegie wirklich legitim alles enthält, was Xenophanes zu sagen hat. Aber auch bei Parmenides und Empedokles ist die Form nicht bloß eine von der Konvention (welcher denn?) gegebene Fessel, die den Inhalt nicht recht faßt. Was das große metaphysische Seinsdenken des Parmenides angeht, die großartigen Bilder am Anfang des Gedichts, so ist das doch nicht bloß äußere Einkleidung. Jeder, der Erfahrung hat mit diesen Dingen, weiß, daß es gerade entgegengesetzt ist, daß die Gesellschaft der scheinbar reinen und kühlen Logiker in der Philosophie in eigentümlicher Weise mit der Ekstatik verbunden ist. Gerade dies visionäre Schauen auf sonst dem Menschen unsichtbare Gefüge, die das Seiende tragen, ist ekstatischer Art, und wir haben selbst noch bei Epikur solche Bilder, die dieses Schauen in andere Bereiche bezeugen. Gerade der Logiker hat eine Affinität zur Ekstatik und Metaphysik. Das geht bis in die neueste Zeit und findet sich etwa noch bei Heidegger. Gerade dafür aber ist die dichterische Form das unbedingt Entsprechende. Das gilt für Parmenides und Empedokles. Bei Xenophanes liegen die Dinge noch etwas anders, er war einfach ein großer Elegiker, und die Elegie war das eigentliche Gefäß für seine Sophia, wie noch Pindar nicht nur die Dichtung nennt, sondern den umfassenden Inhalt eines höheren Wissens, das der Dichter in dieser Form zum Ausdruck bringt. Die griechische Dichtung ist von ihren Anfängen an immer gleichzeitig das Gefäß des Denkens gewesen, wobei ich nicht genauer sagen will, ob das wirkliche Denken des Denkens sich mehr in der Logik vollzieht, in der Schau oder der Empirie, aber jedenfalls in dem, was damals dem Menschen entgegentritt. Auf das hin macht er seinen Seinsentwurf, der noch vielgestaltig ist, gerade indem das alles noch nebeneinander besteht. So ist die elegische Form durchaus das gemäße äußere Gefäß für die Sophia. Pindar nennt sich ausdrücklich Sophos und spricht von dem höchsten Rang der Sophia, höher als der Sport, den damals alle Welt so verehrte. Ebenso auch Xenophanes.

Aber schließlich: was Xenophanes eigentlich bringt, gehört in die Geschichte der Religion hinein. Er bringt eine gewaltige Reformation, die sich durchaus anschließt an die homerische Adelsreligion und dabei nun allerdings in schärfster, lebendiger Weise Homer kritisiert. Die Homerkritik ist der Ausgangspunkt seines reformatorischen Willens. Wie da die Götter bei Homer ehebrechen und stehlen und schlechte Werke tun, das zeigt, daß die Menschen sich ihre Götter nach dem Bild von dem machen, was sie selber sind, wie es auch Tiere tun würden, wenn sie Götter malen oder beschreiben könnten. So wendet er sich in vielen heftigen Aussprüchen gegen diesen Volksglauben – wenn auch eine höhere Form des Volksglaubens – und dringt als erster Grieche vor zu einer sublimierteren Gottesvorstellung, wo er das Göttliche nur als Einen Gott sehen kann, ganz umfassend, in der edlen Gestalt einer Kugel, bei dem die sinnliche Wahrnehmung sich total vollzieht, ohne auf einzelne Bereiche verteilt zu sein. Wenn der griechische Gott schon immer der Inbegriff des Seins gewesen ist, so wird nun Ernst damit gemacht, ihn auch zum Sein selbst zu machen. Alle anthropomorphen Vorstellungen sind damit aus dem Göttlichen ausgeschaltet. Das ist die mächtige Tat des Xenophanes im Bereich der griechischen Theologie.

Ich glaube nicht, wenn man sieht, wie das herauswächst aus der Sophia und Istoríe eines solchen Mannes, daß man sagen muß, diese Weise, das Göttliche als umfassendes Sein zu verstehen, sei abhängig von Parmenides. Wenn man ihn richtig sieht als Dichter, der ganz legitim eine solche Schau der Welt und des Göttlichen haben kann, dann ist die Abfolge doch wohl die, daß ein so neuer

Begriff primär theologisch erlebt und dann erst dessen entkleidet und rein als ontischer Begriff verstanden wird. Das ist doch die Weise, wie sich die Dinge entwickeln, daß die Religion es ist, die erst den Begriff aus sich entläßt. Dafür gibt es genug Beispiele in der Religions- und Philosophiegeschichte.

Das zur Einleitung in Xenophanes, die ich geben mußte, bei den Schwierigkeiten, die da bestehen. Ich lasse mich sonst nicht ein auf die Streitigkeiten der Gelehrten, insofern sie nichts anderes sind als eben Streitigkeiten, Besserwissenwollen usw. Das gehört zum Handwerk und macht ja auch Spaß; wer wollte selbst bei einem Schuster wünschen, daß er nicht gelegentlich auf sein Leder einhaut und dabei auch klappert? Aber es ist wohl nicht nötig, dies Klappern als eine Begleitmusik hier vorzuführen, und darum habe ich das meist beiseite gelassen, so sehr derjenige, der die Dinge aufarbeitet, verpflichtet ist, sich auch damit abzugeben. Wo aber in der Wissenschaft derartig bedeutende Streitfragen auftauchen, muß ich sie doch erwähnen. Denn was Reinhardt hervorgerufen hat mit diesen kühnen Ansätzen, ist nichts Kleines, sondern von großer prinzipieller Bedeutung.

14.

Heute werden wir zu Xenophanes selber kommen, den ich kurz abmachen kann, nachdem ich das Wesentliche schon gesagt habe, indem ich die Frage der Abfolge vorführte. Die Tatsache, daß wir ihn auch wortwörtlich hören können, ist so wichtig, daß ich von jetzt an nicht mehr einfach berichten, sondern wenn möglich den Text selbst sprechen lassen werde.

Ich will einfach die Hauptfragmente, Diels – K. 21 B, für eine Erkenntnis seiner geistigen Art vorführen.

Fr. 1 zeigt durchaus den Dichter. Es ist eine Elegie, die das Motiv aufgreift, das schon früher in der Elegie und vor allem der monodischen Lyrik zu finden ist, bei Sappho, Alkaios, Archilochos: den Aufruf zum Symposion, dem gemeinsamen Trinken. Das kann die verschiedensten Formen annehmen. Wir kennen es zumal in seinem Weiterleben bei Horaz; ein einfacher Aufruf der Vitalität, in deren Bereich ja auch das Trinken gehört. Aus ihr kommt dem Menschen der Anlaß zum Trinken, der Durst, und die Tätigkeit des Trinkens wirkt wieder zurück auf das Vitale als

Trunkensein. – Es ist deutlich, wie Xenophanes diese Motive aufnimmt, aber wenn man richtig liest, spürt man sofort, daß er dabei eine bestimmte Tendenz verfolgt, nämlich das Wesen der Symposien zu sublimieren, höhere Forderungen zu stellen als die vitalen: geistige, ja religiöse Forderungen. Ich will es schnell durchgehen, nicht im einzelnen, was eine besondere Arbeit wäre. Sie finden eine Übersetzung bei Diels-K., und so hebe ich nur einzelnes Wesentliches hervor. Es sind sehr schöne Verse, auch lautlich in schöner Vokalharmonie. »Jetzt ist der Fußboden rein und aller Hände und die Becher. Und gewundene Kränze legt einer uns um, ein anderer reicht die wohlduftende Myrrhensalbe in einer Schale dar ... In unserer Mitte entsendet heiligen Duft der Weihrauch, kaltes Wasser ist dort, süßes, reines ...« Sie sehen schon, wie bestimmte Begriffe der Reinheit hier vorherrschen. Das sind Töne besonderer Art, die sich hinbewegen auf das Grundanliegen des Xenophanes, den Gedanken der Reinheit und Heiligkeit. Das geht so weiter. Ein Altar ist natürlich im Raum, das wird stark hervorgehoben. Und nun der Höhepunkt: »Zuerst sollen den Gott preisen Männer von rechter Gesinnung, mit Göttergeschichten *(mythoi)*, die heilig rein sind (*euphemoi;* man denkt fast an Hölderlin), und mit reinen Worten.« Das ist ganz entscheidend. Sie sehen, wie er Kritik an den alten Mythen übt und das alles ablehnt als etwas nicht der Götter Würdiges. Übrigens sagt er, man solle ›den Gott‹ preisen, nicht die Götter; das ist bedeutsam. – Weiter: Die Bitte, die man zu den Göttern erhebt, ist die, daß man die Möglichkeit habe, das Rechte zu tun. Und weiter sagt er, es sei kein Frevel *(hybris)*, wenn man so viel trinkt, daß man noch allein, ohne Begleitung nach Hause finden kann, wenn man nicht gerade altersschwach ist. Auch hier also eine leise Mahnung, die Form des Symposions zu erneuern, d.h. seine Weise recht zu erfüllen. Also nicht wie Alkaios: »Jetzt heißt es trunken sein ...«, nämlich gerade über den Durst zu trinken, wie es in allen Formen des volkstümlichen Trinklieds das Entscheidende ist. Wenn man schon trinkt, dann ordentlich. Hier sehen wir deutlich, wie eine andere ethische Wertung sich abhebt: trinken ja, aber mit Maß. – »Unter den Männern soll man den preisen, der, wenn er trinkt, edle Dinge ans Licht führt.« *In vino veritas,* wie es heißt. Man kann auch bei scheinbar vernünftigen Menschen sehen, daß sie in diesem Zustand recht ungesittete Dinge sagen; man wundert sich oft. Das ist gemeint, wenn er jetzt sagt, man solle dann gerade Edles sagen.

Das Gedicht wird erst verständlich, wenn man es auf dem Horizont seiner ethisch-religiösen Reinheitsforderungen sieht. – »Dabei soll man nicht von den Kämpfen der Titanen, Giganten und Kentauren reden, *plasmata*, phantastische Dinge der Vorzeit (abfälliger Ausdruck), und auch nicht vom Bürgerzwist (woran man durchaus in Lesbos dachte und es zum Gegenstand des Trinklieds machte. Man sieht deutlich, daß er sich gegen das Lied des Alkaios wendet; diese Gegnerschaft müßte noch untersucht werden) . . ., sondern man soll immer der Götter gedenken, das ist gut.« – Sie sehen, sowie man den Horizont im Blick hat, spürt man, wie die Akzente sitzen und wie das Gedicht, das die Form des Trinklieds hat, in Wahrheit der Aufruf ist zu Anderem und Neuem, das auch in dieser Grenzsituation des Trinkens gewahrt sein soll. So ist dies erste Fragment ein schönes Zeugnis für seine Art und sein Anliegen wie auch sein Können als Dichter.

Dasselbe in Fr. 2. Hier wendet er sich gegen die hohe Wertung des Sports, der zumal in Adelskreisen höchste Schätzung fand, wie auch Pindar bezeugt. Dagegen geht er an. Eine ganze Liste der Sportarten wird gegeben. Wer da siegt, »der ist (nach allgemeiner Meinung) unter den Bürgern herrlicher anzusehen und erwirbt sich Ehrensitz und öffentliche Speisung und auch eine Gabe, die er sich hinlegen kann, ein bleibendes Geschenk, vor allem, wenn er mit Rossen siegt. Doch verdient er diese Ehren nicht so sehr wie ich.« Sie sehen die Kraft, die in dem kurzen entgegensetzenden Glied liegt nach der langen Kette vorher. Das wird nun erklärt: »Denn besser als die Kraft (*rhome:* die rohe Kraft) von Männern und Pferden ist meine Sophia.« So nennt er also seine Tätigkeit, sein Wissen, seine Weisheit. Dem Sport stellt er entgegen die rein geistige Tüchtigkeit. Interessant ist, daß Tyrtaios früher Ähnliches getan hat; er hatte die Arete im Kampf der im bloßen Sport entgegengesetzt und als Höchstes das Standhalten in der Phalanx gepriesen. Hier ist das weiter entwickelt auf ein Höheres, Geistiges hin. Das wird noch ausgeführt, in langer Aufzählung der Sportarten: durch alle diese Dinge habe die Stadt nicht mehr Eunomie, also die innere harmonische Ordnung, die schon Solon als höchste Forderung an ein politisches Gebilde erhoben hatte. Von der sportlichen Leistung her wird eine Stadt in ihrer Verfassung nicht besser, ›sie macht die Kammern der Stadt nicht fett‹, was offenbar die Sophia tut.

Nun stellt sich der Mann schon deutlich dar als Kulturkritiker der damaligen Zeit, der die größten geltenden Werte ablehnt und andere an ihre Stelle setzt. Eine Art Umwertung der Werte ist es, die der Dichter vollzieht, wodurch schon deutlich wird, daß es ihm nicht um ›bloße‹ Dichtung geht, wenn nicht in dem höheren Sinne, daß sie bei ihm eine lebensbestimmende Gewalt sein will. – Das dritte Fragment geht gegen den Luxus, ich übergehe es. Aus alledem fassen wir schon die klare Richtung. Fr. 7 hatten wir schon herangezogen, wo er ein Wort des Pythagoras berichtet, offenbar in kritischem Sinn. Ebenso Fr. 8, wo er von sich selbst spricht und seinem langen Herumirren. –

Nun kommen wir von der Elegie zu den Silloi, einer Gruppe von Spottgedichten, Spott als eine Form von Kritik, wo es noch handfester wird. Fr. 10 heißt es, daß von Anfang an alle von Homer gelernt haben, womit offenbar gemeint ist, daß sie die schlechten Mythen von ihm gelernt haben, gegen die er sich wendet. Dann das zentrale Fr. 11, das die ganze Schärfe dieser Kritik offenbart: »Alles haben den Göttern Homer und Hesiod angehängt, was nur bei Menschen Schimpf und Tadel ist: Stehlen und Ehebrechen und einander betrügen.« Das sind die Mythen, die man nicht erzählen soll. Was bei Homer von ganz anderen Ursprüngen her erwachsen war, wird hier im Licht dieses neuen ethisch-theologischen Rigorismus gesehen, wo es als schlimmste Gotteslästerung erscheinen muß. Weiter Fr. 12: »sehr viele ungesetzliche Taten der Götter . . .«, das gehört vielleicht zum Vorigen. Je weiter man nun im einzelnen fortschreitet, desto mehr stößt man auf diese Kritik. Fr. 14: »Aber die Menschen bilden sich ein, die Götter würden geboren und hätten Gewand und Stimme und Gestalt wie sie.« Das alles ist nur menschliche Doxa, die Ungeborenheit des Gottes klingt an in dieser Kritik der Vermenschlichung der äußeren Erscheinung. Fr. 15: »Wenn Ochsen und Pferde . . . Hände hätten, würden sie die Götter als Ochsen und Pferde darstellen.« Ebenso im nächsten Fragment von den Aithiopen und Thrakern, die sich die Götter mit aufgeworfenen Nasen oder rothaarig vorstellen. Er geht den Dingen drastisch zu Leibe, nicht rein logisch, sondern mit einem reichen Instrument von Ausdrucksmitteln. Dann Fr. 18 ein wichtiger Methodensatz: »Nicht von Anfang an haben die Götter den Sterblichen alles aufgewiesen, sondern mit der Zeit allmählich finden die Menschen, wenn sie suchen, das Bessere.« Da haben wir im Keim die Vorstellung von einer Entwicklung der Erkenntnis, aber wohl auch des Könnens. Dieser Entwicklungsgedanke, der schon bei Anaximander auftaucht, spielt später eine große Rolle bei Epikur und Lukrez als die berühmte Kulturentwicklung. – Fr. 22 führt wieder in eine andere Sphäre: ›Beim Feuer gilt es solche Gespräche zur Winterszeit ...‹ Nach dieser Ausmalung der Situation ist das Gedicht sicher wieder auf ernstere Dinge gekommen. –

Nun kommen wir zu den Fragmenten, die zu dem Gedicht ›Über die Natur‹ gerechnet werden. Ich hatte schon gesagt, daß es ein solches Gedicht nicht gegeben hat, aber es ist vernünftig, daß die Dinge zusammengestellt sind, weil sie unmittelbar auf die Theologie des Xenophanes führen. Fr. 23: »Ein einziger Gott ist, unter Göttern und Menschen der größte, weder an Gestalt den Sterblichen ähnlich noch an Gedanke.« Das ist in meisterhafter poetischer Form gesagt, auch nicht so, daß er die vielen Götter nun einfach leugnet, er glaubt wohl noch an eine Fülle von göttlichen Potenzen und Mächten. Aber der Eine ist nun der größte, was nicht nur einen Superlativ bedeutet, sondern eigentlich eine ganz andere Größenordnung. Er ist der eigentliche Gott, Fr. 24: »Als Ganzer schaut er, als Ganzer nimmt er wahr *(noein)*, als Ganzer hört er.« Er ist erhaben über die menschlichen Sinne; die Wahrnehmung vollzieht sich bei ihm nicht getrennt, sondern in dieser Ganzheit eines einzigen umfassenden Sinnes. Man muß bedenken, was für ein Schritt das ist für einen Menschen dieser Zeit, wo die Götter ganz anthropomorph gedacht und geglaubt werden. – Weiter Fr. 25: »... sondern fern von Anstrengung schwingt er alles mit dem geistigen Sinn *(phren)* des Nus.« Man kann das kaum übersetzen. *phren* ist das Zwerchfell und der Träger der Denktätigkeit und der inneren Wahrnehmung, des inneren Sinns, und das wird nun als ›Sinn des Nus‹ dargestellt und in merkwürdig neuer Wortbildung verbunden. Und mit diesem besonderen Denkvermögen des Nus, man könnte fast sagen: der höchsten Vernunft, damit ›schwingt‹ er alles. Das setzt die berühmte Homerstelle vom Anfang des 8. Iliasbuchs voraus, wo Zeus seine Übermacht über die anderen Götter dadurch zeigen will, daß er sagt, sie sollten eine goldene Kette vom Himmel herabhängen und alle zusammen versuchen, ihn daran herunterzuziehen. Aber eher würde er sie alle zusammen mit Erde und Meer in die Höhe ziehen, und ›in der Schwebe hinge dann alles‹. Diese ›Goldene Kette Homers‹ ist in vielen Ausdeutungen durch die Literatur der Jahrhunderte gegangen. Dieselbe Vorstellung der

Übermacht des Gottes haben wir auch hier, aber das Mittel, mit dem er sie ›mühelos‹ ausübt, ist nun das reine Denkvermögen der höchsten Vernunft. Es ist also völlig treffend, wenn man sagt, daß hier der Gott als geistiges Wesen konzipiert sei, abgerungen den alten Vorstellungen des Volksglaubens wie der Adelsreligion. – Fr. 26: »Immer am selben Ort verharrt er, ohne sich zu bewegen, und es geziemt ihm nicht, hierhin und dorthin zu gehen.« Auch das geht gegen die übliche Göttervorstellung. Wir kennen die hohe göttliche Form der Bewegung bei Homer, wo die Götter mit großer Schnelligkeit durch den Luftraum fliegen oder im Schreiten kaum die Gipfel der Bäume und Berge berühren. Dieser Gott aber kennt überhaupt keine Ortsbewegung, kein Hier und Dort, er weilt immer im Selbigen, unbeweglich. Von dieser Stelle ist deutlich die Entwicklungslinie zu Aristoteles' Unbewegtem Beweger. All das bei diesem Denker, den Reinhardt nur als Nachfahr des Parmenides hat verstehen können!

Fr. 27: »Alles ist aus Erde, und in Erde endet alles.« Er faßt sie irgendwie als Element. Fr. 28: »Von der Erde sieht man diese Grenze nach oben hin zu seinen Füßen, so wie sie an die Luft anstößt. Das nach unten hin aber geht ins Unbegrenzte.« Hier haben wir eine Vorstellung der Erde zu unseren Füßen, die übergeht in das Riesige, von scheinbar unfaßbarer Größe. Fr. 29: »Erde und Wasser ist alles, so viel da entsteht und wächst.« – Xenophanes hat wohl nicht, wie man gemeint hat, eine Elementenlehre eingeführt, sondern das aufgegriffen, was er einfach sieht und was der Genesis unterworfen ist: Erde und Wasser. Fr. 30: »Das Meer ist die Quelle des Wassers, die Quelle des Windes.« Der große Pontos ist der, der Wolken, Winde und Ströme erzeugt. So scheint er die sichtbaren Erscheinungen zurückzuführen auf die Erde und das riesige Weltmeer. Fr. 31 spricht er von der Sonne, die sich über die Erde schwingt und sie erwärmt; Fr. 32 über Iris, den Regenbogen, den er seiner Natur nach als eine Wolke erklärt. Weiter Fr. 33: »Wir alle sind entstanden aus Erde und Wasser.« – All dies ist im Verhältnis zu den Milesiern primitive Physik.

Das nächste Fr. 34 geht wohl mehr ins Methodische und zeigt diese neuere Weise des Denkens: »Das *saphés* (das Genaue, Exakte) sieht kein Mensch, und nie wird jemand sein, der es gesehen hat, hinsichtlich der Götter und aller Dinge, welche immer ich erwähne. Denn selbst wenn es irgendeinem Menschen im allerhöchsten Maße gelänge, etwas Geschlossenes auszusprechen, so hat er doch selbst kein wirkliches Wissen davon (eigentlich: er hat nicht ›gesehen‹), sondern *dokos*, der Schein ist allen zugeteilt.« Also nachdem er seine Meinung, auch über die Natur, wiedergegeben hat, nun eine Art Zurücknahme. Es gibt in diesen Dingen keine Genauigkeit, sondern nur jenes große Dafürhalten. Man sieht, er ist, wenn nicht Skeptiker, so doch sehr zurückhaltend im Urteil. Das ist nun charakteristisch: der Mann, der in prinzipiellen Dingen und Forderungen so energisch vorstößt, kann bei diesem großen Anliegen nicht anders, als in Bezug auf die eigentlichen Dinge der Wissenschaft eine eigentümliche Form der Zurückhaltung zu üben, eine Erscheinung, die wir auch sonst bei prinzipiellen Denkern finden.

15.

Nachdem wir die Fragmente des Xenophanes kennengelernt hatten, wollen wir jetzt zur Zusammenfassung kommen, ohne auf Einzelfragen zum Text oder zur Datierung einzugehen. – Wir sehen also, wie uns in Xenophanes entgegentritt ein Dichter, der in der Form der Elegie und der Silloi dichtet, und mit dem nun literarisch die Form der Elegie (die nicht nur als literarische Form, sondern als geistige Ausdrucksform zu verstehen ist) einmündet in jene Entwicklung des frühen Denkens. Die Elegie war im Griechischen schon immer die Form gewesen, in der der Mensch sich auseinandergesetzt hatte mit bestimmten Grundfragen, wie etwa im sechsten Jahrhundert Solon, von dessen Rechtsspekulation ich gesprochen hatte. Bei Xenophanes äußert sich nun in dieser Form ausgesprochene Theologie oder doch Theoskopie. Was ihn bewegt, ist, daß in ihm wachgeworden ist ein neues sublimiertes Gottesbewußtsein. Dadurch leugnet er die Fülle der anderen Götter nicht ab, ordnet sie aber seinem neuen Allgott unter, versteht sie nur als Lebewesen, wie wir das auch sonst in alten Religionen haben, bei Griechen wie Germanen, eine Art gesteigerter Menschen. Dazu ist zu sagen, daß auch damit Xenophanes nicht gleichsam vom Himmel gefallen ist, sondern einer Tendenz folgt, die wir schon bei Homer antreffen. Schon hier ist deutlich, wie Zeus eine ganz überragende Stellung den anderen gegenüber hat. Er ist nicht nur viel stärker, sondern auch als einziger unparteiisch, wenn er im Götterkampf unbewegt in der

Höhe bleibt und nur lächelt über den Tumult der anderen. Jetzt aber ist es nicht mehr Zeus, sondern ›der‹ Gott. – Damit kommen wieder Reinheitsgedanken herauf, reine Reden von den Göttern werden gefordert, womit die übliche Göttersage bekämpft wird und zugleich die großen Autoritäten wie Homer und Hesiod und auch was im Kult noch von dieser Art lebt. Über diese ethische Sublimierung hinaus aber wird auch die göttliche Gestalt und die Weise ihres Handelns befreit von allen anthropomorphistischen Vorstellungen. All das sei nur nach dem Bild der Menschen von Menschen geschaffen worden. Auch entstanden können die Götter nicht sein, wie Hesiod berichtet. So kommt er mit lauter Negationen schließlich zu einem Bild des Gottes, das befreit ist von allen ethischen Bedenklichkeiten und Konkretisierungen und nun auch positiv dargestellt wird in großartig knappen Sätzen, in denen er dem Wesen dieses Gottes immer weiter nachgeht: daß er vor allem ein Ganzer ist und Einer, daß er keine Bewegung kennen kann, keine Ortsveränderung, und nur darstellbar ist im Bilde einer ungeheuren Kugel (worüber wir übrigens kein wörtliches Zitat von ihm selbst besitzen). Das mag seltsam klingen, ist aber ohne weiteres deutlich. Einerseits, wie Aristoteles, ›Metaphysik‹ I 5, 986b; Diels A 30, es – wohl richtig – deutet, ist all das im Blick auf den ganzen Himmel, also die Welt gesagt. Dort heißt es gegenüber Parmenides und Melissos, Xenophanes habe als erster von dem Einen gesprochen (*henísas* kann hier nicht ›vereinheitlichen‹ heißen, sondern, wie auch Burnet versteht, daß er eingetreten sei für das *hen*), und zwar habe er ›im Hinblick auf den ganzen Himmel gesagt, das Eine sei der Gott‹. – In der genannten Schrift ›Über Melissos, Xenophanes und Gorgias‹ steht auch das Wort von dem kugelförmigen Gott, das wir wörtlich nicht von ihm haben, Diels-K. A 28, 7; ähnlich auch A 33, 2 bei Hippolytos: Der Gott sei ein Ewiger und Einer, nach allen Richtungen hin sich selbst gleich und begrenzt und kugelförmig, und er habe die Fähigkeit, mit allen seinen Teilen wahrzunehmen. – Wir können einem solchen Satz ansehen, wie die Späteren die Dinge doxographisch zusammenziehen und eine wirkliche ›Lehre‹ daraus machen. Dennoch werden sie sich wohl auf direkte Aussprüche bezogen haben. Aber man muß sich vorstellen, daß nicht nur der Hinblick auf das Weltganze notwendig zum Gedanken der Kugel führte, sondern daß das mathematische Denken weit genug fortgeschritten war, die Kugel als die vollkommenste aller Formen aufzufassen, was dann auch weiterhin bei den Griechen gegolten hat. Sie ist die einfachste, weil sie bei allen möglichen Veränderungen jederzeit sich selbst gleich bleibt, mit sich selbst identisch ist. Ebenso ist ihre Rotation die vollkommenste Bewegung – so noch bei Platon –, weil alle Punkte auf ihr sich, nach der Mitte zu gesehen, mit verschiedenen Geschwindigkeiten und doch in vollkommener Harmonie miteinander bewegen. So war es eine einfache Denkforderung, dem höchsten Wesen auch die vollkommenste Gestalt zu geben, die auch dem einheitlichen Wahrnehmen, Wollen und Wirken am besten entspricht. Das ist in der späteren kosmologischen Spekulation bis zu Aristoteles weiter ausgebaut worden. Man muß sich die unerhörte Gewalt des Denkens klarmachen, wie es hier in wenig mehr als zwei Jahrhunderten die aus ihm selbst gezogenen Konsequenzen durchgeführt hat, unbekümmert um das äußerlich Vorstellbare. Diese Konsequenz des Denkens, losgelöst vom Vorstellbaren, ist es noch heute, die den Fortschritt unserer Wissenschaft bewirkt, der ohne sie nicht denkbar wäre. Die Postulate des Denkens können in Richtungen zwingen, wo das menschliche Vorstellen nicht mehr hinreicht, und die Bindung daran ist stärker als die an die Vorstellungen. Ein solches Postulat wurde damals also zuerst im Bereich der Theologie durchgeführt.

Es ist klar, wie auch das im Zusammenhang mit den Lehren der Pythagoreer steht, die ja auch Erscheinungen im Blick hatten, die als konkrete gleichzeitig abstrakte waren: die Zahlen. Es wäre falsch, diesen Gott als abstrakt zu bezeichnen, außer in dem Sinne, daß das Denken sich abgewandt hatte vom Anthropomorphismus, denn damit war nur eine andere Konkretisierungsstufe erreicht. Überhaupt ist unser Begriff des Abstrakten oft nur relativ.

Man wird nun fragen müssen, wieweit diese Dinge vorbereitet waren. Da ist darauf hinzuweisen, daß dieser große Bruch mit den bestehenden mythischen Anschauungen sich immerhin unter dem Einfluß der Milesier vollzogen hat. Vor allem Anaximander und Anaximenes hatten mächtige Wirkung auf das Denken ausgeübt, und wenn sie selbst auch nicht gerade die Gottesvorstellung weitergetrieben hatten, so ist doch zu verstehen, wie man mit der Anwendung dieses Denkens auf theologischem Bereich zu solchen Konsequenzen kommen konnte. Jaeger verfolgt in seinem Buch das theologische Motiv überall, aber es ist doch nicht überall in gleicher Ausdrücklichkeit da. Bei Anaximander etwa hatte das

Apeiron Prädikationen, die sonst den Göttern zukamen. So kann man schon im Apeiron einen stark religiösen Einschlag erkennen, aber auch eine große umfassende Abstraktion, die das, was uns umgibt, als das ›Grenzenlose‹ faßt. Beides zusammen ist durchaus eine Vorstufe dieses neuen Gottesgedankens. Zugespitzt könnte man sagen, daß aus dem Adjektiv jetzt einfach ein Nomen geworden ist: das ›göttliche‹ Apeiron wird zum ›Gott‹.

Noch ein Letztes. Ich sagte schon, daß wir uns nicht auf den Streit einlassen wollten, ob Xenophanes nun ein Philosoph oder ein Dichter war. Man kann diese Kategorien nicht streng wie Zäune aufgerichtet halten, sondern muß sehen, wie das organische Leben des Denkens sich damals vollzog in seinen Hauptanliegen. Er ist Dichter, insofern er dichtend denkt und so seine neuen Anschauungen über das Göttliche begründet. Darum ist es gleich, ob man ihn einen Dichter, Denker, Theologen oder Philosophen nennen will, diese Unterscheidungen gehen ohnehin meist nur auf die Form. Aber wenn er seinen Gott als einen ganzen, einheitlichen und umfassenden denkt, wie wir es gesehen hatten, so ist ihm in diesem Gott doch auch irgendwie das Sein begegnet. Man könnte es so ausdrücken: was er sieht, vollzieht sich auf dichterischem, religiösem, theologischem Bereich. Aber hier und in dieser Form zeichnet sich schon eine Erkenntnis ontologischer Art ab, noch verhüllt in dies Dichterische, Religiöse, Theologische. Das ist doch nicht zu leugnen, wenn wir an die Fragmente denken. Das aber ist von größter Bedeutung für den Gang der Entwicklung, der nur so als ein organischer verstanden werden kann. Ich hatte schon betont, daß die Götter für die Griechen immer einen eigentümlichen Seinscharakter haben, wenn auch nicht so, daß man es hätte formulieren können. Es sind Inbegriffe des Seins, das zeigt sich in ihren Taten wie ihren Gestalten. Darum ist es, wenn auch retrospektiv formuliert, doch richtig, daß sich schon in der Göttersage eine Art gestalthaft religiöser Ontologie anbahnt. Ich nehme bewußt diesen Standpunkt ein, weil ich die eigentümliche Stelle aufzeigen will, wo mit Xenophanes diese religiöse Schau sich innerlich dem Ontologischen nähert.

Nun ist es notwendig, zu entwickeln, wie diese latente Ontologie in der nächsten Stufe wirkliche Seinsspekulation aus sich entläßt. Dieser Moment, wo die theologische Spekulation die ontologische gleichsam aus sich heraussetzt, ist dargestellt durch *Parmenides*, der hier konsequent anknüpft. So kommen wir auch auf diesem

Wege zu dem, was die alten Doxographen überliefern: daß Parmenides ein Schüler des Xenophanes gewesen sei, wobei es auf ein wirkliches Schülerverhältnis nicht ankommt – auch das ist möglich –, sondern nur darauf, daß er irgendwie auf dem fußt, was der Ältere geleistet hat. Damit schließe ich also Xenophanes ab und gehe über zu Parmenides.

Parmenides

Das rein Äußere finden Sie wieder bei Diels-K. 28 A, die wichtigsten Zeugnisse bei Diogenes Laertius, der Suda, und dann noch Kleineres. Auch Platon erwähnt ihn, der ihn ja sogar in einem Dialog hat auftreten lassen, weil er ihn außerordentlich geschätzt und zumal in seinem Altersdenken an ihn als Ontologen am stärksten angeknüpft hatte. – Parmenides war der Sohn eines Pyres; das sieht nicht griechisch aus. Er war offenbar bereits in Italien geboren, in der Stadt Elea, einer Kolonie phokaischer Griechen. Ich habe mir sagen lassen, daß es noch heute dort besonders leicht sei, ihn zu verstehen, und daß jede abstrakte Deutung einem vergehen würde in dieser Natur und dieser Landschaft in ihrer besonderen Gestaltung. Wir werden ihn auch nicht als reinen Logiker verstehen dürfen, sondern als einen Mann, der das Sein in seiner Ganzheit, wie er es ausspricht, wirklich vor Augen gehabt hat. Daß ein Mensch in seinem Denken begreiflicher wird aus der Landschaft, in der er gelebt hat, ist ja auch verständlich, wenn man nichts Phantastisches hineinträgt, sondern die Dinge rein denkerisch zu fassen sucht. Dort also war seine Heimat, und dort hat er auch gelehrt, und wenn seine *akmé* richtig angegeben wird mit 504-500, so können wir seine Geburt etwa um 540 ansetzen. Das geht nicht zusammen mit den Angaben, die Platon macht. Er sagt im ›Parmenides‹ 127b, Parmenides sei schon recht alt gewesen, als er nach Athen gekommen wäre, aber noch schön und tüchtig anzusehen, etwa 65 Jahre alt. Zenon habe ihn begleitet und sei etwa 40 Jahre alt gewesen. So wird dann ein Gespräch fingiert, in dem Sokrates als ganz junger Mann auftritt. Wenn man das für die Biographie ausnutzen will, macht es Schwierigkeiten. Wenn Sokrates damals etwa 15 Jahre alt war, könnte er 450 mit ihm zusammengetroffen sein, aber dann müßte Parmenides um 515 geboren sein. Ich erwähne das, weil Burnet meint, man müsse Platon folgen. Aber das geht nun doch nicht. Man weiß ja, daß Platon einfach die Konfiguration herstellen will, und wenn ihm aus sachlichen Gründen daran lag, hat es ihm sicher nicht das Geringste ausgemacht, die Jahre einander anzunähern. Das hat schon Athenaios gesehen und sich dagegen gewendet. Platon, dem an anderem lag, wollte gar nicht chronologisch genau sein. Wir werden also annehmen müssen, daß Parmenides älter war, was auch dazu stimmt, daß wir jetzt, seit Reinhardt, Heraklit nach ihm ansetzen. – Als Lehrer wird Xenophanes genannt. Er habe Umgang mit Pythagoreern gehabt; Strabo bezeichnet ihn und Zenon geradezu als Pythagoreer. Wir können das, glaube ich, annehmen, weil es bei der Bedeutung dieser Bruderschaft in Unteritalien einfach ausgeschlossen war, daß ein geistiger Mensch dieser Zeit nicht mit ihr in Berührung gekommen sein sollte. Auch die Notiz über Xenophanes mag richtig sein, wie immer man sich das Schülerverhältnis vorstellen mag. Auch bei uns ist das Wort noch sehr gleitend und kann von ganz primitiven bis zu den höchsten Formen der Anwendung gehen.

Und noch ein letztes: Parmenides hat Gesetze gegeben in Elea, wie überliefert wird. Er war also politisch tätig, wie nur wahrscheinlich damals für einen Menschen in einem so winzigen Gebilde, in dem er lebte. Es waren ja alles kleine und kleinste Räume, diese Städte und Staaten, und wenn einer etwas Tüchtiges zu sagen hatte, wird er auch im Leben der Stadt mitgesprochen haben, das ist nichts Sonderbares. Immerhin heißt es, daß diese Gesetze noch nach seinem Tod jährlich beschworen worden seien, und das würde bezeugen, daß er in seiner Vaterstadt große Bedeutung hatte, wovon wir sonst nichts wissen. Das etwas marktschreierische Wesen, das bei Pythagoras dagewesen sein muß und das wir später bei Empedokles wiederfinden, haben wir bei ihm gar nicht, nur ernste Hingabe an die Sache.

Es ist nun wundervoll, daß wir von ihm so reiche Zitate haben, einen großen Teil wirklich eigener Worte. Hier dürfen wir uns an ihn selbst halten, nicht an die Zeugnisse über seine Lehre. Gleich das erste Fragment sei noch heute wenigstens in kurzem Gang besprochen. Es ist zweifellos der Anfang des Ganzen gewesen, dem noch vorangegangen sein mag, wie in allen solchen Gedichten, ein Anruf an den Gott.

In der Übersetzung können wir Diels-K. teils folgen, teils müssen wir auch wieder ändern, es geht nicht anders. »Die Pferde, die mich tragen, soweit nur der Mut mich führt, zogen mich, als mich auf den Weg, den viel gerühmten, die Göttinnen geführt und gebracht hatten, der über alle Städte trägt den wissenden Mann. Auf ihm wurde ich dahingetragen, auf ihm nämlich trugen mich die vielverständigen Pferde, den Wagen ziehend, und die Mädchen gingen voran den Weg. Die Achse aber in den Naben entsandte den Ton einer schrillen Pfeife, rotglühend, denn von doppelt wirbelnden Kreisen wurde sie beiderseits angetrieben, als sich zum Geleit drängten die Heliaden-Mädchen, die zuvor das Haus der Nacht verlassen hatten, zum Lichte hin, wobei sie von den Häuptern mit den Händen ihre Schleier zurückschlugen. Dort ist das Tor der Wege von Nacht und Tag, und ein Türsturz und eine steinerne Schwelle hält es auseinander. Das Tor selbst, das feurige, hat eine Füllung von großen Flügeln. Von denen verwaltet Dike, die vielstrafende, die wechselnden Schlüssel. Dieser nun sprachen die Mädchen zu mit schmeichelnden Worten und beredeten sie kundig, daß sie ihnen den verpflockten Riegel schnell vom Tor wegstieße. Da machte dieses weit die Öffnung der Torflügel, auffliegend, indem es die vielehernen Angeln in den Buchsen abwechselnd drehte, die mit Pflöcken und Bolzen gefügten. Und da nun gerade durch das Tor lenkten die Mädchen den Wagen und die Pferde den Weg entlang. Und es nahm die Göttin mich freundlich auf, faßte mit der Hand meine Rechte und sprach so das Wort und redete mich an: Jüngling, der du unsterblichen Wagenlenkern beigesellt bist mit den Pferden, die dich tragen: da du zu unserem Hause gelangt bist, Freude dir! Denn keine schlechte Fügung entsandte dich, daß du diesen Weg kommst – denn wahrhaftig, außerhalb liegt er von dem Pfad der Menschen! –, sondern Themis und Dike.« – Und nun der wichtige Satz: »Du sollst alles erfahren, sowohl der wohlgerundeten Wahrheit unerschütterliches Herz wie auch der Sterblichen Meinungen, denen nicht innewohnt sich nicht entziehende Gewähr. Doch wirst du auch dieses kennenlernen, und zwar so, wie dies, das nur den Anschein hat, auf eine probehaltige Weise sein sollte, indem es alles ganz und gar durchdringt.«

Unübersetzbar das Wortspiel *dokounta – dokímōs.* Vielleicht ginge es im Deutschen mit der doppelten Bedeutung von ›Ansehen‹: etwas hat ›nur‹ das Ansehen, scheint nur so, und es hat Ansehen im Sinne von Geltung, Hochschätzung. – Ebenso wird mit dem ›sein‹ fast gespielt, wenn auch in sehr ernster Weise. Er soll dies sich den Menschen Darstellende so erfahren, wie es *sein* sollte, wie ihm ein gewisser Seinscharakter zukommen würde. Bisher war das offenbar nicht der Fall, jetzt wird es so sein. Was damit gemeint ist, werden wir noch sehen.

Um noch von der äußeren Form zu sprechen: es ist eine ungewöhnliche, schwerflüssige Sprache, nicht annähernd von der Glätte des Xenophanes. Man merkt, Xenophanes steht in der östlichen Tradition, dieser Mann nicht mehr. Jener war ein berühmter Dichter, dieser bestimmt nicht. Gleich wie er zu Anfang einsetzt, ist ungelenk. Wir werden die Sprache also zu verstehen haben als nicht primär die Sprache eines Dichters. Das heißt aber nicht, daß diese dichterische Form in ihrer Ungelenkheit und Schwere nun bloß äußerlich wäre. Im Gegenteil, gerade diese Schwere, aus der sich die Gedanken gleichsam entringen, entspricht einer gewissen Schwere auch der Vorstellungen und ist eigentümlich charakteristisch; man könnte sich diese Art des Denkens kaum in glatterer Form vorstellen. Als eine so ringende Form ist sie allerdings adäquat zugeordnet einem so um Neues ringenden Denken. Es ist eine im tieferen Sinne große und bedeutende Form, wenn sie auch abweicht vom Konventionellen.

16.

Wir hatten uns Parmenides zugewandt und das erste Fragment aus dem Prooimion des Gedichts vorgeführt. Ich will es auch weiter so vorführen, da ich bei der Wichtigkeit des Gegenstandes nicht nur Meinungen entwickeln, sondern den Text im einzelnen befragen muß. Wir sahen schon, daß die äußerliche poetische Form bei ihrer Ungelenkheit doch eine notwendige war. Aber nun müssen wir zu dem Gesamtmotiv kommen: der Wagenfahrt. Parmenides spricht davon, daß er von Pferden gezogen wird, wohin sein *thymós*, sein Mut, will, und zwar leiten ihn göttliche, daimonische Wesen. Der Weg wird bezeichnet als ›hin über alle Städte‹ (*kata* bedeutet den Bereich, in dem sich etwas bewegt). Es ist der alte ionische Weg des Wanderers über die Erde. Der wissende Mann wird diesen Weg geführt, also weit herumgeführt in der Realität. Jungfrauen geleiten ihn, die Töchter des Helios. Die Vorstellung geht merkwürdig ins Einzelne, das Fahren wird intensiv zum Ausdruck gebracht durch die rotglühende Achse und die wirbelnden Räder.

Das ist nicht beliebige Ausschmückung, sondern zeigt die Intensität eines solchen Vorgangs des Fahrens, das ein besonderes Fahren ist. Dann erst kommt er darauf zurück, daß er so fährt, nachdem die Mädchen das Haus der Nacht verlassen haben, indem sie sich entschleierten. Es ist die bekannte Symbolik des Tages, zugeordnet dem Lichtvoll-Göttlichen, Heil und Leben, gegenüber der Dunkelheit als Bereich des Schreckens und des Todes; ähnlich schon bei Homer. So ist es sinnvoll, wenn die Sonnentöchter es sind, die ihn führen, Wesen, die sich dabei auch selbst enthüllen. Die Fahrt führt klar aus der Nacht ins Licht, wobei die Entsprechung von Nacht = Nichtwissen, Licht = Wissen so einfach ist, daß man kaum von Symbolik sprechen kann.

Und nun wird gesprochen von dem Tor der Wege von Nacht und Tag. Es gibt dazu eine vergleichbare Odysseestelle, 10, 86ff., die Sie auch bei Diels-K. im Apparat finden; ich kann auf solche Einzelheiten jetzt nicht eingehen. Es fehlt eigentlich noch ein genauer Kommentar zu Parmenides, bei allem Großartigen, was darüber geschrieben ist; aber es gibt keinen Gesamtkommentar. Jedenfalls ist deutlich, wie in diese Bilder Vorstellungen vom Ende der Welt eingegangen sind, wo Tag und Nacht sich berühren. – Nun wieder die Intensität, mit der das Tor sichtbar gemacht wird: das Ätherfeuer am Ende der Welt, über dem Dike als Walterin und Schlüsselhalterin steht, die nun beredet wird und den Riegel wegstößt, worauf sich die Torflügel weit öffnen – mit allen technischen Einzelheiten geschildert – und der Wagen hindurchlenken kann. Auch hier ist das Konkrete der Schilderung nicht Sachfreude oder dichterische Ausschmückung, ebensowenig wie bei Homer, sondern Zeichen der Ergriffenheit durch einen Vorgang. Bei Homer kann man sehen, daß solche Schilderungen überall da auftauchen, wo Erwartung erregt werden soll. So etwa in der Odyssee 21, 1ff. eine ähnlich beschriebene Türöffnung, als Penelope den Bogen des Odysseus zur Bogenprobe aus der Kammer holt, damit der Wettkampf beginnen kann, der über ihr Schicksal entscheiden wird. Ebenso hier der wichtige Übergang aus der Sphäre der Nacht in die des Lichts, erschwert dadurch, daß eine gewaltige Göttin ihn hütet. Das alles ist etwas von höchster Würde, und diese Bedeutsamkeit, man kann fast sagen: das große Schicksalhafte, was diese Türöffnung bedeutet, wird dichterisch intensiv geschildert. Man kann auch an Märchenvorstellungen denken, wo eine Tür geöffnet werden muß oder etwas Verschlossenes aufgetan, was noch verblaßt in unserem ›Aufschluß geben‹ weiterlebt. All das kommt hier zusammen. Es ist sehr schön, wie in diesen noch naiven sachlich-dinglichen Vorstellungen der Augenblick versammelt wird, wo sich etwas auftut, ein Weg gegangen wird. Auch diese Stelle hat Otfrid Becker behandelt in dem öfter genannten Buch über das Bild des Weges im frühen griechischen Denken. – Nur angemerkt sei noch, daß Diels, als er vor Jahrzehnten die Parmenides-Fragmente in einer Sonderschrift herausgab, sich in einem Anhang besonders dieser Türöffnung angenommen hat und allem, was mit antiker Technik in diesem Sinne zusammenhängt. Er selbst hatte als junger Mann eine Handwerkslehre durchgemacht und immer Freude an diesen Dingen gehabt. So kommt es, daß der Kommentar sonst zwar nicht sehr bedeutend ist, wohl aber der umfassende Anhang dazu über antike Türen und Schlösser. –

Dann geht es weiter, und jetzt ist alles Einzelne weggelassen. Nachdem das Tor sich geöffnet hat, heißt es nur, daß die Göttin ihn aufnimmt und zu ihm spricht. Und was sie jetzt spricht, das ist alles Folgende, das, was er als seine Lehre vorträgt. Er sagt nicht, welche Göttin, jedenfalls eine sehr würdige und erhabene, vielleicht eine der Moiren, aber dafür haben wir keine Grundlagen. Was aber das ganze Bild bedeutet, darüber gibt es keinen Zweifel. Merkwürdig ist nur daran, daß, wenn wir nur das, was vor sich geht, in sinnliche Begriffe kleiden, dieser Begriff bereits den philosophischen Terminus in sich birgt. Alles, was gesagt ist, geht darauf, daß ein Übergang statuiert wird aus einer Sphäre des Dunklen in eine andere des Lichts und des Wissens, und dazwischen vollzieht sich das Öffnen eines streng bewachten Tores. Das Ganze ist ein Weg, der hinaufführt. Also ein Überstieg, und das heißt ja philosophisch Transzendenz. Was später diesen Begriff ausmacht, das ist es, was diese ganze Bildlichkeit hier darstellt. Dabei ist das äußerlich Dichterische nicht Einkleidung im rhetorischen Sinn, um das Gemeinte wirksam werden zu lassen, dazu ist das hier Gegebene zu ernsthaft. Sondern ich glaube, daß dies alles, wie es hier angedeutet ist, darauf beruht, daß er eine Vision gehabt hat, eine geistige Vision. Dabei brauchen nicht alle Einzelheiten dagewesen zu sein. Bei solchen Dingen läßt sich, wenn sie ausgesprochen werden, überhaupt nicht leicht sagen, was das Ursprüngliche war und was hinzugetan worden ist. Ebenso falsch wäre es, das Erlebnis des Paulus psychologisch ausdeuten zu wollen, was man auch getan hat und wodurch alles dann banal wird. Daß eine ähnliche Vision hier vorliegt, möchte ich behaupten, aus zwei Gründen. Einmal hatte ich schon darauf hingewiesen, daß gerade da, wo das Denken als Denken stärker zu sich selbst gelangt, dieser Vorgang nicht kühl und ruhig geschieht, sondern in einer starken Ekstatik. Was zumal die Erkenntnis dieses Mannes angeht, die man nicht anders schreiben könnte als IST IST und die er selbst kaum ausdrücken kann, so ist sie stark von einer solchen Ekstatik durchdrungen. Das werden wir noch genauer an den Fragmenten sehen. Dabei war es eine folgenreiche Grunderkenntnis, die auf solch ekstatischem Wege gewonnen wurde und dann natürlich auch rein denkerisch-philosophisch erfaßt werden konnte. – Das zweite ist die Traditionsgeschichte. Es ist das Verdienst W. Jaegers, mit Nachdruck darauf hingewiesen zu haben, daß wir diesen Anfang des Gedichts nicht lösen können von dem Prooimion von Hesiods ›Theogonie‹. Ich hatte das kurz berührt: auch Hesiod hatte eine echte Vision der Musen, die zu ihm traten, ihm den Sängerstab gaben und die entscheidenden Worte sagten: sie könnten viel Trügerisches sagen, dem Wahren ähnlich, aber sie könnten, wenn sie wollten, auch das Wahre künden. Ich hatte darauf hingewiesen, daß das Wort *alethes*, das sonst im Epos nicht so häufig ist, hier eine besondere Bedeutung hat. Es geht Hesiod um das Wahre, das die Musen, wenn sie wollen, künden können. Das bezog sich auf den Inhalt der folgenden ›Theogonie‹, gegen die sonst übliche Wahrheit des Dichterischen, die er nur ›dem Wahren ähnlich‹ nennt. Damit setzt er sich ab besonders gegen Homer und erhebt seinen neuen, strengeren Wahrheitsanspruch.

Dies alles haben wir auch hier, viel großartiger durch das Symbol der Wagenfahrt und des Aufstiegs, aber dann doch wieder so, daß zwei verschiedene Sphären des Wissens geschieden werden wie bei Hesiod: das Trügerische und das Unentborgene. So spricht hier die Göttin, nachdem sie ihn gegrüßt hat, von dem, was er alles erfahren soll: »sowohl das unerschütterliche Herz der wohlgerundeten Wahrheit (die keine Person ist; vielleicht sollte man es besser nicht groß schreiben, wie Diels es tut) und auf der anderen Seite die Meinungen der Sterblichen, denen nicht innewohnt eine sich nicht entziehende Gewähr *(alethes pistis)*. Aber dennoch sollst du auch dieses (diese Meinungen der Menschen) erfahren, wie das bloß so Erscheinende auf eine probehaltige Weise sein sollte, indem dieses nur Scheinende alles durch alles hindurchgeht.« Man hat viel an diesen Versen herumgerätselt. Offenbar ist die Tatsache, daß das Scheinende wirklich restlos durch das Ganze durchgeht, seine durchgehende Stimmigkeit, ein Kriterium dafür, daß die Dinge doch probehaltig sind, wenn sie auch nicht Gewähr erlangen.

Indem er die Dinge so gestaltet und die Göttin von diesem beiden sprechen läßt, das er erkennen soll, werden wie bei Hesiod zwei Bereiche entwickelt. Nur daß es nicht mehr um den Gegenbereich der Dichtung geht, sondern den der menschlichen Meinungen. Die Struktur ist so ähnlich, daß man sicher annehmen muß, daß er sogar daran gedacht und das Motiv bewußt aufgegriffen hat, wenn auch die Scheidung jetzt von umfassenderem Charakter ist. Wir können wohl sagen, daß Parmenides der erste ist, der nach Hesiod mit diesem Wahrheitsanspruch auftritt. Heraklit wird es in neuer Weise tun, die Denker vorher hatten aber bestimmt nicht diesen Anspruch erhoben. – Neben dem Bereich des Seins öffnet sich also eine zweite Welt der Meinungen, und damit ist die Disposition des Gedichts gegeben, das so aufgebaut ist, daß der erste Teil die Aletheia beschreibt, der zweite, viel längere Teil diese Meinungen, was nur natürlich ist, denn über Meinungen kann man mehr sagen als über das eine große Grundwesen der Aletheia. In ihnen wird ein Weltbild gegeben, so wie es sich dem Menschen als Eindruck aufbaut aus einzelnen Eindrücken, ohne Gewähr, aber doch so, daß die Dinge eine gewisse Stimmigkeit haben und konsequent sich hindurcherstrecken.

Das Problem, auf das wir nun gestoßen sind und das sich neu hier erhebt, ist viel zerredet worden. So sagt etwa Burnet, die ganze Sache erscheine uns nicht sehr klar, aus zwei Gründen. Einmal würde doch kein Mensch bezweifeln, daß IST ist, und man verstehe nicht, warum das mit solchem Nachdruck und so oft gesagt werden muß. Und zweitens sind wir an alle möglichen Unterscheidungen von zwei Arten der Wirklichkeit gewöhnt, erkennen aber nicht recht, welche hier gemeint ist. Und so kommt er darauf hinaus, daß hier gemeint sein müsse die Materie, womit Parmenides also nicht, wie man sonst gemeint hat, der Vater des Idealismus, sondern des Materialismus gewesen wäre. Nun hat allerdings die Atomtheorie an ihn angeknüpft, aber doch mit einer entscheidenden Umdeutung. Das alles ist irgendwie zu naiv gesehen. – Andere haben an den *doxai* herumgerätselt und gefragt, warum er ein so ausführliches Weltbild aufzubauen versucht, wenn doch alles nur Schein sei. Ich glaube nicht, daß das das eigentliche Problem ist, im Gegenteil, gerade das Bewußtsein, daß das Seiende verschiedene Aspekte zeigt, erfordert diese Behandlung beider. Auch das war schon bei Hesiod angelegt. Es kann nicht geleugnet werden, daß die Dichtung, an die er anknüpfte, in bestimmter Weise einen großen Bereich von Wahrem erfaßt hatte, das für ihn aber den Charakter hatte, nicht *das* Wahre zu sein, und eben dies suchte er dann zu erfassen. Ebenso hier. Das Große, das den Mann erfüllt, ist, daß er eine ganz neue Ausfallpforte gefunden hat zum Wahren. Aber damit ist es doch nicht so, daß alles, was Menschen sonst gedacht haben, nichtig geworden ist. Entscheidend ist gerade das Große, daß wir hier treffen auf diese Doppelaspektigkeit, die die größten philosophischen Leistungen der Griechen bestimmt. Es ist nicht so gemacht, daß nun bloß ein einziger Weg aufgewiesen und begangen würde, etwa, was die Seele angeht, der mystische Weg, und alles andere daneben dann abfällt, sondern es ist charakteristisch, daß auch andere Dinge noch da sind und berücksichtigt und gewürdigt werden. So hier der ganz große Durchbruch zu dem IST IST als der Grundlage der künftigen Ontologie, Logik und was noch darauf aufbaut und letztlich davon herkommt, und auf der anderen Seite der große Horizont, in dem das gedacht ist, der Horizont der Meinungen, die er nicht einfach verwirft, sondern denen er sich auch zuwendet und auf bestimmte Weise angeben kann, wie auch diese Dinge eine Probe bestehen können, indem das Charakteristische an ihnen ist, daß sie sich hindurcherstrecken durch alles. Ähnlich wird später Platon diese beiden Reiche scheiden: das Reich der Ideen und das des Vielen und Veränderlichen, und auch dem wird er sich ganz ernsthaft zuwenden und fragen, wie auch dieser Bereich teilhaftig sei der Idee des Wahren. Aristoteles wird dann diese Doppelheit deuten aus der Immanenz der Entelechien. Eine Grundfrage des europäischen Fragens ist damit angeschlagen, gerade indem man nicht zu einem Letzten, Eigentlichen strebt über alles andere hinaus, das dann wegfällt, sondern indem dieses andere mit erfaßt und wenn möglich von dem Seienden aus gedeutet wird. All das ist angeschlagen in dem großartigen Bild dieser Doppelheit, die die Göttin verkündet. Einmal in dem Symbol des ›unerschütterlichen Herzens‹, dem innersten Kern des Seins, insofern es sich von sich selbst her zeigt: da gibt es kein Zittern und Schwanken, alles ist in sich gefügt und gerundet, kennt keine Zeit, wie wir noch erfahren werden, d.h. kein Werden und Vergehen. Das ist in dieser Unerschütterlichkeit vorwegnehmend angedeutet, ebenso wie die Kugelgestalt in dem ›wohlgerundet‹. Von der Bedeutung dieser Form und ihrer Göttlichkeit hatten wir bei Xenophanes gesprochen. Ich würde sagen, daß wir damit hingeführt werden sollen zu den letzten Prinzipien des Denkens und des Seins. Aber daneben gibt es noch den ganzen Bereich, in dem diese letzten Prinzipien vielleicht wirkend zu finden sind – was er nicht sagt –, aber wo sich die Fülle der Qualitäten unterscheidet und damit eine Fülle von Freiheitsgraden auch des Erkennens, die so groß ist, daß es nur Doxai geben kann und nicht festes, sicheres Wissen und Schauen von der Sache selbst her. Aber auch dieser Bereich will umspannt werden, und wegen seiner Fülle muß diese Behandlung länger sein als die des ersten.

Das ist das erste Ergebnis dieses Fragments. Wir sehen, wie es sich hineinstellt in die Geschichte der literarischen Formen, die zu Hesiod führen, und weiter in die Geschichte von bestimmten Formen des inneren, denkerisch-religiösen Verhaltens, wie Jaeger herausgearbeitet hat, der von dem ›Mysterium des Seins‹ spricht, nicht glücklich. Entscheidend ist die eindeutig sachliche Bedeutung. Aber die Tatsache einer visionären Schau, die in die Geschichte der religiösen Formen gehört, ist klar, und die Struktur dieser Vision in ihrer Weiterwirkung ist wohl auch klar. Man kann also doch wohl einigermaßen verstehen, was gemeint ist, wenn man nicht die Kategorien zu eng faßt, Dichtung und Denken, Philosophie und Poesie, Religion und Sachgehalt gegeneinanderstellt, sondern jedes Wort ernst nimmt in dem einfachen Sinn eines ursprünglichen Lebens und Denkens, in dem die Phänomene noch Bildcharakter annehmen, obgleich sie schon die höchste Begrifflichkeit in ihrem Grunde tragen. So werden wir es verstehen als Zeugnis einer lebendig erlebten Vision der Transzendenz in einen ganz anderen Bereich, lebendig geformt durch das Wort einer großen Göttin, in dem sich sofort zwei Ziele unterscheiden und damit der große Wegweiser gegeben wird für das folgende Gedicht.

17.

Wir hatten das Prooimion des Parmenides kennengelernt und gesehen, wie stark Hesiods Prooimion der ›Theogonie‹ dahintersteht, wenn auch ganz neu erlebt und gestaltet. Auch dort hatte sich die Gestaltung in zwei Wege geteilt; dort zwei Arten der dichterischen Wahrheit, hier die Wege der Wahrheit und der Meinungen. Parmenides geht in dem Gedicht zunächst den entscheidenden Weg der Wahrheit, bis er zum zweiten Teil übergeht und damit zur Doxa kommt. Fr. 8, 50 ist der Einschnitt: »Hiermit beschließe ich dir meine zuverlässige Rede und meinen zuverlässigen Gedanken über die Wahrheit (das eigentliche Sein). Von jetzt ab aber lerne die menschlichen Meinungen kennen, indem du die nur trügerische Ordnung meiner Worte hörst . . .« Was jetzt folgt, ist ein schweres Stück, äußerlich textlich schwer, das ich noch im einzelnen vorführen werde. –

Fr. 2 kommt er auf die entscheidende Charakterisierung der beiden Wege: »So will ich denn sagen – du aber kannst dich des Wortes annehmen, wenn du es gehört hast –, welche Wege der Suche einzig und allein zu beachten sind (*noēsai*).« *noein* ist, wie wir gesehen hatten, kein innerlich subjektives Denken als Vorstellungsablauf, sondern immer bezogen auf ein Gedachtes, *noema,* so wie sich die Vorstellung auf ein Vorgestelltes bezieht. Das ist in der Sprache selbst so ponderiert, daß im Begriff der Gegenstand immer mitgedacht ist. Denken als rein individueller, subjektiver Vorgang eines Ablaufs von Vorstellungen ist in dem Begriff schon sprachlich ausgeschlossen durch diesen Bezug auf ein objektiv Ergriffenes, den Inhalt, den der Gedanke ergreift. Das ist wichtig für das ganze griechische Denken und auch die Grundlage des folgenden. Die Trennung Subjekt-Objekt, die uns bedingt, ist hier noch nicht aufgebrochen. Das Individuum ist noch nicht zu sich selbst gekommen, es gibt noch kein reines Für-sich-Sein, man lebt in unmittelbarem Kontakt mit dem Seienden. *noein* ist die Weise dieses Kontakts, die innere Schau, die über das Auge hinausgeht. Mathematische Gegenstände kann man nur so sehen, das Dreieck etwa, aber man sieht es als ein Seiendes. – Das habe ich hier angeknüpft, obgleich der Begriff gerade hier nicht so wichtig ist. In der weiteren Interpretation wird auch das Wort ›Denken‹ gebraucht, aber immer in diesem Sinne als denkende Schau, mit dem festen Bezug auf ein Geschautes. – »Der eine Weg, daß Es Ist (›es‹ steht nicht da und darf auch nicht ergänzt werden, aber auf deutsch ist das fast unmöglich) und daß nicht ist Nichtsein, *mē einai.*« Burnet sagt richtig, daß in dieser frühen Zeit noch nicht an einen substantivierten Infinitiv zu denken ist, sondern mehr epexegetisch: was sich ergibt, darauf folgt. Der Infinitiv ist, wie Sie wissen, ein Dativ, und damit ist immer auch dieser Bezug auf das Finale, die Konsequenz, mitgegeben.

Frei: Da ist das IST und das NICHT IST. IST IST, und zu demselben Weg gehört NICHT IST IST NICHT. Darauf beruht die Grundvision des Parmenides, auf der alles weitere aufbaut. Bei der Intensität, mit der diese Dinge gedacht sind, kann man ruhig die harte Form auch im Deutschen beibehalten. Da ist man sogar noch besser dran als im Griechischen, weil dort *estin* zweisilbig ist. Auch lateinisch ist es schon viel kompakter, und eben das trifft diesen Seinsbegriff, der hier vorliegt. – »Dies ist der Weg der Überzeugung, denn die folgt der Wahrheit. Der andere Weg ist der, daß NICHT IST, und daß notwendig ist Nichtsein.« Der zweite Weg ist also der, der irgendwie dem Nichtsein ein Sein zuspricht; wobei auch das ›ist‹ in »es ist notwendig« mehr ist als nur Kopula. Überall klingt das wirkliche Sein in dem Wort mit durch. Aber klare Trennung: der erste Weg ist der richtige, der andere aber der, der nicht in der Wahrheit ist, wie die Göttin sagt: »Dieser Pfad, sage ich dir, ist gänzlich unerkundbar. Denn du könntest nicht erkennen das Nichtseiende, das ist unvollziehbar, und du könntest es auch nicht aussprechen.«

Nun Fr. 3 direkt anschließend das berühmte Wort: »Denn dasselbe ist Denken und Sein«, wie es meist wörtlich übersetzt wird. Eine Identität also, und es liegt nahe, wie es auch geschehen ist, Parmenides zum Idealisten zu machen, der das Gedachtsein als den eigentlichen Grund des Seins versteht. Erfrischend, wie Burnet dem zuleibe gegangen ist, S. 159. Er übersetzt nämlich: »Denn es ist dasselbe, was gedacht werden kann und was sein kann.« Zunächst versteht man es nicht recht, ich halte es aber für richtig. Er bemerkt, man kann nicht übersetzen: Denken = Sein, das wäre ein philosophischer Anachronismus. Stimmt, das war erst wesentlich später möglich, überhaupt noch nicht bei den Griechen und dazu in dieser frühen Zeit. Aber es wäre auch ein grammatischer Anachronismus, und hier kommen wir auf festen Boden. Man kann in dieser Zeit den Infinitiv noch nicht als das Subjekt eines Satzes brauchen, mit oder ohne Artikel. Burnet weist aber richtig darauf hin, daß man den aktiven Infinitv auch für das Passiv gebraucht, zumal bei *einai,* wo es eigentlich ein Passiv nicht gibt. Ich glaube, das ist ganz richtig. Burnet konstruiert, wie Sie sehen, so, daß er ›dasselbe‹ zum Subjekt des Satzes macht: »Denn dasselbe ist zu denken wie auch zu sein«, einfach übersetzt. Das ergibt sich auch klar durch den Vergleich mit einer ähnlichen Stelle, Fr. 8, 34: »Dasselbe ist Denken und der Gedanke, daß Ist ist«, wie Kranz übersetzt; klar falsch, ja unmöglich. Es wäre auch unsinnig, denn das Denken ist nicht identisch mit dem Gedanken, daß IST ist. Aber auch grammatisch muß es heißen: »Denn dasselbe ist zu denken (= gedacht zu werden) und woraufhin (um wessentwillen) das so denkend Erfaßte ist.« So Burnet, wieder richtig. Das ist ganz deutlich, wenn es in dieser außerordentlich zugespitzten Ausdrucksweise dann so weiter geht, 8, 35: »Denn du wirst fernab von dem Seienden, in dem es ausgesagt ist, nicht das Denken finden.« Hier ist klar gesagt, daß man nicht Denken antreffen kann ohne Seiendes, das, worin man damit gründet. Das ist nicht idealistische Identität von Denken und Sein, sondern worum es immer wieder geht, ist das, daß es ein Denken nicht geben kann, was sich nicht auf Seiendes bezieht. Das entspricht jener Grundbedeutung des *noein,* wie ich sie entwickelt hatte. Parmenides geht davon aus, daß dem Seienden das Prädikat IST zukommt und daß es damit streng und unvermischbar getrennt ist vom Nichtsein und NICHT IST. Das ist das eine. Das zweite ist, daß die denkende Schau ebenfalls untrennbar vereint ist mit dem Seienden und getrennt vom Nichtseienden. Nur das Seiende kann gedacht werden. Das sind einfache Grundsätze, die er am Anfang einprägt, um sie dann weiter zu entfalten.

Davon müssen wir jetzt sprechen bei dem nächsten, Fr. 4: »Schaue mit dem inneren Blick, wie das Abwesende anwesend ist, mit Sicherheit.« Unser ›wesen‹ ist dabei ein anderer Stamm, den wir beim Übersetzen dazutun; im Griechischen ist wieder das ›sein‹ da. ›Wie das Wegseiende Daseiendes ist‹, könnte man besser sagen. »Denn der Nus wird nicht losreißen von seinem Zusammenhalt mit Seiendem das Seiende, weder in der Weise, daß es sich zerstreut . . . noch daß es zusammentritt.« – Wenn man mit dem Nus auf das Seiende schaut, ergibt sich also zuverlässig, daß Wegseiendes da ist, was schon irgendwie bei den Leibesaugen so ist, indem sie auch Entferntes ›da sein‹ lassen. Aber für den Nus ist nichts weg, alles ist da im Bereich des eigentlichen Seins, es gibt nicht anwesend und abwesend. Wohin immer der Nus sich richtet, da ist die Anwesenheit des Seins, zumal das Sein, wie wir noch hören werden, in sich zusammenhängt (*syneches,* Fr. 8, 25). Da der Nus es nicht abschneiden kann, kann er es auch weder zerstreuen noch zusammenschieben. Wir sehen sofort, gegen wen das gerichtet ist mit dieser Emphase des Sprechens. Zerstreuen und wieder Sammeln spielt überall bei den Milesiern eine Rolle, aber die Methode hatte Anaximenes entwickelt in seiner Lehre von der Verdünnung und Verdickung, die ihm zur Grundlage für die ganze Seinserklärung wurde. Das entfällt nach Parmenides, weil der innere Zusammenhalt des Seienden nicht nur ununterbrochen ist, sondern, wie wir noch hören werden, auch vollkommen gleichmäßig. Damit ist folgendes gemeint: Wenn wir in der Körperwelt beobachten können, daß es hier Dickeres und da Dünneres gibt, so ist das für ihn nur Schein, Doxa. Er reflektiert überall, wo es auch sei, ob in feinster Luft oder sehr kompakten Gegenständen, auf das jeweilige Sein in diesen Bereichen, und da kann man zwar sagen, daß etwas als dicker oder dünner erscheint, aber doch nie *ist,* in dem Sinne, daß das Sein selbst irgendwo dünner oder dicker wäre. Sie sehen, wie er reflektiert auf das, was wir das Prinzipielle nennen können, indem er seinem Sein diese Prädikate zuspricht. Ebenso kann es als Sein nicht zerspalten sein. Man kann einen Klotz zerspalten, aber nicht indem er Ist, sondern dafür kann man immer nur aussagen IST IST. Das ist diese eine Grundvision, die zu erleben schon wie ein Wunder gewesen sein muß in einer Welt, wo von diesen qualitativ-physikalischen Erklärungen immer die Rede war.

Das Seltsame ist, daß in einem Weltbild, wo durchaus das Physikalische gefaßt ist, wo aber von den Erscheinungen immer durchgestoßen wird zum Sein, das sie trägt, dieser Mann nun ganz konkret, von der Welt ausgehend, durchstößt durch die umgebende Welt und eine Stelle findet, wo Prinzipien sind, die aber nicht als geistige Formen entgegentreten, sondern sinnlich: dieses IST IST in der uns begegnenden Welt. Der Bereich der logischen Wirklichkeit muß von ihm noch abgerungen werden der physikalischen Wirklichkeit, die man damals erfaßte. Indem man durchstößt mit dem Blick des Nus und ein Bereich logischer Wirklichkeiten sich auftut, zeigt sich dieser zugleich als gründendster Seinsbereich. Man kann also nicht sagen wie Burnet, daß wir hier eine reine Tautologie haben. Es ist deutlich, wie Parmenides durchaus im Blick hat die ionischen Naturphilosophen, die auch bald direkt angeredet werden (Fr. 6, 5 ff.), wenn auch nicht klar bezeichnet. Jaeger sagt dazu, er meine allein die Vielen. Die sind sicher mitgemeint, aber ich glaube, daß auch die großen Denker der

Milesier, von Thales an, gemeint sind, die sich alle nur den Scheinmeinungen hingegeben haben, den *doxai*, es zu tun hatten mit dem Meinbaren, während er nun durchgestoßen ist auf das IST IST und damit das eigentliche Sein des Seienden.

Fr. 5 bringt eine neue Bestimmung: »(Es) ist für mich ein Gemeinsames, von wo ich auch anfange, denn dorthin werde ich auch wieder zurückkehren.« Also die neue Bestimmung des Gemeinsamen, *xynón* (= *koinón*). Der Gegensatz dazu wäre *ídion*, das Besondere. Der Grundcharakter des Seins ist, daß es nicht in sich selbst differenziert ist in Besonderes, sondern vielmehr bestimmt durch das Gemeinsame, woran jeweils alles teilhat, nach der griechischen Vorstellung von Gemeinsamkeit: Recht, Besitz usw. Sie sehen, wie entscheidend auch diese Bestimmung ist, denn was hier eigentlich entdeckt ist, ist nichts anderes als die Tatsache der Allgemeinheit des Seienden und der Seinskategorien. Und weil dieses Sein zusammenhängend ist, kann er nun beginnen, wo immer er will, davon zu sprechen und zu handeln, er wird bei der Allgemeinheit dieses Seins immer wieder an diese Stelle hinkommen.

Fr. 6: »Es ist nötig, zu sagen und schauend zu denken, daß Seiendes ist. Denn es ist IST, und nichts ist NICHT IST. Das heiße ich dich beachten.« Das Wichtige ist hier, daß eine entscheidende Dreiheit auftritt, die alles erst formt. Neben dem Sein, *einai*, steht das *noein* und das *legein*. Also die Einheit von Sein, denkendem Schauen oder Geschautwerden und Sagen oder Gesagtwerden. Wobei das Sagen, *legein*, noch dazu den Charakter nicht des bloß Gekündeten hat, sondern des Ersichtlichen, einsichtig Gemachten, Vorgerechneten gleichsam nach Punkten: erstens, zweitens, drittens ...

Das Nächste will nun die falschen Wege zeigen und davor warnen. Der eine ist eben, daß man annimmt, daß Nichts *ist*. Nichts kann nicht sein. Zweitens soll man sich auch von dem Weg fernhalten, »wo die Menschen, die nichts wissen, umherirren, die doppelköpfigen, denn Ratlosigkeit steuert in ihrer Brust den hin und her irrenden Sinn, sie selbst aber werden mitgerissen, zugleich taub und blind, gaffend, ein ungeschiedenes Volk, denen Sein und Nichtsein für dasselbe gilt und nicht für dasselbe und für alles eine rückstrebige Bahn existiert.«

Also der erste falsche Weg ist, daß Nichts ist, der zweite aber noch ein anderer, nämlich daß das Sein und Nichtsein zugleich ist und wieder nicht ist. Es ist die Sprache des begeisterten Adepten, des wirklichen Künders, der im weiteren Gang des Gedichts eine Heilswahrheit wirklich kündet. Dazu gehört nun auch der Blick auf die Irrenden, die Unverständigen, die Ohren haben zu hören und doch nicht hören, Augen zu sehen und doch nicht sehen, das ›gemischte Volk‹. Die bilden sich so etwas ein. Das ist der Weg, auf dem es hin und zurück geht *(palintropos keleuthos)*.

Man kann schon jetzt zusammenfassend sagen, daß das, was hier vorgeht, etwas ganz Großartiges ist und wieder von ganz anderer Seite her auf dem Weg des griechischen Denkens gleichsam ein Einfallstor öffnet auf das Seiende hin. Wir sahen am Anfang, wie das Denken ausging von den *onta*, wie dann die Bedeutung des Seelischen, der Musik und der Zahl erfaßt wurde, ein ganz anderer Bereich. Dann kam Xenophanes von der Dichtung ausgehend und der homerischen Theologie, die er negierte. Daran schließt Parmenides an, aber ganz neu schlägt in ihn hinein als etwas sich bemerklich Machendes, von dem er ausgeht: die Sprache. Nicht die Logik, aber der Logos. Er ist der Mann, der zum erstenmal darauf achtet, was da vor sich geht, wenn wir sprechen, wenn wir sagen: IST oder NICHT IST. Er wird sich klar darüber, daß dies Sagen doch eine Setzung ist. Nun sagen wir aber beides andauernd. Und er sah, wie die Naturwissenschaftler in ihren gewährhaltigen Schlüssen nicht bloß das IST ansetzen, was sie doch einzig ansetzen dürften, wenn sie es mit dem Seienden zu tun haben, das sich zeigt, sondern wie sie auch hineinmischen das NICHT IST, wenn sie von Werden und Vergehen sprechen.

Wie kann etwas ins Sein treten aus einem Nichtsein, absolut oder als Anderssein, in dem das Nichtsein in spezieller Hinsicht enthalten ist? Auch im Anderssein ist das Nichtsein ins Sein hineindividiert. So kommt er dazu, zu sehen, wie überall die einfachen Funktionen verworren und vermischt werden. Dem Nichtsein wird ein Sein zuerkannt. Damit vergehen sich die Menschen doch gegen das, was die Sprache einfach zeigt und was sie immer sagen. Das kann aber doch nicht sein, daß die Sprache als Logos zu so etwas führen kann, die sich doch, wie die denkende Schau, auf das Seiende bezieht. Da bauen sie Gebäude auf von Werden und Vergehen, wobei das Sein zugleich als Nichtsein gesetzt und mit ihm vermischt wird. So ist seine ganze Lehre gerichtet gegen die Grundlagen des milesischen Denkens. Von seiner eigenen, modern ausgedrückt, Schau des Prinzipiellen wird dieser ganzen Richtung Wahrheit und Erkenntnis aberkannt und dem gegenübergestellt ein ganz neues einfaches Wissen, das aber fest und gewährgebend ist: das Wissen von jenem wirklichen IST IST, das in Reinheit sich sondert von allem NICHT IST. Es ist der großartige Punkt, wo die Sprache, die längst gesprochen wird, jetzt voll bewußt wird, sich als neues Organ bemerklich macht und in der Geschichte des Denkens einen neuen großen Bereich eröffnet, der erst ganz zuletzt die Logik aus sich entläßt, hier aber noch ganz Logos ist.

18.

Wir sind zuletzt bis Fr. 6 gekommen, als in dem Wort der Göttin die Gabelung der beiden Wege deutlich geworden ist, und an dieser Stelle wird mit dem IST IST der Kern dieser ganzen Vision berührt. Wir hatten dies Neue schon eingefügt in den Gang des frühen griechischen Denkgeschehens, den wir hier verfolgen. Es besteht darin, daß nach den Milesiern, Pythagoreern und Xenophanes nun ein neuer Ausgangspunkt, *aphormé*, vorliegt zum eigentlichen Sein des Seienden, der Aletheia, und dieser neue Ausgangspunkt ist die Sprache; nicht im Sinne des Lautlichen, der *phoné*, dessen, was an ihr das Materielle ist, wie Aristoteles es faßt, sondern des Logos, der ihr, wieder nach Aristoteles, als *eidos* erst die Struktur gibt. Die Sprache als Logos ist das, was Parmenides eigentlich wahrnimmt. Wir müssen bedenken, daß das Gewahrwerden der Sprache uns allen bekannt ist als ein Akt, der erst allmählich vor sich geht, nicht dem Sprechenden einfach gegeben ist. Wir alle haben längst gesprochen, ohne dabei der Sprache gewahr zu werden, das vollzieht sich auch nicht von selbst, sondern mit Hilfe der Schule, die heute diese Entwicklung beschleunigt, ja vielleicht erst hervorruft bei vielen, die sie sonst überhaupt nicht durchmachen würden. Das entscheidenste Gewahrwerden vollzieht sich erst beim Lernen einer fremden Sprache, am besten des Lateinischen. Dieses Gewahrwerden, das sich bei uns heute einfach vollzieht als ein Akt der Jugendbildung, hat sich einmal irgendwann ereignen müssen, und ein solches Ereignis haben wir bei Parmenides. Auch die Bedeutendes gesprochen hatten, wie die Dichter, hatten es nicht dazu gebracht, wenn auch das dichterische Sprechen, seine Vorstellungen und

Strukturen wohl in den Rhapsodenschulen betrieben wurden. Aber ich behaupte, daß man dabei noch nicht der Sprache selbst gewahr geworden sei. Das geschieht erst, wo diese Beziehung des Logos zum Noein und Einai deutlich wird. Wir sind auf diese Beziehung schon gestoßen und haben ihre Wichtigkeit hervorgehoben.

Soweit hatten wir es entwickelt, und schon daraus ergab sich, daß Reinhardts Deutung des Parmenides als ›Logiker‹ falsch war. Von Logik im heutigen Sinne können wir erst sprechen, seit Aristoteles so etwas aufgebaut hatte. Es sei denn, man wollte das Wort von ›Logos‹ her verstehen und mit kurzem o sprechen, wenn wir darunter das verstehen wollen, was wir bisher besprochen hatten: einen Mann, der in der Sprache ein eigentümliches Instrument gesehen hatte, mit dem man sich, zusammen mit dem schauenden Denken, des Seins vergewissern könnte. Nach dem Bereich der *onta* und des Religiösen kommt damit die Sprache als der dritte große Bereich in dieses Seinsdenken hinein. Man kann diese Tat, dieses Gewahrwerden auch als Entdeckung bezeichnen, in dem Sinne, wie Snell in seinem Buch von der ›Entdeckung des Geistes‹ gesprochen hat in bezug auf die Griechen. So haben wir hier die Entdeckung des Logos und damit auch seiner Korrelation zum denkenden Schauen und zum Sein.

Das ist die Grundlage, wenn wir nun weiter die Fragmente betrachten, die nicht leicht sind. Ich muß noch einmal auf Fr. 3 zurückgreifen, weil jemand Zweifel an der Deutung von Burnet und mir angemeldet und dazu Fr. 6, 8 herangezogen hat: »denen für dasselbe gilt *pelein* (›sein‹, aus metrischen Gründen für *einai*) und Nichtsein.« – Man kann selbstverständlich nicht leugnen, daß in der Zeit des Parmenides das alte deiktische *to* sich schon verbinden kann mit Infinitiven. Aber in Fr. 3 steht *to* so nicht da. Wenn es heißen sollte: ›Denken und Sein ist dasselbe‹, dann müßten die Infinitive Subjekt sein und *tò autó* prädikativ, und das würde ich nach der Weise der alten Sprache und der Wortstellung nicht für möglich halten. Darüber hinaus glaube ich fest, daß von einer Identität zwischen Sein und Denken griechisch nicht die Rede sein kann. Wir müssen uns immer wieder klarmachen, wie das gedacht wird. Ich hatte schon gesprochen von der Bezogenheit der denkenden Schau auf das je Geschaute oder Gedachte, des Vorstellens auf das Vorgestellte. Es wäre undenkbar, von reinem Vorstellen zu sprechen, dem Begriff inhäriert ein Vorgestelltes.

Das hat Burnet richtig gesehen. Vielleicht kann man es noch anders und einfacher versuchen, etwa so: »Dasselbe ist, was man denkt und was ist.« Also nicht als Vorgang in mir das Denken und draußen das Sein, so daß dieses Sein womöglich nur eine Funktion des Denkens ist, sondern: ›dasselbe ist, was man denken kann und was ist.‹ Das ist auch 8, 34 vorauszusetzen: ›Dasselbe ist, was man denkt und worauf der Gedanke geht.‹ Es gibt kein Denken, das nicht ein Seiendes denkt. Diese Voraussetzung müssen wir machen, wie auch die Grammatik und Sprachgeschichte vielfach nahelegt. Es gibt noch keinen Zerfall von Objekt und Subjekt in diesem Denken.

Die Sachen sind nicht leicht, und es ist richtig, wenn ich gesagt hatte, daß die europäische Philosophie in mehreren Ansätzen und Stufen angefangen hat, von den ersten Anfängen in Sprache, Religion und Dichtung zum Ausdrücklicherwerden bei den Milesiern –: daß dann noch einmal ein ganz ausdrücklicher Anfang vorliegt bei Parmenides. Nicht die Sinne geben die Gewähr, zum Seienden zu gelangen, auch die Gewohnheit nicht, von der wir noch sprechen werden, sondern die einzige Gewähr liegt im Logos. Das Denken gibt, selbst abgezogen von den Sinnen, größere Gewähr, auf die Gründe des Seins zu gelangen, als die unmittelbar sinnliche Wahrnehmung und was man als die Onta sieht. Dieser gewaltige Schritt im Denken ist das Neue, die Grunderkenntnis, gleichsam die Erfindung, die seitdem aus dem europäischen Philosophieren nicht mehr hinausgekommen ist.

Ich will die Dinge noch einmal neu formulieren, weil sie sehr wichtig sind. In jedem solchen Versuch liegt ja zugleich auch ein neuer Versuch der Aneignung, darum ist es durchaus legitim. Parmenides sieht also, wie bei den Milesiern in der Suche nach der Genesis das Sein und Nichtsein sich mischen, beides steht nebeneinander in eigentümlicher Verbindung. Da ihre Spekulation gerichtet war auf das Werden und Vergehen, konnten sie Theorien von einem Apeiron aufstellen, von Verdünnung und Verdickung. Hier setzt er ein, indem er sich an der Unmöglichkeit, sich so etwas zu denken, stößt, und nun ist der Augenblick, wo er vom Gewahrwerden der Sprache her die Dinge neu durchdenkt. Da zeigt es sich, daß man sagt: ›ist‹. Das kann das Denken nur fassen, wenn IST IST; wenn IST nicht ist, kann das Denken es nicht fassen. Es ist ein genial naives einfaches Nehmen dessen, was man tut, wenn man sagt IST! Dem Wort inhäriert ja das Sein, es bezeichnet nicht nur ein Sein, das man beliebig vergeben könnte. Die Sprache kann also nur Gedachtes aussagen, und Gedachtes kann nur Seiendes gedacht haben, das es in sich enthält. So kann das *legein,* das wir ständig vollziehen aus einem *noein,* immer nur auf *onta* gehen. Wo das Denken IST denkt und die Sprache es sagt, da IST IST. Die Sprache hat aber kein Mittel, IST und NICHT IST im Wort zu vermischen, sie kann nicht von demselben aussagen, daß es ist und nicht ist.

Sie sehen, was Parmenides mit diesem einfachen naiven Rekurrieren auf die Sprache entdeckt hat, ohne daß er es weiß: den Satz vom Widerspruch. Er ist noch nicht da, wird erst viel später formuliert werden, aber in dieser klaren Trennung ohne Vermischung hat er ihn, ohne es zu wissen, entdeckt. Wir finden im Logos IST und NICHT IST immer nur getrennt vor. Und zweitens, was aus der allgemeinen griechischen Sprache für den, der sie kennt, klar hervorgeht: wie das *noein* immer nur ein Etwas denken kann, so sind auch die Onta nicht reines Sein, sondern immer wieder auch einfach vorhandenes Sein. Diese Erkenntnis ist nicht mir, sondern Heidegger zugewachsen, wird aber immer wieder bestätigt. Das Vorhandene ist dabei nicht das Materielle, wie Burnet meint, wenn das auch nicht ganz falsch ist. Wir müssen uns hineinzudenken suchen in einen Begriff vom Seienden, wo es weder materiell noch immateriell ist.

Dieses kompakt gedachte Sein bekommt als ein umfassendes bei Parmenides jetzt Eigenschaften, die gewonnen werden aus Prädikationen des Seinsbegriffs, wie wir sagen würden. Was man rein logisch prädizieren kann: Kategorien, Prinzipien usw., muß sich diesem frühen Denken darstellen als Eigenschaften des kompakten seienden Seins. Wir sind schon auf einige davon gestoßen, wie das *xynón,* das Gemeinsame; das *synechés,* das Kontinuierliche; auf die innere Gleichartigkeit, das *ison* und *homoion,* wie es später genannt wird. Fr. 7 und 8 treffen wir nun auf ganze Kolonnen von so ins Ontische umgesetzten Prädikationen.

Wir haben also das Doppelte, daß ein Denker ausgeht vom Logos und damit den Bereich des Kategorialen, Funktionalen, rein Existentiellen betritt und überall das aufdeckt, was erst später begrifflich festgelegt wird; daß er aber doch in dieser frühen Zeit nicht anders kann als die Dinge zu verstehen als die realen Eigenschaften eines solchen massiven seienden Seins.

Wir wollen nun die ganze Partie Fr. 7 und 8 betrachten: »Man kann niemals erzwingen, daß da Nicht-Seiendes sei ... Auch die vielerfahrene Gewohnheit soll dich nicht auf diesen Weg zwingen (Kantisch: den Bereich der bloßen Erfahrung), ein Auge walten zu lassen, das nicht blickt, und ein schallendes Gehör und die Zunge (die wieder als reines Organ des Redens hinzugezogen wird), sondern entscheide mit dem Logos ...« Also der ganze Bereich der sinnlichen Erfahrung soll draußen bleiben. Logos kann man mit ›Wort‹ oder ›Denken‹ übersetzen, muß nur wissen, daß es nicht das gesprochene Wort ist, aber auch nicht bloßer Gedanke, sondern daß es die Bedeutung der Proportion hat, die als ein Regelndes sich findet im Denken und von dort aus das bestimmt, was wir als Sprache sprechen. Wesen des Wortes ist nicht, daß es tönt, sondern daß es wie ein riesiges Gewebe Substanzen, Funktionen, Verhältnisse und Bezüge umfaßt, deren wir uns bedienen zum Verständnis des Seienden wie zur Verständigung miteinander, bis zur höchsten Möglichkeit des Einverständnisses. So übersetzt man es am besten gar nicht.

Fr. 8 schließt unmittelbar an: »Nur noch eine Wegkunde bleibt übrig: *estin* (das IST).« Hier ist der Gedanke so zugespitzt wie noch nicht vorher, auf dieses einzige große IST. An dieser Stelle ist ein Abschnitt. – Es ist notwendig, daß wir, wenn wir eine Schrift lesen, immer versuchen, die Struktur, in der fortgeschritten wird, literarisch mit zu verstehen. Das ist hier selbstverständlich erschwert, einmal weil wir nur Fragmente haben, nicht das Ganze, weiter weil dieser Mann derartig ringen muß um seine große Grundvision, von der er erfüllt ist, daß der Fortgang des Gedankens noch nicht logisch streng gegliedert ist wie bei Späteren. Wir sprechen schon länger von einem vorlogischen Denken in alter Zeit, was auch in der Pindarinterpretation eine Rolle spielt. Im Epos ist es verhältnismäßig einfach durch die Form der Erzählung. Aber wenn wir dies hier lesen, sehen wir nicht recht eine Ordnung, Parmenides kommt scheinbar immer wieder auf dasselbe, ähnlich wie auch Hesiod. Man hat ihn am logischen Denken messen wollen und also umgestellt oder auch versucht, dieser besonderen Struktur näher zu kommen.

Ich will auf diese mehr formalen Dinge, die aber mit der Denkstruktur zusammenhängen, nicht wirklich eingehen, sondern nur sagen, daß für diese Art charakteristisch ist ein kreisendes Denken. Es ist nicht so, daß man zuvor, wie wir geschult sind, einen Bereich entwirft und dann disponiert; diese Art von vorausweisendem Entwerfen fehlt ganz. Man spricht vom Assoziativen, weil eins am anderen haftet, die Dinge bestimmen den Gedankengang. Aber entscheidend ist noch etwas anderes, was man bei Pindar Ringkomposition genannt hat, weil der Gedanke im Fortschreiten ausbiegt, einen Kreis beschreibt und wieder zum selben Punkt zurückkehrt. Hier bei Parmenides möchte ich lieber vom Bild eines kreisenden Raubvogels ausgehen, der etwas auf der Erde ins Auge faßt, zunächst darum kreist und dann plötzlich herunterstößt. Das wird deutlich, wenn man beachtet, wie er akzentuiert, immer wieder auf die Dinge kommt, etwa Genesis und Phthora, die eigentlichen Gegner, gegen die er denkt.

So kommt es nun zu einem neuen Abschnitt, 8, 2 Mitte. Er spricht von ›Merkmalen‹ auf dem Weg. Das Wort dafür ist *sema*, das bald geradezu das geistige Instrument des Indiz darstellt, neben *tekmerion*. So wird *sema* zum wichtigen Methodenbegriff des Denkens. Es weist auf etwas hin, zeigt ein Verborgenes. Solche Indizien des Seienden werden nun aufgezählt: es ist ›ungeworden und unvergänglich‹ (wieder gegen die Gegner, die er widerlegen will). »Denn es ist ganzgliedrig (d.h. ganz geschlossen in seinem Bau), unerschütterlich (d.h. nicht durcheinanderzubringen in seiner Ganzheit).« Und nun steht in den Texten 8,4 *atéleston*, ohne Ende. Das widerspricht 8,32 und 42 und auch sonst dem Gedanken des Parmenides. 8,30ff. heißt es, daß Ananke, die Notwendigkeit, das Sein hält in den Fesseln der Grenze; deutlich gegen Anaximander mit dem Apeiron. Das Sein des Parmenides ist nicht *apeiron* und kann es nicht sein, schon weil das zu viel Nicht-Ist in sich enthalten würde. Es muß notwendig begrenzt sein. Über die Ananke noch später. In ihrer noch mythischen Figur liegt etwas von einer Natur- oder Seinsgesetzlichkeit, noch nicht unser Naturgesetz, aber etwas Unverbrüchliches, das sich in göttliche Gestalt kleidet. Die schließt also das Seiende ein, weil es nicht *ateleútetos*, ohne Abschluß, sein darf. Also kann er auch hier nicht sagen, es sei so. Wenn der Apparat bei Diels-K. zu 8, 4 sagt, das Wort bedeute ›ohne Ziel in der Zeit‹, so leugne ich das ganz entschieden. Wenn auch bei uns die Vorstellung des Endes und des Ziels miteinander verwechselt werden kann, so ist es doch philosophisch ein Riesenunterschied, den man im Griechischen durchaus ausdrücken kann. Ziel heißt *skopos*, nie *telos*. So ergibt sich von allen Seiten her, daß das Sein des Parmenides einen festen Abschluß haben muß. Denn wenn derselbe Begriff, von demselben

Stamm, an drei Stellen gebraucht wird, kann er nicht hier plötzlich etwas anderes heißen. Hier zwingt einmal die Strenge des Gedankens zu konjizieren, und das ist auch längst geschehen, durch die Änderung eines Buchstabens, die immer möglich ist. Statt *ed'*, ›und‹, muß gelesen werden: *oud'*, ›*nicht* ohne Abschluß‹, dann ist alles in Ordnung.

19.

Wir standen in der Betrachtung von Fr. 8, dem Stück des Gedichts, wo nach dem Prooimion Parmenides nun dazu übergeht, für seine vorher ausgesprochene Lehre *semata* anzugeben, Marksteine und Merkmale auf dem Weg. Wenn wir die große Kette verfolgen, werden wir sehen, daß sie geordnet ist in zwei Gängen, wobei der erste Gang wieder hinführt zu der neuen Behauptung seiner Vision vom Sein, bis V. 21, der zweite das nun vollendet zum anschaulichen Bild, V. 49. Das ist die ganz allgemeine Einteilung. Auch hier ein Kreisen der Denkbewegung, die Spiralform, wo man an höherer Stelle zu demselben Ort kommt, wo man schon einmal gestanden hat. Da sahen wir, daß zuerst genannt worden ist die Ganzheit, das Unerschütterliche, und daß das Sein einen Abschluß haben muß (gegen den jetzigen Text). Für Parmenides hat das Sein ein *telos,* wie die Parallelstellen zeigen. Soweit die eine Bestimmung: eine umfassende Ganzheit, unerschütterlich – das heißt, daß nichts dieses Sein in Erschütterung bringen kann; es kann weder auseinanderfallen noch durcheinandergeraten. Das ist notwendig mit der Ganzheit verbunden, ebenso wie die anderen negativen Bestimmungen des Ungewordenen und Unvergänglichen, wozu auch das ›nicht ohne Abschluß‹ gehört. Sie sehen, wie wir auch von der Zusammenordnung dieser Dinge noch einmal genötigt werden zu der Textänderung. Es ist eine Tatsache, daß nach griechischem Denken etwas, damit es ein Ganzes ist, zwei Dinge haben muß: *arché* und *telos,* Anfang und Ende, wie es meist formuliert wird, oder auch Anfang, Mitte und Ende. Kein zeitlicher Anfang natürlich, der ist gerade ausgeschlossen bei Parmenides, der ja kein Gewordensein annimmt. Aber es muß im Anfänglichen und Endenden seinen Abschluß haben.

Weiter, Fr. 8,5: Jetzt wird diesem Sein die reine Gegenwart prädiziert: »Und es war nicht einmal und wird nicht sein, da es jetzt ist, alles zusammen ineins *(homou pan)*.« Es gibt für dieses Sein kein Einfügen in die zeitlichen Begriffe des ›war‹ und ›wird sein‹, sondern nur das einzige große umfassende ›Nun‹, das das Charakteristikum hat, daß es in sich birgt ›alles ineins‹ gegenüber einer möglichen zeitlichen Abfolge; so wie im Räumlichen, im Nebeneinander das *syneches* vorherrscht, der kontinuierliche Zusammenhang. Das schließt sich auch gleich an in diesem assoziativen Denken: »Ein Eines, Zusammenhängendes«. Die Ganzheit wird gleichsam kontrahiert zum Einssein *(hen)*. Das heißt nicht nur, daß es nur ein einziges gibt und nicht zwei, sondern daß es in sich einheitlich und umfassend ist. Das führt zur Bestimmung des Kontinuierlichen, des inneren festen Zusammenhalts.

»Denn welch ein Werden wirst du bei ihm suchen?« Nach den Bestimmungen nimmt hier die Sprache den Charakter des rhetorischen Fragens an, gewinnt Diskussionscharakter. Weitere Undenkbarkeit der Genesis: »Wie und woher soll es sich gemehrt haben?« Das schließt das Wachsen aus und überhaupt den Ursprung, das Woraus. »Auch nicht aus dem Nichtseienden werde ich zulassen, daß du es aussprichst und denkst (als entstanden).« Es müßte einen Weg gehabt haben, auf dem es herangewachsen ist, eine Richtung zeigen, von woher, und einen Ursprung. Das alles ist nicht aufzeigbar, sowohl Ursprung wie Weg könnten nur Sein sein, also kein äußerer Ursprung. Das alles wird nicht ausgesprochen, sondern übersprungen. »Denn es ist nicht zu sagen und auch nicht schauend zu denken, daß NICHT IST.« Ich weise hin auf das, was ich in der Gesamtdeutung betont hatte: die Dreiheit von *legein*, *noein* und *einai*. Sie sehen, wie wir jetzt, indem wir die Dinge weiter verfolgen, immer wieder darauf stoßen. Er kann also den Gegnern nicht einräumen, daß man das Sein sagen und denken könnte als eins, das aus dem Nichtsein entstanden ist, denn NICHT IST ist nicht, ist eben nicht aussprechbar und denkbar.

Nun kommt ein neuer interessanter Begriff hinein, der Begriff der Schuld (im Sinne der geldlichen Verschuldung, nicht Vergehen!). »Welche Verschuldung hätte es denn auch antreiben sollen, daß es später oder früher erwachsen wäre, wenn es seinen Anfang genommen hätte von dem Nichts?« Wie sollte aus dem Nichts ein Treibendes aufgekommen sein, das das Sein zur Werdung hervorgetrieben hätte, eine Art Verpflichtung, wie wir übersetzen können. Auch Früher und Später sind sinnlose Begriffe in bezug auf das Sein. Denn dann wäre es ja doch einmal nicht gewesen, und das wurde schon als unmöglich erklärt. Das geht klar auf Anaximander, bei dem zumal das Entwerden der Dinge *kata to chreon* geschah, ›nach der Schuldigkeit‹. Wir müssen ständig die Begriffe so nehmen, wie sie gedacht worden sind. Aber es wird immer klarer werden, daß diese altgedachten Begriffe schon Vorformen enthalten der späteren philosophischen Begriffsbildung. In der ›Schuld‹ liegt das, was wir die Ursache nennen, was vorher noch kaum gefaßt war, eingehüllt in die Form dessen, was etwas veranlassen kann (ausgehend vom menschlichen Leben): das Schuldigsein, die Verpflichtung. Wir sehen immer mehr, wie bei Parmenides das frühgriechische Denken eine entscheidende Epoche erreicht hat, die unter den verschiedenen Anfängen, von denen wir gesprochen hatten, einen besonderen Ort hat.

Nachdem das so weit vorgeschritten ist, folgt V. 11 eine strenge Alternative: »Es ist notwendig, daß es entweder ganz und gar, durch und durch IST oder nicht.« Hier ist mit aller Kraft gesagt, daß es entweder nur ein Sein gibt, das in jedem Sinne ganz IST, oder ein Nichtsein; außer den beiden wird nichts Drittes geduldet. – V. 12 wiederholt noch einmal, wovon er ausgegangen war. Wir könnten fast übersetzen: ›Die zwingende Kraft der Logik duldet nicht, daß aus dem Nichtsein etwas entstehen kann neben dem Nichtsein.‹ Das Nichtsein ist eben auch umfassend in seiner Weise, steht durchaus nicht als ein Zweites neben dem Sein. »Deswegen hat weder zu entstehen noch zu vergehen die Dike das Sein freigegeben, indem sie es lockerließ in den Fesseln, sondern sie hält es fest.« Hier tritt die Dike auf, von der wir schon gesprochen hatten: nicht als individuelle Gerechtigkeit, sondern die Gewalt des großen Ausgleichs, der Regelung. Diese Macht hat es nicht zugelassen, daß das Sein werde und vergehe, sondern sie hält es fest. Sie sehen, wie er immer wieder auf das Eine kommt, fast darauf herumreitet: es gibt kein Werden und Vergehen. Wieder erscheint also in mythischer Form eine Art Gesetzlichkeit. Wenn man den Gedanken des Naturgesetzes, der in allen modernen Sprachen auftritt, einmal verfolgt, so ist interessant, wann er eigentlich zum erstenmal gebraucht wird. Griechisch noch nicht. Aber die Sache ist bei Parmenides durchaus da. Zugrunde liegt sie schon bei den Milesiern und vorher, nur nicht so scharf gefaßt, in den merkwürdigen Wesen der Moiren, der Dike oder der Ananke, hauptsächlich bei diesen dreien; wobei die Moira etwas mehr statisch macht, die Dike regelnd eingreift und die Ananke als der Zwang es festhält. Bei Parmenides haben wir den Gedanken einer unverbrüchlichen Festigkeit, nach der die Naturvorgänge gehen, eben das, was wir Gesetze nennen, mit dem Unterschied, daß unsere Naturgesetze noch den Charakter der Berechenbarkeit haben. Zu dieser Grundvorstellung gehört auch das Bild von den Fesseln; wir hörten schon von den ›Fesseln der Begrenzung‹. Das Bild paßt ausgezeichnet für eine Gesetzlichkeit, die etwa die Bewegung eines Planeten erzwingt, der gefesselt zu sein scheint an seine Bahn.

Als er mit diesem Bild gleichsam auf einem Höhepunkt angelangt ist, da kommt nun wieder die Alternative in einem anderen Sinn, 15: »Die Entscheidung über diese Dinge liegt darin: IST oder NICHT IST.« So klar war das noch nicht gesagt. Es ist ein Scheideweg, eine Entscheidung, ein gerichtliches Urteil. Und nun, nachdem das bis ins letzte zugespitzt gesagt ist, der wuchtige Schlußsatz: »Es *ist* aber darüber entschieden, so wie es der Zwang (die Ananke) verlangt.« Wenn also bis jetzt die Entscheidung zu bestehen schien als eine offene, so ist nun gesagt, sie *ist* schon gefallen, nämlich »daß man den einen Weg lassen muß als einen undenkbaren und namenlosen *(anónymos)*« – *ónoma,* der Name, hat sonst auch die Bedeutung der bloßen Bezeichnung, die die Menschen etwas beilegen; das ist hier nicht gemeint – »denn dieser Weg ist kein wirklicher *(alethes)* Weg. Den anderen aber, daß IST und daß er ein wirklicher *(etétymon)* ist . . .« Hier rückt einmal der Ausdruck *etétymon* ganz nahe an *alethes* heran, wie sonst nicht.

Nun wieder diskutierender Stil mit Fragen: Nachdem das alles geklärt ist, »wie sollte dann Seiendes vergehen können, wie sollte es entstehen können? Denn wenn es geworden ist, dann *ist* es nicht, und es ist auch nicht, wenn es erst im Begriff steht *(mellei)* zu sein.« *mellein* ist eine bestimmte Seinsweise, die das charakterisiert, was noch nicht ist, aber jeden Augenblick sein kann, darum kann es Bevorstehen oder auch Zögern heißen: eine Weise, die bestimmt ist im Noch-nicht-Sein durch die Intention, daß etwas eigentlich sein sollte. Also nicht ein fernes Zukünftiges, sondern das je und je Bevorstehende. Diesen Charakter des Bevorstehens kann es also nicht haben. Damit ist streng logisch gesagt: ein gewordenes Sein schließt das Sein aus. Es verlangt ein Werden, das zum Ziel gekommen ist, einen Übergang aus dem Nichtsein zum Sein. Ebenso ausgeschlossen ist, daß im Sein eine Intention auf ein

Seinwerden besteht. Es geht nicht darum, daß es in Zukunft sein wird, sondern daß es in sich selbst die Intentionalität hat auf ein zukünftiges Sein. Das würde die Tatsache des reinen Seins ausschließen.

Es ist ein hoher Genuß, mit diesen Dingen umzugehen. Einerseits sind die Verse von großer Sprachkraft, und doch haben sie auch einen Reiz, den wir sonst nicht bei sprachlichen Gebilden kennen, die etwas dichterisch darstellen, sondern da ist noch ein eigentümlich strenger Grund, als ob man durch bewegtes Wasser in eine Tiefe blickte und dort erst die Strukturen wahrnähme, die die Spiegelfläche eigentlich tragen. Man muß einerseits die Dinge nehmen, wie sie vor Augen stehen, andererseits immer schon reflektieren auf die eigentlichen philosophischen Begriffe, was ich bisher streng ausgeschlossen hatte. Hier ist es nötig, weil das latent schon da ist, und dieses latente Dasein ist das Erregende der Lektüre.

Nachdem der Gedanke bis dahin vorgetrieben wurde, kommt nun der Schlußstrich, mit wirklicher Pracht voll ausgesprochen, V. 21: »So ist denn Werden ausgelöscht, und unerkundbar Vergehen.« Ein schöner Vers, chiastisch aufeinander bezogen. Es ist das große Wort, mit dem die ganze milesische Philosophie beiseitegeschoben wird und für nichtig erklärt im Sinne der Aletheia. In der Doxa kommt das dann wieder hinein. Damit wären wir im ersten Gang zum Ziel gekommen.

20.

Heute kommen wir zu dem zweiten Gang, in dem Parmenides die *semata,* die Merkmale des Seienden einzeln weiter aufzählt. Fr. 8,22: »Auch teilbar *(diairetón)* ist es nicht, da es ganz gleichartig ist.« Es ist reizvoll zu beobachten, wie sich auch hier spätere philosophische Terminologie vorbereitet. Einzelnes wie *genesis* u.ä. trafen wir auch schon bei Früheren, aber hier ist es in so reicher Fülle wie noch bei keinem anderen. Aus dem ganz lebendigen Wort für ›teilen‹ entsteht wie von selbst das, was als Diairesis dann bei Platon so große Bedeutung gewinnen wird. Der Gedanke selbst ist klar: das Sein hat als kontinuierliche Größe den Charakter des Gleichartigen, was noch öfter hervorgehoben wird. Die Frage ist, ob Parmenides hier ein quantitatives Trennen meint oder ein logisches. Es ist schwer zu entscheiden und vielleicht auch müßig, denn wir stehen auf einer Stufe des Denkens, wo ein Bereich des reinen Seins noch gar nicht ins Auge gefaßt wird. Ich hatte immer wieder hervorgehoben, wie zwar das Grundwesen des Seins da ist, aber doch noch naiv ontisch gefaßt als ein Sein, das das Materielle in sich schließt. Da werden wir nicht Logisches und Quantitatives auseinandernehmen können; dieses Sein faßt beides in sich, und die Gleichartigkeit ist sowohl stofflich wie auch begrifflich-logisch.

Weiter V. 23: »Es ist auch nicht so, daß auf der einen Seite ein Mehr an Sein ist, das den Zusammenhalt verhindern könnte, noch kann es auch wieder ein Geringeres an Sein geben.« Da haben wir das Aristotelische ›Mehr und Weniger‹, *mallon kai hētton,* wieder entscheidende Begriffe. Das ›geringer‹, *cheiróteron,* ist bei Parmenides wohl nur durch den Hexameter bedingt und meint dasselbe wie *hetton.* Auch bei Platon erkennen wir immer mehr, wie wichtig diese Dinge sind. Hier ist das zum erstenmal gedacht, daß da kein Mehr oder Weniger sein kann, das das Seiende abdrängen (genauer ›ausschließen‹) könnte davon, daß es nicht zusammenhält, »sondern alles ist erfüllt von Seiendem.« Und zwar gleichartig erfüllt, wie er gesagt hatte. Ich hatte schon darauf hingewiesen, daß man sich das Sein selbst nicht als dünner oder dicker vorstellen könnte; auch diese Gedanken wiederholen sich in kreisender Bewegung. Nun also kommt er zu der Vorstellung, daß alles erfüllt ist von Seiendem. Wir nähern uns immer mehr dem Anschauen, wenn wir sehen, daß die ganze Reihe sehr anschaulich abschließt mit dem Bild einer Seinskugel; hier sind wir schon auf dem Wege dahin.

V. 25: »Darum ist es ganz zusammenhaltend, denn Seiendes ist benachbart Seiendem«, also offensichtlich ohne jede Lücke, Vakuum, und ich muß wieder darauf hinweisen, daß die Spekulation, ob es so etwas gibt oder nicht, weiterhin die Philosophie beschäftigt hat. Platon und Aristoteles leugnen es, andere nahmen es an, und das hat weitergewirkt bis in die moderne Zeit und sich verbunden mit äußeren Dingen, die einerseits geführt haben zur Luftpumpe und ihrem Problem (das sogar die Theologie beschäftigte, weil damit die Allgegenwart Gottes in Frage gestellt zu sein schien), andererseits zur Dampfmaschine und allem, was darauf folgte. Das Problem ist also von höchster Bedeutung bis in die Zeit unserer entstehenden äußeren Technik, und zwar nicht so nebenher, sondern vieles beruht darauf. Hier bei Parmenides ist die Stelle, wo das noch nicht gedacht, aber doch in den Blick gefaßt wird in diesem einfachen Satz, der nur so verstanden werden kann. Das liegt auch in dem *syneches pan,* das sowohl die All-Erfüllung wie die Ausschließlichkeit bezeichnet. So vollzieht sich mit größter Energie das logische Bewußtwerden dieser Grundverhältnisse des Seienden. Das ist der große Grundvorgang, vor dem wir stehen und von dem so viel ausgegangen ist.

V. 26: » . . . aber unbeweglich *(akíneton)* ist es in den Grenzen der großen Bande.« Damit taucht der Grundbegriff der *kínesis* auf, der von jetzt ab das ganze griechische Naturdenken und Philosophieren beherrschen wird bis zu Aristoteles, wo er die Grundlage seiner ganzen Philosophie bildet. *kínesis* ist dabei nicht nur unsere Ortsbewegung, sondern Bewegung und Veränderung jeder Art. Schon in dem Gott des Xenophanes hatten wir den ›unbewegten Beweger‹ vorklingen sehen. Die Unbewegtheit wird jetzt vom Sein selber ausgesagt; wieder ein Beweis, daß man das Verhältnis von Xenophanes und Parmenides nicht umkehren kann. – ». . . ohne Anfang, ohne Aufhören.« Das ist natürlich zunächst zeitlich, aber man muß es darüber hinaus auch logisch fassen; auch nicht nur räumlich, sondern die Tatsache der vollen Unbewegtheit ist viel stärker erfüllt, wenn es sich um ein Sein handelt, das im zeitlosen Sinne IST, über alle Gestalt erhaben, anfangslos und ohne Aufhören. Man darf also nicht die Zeitkategorie ansetzen als diesem Sein überlegen, so wie sie dann später immer als überlegen gefaßt wird. Das ist hier ganz unmöglich.

Nun drückt Parmenides es entzückend aus, V. 27f.: »Denn Entstehen und Vergehen wurden weit in die Ferne verschlagen.« Man denkt an Odysseus vom Wort her. Kräftiger übersetzt, würde man sagen (allerdings in einem Jargon, der hier fernzuhalten ist): das ist weit abgeschwommen. Er blickt wie über ein Meer, und die Begriffe, die zuerst alles beherrscht hatten, schwimmen jetzt da irgendwo. Das ist vielleicht nicht ganz ohne Humor geschrieben. So wie der Wind ein Schiff treibt, so hat hier die *pistis alethes,* die gewährhaltige Überzeugung, diese Dinge abgetrieben.

Das nächste paßt gut noch weiter in den Bereich der reinsten Seinsspekulation, wobei Seinsprädikate und Qualitäten wieder zusammengehen, V. 29: »Das Selbige in dem Selbigen verbleibend, ruht es in seinem eigenen Bereich *(kath' heauto),* und so verbleibt es an Ort und Stelle fest verwurzelt.« Lauter Vorstellungen der

Unbeweglichkeit, die in den Blick kommen. Bei Aristoteles wird es heißen: *aei hōs autōs on*, ›das immer auf dieselbe Weise Seiende‹. Hier bei Parmenides haben wir zuerst den wichtigen Terminus, der über das Lateinische auch in unsere Sprache eingegangen ist, das *kath' heauto*, ›an sich‹, ganz lebendig abgerungen der Sprache selbst; *kata* im Grundsinn des Wortes, das zunächst bezeichnet einen anschaulich flächenhaften Bereich, in dem sich etwas befindet. Eine wunderbar geeignete Präposition für das, was er ausdrücken wollte. Er geht auf die Ortsvorstellung aus, ganz abstrakt beginnend: ›Das Selbige, im Selbigen verbleibend‹. Das kann zwar auch örtlich verstanden werden, ist aber umfassender als nur örtlich. Man kann an den Begriff der Identität denken, a = a, als noch örtlich verifizierbare Vorstellung, die aber doch schon den Identitätsbegriff enthält. Weiter gehört zu dieser Vorstellung der Begriff des Verharrens, der das ›unbeweglich‹, *akinetos*, fortsetzt, aber dahin erweitert wird, daß das Seiende in seinem eigenen Bereich ruhig bleibe, was, wie wir eben sahen, die wichtige Vorstellung des ›an sich‹ begründet. Aber jetzt wird es eindeutig örtlich. Weil das Seiende diese Identität im Identischen, d. h. im eigenen Bereich, verwirklicht, folgt darauf als drittes: ›und so verharrt es, fest aufruhend, am selben Ort.‹ Das können wir nur verstehen, wenn wir uns dazu erziehen, im Verifizieren dieser schwierigen Worte gleichzeitig sinnlich und sehr abstrakt zu denken. Das fällt uns schwer, weil bei uns die Bereiche getrennt sind und hier noch nicht, wir müssen aber versuchen, aus diesem Getrennten uns zurückzuversetzen in ein solches noch nicht Geschiedenes.

V. 30: »Denn die gewaltige Ananke hält es fest (wie vorher Dike) in den Banden der Grenze.« Ich glaube, es ist doch klar, wenn wir sehen, wie er hier gerade auf diesem Begriff der Grenze fußt und ihn so betont, daß dahinter Anaximander steht mit seinem Apeiron, dem er antwortet. Das Sein kann nicht grenzenlos sein, weil im Apeiron ein Nichtsein liegt, rein sinnlich. Die polemische Beziehung ist klar greifbar. – ». . . in den Banden der Grenze, die es rings abschließt«; eigentlich ›bedrängt‹, ›einschließt‹, wie man in einem Pferch eine Herde zusammendrängt. Diese Grenze drängt also das Sein von allen Seiten gleichsam zusammen, eine stark dynamische Vorstellung. Und dazu die Begründung; ». . . deswegen, weil das Seiende nicht ohne Abschluß sein darf.« Und nun ein schwieriger Vers. Die erste Hälfte ist klar: »Denn es ist nicht bedürftig nach etwas.« Also die wichtige griechische Seinsvorstellung der Autarkie. Das Seiende muß in sich selbst autark sein, unabhängig in dem Sinne, daß es auf nichts anderes angewiesen ist. Das ist hier gemeint. Und das soll weitergehen: »fehlte ihm aber der, so würde es des ›ganz‹ bedürfen«, wie Kranz übersetzt? Dagegen wäre es ein schöner Gedanke, daß das Sein nicht bedürftig ist, »das *Nicht*sein aber bedürftig eines jeglichen«; der Gedanke der Allbedürftigkeit im Nichtsein. Ich halte also fest an dem überlieferten *mē*, denn das ist offensichtlich der Gedanke. Das geht nur nicht metrisch, *mē* ist nicht kurz. Nun wird in der 6. Auflage von Diels-Kranz im Nachtrag mitgeteilt, daß Friedländer statt *epideues* schreibt: *epidees;* das *u* kann auch wegfallen. Wenn das auch kühn ist, würde ich es für möglich halten; und dann tritt wieder Synizese ein. Daß ein Denker in einer solchen Sprache auch einmal, wenn es sein muß für den Gedanken, schlechte Verse macht, ist nicht ausgeschlossen. Ich will nicht behaupten, daß Friedländer Recht hat mit der Konjektur, aber daß der Gedanke so sein muß, würde ich auch meinen, das Einzelne will ich dabei offen lassen. – Der Gedanke geht also zur Autarkie über, das hängt zusammen mit den Begriffen des Unbeweglichen und der Grenze, die betont wird als etwas dem Sein Zugeordnetes.

Das nächste, V. 34, hatte ich schon herangezogen zu Fr. 3: »Dasselbe ist das, was man denkt, und das, worauf der Gedanke geht. Denn du wirst das schauende Denken nicht ausfindig machen können ohne das Seiende (fernab davon), in dem es ausgesagt ist.« Das ist sehr merkwürdig. Wir würden sagen, ein Seiendes ist im Gedanken ausgesagt, aber die Vorstellung des Zugeordnetseins des Gedankens zum Sein ist so stark, daß das Ausgesagte sich vollzieht im oder am Seienden; in seinem Bereich vollzieht sich die Aussage. Indem das Denken von etwas diesen Bezug auf das Seiende hat, kann es nun ausgesprochen werden eben an dem Seienden. Ein Beispiel: wenn ich ›Vogel‹ denke, kann ich es gar nicht denken ohne ein Seiendes. Wenn ich aber sage: ›Das ist eine Amsel‹, dann sage ich das Vogel-Denken aus an dem Seienden dieser Amsel. Der Satz, der in dieser Form ein Urteil ist, ist gleichsam verankert in der Amsel, die dort *ist*, und so alle Sätze. ›Vogel‹ kann nur gedacht werden, insofern es in der Vogelwelt als Seiendes ausgesagt und begründet ist. So ist gerade diese Ausdrucksweise außerordentlich wichtig, wie ich glaube, auch im logischen Sinn.

Das folgende, V. 36-41, ist wieder einfach: »Denn es ist weder noch wird sein etwas anderes, querab vom Seienden (neben ihm).« Jetzt wird wieder die große göttliche Gewalt der Moira genannt: »denn die Moira hat es so gebunden, daß es ein Ganzes und Unbewegliches sein muß. Darum wird alles (nur) Name sein (auch das ist vom Metrischen her nicht gerade gut!), was die Sterblichen konstituiert haben, weil sie vertrauen, es sei wahr *(alethes)*,« nämlich »Werden und Vergehen, Sein und Nichtsein, Ortsveränderung und Wechseln der sichtbaren Farbe.« Also auch Ortswechsel und Qualitätsveränderung gehört in den Bereich des Nicht-Seins hinein. Es ist wichtig, wie diesem Nichtsein, das die Menschen aufgebracht haben, bestimmte Charakteristiken gegeben werden, gleichsam ein Bereich zugewiesen, in dem es zwar nicht IST, aber eben NICHT IST, ›nichtet‹, würde Heidegger sagen. Dieser Bereich ist der Name, der bloße Name, die Bezeichnung. Ich hatte vorhin 8, 17 den Begriff erwähnt bei dem ›namenlos‹. Dort hatte das Benennen eigentümliche Seinsqualität gehabt, hier ist es das bloße Nichtsein. Diesem Bereich gehört alles an, von dem man bisher gemeint hatte, es sei. Das führt schon zur Doxa, dem zweiten Teil, wo die Meinungen ausführlich behandelt werden. Ehe er aber dazu übergeht, faßt er diesen zweiten Gang noch einmal zusammen, und zwar großartig anschaulich, V. 42: »Aber weil da ein letztes Begrenzendes ist, da ist es (das Seiende) auch abgeschlossen nach allen Seiten hin und von allen Seiten her (beides liegt in *pantothen*), gleichend der Masse einer wohlgerundeten Kugel«, – das Sein des Parmenides ist also zwar keine Kugel, hat aber das Charakteristikum einer Kugel, in dem Sinne, wie ich von der Form schon gesprochen hatte. Wichtig der Ausdruck ›Masse‹ im massiven Sinn des Wortes. Kein Zweifel, daß das große kontinuierliche Sein als ein massives gedacht ist, wieder ganz ontisch – »von der Mitte her ausbalanciert nach allen Seiten.« Es hat also auch eine Mitte. »Und da darf auch nicht ein Größeres oder Kleineres sein hier oder hier, denn da ist weder ein Nichtseiendes, das es aufhören machen könnte, daß es hingelange zum Gleichmäßigen, noch ist es möglich, daß ein Seiendes irgendwie hier mehr, dort weniger vorhanden sein könnte als (anderes) Seiendes, da es ganz unantastbar ist.« Die vollkommene innere Gleichartigkeit und Homogenität. »Sich selbst nach allen Seiten hin gleich, *begegnet* es gleichmäßig seinen Grenzen«, wie bei Diels-K. übersetzt wird. Dazu kann ich nur sagen, daß die Abspaltung der Präposition *en . . . kyrein* zwar möglich wäre, ich halte es hier aber für unwahrscheinlich, zumal der Dativ *peirasi* dazwischen steht. Auch der Gedanke, daß es ›allerwärts seine Endformen erfährt‹, würde wohl nicht *kyrein,* sondern *antān* heißen. Ich verstehe also *kyrein* in der Bedeutung von ›sein‹, ›sich befinden‹ (›trächtig sein‹ bei Tieren), ein vollgültiges Sein. Das Sein ruht gleichsam gleichmäßig in seinen Grenzen.

Damit endet dieser letzte Teil über die Aletheia, und wir werden noch kurz den zweiten Teil des Gedichts zu betrachten haben, der ursprünglich der längere war, von dem aber wenig überliefert ist.

21.

Wir gehen nun über zu dem Teil über die Doxai, eingeleitet V. 50: »An dieser Stelle ende ich dir die zuverlässige Rechnung *(pistos logos)* und die Schau *(nóema)* inbetreff der Wahrheit. Und nun vernimm die sterblichen Meinungen, indem du anhörst die Anordnung meiner Worte, die freilich eine trügerische ist.« ›Ordnung‹ steht hier im Sinne einer Art Tabulatur. – Nun folgt dieser längere Teil, von dem wir nur wenige Fragmente haben. Parmenides gibt das Thema an für diesen zweiten Teil als die menschlichen Meinungen. Auch diese scheidet er in zwei Spalten, von denen man die eine Art nicht hätte ansetzen sollen: »Da sind sie in die Irre gegangen.« Dann V. 55: »Sie schieden als entgegengesetzt die Gestalt und setzten Merkzeichen an, getrennt voneinander; auf der einen Seite das Feuer der Flamme, das sich im Äther befindet, das ausgeglichen ist, ganz leicht, mit sich selbst überall identisch, mit dem anderen aber nicht. Aber auch jenes in seinem Bereich, entgegengesetzt: die lichtlose Nacht, ein dichtes und schwergewichtiges Gebilde. Diese Anordnung *(diakosmos)* künde ich dir als eine in allen Stücken wahrscheinliche, damit niemals irgendeine Meinung der Sterblichen dich überhole.«

Er steht ja im Meinungsstreit und soll ausgestattet werden mit einem Wissen, mit dem er die Doxai bestehen kann. Weiter Fr. 9: »Aber nachdem alles Licht und Nacht genannt worden ist und das, was ihren eigenen Kräften entspricht, diesen und jenen zugeteilt worden ist, da ist denn alles voll gleichermaßen von Licht und von unsichtbarer Nacht, die beide einander gleich sind, da nichts teil hat an keinem von beiden.« Es gibt nichts außerhalb dieser beiden, deswegen sind sie sich ganz gleich. *meta* ist verkürztes *metestin* als Verb. –

Fr. 10: »Du wirst erfahren die dem Äther angehörige Natur und die im Äther befindlichen Zeichen alle, und der reinen klaren Sonnenfackel verzehrende Werke, und von woher sie entstanden sind (jetzt kommt er wieder auf das Entstandene hin), und die umlaufenden Werke des rundäugigen Mondes und auch sein Wesen wirst du erkunden, und wirst erfahren von dem Himmel, der rings alles umfaßt, von wo er entstanden ist und wie Ananke, die Göttin des Zwangs, ihn gebunden hält und führt, daß er halte die Grenzen der Sterne.«

Hier gibt die Göttin einen Überblick, was er alles hören wird: von der Physis, die im Äther ist, der Physis des Lichts und der Gestirne, von der Entstehung dieser Dinge, von Sonne, Mond und Himmel, der wieder unter der großen Gesetzlichkeit steht, die die Grenze bildet für alle Sterne. Sie will also eine große Kosmologie geben, in der alles auftaucht, das schon bei den Milesiern da war; da biegt dieser Weg nun ganz ein. Der Bericht geht weiter, was alles betrachtet werden soll, und hier ist auch von der Bewegung die Rede, wahrscheinlich dem ersten Anstoß zum Entstehen. –

Ich muß nun zusammenfassend vor allem von den Problemen berichten, die sich anknüpfen in der Forschung an diesen zweiten Teil, mit dem man sehr schwer fertig geworden ist; vgl. Burnet 167ff., Jaeger 121ff. Es sind verschiedene Probleme, aber das Schwierige ist einfach das Faktum, wie Parmenides, der mit solcher Entschiedenheit vorher betont hat, daß nur ein einziger Weg der Wahrheit sei, sich so ausführlich einlassen kann auf diese Meinungen der Menschen, die üblichen Kosmogonien und Kosmologien. Er hat immer betont, daß man sich davon fernhalten soll, und nun läßt er sich selbst darauf ein. Darauf kann man gleich antworten: er sagt ja selbst, warum er das tut, nämlich damit auch der große wissende Mensch in den Streitigkeiten des Lebens bestehen kann. Mit dem letzten gründenden Wissen wird er sonst, wenn er nicht auch Bescheid weiß in den Meinungen der Menschen, nur für einen Träumer gehalten und kann höchstens als Eremit leben. Er muß gewappnet sein, und dazu gehört, daß er damit bekannt ist. Das steht deutlich da, 8, 61: »damit niemals irgendeine Meinung der Sterblichen dich überhole.« Es ist eine bekannte Tatsache, daß jemand, der zu einem ganz besonderen neuen Wissen gelangt ist, sich doch verpflichtet glaubt, auch im Weltwissen beschlagen zu sein; dafür gibt es viele Beispiele, vor allem, wo das Wissen Glaubenscharakter gewinnt. Der so Glaubende und Wissende muß auch für Disputationen in der Welt bereit sein.

In den nächsten Fragmenten spricht Parmenides von den Doxai, auch Gnomai einmal genannt, und es klingt, als ob er nur referiert, nicht seine eigene Meinung gibt; so versteht es Burnet. Er meint, daß das System pythagoreisch sei (das mag stimmen, er steht den Pythagoreern sehr nahe). Er habe eine Schule gründen wollen und daher seine Schüler unterrichten müssen in den Systemen, denen sie entgegentreten sollten. Aber es ist ganz unwahrscheinlich, daß ein produktiver griechischer Denker nur referieren sollte. Mag er im einzelnen viel übernehmen, weil dem allen nicht eigentlich sein Interesse gehörte, aber selbst in den spärlichen Fragmenten erkennen wir doch das großartig Genuine, das ganz er selbst ist und zeigt, daß er auch die Doxai nach seinen Grundprinzipien entwickelt, denen wir begegnet sind im Teil über die Aletheia.

Ein anderes Problem hat Reinhardt behandelt und richtig betont, daß die Fragmente darauf deuten, Parmenides habe nicht nur eine Beschreibung des Kosmos gegeben, sondern auch seine Entstehung. Das sahen wir aus den schon betrachteten Fragmenten und auch sonst überall. Man muß nur sagen, daß diese Alternative nicht so wichtig ist. Auch bei Hesiod haben wir eine Schilderung der Entstehung, und doch ist es so, daß darin auch die Struktur und Ordnung des Kosmos dargelegt wird. So wird auch Parmenides eine Entstehungsgeschichte gegeben haben, nicht nur aus pädagogischen Gründen, weil man es auf diese Weise gut darlegen kann, sondern weil nun einmal die Entstehung irgendwie das Wesen *ist*, und darum war es die Grundfrage der alten Milesier. So fragt nun auch er nach der Genesis des Kosmos, an der er zweifellos das Wesen und die Struktur entwickelt hat, und da ist doch in dieser alten Form -gonie = -logie.

Was nun angeht das Nebeneinander von Aletheia auf der einen Seite, wo das Bild von dem Seienden selbst her sich zeigt, und auf der anderen Seite der Doxa, darüber müßte man noch ein Wort sagen. Man kann Doxa mit ›Meinung‹ übersetzen, unsichere Meinung, oft auch einfach Schein. Vielleicht sollte man am besten die Vorstellung benutzen, die ich schon eingeführt hatte: der Eindruck von etwas, wobei *etwas* da ist, was beeindruckt, auch wenn es dann *mein* Eindruck ist, den ich habe. Auch hier ist das zugeordnete Seiende nicht wegzudenken. Noch Platon spricht von einem richtigen Eindruck, der *alethes doxa*, die vom Seienden her begründet ist. Daneben gibt es auch irrige Eindrücke, die überall da sein können. Es ist eine Doppelheit: auf der einen Seite das denkende Schauen, das unmittelbar das Seiende wahrnimmt, wie es an sich selber ist und sich von sich selbst her zeigt und dessen Gegenstände ruhig, unveränderlich und fest sind, und demgegenüber eine zweite Weise, wie sich uns das Sein zeigen kann im bloßen Eindruck, nicht absolut sicher, sondern stark bestimmt vom menschlichen Meinen. Ich sehe nicht ein, was dabei schwierig sein soll, wenn ein Denker diese beiden Wege gleichzeitig im Blick hat. Dasselbe könnte man noch bei modernen Denkern zeigen. Selbst die Naturwissenschaft, wenn sie das unbedingt Exakte sucht, muß doch ständig arbeiten mit dem Hypothetischen, das sie auch braucht. Da sind einmal die mathematischen Gegenstände (wobei ich jetzt nicht fragen will, ob sie nur Ausgeburten unserer Denkgesetze oder nicht doch etwas sind, dem irgendwie ein Sein entspricht). In diesem Bereich gibt es kein Irren, man kann Mitteilungen machen mit Überzeugungszwang. Der Satz über die Winkel im Dreieck ändert sich nicht, unabhängig von Zeit und Ort des Aussprechens und allen anderen Möglichkeiten, die mitwirken. Ebenso bei den Gegenständen der Logik und Logistik, die ein solches unveränderliches Sein kennen, wie es Parmenides als ontisch sieht. Daneben gibt es den anderen Bereich des Ungewissen, wo diese strenge Gesetzlichkeit nicht gilt. Dies hat Platon aufgegriffen, ›Staat‹ 508a-532, wo er einen Strich macht und zwei große Bereiche scheidet: den des Seins und des Erkennens, die aufeinander bezogen sind, und darunter den des scheinhaften und veränderlichen Seins und der Doxa. In beiden Bereichen entspricht sich die Art, wie das Seiende sichtbar wird und wie es vom Menschen aufgenommen und erkannt wird. Eine Welt der Usia, des Seins, und eine der Genesis; in der einen die oberste Idee des Guten, in der anderen die Sonne. Beide Bereiche scheiden sich dann noch einmal in zwei Teile: unten die Sinnendinge und ihre Spiegelbilder und Schatten, im Geistigen die mathematischen Gegenstände (entsprechend den Schattenbildern) und das eigentlich Seiende, die Ideen. So gliedert sich für Platon das Sein auf. Die Doxa wird also ermöglicht durch die sichtbare Sonne, die geistige Schau durch die Idee des Guten. Die Doxa wird weiter aufgespalten in die *eikasía*, die Wahrscheinlichkeit, den Schattenbildern zugeteilt, und entsprechend für die Sinnendinge die *pistis*, die – anders als bei Parmenides – nur die äußere Gewähr meint, keine tiefere Verläßlichkeit. Es gibt also die Möglichkeit des ungefähren Vermutens und Vergleichens, des *eikazein*, und die der *pistis*, eine noch unsichere Weise des Vorstellens, die aber doch Gewähr hat. Auf dieser Pistis beruhen unsere ganzen Wissenschaften, sofern sie nicht exakte sind. Es gibt Meinungen und Erkenntnisse, von denen man sagen kann, man kann sich darauf verlassen und weiter darauf aufbauen. Aber das alles sind nur Doxai. Auf der Seite des reinen Denkens steht bei Platon, ermöglicht durch die Idee des Guten, die *diánoia*, das diskursive Denken, das die einzelnen Dinge durchgeht, zugeordnet den mathematischen Gegenständen. Aber der Pistis im unteren Bereich entspricht oben die Episteme, über die wir im ersten Teil gesprochen hatten (o. S. 173 f.): das höchste, sicherste Wissen, bezogen auf das Unwandelbare und Eigentliche. Und die Methode, in der sich das vollzieht, ist die Dialektik. Wir sehen, wie dies bekannte Schema durch und durch parmenideisch ist, ihn fortsetzt und weiter durchdenkt, eine größere Anzahl von Seinsstufen den entsprechenden Erkenntnisformen zuordnet, eine Grundlage, auf der wir noch heute fußen. – So ist es nicht zu verwundern, sondern war vielmehr zu erwarten und ist durchaus in sich stimmig, daß Parmenides nun auch über die Doxa schreibt.

Nun müßte man im einzelnen seine Lehre schildern. Die wichtigste Stelle ist dafür Diels-K. A 37, außerordentlich dunkel, und ich muß sie kurz abmachen, auch darum, weil ich selbst nicht recht durchkomme, und ich wüßte auch nicht, wer es sonst verstanden hätte. Parmenides entwickelt kurz folgendes, nach Aëtius und Simplicius: Außen sei eine Art Mauer, *teichos*, in der Mitte auch ein Festes. Nun liege ein Kranz aus Feuer um die Erde herum und ganz außen innerhalb der Mauer auch. In dem Zwischenraum setzt er einen oder mehrere Kränze an, gemischt aus Feuer und Nacht. Das steht nicht nur an dieser Stelle, sondern auch Fr. 12: »Die engeren Kränze sind angefüllt mit ungemischtem Feuer, die dann darauf folgenden mit Nacht, dazwischen aber wird eingeschossen der Teil der Flamme. Aber in der Mitte von diesen ist die Göttin, die alles steuert. Denn sie beginnt mit der grausigen Geburt und Paarung . . .« Irgendwo in der Mitte also ein großer Daimon, offenbar Aphrodite, die nun die ganze Weltentstehung in Gang bringt im Sinne einer Zeugung. Die Frage ist, wo es diesen merkwürdigen Kosmos gibt. Reinhardt hat richtig gesehen, daß es ihn gar nicht gibt, es ist ein Anfangsstadium gemeint, ein Chaos, das schon gewisse Formen hat, aus dem die Göttin den Anstoß gibt zum Werden. Ich glaube, es läßt sich so vorstellen, daß außen das Firmament, wie auch bei Homer, als feste Grenze gesetzt ist, aus Metall. Dicht darunter ein Feuerkranz, etwa die Milchstraße, wie wir sie sehen, wo das Feuer dann später auseinandertritt zu den einzelnen Sternen, die nun über den Himmel verstreut sind. Dann mögen die gemischten Kränze die Planetensphären bedeuten. (Er sagt an einer Stelle auch, daß das Licht des Mondes mit Nacht gemischt sei.) Das ist reine Hypothese, aber nur so kommen wir zu der jetzigen Welt. Unerklärt bleibt dabei der reine Feuerkranz um die Erde, der aus konstruktiven Gründen hinzugefügt sein mag.

Das Großartige, das sich hier zeigt, ist nicht so sehr der Grundansatz zweier Gestalten, *physai:* des Lichts und der Nacht. Das war schon pythagoreisch. Das Eigentliche ist, wie jetzt in diesen beiden Wesenheiten neu auftaucht im Bereich der Doxai das Sein und das Nichtsein. Das war für jeden Griechen selbstverständlich. Nur ist beides im Bereich der Doxa gleichsam verstofflicht. So kann es in diesem Bereich ein seiendes Nichtsein geben, Dunkel und Nacht als wirkende Aufbauelemente dieses Kosmos, während auf der anderen Seite das Licht steht als das eigentlichere Sein. So ist alles durchkonzipiert aus diesen beiden Elementen. Ich glaube, diese Durchstrukturierung nach Licht und Dunkel und damit einem materialisierten Sein und Nichtsein ist wohl in dem ganzen Teil über die Doxai durchgeführt worden, und das eben ist das Neue und Eigene des Parmenides: die Aufteilung in zwei Grundelemente, die neue Hypostasen seiner Hauptelemente des IST und NICHT IST darstellen.

Damit schließe ich das ab. Ich wollte das so breit darstellen, wie es ein so großer Denker verdient, aus dem Text selbst heraus. In einem dritten Teil soll dann die Behandlung der weiteren Denker folgen, von Heraklit bis zu den Atomisten Leukipp und Demokrit. Ich hoffe, daß ich auch diesen weiten Bereich, der immer mehr Wissenschaftsgeschichte wird, in gebührender Breite vorführen kann. Es ist, auch wenn man die Sophistik und Sokratik beiseite läßt und sich streng auf die Vorsokratiker, Mathematiker und Mediziner beschränkt, ein ganz entscheidender Bereich in der Entstehung des Denkens und der Welterklärung, der bisher viel zu sehr übergangen wurde. Ich bin der Ansicht, daß es an der Zeit wäre, gerade diese Epoche stärker ins Bewußtsein zu rücken, was schon an den Schulen geschehen müßte.

Teil III

1.
Heraklit

Der dritte Teil dieses Kollegs wird die vorsokratische Philosophie von Heraklit bis Demokrit behandeln mit allem, was inhaltlich dazu gehört, unter Ausschluß der eigentlichen Sophistik. Wir haben es mit dem Hauptweg zu tun, der von den Anfängen des griechischen Philosophierens hinführt auf die sogenannte Sokratische Wendung; der Weg der Metaphysik, der Ontologie, der Kosmologie. Die Sophistik, die von ganz anderer Seite aufkommt, wenn sie auch in einigen Teilen die Kosmologie mit in Betracht zieht, wendet sich im ganzen an die Jugend mit dem Anspruch, sie besser zu machen, also erzieherisch zu wirken, womit ein wichtiger philosophischer Neuansatz gefunden ist, ähnlich wie dann bei Sokrates. All das liegt diesmal nicht auf unserem Weg.

Kommen wir nun zu Heraklit, so sei zunächst einiges über die Literatur vorausgeschickt. Einmal natürlich wieder Diels-K., Die Fragmente der Vorsokratiker, Nr. 22. Dann die englische Ausgabe von Kirk und Raven sowie Kirk, ›The cosmic fragments‹, wo die Gedanken nüchtern und klar gefaßt werden, ohne alle Phantastik. Weiter sind auch für Heraklit die grundlegenden Darstellungen bei J. Burnet, W. Jaeger und K. Reinhardt in seinem Parmenidesbuch heranzuziehen. Schließlich kann ich noch darauf hinweisen, daß die Grundlinien meiner eigenen Auffassung vorliegen in der Tübinger Dissertation von Ewald Kurtz, der im besonderen die Logos-Fragmente interpretiert. Das war nötig, da über den Logos bei Heraklit höchst verschwommene Vorstellungen existieren. Diese Dissertation von 1959 dient vorzüglich zum Einarbeiten in die Fragmente. Ferner natürlich H. Fränkel in seinem bekannten Buch.

Soweit das Handwerkszeug, wo Sie auch Kleineres finden. – Jetzt schließe ich noch hier an eine kurze Vergewisserung über das Leben des Heraklit. Sie finden bei Diels-K. unter A die Berichte der antiken Biographie: der Hauptbericht von Diogenes Laertius, der Suda, Strabo u. a. Das wird einfach durchnumeriert. Da ergibt sich kurz folgendes, das ich jetzt nicht im einzelnen vorführen kann, um zu zeigen, wie in diesen Berichten Echtes und Phantastisches sich mischt. Heraklit stammt aus Ephesos, also auch aus dem ionischen Bereich, wenn auch nicht Milet. Er war zweifellos von altem Adel, vielleicht sogar aus dem Königsstamm.

Bloson ist wohl richtig überliefert als Name des Vaters. Die Zeit der ›Blüte‹ wird angegeben in der 69. Olympiade von 504-1, er war also jedenfalls ein reifer Mann um die Jahrhundertwende, ungefährer Zeitgenosse des Parmenides. Als Mann, der dem Adel entstammte, war er berufen, sich um die Politik der Vaterstadt zu kümmern. Da ist es schon etwas sehr Entscheidendes, daß er das alles verachtet hat. Wohl richtig ist die Notiz, daß er das Königsamt an den jüngeren Bruder abgetreten habe, wobei natürlich nicht die Königsherrschaft gemeint ist, sondern wie auch in Athen ein Amt. Wie er die Politik verachtet hätte, wird in einer Anekdote erzählt. Beim Tempel der Artemis habe er mit Kindern Würfel gespielt, und als sich die Leute wunderten und ein Auflauf entstand, habe er gesagt, warum sie sich wunderten: Ist das nicht besser als mit euch Politik zu treiben? – Es heißt auch, daß er die Stadt verlassen habe und in die Einsamkeit der Berge gegangen sei, sich von Gras genährt habe usw., wohl übertrieben. Weiter wird erzählt, er habe später die Wassersucht bekommen und dabei den Ärzten die Rätselfrage aufgegeben, ob sie wüßten, wie man Überschwemmung in Dürre verwandeln könnte. Als sie dies verneinten, habe er eine neue Methode angewandt, nämlich den Körper mit Kuhmist bestrichen, der Sonne ausgesetzt und so gehofft, daß das Wasser herausgezogen würde. Das erinnert an unsere Moorbäder. Es scheint aber keinen Erfolg gehabt zu haben, denn es heißt, daß ihn dabei Hunde angefallen und zerrissen hätten. Das kommt in den Biographien bei berühmten Leuten öfter vor, ähnlich bei Euripides.

Was an alledem bedeutungsvoll ist, ist seine Verachtung der Politik. Es heißt auch, daß er das Buch, aus dem die Fragmente stammen, nicht veröffentlicht habe, sondern niedergelegt im Tempel der Artemis; und weiter heißt es, er habe es mit Absicht dunkel angelegt, damit nur wirklich Fähige es verstehen könnten und nicht die breite Masse. Diese dunkle Schreibweise hat ihm den Namen *skoteinós*, der Dunkle eingetragen.

Fragen wir, was aus diesen Notizen für seine Philosophie Wichtiges hervorgeht, so kann man, glaube ich, sagen, daß es ein ganz neuer Denktypus ist, der uns in dieser seiner menschlichen Art vor Augen steht. Die Philosophie war zunächst nicht abgegrenzt gegen anderes. Bei den Milesiern war es so, daß sie alle Männer waren, die im öffentlichen Leben standen, auch ihre Wissenschaft zu praktischen Zwecken verwendeten, wie Thales, der als Ingenieur einen Fluß ableitete, eine Sonnenfinsternis vorhersagte und die Ölpressen aufkaufte, um ein Geschäft zu machen. Bei den Eleaten und Pythagoras ist es schon anders, es sind enge Bruderschaften, die Philosophie wird esoterisch. Nur daß diese Bruderschaften als solche dann wieder politischen Einfluß hatten, wie die Pythagoreer in Unteritalien. Aber schon daß es zu solchen Bruderschaften kommt, ist ein Vorzeichen der künftigen Schulenbildung. Auch Platons Akademie war eine solche Bruderschaft, sogar religiöser Art, woran sich dann die Späteren anschlossen.

Also eine Bewegung vom allgemein Kommunikativen zum Esoterischen. Das geht bei Heraklit noch weiter, der nun nicht in einer Bruderschaft, sondern als der reine Einzelne die Dinge trägt mit dem Bewußtsein des Abseitigen, des Gegensatzes zur Polis, zu allen Autoritäten der früheren Zeit, zu den Menschen, den Vielen. Dieses philosophische Motiv, das dann immer wieder auftaucht, erscheint bei ihm zu erstenmal in dieser Form. Vom Esoterischen wird es nun exklusiv, monologisch. Dazu gehört auch die andere Denkform der Dunkelheit. Dabei ist nicht die Sprache dunkel, alle Sätze sind von größter Klarheit und Straffheit und Deutlichkeit. Es ist nicht so, daß die Gedanken in der Sprache nicht klar sichtbar würden, sondern die Denkform ist unzugänglich. Diese Tatsache, daß der Mensch ein Abseitiger wird, fast einsiedlerisch, ganz seinen Weg für sich geht, diese Sprache spricht – dies alles entspricht einer charakteristischen Bewegung des Denkens selbst. Man könnte sagen, je tiefer ein Mann den Seinsgrund ansetzt, umso mehr offenbart sich das Seiende, mit dem er es zu tun hat, in seiner Unwegsamkeit und Unzugänglichkeit. Das zeigt sich noch heute, wenn unsere Physik, um in ihrem Bereich zu den letzten Seinsgründen zu kommen, eine Sprache der Formeln sprechen muß, die der gewöhnliche Mensch auch nicht mehr versteht. Sie muß aus den Formen des Kommunikativen heraustreten und diese Form der Dunkelheit annehmen. In Heraklit stellt sich zum erstenmal diese Bewegung des Philosophierens dar, die weitergeht bis auf den heutigen Tag. Man könnte neben den Atomphysikern auch auf die Sprache Heideggers hinweisen, über die viele nur zu vorschnell urteilen, positiv wie negativ. Diese Weise also des Einsam-sein-Müssens, Sich-Lösens, Eine-eigene-Sprache-Sprechens, die als solche eben doch adäquat ist dem, was man am Seienden wahrnimmt, ist nicht nur ein Stilphänomen, sondern eine

Weise des Seins selbst, wie es sich im Denken bemerkbar macht, und gehört darum in die Philosophie hinein.

Nun ist noch einiges über das Buch des Heraklit zu sagen. Wir haben eine nicht geringe Anzahl von Fragmenten, meist kurze Sätze, etwa 125, in Prosa. Aber es ist schwer, sich von da aus eine klare Vorstellung über das Buch zu machen. Es wird gesagt, es habe den Titel getragen: ›Über die Natur‹. Das ist ganz sicher später. Wir können allgemein sagen, daß es in dieser frühen Zeit noch keinen Titel gehabt haben kann – das entsteht erst im Anschluß an die Tragödie in Athen im fünften Jahrhundert –, sondern ein Buch beginnt mit dem Satz: ›Der Soundso sagt das und das . . .‹ Peinlich ist aber, daß wir uns über die ganze Form des Buchs keine rechte Vorstellung machen können. Nach den Fragmenten, die herausgepflückt sind, sieht es so aus, als ob es ein Aphorismenbuch gewesen ist, zumal diese einzelnen Sätze auch ganz so auf uns wirken. Aber man müßte in der Tradition der Zeit suchen, ob sich für diese Form Ansätze finden lassen. Man könnte es schließlich lokalisieren; es gibt ja auch in Prosa wie in der Poesie den Typus der *hypothekai*, wie es heißt, der ›Weisungen‹, Lebensweisungen. Weisheitssprüche also, die etwa ein alter Mann einem jüngeren sagt, oft auch direkt an einen solchen gerichtet, wie etwa bei Theognis. Es wäre also denkbar, daß dieser Typus die Struktur bestimmt hätte, ist aber nicht sicher. Andererseits ist auch wieder schwer vorstellbar, daß es ein zusammenhängender Vortrag gewesen wäre, in dem die Sätze, die wir kennen, nur gelegentlich vorgekommen sein sollten. Das Kernhafte dieser Aussprüche ist so stark strukturbestimmend, daß man sich daneben nicht noch einen glatten Zusammenhang denken kann. Kurz, hier ist die Stelle, wo wir sagen müssen, daß wir es eben nicht wissen. Es ist schon schwer, die Fragmente in eine gewisse Ordnung zu bringen, die der im ursprünglichen Text entspricht. Die Herausgeber ordnen sie gewöhnlich nach einer gewissen Zusammengehörigkeit, was vielleicht ganz richtig ist. Manche behaupten, sie seien überhaupt nach dem alten Prinzip der Assoziation zusammengestellt gewesen; auch das ist möglich. –

Wir können nun verfolgen, wie sich die Abseitigkeit des Mannes darstellt in einer doppelten Weise: einmal in der Abwendung von den Autoritäten, zweitens in der von *den* Menschen. Ich hatte schon darauf hingewiesen, daß in diesem Sich-Distanzieren nicht nur eine Eigentümlichkeit personaler Art sich uns darstellt, sondern eine neue Weise, wie sich der Gegenstand des Denkens: das Sein, in dieser Zeit als nicht mehr kommunikativ und zugänglich erweist und so auch den, der es erfährt, vereinzelt und auch sein Wort zu einem abseitigen und dunklen macht. Einen Ausspruch dieser Art hatten wir in anderem Zusammenhang schon herangezogen, Fr. 40: »Vielwisserei lehrt nicht Einsicht (Nus) haben, sonst hätte sie es Hesiod gelehrt, Pythagoras, Xenophanes und Hekataios.« So werden bedeutende Leute einfach abgetan, sie hätten keine Einsicht gehabt in das wahre Wesen der Dinge. – Weiter Fr. 57: »Der Lehrer der meisten ist Hesiod (ein wichtiges Wort, an dem wir Hesiods Bedeutung erkennen für die Menschen, die sich damals mit dem Wesen des Seienden beschäftigten). Von ihm ist man überzeugt, daß er das meiste wisse – der doch nicht einmal Tag und Nacht gekannt hat, denn beide sind Eins.« – Oder Fr. 81 das böse Wort über Pythagoras, das ihn den Archegeten aller Flunkerer und Scharlatane nennt. Ähnlich A 22 gegen Homer, und endlich Fr. 42 das an Schärfe nicht zu überbietende Wort: »Homer verdiente, aus den Agonen (wo er als Rhapsode seine Dinge vortrug) ausgestoßen und mit Ruten gestrichen zu werden, und Archilochos ebenfalls.« Also die beiden größten Dichter.

Sie sehen daran auch, wie der Mann spricht; wie er der erste ist der uns begegnenden alten Denker, der eine Sprache von letzter Radikalität spricht. Seitdem ist in der Philosophie von Zeit zu Zeit immer wieder diese Sprache gesprochen worden, für die es auch durchaus charakteristisch ist, daß sie grob ist und vor keiner Art von Grobheit zurückschreckt. Auch hier müssen wir sagen, daß es nicht nur eine persönliche Erscheinung ist, wenn man sich auch auf gewisse Art daran freuen kann. Aber sie hat einen sachlichen Grund, eben den, wie schon entwickelt, in dem eigentümlich Monotropen, wie hier das Denken auftritt, das dann zu einer starken Selbstbetonung führt, bis in die Lexis, die stilistische Form hinein. Wer sich getragen weiß von einer Gesellschaft, der er zugehört, der er etwas zu sagen hat, das sich leicht mitteilen und verstehen läßt, der spricht leise; wer aber an einer Stelle steht, wo er über die Wahrheit zu verfügen meint, von der er überzeugt ist, daß sie nicht verstanden wird, der neigt dazu, zu schreien, intensiv zu werden, wobei die verschiedensten Formen möglich sind. Man denke auch etwa an den späteren Nietzsche, der ›schrie, daß die Kehle barst‹, wie George von ihm dichtet. Hier erscheint das zum erstenmal in großer Form, zusammenhängend mit dieser Konzeption, die Heraklit vom Seienden gefaßt hat. Soviel über diese Stilform.

Wir hatten weiter vom Leben her betont, daß Heraklit stark im Gegensatz stand zu den Menschen, den Vielen, und wir wissen, daß dieser Zug bis zu Platon weitergeht. Dazu hat er das für dieses Verhältnis charakteristische bekannte Wort ausgesprochen, Fr. 49: »Einer mir Zehntausend.« Er wendet sich nicht an eine ihm gegebene Gesellschaft, in der er etwas zu sagen hat, sich ausbreiten kann, sondern steht einer Masse gegenüber und weiß, daß er von ihr abgelehnt wird, so daß diese Antithese möglich wird. Das Bewußtsein des Unverstandenseins ist nicht nur subjektiv interessant, sondern beruht sachlich auf der Tatsache des Verfügens über ein Wissen vom Seienden, das sich dem Verständnis der Vielen entzieht. Ich brauche das nicht an einzelnen Fragmenten zu zeigen, dieser Ton begleitet sie alle.

So komme ich nun zu dem ersten, berühmten Fragment, das auch vom Anfang des Werkes stammt. Hier ist der Zusammenhang so geschlossen, daß man es ohne weiteres versteht. Am Anfang ist etwa zu ergänzen: Heraklit, der Sohn des Bloson aus Ephesos, sagt ..., und dann schließt es sich unmittelbar an. Ich kann es nicht glatt übersetzen und will gleich sagen, daß die Übersetzung, die Sie bei Diels-K. finden, unzureichend ist. Schon ›für der Lehre Sinn‹ ist falsch ... So gehe ich es besser Wort für Wort durch und steige dabei in den Schacht dieses Denkens hinein. Heraklit sagt dieses: »Für dieses (mein) Wort indessen, das da ist« – oder »das immer da ist«. Schon Aristoteles hat nicht gewußt, ob *aei*, ›immer‹, mit ›da ist‹ oder mit ›unverständig‹ zu verbinden sei, und bringt es in der ›Rhetorik‹ III 5, 1407a 11; Diels-K. A 4, als ein Beispiel, wie man durch falsche Stellung den Sinn nicht erfassen kann. Durch diese grammatische Bemerkung lernen wir, daß man es schon damals, als das Griechische noch lebendige Sprache war, nicht entscheiden konnte. Dann können wir es heute auch nicht wissen und lassen es besser offen. – »Für dieses (mein) Wort indessen, das da ist, kommen die Menschen nicht zum Verständnis, weder bevor sie es hörten, noch sobald sie es gehört haben.« – Also der Sprecher, der hier sein Wort vorlegt, hat nichts Eiligeres zu sagen, als daß dieses Wort doch kein Mensch verstehen könnte – eine Weise, sich unmittelbar den Hörern zu empfehlen. Sie sehen die Radikalität, mit der er gleich im ersten Satz vor die Menschen tritt. Und er verstärkt das noch: es wäre nach dem Hören immer noch so unverständlich, als ob man es gar nicht gehört hätte. Das greift nun weiter aus: »Denn obwohl alles nach diesem Wort geschieht, gleichen sie doch solchen, die sich nicht damit befaßt haben (keine Erfahrung damit haben), obgleich sie sich doch befassen mit Reden und Werken von der Art, von welcher ich es darlegen werde, indem ich jedes einzelne nach seiner natürlichen Wesensbeschaffenheit auseinanderlegen und nachweisen werde, wie es sich damit verhält.«

Sie sehen schon, der Logos, der sein Wort ist, den er in diesem Wort faßt, ist offenbar so etwas wie ein umfassendes Weltgesetz. Obgleich alles nach ihm geschieht, hat der Mensch doch keine Erfahrung von ihm, *peîra;* bei Homer und sonst ein unmittelbares Sich-Befassen, Tuchfühlung-Nehmen. So eng ist der Mensch umgeben von diesem Walten, und doch weiß er nichts von ihm. Wir werden noch sehen, daß dieser Gedanke immer wiederkommt. Und dieses Keine-Erfahrung-Haben besteht, obgleich man sich doch schon daran versucht hat mit Reden und Werken von der Art, wie er selbst sie behandeln will. Kein Zweifel, daß *epe* hier nicht = *logoi* stehen, sondern in scharfem Gegensatz dazu. Zunächst sind damit Verse gemeint, überlieferte Verse, Epen, insofern diese Reden und Worte sind und als solche in der Welt sind und tradiert werden, also Homer, Hesiod, dann auch Prosa, kurz, alles was in dieser Art da ist. Diejenigen Worte, die als tradierte jener Welt der Menschen angehören, Schriften, also literarisch geworden sind. In diesem Wust von Literatur bewegen sich die Menschen und gehen damit um, auch wenn andere Denker, wie wir gesehen hatten, an Homer und Hesiod anknüpfen. Alles, was jemals geredet, gedacht, tradiert und niedergelegt ist. Der Logos ist etwas ganz anderes. Die *erga* sind die Handlungen, mit denen man es täglich zu tun hat, vom Einfachsten bis zum Lebenswichtigsten für den Menschen, jede Art von Handlung bis zu wichtigen Handlungen der Politik. Die Menschen, wie sie sind, befassen sich ständig mit diesen Epe und Erga, verdienen Geld, studieren, versuchen vorwärts zu kommen, Ämter, Macht zu gewinnen usw. Diesen Bereich, der in zwei Teile zerfällt, einen praktischen und einen mehr theoretischen, steckt Heraklit hier ab. Alles das sind Dinge, von denen er auch gleich sprechen wird, wie er sagt: er will jedes einzelne davon untersuchen und darlegen, wie es wirklich ist. Die Menschen verstehen das nicht, wenn sie auch damit umgehen und sich offenbar doch auch das nach dem Logos vollzieht, von dem er gesprochen hat. Auch in dem Bereich des Redens und Handelns vollzieht sich ja das Leben der Welt. Das ist das zweite, was hier gesagt ist. Er will sich auch diesem Bereich zuwenden und jedes einzelne so darlegen, wie es ist nach seiner Physis, seiner gewachsenen Wesensform, und will zeigen, wie es sich verhält. Denn auch das sind Wesensformen, die sich zeigen in dem Gesamtverhalten von etwas. Darin steht sich das gegenüber, das man später Physis und Hexis nennen wird.

Das Verhältnis, daß die Menschen mit dem Logos umgehen und doch nichts davon wissen, drückt er nun noch in einem Schlußsatz aus: »Den Menschen sonst entzieht sich alles, was sie im Wachen tun, so wie sie vergessen, was sie im Schlaf tun.« Es ist eine bekannte Tatsache, daß man vergißt, was man im Schlaf erlebt hat. Das wird nun übertragen auf das Wachsein. Die Menschen sind nicht wirklich Erwachte, sondern schlafen, ihr Wachen ist eine Art Schlaf – ein Bild, das später in der ganzen Philosophie eine große Rolle spielt.

Wenn wir versuchen, uns das so Ausgeführte klarzumachen, so sehen wir Folgendes. Der erste Satz bringt in aller Schärfe einen Gegensatz doppelter Art. Einmal den des Sprechers zu den Menschen, aber nicht seiner Person, sondern seines Worts, dem, was er zu sagen hat aus dem Grund des Seins und was die Menschen nicht verstehen können. Dieses Bewußtsein des Unverstandenseins bringt auch in die Sprache diesen verächtlichen Ton hinein. Ihn, der von seinem Wissen durchdrungen ist, quält es, daß andere es nicht auch annehmen wollen. Aber es geht nicht nur darum, daß er die Unwissenheit der anderen geißelt, sondern darum, daß er der Wissende ist dadurch, daß er den Logos hat. Der Unverstand, auf den er bei den anderen trifft, hängt zusammen mit dem Wesen dieses Logos und dem Wesen der Menschen. Diese Menschen sind ein Teil der Realität, des Seienden, das Seiende ist so. Damit tut sich eine merkwürdige Kluft auf, ein Riß, der äußerlich sich darstellt in dem Gegensatz zwischen dem Philosophen und den Hörenden, dem Logos und dem Nicht-Verstehen, in Wahrheit aber muß er als im Sein selbst liegend verstanden werden. Darin liegt diese eigentümliche Doppelheit, daß dieses ›Wort‹ ist und alles umgibt und daß es doch nicht in der Weise, wie es ist, herrscht, wirkt und waltet, erfaßt werden kann, sondern daß eine eigentümliche Zweischichtigkeit vorliegt. Es tritt uns entgegen als Eigentlichkeit und Uneigentlichkeit, das Wahre und der Alltag, wie wir es nennen können. Immer wieder treffen wir in der Philosophie auf den Gegensatz, der in dieser Gespaltenheit des Seins selbst seinen Grund hat. – Sie sehen, wie neuartig das ist gegen alles Bisherige, selbst Parmenides.

Wenn das nun das ganz Neuartige ist, der Riß, der sich hier auftut und die Philosophie scheidet von denen, die sie hören, ebenso wie denen, die sie nicht hören, das Sein scheidet von dem Leben im Uneigentlichen, dann werden wir, um das zu verstehen, das Wesen dieses Wortes zu erfassen suchen müssen. Man kann nicht sagen, daß das vorher bereits geschehen ist. Und nun verstehen Sie auch, warum ich die Übersetzung ›der Lehre Sinn‹ abgelehnt habe. Wenn aber Jaeger, der es mit ›Wort‹ übersetzt, nun sagt: ›obgleich alles im Sinn dieses Wortes geschieht‹, so ist das zu sehr ausgeglichen. Hölscher in seinem Aufsatz: Der Logos des Heraklit, in Varia Variorum, Festschrift für K. Reinhardt 1952, 69ff., führt aus, daß Heraklit das Paradoxe an sich suche, sein Wort sei eigentlich Orakelwort. Auch das ist kaum adäquat. Wir werden später dazu übergehen, die Bedeutung dieses Logos zu fassen. Eins aber ist wohl schon klar, daß wir es nur dann fassen können ohne Surrogatübersetzungen, wenn wir uns klar sind über die dreifache Schichtung. Es ist zweifellos das Wort, das Heraklit *sagt* (nicht spricht!), d.h. das Wort, das in Form von Buchstaben und Lauten sein Buch ausmacht. Das ist *sein* Logos. Aber kein Zweifel, daß nicht nur dieses Wort als solches gemeint ist, sondern daß er damit den Anspruch erhebt, *den* Logos damit zu sagen, d.h. irgendwie eine strukturelle Gesetzlichkeit des Seins. Wir müssen also ansetzen 1. diese seinsmäßige strukturelle Gesetzlichkeit, 2. den von diesem Weltlogos wirklich vernommenen und so gedachten Logos, erfaßt im *noein,* und als der so vernommene ist er dann 3. der auch gesagte und geschriebene Logos, ›dieser sein‹ Logos. In allen drei Hypostasen aber: *einai, noein, legein,* ist es doch derselbe Logos.

Soweit ein erster Überblick über dieses Fragment, um zu zeigen, was wir daran alles ersehen können. Um das heute einigermaßen abzurunden: Denken wir an die Milesier zurück, so können wir sagen, daß es Menschen waren, die kommunikativ im Leben standen und zunächst ein Sein unter anderem für *das* Sein erklärt hatten. Wenn einer sagt, alles sei Wasser, so kann man das ablehnen, aber nicht behaupten, daß man das nicht verstünde. Es wird ja auch verifiziert, man kann die Dinge vorlegen. Schon anders wird es bei den Pythagoreern, bei denen die Zahl nicht nur ein Seiendes unter anderen war, sondern eine andere Art Seinswesen. Aber auch dieses Wesen war aufzeigbar an der Harmonie, man kann es klarmachen an Zahlenverhältnissen, Intervallen. Wir sahen, daß die Pythagoreer in einer Bruderschaft organisiert waren, schon bezeichnend für die neue Weise, wie das Wahre anfängt, sich esoterisch zu gestalten. Aber die Zahl ist, wenn auch nicht einfach hinzustellen, so doch zwingend aufzeigbar. Bei Parmenides war das schon anders. Wir sahen ihn als einen Ekstatiker, der eine Vision erlebte, einen Weg voller Gefahren, eine Himmelfahrt bis zu der Göttin, aus deren Mund er die Wahrheit gehört hatte. Diese Göttin verkündete eine ganz andere Weise des Verhältnisses des Wissenden zum Wissen wie zum Sein. Ich sagte schon, daß in dem Bild des Aufstiegs und Überstiegs ein transzendentales Wissen gegeben war. Von diesem Wissen war schon die Doxa abgehoben, aber Parmenides hat es doch noch für nötig gehalten, auch sie darzulegen, zu den Menschen zu sprechen über Dinge, die sie verstehen konnten. Das wird bei Heraklit jetzt ganz neu. Nicht mehr die Aletheia ist von der Doxa geschieden, ein eigentlich Wahres, aufzeigbar oder vorlegbar, sondern jetzt zeigt sich etwas Merkwürdiges: Da ist ein einheitliches Sein, in dem das Wahre und Scheinhafte miteinander vermischt und verflochten ist. Die Menschen, die darin leben, sind umgeben von dem Wahren, und doch nehmen sie es nicht wahr, sind ihm fern. Er wird noch das Wort sprechen: Sie sind anwesend abwesend. Auch das Sein selbst ist gegenwärtig im höchsten Grade überall, und doch ist es nicht anwesend. Diese eigentümliche innere Doppelheit des anwesend abwesenden Seins, das sich manifestiert und doch nicht erfahrbar ist, ist das eigentlich Neue, das uns in Heraklit entgegentritt.

2.

Wir hatten begonnen, unmittelbar Heraklit kennenzulernen, und hatten uns mit Fr. 1 beschäftigt, das als Anfang des Buchs grundlegend ist für die weitere Interpretation der Fragmente. Da sahen wir zunächst, wie das Wort, sein Wort, in Gegensatz gestellt wird zu einem möglichen Vernommenwerden von den Menschen.

Es ist ein Wort, das durchaus gegenwärtig ist, aber den Menschen eben doch verborgen, durchaus aktiv, alles geschieht nach ihm, aber wenn auch die Menschen mit ihrem Denken und Handeln darin stehen, so bleibt es doch ihrem Bewußtsein entzogen. Heraklit ist derjenige, der dieses Wort spricht und damit die Aletheia sagt. Das alte Problem von dem Gegensatz zwischen Aletheia und Doxa ist also auch hier, aber nicht mehr wie bei Parmenides je als Bereich für sich, sondern in der Welt ist eigentlich nur die Doxa, in der aber die Aletheia als ein merkwürdig in ihr Waltendes nun enthalten ist.

Wir müssen hinzufügen, daß die Tatsache, daß ein Sprecher von dem, was er zu sagen hat, in den ersten Sätzen seines Buchs so spricht, ein Topos ist, den wir bezeichnen können als Versicherung des Wahrheitsanspruchs für das Gesagte durch den Sprecher. Daß einer auftritt und mit seinen ersten Worten behauptet, die Wahrheit zu sagen, ist ein festes Motiv. Beispiele haben wir etwa im 2. Iliasbuch, das berühmte Musengebet (484 ff.) am Beginn des Schiffskatalogs: die Musen werden herbeigerufen als die eigentlich Wissenden und als Zeugen, daß Homer mit dem, was er weiter gibt, Wahres bringen wird. Weiter hatte ich behandelt das Prooimion des Hesiod mit dem Wort der Musen an ihn, daß sie viel Trügerisches sagen könnten, das dem Wahren gleicht, aber auch, wenn sie wollten, die Wahrheit sagen. Dann geht das weiter bei Hekataios in anderer Form: er will sagen, was ihm wahr zu sein scheint, wie er angibt. Das geht bis zu Thukydides, der in seinem großen Prooimion gegen die älteren Historiker ebenfalls seinen neuen Anspruch bekundet, wahre Geschichte zu schreiben. Er spricht geradezu von der ›Suche der Wahrheit‹, womit er sich eine neue und strengere Verpflichtung auferlegt etwa gegenüber Herodot, der sich nur verpflichtet hatte, das Berichtete weiter zu berichten. Das könnte man weiter verfolgen, ich wollte darauf nur hinweisen.

Es ist bedeutungsvoll, wie bei den Griechen selbst etwas so individuell Geäußertes dann doch in solch einer Deszendenz steht. Es ist eben doch nicht ganz individuell, sondern neue Prägung von Konventionellem, was eine ganz gesunde Deutung des Begriffs des Individuellen wäre. Die Griechen haben überall in dieser Weise vorhandene Grundformen energisch weitergebildet und sind damit in all ihren Hervorbringungen sehr weit gekommen. So trennt sich selbst Heraklit, der größte Individualist, nicht von der

Tradition. Auch er tut am Anfang seinen Wahrheitsanspruch kund, aber in ganz neuartiger Weise, wie wir gesehen hatten. – Das hatte ich bisher entwickelt und auch die Neuartigkeit dieses Ansatzes zu zeigen gesucht in der Richtung des frühen griechischen Denkens von Thales her. Mit Heraklit ist das Sein in ganz neuer Weise gesichtet in merkwürdiger Verflochtenheit von Sein und Schein, in der es sich vor die Menschen stellt, wobei das Scheinhafte in der Vielzahl obwaltet und sich auch darin bezeugt, daß einer, der zum eigentlichen Grund vordringt, dann nicht verstanden wird.

Wir wollen nun versuchen, uns vom ersten Fragment aus des Weiteren zu bemächtigen. Die Methode, mit der man hier einzig verfahren kann, ist die, daß man sich nicht nur die Fragmente ansieht und sich dabei etwas denkt, sondern sofern man Wissenschaft treibt, ist das seit Platon gebunden an die Form des Rechenschaftgebens. Der Unterschied zwischen einem produktiven Geist und einem, der Wissenschaft treibt, ist der, daß sich der eine einfach etwas dabei denken darf und daß das so Gedachte dann auch wirklich ein Etwas sein wird. Wer aber wissenschaftlich denkt, erschwert sich das, indem er sich bindet an den Weg des Logos und des Rechenschaftsgebens. Für dieses Vorschreiten gleichsam in spanischen Stiefeln brauchen wir eine Methode, griechisch *méthodos*, der Weg, auf dem man etwas holen geht. Man soll nicht zuviel von Methode sprechen, aber ich muß doch kurz sagen, daß unsere Methode die eines fortschreitenden Sich-Ergänzens sein wird. Fragmente sind wie Bruchstücke aus einem Mosaikbild, die uns ganz zufällig in die Hand gekommen sind. Da finden wir kleine Steinchen, an denen sich der geistreiche Mensch freuen mag, wie sie da an sich sind. Wir aber müssen überdies untersuchen, wie die Linien darin verlaufen, müssen ähnliche Muster zusammenlegen, wie es in der Ausgabe z. T. schon getan ist. So kommt hier und dort etwas zusammen, meist ohne Zwischenglieder, die selten sind. Aber wenn wir es so einordnen, können wir nach den verlaufenden Linien die Verbindungen manchmal ergänzen und fassen so, wenn auch nie das ganze Bild, doch gewisse Linien und Strukturen. Und die Weise, wie wir dann fortschreiten, wird die sein, daß wir die Zwischenräume nach Möglichkeit zu füllen suchen.

Ich fahre fort mit dem zweiten Fragment, das man schon in die Nähe gerückt hat. Weil das Wort *xynón* ist, »deswegen muß man folgen dem Gemeinsamen. Aber obwohl der Logos ein gemeinsamer ist, leben die Vielen, als hätten sie eine eigene Einsicht.« Aus der ähnlichen Konstruktion können wir übrigens schließen, daß im ersten Fragment das *aei* wohl zu Logos gehört, das bleibt aber Vermutung. – Hier ist nun ein neues Element gegeben, der Begriff des *xynón*. Ich hatte es noch nicht mit ›allgemein‹ übersetzt, obgleich das hier bereits zugrunde liegt. Aber konzipiert wird der Begriff noch vom konkreten Gemeinsamen aus. Es ist ein politischer Begriff, der Gegensatz zum *ídion*, dem ›Abgesonderten‹, ›Eigenen‹, etwa ein Gemeinbesitz, Besitz einer politischen Gemeinschaft, gegenüber dem Privatbesitz. Diese Begrifflichkeit, die wohl primär aus der politischen Sphäre kommt, wird hier aufgenommen und wohl erstmalig in diesem Sinne angewendet (nach einigen Ansätzen bei Parmenides) auf die grundlegende Scheidung, die dieselbe ist wie die zwischen ›den Menschen‹ und ›dem Wort‹. Der eigentliche Charakter des Wortes, das ein Seiendes ist, wird hier von einer anderen Seite her bezeichnet als das Gemeinsame, und das eigentümlich Scheinhafte der Menschen wird darauf zurückgeführt, daß die Vielen so leben, als ob sie eine besondere, d.h. vom Seienden abgesonderte Erkenntnis hätten. Irgendwie ist hier gesichtet, daß das Gültige des Logos sich darstellt in der Tatsache, daß er gemeinsam ist, daß alle an ihm teilhaben. Das war schon im ersten Fragment gesagt: die Menschen gehen alle mit ihm um, alles geschieht nach ihm. Jetzt ist es vom Begriff des Gemeinsamen aus noch genauer gefaßt. Dieses Gemeinsame ist also einerseits die Tatsache, daß der Logos in allem obwaltet, alles durchdringt und trägt, und andererseits, daß auch alle an ihm teilhaben, so daß die Aussonderung einer eigenen Phronesis aus diesem Gemeinsamen scheinbegründend ist. Die Tatsache des Scheindenkens beruht auf dieser Absonderung der Einzelvernunft aus dem Allgemeinen. Ich will jetzt der Versuchung widerstehen, das weiter zu exemplifizieren; wir werden bald sehen, wie sich durch die ergänzende Methode Weiteres anfügen wird. Das Für-sich-Sein rein an sich ergibt die Grundlage des Nicht-Erkennens des Logos, der eben nicht in irgendeinem Für-sich-Sein besteht, sondern gerade im Gemeinsamen.

Ich füge hier hinzu Fr. 34, das geradezu anklingt an Fr. 1, zweifellos wörtlich: »Sie sind unverständig (d.h. des Logos), auch wenn sie ihn gehört haben«, und indem sie als Hörende unverständig bleiben, »sind sie wie Taube«, die kein Gehör haben.

Wir kennen Ähnliches aus dem Neuen Testament, wo es auch darum geht, daß es Menschen gibt, die dem eigentlichen Sinn gegenüber unvernehmend bleiben, taub, nicht nur schwerhörig. Das ist hier ganz ohne Pathos gesagt. Und nun wird hinzugefügt: »Und so zeugt denn für sie das Sprichwort: anwesend sind sie abwesend.« Damit ist nicht gemeint, daß jemand, der mit seiner leiblichen Körperlichkeit anwesend ist, im Geiste abwesend ist. Man könnte fast richtiger übersetzen: ›obgleich sie dran sind, sind sie doch davon entfernt.‹ Sie sind an dem Logos dran (*peirómenoi*, Fr. 1), befassen sich damit, und doch sind sie dabei auch wieder von ihm weg. Es bezieht sich eindeutig auf das Objekt, *von* dem man entfernt ist, der Ton liegt nicht auf dem Subjekt, *das* entfernt ist.

Hierzu kann man gleich Fr. 72 heranziehen, das berühmte Fragment, das so stark gewirkt hat auf Hölderlin und seine Freunde: »Indem sie mit dem Logos im höchsten Grade durchgehend (ständig, in allem Denken und Handeln) umgehen (*homileín* Begriff des ständigen Umgangs), entzweien sie sich mit ihm (oder bleiben mit ihm entzweit).« Jetzt wird das Bild des Umgehens, des vertrauten Umgangs gebraucht, in dem sich nun diese Kluft, diese Differenz auftut. Es ist dasselbe Grundverhältnis von Logos und Menschen wie bisher. Es liegt auf derselben Linie, wird nur verstärkt und weiter entwickelt. »Die Dinge, auf die sie alltäglich treffen – diese stellen sich ihnen dar als fremde.« Auch die Struktur dieses Denkens wird immer deutlicher. Es ist offenbar eine große Grundvision, die von diesem Denker erlebt ist und nun in immer neuen Aspekten zu fassen gesucht wird. Wir werden noch sehen, wie sich bestimmte Gruppierungen abheben.

Weiter Fr. 73: »Man soll nicht wie schlafend handeln und reden.« Wir hatten in Fr. 1 das Bild von den Menschen kennengelernt, denen es entzogen bleibt, was sie im Wachen tun, wie sonst entzogen bleibt, was man im Schlafen tut. Es ist eine Grundvorstellung, die bis zu Platon weiterwirkt. Der Mensch muß erwachen, um zur Erkenntnis des Logos zu gelangen. – Dazu gehört Fr. 89, das zwei verschiedene Linien aufnimmt. Der erste Teil ist sicher wörtlich, der zweite bringt wohl Heraklits Gedanken, wenn auch nicht im Ausdruck. Ich kann die philologischen Vorarbeiten hier nicht durchführen, das muß jeweils vom zitierenden Autor aus geschehen. »Heraklit sagt, daß die Wachen (oder Erwachten) Einen und gemeinsamen Kosmos haben, dagegen die Schlafenden jeder seinen eigenen.« – Ein wundervolles Bild, das für uns zwei bisher getrennt verlaufende Linien vereinigt. Der Gedanke ist ganz anders als das, was heute modern ist, wo gerade die Schlafenden und Träumenden eine Art gemeinsamer Erinnerung zu erleben scheinen an das, was man Archetypen nennt. Heraklit ist ganz anderer Meinung. Er meint, daß der Schlafende in seine eigene Wesenheit zurückgeworfen ist, sein Traumleben führt, das gerade nicht gemeinsam ist, sondern zum Individuellsten des Menschen gehört und damit in das rein Scheinhafte des Idion. Aber im Wachen sind die Menschen ausgezeichnet dadurch, daß sie diesen Einen und gemeinsamen Kosmos haben. Man tut bei griechischen Dingen immer gut, wenn man erst an vorhandene Anschauungen anknüpft und nicht zu früh rein denkerisch wird. Der Kosmos ist hier schon die gesamte Welt als Weltordnung. Wir hatten die Wortgeschichte verfolgt. Wenn es heißt, daß die Menschen im Wachen eine gemeinsame Welt haben, so ist einfach das gemeint, was wir alle kennen. Wir alle, die wir über die Erde hingehen, haben oben diese Himmelskugel, die alles umgibt, und sie ist zugleich ein Eines und Versammelndes. Dies sinnliche Himmelsbewußtsein, wie man es nennen mag, liegt hier zugrunde. Der wachende Mensch, der darauf bezogen ist, erlebt dieses Gemeinsame unmittelbar. Der Schlafende ist hineingeworfen in die Dunkelheit des Schlafs, seiner Träume, die nur einen eigenen Kosmos bilden. So ist offenbar der geistig erwachte Mensch ebenfalls bezogen auf einen Himmel, einen Überhimmel gleichsam, den er als Wissender kennt und erlebt wie hier der Wachende den sinnlich-anschaulichen. Damit haben wir wieder ein Gemeinsames und eine Einheit, bezogen auf ein Wissen und Bewußtsein: das höchste Bewußtsein des Wachens.

Hier muß ich auf etwas Philologisches eingehen, Fr. 75, das man von verschiedenen Seiten her für nicht recht passend gehalten hat zu diesem Gedanken. Der zitierende Autor Marcus Antoninus sagt, er glaube, daß Heraklit die Schlafenden die Werker und Mitwerker der im Kosmos geschehenden Dinge nennt. Das ist nun sehr merkwürdig. Der Autor hat das so verstanden, als ob gerade den Schlafenden eine besonders hohe Erkenntnis zugebilligt würde, was wir sonst im Griechischen kennen bei der Orphik und Pindar. Daß aber Heraklit das gesagt habe, während er in den besprochenen Fragmenten etwas ganz anderes sagt, ist undenkbar. Entweder war also dieses ›ich glaube‹ der Ausdruck dafür, daß der Autor keine genaue Erinnerung hatte, oder wenigstens dafür, wie es oft vorkommt, daß er ungenau zitiert, und wir müssen versuchen, den Gedanken in einen Zusammenhang zu stellen, in dem er die richtige Form gewinnt. Ich meine, das muß geschehen, und geht auch in einer sehr einfachen Weise, nämlich der Weise eines ›obgleich‹. *Zwar* ist es so, daß auch die Schlafenden Werker und Mitwerker sind an dem, was geschieht, sie sind ja alle in das Sein hineingenommen und nehmen so daran Teil, *aber* als Schlafende wissen sie nichts davon. Das würde gut zu dem passen, was wir bisher kennengelernt haben, und ist die einzige Form, in der ich mir denken könnte, daß das von Heraklit gesagt worden ist.

3.

Wir hatten angefangen, im Zusammenhang mit Fr. 1 weitere Fragmente heranzuziehen im Sinne eines fortschreitenden kombinatorisch-ergänzenden Verfahrens. Das wollen wir heute noch fortsetzen und so allmählich eingrenzen, was es mit dem Logos auf sich hat.

Als nächstes Fr. 17: »Denn die Vielen verstehen *(phronéousi)* derartiges nicht (derartiges offenbar, wie er es lehrt; eigentlich: ›gewinnen keine Einsicht‹), so viele auch darauf treffen, und auch wenn sie es gelernt haben, erkennen sie es nicht, sondern sie bilden es sich nur für sich selbst ein (lassen es sich so erscheinen).« Wieder der Hauptgegensatz des eigentlichen Wissens der Aletheia und dem, daß die Vielen es nicht aufnehmen können. In all diesen Paradoxen wird der innere Kontrast zum Ausdruck gebracht. *phronein* ist kein äußerliches Wissen, sondern eins, das erhellend auf das Wesen geht; so noch bei Platon. *enkyreîn* heißt ›darauf treffen‹, gleichsam mit der Nase daran stoßen. *gignōskein* bedeutet ›erkennen‹ in wieder anderer Schattierung. *manthanein*, ›lernen‹, ist ein geistiges Daraufstoßen, das noch nicht zur eigentlichen Erkenntnis führt. Es ist ja bekannt, daß man viel lernen kann und in Wahrheit doch nichts wissen. Das, was dabei herauskommt, ist allenfalls eine Doxa, ein Scheinen, das dadurch charakterisiert ist, daß es nur für den besteht, der es hat. Sie sehen, wie hier wieder etwas hochkommt, das wir in Fr. 2 schon als *idia phronesis* kennengelernt hatten. Erkenntnis, die nicht gemeinsam ist, gilt nur für den Einzelnen; das wird hier weitergeführt. Unermüdlich ist der Sprecher am Werk, den Gegensatz herauszuarbeiten zwischen der eigentümlichen Wesensart der Vielen und dem eigentlichen Wissen: diese seine neue, philosophisch so folgenreiche Entdeckung.

Um noch nach einer anderen Richtung etwas hinzuzunehmen: Fr. 80. Da haben wir den Begriff des Gemeinsamen von der anderen Seite. »Man muß aber wissen, daß der Krieg gemeinsam ist, und daß das Recht Streit ist, und daß alles geschieht nach Maßgabe des Streites und der Schuldigkeit.« Hier ist viel Neuartiges, was wir erst später werden deuten können. Aber der Gedanke, daß der Krieg *xynón* ist, geht zusammen mit dem berühmten Fragment 53, daß »der Krieg Vater aller Dinge ist und von allem der König«. Für uns ist hier interessant, wie der Begriff des Gemeinsamen gefaßt ist. Man muß Ilias 18, 309 hinzunehmen, wo von Hektor die Möglichkeit erwogen wird, daß auch Achilleus fallen könnte: »Der böse Daimon des Kriegs ist gemeinsam, und auch den Tötenden hat er schon getötet.« Es ist wohl klar, was das hier heißt. Ähnlich Od. 18, 264, Odysseus zu seiner Frau: es könnte sein, daß er im Krieg fallen werde, denn der Krieg ist – nicht *xynón*, sondern *homoios* (›ähnlich‹ oder ›gleich‹), d.h. er macht keine Unterschiede. Es kann jeden treffen. Der Gedanke ist ganz einfach: wo der Zufall waltet, da ist der Stärkere nicht sicherer als der Schwache, der mit einem hübschen Gesicht nicht mehr als der mit einem unangenehmen, oder was da sonst noch denkbar ist: Mann, Frau, Greis, Kind usw. Diese Grundeigenschaft des Krieges wird dadurch ausgedrückt. Man möchte meinen, daß Heraklit, der Homer genau gekannt hat, die Stelle im Auge hatte. So braucht er hier das Wort, wenn auch in etwas anderem Sinn. Es ist gemeint, daß auch der Krieg irgendwie jenes Gemeinsame hat, das wir schon kennengelernt hatten: daß er wie der Logos etwas ist, das alle angeht. Keiner kann etwa für sich allein Frieden machen. Man kann meinen, daß man das könnte, aber dann wird man bald merken, daß es nicht geht. Es ist der Charakter des Allbetreffenden, nicht nur des Gemeinsamen. Hier kommt die Gegensatzlehre hinein, daß alles besteht im Widerstreit der Gegensätze und ihrem Austausch. So werden hier Eris und Dike genannt. Wenn es ein ausgleichendes Walten gibt, so vollzieht sich das in Streit und Widerstreit, im Austausch, wie wir bald sehen werden. Alles geschieht im Sinn eines Streits, das Weltgeschehen ist Streitgeschehen. Wir werden noch darauf zurückkommen. Heraklit knüpft damit deutlich an Anaximander an, denn in diesem Geschehen liegt ja auch irgendwie der Gedanke der Schuldigkeit.

Fr. 114 noch einmal deutlich. Es ist schön, daß wir hier einmal ein größeres Stück haben und sehen, wie er dabei vorgeht. Die Beobachtung der inneren Form kann vielleicht dazu führen, daß man noch einmal vom Ganzen eine bessere Vorstellung gewinnen kann. »Wer da redet mit Einsicht, der muß fest werden (sich festigen) in dem allen Gemeinsamen.« Also wer dem Nus folgend reden will, muß seinen Grund suchen in dem Gemeinsamen von allen. Nur dann, wenn er seine Basis in jenem Xynón sucht, wird er dazu gelangen, mit Einsicht zu reden, und zwar muß man sich so fest darauf gründen, »wie die Polis sich fest stützt auf ihr Gesetz und noch viel fester.« Das ist ja das Gemeinsame in all den Konventionen, Wünschen, Weisen der Tätigkeit der einzelnen Bürger. Das Gesetz drückt den Willen der Stadt als einen gemeinsamen aus. Und wie eine Stadt nur stark sein kann, die sich darauf stützt, daß der Einzelne dieses Gemeinsame auch den Privatinteressen voransetzt, wie Thukydides einmal sagt, so muß auch ein Mensch sich stützen auf das Gemeinsame des Erkennens – wobei Heraklit nicht von einem kosmopolitischen Weltstaat spricht, wenn das auch schon im Hintergrund liegt. Aber es ist offenbar so, daß es auch im Kosmos einen solchen Nomos gibt, der das Gemeinsame ist, und darauf muß sich stützen, wer überhaupt etwas sagen will. Ich will schon vorwegnehmen, daß damit klar wieder der Logos gemeint ist. – »Denn alle menschlichen Gesetze nähren sich von dem einen göttlichen (Gesetz, oder dem ›Göttlichen‹, allgemein gefaßt). Denn es ist um so viel überlegen, wie es will, und es reicht hin für alle, ja es hat noch Überschuß darüber hinaus.« Das ist ganz metaphysisch, wenn dies umfassende Göttliche, worauf man sich stützen muß, nicht nur stärker ist als alles, alles nach eigenem Willen dirigiert, allem hinreicht in der inneren Fülle, sondern wenn es noch darüber hinausgeht über alles, was in der Welt seiner bedarf. Sie sehen, wie der Horizont des Göttlichen hier auftaucht, den wir bald als einen entscheidenden kennenlernen werden.

Ich glaube, daß nun die Linie des Gemeinsamen in ihrer Richtung deutlich geworden ist. So schließe ich diese Reihe ab mit dem Fragment, das wieder zum ersten zurückführt: Fr. 50, bei Hippolytos: »Heraklit sagt, das All sei zerlegbar-unzerlegbar, geworden-ungeworden, sterblich-unsterblich, Logos-Aion, Vater-Sohn (doch wohl rein christlich und nicht Heraklit!), Gott – das Gerechte (kein Gegensatz, wenn er nicht hier die Reihe aufgibt).« Soweit die Worte des Hippolytos. Und nun wörtlich: »Nicht auf mich, sondern auf den Logos hörend, ist es weise, übereinstimmend (mit dem Logos) zu sagen, daß Eins Alles sei.« *homologein* enthält noch deutlich den Logos, das muß man mithören. Also ›dem Logos gemäß der Überzeugung sein‹, ›im Einklang mit dem Logos sagen‹. Hier haben wir die große Paradoxie des Eins und Alles, die so gewaltig etwa auf Hölderlin gewirkt hat, so wie auch auf Schelling und Hegel. Heraklit sagt deutlich, daß man im Einklang mit dem Logos zur Erkenntnis kommen soll, daß das einzige wirkliche Wissen darin besteht, zu erkennen, daß Eins Alles ist. Und wenn man das tut, so nicht, weil man auf ihn hört, sondern auf den Logos. Hier scheidet er seine empirische Person ab von dem Logos, den er vertritt, und doch ist es selbstverständlich wieder ›sein‹ Logos, wie in Fr. 1. Er wiederholt sich oft, greift immer wieder dieselben Begriffe auf, ehe der Gedanke weiterschreitet. Auch das ist feste innere Form bei ihm, offenbar ein Künden nicht diskursiver Art von Punkt zu Punkt fortschreitend, sondern kyklisch, wo es aus dem gleichen Kreis seiner Grundeinsicht heraus gleichsam immer neue konzentrische Kreise heraustreibt. Das eine ist die Art, die in einer Linie fortschreitet wie etwa beim Historiker; hier aber müßte man für die Art des Fortschreitens eine Spirale zeichnen. Der Gedanke geht nicht von einem Gegenstand zum andern, sondern schreitet sich selbst vermehrend fort. So ist die Hippolytosstelle für die innere Form des Werks aufschlußreich, derer wir doch wenigstens versuchen müssen uns zu bemächtigen. Ein merkwürdiges Prinzip von Wiederholungen, wodurch die Begriffe in immer neue Aspekte treten.

Das wäre eine erste Gruppe von solchen Fragmenten, die in dieser Weise ergänzend aneinandergesetzt wurden. Nun aber ist es Zeit, daß wir den Stier bei den Hörnern packen und auszusagen versuchen, was der Logos bei Heraklit ist. Es gibt eine ziemliche Literatur darüber. Ich nenne vor allem den Aufsatz von Uvo Hölscher ›Der Logos des Heraklit‹, Varia Variorum 1952, 69ff. Weiter der kurze Aufsatz von Edwin Minar in Classical Philology 1939, 323ff. Dann das öfter genannte Buch von Kirk, die Interpretation der kosmischen Fragmente, und die Dissertation von Ewald Kurtz, Tübingen, in den Gedanken von mir angeregt und in der Methode vorzüglich entwickelt. Ich will das jetzt kurz zusammenfassen.

Zunächst müssen wir als Philologen nach der etymologischen Grundbedeutung fragen, die ich im ersten Teil unter den Grundbegriffen behandelt habe und hier nun wiederhole (o. S. 182 ff.). Das Wort *logos* hängt zusammen mit lateinisch *legere,* ›sammeln‹, ›lesen‹, ›erlesen‹. Ebenso auch griechisch in der alten Zeit, etwa Ilias 24, 793 für das Herauslesen der Gebeine des Toten aus der Asche nach der Verbrennung; so öfter bei Homer. Oder Odyssee 4, 451 f., wo der Meeresalte die Zahl der Robben genau zählt, nachrechnet. Man sieht, wie die Bedeutung des Lesens und Sammelns zu der des Zählens führt. Logos geht durchaus in diese Richtung und heißt ›die Rechnung‹. *katalegein* und *analegein* hat bei Berichten die Bedeutung des Herzählens, gleichsam nach Punkten. Intensivbildungen sind dann *logizesthai* und *logismos,* aber die Bedeutung des Rechnens liegt auch schon in *logos* und *legein:* sagen, herzählen, wie es der einfache Mensch tut, manchmal an den Fingern. So sagt Homer etwa Od. 9, 14: ›Was soll ich als erstes, was als letztes herzählen‹, als die große Erzählung beginnt. Es ist eine gewisse Zahlenreihe, Reihenfolge. Das gilt für alle Stellen, wo Logos einfach die Erzählung ist; die Logoi des Herodot, Erzählungen, in denen die Dinge in einer Reihenfolge dargestellt werden. Das Diskursive hängt damit zusammen. Nie ist es das einzelne Wort, von dem der Plural die Wörter sind. Das wäre der Name, *onoma.* Der Logos umfaßt immer eine Fülle von Gegenständen, die in bestimmter Ordnung dargelegt werden. Das kann ein Bericht sein, eine Argumentation u. ä. Auch wo das Wort zuerst vorkommt, heißt es nicht ›Wort‹. Ilias 15, 393: ein Arzt erfreut den Verwundeten mit Logoi, d.h. gutem Zureden, vielleicht hat er ihn auch abgelenkt mit Geschichten. Ebenso Odyssee 1, 56 an der Stelle, wo Kalypso Odysseus ›mit sanften Worten‹ zu bereden sucht, sind Argumente gemeint, wie man im 5. Buch erfährt: sie will ihn unsterblich machen und ohne Alter. So auch an allen anderen frühen Stellen. Bei Parmenides hatten wir schon Fr. 8, 50 ff. das Wort kennengelernt: hier endet die zuverlässige Beweisführung, *pistós logos,* das, worauf man sich verlassen kann. Hesiod sagt in den ›Erga‹ V. 106, er wolle einen anderen Logos aufgipfeln, eine zweite Argumentation, die er dem anderen entgegenhalten will. So durchgehend. Das Wort kommt dann auch später abgegriffen vor für jede Art von Rede, aber wenn man genauer hinhört, hat es doch immer diesen Charakter. So tut man gut, sich für das Wort den Charakter des Zählens und

Herzählens klarzumachen, oder noch besser den der Proportion, was für Heraklit der entscheidende Begriff ist. Deutlich dann die Weiterbildung in *análogon:* ›demselben Logos folgend‹.

Dieser Charakter zeigt sich deutlich Fr. 31, auf das ich nun als Grundlage komme. Es ist bei Clemens überliefert, wir können es nicht ganz lesen, sondern nur die richtig herausgegriffenen Worte. Da spricht er vom Wechseltausch der Elemente ineinander: »Die Verwandlungen (besser ›Wendungen‹) des Feuers sind zuerst Meer, des Meeres zur Hälfte Erde und zur Hälfte Glutwind.« Eins geht in das andere über, wird abgewandelt. Weiter heißt es später: »Das Meer wird auseinandergeschüttet und erhält sein Maß nach demselben Logos, wie er vorher bestand, ehe es geworden war.« Es besteht also eine feste Proportion, und diese Proportion bleibt in der Wandlung bestehen. Sie sehen, wie Heraklit beim Übergang der Elemente ineinander nicht nur einen einfachen Übergang annimmt, wobei das eine in dem anderen vergeht, sondern daß etwas Festes dabei bestehen bleibt, und das ist die Proportion, ein bestimmtes Strukturverhältnis. Es hat keinen Zweck, nachzudenken, ob er an quantitative Proportionen gedacht hat wie die moderne Naturwissenschaft, oder ob er auch Qualitäten gemeint hat. Es ist auch gleich für uns. Aber daß die Proportion etwas Festes im Wandel ist, wird völlig klar aus dem Fragment. – Ferner ist klar, wie bei Heraklit nun der Begriff des Metron, des Maßes, mit dem Logos in enge Beziehung tritt. Dafür rücken wir Fr. 94 daneben: »Helios wird nicht überschreiten seine Maße. Wenn er es aber doch tut, werden die Erinyen, die Hunde der Dike, ihn zu finden wissen.« Die Gesetzlichkeit, nach der die Sonne ihre Bahn einhält, zeigt sich darin, daß sie nicht aus ihren Maßen herausgeht, in die sie eingeschlossen ist, weil die Dike darüber wacht. Ähnlich Fr. 30: »Diesen Kosmos, der derselbe ist für alle (oder ›alles‹), hat nicht einer der Götter oder Menschen geschaffen, sondern er war immer und ist und wird sein: Feuer, ewig lebendiges, das sich entzündet nach Maßen und erlöscht nach Maßen.« Also in seinem Wesensgrund ist der Kosmos Feuer. Der Affinität zwischen Feuer und Logos werden wir bald begegnen. Dies ewig lebendige Feuer stellt nicht ein Gleichbleibendes dar, sondern in einem periodischen Wechsel zeigt sich wieder ein Element des Beständigen: das Maß, die Maße, die wieder mit dem Logos in engster Beziehung stehen.

Bisher ergibt sich also, daß der Logos nicht mystisch zu verstehen ist, orakelhaft, wie Hölscher sagt, auch nicht als gewolltes Paradox oder irgend etwas, von dem man mit verschwommener Begeisterung sprechen könnte, wogegen sich H. Fränkel mit Recht gewendet hat. All das müssen wir auf unserem Weg beiseite lassen. Wir sehen in Heraklit einen Denker, der so groß ist, weil er sachlich ist, und nur vom Sachlichen her dürfen wir ihn zu verstehen suchen. Da zeigt es sich, daß der Logos im Grunde weiter nichts ist als die Rechnung, die Proportionalität, auf die er immer wieder stößt im Wechsel von Werden und Vergehen als das Bleibende. So setze ich hier diese Proportionalität an gegenüber den früheren Ansätzen. Das wollte ich schon heute aussprechen, weil die Richtung uns darauf hin geführt hatte. Wir werden es noch weiter sichern.

4.

Ehe wir nun in der Betrachtung des Logos bei Heraklit fortfahren, noch der Hinweis, daß selbstverständlich das Wort auch einmal im allgemeinen Sinne bei ihm vorkommen kann. Etwa Fr. 87: »Ein sturer Mensch pflegt aufgescheucht zu werden bei jedem Wort.« Aber auch hier ist es nicht das einzelne Wort, das ans Ohr schlägt, sondern gemeint ist jede Art von Darlegung, die manche Menschen gleich veranlaßt, hochzugehen. Wieder eine absprechende Bemerkung also über einen bestimmten Typus der Vielen, die nicht wie Sachverständige eine Sache erst einmal ruhig und objektiv nehmen und prüfen können, wenn sie ihnen neu und kühn vorkommt, sondern sie reagieren primär emotional, wie wir sagen würden. – Fr. 108 ist eine zweite solche Stelle, wo es scheint, als stünde das Wort im gewöhnlichen Sinn. »Wie vieler Menschen Logoi ich auch gehört habe, so gelangt doch keiner bis dahin, daß er erkenne, daß das Weise etwas ist, das von allem getrennt ist.« Hier erscheint der Chorismos, der seit Platon so wichtig wird, zum erstenmal im griechischen Denken. Aber auch hier sind es nicht irgendwelche Worte, die man unterwegs spricht, sondern Logoi als Darlegungen von Sachverhalten. Selbst an diesen beiden Stellen, wo ›Proportion‹ nicht passen würde, wahrt Logos immer den Grundcharakter eines geordneten Zusammenhangs. – Wieder anders Fr. 39: »In Priëne wurde geboren Bias, des Teutames Sohn, dessen Rechnung größer ist als die der anderen«, d.h. er hat gleichsam ein größeres Konto als andere, oder wenn man ihn in Rechnung setzt, wiegt er schwerer. Für solche Bedeutung vgl. Tyrtaios Fr. 9: er will einen nicht ›in Rechnung setzen‹, *en logō titheiēn*. Das ist auch hier gemeint. Im volkstümlichen Jargon hat man auch im Deutschen meist den entsprechenden Ausdruck. Es ist merkwürdig, wie stark die einfache Volkssprache Philosophisches bewahrt hat, viel vorstellungsreicher ist als die konventionelle Sprache. Immer wieder, wenn man für bestimmte griechische Vorstellungen eine Entsprechung sucht, tut man gut, sich einmal dort umzusehen, weil man da meist mehr findet.

Nachdem wir auch das beiseite gerückt haben, wenden wir uns nun sehr interessanten Dingen zu. Das ist die bedeutende Entdeckung von H. Fränkel in seinem genannten Sammelband in der Abhandlung: ›Eine Heraklitische Denkform‹, und man kann eigentlich nichts anderes tun, als den Inhalt und das Ergebnis zu referieren. Sie werden gleich sehen, wie wichtig das ist und ganz auf dem Weg liegt, auf dem wir uns befinden. Fränkel geht davon aus, daß er ein neues Fragment entdeckt hat bei Platon, ›Staat‹ 7, 533 d, mit großer Wahrscheinlichkeit. Aber ich beginne dort, wo er sich der besonderen Denkform Heraklits zuwendet, S. 258. Er geht aus von Fr. 79: »Der Mann gilt vor Gott als kindisch wie der Knabe vor dem Mann.« So Fränkel; man könnte vielleicht besser sagen: ›dem Daimon gegenüber‹. Das Interessante ist, daß sich hier eindeutig in der Denkform ein Logos zeigt, eine Proportion in vollkommenster Form. Man könnte sie geradezu auch so schreiben: Gott : Mann = Mann : Kind. Auf das gemeinsame Mittlere kommt es an. Das führt Fränkel weiter durch. In einem einfachen Satz würde das heißen: verglichen mit dem Daimon ist der Mann nur ein Kind. Das Wesentliche an dieser Art von Proportion, die hier aufgestellt wird, ist, daß ein bekanntes Verhältnis zwischen zwei Größen benutzt wird zur Erschließung eines unbekannten. Bekannt ist das Verhältnis zwischen Kind und Mann. Durchaus unbekannt ist das zwischen Mann und Gott, zumal der Gott sich dem einfachen Kennen entzieht und die Menschen so ihr Verhältnis zu ihm nicht richtig bestimmen können, worauf doch viel ankommt. Dieses unbekannte Verhältnis wird erläutert durch ein bekanntes. Die Folge dieses Denkverfahrens ist, daß hier wie auch in anderen Fragmenten der Philosoph Heraklit bestrebt ist, den Menschen auf sein eigenes Maß zu reduzieren, ihn sich selbst zu zeigen in seinem Abstand von dem höheren Wahren, dem absoluten Sein. Wenn wir also ausgegangen waren von einem Verhältnis: dem des Philosophen zu den Menschen, von dem ich sagte, daß sich darin eine bestimmte philosophische Haltung abzeichnet, so sehen wir, wie dies Rechnen mit Verhältnissen hier thematisch wird.

Ich gehe besser erst weiter zu anderen Beispielen. Es ist so, daß eine Fülle von Paradoxa, auf die wir bei Heraklit treffen, sei es in Gegensätzlichkeiten, sei es in der Identifizierung von Gegensätzlichkeiten, auf solche Proportionen hinauslaufen, wenn auch nicht immer in dieser Klarheit auch in der sprachlichen Form. So Fr. 82, wohl nicht wörtlich, bei Platon: »Der schönste Affe ist häßlich, mit dem Menschengeschlecht verglichen«, und Fr. 83, wo der Gedanke deutlich Heraklit selbst näher kommt: »Der weiseste Mensch wird Gott gegenüber erscheinen als ein Affe, sowohl an Weisheit wie auch an Schönheit wie allem anderen.« Während in der ersten Formulierung das Paradoxe einfach hingestellt wurde als Aussage, schimmert in dem *pros* der zweiten Form noch der Proportionscharakter durch. Es ist klar, wie wir nun dieselbe Gleichung aufstellen können: Gott : Weiser = Weiser : Affe. Die höchste menschliche Weisheit, mit der göttlichen verglichen, ist nur eine äffische. Auch hier ist die Aussageform klar. Das Prädikat liegt im letzten Glied der Gleichung. Das Paradoxe ist also nichts Orakelhaftes, sondern was hier vor sich geht, nähert sich nicht umsonst in der Scheinform einer Paradoxie der Mathematik.

Noch ein Beispiel für dasselbe, Fr. 124: »Der schönste Kosmos ist nur wie ein *sarma*, ein Haufen von wahllos hingeschütteten Dingen.« ›Unrat‹ ist emotionell übertreibend dafür. Das Ungeordnete ist entscheidend bei einem solchen Haufen von Dingen, nicht das jeweils Wertlose und womöglich Unangenehme. Wieder eine Proportion, wenn auch nicht in der Sprachform. Das Gleichheitszeichen ist noch da, und man kann nun ein Verhältnis aussprechen: der Haufen verhält sich zum Kosmos wie der Kosmos zu – etwas anderem. Und was ist dies andere? Es ist deutlich gemeint eine höhere, letzte, geistige Welt des Seins, eine tiefe unsichtbare Seinsordnung, die durchaus dem Gott in den beiden anderen Gleichungen entspricht und hier nur nicht angegeben wird. Es wäre auch vielleicht schwierig zu beschreiben gewesen. Und doch ist es klar intendiert. Wir blicken auf den Kosmos und sehen eine Ordnung. Und nun sagt er von dieser Ordnung, sie sei nichts als etwas ganz ungeordnet und zufällig Zusammengeschüttetes, gegenüber einer anderen Ordnung, die noch jenseits davon ist. Indem ich so das Wort ›jenseits‹ gebrauche, komme ich von selbst in den Bereich des Hinübersteigens, der Transzendenz. Es gibt einen transzendenten Überkosmos gegenüber diesem, den wir kennen.

Vielleicht noch Fr. 52, das etwas schwieriger ist, auch schwer zu übersetzen. Man weiß nicht recht, was *aion* heißt, und auch wenn man es ahnt, kann man es kaum übersetzen. ›Lebenszeit‹ ist es nicht, besser noch Fränkels ›Dasein‹ (S. 264). Aion wird bei Platon einmal das eigentlich seiende Urbild genannt, von dem die Zeit nur Nachahmung ist (›Timaios‹ 37/38). Es hängt also schon mit der Zeit zusammen, wie auch wir es kennen in der Vorstellung ›von Aion zu Aion‹, womit nicht ›Ewigkeiten‹ gemeint sind, sondern große Zeitperioden, eine Art Umlauf, der ganz in sich ruht. Das ist vielleicht das Entscheidende. Etymologisch kann man es nicht fassen, es hängt wohl kaum mit *aei* zusammen. Es ist die Lebenszeit, insofern auch das Leben des Menschen als eine Einheit gefaßt wird, nicht so sehr das Vergehen daran, was sonst im Blick ist. Fast ein plastisch Eingeschlossenes. Ich wüßte auch keine Übersetzung, aber man kann es schon verstehen: eine bestimmte zeitliche Ordnung, die den Charakter hat, daß sie in sich selbst zurückkehrt, periodischen Charakter, Zeit, die nicht linear verläuft. Dies eigentümliche Zeitgebilde ist »ein Kind, das sein Brettspiel treibt«.

Damit ist offenbar folgendes gemeint: Die Ordnung, die wir antreffen im Zeitlichen und die zweifellos eine Ordnung ist, ist doch nur zu verstehen wie diejenige, die auch ein Kind im Brettspiel einhält: nicht reine Willkür, das gerade ist nicht kindlich, auch zumal beim Brettspiel nicht, wo feste Gesetze herrschen. Aber es ist eben doch nur eine gesetzte Ordnung, wie alle Spiele auf solchen willkürlich gesetzten Ordnungen beruhen. Spielregel nennen wir es, die jeweils eine einmal gesetzte ist, dann aber in sich selbst absolut verbindlich. Wir lassen uns alle gern einmal von solchen Regeln beherrschen, beim Schachspiel etwa oder Skat, aber wir würden nicht daran denken, nach solchen Ordnungen unser Leben einzurichten. Sie machen Freude und beschäftigen den Geist, man ›entspannt‹ sich dadurch, und das gerade ist das Spielhafte daran. Nun aber sagt Heraklit, so wie dieses Spiel als Ordnung doch eine gleichsam reduzierte Ordnung ist, so auch diese große Zeitordnung, in der wir stehen. Auch sie ist nur ein Reglement, willkürlich gesetzt und in sich selbst beschränkt – gegenüber, wie wir wieder hinzufügen müssen, einer darüber hinausgehenden umfassenden Ordnung. Wieder eine Gleichung: X : Aion = Aion : Kinderspiel, wobei das große X eine umfassendste Ordnung bedeutet, wieder transzendentaler Art. So gehört auch dies Fragment in diesen Umkreis.

Ich glaube, es ist deutlich geworden, was ich in dieser gewissen Breite hier vorgelegt habe, weil es so grundlegend ist für alles Weitere. Wir sehen aber auch noch anderes. Wenn wir gesagt hatten, daß ›Logos‹ die Grundbedeutung ›Proportion‹ hat, so ist das Neue in der Geschichte der Philosophie, daß Heraklit den Seinsgrund nicht mehr ansetzt in einem Seienden unter anderen, auch nicht in der Zahl, sondern in erahnten Verhältnissen und Bezügen, die in den Wechseln als das Bleibende erscheinen. Mag alles noch so fließend und wallend sich zeigen, es vollzieht sich doch nach innewohnenden festen Regeln, und diese Regeln sind nicht anders angebbar als mit dem Begriff des Logos, jenes großen Gesamt der Verhältnisse und Bezüge. Das ist ein gewaltiger Fortschritt des Denkens über das Frühere hinaus. – Nun wird weiter unsere Aufgabe sein, zu zeigen, wie bekannte Teile der Lehre Heraklits: Gegensätze, Identität und schließlich die Feuerlehre, von dieser Konzeption des Seinsgrunds als Gesamt aller Verhältnisse wirklich verstanden werden können.

5.

Wir haben zuletzt gesprochen von Fränkels Entdeckung der Proportionsgleichung im Denken des Heraklit, die sich an einer ganzen Menge von Fragmenten nachweisen läßt. Es wird gleichsam ein geometrisches Mittel gefunden, wodurch ein bekanntes und jederzeit verfügbares Verhältnis herangezogen wird zur Erläuterung eines unbekannten. Es ist deutlich, daß damit eine Methode, ein Denkmittel aufgestellt ist, um aus dem schlechthin bekannten Bereich des Seins und des Menschlichen vorzudringen zum Seinsgrund und dem Göttlichen, den eigentlichen Gegenständen der Philosophie. –

Mit dem Verhältnis des Bekannten zum Unbekannten, des Menschlichen zum Göttlichen kommen wir schon auf die berühmte Gegensatzlehre des Heraklit, die sich hier anschließt und für die zumal ein Begriff wichtig ist, der uns dann weiter leiten soll: der Begriff des Austauschs oder des Umschlags.

Wir können mit Fr. 88 anfangen, Plutarch: »Es ist darinnen (im Seienden doch wohl) als Dasselbige ein Lebendiges (oder ›das Lebendige‹) und Totes, Wachendes und Schlafendes, Junges und Altes.« In diesem Sein der Welt also gibt es Gegensätze, wie er sie beispielhaft hervorhebt, und nun sagt er, daß das alles im Sein ›als Dasselbige‹ ist. Soweit der Anfangssatz. Und nun der wichtige Schlußteil: »Denn dieses auf der einen Seite ist, wenn es umgeschlagen ist, jenes andere, und jenes andere wieder ist, wenn es umgeschlagen ist, dieses.« Wir haben also diese Gegensätze, und sie sind identisch. Die Weise aber, wie sie identisch sind, nennt er hier *metapíptein,* eigentlich ›umfallen‹. Dieser Umschlag ist es, der die Gegensätze verbindet und als identisch ausweist. Das ist klar gesagt.

Wenn man nun Fr. 84a ansieht, Plotin, haben wir denselben Begriff in der aktiven Form *metabállein:* »Indem es einen Umschlag hervorruft, kommt es zum Aufhören.« Also nicht ›sich wandelt‹ und ›ruht‹, sondern bestimmte Prinzipien werden angegeben, die wir schon aus Fr. 88 kennen. Das Sein besteht aus Gegensätzen, die ineinander hinüberfließen, und die Weise dieses Hinüberfließens ist ein Umschlagen, und dadurch gelangt diese Bewegung zum Aufhören. Das können wir nun auf alles anwenden: Leben und Tod, Schlafen und Wachen usw. Kaum irgendwo ist dieses Prinzips des Umschlags als Prinzip so klar und kurz gesagt.

Aber wir haben glücklicherweise noch andere Stellen. Fr. 90: »Des Feuers *antamoibé*, ›Wechseltausch‹ ist das All (Plural, also verschieden differenziert. *pan* und *panta* ist nicht dasselbe), und das Feuer der von allen (oder ›allem‹), so wie die Waren der Wechseltausch sind für das Gold und das Gold für die Waren.« Hier ist dieselbe Sache *amoibé* genannt, verstärkt durch die Vorsilbe *anti*, ein Austausch im wirtschaftlichen Sinn, wie auch der zweite Teil des Satzes deutlich macht. Es gibt einen Umsatz, wie man sagen kann, und ein solcher Austausch oder Umsatz ist das Feuer für alles andere, was im einzelnen ist. Alles ist Austauschobjekt des Feuers. Das Bild ist unendlich treffend für das, was gemeint ist. So wie das Feuer im ersten Teil des Satzes, so dominiert im zweiten das Gold, ist Träger der Valuta, der große Wertmesser. Darin sind Gold und Feuer sich ähnlich. Die

Vorstellung, mit der das alte Denken arbeitet, ist gleichsam geronnenes Feuer, zu Luft, Wasser und Erde geworden. Und wie das Gold den Wertmaßstab gibt für alles andere, so haben wir wieder die Proportion für das Feuer und alles andere. Es wird eine Wertskala festgesetzt, die nicht umsonst im praktischen Handel das Gold ist als das Beständigste, während die Waren mehr nach der Nachfrage gewertet werden. Dieser Logos, der da besteht zwischen dem Gold und den Waren, besteht auch zwischen dem Feuer als Grundelement und allem Seienden. Sie sehen deutlich, wie hier in dem Begriff der *antamoibe* ein wesentlicher Begriff des Logos als Proportion durchscheint.

Anders ausgedrückt: Die Weise, wie sich der Weltlogos, der überall waltet, äußert, sobald wir uns richten auf die Gegenstände, das ist nun einmal diese Form der Proportion, des Wechseltauschs in einem bestimmten Verhältnis. Wir haben eine Fülle von seienden Dingen um uns herum, die ständig im Fluß sind, aber dieser Fluß ist, wenn man ihm auf den Grund geht, nicht Turbulenz, sondern Gesetzlichkeit. Die tritt uns so entgegen, daß *in* der Fülle des Veränderlichen sich Gegensätze herausstellen, zwischen denen sich überall das Werden und Vergehen vollzieht, und dies besteht in einem Umschlag des einen ins andere nach einem bestimmten Verhältnis. Die Gegensätzlichkeit und die Proportion im Umschlag ist das eigentlich Dauerhafte im Fluß der Veränderung. Es ist großartig, wie einerseits Heraklit dieser ganzen Welt des Werdens und Vergehens gegenübersteht wie andere auch, aber nun nicht wie Parmenides das alles beiseite rückt als bloßen Sinnesschein gegenüber einer Vision des reinen Seins, sondern wie er es gleichsam durchschaut und in ihm selbst bestimmte Elemente findet: die Gegensätze, den Umschlag oder Austausch und den Logos, diese drei, die eigentlich das Sein konstituieren im Veränderlichen. Indem aber das die Grundstruktur des Seins ist, wird es auch zum Denkmittel für ihn. Indem er diesen Logos, der das Sein selbst bestimmt, anwendet als Denkmittel, hat er die Gewähr, daß er den geheimen Logos auch da bekommt, wo er sich entzieht, weil er in den göttlichen Bereich hineinreicht. Diesen Zusammenhang wollte ich versuchen aufzuweisen.

Wir müssen noch weiteres anschließen, ehe wir die eigentlichen Gegensatzgleichnisse betrachten, was auch wieder früheres aufnimmt. Da ist das erste Entscheidende, wie in dem Augenblick, wo sich ihm das Seiende so darstellt, wie wir es geschildert hatten, als ein fließend Veränderliches, in dem sich diese Strukturen auftun: da wird auch zum erstenmal bewußt das Unzureichende der Welt der Sinne, wie uns das von Platon und Aristoteles her vertraut ist, wo nun gegenüber diesem Ungewissen die geistigen Gegenstände als die eigentliche Welt wahrgenommen werden. Dieser Gedanke konnte Thales noch ganz fernstehen. Aber wenn schon bei Parmenides das Mißtrauen gegen die Doxa gegeben war, so wird das hier ganz entschieden ausgesprochen. Fr. 107: »Schlechte Zeugen sind für die Menschen Augen und Ohren, die Barbarenseelen haben.« Das ist nicht eine Ausgrenzung von einigen Menschen unter anderen, sondern geht auf die Vielen: *sofern* sie Barbarenseelen haben. Eben dies Barbarische der Menschen ist der Grund dafür, daß Auge und Ohr so schlechte Zeugen sind. Dagegen Fr. 114: »Wo einer sinnvoll vorrechnet aus dem Nus heraus, der muß sich stützen auf das Gemeinsame von allen.« Das ist nichts anderes als der Logos. So wie den Sinnesorganen die Wahrnehmungen, entspricht dem Nus als Organ ›das Gemeinsame‹, was die Sinne nicht wahrnehmen können. Erstaunlich, wie sich hier Platonisches, wenn auch noch tastend, herausgestaltet. Lesen Sie dafür selbst nach bei Fränkel a. O. 256 und Platons ›Staat‹ 7, 533 d, wo Fränkel einen Satz des Heraklit gewinnt, der mit großer Wahrscheinlichkeit ein echtes Zitat ist. Dort heißt es, daß der Sinn in der Seele des Menschen gleichsam wie im Schmutz vergraben liege. Die Vorstellung, daß der menschliche Charakter sich am Schmutz erfreuen kann, ist echt heraklitisch. So auch Fr. 13: »Die Schweine haben mehr Freude am Schmutz als an sauberem Wasser.« Oder Fr. 37: »Die Schweine baden sich im Kot, Geflügel im Staub oder in der Asche«, was offenbar gegen die damals üblichen Reinigungsformen geht. Das sagt er wörtlich Fr. 5, wohl pythagoreisch beeinflußt: »Sie reinigen sich, indem sie sich mit anderem Blut besudeln, wie wenn einer, der in Lehm getreten ist, sich mit Lehm abwaschen wollte.« Also wenn zur Entsühnung einer Blutschuld Tierblut über den Täter gegossen wurde, eine Handlung, die auf Analogiezauber zurückgeht. Dagegen wendet er sich: wenn Schweine und Vögel solche Reinigungen ausführen, so sollte der Mensch das eigentlich nicht tun, sondern sich auf eine andere Weise entsühnen. Zweifellos liegt auch darin wieder die Bedingtheit der Menschen in bezug auf ihre Erkenntnis, die tief beschränkt bleibt jener eigentlichen Welt gegenüber.

Wichtig ist in diesem Zusammenhang Fr. 18, schwer zu verstehen. *elpís* darf man natürlich nicht mit ›Hoffnung‹ übersetzen, Heraklit kennt doch kein Prinzip der Hoffnung in diesem Sinne. Es ist aber bekannt, daß es auch sonst nicht ›Hoffnung‹ heißt, das kommt erst später und gewinnt dann große Bedeutung zumal bei Paulus und weiter. *elpís* mit dem Verb *elpízein* bedeutet primär ein intellektuelles Tun, ein Kalkulieren, ein Rechnen in einem ungewissen Bereich, wo es keine Genauigkeit gibt, ins Ungefähre. Darum kann es später auch ›erwarten‹ heißen, fürchten oder hoffen. »Sofern man nicht kalkulierend hindenkt auf das Unkalkulierbare, wird man es nicht finden, weil es unerforschbar ist und unzugänglich.«

Es ist eine Grundtatsache, daß dieser Bereich ›unzugänglich‹ ist, *áporon*, ein Wort, das man jetzt oft gebraucht. Man spricht von der Unzugänglichkeit des Seins bei Heraklit. Es ist als solches nicht erforschbar in dem Sinne, wie es die anderen Dinge sind, daß man etwa hinreisen und nachsehen kann. Forschungsreisen waren in dieser Zeit bekanntlich im ionischen Bereich schon über hundert Jahre üblich, und Heraklit kannte das selbstverständlich. Er sagt also, in dieser Weise sei das Seiende nicht zugänglich, und es gibt keine Möglichkeit, dort hinzugelangen, falls man nicht schon in der Kalkulation darauf hintendiert. Damit könnte etwa gemeint sein der Vorgang, von dem wir gesprochen haben, bei dem man durch Extrapolation aus einem bekannten Verhältnis zu einem anderen, unbekannten gelangen könnte. Das gibt auch keine Gewähr, aber man nähert sich doch der Sache. Ich glaube, man kann es so verstehen, aber damit ist noch nicht das letzte Wort gesprochen, man müßte es noch durch andere Stellen zu stützen suchen. Aber es bestätigt in jedem Fall die Grundtatsache, daß wirklich das Sein des Seienden, auf das er aus ist, das Göttliche ist, oder wie immer man es nennen will. Man hat eigentlich keine philosophischen Begriffe, die es treffen, so muß man die vorhandenen benutzen, sich aber ihrer Unzulänglichkeit bewußt bleiben. Es ist auch nicht so wichtig, wenn man weiß, was gemeint ist. Es gibt einen solchen Bereich für Heraklit, den er eigentlich ständig im Auge hat und auf den er hinaus will, wo der Seinsgrund liegt für alles andere.

Wir wollen erst noch Fr. 54 hinzunehmen. Es knüpft an die Dinge an, die wir besprochen hatten an den Proportionsbeispielen, aber mit großer Kürze. »Ein unsichtbares Gefüge, *harmoníë*, (oder

›das‹) ist stärker (im Sinne auch von ›besser‹ und ›höher‹) als ein sichtbares.« Hier stoßen wir auf den so wichtigen Begriff der Harmonie bei Heraklit. Das Wort kommt bekanntlich von ›Fügen‹, *harmóttein,* wir haben es im Deutschen als Fremdwort, wo es teilweise sehr abgegriffen ist, und man kennt das Wort eines berühmten Mannes, er habe keine Zeit, harmonisch zu sein. Wenn er es im echten Sinne verstanden hätte, würde er vielleicht doch Anspruch darauf erhoben haben. Es ist die Fügung im Sinn des Gefugten, aus dem Bereich der Holz- und Steinarbeit, dann auch aus der Musik: das Ineinanderfugen, so daß ein bestimmtes System entsteht, bei Balken ein Trägersystem usw. All das beruht auf der Harmonie. Es ist charakteristisch für das Wort, daß Widerstrebendes zu einer Einheit zusammengefugt wird, und zwar so, daß gerade die widerstrebenden Kräfte gezwungen werden, die Einheit zu bilden und zu tragen. Wir kennen das etwa beim Seildrehen in den verschiedenen Drehmomenten. Das gilt im Technischen wie in der Musik, wo auch die Kräfte, die die Harmonie ausmachen, widerstrebende sind, Tondifferenzen, die nach bestimmten Gesetzlichkeiten den Wohllaut hervorrufen. Da treffen wir also auch die Proportion wieder an und die Gegensätze, die im Widerstreben durch die Verfugung einander tragen. Diese Grundvorstellungen müssen ihn tief bewegt haben an allem, was er sah. Nun faßt er die Idee einer unsichtbaren Harmonie und sagt, daß diese stärker, erhabener, besser sei als die sichtbare. Sie ist deutlich für ihn das Prinzip jenes eigentlichen Seins, dessen Elemente die Gegensätze sind, die Proportion, der Logos und dann wieder der Wechseltausch nach Maßen. Das alles ist praktisch nicht neu, es gibt von Solon das bedeutende Fragment 16, Diehl: »Das unsichtbare Maß der Erkenntnis *(gnomosýne)* ist am schwersten mit dem Auge des Denkens zu erfassen: dieses, das aller Dinge Grenzen einzig und allein festhält.« Hier ist es nicht die Harmonie, aber ein unsichtbares Maß ist als Begriff schon am Werk und leitet dann zu diesem Gedanken.

Weiter Fr. 51, das wir später noch einmal heranziehen müssen (übrigens ist an der ursprünglichen Lesart festzuhalten: *palintonos,* nicht *-tropos,* wie im jetzigen Text): »Sie verstehen nicht, wie das mit sich Entzweite mit sich selbst zusammenstimmt« – *homologei,* ›zusammenrechnet‹, mit sich selbst im Logos zusammenstimmt. Das Wort hat auf Hölderlin gewaltig gewirkt, wie wir wissen, im ›Hyperion‹ u. ö. Ein Beispiel für eine solche Einheit gleich folgend:

»Eine zurückgespannte Harmonie wie beim Bogen und der Leier.« Dabei sind die Seiten des Bogens das Widerstrebende, die durch die Sehne zurückgespannt werden; ähnlich im Prinzip bei der Lyra, wenn auch in etwas anderer Form: auseinanderstrebende Kräfte, die zurückgespannt werden und damit eine Harmonie, Fügung bilden. Noch etwas Neues ist dabei. Auch zwischen Bogen und Leier, äußerlich nach demselben Prinzip gebaut, besteht wieder eine gegensätzliche Einheit: der Bogen bringt den Tod und die Leier im Wohllaut höchstes Leben und geistige Lust. Auch diese Gegensätzlichkeit spielt ungesagt mit hinein, wie spätere Beispiele noch verdeutlichen werden. Hier war für uns die Hauptsache diese Harmonie, natürlich eine sichtbare.

Schließlich Fr. 8, das hier den Schlußpunkt setzt. *antixoun:* ›was einander widerstrebt‹. *anti* hat oft die Bedeutung des Gegenübers, einer Entsprechung auf verschiedenen Seiten. Dies »Widerstrebende« ist nun »zusammenstimmend, und aus dem Auseinanderstimmenden entsteht die schönste Harmonie«. Die schönste Harmonie ist also der Einklang, der auf dem Streit beruht. Der Streit wird somit der Grund und Boden für die höchste Form von Einklang. Wir werden sehr bald sehen, daß die ganzen Streitfragmente das deutlich sagen. Es gibt keinen so hohen geistigen wie anderen Einklang als den auf dem Streit beruhenden, schließlich sogar auf dem Krieg. Ich glaube, daß alle vollkommene Einheit, um es noch einmal zu sagen, von dem Phänomen der Harmonie aus sich ergibt als die Summe zur Einheit zusammengebändigter widerstrebender Kräfte. Dies Widerstreben ist geradezu Einheit, Schönheit und Leben begründend, freilich nur als Ausgangsbereich, so daß Harmonie nichts Blasses, Schwächliches ist, sondern gerade die Bezeugung höchster Stärke. Diese Harmonie ist es, die im Seinsgrund sich darstellt, als Logos und Wechseltausch, und zu der der Weg durch jene von Fränkel aufgewiesene Denkmethode führt, wo der Logos als Proportion und geometrisches Mittel zum Instrument des Denkens wird.

6.

Wir sind zuletzt, ausgehend von dem Begriff der *metabolé* und der *amoibé*, auf die Vorstellung des ›gegenstrebigen Gefüges‹ getroffen, der *palintonos harmonië*, und haben diesen Harmoniebegriff zu deuten gesucht, der öfter wiederkehrt, vor allem Fr. 54, wo es heißt, daß die unsichtbare Harmonie mächtiger ist als die sichtbare; und anderes fügt sich an. Wir setzen heute diesen Weg fort.

Fr. 123, ein viel zitiertes und doch wohl bedeutungsvolles Wort: »Die Physis liebt es, nach Heraklit, sich zu verbergen *(kryptesthai)*.« Die Art des Anführens spricht nicht dafür, daß wir damit ein wörtliches Fragment haben, aber den Gedanken wird man wohl für Heraklit in Anspruch nehmen können. Wir müssen noch genauer zu fassen suchen, was gemeint ist. Ich hatte schon darauf hingewiesen, daß es griechisch für ein Verbergen zwei verschiedene Ausdrücke gibt: *lanthanein* und *kryptein*, womit beide Male ganz verschiedene Dinge gemeint sind, die in unserem ›Verbergen‹ einfach untergehen. *Lanthanein* ist nicht ein Verbergen in dem Sinne, daß etwas zugedeckt wird, sondern daß es sich nicht bemerklich macht, sich entzieht. Dabei kann es vor aller Augen stehen. Der berühmte Satz: *lathe biosas*, ›Lebe im Verborgenen‹, heißt nicht, man solle ein Einsiedlerleben führen, sondern man soll so leben, daß man nichts von sich merken läßt, entzogen lebt, nicht auffällt, still seinen Weg geht. Es hat also funktionale Bedeutung, und darum ist so bezeichnend der Gegenbegriff Aletheia, die Unentzogenheit. *kryptein* heißt wirklich ›zudecken‹, wie man an einer Fülle von Einzelheiten belegen kann: die Erde ›deckt‹ den Toten, wobei etwas daraufgedeckt wird und ein anderes dahinter ist. Der Satz besagt also nicht: die Physis liebt es, sich zu entziehen, sondern je und je dahinter zu sein. Also nicht funktional, sondern ganz konkret, daß etwas da ist, was zudeckt, und dahinter etwas, das zugedeckt wird. Das ist von großer Bedeutung für das Wesen der Natur, wie wir sie noch bis heute verstehen: daß wir sie ständig erfassen, aber daß immer noch mehr da ist, als wir erfassen, daß immer noch etwas dahinter ist als lebendig tragendes Grundwesen, so daß unser Entdecken einen unendlichen Prozeß bildet. Das ist von großer Bedeutung für das Wesen der Natur und für die Naturauffassung der Griechen, die sich in gewisser Weise noch in unserer heutigen fortsetzt, die in ihrer Struktur ganz von ihr her bestimmt ist, wie noch das Wort ›Natur‹ bezeugt, das in lateinischer Form den Inhalt des Physis-Begriffs wiedergibt.

Was hier gemeint ist, ist klar. Wenn eben schon die Rede war von einer unsichtbaren Harmonie, so ist mit dieser Physis eigentlich nichts anderes wiedergegeben, nur unter einem anderen Aspekt. Das Grundwesen, das dort das eigentümlich widerstrebende Gefüge war, ist hier das lebendig Zeugende, Treibende, Hervorbringende, und dieses Wesen hat es an sich, je und je dahinter zu sein, sich zu verdecken mit etwas, das es vorschiebt. Sie sehen, wie die Vorstellung aus Fr. 34 vom Anwesend-Abwesenden hier in ganz neuer, anderer Wendung wieder auftritt.

Hier schließt unmittelbar Fr. 93 an, ganz zentral und viel zitiert, über das delphische Orakel. ›Sagt nichts und birgt nichts‹ ist wieder falsch übersetzt. »Der Herr, dem das Orakel von Delphi gehört, rechnet nicht vor und deckt nicht zu, sondern bezeichnet (oder ›bedeutet‹).« Wenn man das Orakel befragt, wird der Sachverhalt nicht haarklein vorgerechnet, aber auch nicht einfach verdeckt, abgeschlossen vor uns gehalten, sondern es erfolgt dieses eigentümliche Zwischending: ›einen Wink geben‹, wie man auch übersetzen könnte. Gemeint ist das, was wir von allen Orakeln (etwa bei Herodot) kennen, daß sie eine sich zurückhaltende Sprache sprechen, aber darin doch wieder die Dinge auch sagen, wie sie sind, nur nicht so, daß sie auf den Tisch gelegt werden.

Diese Doppelheit wird hier vom Orakel des Apollon ausgesagt. Aber kein Zweifel, daß Heraklit damit nicht nur eine Tatsache über das Delphische Orakel aussagt, sondern darin drückt sich zugleich die Weise aus, wie Heraklit selbst sich mitteilt. Man kann vielleicht noch weitergehen und sagen: auch die Weise, wie das Grundwesen sich bezeugt. Es ist nicht ein einfaches Offenbarmachen und auch nicht absolutes Sich-Verschlossenhalten, sondern dieses Zeichengeben, Deuten, ein Aufruf an die Hermeneutik des Menschen, der durch eigenes Bemühen die Meinung des Gottes ermitteln muß. So ist es immer wieder bei den Orakeln, und ebenso auch hier bei dem göttlichen Grundwesen, man kann auch sagen, bei der Natur. Man kann an Goethes ›Hinweisen‹ denken, jenen immer wiederholten Begriff seiner späteren Zeit in bezug auf die Natur oder das Göttliche, das ›offenbare Geheimnis‹ oder ›offenbare Rätsel‹. Die Natur hat für ihn diesen Charakter: ein Geheimnis zu sein, aber ein offenbares Geheimnis. Damit ist dasselbe gesagt wie in diesem Satz, wobei ich nicht sicher bin, ob Goethe ihn nicht doch gekannt hat. – Wir sehen, wie auch das zusammengeht mit dem vorigen Fragment über die Physis. Weiter gehört dazu natürlich der Gedanke, daß der Logos, mit dem alle Umgang haben, auch eigentlich offenbar ist, und doch nicht wahrgenommen wird, als ein Gemeinsames doch nicht erfaßt werden kann usw., und weiter der Gedanke des Anwesend-Abwesenden. Hier werden die Dinge nun ausgedrückt von einem Bereich her, in dem sie unter einem anderen Aspekt erscheinen, dem der Natur und des Göttlichen in ihr oder des Seinsgrundes. Damit stoßen wir hier in die Sphäre des Göttlichen vor, und es ist richtig, wenn Fränkel betont, daß das Denkmittel der Proportion bei Heraklit eben die Funktion hat, vorzudringen von bekannten Verhältnissen zu durchaus unbekannten. Es ist nicht eine Denkmethode allgemeiner Art, sondern hat eine charakteristisch theologische Zuspitzung. Dies ist der Bereich, über den wir in Jaegers Buch wichtige Partien finden, weil bei ihm dieser Aspekt besonders stark hervortritt.

Es wird jetzt gut sein, anschließend die Fragmente zu betrachten, die speziell vom Göttlichen handeln. Wir beginnen mit Fr. 86. Sie werden sich wundern, wenn ich immer wieder sage, daß die Übersetzungen falsch sind, bei einer so alten Wissenschaft und Kenntnis des Griechischen. Aber das alles ist eben noch nicht so alt, sondern seit dreißig Jahren sind wir neu dabei, die Grundbegriffe zu beachten und in ihrem Wesen zu fassen, wobei wir manches ganz neu lernen, durch viele Einzelarbeiten. So ist es auch hier wieder klar falsch: ›Das meiste des Göttlichen entzieht sich der Erkenntnis aus Mangel an Zutrauen.‹ Das klingt sehr theologisch, ist aber gar nicht so gemeint, denn die primäre Bedeutung von Pistis geht nicht auf Treue und Zutrauen, sondern auf Gewähr und Garantie. Es sind die Beweisgründe, die etwas garantieren, darum heißt es oft ›Pfand‹. Pistos ist jemand, der zuverlässig ist, dem man dann natürlich auch vertrauen kann. So auch hier richtiger »aus Mangel an Gewähr«. Wer die spätere griechische Wissenschaft kennt, Platons ›Staat‹ etwa, wo die verschiedenen Wissensgrade schematisiert werden, weiß, was gemeint ist. Es gibt ein unbedingt garantiertes Wissen, auf dem man fußen kann, meist im Bereich der Erfahrung, wo auch die *pistis* genannt wird. So sagt Heraklit hier, daß die Erkenntnis des Göttlichen sich im allgemeinen der Erkenntnis entzieht, weil es keine Gewähr bietet, nämlich in seinen Bezeugungen. Das ist eine Grundtatsache, die schließlich auch zum Glauben führt in einem ganz ernsthaften Sinn. Euripides etwa regt es immer wieder auf, daß es bei den Göttern kein *saphés,* nichts ›Gewisses‹, ›Klares‹ gibt. Das ist das Eine. Der Bereich des Göttlichen ist ein großer entzogener Bereich, und die Weise, wie er entzogen ist, obgleich er doch da ist, ist, daß es keine Pistis gibt in seinen Bekundungen, auf die man sich einfach verlassen könnte. Damit ist also, wie immer bei Heraklit, nicht eigentlich gemeint ein ›verborgener Gott‹ und ein wesenhaft verborgenes Grundwesen, sondern gemeint ist dies eigentümliche doppelte Anwesend-Abwesende, das sich nur bezeugt, aber nicht offenbart.

Fr. 78 geht in dieselbe Richtung. Jetzt wird der Mensch gegenübergestellt dem Gott hinsichtlich seiner Erkenntnis (hier *gnoma*, was nicht ›Einsicht‹ heißt; das wäre *phronesis*). *ēthos* ist die Weise, wie aus vielem Gewohnten sich ein Grundtypus ergibt in der Summation; wir können es hier mit ›Wesen‹ übersetzen. Also »das menschliche Wesen hat nicht Erkenntnisse (*gnomas*, Plural), das göttliche aber hat sie.« Hier ist noch umfassender gesagt, daß der Mensch, der die Fülle von Eindrücken und Einsichten hat, doch nie eigentliche Wesenserkenntnis besitzt. Nur das göttliche Wesen hat die wirkliche Erkenntnis. Es ist wohl klar, wie sich das gegenseitig ergänzt.

Fr. 102 schließt die Reihe in gewissem Sinne ab. »Dem Gott ist alles schön und gut und gerecht. Die Menschen aber haben angenommen das eine als ungerecht und das andere als gerecht.« *hypolambánein* heißt genau ›etwas darunter fassen‹ oder ›verstehen‹, eine bestimmte subjektive Art der Auffassung. Nun wird hier das ganz Erstaunliche gesagt, daß es für den Gott keine Moral gibt. Der Moralbegriff und seine Verteilung auf bestimmte Handlungen und Bereiche ist lediglich menschliche Annahme. Für den Gott ist alles schön und gut und gerecht. Die Unterschiedlichkeit ist nicht göttlich, sondern menschliche Doxa, wie wir auch sagen können. Daß Unterschiede gemacht werden, daß das Gerechtsein einem partiellen Bereich von Handlungen zugewiesen wird – dies Setzen von Unterschieden ist etwas, das hineinprojiziert wird in das begegnende Seiende, und damit erst menschlich, während das für den Gott nicht existiert. Wir sehen immer deutlicher, je mehr wir die ›theologischen‹ Fragmente betrachten, daß das alles irgendwie Weiterbildung der Theologie des Xenophanes ist, der durchgestoßen war, in Gegnerschaft zu den homerischen anthropomorphen Göttern, zu einem von allem gelösten Gott, der als Ganzer denkt und wahrnimmt und nur kraft seines Geistes die Dinge bewegt. Es ist deutlich, wie das eine epochemachende Tat gewesen ist und weiterwirkt bei Parmenides und Heraklit. Was hier mit entscheidender Kraft durchgeführt wird, ist die Ent-Anthropomorphisierung des Göttlichen, die in verhältnismäßig kurzer Zeit sich bei den Griechen in dieser Zeit vollzieht. Man könnte geradezu den Satz sprechen: Gott ist nicht gut, was in gewissem Sinne auch für das Evangelium gilt. Gott läßt regnen über Gerechte und Ungerechte, d. h. er macht keine Unterschiede.

Fr. 67 zeigt sich dasselbe von einer anderen Seite her. Sie sehen, um auch etwas Methodisches zu bemerken, wie diese Methode des Zusammenordnens auch den Vorteil hat, daß man weniger Worte zu machen braucht, weil vieles sich von selbst versteht. – »Gott ist Tag – Nacht, Winter – Sommer, Krieg – Frieden, Übersättigung – Hunger. Er verändert sich aber wie das Feuer, wenn es sich mengt mit Räucherwerk, wie es dann genannt wird nach der Lust eines jeglichen.« *hedoné* ist nicht ›Duft‹, vielleicht Wohlgeruch, aber das Lusthafte ist entscheidend. – Zunächst sehen wir wieder die Behauptung der übergreifenden Einheit des Göttlichen über den Gegensätzen. Es übergreift alles und *ist* deswegen irgendwie jedes davon. Das ist wieder der Xenophanische Gott, der allen menschlichen Vorstellungen enthoben ist; der in sich selbst eine rein substanzmäßige Einheit ist, wie wir gleich hinzufügen können, noch nicht in unterschiedliche Qualitäten zerlegt. Und nun das Entscheidende: *alloioutai,* ›er verändert sich‹. Also im ersten Teil diese große Einheit und demgegenüber die verschiedenen Veränderungen oder Wandlungen, verdeutlicht am Bild des Feuers. Auch das Feuer ist reine, qualitätslose Substanz. Wenn man aber Spezereien hineinwirft, wie man es vom Opfer her kannte, so entstehen je die verschiedenen Wohlgerüche, und nach ihnen wird es dann nicht mehr ›Feuer‹ genannt, sondern ›Weihrauch‹ u. a. Das Einzelne, womit sich die durchgehende Substanz vermengt, gibt den Namen her, und zwar nicht nur objektiv, sondern nach der Lust, die es im Menschen hervorruft. Jenem großen Gott also steht gegenüber bei den Menschen, wie wir hinzufügen können, hier nicht ein Meinen, sondern ein Benennen, konventionell, durchaus nicht wirklich zum Wesen hinführend. Und so benamsen sie nun die verschiedenen Erscheinungen nicht nach der reinen Substanz, sondern nach dem Hineingeworfenen. So auch mit Gott. Auch er tritt dem Menschen nur in vielfachen Mischungen entgegen, so daß er in jeder dem Menschen irgendwie begegnet im Bereich seiner Lust, seines Interesses, wie wir auch sagen können. Es ist klar, wenn ein Mensch zu einem Gott betet, so will er irgendwie seiner Lust dienen, er betet um Güter, und die Götter sind es auch, die sie geben, und nach der Weise, wie sie sie verteilen, benennt er dann die Götter. Bei Homer zeigt sich das immer wieder. Da sind die Gaben, die Aphrodite verleiht: körperliche Schönheit, Liebenswürdigkeit, Fähigkeit zu Tanz und Zitherspiel. Ares gibt Kraft und Mut, Athene wieder anderes. Weil die Götter in ihrem Wesen vom Menschen her gesehen werden, so werden sie in der Volksreligion verstanden als die Spender der guten Dinge, also von der Hedone aus. Das ist hier gemeint. Wieder wird so im theologischen Bereich das Bild gegeben einer letztlich unfaßbaren Einheit und damit eines Seinsgrundes, der sich nicht unmittelbar offenbart, sondern sich nur bezeugt in der Unterschiedlichkeit mannigfaltiger Qualitäten, die auf der Linie des menschlichen Interesses liegen. Diesem allen ist der Gott enthoben. Ich glaube, daß das wohl ausreicht, es für unseren Zusammenhang zu interpretieren, auch in der großen Bedeutung, die es für die Geschichte der Theologie hat. Die ganze griechische Theologie hat die spätere christliche vorbereitet, die darauf aufbaut. Hier zeigt sich Heraklit als ein solch erfolgreicher theologischer Denker.

Wir kommen nun, nachdem wir immer schon auf einzelne Gegensätze gestoßen sind, wirklich zur Gegensatzlehre. Da sei vorab schon das eine gesagt: wenn die Doxographie davon spricht als etwas ganz Gewöhnlichem für die Lehre Heraklits – etwa A 1,7 Diogenes Laertius: es entstehe alles durch die Gegensätzlichkeit –, so ist das irgendwie richtig; aber es ist zu sagen, daß schon etwas uns warnen muß, es nur als rein gedanklich dialektische Lehre zu verstehen. Das schlummert natürlich darin, die ganze künftige Dialektik bis heute, und selbstverständlich ist es so, daß die Gegensätze des Heraklit jene eigentümlichen Kontraste darstellen, die sich in dialektischer Einheit befinden. Aber es ist wichtig, die Dinge an der Wurzel zu fassen, nicht mit dem Wort ›dialektisch‹ (das erst Platon kennt, wo es auch noch ganz lebendig und nicht terminologisch ist), sondern daß wir sehen, daß es um wirklich konkrete Dinge und Wirklichkeiten geht, daß Heraklit diese Wirklichkeiten ganz voll und konkret und lebendig sein läßt und die Welt versteht aus dem Umschlag und Austausch von gegensätzlichen Wirklichkeiten.

So Fr. 10, das das Prinzip dieser Gegensätzlichkeiten kurz wiedergibt. Man kann bei Platon vergleichen ›Sophistes‹ 242 d;

Diels-K. A 10; ich gehe nicht darauf ein. »Zusammenfassungen: Ganzes und Nichtganzes, Einträchtiges – Zwieträchtiges, Zusammenklang – Auseinanderklang, und aus Allem Eines und aus Einem Alles.« Es ist schwer zu sagen, wie das bei Heraklit gestanden hat, ob es wirklich so hingesetzt war. Aber das Prinzip sehen wir deutlich und fassen gleichsam wie in der Hand das Widerstrebende, das so zusammengeht. Überall herrschen diese Dinge, die hier aufgeführt werden, lauter Gegensätzlichkeiten, die teilweise aussehen wie kontradiktorische, teilweise wie konträre, eine Unterscheidung, die noch nicht existiert. Es ist ein Bereich der Einheit als Vielheit, die zusammen die Allheit ausmacht. Solche Plurale wie *panta* im Unterschied zu *pan* betonen die Einheit von allem, wobei der Aspekt der Allheit oder der Einheit vorherrschen kann. Das große Grundwort *hen kai pan,* ›Eins und Alles‹, ist hier angelegt, das vor allem auf Hölderlin so stark gewirkt hat. Das ist gleichsam die Überschrift für diesen weiteren Zusammenhang, der offenbar immer wieder in den Worten Heraklits von allen Seiten bildhaft dargestellt wird. – Fr. 80 hatten wir schon kennengelernt, über den Krieg, der keine Unterschiede macht, und daß die Gerechtigkeit ein Streit ist. »Und alles entsteht nach dem Streit und der Schuldigkeit.« Hier rückt der Begriff der Eris, des Streits, ins Zentrum. Es ist klar, wie die Gegensätzlichkeit auch ein dynamisches Prinzip verlangt, das sie erst dazu macht, und das ist das Prinzip der Eris. Wir kennen es von Hesiod her als Rechts- und Wettstreit, und es ist viel darüber gesagt worden. Das wird bei Heraklit ganz zentral. Bei Empedokles kommt es dann zu ganz entscheidender Bedeutung, der alles auf die beiden großen, einander entgegenwirkenden Prinzipien des Streits und der Philia zurückführt. Damit hat dieser große synthetische Denker den Begriff Heraklits herausgenommen und verabsolutiert.

Hierhin gehört das berühmte Fr. 53, oft zitiert, aber nicht immer verstanden. »Der Krieg ist der Vater aller Dinge, aller Dinge König, und die einen weist er auf als Götter, die anderen als Menschen, die einen macht er zu Sklaven, die anderen zu Freien.« Es ist klar, was gemeint ist. Nicht nur der Krieg im besonderen, sondern konkret das Prinzip des Streits, das im Zusammenhang mit dem des Gegensätzlichen für ihn von solcher Bedeutung wird. Auch *polemos* heißt oft einfach nur ›Streit‹ im älteren Griechisch. So wird er zu dem, der alle hervorbringt und über alle herrscht, als Richter wahrscheinlich, der Abscheidungen trifft, Unterschiede setzt. Das eben ist die große Leistung des Streits. Er setzt Unterschiede, und zwar die größten, die es gibt: Götter und Menschen. Diese unterschiedsetzende Kraft des Streits ist es, wodurch er zu einem so bedeutenden Seinsprinzip wird. Denn als ein solches metaphysisches Prinzip müssen wir ihn verstehen.

7.

Wir wollen uns noch einigen Fragmenten zuwenden, die verdeutlichen, was wir bisher betrachtet haben. Wir kommen hier zu etwas Merkwürdigem und ganz Grundlegendem für das Denken Heraklits, das eigentlich ständig schon da war: die Bedeutung der Bewegung. Damit tritt er aufs schärfste dem Parmenides entgegen und seiner These, daß Bewegung nicht ist und als Veränderung nicht sein kann. Es ist merkwürdig, wie fast gleichzeitig mit Parmenides ein anderer Denker einen genau entgegengesetzten Weg geht. Er blickt auf die Bewegung, sieht, wie alles auf immer andere Weise geschieht, und versteht das nicht als etwas Scheinbares, sondern sucht von hier aus alles andere zu fassen. Wir werden sehen, wie es mit dem viel zerredeten Wort ›Alles fließt‹ in Wirklichkeit steht. Zuerst sei davon gesprochen, wie sich ihm immer wieder die Gegensätze im Zusammenhang mit der Bewegung darstellen.

So Fr. 126: »Kalte Dinge erwärmen sich, das Warme kühlt sich ab, das Feuchte trocknet und das Dürre wird feucht.« Hier haben wir die großen Grundgegensätze, die noch weiterhin in der griechischen Physik und Medizin eine Hauptrolle spielen: das Trockene und Warme und das Feuchte und Kalte. Die sind hier von ihm aufgegriffen, er nennt sie wohl einfach, weil das schon pythagoreisch ist, betont aber, daß diese Gegensätze nicht statisch sich gegenüberstehen, sondern daß sie in Bewegung sind, in dem Sinne, daß das Kalte nach dem Warmen hin sich bewegt und sich durchwärmt, und umgekehrt das Warme nach dem Kalten hin, das sich dabei abkühlt. Also zwei Stammbereiche, in denen sich eine Bewegung des Austauschs, Umschlags vollzieht. Sie sehen, wie stark die Gegensatzlehre sich mit der Bewegungslehre berührt.

Während das im physikalischen Bereich spielte, kommen wir jetzt mit Fr. 36 in den großen Hauptbereich, der wohl entscheidend ist für diese Dinge. »Für die Seelen ist es der Tod, Wasser zu werden, für das Wasser der Tod, Erde zu werden. Aus der Erde wird Wasser, aus dem Wasser wird Seele.« – Das müßte man eingehend interpretieren. Man hat es also zu tun mit einem Auf und Ab. Erst abwärts: die Seele (als ein luftartiges Gebilde) steigt hinab zum Wasser, das Wasser noch weiter zur Erde. Von der Erde geht es nun wieder aufwärts, aber nun ist es nicht mehr Tod, sondern Genesis, ein Gegensatz, den wir schon kennen. In diesem Sinne wird nun Erde zu Wasser und Wasser zu Psyche. Also zwei Wege, *ánodos* und *káthodos*, ein Weg hinauf und hinab, Ausdrükke, denen wir noch öfter begegnen werden. Man könnte es zeichnen als einen schrägen Aufstieg und wieder Abstieg, oder noch besser parallel, zwei Pfeile, die in entgegengesetzte Richtung weisen, umfaßt von einem gemeinsamen Kreis.

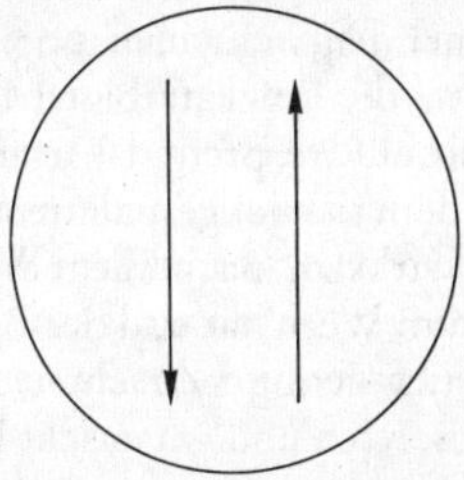

Auch das bewegt sich im Bereich der Physik, verbindet aber damit auch die Seele. Wenn wir bald von Heraklits Kosmologie sprechen, werden wir sehen, wie wichtig das Fragment auch in diesem Zusammenhang ist. Für jetzt wollen wir festhalten, daß auch die Elemente an dem allgemeinen Austausch teilhaben; wie die Seele sich dazu verhält, wollen wir jetzt beiseite lassen. Entscheidend ist aber, wie der Begriff ›Geburt und Tod‹ hier zum erstenmal begegnet; ein Gedanke, der stark die Gegensatzfragmente bestimmt.

Noch einmal das schon (in Abschnitt 5) behandelte Fr. 88, jetzt im Blick auf die Identität der Gegensätze: Lebendiges und Totes, Waches und Schlafendes, Jung und Alt. Dabei wird ausdrücklich gesagt, daß das eine, indem es umschlägt, auch das andere *ist.*

Leben *ist* Tod, Wachen *ist* Schlaf usw., wobei das Unterschiedliche eben die Weise ist, wie es gleichsam als Dasselbige umkippt. Das kann man nicht von allen Dingen aussagen, sondern von bestimmten, wesenhaft zueinander gehörenden Gebilden, die in den gleichen Stammbereich gehören, wo diese dialektischen Gegensätze sich bilden, wie wir das heute nennen. Das zeigt, wie der ganze Gedanke der Gegensätze eng mit dem des Umschlags verbunden ist, nicht nur ein geistreiches Spiel der Entgegensetzungen, sondern was gesagt wird, hat durchaus sachlichen Charakter.

Dazu Fr. 48. Wieder geht er aus von einem Wortspiel, denn wörtlich heißt es: »Der Bogen hat den Namen ›Leben‹, sein Werk aber ist der Tod.« Das geht darauf, daß der Bogen, gewöhnlich *toxon*, auch *biós* heißen kann, was nichts zu tun hat mit dem Stamm *bíos* ›Leben‹. Aber der Klang fällt ins Ohr, und so kann er sagen, daß der Bogen das Leben im Namen trägt. Das ist nicht nur symbolisch gemeint, sondern ganz konkret, es tritt an diesem Ding, das wir Bogen nennen, in Erscheinung. Wir hatten schon Fr. 51 kennengelernt, von der ›rückstrebigen Fügung‹ beim Bogen und der Leier, wo wir es interpretiert hatten. In der technischen Strukturähnlichkeit, dem zurückgespannten Gefüge, wo erst die Spannung das Ganze wirksam macht, liegt die Harmonie; nur daß die Leier das Leben zum Werk hat und der Bogen den Tod. Wenn man es richtig und tief genug betrachtet, gehört so auch dies Fragment in unseren Bereich und entspricht Fr. 48, nur daß es hier am Bogen selbst sich zeigt und dort auseinandertritt in Bogen und Leier, beides Instrumente des Entsendens, wenn man es weiter ausmalen wollte.

Weiter Fr. 61. Er blickt in immer andere Richtungen, und überall treten ihm die Dinge entgegen. Ich möchte noch einmal betonen, daß es sich nicht um Symbolistik handelt, bestimmte gedankliche Gebilde, die man dann bildhaft macht und auf konkrete Erscheinungen überträgt. Umgekehrt treten diese Dinge aus der Welt heraus ihm entgegen, und er erkennt an ihnen etwas, das in Erscheinung tritt, was es auch sonst überall gibt; so wie auch der Naturwissenschaftler bestimmte Erscheinungen wahrnimmt, die allgemeine Bedeutung haben. Die Erscheinungen werden da gepackt, wo sie sich besonders deutlich offenbaren. Jetzt blickt er auf das Wasser. Lesky hat ein Buch geschrieben über *thalassa* und gut nachgewiesen, daß das Wort ›Meerwasser‹ bedeutet, wenn es auch oft einfach für das Meer selbst steht. Es ist aber eben das salzige Wasser. Dieses salzige Meer also »ist das reinste und das schmutzigste Wasser (*miarós* hat sowohl die Bedeutung von ›schmutzig‹ wie ›unrein‹ im kultischen Sinne). Für die Fische ist es trinkbar und heilsam, für die Menschen nicht trinkbar und verderblich.« Über die Reinheitsvorstellungen hatten wir schon gesprochen. Jetzt aber zeigt sich das Reine zugleich als das Unreine, ja sogar das Heilsame auch als das Verderbliche, womit wir wieder den letzten Gegensatz fassen von Leben und Tod. Man könnte meinen, jetzt ginge es zu Relationen über; Wasser : Fisch und Wasser : Mensch. Aber ich glaube, man muß warnen vor diesem Weg. Es kommt ihm nicht auf die Relativität der Dinge an; das sind Gedanken, die bei Herodot aufkommen an den menschlichen Gesetzen und Staatsformen. Entscheidend ist hier, daß die gleiche Substanz in verschiedenen Bereichen diese entgegengesetzte, fördernde und wieder zerstörende Wirkung hat, so wie beim Bogen Leben und Tod in derselben Substanz und Form vereinigt waren.

Fr. 111 steht dem sehr nahe, wo man auch gemeint hat, es ginge um Relationen: »Krankheit macht die Gesundheit süß und gut, Hunger die Sattheit, Müdigkeit die Ruhe.« Also damit wir die Gesundheit als wirkliches Gut empfinden, müssen wir die Krankheit kennen. Es ist bekannt, daß der Zustand der Genesung nach schwerer Krankheit ein wunderbares Gefühl bringt, wenn die Kraft wieder zunimmt. Genauso ist es bei Hunger und Sattheit; Hunger ist der beste Koch, wie unser Sprichwort sagt, die Lust des Essens wird dadurch erhöht. Ebenso läßt die Ermüdung die Ruhe angenehm empfinden, etwa nach einem schweren Arbeitstag; es gibt kaum ein höheres Glücksgefühl. Sie sehen, Heraklit hat einen erheblichen psychologischen Blick, eine starke Selbstbeobachtung. Aber entscheidend ist wieder, daß er dabei an einer ganz anderen Weltecke diese Empfindungen des Auseinander und Ineinander der Gegensätze hat. Das eine steigert den Wert des anderen, und das bedeutet auch eine Seinssteigerung je aus einem Negativen. Die Gesundheit erfährt durch die Krankheit eine Wertsteigerung und ist damit im höheren Grade Gesundheit, und dasselbe gilt für Sättigung und Ausruhen. Der Gegensatz des Negativen hat eine solche seinssteigernde Kraft.

Ich füge noch hinzu Fr. 103, das Beispiel des Kreises, das später viel beachtet worden ist. »Auf der Peripherie des Kreises ist Anfang und Ende gemeinsam.« Wieder ist der Kreis kein Symbol, sondern als eine bestimmte Erscheinung eine Bezeugung dafür, wie Ende und Anfang eigentlich nur Wörter sind und auch wieder zusammenfallen können.

Jetzt wollen wir übergehen zu einem wichtigen Fragment, das wir philologisch genauer betrachten müssen, Fr. 59. Hier ist der Text unklar. »Der Weg der Walkerschraube ist gerade und krumm (denn der Umlauf dieses Werkzeugs, das da ›Schnecke‹ genannt wird, ist an der Walkerschraube gerade und krumm, denn gleichzeitig geht sie umlaufend hinauf und im Kreise). Ein und dasselbe ist dieser Weg.« – Nun ist textkritisch zu sagen, daß ›Walkerschraube‹, *gnapheion,* nicht überliefert ist, sondern *grapheon,* was Kirk im Text hat. Wo aber in Klammern die Erklärung folgt, ist das Wort da, wenigstens so gut wie sicher. Es muß aber auch vorher so heißen, denn das Werkzeug, das ›Schnecke‹ genannt wird, kann sich nur darauf beziehen. Es ist interessant, daß Heraklit auch auf solche Instrumente geachtet hat wie die Walkerschraube und gesehen, daß der Weg dieser Schnecke gerade ist, weil er in einer Richtung läuft, und doch, indem er das tut, krumm ist. Das Gerade und das Krumme fällt in eins zusammen, wieder ein festes Gegensatzpaar bei den Griechen, schon bei Hesiod in Anwendung auf die Rechtsweisungen. Also wieder überlieferte Grundgegensätze, die ihm an einem bestimmten Instrument sichtbar werden und offenbaren, daß auch sie letztlich eine Einheit bilden. Kirk behandelt das sehr ausführlich S. 97ff. und tritt für die Überlieferung *grapheon* ein gegen die Konjektur von Bernays, mit der Behauptung, die Schraube sei noch nicht erfunden gewesen, wobei er sich auf Drachmann beruft in dem RE-Artikel über ›Schraube‹. Ich will nur eins sagen, daß das *grapheon* größte Schwierigkeiten macht. Entweder es heißt, einer schreibt so: , aber das ist nicht eigentlich gerade und krumm. Andere meinen, es geht auf das Bustrophedon, die rechts- und linksläufige Schrift, wie einer den Pflug wendet. Aber das ist doch nicht so einleuchtend wie die Schraubenbewegung. Das Bild paßt viel besser zum Gedanken. Das zweite ist, daß ich einfach nicht glaube, daß man für Schreiben sagen kann *to graphos* und davon einen Plural bilden. Man könnte es nur als Schreiber verstehen, aber das gibt reinen Unsinn, daß der Weg der Schreiber gerade und krumm sein soll. Es fehlt die wirkliche Präzision. Und was die Behauptung angeht, es hätte im fünften Jahrhundert noch keine Schrauben gegeben, so glaube ich das nicht, bis zum Beweis des Gegenteils. Was Drachmann entwickelt, ist etwas anderes: Archimedes habe die Schraube als Wasserheber erfunden. Das ist natürlich spät, aber hat mit der Schraube selbst nichts zu tun und setzt sie vielmehr schon voraus. Das andere erscheint bei der sonstigen Kenntnis der Technik dieser Zeit ganz unwahrscheinlich. Es müßte noch durchgeprüft werden, und ich glaube, da wird sich ergeben, daß man die Schraube durchaus gekannt hat, wenn auch nicht gerade zum Verschrauben von Kisten, aber im Prinzip. Wir werden also dabei bleiben, die Konjektur anzunehmen, die durch den zweiten Teil bestätigt wird. So hat es jedenfalls Hippolytos verstanden, und die Änderung ist nicht so schwerwiegend.

Hier will ich das berühmte Wort anschließen von dem Fluß der Dinge: *panta rhei,* ›Alles fließt‹. Das finden Sie bei Diels-K. in dem Bericht des Diogenes Laertius (A 1, 7) über die Lehre Heraklits, wovon man früher einfach ausging, während wir uns heute auf die wörtlichen Fragmente stützen. »Es geschehe aber alles nach Gegensätzlichkeit, und es fließe alles nach Art eines Flusses.« Das ist das Wort. Beachten Sie, daß selbst in der Doxographie die Flußvorstellung in engster Beziehung zur Gegensatzvorstellung steht. An wörtlichen Fragmenten entspricht Fr. 12: »Für diejenigen, die in dieselben Flüsse hineinsteigen, strömen immer und immer andere Wasserfluten auf sie zu.« Dasselbe prägnant Fr. 91: »Man kann nicht zweimal in denselben Fluß steigen, nach Heraklit, und eine sterbliche Wesenheit kann man auch nicht zweimal anfassen in bezug auf ihre Form (*hexis,* die Art, wie sie sich darstellt) . . .« Hier ist nach dem ersten Satz alles weitere Interpretation des Plutarch, bis auf die bei Diels-K. richtig herausgehobenen Begriffspaare ›zerstreuen – zusammenführen‹, ›hinzukommen – weggehen‹. Das Gemeinte ist klar: wenn ich einen Apfel in die Hand nehme, so ist es in jedem Augenblick ein anderer, weil von ihm ständig etwas weggeht und wieder hinzukommt, etwas sich zerstreut und anderes angezogen wird. So bei allem. Was bei dem Apfel unsichtbar bleibt, weil es so langsam geht und in kleinen Mengen, wird deutlich an einem Fluß: man kann nicht zweimal hineinsteigen, kaum einmal, denn die Wasser sind immer schon vorbei. Wieder ein anderer Begriff für das Geschehen des Seienden, die ständige Hin- und Herbewegung von Gegensatz zu Gegensatz, wobei diese Bewegung aber eigentlich die Weise ist, wie das IST IST; keine amorphe Turbulenz, sondern sie hat den Charakter, daß sie gleichsam eingebunden ist in Gegensätze, zwischen denen sie dahin und wieder dorthin strebt.

8.

Wir waren bei der Betrachtung der Fragmente, die die Gegensatzlehre verdeutlichen, und hatten dabei von dem Weg hinauf und hinab gesprochen, von dem Fluß, in den man nicht zweimal steigen kann, und hatten in diesem Zusammenhang auch das berühmte Wort ›Alles fließt‹ besprochen.

Wir werden heute im weiteren Fortschreiten zu der wichtigen Erkenntnis kommen, daß hier nicht einfach eine abstrakte Gegensatzlehre entwickelt wird, sondern daß es für Heraklit zumal um zwei Größen geht, um die immer wieder sein Denken kreist: den Gegensatz und zugleich die Identität von Tod und Leben. Fr. 62 in außerordentlich zugespitzter Form: »Unsterbliche – Sterbliche, Sterbliche – Unsterbliche; indem sie leben den Tod jener, und indem sie das Leben jener gestorben sind.« ›Gestorben sind‹ ist nicht ganz korrekt, es meint das Totsein als einen festen Zustand. – Hier ist diese Identität ausgesprochen. Es geht wohl ebensowenig wie auch sonst bei Heraklit um Mystik, obgleich es naheliegend wäre, es so zu deuten. Aber nach allem, was wir bisher festgestellt haben, liegt das ganz fern. Im Zusammenhang dessen, was wir bisher gesehen hatten, ist es für ihn eine Grundfeststellung. Wir kennen den volkstümlichen Ausspruch: ›Des einen Tod ist des anderen Brot‹, womit gemeint ist, daß alles voneinander lebt und sich gegenseitig auffrißt. Das ist hier nicht gemeint, sondern daß zwischen beiden jene eigentümlich gespannte Einheit besteht, die jederzeit die Möglichkeit des Umschlagens hat. Der Tod ist nicht ein aufhörendes, sondern ein umkippendes Leben, und das Leben ebenso. Aus Leben und Tod zusammen besteht oder besser *ist* das, was wir das Sein nennen.

Ich verweise schon hier auf Fr. 76, das sonst in den Zusammenhang der Elementenlehre gehört, nicht wörtlich, aber wohl dem Gedanken nach richtig: »Es lebt das Feuer den Tod der Erde, die Luft lebt den Tod des Feuers, das Wasser lebt den Tod der Luft, die Erde den des Wassers.« Gemeint ist das Auseinander-Hervorgehen, wobei die Weise, wie eins in das andere übergeht, die ist, daß der Tod des einen das Leben des anderen wird; was übrigens auch den sachlichen Charakter des vorigen sichert. Ich erinnere wieder an das schon bekannte Fr. 88: »Es ist (im Sein) als Dasselbige das Lebendige und das Tote ...« Das eine *ist* das andere in der eigentümlichen Wesensform des Umgeschlagenen. Ebenso verweise ich noch einmal auf Fr. 48, wo an dem Namen des Bogens erkannt wurde die Einheit von Leben und Tod.

Wir können Fr. 15 hinzufügen. Der erste Teil scheint typische Kultkritik zu sein, auf die wir schon bei den Fragmenten über die Reinigungsformen getroffen waren. Heraklit ist ja der große Kritiker der Autoritäten der Zeit, und dazu gehört auch der Kult, wenigstens in den Formen der Ausübung. So hat er an dem Volkstümlich-Magischen Anstoß genommen, womit manche dieser Kulte belastet waren, und darin führt er Xenophanes weiter in der Sublimierung der Vorstellungen des Göttlichen und der Frömmigkeit. »Denn wenn sie nicht dem Dionysos den Geleitzug darbrächten und ihm sängen den Gesang mit den Schamgliedern, so täten sie etwas ganz Schamloses.« Also einmal die Dialektik, daß etwas, das an sich schamlos wäre, es hier, wo es Dionysos gilt, offenbar nicht ist; und das wieder höchst pointiert mit einem Wortspiel: *aidoia* heißt sowohl ›ehrwürdige Dinge‹ (*aidos* hat sehr oft mehr den Charakter von Ehrfurcht als eigentlich Scham, was *aischýne* wäre) wie auch ›Schamglieder‹, und dazu der Gegensatz des Schamlosen *anaidéstata*. Die Gegensätzlichkeit wird dann weitergeführt: »Denn derselbe ist Hades und Dionysos, dem sie da rasen und das Lenäenfest bringen.« Damit wird die Identität zweier Götter behauptet, Dionysos und Hades, wobei sichtlich Dionysos als der Gott der Fruchtbarkeit und des Lebens dem Gott der Unterwelt und des Todes gegenübersteht. Es ist bekanntlich viel darüber geschrieben worden, so etwa von W. F. Otto ein Buch über Dionysos. Nilsson, der Verfasser der bekannten Religionsgeschichte, hat die Dinge vielfach nüchterner gesehen. Ich kann nicht darauf eingehen und will nur sagen, daß aus der Stelle selbst ersichtlich ist, daß Dionysos für Heraklit zu tun haben muß mit dem überschäumenden Leben, was zum Phallos paßt und der Wirkung des Weins. Auch sonst stellt der Gott, nach allem, was wir über ihn wissen, die Macht des treibenden Lebens dar. Und doch hat er auch als Dionysos selbst einen Bezug zum Tod, nicht nur wie bei Heraklit in seinem Gegensatz zu Hades, in dem sich auch wieder die Identität der beiden Götter und damit von Leben und Tod bezeugt.

Wir können hier Fr. 23 einschieben, schwer zu verstehen: »Den Namen der Dike würden sie nicht kennen, wenn dieses nicht wäre.« Die Frage ist, was ›dieses‹ ist. Diels-K. nimmt an, das Ungerechte, ich bin nicht ganz sicher, ob nicht auch der Streit gemeint sein kann, das Widerstrebende, in sich selbst Unharmonische, und berufe mich auf das schon bekannte Fr. 80: »Der Krieg ist allen gemeinsam, und die Dike ist der Streit, und alles geschieht nach Streit und Schuldigkeit.« Dike ist seit der ältesten Zeit, wie wir gesehen hatten, die Macht des Ausgleichs, nicht so sehr proportional zu den Ansprüchen des Einzelnen, die er stellt, sondern eine über den Ansprüchen stehende Gewalt des Ausgleichs, die neben Zeus sitzt und eingreift, wenn das gleiche Verhältnis gestört wird. Ich hatte dazu auf Solon hingewiesen, nach dem das Meer ›das Gerechteste von allen‹ ist, nämlich wenn es glatt ist. Das ist ein deutliches Bild für die Macht der Dike. Der Streit ist der Gegensatz davon, das Prinzip der Unterschiedlichkeit; so daß ich hier doch nicht an den einfachen Gegensatz des Ungerechten glauben möchte, sondern an den tieferen zwischen der Dike und dem Streit, dem Prinzip des Ausgleichs und der in Bewegung geratenen Unausgeglichenheit. Das ist natürlich nicht sicher, sondern nur meine Meinung.

Um deutlich zu machen, wie entscheidend für die Gegensatzlehre Tod und Leben sind, gebe ich noch einmal die Hauptfragmente an, die wir behandelt hatten: 36, 88, 61, 62, 48, 15, 51; wozu noch eine Reihe anderer kommen. Wichtig ist noch vor allem Fr. 20, Clemens: »Heraklit scheint ganz offenbar die Genesis herabzusetzen, wenn er sagt: Wenn sie geboren werden, so sind sie geneigt zu leben und (damit Todes-)Bestimmungen zu haben.« *moros*, eigentlich ›Teil‹, ist fast immer das Todesteil, der bevorstehende Tod. Also wenn sie leben wollen, so wollen sie damit auch schon den Tod. Damit spaltet sich die innere Tendenz des Werdens selbst in diese doppelte Richtung. Wer leben will, muß auch den Tod auf sich nehmen. ». . . vielmehr aber zum Ende kommen.« Das mag Zusatz des Berichterstatters sein, ist auch dem Wortlaut nach spätes Griechisch. Darum gebe ich zu bedenken, ob man es Heraklit nicht absprechen müßte. Dann aber wieder wohl echt: »Und sie hinterlassen Kinder, daß (in den Kindern auch wieder) Todesteile ins Leben treten.« Sowohl das Werden des Menschen ist zugleich der Wille zum Leben wie zum Tod als auch das Zeugen, was auch irgendwie zusammenfällt. Ein erstaunliches Fragment, in dem fast das moderne Wort vom ›Sein zum Tod‹ vorgebildet erscheint.

Weiter Fr. 21, sehr schwer, weil es nur verstümmelt ausgeschrieben ist: »Nennt nicht auch Heraklit den Tod das Werden, wenn er sagt: Tod ist alles, was wir im wachen Zustand sehen, und was wir im Zustand der Ruhe sehen, ist Schlaf?« Ich glaube, es ist klug und richtig, wenn der Herausgeber hinzufügt: ›. . . was aber im Tod: Leben.‹ Wir brauchen so etwas, wenn das Leben hineinkommen soll, was jetzt fehlt. Hier geht es also um die Begriffe Wachen und Schlafen, die volkstümliche Parallelen bilden zu Leben und Tod; die Gegensätze überkreuzen sich. Was wir in der vollen Helligkeit unseres Daseins um uns herum sehen, ist nicht Leben, sondern Tod; womit nicht gemeint ist, daß wir sehen, wie sich alles tötet, sondern was wir vor uns sehen, ist ein Gesamtpanorama des Todes, wesenhaft, nicht nur materiell. Ebenso ist das, was wir im Tod sehen, Leben. Aber es ist so kurz, daß ich keine feste Meinung äußern kann, nur Versuche zur Deutung geben.

Hier können wir Fr. 26 hinzuziehen: »Der Mensch zündet in der Nacht ein Licht an, wenn sein Gesicht verloschen ist.« Hier ist wohl das Schlafen gemeint, das auch wieder ein Wachsein ist. Wenn das äußere Licht oder Gesicht verloschen ist, ist dann ein anderes da. »Als Lebender greift er nach dem Toten, wenn er schläft, als Wachender greift er nach dem Schlafenden.« Sehr pointiert formuliert: *háptesthai* heißt sowohl ›sich anzünden‹ wie ›an etwas rühren‹. Ich bezweifle, daß das ganz richtig ausgeschrieben ist, die Antithese müßte etwas schärfer herauskommen. Aber es ist klar, daß es wieder darum geht, wie die Begriffe Wachen – Schlafen, Leben – Tod sich so überkreuzen, daß dem Schlafen und dem Tod gleichzeitig zugeordnet ist ein anderes Wachsein und Leben, in dialektischer Einheit der Gegensätze.

Fr. 25 haben wir eine etwas andere Weise, diese Einheit zu sehen, jetzt nicht am Einzelnen, sondern in der Gesellschaft. Hier ein Wortspiel zwischen *moros* und *moira.* Beides heißt zunächst nur ›der Teil‹, aber während *moros* speziell zum ›Todesteil‹ geworden ist, hat *moira* die Bedeutung von ›Anteil‹, Portion, etwa im Epos der Anteil an der Beute. Damit wird hier gespielt: »Größere Tode erlangen größere Anteile.« Kranz übersetzt ›Lohn‹, das ist es aber nicht, sondern es geht um das, was einer als sein Teil zu verlangen hat und bekommt. Aber es steht jedenfalls auf der Seite des Lebens, und nun zeigt es sich, daß die größeren Tode, im Krieg nämlich, auch größere Anteile an Ehre haben – ganz aristokratisch gedacht – und was der Tote sonst empfängt. – Fr. 24 geht auch auf die im Krieg Gefallenen, die ›von Ares Getöteten‹, wie er sie nennt. Diese »ehren die Götter und Menschen«. Auch diese allgemeine Auffassung stellt sich ihm dar in jener Zusammengehörigkeit von Leben und Tod. – Ebenso Fr. 29: »Die Besten wählen Eins anstelle alles anderen: ewig strömendes *kleos* (Kunde, Ruhm) gegenüber dem nur Sterblichen. Die Vielen aber liegen satt herum wie das Vieh.« Interessant ist dabei nur, wie Heraklit sich auch diese Dinge in seinem Sinne aneignet. – Hier können wir noch Fr. 27 hinzunehmen: »Es erwarten die Menschen, wenn sie gestorben sind, Dinge, mit denen sie nicht rechnen und die sie nicht wähnen.« Damit mag gemeint sein, daß er abrückt von der üblichen Auffassung der Dichter oder der Volksreligion, daß man zu wissen meint, was nach dem Tod kommt, daß man weiterlebt in irgendeiner Form, und wie dies Weiterleben aussieht. Das würde wieder die Linie des Xenophanes fortsetzen, daß das Göttliche über alles menschliche Denken absolut erhaben sei. Möglich ist aber auch, daß mit ›den Menschen‹ wieder die Vielen gemeint sind, die von diesen Dingen nicht wissen und sich nicht darum kümmern, was mit anderen Fragmenten gut zusammengehen würde.

All diese Fragmente weisen darauf hin, wie stark Heraklit das Problem von Leben und Tod bewegt hat. Es ist doch erstaunlich, daß unter den erhaltenen Fragmenten eine solche Fülle darauf weist. Es zeigt, wie er in seiner Gegensatzlehre wieder in ganz neuer Weise die Dinge packt, indem er jetzt nicht nur sieht, daß das eine Seiende das Ende des anderen ist, sondern daß in diesem Wechselverhältnis ein gegenseitiger Umschlag besteht. Ich glaube nicht, daß es richtig wäre, das zu subjektiv zu betrachten, was uns sehr liegt. Man denke, wie etwa der junge Hölderlin umgetrieben wird von dem persönlichen Problem der Vergänglichkeit, die er so stark erlebte. So ist es bei den Griechen nicht, hier ist alles viel sachlicher. Ich könnte Linien ziehen nach hinten wie nach vorn, die sich ständig durchverfolgen lassen und zeigen, daß Leben und Tod bei Heraklit Begriffe sind, die in dieselbe Kategorie gehören wie Genesis und Phthora bei den Früheren. Wir hatten entwickelt, daß das Denken der Vorsokratiker durchaus kreist um das Problem der Genesis, schon von den Dichtern her, die nicht nach dem Wesen, sondern nach dem Ursprung fragen. Dazu tritt dann bald die Frage nach dem Vergehen, und noch bei Parmenides sind beides entscheidende Begriffe, der von seinem neuen Seinsbegriff aus sagen kann, all das sei nun ganz abgeschwommen und verschlagen. Für ihn sind diese Gegensätze durch die reine Seinslehre einfach beiseite gesetzt, wie er immer wieder sagt. Aber nach allem ist es nur natürlich, daß diese Grundproblematik jetzt auch bei Heraklit auftauchen muß. Und das ist nun das Neuartige. Während bei Parmenides jenes große IST IST gesehen ist, das kein Nichtsein zuläßt, deutet Heraklit gerade auf die Bewegung, die für ihn keine einseitige ist vom Nichtsein zum Sein oder umgekehrt, sondern beides fügt sich ihm zusammen zu einer Einheit, für die ich wieder unser Bild zeichnen kann, die beiden von einem Kreis umschlossenen Pfeile, weil jedes von beiden sich auch als das andere ausweisen kann. Das ist seine neue großartige Lösung.

Damit schließe ich diese Gruppe ab und komme zu den wichtigen Fragmenten, die Heraklits Kosmologie zeigen. Denn von all diesen Bewegungen ist er, wie alle alten Denker, auch fortgeschritten zu einer Kosmosdeutung. Da möchte ich an den Anfang folgendes stellen, was schon öfter betont war: Der Hauptbegriff, der noch nicht in dieser ausgesprochenen Form auftaucht, ist der Begriff der Bewegung. Ich kenne das Wort *kinesis* bei ihm nicht, aber daß die Bewegung es ist, die als ein Unbezweifelbares für ihn das Sein bestimmt, im Gegensatz zu Parmenides, bei dem sie zwar vorkam, aber als nichtseiend und zur *doxa* gehörig, ist wohl nach allem klargeworden. Dafür haben wir als ein Beispiel das bildhafte prachtvolle Fragment 125, das glücklicherweise an ganz entlegener Stelle überliefert ist: »Auch der Mischtrank (*kykeōn*, der berühmte Trank, den auch Ärzte geben; ›Gerstenbrei‹ könnten wir beinahe sagen, sollten ruhig so einen kräftigen Ausdruck gebrauchen statt des poetischen ›Mischtranks‹) zersetzt sich, wenn er nicht bewegt wird.« Wir müssen auf die Grundbedeutung von *kykáō* kommen, die nicht nur ›bewegen‹ ist, sondern ›aufrühren‹, ›umrühren‹. Ein Trank, der sich zersetzt, wenn er nicht bewegt wird, besteht nicht rein durch sich selbst. Hier sehen wir die unerhört positive Kraft der Bewegung. Sie ist das, was im Leben erhält und die Zersetzung verhindert; ohne sie würden andere, zerstörende Kräfte einsetzen. Das können wir von aller Bewegung verstehen, über die wir bisher gehört haben, auch die Bewegung des Umschlags, der Veränderung. Überall findet sich die Bewegung gleichsam als Garant des Bestandes. Die Ruhe ist offenbar kein solcher Garant des Bestandes in dieser Welt.

Dieser großartige Gedanke ist auch ein Grundbestandteil der Kosmologie des Heraklit. Alles ist in Bewegung, und selbst das Feste wird als ein ständig sich Erneuerndes betrachtet. Er sagt einmal von der Sonne (Fr. 6), sie sei an jedem Tag wieder neu. Das ist so zu verstehen, daß er von der Lehre der Ausdünstungen ausgeht, die Aristoteles zitiert (Meteor. II 2, 355 a 13), der ihn aber übertrumpft, indem er sagt, dann müßte sie nicht nur täglich, sondern kontinuierlich neu sein, ständig sich erneuernd. Weiter kann man schon die Vorstellung herausgreifen, daß die Sterne für ihn *skaphai*, ›Kähne‹ oder eigentlich ›Wannen‹ vorstellten (Diels-K. A 1, 9). Nun kommt von der Erde die Ausdünstung nach oben, die letztlich feuriger Art ist, und sammelt sich in diesen Wannen, wo sie das Feuer bildet. Ebenso natürlich in der Sonne, die sich dabei erneuert. Eine Sonnenfinsternis entsteht dann dadurch, daß eine solche Wanne umkippt. Das ist in bezug auf das rein Astronomische etwas phantastisch, wenn die Überlieferung hier in Ordnung ist. Aber die Vorstellung ist insofern interessant, als sie die Bedeutung des Feuers zeigt als entscheidender Kraft. Es ist unter den Elementen das beweglichste, das leichteste, wie Aristoteles sagt. Auch andere Eigenschaften des Feuers waren den Griechen ganz vertraut: die Macht und Kraft des Zerstörens, aber auch die bildende Kraft des Feuers als Mittel des Schmiedens und Schmelzens der Metalle, seine Nähe zum Gold durch die Farbe, zum Licht durch die Kraft des Lebenerhaltenden und der Wärme, und endlich seine Affinität zu allem Geistigen (auch dem Wein) und damit auch zum Göttlichen. Es besitzt eine nach oben treibende Kraft, während die Erde die Bewegung nach unten hat. So gibt es noch eine Fülle von Erscheinungen, die den Griechen einfach aus der Erfahrung vertraut waren und dazu führten, daß dann in Heraklit ein Denker gekommen ist, der in einer großen Konzeption von der Bedeutung des Feuers ebenso durchdrungen war wie andere von der des Feuchten. Heraklit greift noch hinter das Leben und dessen Element des Wassers zurück auf die große treibende Kraft des Feuers. So herrlich Fr. 64: »Der Blitz steuert das All« (*ta panta*, wieder Plural), die Gesamtheit der seienden Dinge. Der Berichterstatter sagt, daß unter dem ›Lenken des Blitzes‹ das ewige Feuer verstanden sei. Aber nicht Feuer als bloßes Element, sondern es lenkt ›einsichtig‹, *phronimon*, und ist damit auch die Ursache für die Ordnung im All. Weiter nennt er auch Mangel und Sattheit oder Fülle als zwei Begriffe Heraklits und zitiert dann wörtlich: »Das Feuer, indem es über die Welt kommt, wird alles scheiden (*krisis* ist noch nicht ›Gericht‹, obgleich man das christlich hineingedeutet hat) und wird alles in sich aufnehmen.« Also der Gedanke einer großen Verbrennung, bei der alles in Feuer übergeht und sich aus ihm dann neu die Unterschiede bilden. Das sei die Lehre Heraklits.

9.

Wir waren zu den Fragmenten gekommen, die Zeugnisse sind für die Kosmologie Heraklits. Dabei hatten wir die Wichtigkeit der Bewegung für ihn herausgestellt, hatten auch von dem Wesen des Feuers gesprochen, das bei Heraklit die Bedeutung einer Grundsubstanz des Seienden gewonnen hat, insofern man es ›materiell‹ faßt, wenn man den Ausdruck schon gebrauchen will; ›seiend‹ wäre richtiger. Das Feuer hat im griechischen Denken schon immer eine tiefe Affinität gehabt nicht nur zur Wärme und damit zum Leben, sondern zum Glanz, Licht, Heil, zum Gestaltenden und damit zum Göttlichen und Geistigen. Auch daß es als das leichteste und beweglichste Element Träger der Bewegung werden konnte, versteht sich von hier aus.

Ich will jetzt das schon früher herausgezogene Fr. 31 zugrundelegen, weil damit Entscheidendes gewonnen ist für alles Weitere. Zunächst ist noch einiges zum Text zu sagen und damit zum Grundverständnis. Wir müssen den ganzen Zusammenhang bei Clemens heranziehen, auch wo er nicht den Wortlaut gibt. Er spricht davon, daß die Welt entsteht und vergeht, das ist eine Art Überschrift. Dann das Zitat: »Die Wandlungen des Feuers erstens Meer, des Meeres aber einerseits zur Hälfte Erde, andererseits zur Hälfte *prestēr,* Glutwind (schwer übersetzbar; eine bestimmte Erscheinung der Luft, irgendwie mit Hitze verbunden, allgemein ausgedrückt).« Und nun die Erklärung des Clemens: »Er meint damit, daß das Feuer unter der Macht des das All durchwaltenden Logos und des Gottes durch die Luft hindurch (oder ›vermittels der Luft‹) verwandelt wird ins Feuchte, als Same der Weltbildung, den er Meer nennt. Von diesem aber hinwiederum wird Erde und Himmel und das darin Enthaltene. Wie es nun aber wieder ergriffen und aufgehen wird im Feuer, das macht er klar durch folgendes«, und nun wieder wörtlich: »Die Erde wird auseinandergeschüttet zu Meer, und das erhält sein Maß nach demselben Logos, wie es war, bevor es Erde wurde.« Das ist die Übersetzung des Textes, den Sie bei Diels-K. finden.

Wenn wir uns klar werden wollen, was gemeint ist, so steht deutlich da, daß alles aus dem Feuer entsteht, das den ersten grundlegenden Platz hat, wie bei Thales das Wasser (anschließend an die Dichter), bei Anaximander das Apeiron, bei Anaximenes die Luft in der besonderen Wendung als Träger von Verdünnung und Verdickung, also mechanischer Prinzipien. So ist nun bei Heraklit das Feuer der Ausgangspunkt für alles andere. Das wird am Anfang gesagt. Dann sagt er, daß dies Feuer Wandlungen hat, und zwar in mehreren Stufen. Als erste Stufe ist angegeben Thalassa, das Meer oder richtiger Meer- oder Salzwasser, wie Lesky schön gezeigt hat, also nicht die Fläche, *pontos* (oder *pelagos*, was die bewegte Fläche sein mag; es gibt verschiedene Aspekte). Also das Urwasser, das sich im Meer noch darstellt, geschieden von *hydor*, ›Wasser‹, das eben nicht salzig ist, wenn auch nicht speziell ›Süßwasser‹; eben das, was auch wir ›Wasser‹ nennen. Das ist die erste Wandlung.

Es folgt die Wandlung des Meeres, und das gabelt sich jetzt: nicht daß die Hälfte davon Erde und die andere Hälfte Glutwind würde, dann wäre das Meer ja verschwunden, sondern man muß es so verstehen, daß Prinzipielles gemeint ist, nicht Physikalisches, auf das Quantum kommt es dabei nicht an. Soviel einerseits zu Erde wird, soviel wird auf der anderen Seite zu Glutwind. Wir müssen nun erst weitergehen und sehen, was der Berichterstatter in seinen Worten weiter sagt. »Unter der Macht des alles durchwaltenden Logos« mag wörtlich sein, wenn auch nicht sicher, ›des Gottes‹ aber ist in dieser Form sicher sekundär. Dann ist gesagt, daß sich die Wandlung durch die Luft oder über sie vollzieht, was bei Heraklit nicht gesagt war, wir können es also nicht einfach glauben. Von da also ins Feuchte, wobei mit guter Deutung Thalassa als Keim der Weltentstehung gefaßt ist, aus dem nun Erde und Himmel entstehen und alles Dazwischenliegende. Das ist sehr merkwürdig. Wenn man sich vorstellt, daß das Feuer durch die Luft hindurch zum Meer wird und sich dann wieder gabelt in Erde und Himmel, so sieht das fast räumlich schematisch aus: die Erde umgeben von Himmel und Meer. Auch hieraus geht die zentrale Stellung des Wassers nach dem Feuer hervor, das nach dieser Darstellung eine Mittelstellung einnimmt zwischen dem Feuer einerseits und Erde und Himmel andererseits. Diese zentrale Stellung des Meeres können wir durchaus begreifen, wenn wir an seine Bedeutung schon bei den Dichtern denken, dann wieder bei Thales und bei Anaximander als eigentliche Quelle des Lebens. Wir müssen hier auch mit der naiven Anschauung rechnen. Xenophanes Fr. 30 sagt ganz deutlich: »Die Quelle des Wassers ist das Meer und auch die Quelle des Windes« (also der Luft), wobei er den alten Dichtern noch näher steht als Heraklit. »Nicht könnte in den Wolken die Kraft des Windes entstehen ohne das große Meer, auch nicht die Strömungen der Flüsse und das Regenwasser des hohen Himmels, sondern der große Pontos ist der Erzeuger von Wolken, Winden und auch von den Flüssen.« Das ist ganz die alte und verbreitete Vorstellung von Homer an, nach der nicht nur die Flüsse, sondern auch die Winde ihren Ursprung im Meer haben. Es gibt andere Vorstellungen, nach denen sie von den Bergen kommen, das ist mehr mythisch. Daß sie aber aus dem Meer kommen, ist eine plausible Vorstellung. Das Meer ist immer windig, spürt die Winde besonders und hat eine Affinität zu ihnen, und damit auch zur Luft. Daß das Meer der Ursprung des Lebens ist, hatte auch Anaximander gelehrt, nachdem schon Thales auf die Feuchtigkeit des Samens hingewiesen hatte bei seinem Ansatz. All das mag verständlich machen, daß, nachdem das Feuer aus bestimmten Gründen für die Ursubstanz erklärt worden war, nun das Denken gleich zum Meer übergeht. Heraklit denkt eben nicht mechanistisch an Verdünnung und Verdickung, sondern in ganz anderen Kategorien. Es ist nicht einfach so, daß, nachdem seine Vorgänger nacheinander die Erde, das Wasser und die Luft angesetzt hatten, er nun zum Feuer übergeht von äußeren physikalischen Prinzipien her, etwa daß es das feinteiligste Element ist, das nächstfeine das Wasser und das festeste die Erde. So ist es dann bei Aristoteles und schon Platon, der die Elemente gleichsetzt mit feinsten Körpern, wobei durch die geometrische Gestalt die verschiedene Festigkeit hergestellt wird. Dieses Abnehmen der Gestalt, Qualität oder Dichte spielt bei Heraklit keine Rolle, es ist eine ganz andere Art des Denkens. Das Feuer als das Erste hat eine umfassende Sonderstellung, dann aber denkt er weiter in bezug auf die innere Kraft des Elements für die Weltbildung und kommt auf das Meer, und von da aus – ohne daß die Luft dazwischen wäre! – kommt er zu zwei anderen großen Bereichen: Erde und Glutwind.

Nun müssen wir uns mit dem Text abgeben und einige Zeit daran wenden. Verschiedene haben sich darüber geäußert, ich führe das hier nicht vor und verweise nur auf Reinhardts wichtigen Aufsatz. Dann finden Sie alles weitere bei Kirk, sehr klug und vorsichtig, vor allem in seinem Werk über die kosmischen Fragmente 325 ff. Auch Snell hat darüber geschrieben. Da ist es nun so, daß auch Kirk die Dinge so versteht, wie ich sie vorgeführt habe, nur daß der *prester* unklar bleibt. Er sagt nicht, was das eigentlich sein soll. Es scheint aber doch eine Art Schlüssel zum Verständnis.

Nun aber kommt zu dieser Darstellung des Entstehens der letzte Satz hinzu, wo in unserem Text das erste *gē*, ›Erde‹, dazugefügt ist. Ich halte es für falsch und den früheren Text von Diels für richtiger. Nur müßte man auf demselben Wege noch weitergehen und auch das zweite *ge* am Schluß streichen. Es ist doch merkwürdig, daß gar nicht davon gesprochen wird, wie das Feuer wird, sondern nur über das Verhältnis Erde : Wasser. Es ist doch klar, daß im Zusammenhang des Ganzen vom Feuer die Rede sein muß. Das geschieht durchaus, wenn man ohne *ge* liest und ohne Komma hinter ›zerfließt‹. Ich übersetze so: »Das Wasser aber wird auseinandergegossen (sinnliche Ausdrucksform, daher besser als ›verfließt‹, weil kein äußeres Verfließen gemeint ist, sondern daß das Wesen sich auflöst, natürlich zu Feuer, das sich ja durch eine Art von Verdichtung oder Gerinnung zu Wasser verwandelt hatte) und wird gemessen nach demselben Logos, wie er vorher bestand, ehe es war (nämlich das Wasser).« Das zweite *ge* ist nicht einheitlich überliefert, ist aber leicht verständlich als Interpretament. Ich ändere also nicht von mir aus, sondern folge einem Teil der Überlieferung bei Eusebius. Der letzte Satz drückt also das Wieder-Feuerwerden aus und kümmert sich gar nicht um die weiteren Entstehungselemente, sondern geht nur auf das prinzipielle Element des Feuers und das zentrale der Thalassa. Damit greift Heraklit die großen Grundgedanken der Dichter und des Thales wieder auf und bleibt dabei, daß im Anschaulichen das Meer jener große Zeugungsbereich für alles andere sei, physikalisch wie im Bereich des Lebens und schließlich auch der Winde und der Luft. Und andererseits geht es bei dem Feuerwerden nicht darum, Einzelheiten zu beschreiben, sondern das Entstandene soll sich wieder auflösen, auseinandergegossen werden, und dies vollzieht sich nach einem bestimmten Maß, das der Logos genannt wird, der vorher bestand, bei der Entstehung. – Jetzt versteht man, wenn von Clemens hinzugefügt wird: »und ebenso bei den anderen Elementen«, was bei Diels-K. weggelassen ist. Heraklit hat nicht von den anderen Elementen gesprochen, sondern vom Feuer und der Thalassa. Dasselbe kann man zeigen in bezug auf *ge* und *prester*. Dieser Zusatz schließt meiner Ansicht nach die Erwähnung von *ge* überhaupt aus, denn wir müssen ja das Zitierte immer im Zusammenhang verstehen. Soviel über das Philologische der Stelle.

Aber wir sind noch nicht fertig, denn es geht noch um den *prester*. Zunächst eine Bemerkung zu Reinhardt. Er liest auch kein *ge* zu Anfang, versteht aber das Meer als einen Zustand, bei dem das Feste in Flüssiges übergeht, wobei der feste Zustand des Meers dann Erde ist. Das ist doch nicht möglich, daß ein zu Erde gewordenes Meer dann noch ›Meer‹ heißt. Ich glaube, man muß sich an dieser Stelle um den *prester* kümmern. Im Lexikon finden wir dafür eine Art Wind, es kann auch ein Orkan sein, der aber den Charakter hat, daß er heiß ist, daher ›Glutwind‹. Ich meine, es kann nicht sehr schwer sein, die Bedeutung zu verstehen in diesem gesamtkosmischen Bild, wo das Feuer solch entscheidende Rolle spielt. *aër* wird nie mit dem Feurigen in Verbindung gebracht, eher mit dem Feuchten und Kalten. Die Griechen teilten, wie wir sahen, von Homer ab die Luft in zwei Regionen, den feucht-kalten und dunkleren *aër*, die untere Luft, und den *aither*, die obere Glanzluft, eine Scheidung, die man bei Bergbesteigungen ganz sinnlich wahrnehmen kann, wie durch eine klare Linie getrennt. So hat man den *prester* schon an den *aither* anschließen wollen, wogegen sich Kirk mit Recht wendet, wenn nicht *aither*, mit *aithon* in Verbindung gebracht, das Warme und Brennende bezeichnet. Ich glaube, wir brauchen nur das wörtliche Fragment anzusehen: da fehlt ja die Luft, wird nur vom Berichterstatter hineingebracht. Ich behaupte, die Luft ist der *prester*. Es ist bezeichnend für Heraklit mit seiner umfassenden Feuerkonzeption, die so tief und leidenschaftlich erlebt ist, daß er dabei die Luft nur einsetzen kann unter einem bestimmten Aspekt, den auch die Sprache ihm darbietet, nämlich wo sie mit dem Feurigen zu tun hat. Dieser Feueraspekt der Luft ist der *prester*. Er muß ja einen bekannten Begriff suchen, wo die Luft gleichzeitig feurig ist, und er findet ihn in diesem Begriff. Für ihn ist das Grundwesen der Luft vom Feuer aus bestimmt. Das ist meine Deutung, warum an der Stelle, wo wir die Luft erwarten würden, *prester* steht.

Nun ist alles andere klar. Das Feuer ist das große Umfassende. Wenn er von ihm aus die Welt konstituieren will, so muß er fortschreiten zu dem großen Sichtbaren, aus dem alles andere Sichtbare hervorgeht, und da kann er anschließen an die Dichter und die Milesier und einfach das Meer nehmen. Es wird zum zentralen, weltschaffenden Prinzip, zur großen Ursubstanz, ganz konkret. Von da aus kommt er zur Erde nach unten und zum Himmel nach oben, der ja die Feuersphäre ist, wie auch der Aither, und zu allem dazwischen. Wir hatten schon die Lehre von der Verdampfung berührt, die auch als eine feurige zu denken ist, so daß wieder von der Erde aus die Gestirne den Feuerdunst empfangen. Andere Erscheinungen der Luft sind für ihn sekundär, da sie nicht feurig sind.

Das scheint eine große und bedeutende Konzeption. Noch einmal: ihr Wesen ist nicht mechanisch gedacht, sondern wenn Heraklits Vorstellungen im Physikalischen manchmal fast naiv erscheinen, so werden sie gleichzeitig nach geistigen Regeln formiert. Wir hatten schon gesehen und werden noch weiter sehen, warum er gerade das Feuer als Grundelement ansetzt, das auf der einen Seite allem anderen gegenübersteht als Gegenwert. Das konkretisiert sich dann im Meer, und überall spielt die Feuervorstellung mit, so daß wir die Weltwerdung auch verstehen können als eine Art Gerinnen des Feuers zu Wasser und weiter zu Erde, und wieder eine Ausatmung zu Luft und feurigen Hauchen; so daß letztlich die verschiedenen Aggregatzustände des Feuers, für uns nicht recht vorstellbar, alles durchwalten.

Ich füge noch hinzu, daß man weiter vermuten könnte (da wir von dem üblichen Weltbild ausgehen müssen, das schon bei Homer eine Scheidung von zwei Luftarten kannte), daß Heraklit aus seinem *prester* sich in einer weiteren Teilung nach oben den Äther und nach unten den feucht-dunklen Aër hat entwickeln lassen. Das ist nur Vermutung, aber durchaus möglich. Vielleicht dürfen wir auch unterhalb davon eine Scheidung ansetzen zwischen dem Salzwasser und dem der Flüsse: *hals* und *hydor*. Eine solche Zweiteilung als Denkmittel ist bei ihm durchaus glaublich von seiner Gegensatzlehre her. Dann könnte man von den beiden überlieferten Tropai die nächsten erschließen. Wenn wir das auf das übliche Weltbild übertragen, sieht es so aus, daß auch weiterhin herrschend bleibt die runde Außensphäre mit den Fixsternen, die als Äther oder eine Feuersphäre verstanden werden kann. In der Mitte ist die Erde, vom Meer umgeben, aus dem sich alles ausgesondert hat, und dazwischen – von dem ›darin Enthaltenen‹ war ausdrücklich die Rede – der Prester, der sich nach unten in der Aer und nach oben in den Äther, die Glanzluft scheidet, die auch näher am oberen Feuer gedacht ist. So treffen wir auf eine Schichtung des Kosmos, die weitergewirkt und sich lange gehalten hat.

Ich will nicht verheimlichen, daß dieser Deutung andere Stellen gegenüberstehen, wo das nicht der Fall zu sein scheint. So schon Fr. 76, verschiedene Berichte, nicht wörtlich, aber durch die Ausdrücke wohl für Heraklit anzusetzen. Da heißt es einmal (bei Max. Tyr. XII 4 p. 489): »Es lebt das Feuer den Tod der Erde, die Luft lebt den Tod des Feuers, das Wasser lebt den Tod der Luft, die Erde den des Wassers.« Hier haben wir einfach die vier Elemente in der sonst üblichen Reihenfolge. Schematisch heißt das: alles was lebt, entsteht aus einem anderen, das stirbt. Demnach wird Feuer zu Erde, Erde zu Wasser, Wasser zu Luft und Luft wieder zu Feuer, womit der Kreis geschlossen ist; ein Auseinander-Hervorgehen im Uhrzeigersinn. – Und bei Plutarch (De E 18. 392c): »Tod des Feuers: Werdung der Luft. Tod der Luft: Werdung des Wassers.« Dann bricht es ab. Ebenso bei Marc. Anton. (IV 46): Der Tod der Erde sei es, Wasser zu werden, der Tod des Wassers, Luft zu werden, und Tod der Luft, Feuer zu werden, und umgekehrt. – In Fr. 31 ist gerade das so merkwürdig, daß es von der sonstigen Elementenlehre her ›unnormal‹ erscheint. Dem Besonderen aber wird man immer den Vorzug geben gegenüber dem, was sich dem sonstigen anpaßt. Ich glaube, daß in Fr. 76 die Elementenlehre der Späteren hineingedeutet ist, die man eben kannte. Ich will aber mit Absicht nicht die Schwierigkeiten übergehen, nur müssen wir immer mit dem Einwirken späterer Lehren auf das Frühere rechnen, wo wir nicht den Wortlaut selbst haben.

10.

Ich will jetzt damit fortfahren, die Dinge in bezug auf die neuen Denkmittel, die sich daran zeigen, weiter zu entwickeln. Heraklit geht also offenbar von den Wesenheiten aus: zunächst von der großen allgemeinen Wesenheit des Feuers, dann der unteren des

Wassers, das schon von den Dichtern her als der allgemeine Lebensgrund verstanden wurde, dann erst kommt er zur Erde als dem Schwersten und zu der – ebenfalls vom Feuer her gesehenen – Luft. Die Betrachtung ist also von der inneren Norm der Wesenheiten her bestimmt, das ist das Wichtigste für uns.

Nun Fr. 90, das wir schon kennen, das sich aber in ganz neuer Weise jetzt entfaltet: ›Das Feuer ist Wechseltausch für alles andere, für das Feuer aber alles andere; so wie das Gold für die Waren und die Waren für das Gold.‹ Das Bild hatten wir schon besprochen, die Bedeutung des Goldes, seine sinnliche Ähnlichkeit mit dem Feuer und das Wertvolle und Reine, so wie auch das Feuer für die Griechen das Element der Reinigung war. Dazu der ganz kommerzielle Gedanke eines Wertmessers für alles andere. Aber wichtig ist besonders das Verhältnis von Feuer und der daraus entstandenen Welt der Dinge. Das Feuer hat, wie das Gold den Waren gegenüber, das Wesen, daß es nicht spezifiziert ist, ein Großes, Umfassendes, sich selbst gleich und damit rein (›sich selbst gleich‹ oder ›mit sich selbst identisch‹ ist geradezu die Definition der Griechen für die Reinheit). Aber gerade durch die Indifferenz des Goldes kann man damit sowohl Obst wie Getreide kaufen, Kleider wie Vieh; d.h. es besteht ein eigentümliches Wechselverhältnis zwischen dem sich Gleichbleibenden des Goldes und dem mannigfach Spezifizierten, das man dafür eintauschen kann. Dasselbe gilt für das Verhältnis des Feuers zur Welt. Es ist reine, unspezifizierte Einheit, reine Wesenheit, den Dingen in ihrer differenzierten Fülle gegenüber. Und doch ist das Verhältnis dieses Wechseltauschs das einer strengen Proportion, die ja jedem kommerziellen Tausch zugrunde liegt. Man kann nicht beliebig viel für etwas erwerben, sondern jeweils eine bestimmte Menge. So schon bei Homer, wo der Wertmaßstab noch das Rind war. Diese Tatsache der Proportion, nach der sich der Umsatz vollzieht, können wir auch aus den Fragmenten herauslesen. ›Umsatz‹ ist das Wort, das die Sache wirklich trifft, eins wird ins andere umgesetzt, wie wir von ›Warenumsatz‹ sprechen.

Wieder sehen wir deutlich, daß das Feuer bei Heraklit eine Sonderstellung hat und allem anderen gegenübersteht, von den übrigen Elementen bis zu den Einzeldingen. Dabei ist es so, daß es sich immer mehr spezifiziert und doch immer im Wechseltausch steht nach bestimmten Verhältnissen. Es ist die Kraft, die, wie sie alles hervorgebracht hat, auch wieder alles in sich hineinziehen kann. Das im Unterschied zu der späteren Elementenlehre, obwohl auch dort noch die Elemente zugleich eine gewisse Wertskala bilden, die im Feuer als dem obersten gipfelt, das immer auch das edelste und geistigste bleibt. Hier aber ist es nicht nur das edelste, sondern ein Einziges und Umfassendes, von dem alles andere nur Spezifikationen sind.

Noch einmal zu Fr. 30, um einen weiteren Schritt dieser Feuerlehre zu verstehen. »Diesen Kosmos, der der gleiche ist für alle Einzelwesen, hat weder einer der Götter noch der Menschen geschaffen, sondern er war immer und ist und wird sein: ewig lebendiges Feuer, das sich entzündet nach Maßen und das nach Maßen verlöscht.« Hier ist der entscheidende Gedanke gefaßt der Ewigkeit der Welt, der später bei den Griechen eingehend diskutiert wird; vgl. Aristoteles, der in der ›Physik‹ die einzelnen Systeme anführt und die verschiedenen Stellungnahmen dazu. Aber es ist keine einfache naive Ewigkeit der Welt, die hier bei Heraklit gegeben wird, sondern in einem bestimmten Sinn, nämlich daß etwas diese Ewigkeit als Struktur trägt. Man könnte an das wörtliche Fragment Anaximanders denken: »Von woher die Genesis ist den seienden Dingen, da hinein geschieht auch die Phthora ...« Ich glaube aber nicht, daß wir uns dies Geschehen von Werden und Vergehen bei Anaximander nach einem bestimmten Logos vorstellen müssen. Um uns her ist ständig Geburt und Tod am Werk, durchdringt sich und bildet ein Schauspiel, das er im Blick hat nach diesen beiden Richtungen, und darum setzt er das Grenzenlose an, aus dem und in das hinein dieses Leben, das er vor Augen hat, ständig wird und ›entwird‹. Das Apeiron ist bei ihm nicht Element, sondern der große umfassende Seinsgrund. Hier aber bei Heraklit ist der Proportionsgedanke mit aller Deutlichkeit da. Gerade darin besteht die Ewigkeit der Welt, die keine Ewigkeit der Dinge ist, sondern eine des immer lebendigen Feuers, und zwar in einem Sich-Entzünden und Verlöschen ›nach Maßen‹. Es ist die Ewigkeit eines Geschehens, kein statisches Sein, sondern eine Bewegung, die hier zur Grundlage auch der Ewigkeitsvorstellung wird. Aber wieder keine einseitige Bewegung in bestimmter Richtung, im Sinne einer Linie (wie *chronos*, die Zeit, zu verstehen ist und wie sie auch die heutigen Kosmologien überwiegend voraussetzen, neben anderen Theorien), sondern wir könnten sie durch dieselbe Figur darstellen, die wir auch bei der Gegensatzlehre immer wieder angetroffen hatten: nebeneinander ein Pfeil nach oben und einer nach unten, und beide umschlossen von einem Kreis als Zeichen ihrer Einheit.

Damit haben wir die große Frage der Heraklit-Interpretation berührt, die man so formulieren könnte: Glaubt Heraklit an einen einmal eintretenden großen Weltbrand? Mit anderen Worten: ist dies große Geschehen, in dem alles aus dem Feuer hervorgeht und wieder zu Feuer wird, im Sinne einer großen kosmischen Periodik zu verstehen wie später bei Empedokles? In der antiken Doxographie wird von verschiedenen Autoren Heraklit eine solche Lehre vom Weltbrand zugeschrieben. Von den Neueren wird das von so bedeutenden Männern wie Zeller, Diels, Gomperz und Gigon vertreten, während Schleiermacher, der am Anfang dieser Dinge steht, und Lassalle dagegen sind. Burnet gibt S. 144 eine Art Überblick; er selbst ist klar dagegen, ebenso Reinhardt (Hermes 1942: Heraklits Lehre vom Feuer, jetzt in: Vermächtnis der Antike S. 41 ff.); und dagegen ist schließlich auch Kirk, S. 335 ff. Das also ist der Stand der Frage. Ich will gleich sagen, daß ich selbst bisher der älteren Auffassung gefolgt bin, daß ich jetzt aber meine Meinung darüber geändert habe, aus, wie mir scheint, zwingenden Gründen.

Wenn wir uns zunächst die Doxographie ansehen, finden wir Diels A 5 erst Simplicius, den ich jetzt übergehe, dann Aëtius. Nach ihm hätte Heraklit gesagt, das Prinzip von allem sei das Feuer, aus dem alles wird und in das alles schließlich wieder übergeht. Wenn es verlöscht, entstünde der Kosmos. »Zuerst wird zu Erde das Derbteiligste von ihm (dem Feuer), wenn es sich mit sich selbst zusammenstellt (auf sich selbst konzentriert)«, dann lockert es sich wieder auf unter der Kraft des Feuers, und die Erde wird zu Wasser und das Verdampfte zu Luft. – Hier sind, so bestimmt das alles gesagt ist, Meer und Erde vertauscht gegen Fr. 31. »Wieder aber würde dann der Kosmos und alle Körper vom Feuer aufgezehrt in der Ekpyrosis«, dem großen Brand. – Ähnlich auch das nächste, Galen, und A 8 Aëtius mit dem Ausdruck ›periodisches Feuer‹, und andere. Wir müssen uns darüber klar werden, daß auf diese Angaben, so bestimmt sie sein mögen, kein Verlaß ist. Sie beruhen letztlich auf Interpretation, die dann weggelassen wird, und nur die Behauptung bleibt übrig, die einer vom anderen übernimmt. So dürfen wir unsere Deutung nicht auf diese überlieferte ›Lehre‹ gründen, sondern nur auf die Fragmente selbst, um retrospektive Verformungen zu vermeiden.

Da gibt es in alter Zeit nur ein Zitat, das man in diesem Sinne deuten kann und auch so gedeutet hat, Diels A 10, Aristoteles ›Physik‹ III 5, 205a 3: »Heraklit sagt, daß alles einmal Feuer werde.« Leider ergibt sich nichts weiter aus der Umgebung. Es gibt zwei Möglichkeiten der Deutung. Entweder heißt es wirklich, daß alles einmal im Feuer aufgeht; dann hätte Aristoteles die Ekpyrosis aus Heraklit selbst herausgelesen. Die Verformung kann durchaus schon mit ihm begonnen haben. Aber das muß es nicht notwendig bedeuten, wenn ich es auch nicht ausschließen will. Es müßte unbedingt so verstanden werden, wenn das Futur stünde. So aber kann es auch heißen, daß alles einzelne *poté*, ›irgendwann einmal‹ in dem unendlichen Austausch zu Feuer wird, aber nicht alles gleichzeitig.

Was aber für mich entscheidend war, ist die wichtige Stelle Diels A 10 vor der Aristotelesstelle: Platon, ›Sophistes‹ 242 d, die, wie ich glaube, unumgänglich in die andere Richtung weist. »Gewisse ionische und sizilische Musen (er meint Heraklit und Empedokles) haben bemerkt, daß es am sichersten sei, zu sagen, daß das Seiende gleichzeitig Vieles und Eines ist, und daß es durch Haß und Liebe zusammengehalten wird (das also hält er für die gemeinsame Auffassung beider. Und nun zitiert er wörtlich Heraklit); denn es sagen die gespannteren (d.h. die strengeren) Musen: ›Als das sich Teilende wird es immer zusammengeführt.‹ Die weicheren aber ließen nach von der strengen Forderung, daß das immer so sein müsse, und sagten, daß das alles je einmal durch die Macht der Aphrodite ein Eines und im Frieden sei und dann wieder ein Vielfaches und im Kriege mit sich selber Befindliches durch die Macht irgendeines Streites.« Das weist klar auf Empedokles. Platon sagt also, daß in gewisser Weise beide, Heraklit wie Empedokles, denselben Grundaspekt haben, daß das Seiende sowohl ein Eines wie ein Vieles sei. Dann aber unterscheidet er zwischen den beiden als einer ›gespannteren‹ und einer ›lockereren‹ Form des Denkens. Einmal ist es das gegenstrebige Auseinander und wieder Ineinander, während dann deutlich zwei zeitlich verschiedene Zustände unterschieden werden, der erste bestimmt von der Liebe, aus der alles Eins wird, der zweite von dem Streit, der bewirkt, daß es eine Vielheit wird und mit sich selbst uneins. Diese beiden Aspekte unterscheidet er, und da ist es für Heraklit eben nicht charakteristisch, daß es einmal so und einmal so ist oder daß überhaupt ein zeitliches Moment dabei ist. Das gilt erst für

Empedokles. Bei Heraklit steht jenes *aei*, ›immer‹, das nicht die Dauer bezeichnet, sondern die Jeweiligkeit. Damit ist wohl klar, was Platon meint. Er sieht, wie bei Heraklit durchaus ein simultanes Geschehen vorliegt im gleichen Kosmos, und denkt offenbar nicht daran, eine Pendelbewegung zu statuieren. Das spricht er gerade Empedokles zu, wo es auch sonst eindeutig beweisbar ist. Wenn Platon diesen Unterschied setzt, so muß man daraus wie Burnet, Reinhardt und Kirk den Schluß ziehen, daß bei Heraklit von einem periodischen Wechselgeschehen keine Rede war, sondern daß das alles eine Einheit ist.

Diese strengere Denkform, von der Platon spricht, ist es, was auch für mich den Ausschlag gegeben hat. Immer wieder trafen wir bei Heraklit auf die Figur, die ich dafür gezeichnet hatte und die darauf hinweist, daß das Auf und Ab bei ihm ein einheitliches Geschehen ist. Wenn wir aber einmal einen reinen Feuerzustand annehmen müßten und dann wieder einen des geformten Kosmos, so wäre das nicht einheitlich, sondern zwei verschiedene Bewegungen. Das würde eine solche Vereinfachung bedeuten gegenüber dem großartigen Gedanken der dialektischen Einheit des Auf- und Abwegs, daß es fast nicht vorstellbar ist, daß derselbe Denker sie gedacht haben sollte, der immer wieder die Einheit von entgegengesetzten Bewegungen lehrt. Wahrscheinlicher, daß auch bei der Weltbewegung ein solcher Auf- und Abweg besteht, der sich ständig vollzieht. Sie sehen, wo wir es auch fassen, daß diese Dinge leicht von Späteren mißverstanden werden konnten, die schon vereinfachend dachten. Die andere Auffassung steht sozusagen dicht bevor. Ich glaube aber doch, daß die Größe und Strenge des Denkens bei Heraklit es eben nicht dazu kommen ließ.

Wenn man nun die Fragmentgruppe 63 ff. näher betrachtet, sieht man klar, daß christliche Dinge hineingedeutet werden: Auferstehung des Irdischen, von Gott bewirkt, usw. Hippolytos findet als Christ die Dinge, die er liebt, schon in Heraklit; das ist die Weise des Apologeten, der durch Umdeuten der Antike die Bildung verchristlichen möchte. – Das nächste ist so schwierig, daß ich es kaum verstehe und darum offenlasse: »Vor dem dort seienden (Gott?) würden sie aufstehen und zu Wächtern werden, als Erwachte, über die Lebenden und die Toten.« Weiter spricht Hippolytos von einem Gericht über die Welt und alles in der Welt durch das Feuer. Das ist die stoische Ekpyrosis-Lehre, verbunden mit der vom Jüngsten Gericht. »Das ist damit gemeint, wenn er (Heraklit) sagt: Das All steuert der Blitz«, was wir schon in anderem Zusammenhang betrachtet hatten. Sie sehen, wie ein christlicher Denker diese Dinge deutet. Und weiter: »Er sagt aber auch, daß dieses Feuer einsichtsvoll *(phrónimon)* sei und die Ursache für die Durchwaltung des Alls. Er nennt es Mangel und Überfülle (*chresmosýne* und *kóros*); Mangel aber ist Weltwerdung (*diakósmēsis*, eigentlich Durchordnung), der Weltbrand aber Überfülle.« – Ich glaube, es ist deutlich, wie die wohl echt heraklitischen Begriffe *chresmosýne* und *kóros* zu verstehen sind. Die Welt ist, hinsichtlich des Feuers, zugleich Mangel und Fülle. Das Feuer bedarf eines anderen, weil es verzehrt, hat also Mangel, und die schaffende, bildnerische Kraft bezeugt wieder eine Überfülle. Heraklit mag gesagt haben, daß es Mangel und Überfülle ineins gäbe, insofern das Feuer ständig verzehrt und gleichzeitig ständig schafft und bildet und zeugt. Das hat aber nichts zu tun mit einem Weltbrand. – Und nun der Schlußsatz, wieder wörtlich: »Alles nämlich, sagt er, wird das Feuer, das darüber kommt, richten und erfassen.« Reinhardt, der diesen Satz dem Heraklit abspricht, meint, daß die Vorstellung ›über etwas kommen‹ christlich und neutestamentlich ist. Das mag sein, sie ist aber auch schon griechisch, Pindar etwa sagt es einmal von der Zeit, *chronos* (Olympien X, 7). Wenn etwas zitiert wird mit ›er sagt‹, so bezeugt das, daß es von ihm war, wenn auch vielleicht nicht der ganze Satz. *krinein* heißt außerdem, wie wir schon öfter gesehen hatten, nicht ›richten‹, sondern ›scheiden‹, und bei Heraklit hatten wir das Wort, daß der Krieg es ist, der alles scheidet und durch Scheiden bestimmt. So könnte er auch gesagt haben, daß das Feuer alles scheidet. Und *katalambánein*, ›erfassen‹, heißt auch ›in sich aufnehmen‹, als Gegensatz zum Differenzieren. Auch hier kann also die große Auf- und Abbewegung in der Welt gemeint sein, indem Heraklit das ständige Scheiden in den Blick faßt, wodurch die Dinge hervorgerufen werden, dann aber auch wieder in jedem Augenblick vom Feuer erfaßt werden in jenem Weltgeschehen. Ich glaube also gegen Reinhardt, daß wir den Satz noch für ihn in Anspruch nehmen können.

Hier aber will ich gleich etwas anderes hinzufügen, das Reinhardt in eben jenem Aufsatz gesehen und damit ein neues Fragment entdeckt hat, nämlich den voraufgehenden Satz des Hippolytos, daß Heraklit das Feuer *phronimon*, einsichtsvoll, genannt habe. Es heißt auch ›jenes Feuer‹, was immer ein Hinweis ist auf etwas Zitiertes. Ebenso spricht Clemens öfter von einem *pyr phronimon* oder *phronoun*, womit er offenbar dies Wort des Heraklit als ein allgemein bekanntes verwendet. Das ist glänzend gesehen, auch wie wichtig der Begriff des ›einsichtigen Feuers‹ für Heraklit ist. Darauf werden wir noch zurückkommen.

11.

Wir hatten von der Frage des Weltbrands bei Heraklit gesprochen und waren darauf hinausgekommen, daß bei ihm kein Endzustand damit gemeint war, sondern ein großes Simultangeschehen, das jetzt und hier sich vollzieht, jener Wechseltausch zwischen dem Feuer und den Dingen in stufenweisen Wandlungen.

Ich will jetzt noch einmal auf den Aufsatz von Reinhardt eingehen. Er sagt gegen Schluß, mehr andeutend, daß wir das Feuer bei Heraklit offenbar in drei Aspekten hätten. Das eine ist der physiologische oder physikalisch-kosmologische Aspekt, wo das Feuer im Sinne der Milesier die Ursubstanz ist und das Wesen der Welt, das in mannigfaltigen Gestalten gerinnt und sich so in immer neuen Wesenheiten darstellt. Daneben gibt es den Aspekt, den Reinhardt den theologischen nennt; man könnte vielleicht besser von einem theologisch-ontologischen sprechen. Hier vereint sich die Vorstellung des Feuers mit der des Göttlichen. Und drittens gibt es dann noch den psychologisch-existentiellen Aspekt, für den Reinhardt zumal Fr. 118 heranzieht, daß die trockene Seele die beste sei. Also müssen auch die Seelen ihrer Natur nach feurig sein. Soweit Reinhardt.

All diese verschiedenen Aspekte lassen sich aus den Fragmenten belegen, und was den ersten angeht, so hatten wir die Zeugnisse dafür eingehend behandelt. Wenn man eine Geschichte der Elementenlehre schreiben wollte, müßte man hervorheben, daß nicht überall Element = Element ist. Die Vorstellung eines Elements im späteren Sinne gibt es ja noch gar nicht; es sind große lebendige Ursprungsbereiche, unter denen die Konzeption des Feuers bei Heraklit noch einmal eine Sonderstellung einnimmt. Bei ihm ist es nicht nur wie bei den früheren Denkern und Dichtern mit dem Bereich des Lebens überhaupt verbunden, sondern mit einem besonders stark und lebendig gelebten Leben.

So ist es deutlich, daß auch das Seelische für Heraklit in Beziehung treten mußte mit dem Feuer, und glücklicherweise haben wir auch darüber einige Fragmente. So das von Reinhardt herangezogene Fr. 118: »Die trockene Seele ist die weiseste *(sophōtátē)* und beste *(aristē)*«, was textlich verschieden überliefert wird (›trocken‹ = *xerē, auē* oder gar *augé*, ›der Glanz‹), dem Sinn nach aber völlig klar ist. Hierher gehört auch Fr. 36, das wir schon in anderem Zusammenhang betrachtet hatten: »Den Seelen *(psychais)* ist es Tod, Wasser zu werden, und dem Wasser ist es Tod, Erde zu werden. Aus der Erde aber entsteht das Wasser, und aus dem Wasser die Psyche.« Hier sieht man klar, daß eben nicht die bloßen Elemente gemeint sind. Daß aus dem Wasser die Psyche entsteht, könnte ohne weiteres anknüpfen an das Wort des Thales und die Bemerkung des Aristoteles dazu, daß Thales wohl gesehen hätte, wie bei allen Lebewesen der Same feucht ist. Wir hatten gesehen, daß *psyche* oft nur das Prinzip der Lebendigkeit bedeutet. Allerdings sagt Heraklit, daß es ›den‹ Seelen (Plural!) Tod sei, Wasser zu werden, wofür einige versucht waren, *pyrí*, ›dem Feuer‹, zu konjizieren, denn man sollte doch meinen nach Fr. 31, daß es das Feuer sei, das ins Feuchte hinein vergeht und wieder daraus entsteht. Wenn man aber den überlieferten Text bewahrt, kann es nur bedeuten, daß die Seelen irgendwie feurig gedacht sind.

Wir könnten noch Fr. 77 heranziehen, wo Numenius in anderem Zusammenhang sagt: »Von woher auch Heraklit gesagt hat, für die Seelen sei es Ergötzen oder Tod, feucht zu werden.« Daß es Tod sein kann, hatten wir gesehen, aber warum ›Ergötzen‹? Nicht etwa, daß sie es angenehm empfinden, sich abkühlen zu können, sondern nach dem Wort des Berichterstatters: »Ergötzen aber sei für sie der Fall in das Werden.« Gemeint ist hier die Geburt, die Zeugung, die eine Lust ist und zugleich auch wieder der Tod. Wieder also eines dieser großen Gegensatzpaare, in denen eine scheinbar entgegengesetzte Wirkung doch wieder eine Einheit ist. Und weiter heißt es: »Anderswo aber sagt er (Heraklit), daß wir leben den Tod jener, und daß jene leben unseren Tod.« Mit ›jene‹ sind doch wohl die Seelen gemeint, was bedeuten würde, daß sie auch über den Tod der Person hinaus leben.

Interessant ist noch Fr. 117: »Wenn der Mensch betrunken ist, wird er von einem unreifen Kind geführt, schwankend, und weiß nicht, wohin er geht, denn er hat eine feuchte Seele.« Das Angefeuchtetsein verbinden auch wir noch mit dem Zustand des

Rausches; das ist hier ganz konkret genommen. Die Seele wird feucht, und das führt das Eigentümliche mit sich, daß der Mensch, obwohl er mit einer Sache zu tun hat, sie doch nicht kennt. Wieder ist Feuchtigkeit also etwas dem Wesen der Seele Entgegengesetztes, so wie Fr. 118 die trockene Seele ›die weiseste und beste‹ heißt. Wenn aber Trockenheit der Zustand ist, der die Seele am meisten zu sich selbst bringt, dann ist sie feuriger Natur, wie wir aus diesen Fragmenten mit großer Wahrscheinlichkeit erschließen dürfen, und also zugeordnet jenem umfassenden Bereich des Feurig-Geistigen.

Nachdem wir diesen Rahmen aufgestellt haben, können wir hier weitere Fragmente der Seelenlehre des Heraklit anschließen. Da ist zunächst Fr. 115, das berühmte und schwer zu deutende Wort, so kurz überliefert, daß man der Umgebung nichts entnehmen kann: »Die Seele hat einen Logos, der sich selbst mehrt.« Was kann dieser Logos sein? Die Übersetzung ›Sinn‹ bei Diels-Kranz ist ganz unklar. Wir werden von unserer Deutung des Wortes her annehmen können, daß auch hier die Proportion gemeint ist als das Dauernde im Wechsel. Dann würde für die Seele charakteristisch sein, daß sie etwas hat, das andere Dinge nicht haben, die bestimmt sind durch festgelegte Proportionen und eindeutige Formeln, wie die Elemente, aber auch im biologischen Bereich. Der Seele aber wird etwas besonderes zugesprochen; einmal zweifellos die Lebendigkeit, zu deren Wesen das Sich-selber-Vermehren gehört. Die Seele des Menschen ist ein Wachsendes, vom Kind zum reifen Menschen. Aber auch bei diesem hat sie diese Fähigkeit des Sich-Mehrens durch den Vorgang des Lernens, den man auch als ein Wachstum der Seele verstehen kann, womit die Würde des Lernens sehr schön wiedergegeben wäre. Jedenfalls ist echtes Lernen keine bloße Stofferweiterung, sondern im eigentlichen Lernen, durch den Vorgang des Lehrens erweitert und unterstützt, vollzieht sich gleichsam ein Erweitern der Seele im eigenen Leib, ein Wachstum; Erweiterung nicht nur des äußeren Wissens, sondern Vertiefung und Differenzierung des Denkens – und das wäre dann Logos als eine bestimmte Weise der Verhältnisstrukturen, die sich nun ständig mehren können. Das ist meine vorläufige Interpretation dieses Satzes. Es würde zeigen, wie tief hier Logos und Psyche in Verbindung miteinander treten, und daß also auch das *phronein*, das denkende Erkennen, irgendwie mit der Seele zu verbinden ist.

Das nächste (diese Zusammenstellung der Fragmente ist vielleicht das einzig Sichere, das ich hier geben kann) ist Fr. 45: »Der Seele Grenzen könntest du nicht ausfindig machen im Gehen, und ob du jeglichen Weg begingest: einen so tiefen Logos hat sie.« Das Gehen als Bild für das Denken haben wir schon bei den Historikern, etwa bei Herodot; ich erinnere auch bei Parmenides an das Bild der Wagenfahrt am Anfang des Gedichts. Daß überhaupt ›Weg‹ und ›Denken‹ zusammengehen, zeigt das griechische Wort *methodos*, unser ›Methode‹, eigentlich der Weg, auf dem man etwas holt. Und nun sagt Heraklit, es sei unmöglich, in der Seele so wie bei einem Land an ihre Grenzen zu kommen, weil sie einen so tiefen Logos hat. Damit muß gemeint sein, daß sie eine Verhältnisstruktur in sich trägt, die in jener Fähigkeit, sich selbst zu mehren, so tief nach unten reicht, daß kein Weg sie durchqueren kann.

Hier möchte ich anschließen das berühmte Wort Fr. 101: »Ich habe mich selbst gesucht« oder »nach mir selbst geforscht« – nicht ›mich selbst durchforscht‹, wie bei Diels-Kranz. Hier ist nicht moderne psychologische Selbsterforschung gemeint, das wäre nicht im Sinne der frühen Griechen. Auch das manchmal so gedeutete delphische ›Erkenne dich selbst‹ heißt das nicht, sondern meint, man soll sich erkennen in seinem Verhältnis zu der Welt und zum Gott, vor allem in seiner Distanz zu ihm. Das schwer zu deutende Wort des Heraklit mag darauf gehen, wie er im Denken auf der Spur ist eben all jenen Schichten des eigenen Logos. Ich würde also die naheliegende psychologische Deutung ablehnen und das Wort lieber auf die Ebene dessen heben, was wir modern Transzendentalismus nennen, was immer noch richtiger sein mag als das personale und private Psychologische.

Wir können gleich noch Fr. 119 anschließen, wo Heraklit vom Menschen kurz sagt, das Ethos sei für den Menschen der Daimon: *ēthos anthrópō daimon.* Ethos mag man mit ›Gewohnheit‹ übersetzen, das was sich am Menschen durch Gewöhnung bildet, schon so etwas wie der Charakter. Dies Ethos, die bestimmte Form, die ein Mensch hat, sei für ihn der Daimon. Wir hatten davon gesprochen, wie in der griechischen Vorstellung des Daimon sowohl das Personale wie das Schicksalhafte gefaßt ist, eine beides übergreifende göttliche Macht. Der Spalt zwischen beidem, der bei uns so stark empfunden wird, existiert damals noch nicht, sondern jemand erleidet genau das, was er ist; und in seinem gewohnten Sein ist gleichsam präformiert, was er je und je erleidet. Das unverwechselbare Gepräge ist es, das ihn ausmacht und alles prädisponiert, was dann von außen auf ihn zukommt und ihn betrifft. Das ist in diesem Wort Heraklits ausgesprochen.

Ich ende diese Kette mit Fr. 112, das man immer wieder dem Heraklit abgesprochen hat und bei dem auch ich selbst immer wieder unsicher bin. »Gesundes Denken *(sophronein)* ist die beste Höchstform *(arete)*, und *sophíë* – also des Menschen höchstes ›Geschick‹ (im Sinne von ›Geschicklichkeit‹, o. S. 178 ff.) – besteht darin, daß er das sagt, was ist *(alethea)*, und daß er in seinem schaffenden Tun *(poiein)* das Grundwesen (die *physis*) trifft, indem er darauf hinhört.« ›Indem er auf die Natur hört‹ klingt sehr stoisch, entsprechend dem bekannten ›nach der Natur leben‹. *poiein* steht absolut; ich halte es nicht für griechisch, daß man ›das Wahre tun‹ könne. Das Ganze ist von Bedeutung als Grundsatz einer umfassenden Ethik: das Nüchternsein, entsprechend der trockenen, ihrer selbst bewußten Seele in ihrer Affinität zum Feuer; die Höchstform des Menschen, die sich darstellt in der Sophia, dem höchsten Geschick des Menschen, das sich spaltet in Sagen und Tun: Seiendes sagen und handeln im Einklang mit der Natur, wobei man im Sagen wie im Tun auf dieses Grundwesen hinhört. Darüber ließe sich noch vieles sagen.

Gleichsam als Nachlese verweise ich noch auf Fr. 67 a, sehr merkwürdig: Die Seele sei wie eine Spinne in der Mitte ihres Netzes, und bei jeder Verletzung des Leibes eile sie an die Stelle, so wie die Spinne, wenn irgendwo ein Faden des Netzes zerreißt. Hier steht im lateinischen Text auch das Wort *proportionaliter;* die Seele sei fest und nach einem bestimmten Proportionsverhältnis mit dem Leib verbunden. – Fr. 85 über das Verhältnis des *thymós*, des Emotionalen in uns, zu der Seele: »Gegen den *thymos* zu kämpfen, ist schwierig, denn was er auch will, erkauft er um die *psyche.*« Fr. 98 über die Seelen im Hades, die ein Witterungsvermögen haben. Vgl. Fr. 7, wo es nicht um die Seele geht, aber um dieses Wittern: »Wenn alle seienden Dinge zu Rauch würden, würden die Nasen sie auseinanderkennen.« Dies Wittern ist offenbar als Wahrnehmungsvermögen im Hades den Seelen geblieben.

Eine andere Reihe von Fragmenten können wir an den dritten Aspekt des Feuers anschließen, das *pyr phronimon*, das Reinhardt mit seinem neu entdeckten Fragment gewonnen hat. Zu dieser Tatsache der ›Vernünftigkeit‹ des Feuers treten einige schwer zu interpretierende Aussprüche über das *sophon,* wie das schon früher besprochene Fr. 50: »Es ist *sophon,* weise, nicht auf mich, sondern auf den Logos hörend, im Einklang mit ihm anzusetzen, daß alles Eins sei.« Damit ist bestimmt nicht nur gemeint, daß es gescheit sei, das zu tun, sondern irgendwie, daß der Mensch auf den Logos hören soll, um unmittelbaren Kontakt zu gewinnen mit dem eigentlichen Seinsgrund. Das ergibt sich auch aus anderen Fragmenten, die davon sprechen. So Fr. 108: »Von so vielen ich die Reden gehört habe, so gelangt doch keiner dahin, daß er erkennt, daß das *sophon* etwas von allem Abgesondertes ist.« Hier wird das *sophon* mit dem später bei Platon so wichtigen Begriff des Abgesonderten, *kechorisménon,* bezeichnet. Es hat seinen ›besonderen‹ Ort, wie der Begriff sagt. Damit wird etwas ausgesprochen, was wir aus der platonischen Begrifflichkeit kennen als die Vorstellung der Transzendenz. Es ist noch nicht ›an sich selbst‹, aber die Vorstellung ist auf dem Wege dazu. Dies ›von allem abgetrennte‹ *sophon* muß irgendwie in den Bereich des Göttlichen gehören, und wir werden meinen, daß es auch etwas zu tun hat mit dem Feuer.

Wir können das kombinieren mit Fr. 32: »Eines, das *sophon* allein, will nicht und will doch benannt werden mit dem Namen des Zeus.« Wieder spricht er von dem ›einen‹ *sophon,* womit er es heraushebt gegenüber allem, was man sonst unter den Menschen *sophos* nennt, wie etwa auch den Handelsmann. Dies eine, so herausgehobene *sophon* (das *hen,* das Eine, und das ›allein‹, *mounon,* entspricht, wie ich meine, dem ›abgesondert‹ vorhin) will und will nicht mit dem Namen Zeus benannt werden; echt heraklitisch ausgedrückt in der Weise, wie er Getrenntes ineins setzt entsprechend seiner Denkform. Das *sophon* wird jedenfalls in seiner Einzigkeit und Einheit in Beziehung gesetzt zu Zeus, so daß es wohl nicht ganz phantastisch ist, auch an den übrigen Stellen eine gewisse Affinität dieses *sophon* zu Zeus anzunehmen und damit auch zum Feuer. Später in der stoischen Lehre wird Zeus, Logos und Feuer ineins gesetzt und damit die Identifizierung, die hier angelegt ist, vollzogen.

Weiter Fr. 41, wo dies *sophon* irgendwie als ein Organ der Erkenntnis charakterisiert wird: »Eins ist das *sophon:* daß man sich versteht auf das Erkennen *(gnome),* das steuert alles durch alles.« – Noch einmal: dies Zusammenstellen von Fragmenten ist durchaus gerechtfertigt bei so schwierigen Texten, die aus sich selbst nicht ohne weiteres verständlich sind. Ein gewisses Schließen aus Ähnlichem muß dabei wohl erlaubt sein.

Wir müssen noch Fr. 16 hinzunehmen, das auch Reinhardt in diese Richtung stellt; sehr merkwürdig. Der Zusammenhang bei Clemens ist: Vielleicht mag einer sich entziehen vor dem sinnlichen Licht, vor dem geistigen Licht aber ist das unmöglich (hier spricht der Christ). »Oder, wie Heraklit sagt: Wie kann sich einer entziehen dem, was niemals untergeht?« Das kann sich wohl nur auf das Licht beziehen, von dem vorher auch ausdrücklich gesprochen war. Es ist also die Rede von einem Licht, das niemals untergeht, so wie abends das Licht des Tages. Dabei mag man an andere Dinge denken, wie eben das von allem abgesonderte *sophon* oder auch die unsichtbare Harmonie, die stärker ist als die sichtbare, Fr. 54. All diese Vorstellungen eines Getrennten, Unsichtbaren, eines Lichts, das nicht untergeht, führen an die Stelle, wo bei Heraklit in der den Menschen umgebenden Welt sich etwas entzieht und, anwesend, sich ständig verbirgt. Dies Denken sieht in dem Logos, der in seiner Anwesenheit ständig abwesend ist, ein Jenseitiges. Auch die Physis, die sich zu verstecken liebt, gehört hierher. Ich glaube, daß Reinhardt recht hat, wenn er all diese Vorstellungen auf den Logos bezieht, von dem am Anfang des Werkes die Rede war; und daß sich dieser Logos nach der Gleichartigkeit der Bestimmungen, die ihm gegeben werden, nun irgendwie darstellt in dem Wesen des Feuers, unter dem Aspekt, den Reinhardt den theologischen nennt und den ich hinzufügend auch den ontologischen nennen möchte.

Ich will noch eine Nachlese von Fragmenten anfügen, die ich nicht mehr behandeln kann, sondern die ich einfach in bestimmter Anordnung vorlege, womit ich Ihnen wenigstens die Affinitäten in die Hand gebe. Über den Bereich des rein Sinnlichen Fr. 7. 107. 101 a. 55. Über den Bereich der Doxa Fr. 28, wo *doxa* nun, mehr zur Ethik hinneigend, den Charakter des Dünkels gewinnt, was auch bei uns von ›dünken‹ kommt und zur Einbildung wird im Sinne der Arroganz. Weiter bestimmte Aussprüche zur Ethik, Fr. 43. 44. 110, über die politischen Kräfte, verächtlich aburteilend, Fr. 121 und 125 a. Über die Vielen (wovon wir ausgegangen waren) Fr. 97. 72. 87, über Meinungen und Einbildungen Fr. 70. 72. 104. Verschiedene Fragmente über die ›Wisser‹ der Zeit: 38. 39. 40. 42. 56. 57. 19 und andere, die wir besprochen hatten. Abschließend das berühmte Wort Fr. 49: »Einer ist mir zehntausend«, nämlich,

»wenn er der Beste ist«, die *arete* hat (was im Wort *aristos*, der Beste, liegt). Auch darüber ließe sich viel sagen. Eng damit zusammen hängt Fr. 22, daß die, die nach Gold suchen, viel Erde aufgraben, aber nur wenig finden. Weiter Fragmente über Kultkritik, die wir herangezogen hatten: 96. 92. 14. 68. 69. – Merkwürdig, wie unbedeutend dagegen manche kosmologischen Fragmente wirken, etwa Fr. 3: die Sonne habe die Breite eines Menschenfußes, d.h. sie ist so groß, wie sie erscheint. Wir werden sagen müssen, Heraklit war kein Physiker, das eigentlich Physikalische lag ihm nicht. Weitere Fragmente über Sonne und Sterne: Fr. 6. 99. 120.

Das alles schließe ich ab durch eines der merkwürdigsten Fragmente, das uns nach einem langen Weg wieder zum Anfang zurückführen soll, Fr. 56: »Die Menschen leben in Täuschung hinsichtlich der Erkenntnis der sichtbaren Dinge, ähnlich wie Homer, der doch weiser gewesen ist als alle Hellenen.« Nun folgt die Erzählung einer Anekdote, die in der kaiserzeitlich überlieferten Vita, der Homerbiographie steht, die sich durch diese Erwähnung aber für das sechste Jahrhundert ausweist, über den Tod Homers. »Ihn nämlich haben Burschen betrogen, die Läuse knickten und sagten: was wir sahen und was wir ergriffen, das ließen wir da; was wir aber nicht sahen und nicht ergriffen, das bringen wir mit.« Die Geschichte wird in der Vita noch genauer erzählt. Fischerjungen hätten Homer, als er am Meer saß, dies Rätsel aufgegeben und ihm, als er es nicht lösen konnte, die Auflösung gesagt. Das habe Homer so geärgert, daß er darüber gestorben sei. – Das Rätsel ist ein Wanderrätsel, das wir an verschiedenen Stellen finden. Die Frage ist, was Heraklit damit sagen will, wenn er das heranzieht. Er sagt, die Menschen lebten in der Täuschung in bezug auf das Handgreifliche, und das sei auch für Homer offenkundig, da er das Rätsel nicht lösen konnte. Aber die Hauptsache ist für ihn doch wohl der Inhalt des Rätsels: das Seltsame, daß die Jungen das, was sie in Händen haben, gefangen haben, nicht haben; was sie aber nicht haben, das haben sie. Man könnte es heraklitisch auf die Formel bringen: Was wir erfaßt haben, das haben wir nicht; aber was wir nicht erfaßt haben, das haben wir. Sie sehen, wie wir mit diesem Symbol wieder zurückkehren zum Anfang: daß die Menschen umgehen mit dem Logos, ihm ständig nahe sind, aber doch ihm fern sind, daß er als der Vertrauteste ein Fremdes ist, anwesend abwesend, daß man ihn in unmittelbarstem Umgang in Händen hat und doch nicht hat. Diese seine Grundauffassung von dem Zustand des Menschen in der Welt hinsichtlich der Erkenntnis hat er also diesem Rätsel abgehört und bringt darin noch einmal in lebendiger und scherzhafter Form, was er zumal im ersten Fragment schon begrifflich gezeigt hatte. Damit enden wir nun, nachdem wir auf unserem Kreisgang wieder zum Anfang zurückgekommen sind.

12.

Ich will heute Heraklit abschließen und noch einmal die Hauptmotive seines Denkens zusammenfassen. Heraklit hat seit der Antike in der Tradition den Beinamen des ›Dunklen‹, und es gibt Gründe dafür. So hat man diese überlieferte angebliche Dunkelheit oft als Grundlage der Interpretationsmethode benutzt und gemeint, auch die Sprache der Interpretation müsse notwendig dunkel sein. Ich halte das nicht für richtig, einmal, weil die Deutung auch dunkler Sachen doch in sich selbst klar sein muß; dann, weil diese sprichwörtliche Dunkelheit keineswegs auf einer dunkel abwegigen Sprache beruht, die rein als solche Schwierigkeiten machte. Man könnte an Pindar erinnern, zu dem wir auch keinen leichten Zugang haben, oder das schwierigste Phänomen bei Thukydides. Sie werden bei Heraklit selbst bemerkt haben, daß eigentlich alles, was wir von ihm haben, vollkommen einfach gesprochen ist, klare Prosa, gewöhnliche Begriffe, er hat nicht neue Worte geprägt, sondern spricht einfaches Ionisch. In der Ausdrucksweise also haben wir jedenfalls nichts von Dunkelheit. Die Schwierigkeit des Erkennens beruht nicht darauf, daß eine Dunkelheit des Denkens oder Sprechens hinderlich wäre, sondern daß die Sache selbst, von der gesprochen wird, nicht naheliegend alltäglich ist, sondern sich entzieht in ihrem eigentlichen Sachcharakter. Wir können uns ihrer schwer bemächtigen, obgleich er selbst in seinen Worten doch nicht etwa ringt um sie. Es ist ein erstaunlich tiefer Weltentwurf, etwas, das wir auch finden etwa in den Bereichen der Mathematik, die in sich selbst klar ist, aber sich dem gewöhnlichen Denken doch so entzieht, daß es eine Schulung braucht, ehe es sich ihr nähern kann. Diese Entzogenheit seiner Sache hat Heraklit den Namen des Dunklen eingebracht. Es ist klar, daß er selbst davon weiß, wenn er so, wie wir gesehen hatten, den Gegensatz verspürt des Wissenden zu den Vielen, den ›Menschen‹, wie er sie immer wieder nennt. Er weiß sich im Besitz eines Wissens, das anderen entzogen ist, und daß diese Entzogenheit zum Sachcharakter dieses Wissens gehört. Die Philosophie kommt hier an die Stelle, wo sie in Bereiche weist, die sich dem gewöhnlichen Denken wesentlich entziehen. Das war bei den Milesiern noch nicht in diesem Sinne der Fall, obgleich auch sie schon vorgestoßen waren dazu, die Fülle der Welt zurückzuführen auf einen gemeinsamen Urgrund, die Genesis. Aber das hielt sich mehr oder weniger im Bereich des Aufzeigbaren. Selbst die große These des Parmenides, der leugnet, daß Nicht-IST IST und entscheidet, daß IST IST, ist vielleicht nicht leicht nachzuvollziehen, aber entzieht sich doch auch nicht geradezu. Bei Heraklit treffen wir als entscheidendes Denkmotiv auf das Bewußtsein, daß der Urgrund sich wesenhaft verbirgt: »Das Grundwesen liebt es, sich zu verstecken.«

Das ist das Eine, was darüber zu sagen ist, wenn wir die Dunkelheit von der Sache her fassen. Im übrigen sehen wir, daß Heraklit, ganz anders als Parmenides, nicht etwa das Nicht-Ist leugnet in seiner Existenz und damit die Veränderung als Schein abtut und Doxa der Menschen, sondern wie er gerade diese Tatsache der Veränderung und Bewegung zum Ausgangspunkt macht. Er sieht die bewegte Welt und nimmt sie so hin, aber er sieht die Bewegung in ihr nicht als rein verfließende Bewegung, sondern vielmehr als etwas, das einem Dauernden entspricht, das in ihr zugrundeliegt. Es gibt keine Bewegung rein als solche, man könnte sie immer erst darstellen durch ein Koordinatensystem, auf das sie bezogen ist. Selbst reine Turbulenz führt zurück auf etwas, das sie irgendwie bestimmt. So blickt Heraklit im Beweglichen auf die Gegensätze. Wir hatten gesehen, daß es nicht beliebige Gegensätze sind, von denen er zumal spricht, wenn auch alle anderen in seinem Entwurf irgendwie mit gemeint sind. Aber genannt werden immer wieder die großen Gegensätze von Tag und Nacht, Sommer – Winter, Krieg – Frieden, Fülle – Mangel, Schlafen – Wachen, Leben – Tod. Jene sind es, die als wirklich das Leben tragende Polaritäten bei den Griechen schon von der Dichtung her längst vertraut sind. So nennt etwa Homer zwei Gegensätze, wenn er eine Einheit aufzeigen will: Tag und Nacht, Jugend und Alter usw., was auch sonst ganz volkstümlich ist. Die Gegensatzlehre, die Heraklit aufgreift, ist gleichsam vorgebildet in diesem Volkstümlichen, das damit aber auch schon Wesentliches erfaßt hatte. Dieser Rekurs der griechischen Philosophie auf das Volksdenken geschieht noch öfter; etwa bei Aristoteles, der ständig die sogenannten Doxai heranzieht. Das geschieht also auch hier, wo sich Heraklit auf die großen Gegensätze besinnt, die bestimmte Einheiten tragen. Das Entscheidende weiterhin ist nun, wie er diese Gegensätze nicht nur gegeneinanderstellt, sondern dazu kommt, geradezu ihre Einheit zu behaupten. Natürlich nicht eine einfach statisch geprägte Einheit, sondern, wie wir heute sagen können, eine dialektische Einheit der Gegensätze. Das Wort, das für ihn eine Art Leitwort ist, ist der Weg hinab und hinauf, herüber und hinüber, der derselbe sei, was uns auf die öfter gezeichnete Figur gebracht hatte.

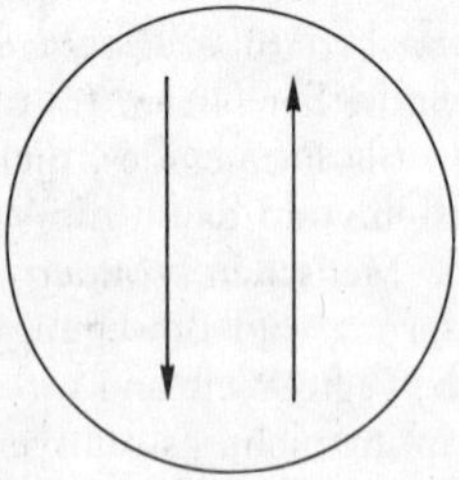

Das nächste ist nun, daß in diesen Gedanken der Bewegung und dialektischen Einheit der Gegensätze hineinkommt der Gedanke des Austauschs oder Umschlags, auch ›Umsatz‹, wie wir das Wort kennen, Wechseltausch. So ist das Feuer ein Umsatzmittel gegenüber den Einzeldingen, wie das Gold für die Waren. Dies hatten wir verfolgt und gesehen, wie auch hier, wie schon vorher in anderer Weise, der Begriff des Logos hineinkommt. Vom Sprachlichen wie von seiner Bedeutung bei Heraklit selbst waren wir darauf gekommen, daß mit diesem Wort eine Proportion bezeichnet wird, eine Proportionalität. Das wurde im weiteren Fortschreiten immer deutlicher. Wenn alles Wechseltausch ist, alle Bewegung und Veränderung, und wenn die Welt, wie sie als einheitliche besteht, ›dieser‹ Kosmos, nur besteht, insofern er bewegt ist, so ist das, was eigentlich diese Bewegung und diesen Wechseltausch konstituiert als das eigentlich Seiende, diese Proportionalität. Auch der Begriff des Maßes wird dafür herangezogen; ›nach Maßen‹ entzündet sich das Feuer und verlöscht wieder in der Welt. Und nach demselben Logos vollziehen sich all die *tropai,* die Wandlungen des Feuers bis zu den Einzeldingen und wieder zurück. Dieser Logos ist es, der sich in den verschiedensten Hypostasen überall darstellt, und so tritt er uns gleich im ersten Fragment entgegen. Einerseits ist hier der Logos ganz objektiv die große Proportionalität, die den Wechseltausch alles Seienden bestimmt und damit den Wesensgrund des Seienden. Da er zweitens aber vernommen werden kann von der Vernunft im Menschen, so ist er, als so empfangener und innerlich verwirklichter, zunächst im Denken; dann aber kann er auch niedergeschrieben werden und ist dann da als der Logos des Heraklit – und da ist es der, den keiner versteht, obgleich alle damit ständig umgehen. Diese scheinbar dreifache Aufspaltung des Logos als Grundproportionalität des Seienden, die im Geist des Menschen aufgenommen und schließlich ausgesprochen werden kann als sinnvolle, das Wesen des Seins enthüllende Rede: all das ist eine vollkommen einheitliche und klare Auffassung dieses Logos.

Wir sind noch weiter gegangen und haben gesehen, wie das, was wir bisher gleichsam prinzipiell gefaßt hatten: Bewegung, Gegensätze, Einheit der Gegensätze, Austausch und schließlich alles beherrschend der Logos – wie das nun von Heraklit auch umfassend verstanden wird als Harmonie. Da sahen wir am Bild der Leier und des Bogens, daß Harmonie überhaupt nur verstanden werden kann als das Produkt gegenstrebiger Kräfte. Beim Bogen wollen die Enden nach außen, die Sehne zwingt sie zusammen, und so wird er zum Instrument, das den Pfeil entsendet und damit den Tod. Die Leier ist so gefügt, daß dies Gegenstrebige an ihr zum größten Leben führt, das es gibt: dem wohllautenden Ton. So hängt Tod und Leben in Bogen und Leier wieder gegensätzlich zusammen. Man könnte die ganze Gegensatzlehre unter diesem Begriff der Harmonie fassen, so daß die Vorstellung des nur dialektisch Einheitlichen sich ganz klar darstellt und sinnlich faßbar wird.

Aber nun ist das Wunderbare, daß er das andere Wort sagen kann, daß stärker als die sichtbare Harmonie die unsichtbare sei. Damit ist das entscheidende Motiv erreicht, daß die eigentlich tragende

Grundsubstanz, der Seinsgrund, verborgen ist, sich entzieht, und doch gleichzeitig gegenwärtig ist; dies Grundmotiv seiner Rede an die ›Menschen‹, mit dem er gleich beginnt. Dies neue Verhältnis des Denkenden und Wissenden zu den Andern entspringt so aus der Sache selbst, dem Wissen, daß dies Grundwesen einerseits in allem herrscht, mit allen Umgang hat, und daß diese doch nichts davon wissen und immer unerfahren bleiben. Das zeigt sich sachlich an dem Wort, daß die unsichtbare Harmonie die stärkere ist. Wir kommen damit noch nicht zu einem Dualismus in der Weltauffassung, das wäre ganz falsch; und doch hat Heraklit ohne Zweifel das Bewußtsein, daß das eigentlich Wesentliche sich entzieht, während es doch ganz gegenwärtig da ist und wirkt. Wir sahen den Gedanken noch in anderen Fragmenten, von dem Licht, das nicht untergeht, u.a. Es ist nicht Mystik im Sinn der inneren Schau, die irgendwie bloß verkündigt wird, sondern die klaren Konsequenzen eines Denkansatzes, der auf diese doppelte Strukturiertheit des Seienden führt. So auch das Fragment, das in der theologischen Sphäre darauf weist, daß das göttliche Wesen unvermischt ist, aber wie das Feuer, in das Spezereien geworfen werden, benannt wird nach der jeweiligen Lust der Menschen. Ich will noch darauf hinweisen, daß über dieses Wort H. Fraenkel einen guten Aufsatz geschrieben hat, jetzt in ›Wege und Formen frühgriechischen Denkens‹, S. 237ff.: ›Heraklit über Gott und die Erscheinungswelt‹. Nur daß er meint, man müßte dabei das ›Feuer‹ streichen und ein möglichst neutrales Substrat für die Gerüche ansetzen, wie auch wir wohlriechenden Salben ein geruchloses Fett zugrundelegen, an dem nur die Zusätze zur Wirkung kommen. Ich glaube aber doch, daß das ›Feuer‹ richtig ist; es gibt im Apparat reiche Parallelen, und wir haben es auch von der Feuerlehre her gefaßt in ihrer Affinität zu Gott. – Für uns ist das Entscheidende, wie Heraklit diese Entzogenheit des Urgrundes, sein reines An-sich-selbst-Sein am besten dadurch charakterisiert, daß er es definiert als höchste Identität einer Sache mit sich selbst. Das gilt hier für Gott wie sonst für den Urgrund, und die Fülle der Qualitäten ist so in der Welt, daß Gott als Ganzer mit sich selbst identisch bleibt und sich rein dadurch mitteilt, daß er sich modifizieren läßt, so wie die Flamme durch die verschiedenen Gerüche. Auch dabei fragen wir nicht nach der reinen Flamme, sondern freuen uns an dem Duft. So ist es mit Gott und dem Wesen der Welt. Die Menschen haben ihre Lust mehr an den Qualitäten als an der Substanz, das ist eine Grundtatsache unseres Lebens und mit der Grund, warum es immer noch nicht besser und schneller mit uns vorwärts geht: weil wir ständig die Qualität und das Lustvolle, das sie hat, an die Stelle der Substanz setzen und diese so verhüllen. Der Wissende weiß, daß es nur verhüllende Formen sind, durch die das Grundwesen, verhüllt und doch gegenwärtig, durchdringt. Der Weihrauch könnte nicht duften ohne die Flamme, die ihn trägt.

Wichtig ist nun, wenn dies alles als rein geistige Lehre und Ontologie erscheinen mag, wie das notwendig bei den frühen Griechen auch zur Kosmologie und zur Physik wird. Wir stehen noch nicht an der Stelle, wo sie eine reine Ontologie aufbauen, ohne sich dieser auch physiologisch zu vergewissern. Das geschieht bei Heraklit in der Lehre vom Feuer, von der wir gesprochen hatten. Heraklit knüpft an die Bestrebungen der Milesier an, aber doch in ganz neuartiger Weise: das Feuer ist als Element bei ihm ganz einzigartig allen anderen gegenüberstehend. Einen gewissen Vorzug behält es auch noch in der späteren Elementenlehre bei Aristoteles und der Stoa.

Nun hatte Reinhardt schön drei Aspekte der Schichtung aufgewiesen. Einmal die Kosmogonie und Kosmologie, in der das Feuer der große Operator des Wechseltauschs ist, gleichsam eine Universalvaluta, die den Waren gegenübersteht, eine letzte Substanz, deren verschiedene Tropai und Umschläge dann die Einzelwelt ausmachen. Das ist der Aspekt, wo der Logos das *koinon* ist, ein letztes Eines dem Vielen gegenüber, und wo am Feuer als dieser gesonderten Einheit der Hauptgegensatz des Denkens aufbricht, von dem Platon im ›Sophistes‹ als von einem Grundgegensatz sprechen wird. Es ist aus diesem und anderen Fragmenten klar, daß auch der Gegensatz des Einen und Vielen hineinspielt, der sowohl theologisch bei Heraklit da ist wie kosmologisch und schließlich ontologisch als der Logos, die Proportion, auf die wir überall treffen und mit der wir über die Einzelbewertung hinauskommen. Wir wissen heute, daß sich alles in Form einer Gleichung aufschreiben läßt, d.h. der Wesensgrund ist auch für uns die Proportion.

Wenn wir so den kosmologischen Aspekt berührt haben, kommen wir nun zweitens zu dem mehr psychologisch-existentiellen. Da hatten wir gesehen, daß die trockene Seele die beste ist, daß damit die Nüchternheit zusammenhängt, während Befeuchtung, auch im Sinne der Trunkenheit, das Bewußtsein herabsetzt. Die Seele und auch die höchste Phronesis hat im Wesen etwas Feuriges und wird so der Grundsubstanz zugeordnet. Das betrifft auch den Logos der Seele, der nur dann als Vernunft möglich ist, wenn er diesen Grundcharakter hat.

Und diese Vereinigung des *phronein* der Seele mit dem Sophon selbst geht dann in den dritten Bereich der ›Theologie‹ über, wo wir sahen, daß das Sophon eine besondere Stellung gewinnt und schließlich auch dem göttlichen Feuer zugeordnet wird. So ist es gemeint, wenn es heißt, daß der Blitz alles steuert oder der Gott verglichen wird mit dem Feuer und den verschiedenen Beimischungen von Weihrauch. Diese Weise aber, nicht bloß rein ontologische Grundstrukturen aufzuzeigen, sondern sie auch in ihrer Konkretheit an den Dingen darzustellen, ist durchaus frühgriechisch. Für uns ist es vielleicht nicht so leicht nachzuvollziehen. Darum wäre es falsch zu sagen, daß wir in Heraklit die ›mächtig werdende Logik‹ haben, logische Gesetze des Weltlaufs usw. Das ist zu eng, es handelt sich nicht um logische Gesetze, sondern die Logik, wie wir sie kennen, kommt erst viel später auf, eigentlich erst bei Aristoteles. Es geht um die große Weltschau, die in dieser Weise sowohl ausgehend von konkreten Erscheinungen wie gleichzeitig selbst sie durchdringend auf jenen Logos stößt, der nicht einfach das ›Weltgesetz‹ ist in klar faßbarem Sinn. Und daß das alles sich auch gleichzeitig wieder ganz konkret darstellt im Feuer, ist nicht Materialisierung dieser Gedanken, noch sind sie umgekehrt vom Materiellen her gedacht. Es gab noch nicht den Begriff der Materie in dieser Zeit, das ist erst die Hyle des Aristoteles, und auch sie ist immer ein Korrelatbegriff zur Form. Es gibt nicht Materie an sich, sondern Materie für etwas; für die Form, die mit ihr etwas aufbauen kann. Die merkwürdige Wendung, die der Gedanke in unserer Zeit genommen hat, wo er solche Rolle spielt, ist jedenfalls nicht griechisch, auch nicht römisch, sondern viel später, wohl erst eine Vorstellung des 18. Jahrhunderts aus der französischen Naturwissenschaft. Hier dürfen wir daran noch nicht denken, kaum an ›Stoff‹, den man als toten zu denken hätte. Dort war aber alles noch lebendig. Am besten hält man sich an die Begriffe, die die Griechen dafür hatten: die *onta*, das Seiende, zunächst ganz konkret und greifbar, dann in dieser Zeit übertragen auf das Seiende überhaupt. Das an sich selbst Seiende kann noch gar nicht gedacht werden, wohl nicht vor

Platon und Aristoteles, wo es anders wird. So ist es klar für dieses Denken, das noch nicht die Kluft kennt zwischen Gedanken und Stoff, daß diese Weltkonzeption von einem Austausch der Gegensätze notwendig verifiziert wird an etwas edlem, hohem Seienden, und das ist das Feuer. Mit seiner Feinteiligkeit, Leichtigkeit und Beweglichkeit einerseits, der Kraft zum Bilden andererseits wird es der umfassende Träger von diesem allen. Es wäre falsch zu fragen, wie im einzelnen nun Feuer, Gott und Logos zusammenhängen, ob das Feuer der Träger des Logos ist, identisch mit ihm, darüber herrschend, ob der Logos Gott ist oder zu ihm gehört – all das steht eben nicht in den Fragmenten und hat vielleicht überhaupt nicht bei Heraklit gestanden. Diese Dinge, die sich im Denken vollziehen, sind Begehungen von Wegen ins Unbekannte, man geht eben und baut dabei darauf, daß es ein Weg ist, der dann auch irgendwo hinführen wird. Alles sind einzelne Vorstöße, die man nicht weiterdenken darf, um dann die Resultate dieses Denkens zu postulieren.

Noch ein Letztes: die Frage, wie Heraklit mit alledem anschließt an die Früheren. Auch er ist selbstverständlich so wenig völlig voraussetzungslos wie andere große Denker bei den Griechen. Wir sehen, wie er alte Denkmotive fortbildet. Vor allem sind es die Pythagoreer, die er kannte und von denen er zumal in seinem Logosbegriff manches glücklich aufgegriffen hat. Dann aber ist es einer unter den Milesiern, den ich seinen geistigen Vater nennen möchte: Anaximander. Wir haben von ihm jenes berühmte Fragment und wissen von seiner ›Lehre‹, daß er als den Urgrund, die Genesis, das Von-Woher und auch als das Wo-Hinein, das Entwerden von allem das Apeiron ansetzte, etwas nicht genauer Bezeichnetes, das wir einfach das Unbegrenzte nennen wollen. Dabei ist das erste Entscheidende, daß, während die Früheren nur nach der Genesis von allem fragten, er nun auch die Phthora hineinzieht. Erstmalig ist bei ihm Werden und Vergehen als Einheit in den Blick gefaßt. Wir sehen, wie Heraklit hier anknüpft zumal in der Gegensatzlehre, mit dem Bild des Weges hinauf und hinab für diesen großen einheitlichen Vorgang. Parmenides war einen ganz anderen Weg gegangen, indem er gesehen hatte, daß IST IST, und da gab es kein Werden und Vergehen mehr, wie er Fr. 8 sagt u. ö. Er erhebt sich über die alten Vorstellungen davon, für ihn gibt es nur das große IST. Heraklit macht es anders, packt gerade das an, daß es beides gibt in dem Bestand dieses Kosmos, der ein ewiger ist, war und sein wird, in einem ständigen Werden und Entwerden begriffen, einem Austausch zwischen diesen beiden großen Gewalten. Dies alles nimmt er in seine neue Bewegungslehre auf. – Zweitens sagt dann Anaximander, daß die Einzeldinge einander Buße zahlen für ihre Übergriffe, und das ist für Heraklit von entscheidender Bedeutung geworden. In diesem ›Buße zahlen‹ des Anaximander liegt der Gedanke des Wechseltauschs und Umschlags, über dem bereits die Dike als Ausgleichsprinzip waltet, die diese Bewegung in Gang und damit den Kosmos im Sein erhält. Wir können sagen, was dort noch anthropomorph aus der menschlichen Gesellschaft genommen war, ist hier bei Heraklit umfassender, prinzipieller gefaßt. – Das dritte ist nun, daß, wie auch Jaeger gezeigt hat, dieses Apeiron des Anaximander, das sonst unbestimmt bleibt, doch Züge des Göttlichen trägt: es ist unsterblich und unvergänglich und alterslos. In dem Bericht des Aristoteles, ›Physik‹ 3, heißt es ausdrücklich, es sei ungeworden und nicht vergehend, es umfasse und steuere alles (wie der Blitz bei Heraklit), und es sei göttlich. Diese Vorstellung des göttlichen Apeiron müssen wir also für Anaximander annehmen und sehen nun sofort, daß dieser große göttliche und, wie wir sagen können, auch qualitätslose Urgrund bei Heraklit das Feuer wird, vielleicht nur eine nähere Konkretisierung des Apeiron, eine Deutung, was es wohl sein könnte, so wie es bei Anaximenes die Luft geworden war als Träger seiner mechanischen Funktionen. Heraklit ist den Weg weitergegangen, und bei ihm wird das Feuer irgendwie der große Operator für das Austauschgeschehen nach dem Logos.

Diesen Logos müssen wir, wie gesagt, anschließen an die Pythagoreer; wir hatten gesehen, daß diese sehr bald dazu gelangten, alles aus Zahlen erklären zu wollen, woraus dann weiter die Mathematik entstand. Bei Heraklit ist das Besondere, wie er das einfache Prinzip des Logos erfaßt und, ohne ihn mathematisch näher zu verifizieren, als Grundprinzip umfassender Beweglichkeit beibehält. Es ist richtig, wenn man unter Umständen den Weg, den die Einzelwissenschaft geht, eben nicht geht und dadurch die nötige Weite und Undifferenziertheit behält, in der das Sein dann erscheint.

Damit schließe ich das ab. Es ist deutlich geworden, wie in Parmenides und Heraklit sozusagen zwei Anfänge der Philosophie bei den Griechen vorliegen; ich hatte schon gesagt, daß es mehrere gibt. Man kann sie ansetzen bei Sprache, Religion und Dichtung, bei Thales, wie man es meist auch tut; aber ein Punkt, wo es ganz nahe daran ist, wirklich Philosophie zu werden, wird von diesen beiden Denkern konstituiert, Parmenides und Heraklit, die letzten vor Sokrates-Platon, so daß in gewisser Weise die frühere Philosophie mit diesem neuen Anfang auch zu ihrem Ende gekommen sein mag. Nun folgt nur noch Empedokles, der als der letzte große schöpferische und zugleich synthetische Denker alles zusammenschließt.

13.
Empedokles

Wir werden heute beginnen, von Empedokles zu sprechen, und kommen damit zu einer merkwürdigen Erscheinung unter den vorsokratischen Philosophen. Wie schon angedeutet, kann man sagen, daß die Zeit der großen, umfassenden, entdeckenden, grundlegenden Denker jetzt doch vorbei ist nach Parmenides und Heraklit; was aber nicht heißt, daß alles, was noch kommt, nicht noch außerordentlich bedeutungsvoll ist. Aber die Ursprünglichkeit, mit der das allgemeine Denkgeschehen sich vollzogen hat, ist im Schwinden, und es ist deutlich, wie sich nun Traditionen bilden, in denen jeder neue Denker notwendig seinen Platz hat. So ist es für Empedokles charakteristisch, wie stark er Auffassungen neu prägt, die längst vor ihm gedacht worden sind. Man spricht, zu grob, von ›Abhängigkeiten‹, wobei man zu wenig bedenkt, wie die Dinge doch wieder neu von ihm produktiv gemacht werden.

Äußerlich betrachtet, rücken wir mit Empedokles, nachdem wir zuletzt mit Heraklit im ionischen Bereich waren, wieder nach Großgriechenland, wo auch Pythagoras und Parmenides gewirkt hatten, diesmal nach Sizilien, und damit in einen Bereich, in dem ältere Vorstellungen, wie immer unter solchen ›provinziellen‹ Verhältnissen, sich länger halten. Z.B. spricht auch Empedokles nun wieder in der Form des großen Lehrgedichts und ist stark bestimmt von religiösen Antrieben, die im Zusammenhang mit dem stehen, was die Orphik heraufgeführt hatte. So stellt er sich ganz zu Pythagoras. Das Merkwürdige an ihm ist, wie er bei den vielfachen Einflüssen, die er aufnimmt, es doch versteht, dem allen eine neue großartige Gesamtform zu geben. Wir sahen schon früher, wie in einem bestimmten sinnvollen Rhythmus des geistigen Geschehens immer wieder ursprüngliche Vorstöße von späteren Denkern zusammengefaßt werden zu einer neuen Synthese, so wie es bei Anaximenes geschehen war für die ersten drei milesischen Denker. Hier geschieht es nun viel umfassender. Damit ist zugleich gesagt, daß Empedokles als Synthetiker morphologisch eine Art Späterscheinung sein muß in dem Genos, in dem er steht.

Damit hängt noch ein anderer Zug zusammen, den wir an ihm beobachten: das eigentümlich Moderne seiner Art und auch die Weise, wie dies Moderne nun bewußt in eine altertümliche Art des Sprechens gehüllt wird. In dieser Verbindung betont sich stark das Persönliche seiner Erscheinung, wie noch in einer ganzen Reihe sich widersprechender Züge, die sich im ganzen in ihm zur großen und wirksamen Form verbinden. So wie Anaximenes unter den frühen Milesiern, ist auch er unter den Vorsokratikern überhaupt fast der bekannteste. Auch er hat stark gewirkt, wie wir an den 150 Fragmenten erkennen können, die wir noch haben: 350 Verse, eine ganze Menge, wenn wir bedenken, daß es im ganzen etwa 5000 gewesen sein sollen. Weiter haben wir Bezeugungen, daß er viel besprochen war, viel Anekdotisches und Apophthegmatisches ist von ihm ausgegangen, unter 31 A 20 bei Diels-K. finden Sie einen ganzen Abschnitt darüber. – Soviel wollte ich vorausschicken für diese Gestalt, die so merkwürdig und vielleicht nicht unbedingt anziehend ist, aber doch sehr interessant.

Zur Literatur. Die Fragmente bei Diels-K. wie gewöhnlich. Bei Kirk u. Raven 14, 320 eine gute Zusammenfassung und Kommentierung. Ferner das Kapitel bei Burnet a.O. 182ff., eingehend und immer noch grundlegend. Weiter Jaeger in seinem Buch. Nützlich auch das Büchlein von Walther Kranz im Artemisverlag 1949: ›Empedokles, antike Gestalt und romantische Neuschöpfung‹. Dort werden in Übersetzung die Fragmente vorgelegt, aber auch der ganze Abschnitt des Diogenes Laertius und damit verbunden Hölderlins Neugestaltung in der bekannten Tragödie, ebenfalls kommentiert. Ich glaube, es ist ein guter Gedanke, von der historischen Erscheinung überzugreifen auf eine so bedeutungsvolle Neuschöpfung, so daß man nun in einem Band die Gestalt selbst hat wie auch ihre Weiterwirkung. Ich habe 1956 einen Hölderlinaufsatz geschrieben, den man hier heranziehen könnte: ›Die Empedokles-Tragödie Hölderlins‹.

Was die Daten angeht über das Leben, so finden Sie das Wichtigste bei Diogenes Laertius, und anderes in der üblichen Weise zerstreut bei späteren Autoren. Empedokles gehört, wie gesagt, nach Sizilien, Akragas, später römisch Agrigent, in der Zeit, als gleichzeitig mit den Perserkriegen dort die bedeutungsvolle Tyrannis hochkommt. Bekanntlich hatten, in Kombination mit den persischen Angriffen auf Griechenland, die Karthager und Etrusker einen Krieg gegen Sizilien unternommen, und auch sie wurden geschlagen. Wir kennen die Namen eines Gelon und Hieron aus Pindars Gedichten, der auch in Griechenland ihren Ruhm verbreitet hat. Auch Theron, dem Herrscher von Akragas, war ein Gedicht gewidmet, Olympien 2, aus dem wir schon das Stück über orphische Lehren herangezogen hatten: über das Schicksal der Seele im Jenseits. Theron ist 472 gestorben und die Tyrannis gestürzt worden, ebenso in Syrakus, wo erst zu Platons Zeit neue Tyrannen folgten. An dem Sturz jener ersten Tyrannen war die Familie des Empedokles beteiligt gewesen. Er entstammt einem bedeutenden Geschlecht; der Großvater, der ebenfalls Empedokles hieß, war 496 olympischer Sieger mit dem Rennpferd gewesen. Der Vater hieß Meton, wie überliefert wird, vielleicht war auch er schon beteiligt am Sturz der Tyrannis eines Thrasydaios. Empedokles hat sich auf die Seite des Demos gestellt, als Gegner einer Oligarchie. Das Volk hat ihm die Königswürde angetragen, was Kirk für Legende hält, aber die Überlieferung ist klar und die Wahrscheinlichkeit so naheliegend, daß ich nicht einsehe, warum man daran zweifeln sollte. Empedokles hat sie aber abgelehnt, wie Aristoteles sagt: ›als freier und jeder Herrschaft abgeneigter Mann‹ (Diels-K. A 1, 63; Aristoteles Fr. 66). Das ist eine ganz richtige Charakterisierung, und wir dürfen meinen, daß Empedokles sich seiner ganzen Art nach durchaus in diesem Sinne entschieden haben könnte. Weiter hören wir von seinem politischen Wirken, daß man ihm eine Statue errichtet habe (wovon Hölderlin in seinem frühesten Entwurf Gebrauch macht), die später, als er verbannt wurde, umhüllt worden sei. Auch das ist durchaus wahrscheinlich. Daß er verbannt wurde, ist naheliegend: wer sich damals mit Politik befaßt, kommt schnell zur Macht und stürzt auch wieder; das ist das Schicksal in dieser bewegten und dynamischen politischen Welt. Empedokles ist also weggegangen und vielleicht wirklich damals in Thurioi gewesen (das 444/3 gegründet war), wie berichtet wird; jedenfalls war er auf der

Peloponnes. In der Verbannung ist er auch gestorben, sein Grab ist nicht bekannt. Die Akme wird angegeben mit 444, eben zur Zeit der Gründung von Thurioi; man liebte es, solche Dinge zu verknüpfen. Danach wäre er um 484 geboren, was etwas zu spät erscheint, wenn er sich am Sturz der Tyrannis nach 470 beteiligt hat. Er muß schon ein erwachsener Mann gewesen sein, wenn er auch früh aktiv geworden wäre. Wir werden also eher glauben, daß er um 490 geboren ist. Wie Aristoteles angibt, ist er sechzig Jahre alt geworden, andere sprechen von siebzig oder gar hundertundneun Jahren. Wir können sagen, daß er, grob gesprochen, als ein Zeitgenosse des Sophokles zu betrachten ist, ein Mann, der tief ins fünfte Jahrhundert hinein gelebt und also die Zeit der Athenischen Demokratie erlebt hat, die Zeit nach den Perserkriegen; daß er also in einer sehr ›modernen‹ Welt gelebt hat. Es ist eigentümlich, wie gerade in Syrakus eine eigentümlich moderne Welt entstanden war. Wilamowitz hat sie einmal vom Standpunkt der mutterländischen Griechen aus als das Amerika der alten Zeit bezeichnet. Wirklich finden wir in Sizilien und Unteritalien sehr Modernes; diese Tyrannenstaaten waren reine Militärdiktaturen, wenn auch in einer eigentümlich archaischen Art des Sich-Darstellens. Pindar ist durch diese Art getäuscht worden, wenn er glaubte, ein neues Bollwerk der Ideale des alten dorischen Adels in ihnen zu sehen; er wurde dann auch überspielt von den geschmeidigeren Konkurrenten Bakchylides und Simonides und hat viel zu leiden gehabt, gerade weil er diese Dinge so ernst nahm. Diese eigentümliche Vereinigung einer gewissen Rückstrebigkeit und Fortschrittlichkeit ist charakteristisch für koloniale Gebiete. All das ist wichtig für das geistige Gepräge, das auch Empedokles bestimmt. Wir werden also glauben, daß er hineinragt in eine verhältnismäßig moderne Zeit, in der er die alten religiösen Strömungen aufgegriffen und weitergeführt hat.

Es ist zu allerhand Anekdoten über seinen Tod gekommen, aber auch über sein Leben, und einem solchen Wundermann, wie er es war, konnte man manches anhängen. So sagt man, er sei eines Nachts nach einem Schmaus verschwunden, entrückt worden. Ein Diener hätte mitten in der Nacht eine gewaltige Stimme seinen Namen rufen hören, dann sei ein himmlisches Licht erschienen und er sei fort gewesen und, wie man es sich erklärte, ein Gott geworden. Eine andere Anekdote hat auf Hölderlin stark gewirkt, und es hat eine tief symbolische Bedeutung, daß dieser große und der Natur leidenschaftlich hingegebene Mann sich in den Ätna gestürzt habe, der ihn ganz in sich aufnahm, bis auf eine seiner eisernen Sandalen, die wieder ausgespien wurde. – Andere Anekdoten berichten, wie er zur Macht gekommen ist. Bei einem Gastmahl sei kein Wein aufgetragen worden, weil man noch auf einen hohen Beamten wartete; darüber habe Empedokles sich entrüstet. Als der Mann dann kam, habe man ihn zum Symposiarchen gewählt, worauf er tyrannische Züge an den Tag gelegt und befohlen habe, wer nicht trinken wollte, müßte sich den Wein über den Kopf schütten lassen; eine Sitte, die auch sonst bei den Griechen bekannt ist. Dazu habe Empedokles geschwiegen, am anderen Tag aber den Mann vor Gericht gezogen, verurteilen und hinrichten lassen, und das sei der Anfang seiner politischen Laufbahn gewesen.

So steht Legendarisches und Konkret-Realistisches nebeneinander. Überall treffen wir auf scheinbar sich widersprechende Züge in Empedokles, die aber nicht so unvereinbar sind, wenn man seine Zeit und Welt bedenkt. Er war eine Art Wundermann, darin hat er große Ähnlichkeit mit Pythagoras; und es ist deutlich, wie er in sich große und ernsthafte Züge vereinigt mit merkwürdigen Scharlatanerien. Das findet sich bis heute bei solchen Erscheinungen, bei denen man nie recht weiß, ob sie bewußt täuschen oder auch sich selbst etwas vormachen. Es gibt viele Arten, sich in Szene zu setzen, und solche Dinge machen es nicht leicht, das alles hinzunehmen und ihn einfach zu verehren, auch wenn man es gern möchte. Aber wir müssen doch sagen, daß er im ganzen ein erstaunlicher und genialer Mensch gewesen sein muß, der es verstanden hat, in seiner Wirkung zumal auf die Massen die Vorstellung einer überirdischen Erscheinung zu erwecken. So hat er als Seher, Weiser, Prophet und Arzt gewirkt, als Mann Gottes, wie wir sagen können, und schließlich auch als Dichter. Verschiedene Wunder werden berichtet. So habe er einmal nach dreißig Tagen eine Tote erweckt (auch der Name Pantheia ist überliefert, den Hölderlin bekanntlich aufgenommen hat). Weiter wird von einem Windzauber erzählt: er habe bei anhaltendem Wind befohlen, Säcke von Eselshaut in den Bäumen aufzuhängen, die die Eigenschaft hätten, dem Wind gleichsam den Wind zu nehmen, wenn er hineinbläst. Das sei auch geglückt, und der Wind habe aufgehört. Anderes geht mehr ins Ingenieurmäßige, wie die Reinigung eines Sumpfes durch das Hineinleiten von zwei

Flüssen; ein Geschick, das die Griechen Sophia nennen und das, wie wir sahen, von früh an mit den Vorsokratikern verbunden war, wo allerdings in der ionischen Welt der Zauber ganz fehlt. – Wichtig ist noch, daß Empedokles eine medizinische Schule begründete; er war also offenbar als Arzt wirklich tätig. Diese Schule hatte, neben bedeutenden ionischen Schulen auf Kos und Knidos, noch bis in Platons Zeit Bedeutung. Pausanias, sein Schüler (den Hölderlin ebenfalls übernimmt), war eine bedeutende historische Erscheinung. Hier wird wieder alles konkret und wissenschaftlich bedeutungsvoll. Man erzählt von einer Besonderheit dieser Schule, wie sie in bestimmter Weise die Gegensätze des Feuchten und Trockenen, des Kalten und Warmen in Beziehung gesetzt habe, was dann weitergewirkt hat. Aristoteles sagt weiter von Empedokles, er sei der Erfinder der Rhetorik gewesen, und es ist ganz natürlich, daß ein solcher Mann, der ebenso Politiker wie auch Dichter war, damit in Beziehung gebracht wird.

Das alles zeigt Empedokles als vielgestaltige effektvolle Persönlichkeit, die sich sowohl rational wie überrational äußert und denkt und große Wirkung ausübt auf die Zeitgenossen. Eigentlich ist seine Naturlehre und Naturdeutung nur ein Teil von alledem, wie auch die Fragmente zeigen. Zwei seiner Gedichte sind vor allem berühmt geworden. Das eine trägt den Titel ›Über die Natur‹ (wohl nicht ursprünglich), zu Pausanias gesprochen, den er anredet als seinen Schüler, wie es im Lehrgedicht üblich war. Das andere Gedicht sind die ›Reinigungen‹, *katharmoi*, die Entsühnungen behandeln; ein prophetischer Aufruf an die Menschen: sie sollen ein im kultischen und pythagoreischen Sinne reines Leben führen, unterbaut von der Lehre der Seelenwanderung, wie wir sie für die Orphik voraussetzen müssen. Von diesen beiden Gedichten haben wir etwa 350 Verse in 153 Fragmenten. Er soll auch Prosaschriften geschrieben haben über Medizinisches. Man könnte an ein Zunftbuch denken, wie es solche immer gegeben hat, und es ist gut möglich, daß er einiges in dieser Art niedergelegt hat. Eine Überlieferung sagt, er hätte auch Tragödien geschrieben, aber die Stelle ist unklar und kann auch anders gemeint sein; auch darin wird seine Vielgestalt deutlich.

Nun will ich Ihnen zuerst eine Vorstellung geben von den ›Katharmoi‹, Fr. 112ff., wo er auch stark von sich selbst spricht. Leider kann ich auf Text- und Interpretationsfragen nicht eingehen, sondern will den Text nur benutzen, um die Hauptlinien dessen, was gemeint ist, deutlich zu machen. Da treffen wir schon bald auf die Seelenwanderungslehre, mit großer Eindringlichkeit gedacht und ausgesprochen, und werden auch ihn selbst kennenlernen als die Persönlichkeit, wie er sich in kräftigem, eigentümlich individuellem Selbstgefühl dargestellt hat. So gleich Fr. 112/13, was zusammengehört: »O ihr Freunde, die ihr die große Stadt bewohnt am gelben Akragasfluß oben auf der Höhe, ihr Pfleger trefflicher Werke .... seid gegrüßt!« Ein großartiger Anfang in technisch glänzenden Versen; man sieht sofort die wirkungsmächtige und auch wirkungsbewußte Persönlichkeit, die das Volk von Akragas so aufruft. – »Ich wandle unter euch als ein unsterblicher Gott, nicht mehr als Sterblicher, von allen geehrt, so wie es sich für mich ziemt, mit Binden umflochten und üppig sprossenden Kränzen, und wo immer ich hinkomme in die prangenden Städte zu Männern oder Frauen, da werde ich verehrt von ihnen. Und sie folgen mir dann zu Zehntausenden und fragen mich, wo der Pfad zum Vorteil führt (*kerdos*, nicht nur materiell natürlich, sondern durchaus im höchsten Sinne, ›Pfad zum Heil‹ könnte man fast sagen): die einen der Orakelsprüche bedürfend, andere bei mannigfaltigen Krankheiten, um einen heilbringenden Spruch zu erfahren, wenn sie lange schon durchbohrt sind von schweren Schmerzen.«

Er zieht also als Arzt und Wundermann durch die Städte, und die Leute konsultieren ihn. Die Medizin ist eine Seite seines Könnens, aber auch die Seherkunst, und für beides empfängt er großen Ruhm und Ehrungen im Volk und bezeichnet sich als unsterblichen Gott. Das Wort hat Hölderlin aufgegriffen und als Frevel gedeutet. Nun ist ›Gott‹ im Griechischen nicht ein so hohes Wort wie für uns, es kann einfach die Steigerung der Existenz eines Menschen bedeuten. Hier aber sagt er ausdrücklich: ›und nicht mehr sterblich‹. Man hat ihn auch wirklich für göttlich gehalten, und das paßt, wie wir gleich sehen werden, zu seiner Lehre von der Seelenwanderung. – Fr. 113 schließt hier tadellos an. Die Fragmente sind viel leichter zu ordnen als bei Heraklit, weil alles weit ausgesponnen ist und die Hauptrichtungen leicht faßbar, noch dazu klar rational in dieser poetischen Form, viel klarer als die nüchterne Prosa bei Heraklit. »Aber was rede ich davon, als ob ich etwas Großes täte, wenn ich überlegen bin den sterblichen, vielfach verderbenden Menschen.« – Fr. 114 bringt nun ein typisches Motiv der Prooimien: das Aletheia-Motiv, das wir auch sonst kennen. »Ich weiß, daß die Wahrheit bei den Worten ist, die ich sagen werde, aber die ist für die Menschen sehr schmerzhaft beschaffen ...« Der Text ist hier korrupt: »Der Drang der Gewißheit ist gegen das Zwerchfell gehend, von schlimmem Eifer« (oder ›schwer zu beeifern‹).

Nachdem er so zuerst das Volk angeredet und sich selbst vorgestellt hatte, spricht er nun Fr. 115 den Kern seiner Lehre aus: »Es gibt einen Seherspruch der Notwendigkeit ...« Ananke ist hier noch die göttliche Gewalt. Wir werden über die reichen mythischen Gestalten bei ihm noch sprechen müssen. Immerhin ist es wieder ein unerhörter Anspruch, wenn es die Notwendigkeit selbst ist, die diesen Spruch getan hat. »... uralter Beschluß der Götter ... mit breiten Schwüren besiegelt: Wenn einer in Schuldverstrickung mit Mord seine Glieder befleckt hat und sich im Streit vergangen und dazu einen Meineid geschworen (also auf dreifache Weise sich schuldig gemacht hat: Blutschuld, Streit und Meineid), einer der langlebenden Daimonen, der nun muß dreimal zehntausend *horai* (hier ›Zeitläufe‹) fernab von den Seligen umherirren, wobei er alle möglichen Gestalten sterblicher Wesen annimmt, die mühseligen Pfade des Lebens durchgehend.« Und nun wird großartig geschildert, wie einen solchen gefallenen Daimon die Elemente sich zuspielen: wie die Luft ihn ins Wasser wirft, das Wasser ihn auf die Erde ausspeit, die Erde ihn den Strahlen der Sonne übergibt, die ihn wieder in die Luft hineinwirft. Alle Elemente nehmen ihn nicht mildtätig auf, sondern hassen ihn. »Zu diesen gehöre nun auch ich, der ich ein Flüchtling bin von Gott her und ein Umherirrender, der ich vertraut habe dem rasenden Streit.« Großartig, mit welch mächtigem Pathos das hier ausgesprochen wird. Er selbst ist ein gefallener Daimon, der eine solche Schuld begangen hat und nun als Flüchtling, Verbannter von Gott her umirrt unter den Menschen. Das Zentrum der Lehre ist also, wie wir sehen, daß der hohe Mensch ein gefallener Daimon ist, immer neuen Verbannungen ausgesetzt, der aber doch diese Weisheit hat und sie den Menschen bringt und ihnen damit das Heil übermittelt.

14.

Wir hatten angefangen, von Empedokles zu sprechen, und hatten zunächst die äußeren Daten mitgeteilt, hatten dann auch schon begonnen, das eine der beiden großen Gedichte anzusehen, wobei ich auf die Fülle von philologischen Problemen, die sich hier ergeben, nicht eingehen konnte. Aber wir sahen, daß die Gedanken nicht mehr so ursprünglich waren und sich durchaus legitim auch hätten in anderer Form darstellen lassen. Darum dürfen wir auch bei der Betrachtung eine andere Gangart einschlagen, ohne ihm damit Unrecht zu tun. Ich will also nicht mehr alles übersetzen und genau durchgehen wie bei den Vorigen, wenn wir auch weiter, bei der Fülle von erhaltenen Fragmenten, vom Wort ausgehen werden. –

Wir hatten also mit der Betrachtung der ›Katharmoi‹ begonnen, wo die Fragmente in der Anordnung wohl der ursprünglichen Reihenfolge entsprechen. Empedokles beginnt darin mit einer Anrede der Bürger seiner Stadt und einer Selbstvorstellung, zunächst als ein Mann, der sehr verehrt wird als Seher und Arzt. Dann aber erfahren wir, daß er einer jener großen Daimonen ist, die durch eine Verschuldung in den Kreislauf des Werdens gestürzt sind, wo sie nun von den Elementen im Kreis herumgetrieben werden. »Zu diesen gehöre nun auch ich, ein Verbannter von Gott her . . ., der ich dem rasenden Streit vertraute.« Indem das hier hereinkommt, ist zugleich das große Grundwort gefallen, das in seiner ganzen Naturbetrachtung von so überragender kosmischer Bedeutung wird, zusammen mit der Philia, der Liebe: Neikos, der Streit, als das eine der beiden großen Weltmotive. Aus ihm wird die Herkunft dieses großen Menschen entwickelt, der von einem hohen Stande gefallen ist in diesen irdischen Kreislauf.

Weiter ist dieser Anfang dadurch charakterisiert, daß Empedokles zugleich schildert und das alles im Sinne einer prophetischen Parainese gestaltet: ein großer Mahnruf zur Reinheit des Lebens im pythagoreischen Sinn. Das wird nun weiter entwickelt. Fr. 117 heißt es, er sei vormals Knabe und Mädchen gewesen, Busch und Vogel und stummer Fisch. Das ist die Lehre von der Seelenwanderung, wie sie längst bei den Griechen da ist und sich nun in der persönlichen Form darstellt, daß er selbst das alles gewesen sei. Charakteristisch ist der Ton, in dem hier gesprochen wird, das Emotionale, und da dies es ist, was auch auf das Gemüt wirkt, konnte ihm Aristoteles zusprechen, daß er am Beginn der Rhetorik gestanden habe. Fr. 118: »Ich weinte und wehklagte, als ich das unvertraute Land sah«, den Ort der hiesigen Welt. Und Fr. 119:

»Aus welchen Höhen der Seligkeit bin ich gefallen, um unter den Sterblichen auf Erden zu wandeln!« Fr. 120 merkwürdig und interessant: »Gekommen sind wir unter diese überwölbte Höhle.« Wenn wir das weiter verfolgten, würden wir zu Orientalischem gelangen, nach der anderen Seite aber zu Platons ›Staat‹, der im Höhlengleichnis (7, 514ff.) das Bild aufgegriffen hat. Es sind Vorstellungen, die aus verschiedenen Bereichen einer derartig emotionalen Mystik stammen, wie sie ins Griechische durch die Orphik und die Pythagoreer hineingekommen war. Hier wird das zuerst Wort, während wir es vorher nur vermuten können. Fr. 121: ». . . den unerquicklichen Ort, wo der Mord und der Groll und die Scharen der anderen Totengeister und ausdörrende Seuchen und Fäulnisse . . . (das nächste ist unklar) auf der Wiese der Ate im Dunklen hin- und herschweifen.« – Das ist alles sehr eindrucksvoll, auch technisch glänzende Verse.

Fr. 122/23 lauter mythische Gestalten: die Erde in einer ganz alten Namensform, ein ›Sonnenauge‹, der ›blutige Streit‹, ›die Eintracht, die züchtig blickt‹, eine Kallisto, die schon früh als Nymphe genannt ist, ihr gegenüber eine ›Garstige‹, dann Thoōsa, die ›Eilige‹, Denaië, ›die zu spät kommt‹, die ›liebliche Untrüglichkeit‹, die ›schwarzäugige (?) Ungewißheit‹; ein unklares Wort, wahrscheinlich selbstgebildet; weiter eine Daimonin des Wachstums und der Geburt, eine Göttin des Verfalls, eine alte Lagergottheit, eine Göttin des Erwachens und eine der Bewegung und des Unbeweglichen (alles Kunstworte), die ›vielbekränzte Großheit‹, die Niedrigkeit, das Schweigen und die Beredtheit. Hier treten diese Dinge so häufig auf, daß ich das folgende sagen darf, ohne ungerecht zu werden.

Es ist klar, wie das alles an Hesiod anknüpft, die ›Theogonie‹ hat Mengen solcher Gebilde, und wie Empedokles sich hier auf schon begangenen Straßen bewegt, wie er durch und durch traditionell und dabei systematisch verfährt. Er steht einfach in der Nachfolge des Hesiod. Aber lesen Sie, wie dort die Begriffe und Gestalten auftraten. Es ist schon ein großer Unterschied, ob man so etwas am Ende des achten oder des fünften Jahrhunderts dichtet, nach den Perserkriegen, in einer modernen Zeit, in der auch die epischen Formen längst durch neue lyrische Formen und selbst die Tragödie überholt sind. All das ist nun Repräsentation, Archaismus, wie wir es bei Parmenides nicht so treffen, wo jedes Wort seine innere Notwendigkeit hat. Hier ist das doch ästhetisch und mit all diesen

Gestalten etwas künstlich. Man sieht das an Namen wie Kinó. Es gibt nun Spekulationen über die Kinesis, die Bewegung, und so wird hier die Gestalt gebildet, ebenso ihr Gegensatz, die Unbeweglichkeit. Wenn diese künstlichen Gebilde in so herrliche Verse gegossen werden, so hat das eine ganz bestimmte Effektwirkung, ist aber letztlich doch Verkleidung von primär gedachten Dingen. Das kann man auch zeigen in dem Gedicht ›Über die Natur‹, wo er über die Elemente spricht, die er zuerst auch mit solch mythischen Namen benennt. Fr. 6 spricht er von den vier ›Wurzeln *(rhizomata)* von allem‹ (das Wort *stoicheion* mag er noch nicht gehabt haben), und das sind »Zeus der helle, Hera die lebenspendende, Aïdoneus und Nēstis, die durch ihre Tränen entspringen läßt die irdische Quelle.« Es sind also die vier Elemente: Zeus das Feuer, Hera die Luft (wie auch später), der Gott der Tiefe für die Erde und nun die Nestis als eine solche Daimonin des Wassers, wobei mythisch das Bild von ihren Tränen hinzugefügt ist. Das klingt sehr archaisch. Wenn man aber die eigentliche Darlegung ansieht in Fr. 17, wo auch die gedankliche Form schon durchaus logisch ist (man müßte einmal die im Grunde logische Struktur untersuchen, die hier der epischen Form zugrunde liegt, während sich bei Parmenides der Gedanke erst hochringt), da heißt es dann V. 18 einfach *pyr, hydor, gaia* und *aër,* wobei der Vers noch ›poetisch‹ ausgefüllt wird. Dies Nebeneinander von Mythischem und einfacher Benennung zeigt deutlich, daß die Dinge zunächst ›gedacht‹ sind und die mythische Einkleidung das Sekundäre ist, im poetischen Sinn gesucht. Das ist charakteristisch für Empedokles. Wenn wir die Strukturen beachten, so können wir sagen, daß ein Denker ganz anderer Art eine Form wählt, die typisch ›gewählt‹, übernommen ist und die er großartig mit höchstem Effekt meistert.

So tauchen hier an unserer Stelle Fr. 122f. all diese Gewalten auf, die neben Gutem auch Böses bringen und ihn nun veranlassen zu dem, was charakteristisch ist für die Prophetenrede. Es gibt da zwei Gipfelformen aggressiver Art: die Seligpreisung und die Weherufe. Beides findet sich bei Empedokles so oft, daß man überall den Charakter der Prophetenrede spürt. So hier Fr. 124 der Weheruf: »Wehe, o elendes Geschlecht der Sterblichen . . .« Diese Vielgestalt des Mannes muß man immer vor Augen haben. Charakteristisch ist auch, daß in ihm der erste Denker begegnet, der schon ›Denker‹, aber zugleich auch Individualität ist und sich als solche darstellt. – Fr. 125 ist etwas schwierig, hier scheinen Gedanken Heraklits hineinzukommen: »Aus Lebenden macht er sie zu Toten, indem er die Gestalten *(eide)* wandelt.« Man müßte einmal das Stilphänomen dieses Mannes untersuchen. Er hat kühne Bilder und eine poetisch-ästhetische Sprache, die nicht einfach von den Dingen herkommt, sondern schon eine charakteristisch rhetorische Bildersprache ist. – Fr. 126: (Irgendeine göttliche Gewalt) »bekleidete sie mit dem fremdartigen Mantel der Fleische.« Ein orphischer Gedanke, daß das Wesen sich mit fremdem Fleisch bekleidet. Und weiter wird Fr. 127 geschildert, was aus diesen Wesen wird. Das Beste ist es, wenn sie Menschen werden können, »unter den wilden Tieren aber werden sie die Löwen . . . und unter den Pflanzen der Lorbeer«, der also zu den edlen Wesen gehört.

Nachdem dieser Fall der Daimonen in die leibliche Welt geschildert und beklagt ist, wobei er wohl auch wieder von sich selbst geredet hat, daß er dies alles genau weiß und darüber trauert (auch diese persönliche Note gehört zum Wesen des Prophetischen), kommt nun die Lehre einer Kulturentwicklung, die mit einem goldenen Zeitalter beginnt, entsprechend seiner großen Konzeption eines Wandels von Philia zu Neikos, und dann müssen wir uns vorstellen, daß eine Dekadenz eingesetzt hat bis auf die heutige Welt, die im Zerfall ist. Dieser Gedanke fand sich schon bei Hesiod, dem er hier wieder folgt, wobei Orientalisches hineinspielt. Der Hauptgedanke ist also übernommen, aber sehr persönlich und großartig geformt. – Fr. 128 ist eins der wichtigsten Fragmente, die Schilderung eines goldenen Zeitalters, wo nicht Ares der Gott der Welt war, auch nicht Kronos, Zeus oder Poseidon, sondern Kypris. Die Menschen verehrten die Liebesgöttin mit frommen Bildern, mit gemalten Tieren, Salben vielfältigen Duftes, reiner Myrrhe und Weihrauch . . . Hier zeigt sich der wirkliche Dichter, den wir vielleicht zu wenig würdigen, weil wir hier von der Wahrheit sprechen, mit der wir es zu tun haben. Und da ist es doch nicht so, daß die Dichtung als solche für ihn der Weg zur Wahrheit ist. – Von Fr. 129 ist nicht sicher, ob es hierher gehört. Wir hatten es schon kennengelernt, ein Ausspruch des Empedokles über Pythagoras, wie Porphyrios berichtet, der es zitiert: Pythagoras sei ein Mann gewesen, der zehn und zwanzig Menschenleben überschauen konnte, wenn er sich konzentrierte mit allen geistigen Kräften. Pythagoras wird hier also sehr positiv gesehen. – Fr. 130 schließt unmittelbar an 128 an und schildert, wie in jener goldenen Urzeit auch die wilden Tiere den Menschen freundlich waren.

Nachdem offenbar der erste Teil des Gedichts mit dieser herrlichen Schilderung abgeschlossen war, folgt Fr. 131 ein Musenanruf. Nun geht er über zu einem neuen Thema, und Kalliopeia soll ihm helfen, von den seligen Göttern den rechten Logos sichtbar zu machen. Jetzt will er also von den Göttern sprechen. Es ist interessant zu verfolgen, wie er die Früheren alle kennt; jetzt kommt Parmenides und Xenophanes hinein. Wie Xenophanes den Anthropomorphismus bekämpft, die einzelnen Sinne der Götter und all das, dies alles taucht hier wieder auf und wird eingebaut. Vorher noch Fr. 132 eine Seligpreisung: ›Glücklich, wer von göttlichen Gedanken Reichtum sich erworben hat! Elend, wer finstere Ungewißheit *(doxa)* über die Götter hat!‹ – Jetzt kommt Fr. 133 der Gedanke, daß man sich die Gottheit nicht als erreichbar nahebringen kann, mit Händen zu greifen usw., wobei das Bild des Weges von Parmenides herkommt. Weiter Fr. 134: ». . . nicht mit menschenähnlichem Haupt an den Gliedern, und nicht schwingen sich von seinem Rücken zwei Zweige, auch nicht Füße, nicht schnelle Knie, nicht Schamglieder, die behaart sind«, sondern der Gott ist einzig und allein ›heiliger Geist‹ (wie man fast übersetzen kann: *phren hieré*): »der regt sich allein und durcheilt mit schnellen Gedanken den ganzen Kosmos.« Das ist Umformung des Xenophanes, in der Formulierung ganz eigen. – Von der Vorstellung eines solchen Gottes kommt er im nächsten Fragment 135 auf die Vorstellung eines Gesetzlichen: Das für alle Gesetzliche ist durch den ganzen Äther ausgespannt und durch das unermeßliche Licht. – Hier sind wir in heraklitischen Gedanken von dem allen Gemeinsamen, wenn auch das Wort ein anderes ist.

Nachdem er bis hierher gekommen ist, wird er unmittelbar parainetisch im Sinne dieses Gedichts, das zur Reinigung aufruft und dazu führen will. Da kommen wir auf lauter Dinge, die wir schon kennen und die hier aufgenommen werden; Kritik an blutigen Opfern vor allem. Das gehörte bei Heraklit in den allgemeinen Rahmen seiner Kultkritik, letztlich vom Orphischen herkommend, aber eingeordnet in den Rahmen seines ganzen großartig ursprünglichen Weltbilds. Hier ist dieselbe Sache unmittelbar zu den Menschen gesprochen von einem Propheten und Prediger dieser Reinheitsvorstellungen. Fr. 136/37, sehr wirkungsvoll: »Hört ihr nicht auf mit diesem mißtönenden Morden? Seht ihr nicht, wie ihr euch gegenseitig verschlingt in der Gedankenlosigkeit eures Sinnes? (Es sind ja verkörperte Menschen, die in Tierleiber eingegangen sind und dort gegessen werden). Der Vater hebt den eigenen Sohn empor in verwandelter Gestalt und tötet ihn mit einem Gebet, und sie rennen zu dem Opfer und flehen um Gnade, aber der Opfernde ist taub für das Geschrei. Er schlachtet ihn und bereitet dann in den Hallen eine üble Mahlzeit. In gleicher Art ergreift der Sohn den eigenen Vater und die Kinder die Mutter und entreißen ihnen das Leben, und sie essen das verwandte Fleisch.« Nun, das wäre doch wohl ein seltener Fall; aber diese Besonderheiten betonen sehr wirkungsvoll das, worauf es ihm ankommt. – Fr. 139 wieder Wehklage, jetzt über sich selber, daß ihn nicht der Tod vernichtet habe, ehe er solche Taten des Fraßes mit den Lippen vollbrachte. – Nun folgen engere Vorschriften, wie wir sie von den Pythagoreern kennen: daß man sich der Lorbeerblätter enthalten soll, keine Bohnen essen; über Waschungen mit Wasser aus fünf Quellen in einem Erzgefäß, Fasten usw., und noch einmal eine Anrede: wie man nicht eher das Herz von den Qualen befreien könnte, bis man diese Lebensführung befolgte. Und endlich sagt er, indem er den Blick lenkt auf die, welche diese Dinge eingehalten haben, was ihnen Schönes wird. Nach vielen Wegen werden sie erscheinen unter sterblichen Menschen als Seher und Dichter und Ärzte und Fürsten. Dann erheben sie sich als Götter, haben Ehren und Tischgemeinschaft mit den anderen Göttern, frei von dem menschlichen Weh, unvergänglich.

Damit sind die Fragmente dieses Buches am Ende. Wir werden glauben, daß das wirklich der Schluß war: die Seligpreisung derer, die die Reinheit bewahrt haben. Interessant ist, daß auch das eigentlich nicht sein eigener Gedanke ist. Wir hatten das Pindarfragment aus dem berühmten Threnos kennengelernt, Fr. 132 Snell, wo Pindar einmal, ähnlich wie in Olympien 2, auf Orphisches eingeht. »Sie aber, denen die Totengöttin Persephone die Buße für alte Schuld annehmen wird, deren Seelen gibt sie in die obere Sonne im neunten Jahr, und aus denen werden erwachsen erlauchte Könige und mit Kraft Schnelle und an Wissen große Männer. Für die übrige Zeit aber werden sie heilige Heroen unter den Menschen genannt.« Das ist genau der gleiche Gedanke. Die Gereinigten werden nach gewisser Zeit berufen zu hervorragenden

Stellungen, dann bekommen sie Heroenkult, wie es berühmten Leuten auch wirklich geschehen ist. Aber merkwürdig, wie die Assoziationen dieser Berufenen bei Pindar und Empedokles verschieden sind. Pindar nennt die Könige, die den Fürsten bei Empedokles entsprechen, die auch vor allem hochstehen und Heroen werden. Dann weiter die Läufer allgemein für die Sieger in den Agonen, die er immer wieder besingt, die Empedokles nicht hat. An dritter Stelle dann die an Weisheit Größten, womit er zumal die Dichter meint, wie er sich immer wieder einen Sophos nennt. Bei Empedokles sind es Ärzte, Dichter, Seher, und alles das war er selbst, so daß er damit, nachdem er bei sich selbst angefangen hatte, dort auch am Ende wieder angelangt ist. –

Ich habe vielleicht manches zu scharf und abwertend hervorgehoben, das ich nun abschwächen möchte. Diese Art bewährt sich, wenn man die Dinge schnell hinstellen muß. Aber wenn ich auch in der Form diese Zurücknahme machen muß, so bleibe ich doch bei dem, was ich damit meine. Empedokles ist ein Geist ganz neuer Art, vielleicht nicht mehr von der großen Ursprünglichkeit und dem tiefen sachlichen Ernst all derer, die wir bisher kennengelernt haben, sondern ein Denker, der als das Neue das Individuelle eines Charakters darstellt, der bewußt auf Archaisches zurückgreift und schon in diesem Rückgriff eine Geistigkeit zeigt, die wir bisher noch nicht gesehen hatten. So geht in all das glänzend Gedeutete und Geformte doch sehr vieles ein, das unursprünglich und übernommen ist. Die Dinge unmittelbar von der Sache her ganz neu zu denken, war nicht seine Art. Mit dem Denkerischen, das wir noch herausarbeiten werden, verbindet er das andere, das Prophetenhafte, das auch bei Pindar da sein mag, aber hier einen neuen merkwürdigen Zug in das Bild bringt. Empedokles ist eine schillernde Persönlichkeit, und dies Facettierte ist es, das ihn ausschließt aus der Reihe der großen ruhigen Sachdenker, ihn aber andererseits unerhört bedeutsam macht. Das hat er in seinem Leben gezeigt sowohl durch seine Wirksamkeit als auch die große Synthese, die er allem Bisherigen gegeben hat und die so wirksam geblieben ist für die Folgezeit. Wenn man dies alles zusammendenkt und in Beziehung setzt, mag man ihm gerecht werden.

15.

Wir wollen uns heute dem anderen Gedicht des Empedokles zuwenden mit dem Titel ›Über die Natur‹, in dem er seine Auffassung vom Wesen des Seienden kosmologisch darlegt. Es ist ziemlich viel davon erhalten, 111 Fragmente, auch größere, und doch ist es durchaus möglich, das heute zu überblicken und zuende zu bringen, weil man schon an den ausführlichen Fragmenten merkt, wie er sich oft wiederholt und der Gedanke verhältnismäßig gemächlich voran schreitet, getragen von dem Ziel des etwas umständlichen Lehrgedichts.

Fr. 1 zeigt, daß das Gedicht an den Schüler Pausanias gerichtet war, wie üblich im Lehrgedicht, das sich an jemand richten muß. Auf Fragen der Anordnung kann ich nicht eingehen, sie ist im allgemeinen vernünftig, wenn auch nicht unbedingt in allen Punkten richtig. So könnte man gleich fragen, ob nicht das letzte Fragment, 111, sogar in das Prooimion gehört; es könnte ebenso am Schluß wie am Anfang stehen. Es bringt Nutzanweisungen aus der Lehre, eine Programmrede von den Arzeneien, die der Schüler alle kennenlernen soll zur Abwehr gegen die Übel und das Alter. Dann Windzauber, wie man die Gewalt der Winde aufhalten oder herbeirufen kann, was auch zur Arzneikunst gehörte. Demnach würde der Arzt Trockenheit schaffen können und Regen, ja auch schließlich aus dem Hades die Kraft eines gestorbenen Mannes zurückführen können. All das kann also auch im Prooimion gestanden haben.

Weiter spricht er Fr. 2 von den Sinneswerkzeugen und sagt, daß sie stark eingeengt werden und viel Elendes auf sie eindringt, das die sorgenden Gedanken stumpf macht. Man lebt nur begrenzte Zeit, jeder hat nur wenig Erfahrung und meint doch, er hätte damit das Ganze. – Dieser Bereich wird also nicht abgelehnt wie bei Heraklit; falsch wäre nur, wenn man das Teilhafte, das er ergibt, für das Ganze nehmen wollte. – Fr. 3 eine Wendung gegen bestimmte andere Leute, wobei nicht ganz sicher ist, wen er meint. Seine Lehre sei reiner und heiliger. Dann ruft er die Muse an, und nach diesem neuen Anhub kommt er noch einmal auf das Problem der menschlichen Sinne zu sprechen. Das *dēlon*, ›klar‹ oder ›offenbar‹, ist der Leitbegriff. Man soll den Sinneswerkzeugen trauen, durch welche »ein Zugang führt zu dem Denken«, und soll alles betrachten. Alle Sinne sind zu gebrauchen, weil sie Zugänge, *poroi,* sind für das Innere, die geistige Wahrnehmung, wie *noein* bei den Griechen verstanden wird. Man hat also die Fähigkeit, das Wesen zu merken und wahrzunehmen. Immerhin haben also die Sinneswerkzeuge für ihn den Charakter von Durchgängen. Merkwürdig, aber charakteristisch für ihn ist, wie er immer eine eigentümlich mechanistische, realistische Betrachtungsweise mit Geistigem vereint. Das werden wir bald noch deutlicher erkennen. – Fr. 4 ist am Schluß nicht ganz verständlich. Die Rede ist vom Logos, und es wäre schön, wenn man wüßte, wie er den eingebaut hat. Es heißt wohl, man soll das Erkennen vollziehen, wobei der Logos im Innern (?) abgetrennt ist vom Äußeren. – Fr. 5 nähere Anweisungen: man soll die Dinge ›bedecken in dem stummen Zwerchfell‹; das ist wohl die übliche Parainese, daß man sie stumm in sich bewahren soll.

Mit Fr. 6 kommen wir zu dem ersten Kernstück: der Lehre von den vier Elementen. »Höre erst einmal die vier Wurzeln aller Dinge . . .« Ich hatte schon davon gesprochen, daß wir hier typisch mythische Personifikationen haben (wie sie etwa Hesiod nicht kennt) und daß wenig später auch gleich die Dinge ganz schlicht beim Namen genannt werden. Er denkt nicht mehr so mythisch, wie er hier spricht, wenn es bei ihm auch noch nicht die rein stofflichen Elemente sind, die es bei den Griechen überhaupt nicht gibt, sondern eher Kräfte. Er nennt sie ›Verwurzelungen‹, weil sie das sind, in dem alles wurzelt und von dem aus es sich mehrt und bestimmt. Ausdrücke aus der Biologie walten bei ihm durchaus vor. Er ist im Grunde kein Physiker wie die Milesier, sondern ein Mann, der mehr von der organischen Welt herkommt und der Welt der Seele. So sind es deutlich Prinzipien des Seelischen wie des Organischen, die er auf anderes überträgt und die seine Begrifflichkeit bestimmen.

Fr. 8: Es gibt keine Geburt und keinen Tod, nur Mischung und Wechseltausch des Gemischten. Geburt ist nur ein Name. – Hier sehen wir sofort, wie Parmenides hineinkommt, bis in den Ton der Rede hinein, nur daß er nicht Physis (hier ›Geburt‹) und Thanatos geleugnet hatte, sondern Genesis und Phthora als allgemeines Prinzip. Hier sind die Ausdrücke aus dem menschlichen Bereich genommen, an den er zunächst denkt, und er sagt, es seien nur Namen, die die Menschen einführen. Was dahinter steht, ist das Prinzip der Mischung und des Austauschs. Mischung kennen wir von den Milesiern her und den Austausch von Heraklit, das ist bei ihm nun alles friedlich beieinander.

Fr. 9 führt das weiter aus für Menschen, Tiere, Pflanzen und Vögel, und wie die Elemente sich mischen und zum Äther gelangen, und dabei sagt man, daß die Dinge entstünden, während man für die Trennung Tod sagt. – Fr. 11 werden Gegner angeredet als Toren, die da meinen, daß etwas Seiendes sterben und nichtseiend werden könnte. Und weiter Fr. 12: Aus gar nicht Seiendem kann unmöglich etwas entstehen, und ebenso unvollendbar und unerhört sei es, daß Seiendes vernichtet werden könnte. – Hier haben wir selbst wörtliche Anklänge an Parmenides. Man sieht, wie breit die Dinge ohne wirklichen Fortschritt des Gedankens entwickelt werden, aber nicht in umfassender Gültigkeit wie bei Parmenides, sondern immer wieder auf Einzelnes bezogen. – Fr. 14: Es gibt weder Leeres noch Überschuß, usw. Ich übergehe einiges.

Dann muß er bei Fr. 16 seine Hauptprinzipien Philia und Neikos eingeführt haben, wie aus Hippolytos hervorgeht, wenn auch das Fragment unklar ist: ». . . nicht leer wird von ihnen beiden sein die unendliche Zeit.« – Fr. 17 ist nun ein größeres Stück, mit dem wir uns genauer abgeben müssen. »Ich sage ein Doppeltes: einmal erwuchs es zu bestimmter Zeit zu Einem aus Vielem, dann wieder teilt es sich auf aus Einem zu Vielem. Es gibt also ein doppeltes Entstehen vergänglicher Dinge und ein doppeltes Vergehen . . .« – ›Das hört nie auf, immerfort im Wechsel, durch Liebe sich vereinigend, dann wieder nach verschiedenen Richtungen gedrängt durch die Abstoßung des Streits.‹ – Also noch einmal diese Lehre, aber nun unter der Leitung dieser geistig-seelischen Mächte, die er hypostasiert. Es gibt das Zusammenführen und das Auseinandertreten, eigentlich ›Auseinanderwachsen‹, auch ein Wort, das aus dem Organischen kommt. Und da das All dies beides ständig tut, ist es ewig. Wir sehen deutlich, wie Heraklit aufgenommen und im Grunde vereinfacht wird. Nur daß, anders als dort, eine wirkliche Periodizität hineinkommt. – Das geht nun ständig so weiter, im einzelnen interessant, aber es sind immer dieselben Gedanken. Er sagt, daß die Liebe sowohl organische wie seelische und lebendige Kraft ist, daß die Elemente gleichwertig sind und keins einen Vorzug vor dem anderen hat, aber ihre *timé*, ihre ›Ehre‹ oder richtiger ihr ›Amt‹, ist verschieden und ihr Ethos. Nach einem bestimmten Turnus gewinnen sie jeweils Gewalt über einander im Umlauf der Zeit. –

Damit hat er nun all seine Elemente in der Hand: das Eine und Viele, die Entstehung aus beiden in Vereinigung und Trennung, was beides eine Genesis ist, so daß es ein Entwerden nicht gibt, nur zwei Formen des Werdens. So ergibt sich ein einfaches, ungeheuer einprägsames Schema. Unter Vergehen versteht er offenbar wie Parmenides, daß etwas ins Leere übergeht, das es nach ihm auch nicht gibt. Wir haben das Eine und das Viele und dazwischen die vier Elemente, die ›Wurzeln der seienden Dinge‹, und darüber herrschen die seelisch-geistigen Mächte, die jetzt hinzukommen: Neikos als die Tendenz, die zum Vielen hinwirkt, Philia oder Philotes, die zum Einen wirkt, und dazwischen könnten wir die verschiedenartigen Begriffe der Vereinigung und der Trennung schreiben. Damit ist das Weltbild als Ganzes geklärt und erklärt.

Nachdem das erreicht ist, kommen bezeichnenderweise ›Beweismittel‹; so macht man es in dieser Form, in dieser schon denkerisch logisch gewordenen Zeit eben im fünften Jahrhundert. Ich kann das kurz abmachen. Fr. 20 weist er darauf hin, wie die Philotes herrscht in den einzelnen Gliedern im Menschen, wodurch alles zusammenkommt. Dann kommen die Erides, hier im Plural, die Begriffe sind noch nicht fest, er kann auch einmal *kotos* für *neikos* sagen als das, was der Vereinigung entgegensteht. Alles sind nur Einkleidungen. – Das ist ebenso bei Pflanzen und Tieren. Fr. 21 nennt einen anderen Bereich, den der *metéora,* und er spricht von der Sonne, von Regen und von Dingen, die aus der Luft kommen, wobei wieder beides wirkt. Dann kommt er Fr. 22/23 auf den Kosmos überhaupt, der mit einem sehr schönen Vergleich, den er wohl als erster hat, von der Kunst her gefaßt wird. Wie ein Maler die Farben mischt und aus ihnen dann alles darstellen kann, so macht es auch der Gott: er hat die Elemente, und indem er diese mischt, kann er alles bilden, was im Kosmos ist. Zur Weise des Vergleichs s. Regenbogen: ›Eine Forschungsmethode der antiken Naturwissenschaft‹, Kleine Schriften S. 141 ff. Dort behandelt er Empedokles Fr. 100, den Vergleich mit der Wasseruhr für das Verhältnis von Luft und Blut im Körper, ein merkwürdig technischer Vergleich, der auch als Beweismittel dient. Das führt zu dem Problem, wieweit man damals schon Experimente kannte. In unserem Sinne wohl noch nicht, daß man sie direkt angestellt hätte, aber man sucht nach Analogien.

Weiter wird Fr. 27 von dem großen ›Ball‹, *sphairos*, gesprochen, dem Gott, von dem nun alles gesagt wird, was wir aus Xenophanes kennen, und der jetzt auch ausdrücklich als Kugel bezeichnet wird. Manchmal sind es dieselben Wendungen. Ebenso glaubt man manchmal Parmenides zu hören. Von den beiden ist die Vorstellung gewonnen, aber nun sehr instruktiv entwickelt. – Und dann wird die ganze Naturgeschichte abgehandelt, wie wohl ähnlich, wenn auch knapper, bei Anaximander. Einmal wendet Empedokles sich gegen ihn: die Wesen seien nicht im Wasser entstanden, sondern die einzelnen Glieder irgendwie durch Zufall, die sich zunächst planlos vereinigten, Fr. 58ff. Es ist fast komisch ausgeführt, man denkt an Orientalisches; es ist ganz ungriechisch, den Teil vor das Ganze zu rücken. Er denkt wohl an die Mischgestalten der Sage, die hundertarmigen Riesen oder die Kentauren. Dann endlich wird der Mensch daraus, und von ihm spricht er dann, ausgehend von Begattung und Zeugung, wo nun die Macht der Kypris in ihrem eigentlichen Bereich entsprechend gewürdigt wird, Fr. 63ff. Das scheint bis ins einzelne gegangen zu sein. Das Auge wird Fr. 84 mit einer angesteckten und umschlossenen Laterne verglichen, eine durchaus griechische Vorstellung. Man denkt allgemein, daß vom Auge selbst etwas ausgeht beim Sehen; so Platon und auch noch Goethe (vgl. auch dazu Regenbogen). – Das nächste betrifft nur Einzelheiten. Noch einmal über die Wahrnehmungen, daß Gleiches durch Gleiches wahrgenommen wird, eine im Prinzip sehr wichtige Lehre. Dann kommt er, wie ich glaube, bei Fr. 111 zur Frage der Arzneien und ihrer Anwendung; auch Zauber wird genannt, was wir schon betrachtet hatten.

Soweit unser Weg durch die Gedichte, wobei ich die Fülle des einzelnen übergangen habe, die Empedokles vor uns ausbreitet. Das ist auch nur in Bruchstücken erhalten, während das Prinzipielle länger ausgeschrieben wurde und auch wichtiger ist. Ich glaube, Sie sehen, daß es ein hochinteressanter Geist ist, von Pythagoras herkommend, Politiker, Arzt und Wundermann, tief durchdrungen von der Geworfenheit des Menschen in diese Welt, der Lehre der Seelenwanderung; das Ganze bereichert dadurch, daß er sich ganz öffnet dem Wissen seiner Zeit. Er kennt die Milesier, die Eleaten, Parmenides und Heraklit und nimmt von ihnen allen mit seiner unerhörten Fähigkeit der Übernahme. Und so schafft er aus allem die großartige Summe alles Früheren, wobei er die Prinzipien der Philia und des Neikos einführt als seinen neuen Gedanken, mit dem er das Übernommene nun durchdringt. Diese

Prinzipien nimmt er aus dem Bereich, an dem ihm eigentlich liegt: dem Seelisch-Lebendigen, und schafft so eine Welterklärung von großer, einprägsamer Kraft, was auch der Grund ist, weshalb gerade er so stark weitergewirkt hat. Empedokles ist als Synthetiker so produktiv, daß er noch zu den ›Alten‹ gehört. Mit ihm aber ist dann das produktive Element der vorsokratischen Philosophie zuende; was weiter kommt, sind großartige Vorstöße, aber mehr einzelwissenschaftlicher Art, als daß sie zu einer umfassenden Naturbetrachtung und Philosophie geführt hätten. Darüber will ich dann wenigstens noch einen kurzen Überblick geben.

16.
Anaxagoras und die Atomistik

Für Empedokles hatte sich, wie schon gesagt, die Situation im Denkgeschehen verändert. Die ältere Zeit hatte mit den Milesiern begonnen, nach dem Ursprung des Seienden zu fragen, der Genesis, wie wir es eingehend besprochen hatten, wo dann anderes einmündete. Entscheidend ist, daß man sieht, wie sich mit Parmenides die Grundsituation des Denkens gewandelt hat, und ich gestehe, daß auch mir das erst jetzt ganz deutlich geworden ist. Seine Grundthese, die auf seiner Vision des Seienden beruht und die man einfach ausdrücken kann: IST IST, wird in ihrer merkwürdigen scheinbaren Paradoxie zur Grundlage alles weiteren Denkens. Jeder Folgende, auch Empedokles, steht vor der Unumstößlichkeit dieses Satzes, wozu noch gehört, daß alles, was ist, auch gedacht werden kann, und daß andererseits das Denken auch wirklich zum Sein gelangen kann (»Denken und Sein geht auf dasselbe«).

Das wird nun das Problem, mit dem sich alle neuen Denker beschäftigen: die Tatsache der *pollá,* des Vielen in der Welt, und wie diese Tatsache neben diesem Satz bestehen kann. Es ist Bewegung in der Welt, Mannigfaltigkeit, die als Erfahrung auftritt: wie die Unteilbarkeit des Seins vor unseren Augen in Teile zerfällt, die Tatsache, daß es Qualitäten gibt. Bei Parmenides wird das alles auf die Doxa geschoben, aber das können die Folgenden nicht mehr tun, und die ganze weitere Denkbewegung, die im fünften Jahrhundert moderne Züge annimmt, morphologisch gemeint, und sich immer mehr differenziert, sucht immer neue Mittel zu gewinnen, der Tatsache dieser Veränderung und überhaupt des Werdens beizukommen. Das beginnt bei Empedokles und setzt sich weiter fort, vor allem bei Anaxagoras und Demokrit als den Bedeutendsten.

Wir müssen, wenn wir übergehen zu Anaxagoras, noch der jüngeren Eleaten gedenken. Anknüpfend an Parmenides sind da Zenon und Melissos, die sich bemühen, die großen Grundsätze des Lehrers noch differenzierter zu denken und weiter auszuarbeiten. Zenon ist vielfach bekannt durch seine sogenannten Paradoxa, von denen man oft nicht begreift, wie man das so ernst nehmen kann (vgl. Burnet 282ff., Stenzel ›Metaphysik‹ 62). Das Entscheidende ist, daß hier ein Denker Ernst gemacht hat mit dem Problem einer Teilbarkeit der Dinge ins Unendliche und damit eigentlich die Entdeckung gemacht hat der diskontinuierlichen Quantelung. Er sagt z.B., die Bewegung könne gar nicht beginnen. Bevor ein Körper zum anderen Ort kommt, schiebt sich je und je ein weiterer Ort dazwischen, immer wieder steht ein anderer Körper auf der Hälfte des Weges bis ins Unendliche. Die zu durchmessende Strecke muß so in immer kleinere Strecken unterteilt werden, die zurückgelegt werden können; wenn man sich aber der unendlichen Teilung nähert, nähert man sich immer mehr dem Ausgangspunkt an, und so kann sich der Körper schließlich überhaupt nicht bewegen. Das ist klar gedacht, wenn auch die Erfahrung dem widerspricht. Aber es ist doch großartig, daß das jetzt gedacht werden kann. Dasselbe besagt der Vergleich von dem Pfeil, der fliegt und doch ruht, weil er in jedem möglichen Einzelmoment ruht in den einzelnen Raumabschnitten. Wenn wir die Bahn wieder ins Unendliche teilen, kommen wir zurück an den Ausgangspunkt: der Pfeil kann gar nicht fliegen. Ebenso die berühmte Geschichte von Achilleus und der Schildkröte, die er bei einem Wettlauf mit Vorgabe nie erreichen kann, weil in der unendlichen Teilung des Weges jeder immer etwas weiterkommt. Entscheidend ist dabei wieder nicht das Bild, sondern wie es gedanklich durchgeführt wird in der Konzeption einer diskontinuierlichen Quantelung von Raum- und Zeitquanten. Ich weise darauf hin, weil diese Tatsache auch für den nächsten Denker wichtig wird: Anaxagoras.

An Literatur verweise ich zumal auf Stenzel S. 73ff., Burnet S. 230ff., Jaeger im vorletzten Kapitel, der Anaxagoras und Diogenes zusammenfaßt als teleologische Denker. – Anaxagoras stammt aus Klazomenai und hat dreißig Jahre in Athen gelebt, etwa von 462-430, hat Perikles nahegestanden, der ihn selbst nach Athen geholt hatte, wie es heißt. Es ist bekannt, daß er, als Perikles starke Opposition gegen sich hatte und man, wie wir aus Thukydides wissen, auch seinen Freunden deshalb zusetzte (Pheidias wurde der Prozeß gemacht), wegen Asebie angeklagt wurde, weil er behauptet habe, die Sonne sei nur ein Stein. Man konnte ihn befreien und aus dem Lande führen, und so ging er nach Lampsakos und ist dort 428/7 gestorben. Es heißt, das sei das Geburtsjahr von Platon gewesen, darum ist die Angabe verdächtig, aber es kommt nicht genau darauf an. Er hätte also etwa von 499-428 gelebt, wäre etwas älter geworden als Empedokles, hat wenigstens länger gelebt und ist von ihm abhängig. Er hat ein Buch geschrieben – das ist jetzt selbstverständlich –, in Prosa, dessen Stil gerühmt wurde und von dem 22 Fragmente erhalten sind, auch umfangreichere, die den Stil noch erkennen lassen. Auch hier wäre es nötig, diese Dinge in eine Stilgeschichte einzubeziehen, anstatt bei den Inschriften anzufangen und dann gleich zum Attischen zu kommen. Auch der wissenschaftliche Stil gehört in eine Stilgeschichte. – Das Buch des Anaxagoras wird erwähnt in Platons ›Apologie‹ 26d, wo es heißt, daß man es bequem im Dionysostheater kaufen konnte.

Es ist deutlich, wenn man die Fragmente liest, wie Anaxagoras abhängig ist von den Milesiern. Man hat ihn einen Schüler des Anaximenes genannt, an den er anschließt, wenn er ihn auch nicht selbst gehört hat; er war ja längst tot. Ebenso merkt man, wie Empedokles vor ihm liegt, etwa Fr. 17 (Diels-K. 59): »Das Werden und das Vergehen benennen die Griechen nicht recht, denn kein Ding wird oder vergeht, sondern von seienden Dingen wird es zusammengemischt und auch wieder auseinandergetrennt, und würde man richtig sprechen, so würde man das Werden ein Zusammengemischtwerden und das Vergehen ein Getrenntwerden nennen.« Das entspricht deutlich Fr. 8 Empedokles, der sagt, es gäbe keine *physis* (= Geburt) und kein Todesende, sondern nur Vermischung und Wechsel, und ›Entstehen‹ sei nur ein Name, den die Menschen dafür gegeben haben. Es ist bei Anaxagoras geradezu eine Umsetzung dieser Verse ins Prosaische, so deutlich, daß ich nicht näher darauf einzugehen brauche.

Was die Weltdeutung des Anaxagoras angeht, so kann ich das kurz machen. Er hat behauptet, daß die Gestirne nicht lebende

Wesen seien, sondern unbeseelte Körper; die Sonne jener berühmte von Feuer durchwirkte Klumpen. Das wird mit Recht damit in Zusammenhang gebracht, daß 468/67 in Kleinasien ein riesiger Meteor herabgefallen war, der die Welt sehr aufgeregt hatte. Er ist lange gezeigt worden und müßte eigentlich heute noch irgendwo da sein, bei Aigospotamoi. Anaxagoras hat ihn wohl gesehen und erkannt, daß da etwas vom Himmel gefallen ist, das aus Metall war, erst glühend, dann erkaltet. – Vom Mond soll er gesagt haben, die dunklen Flecke seien Berge und Täler, Ebenen und Schluchten, womit er die Gebilde, die erst durch das Fernrohr deutlich zu erkennen sind, richtig gedeutet hat auf Landschaftsgebiete wie auf der Erde. Auch die Mondfinsternis erklärt er richtig durch den Erdschatten. Daneben hat er wieder so rückschrittliche Meinungen, daß die Erde eine dünne Trommel sei, die auf der Luft aufruhe, und weil die Luft nicht an den Seiten vorbei könne, sitze sie fest auf. Das erinnert an Anaximenes, nur mechanisiert zu einem festen Verhältnis; sie schwimmt nicht nur irgendwie. Man sieht überall, daß inzwischen reiche Beobachtungen gemacht und die Spekulationen vermehrt worden sind. – Das Erkennen wird vom Gegensatz her erklärt; hier hat Heraklit eingewirkt und gewisse richtige sinnesphysiologische Wahrnehmungen. Endlich Fr. 21 a der wunderbare Methodensatz: *opsis adēlōn ta phainomena,* »Die Phänomene sind eine Sicht auf das Unsichtbare.« Das, was sich je und je zeigt vom Seienden, eröffnet eine Sicht auf das, was sich nicht zeigt. Die Phänomene sind gleichsam Fenster hinein ins Unsichtbare. Es ist ein Methodensatz, der damals vor allem in der Medizin angewendet wurde, wo ja die Symptome richtig gedeutet werden müssen, aber der darüber hinaus gültig geblieben ist für die ganze spätere Wissenschaft bis heute. So Großartiges konnte damals bereits in kürzester Form gesagt werden.

Ich kann das einzelne nicht durchgehen. Es wird eine Kosmogonie und Kosmologie durchgeführt aufgrund der reichen vorhandenen Empirie, bis in eine Sinneslehre. Entscheidend ist dabei, daß Anaxagoras die Qualitäten substantiviert. Man nennt das in der Tradition die Lehre von den Homoiomerien, wobei der Begriff wohl erst später ist. Es gibt in der Welt Qualitäten verschiedenster Art, die auf die Sinne wirken und bestimmt sind durch die verschiedensten Gebilde. Nach Parmenides gehört das alles in der Mannigfaltigkeit, in der es auftritt, im wesentlichen zur Doxa. Empedokles hat es zurückgeführt auf die vier ›Wurzeln‹ der

Elemente. Davon trennt sich nun Anaxagoras Fr. 10 und sagt: »Wie könnte aus Nicht-Haar Haar entstehen und Fleisch aus Nicht-Fleisch?« Dahinter steht die Grundthese des Parmenides, daß aus Nichtseiendem nicht Seiendes werden könnte, aber das wird nun auf das Spezifische angewendet. So sagt Anaxagoras, es gebe die *spermata*, ›Samen‹ von allen Dingen. Fr. 4: ». . . Man muß glauben, daß in allem, was zusammengefügt wird, Vieles und Mannigfaltiges (eigentlich ›Allfältiges‹) enthalten ist, und zwar Keime von allen Dingen, die mannigfaltige Aussehensarten *(ideai)* und Farben und lustvolle Gerüche haben.« Und am Schluß des Fragments noch einmal: ». . . Keime, unbegrenzt *(apeira)* an Menge, in nichts einander gleich.« Die Einheit und Homogenität des Seienden wird also aufgegeben und statt dessen gerade die Vielheit und die Fülle der Qualitäten in das Sein hineinprojiziert. Das ist auch die Meinung des berühmten Fr. 1: »Alle Dinge waren (zu Anfang) zusammen, grenzenlos an Menge wie auch an Kleinheit. . . . Und weil alles noch zusammen war, war nichts sichtbar wegen der Kleinheit, denn alles hielt umfaßt die Luft und der Äther, die beide grenzenlos sind.« Das sind seine beiden Hauptelemente; man könnte auch für den Äther das Feuer einsetzen, entsprechend der alten Scheidung in eine obere und eine untere Luft. Diese beiden also hielten alles in Banden, »denn diese beiden sind in dem Gesamten die größten an Menge wie an Größe.«

Dann schildert er, wie aus all diesem nun die Einzeldinge werden. Die Qualitäten sind bereits vorgebildet. Hier erhebt sich das Problem, über das sich Burnet S. 241 äußert. Man hat es durchweg, schon in der alten Doxographie, so verstanden, daß Anaxagoras annimmt, von allem, was es gibt, seien bereits kleinste Teilchen in atomarer Größe vorhanden: Fleisch, Blut, Knochen usw., so daß es Fleisch nur geben kann, weil es Fleisch-Atome gibt. Diese Teilchen, die es in den großen Dingen ebenso gibt wie in den kleinsten, werden Homoiomerien genannt. Ich glaube, es ist richtig von Burnet gesehen, daß das erst später sein kann und daß Anaxagoras selbst den Ausdruck noch nicht gebraucht hat. Aber die Frage ist, ob man sich das wirklich so vorstellen muß, daß die kleinen Atome von allem Seienden schon unendlich vorhanden waren und erst beim Ursprung der Welt sich zusammengeballt haben. Das ist von Tannery (Science hellène, 283 ff.) bestritten worden, dem Burnet folgt. Es sei nicht so, daß etwa im Weizen auch Fleischteile sein müßten, weil ja die Tiere, die den Weizen fressen, Fleisch und Fett davon ansetzen. Das wäre eine zu primitive Ausdeutung des Worts, daß alles in allem vorhanden sei und nur die überwiegende Menge die jeweilige Qualität ergäbe. Burnet versteht es so, daß die Teilchen in sich die Gegensätze enthielten (und beruft sich dafür zumal auf Fr. 3): man komme niemals zu einem Teil, der so klein sei, daß er nicht Anteile aller Gegensätze enthielte. Darum gab es, wie Anaxagoras fortfährt, als noch alle Teile beisammen waren, auch noch keinen deutlichen Geruch und auch nichts anderes, denn die Mischung von allen Dingen verhinderte, daß etwas wahrnehmbar wurde. So gab es auch weder Feucht noch Trocken, Heiß, Kalt, Hell, Dunkel usw. – Kein Zweifel, daß damit gemeint ist, daß vor allem die Gegensätze beisammen waren. Und weiter fügt er hinzu (Fr. 4), es gebe eine unbegrenzte Zahl dieser Samen, die in nichts einander glichen. Die vollkommene Verschiedenheit der einzelnen Teilchen wird gegenüber Empedokles betont. Und doch schließt Burnet aus der Tatsache, daß die Gegensätze genannt werden, daß nur sie es seien, aus denen sich alles andere aufbaut. – Ich glaube, der Versuch, wegzukommen von einer zu primitiven Erklärung, ist berechtigt. Aber die Deutung strandet an dem, was ebenfalls Fr. 4 gesagt wird: ›Vieles und Allfältiges‹, ›Samen aller Dinge‹ (doch wohl geformter Dinge). Weiter spricht Anaxagoras auch von allfältigen Gestalten, Farben und Gerüchen, also Qualitäten. Man kann also über die Tatsache, daß er in seinem Hauptansatz die Qualitäten zur Substanz geschlagen hat und damit versucht, die Schwierigkeit der Vielheit des Seienden zu erklären, nicht hinwegdeuten. Man wird nicht naiv annehmen, daß wirklich von allem besondere Teilchen vorlagen. Fleisch braucht nicht massiv aus Fleischteilchen zu bestehen, aber das Fleisch-Sein muß zumindest dynamisch in den Teilchen angelegt sein. Anaxagoras hat nicht diesen Ausdruck, und man kann ihm den Begriff nicht zusprechen. Aber man wird doch sagen können, daß die Weise, wie Fleisch ist, von einem Denker dieser Zeit schon in verschiedener Weise gefaßt sein kann, nicht nur so wie es uns entgegentritt. Er kann von ›Samen‹ des Fleisches sprechen, ohne daß es darum kleine Stückchen gewesen sein müßten. *Wie* das alles in kleinster Größe vorhanden sein könnte, müssen wir offen lassen.

So viel über diesen ersten wichtigen Ansatz, in dem auf dem Weg des Parmenides, aber mit ganz neuer Wendung, versucht wird, die qualitative Mannigfaltigkeit zur Substanz zu schlagen und als seiend anzusprechen, weil auch eine Qualität nicht entstehend gedacht werden kann aus einem anderen. Das ist ein interessanter Vorstoß auf dem Weg zu Demokrit, der ganz von Parmenides herkommt und ebenfalls kleinste Teilchen ansetzt, aber qualitätslos. –

Das zweite ist nun bei Anaxagoras das eigentümliche Weltgeschehen aus dem *homou panta* am Anfang. Wir müssen uns vorstellen eine unendliche, riesige Kugel, in der alle Samen zusammen sind, und nun setzt eine gewaltige kreisende Bewegung ein (Fr. 9), eine Art Zentrifuge, ähnlich wie moderne Maschinen, die auch zum Trennen gebraucht werden. So werden die Dinge getrennt und Gleichartiges zusammengeführt, und dann ist zwar irgendwie in jedem einzelnen immer noch alles, aber vorwiegend sind doch die passenden Atome zusammengetreten und die Dinge entstanden. Dies mechanische Prinzip ist es, das nun zum Seinsprinzip hinzukommt. Anaxagoras spricht von einem ›Wirbel‹, *perichōresis* (Fr. 12), entsprechend dem Bild des ›Strudels‹ bei Empedokles, Fr. 35, *dine* oder *strophalinx*. Entscheidend aber ist, daß das, was diesen Wirbel bei Anaxagoras in Bewegung setzt, nicht wie bei Empedokles Philia und Neikos sind, sondern ein neues Prinzip. Anaxagoras nennt es den Nus, meist mit ›Geist‹ übersetzt. Aber er meint kein geistiges Prinzip, sondern nennt den Nus das Feinteiligste von allem. Das ist allerdings auch nicht rein stofflich zu denken; über das Stoffliche müssen wir immer noch hinausgehen. Der Nus ist ein Seiendes wie die Teilchen auch, aber ein sehr feinteiliges Seiendes ganz besonderer Art. Fr. 12 erfahren wir, daß es »*apeiron*, grenzenlos ist, selbstmächtig, mit nichts anderem gemischt, sondern als einziges von allem selbst bei sich selbst.« Es hat also das reine Selbstsein, und daraus gewinnt es alle Züge, die man sich nur vorstellen kann: es ist mächtig über alles, hat die Kraft, alles zu durchwalten, zu ordnen, ist immer und ewig (Fr. 14); und diese große Kraft des Durchordnens hängt zusammen mit der Kraft des Erkennens (Fr. 12, 9f.). Es ist klar, wie hier vor allem zurückgegriffen wird auf Xenophanes, dessen Gott als Seinskugel auch alles erkennt und schwingen läßt. Nur daß Anaxagoras diesen Nus nicht Gott nennt, auch nicht wie Empedokles seelisch-geistige Prinzipien ansetzt, die alles steuern, sondern ein wirkliches Prinzip zum eigentlichen Schöpfer macht, der den großen Wirbel in Gang bringt.

17.

Wir hatten von Anaxagoras gesprochen und gesehen, wie er anknüpft vor allem an Parmenides mit dem Problem der mannigfaltigen Qualitäten, das er so löst, daß er die Qualitäten zur Substanz schlägt und sie schon den kleinsten Teilchen zuspricht, in denen er zunächst ›alles zusammen‹ sein läßt, und die dann in Bewegung kommen durch den Nus, der eine riesige Rotation erzeugt und auf mechanischem Weg durch Mischung und Trennung die Teilchen zusammenbringt und die Welt der Dinge entstehen läßt. Es ist klar, wie dieser Nus den Dualismus des Empedokles ersetzt, indem nun statt der affektiven, von der Menschenwelt her genommenen Gewalten Liebe und Streit ein – wenn auch noch nicht rein geistiges – Prinzip erscheint. Dieser Nus ist zunächst und zuvörderst Erkennender. Er hat die große Überlegenheit und kann das Durchordnen der Welt vollziehen, wenn auch nicht durch direkte Einwirkung, sondern durch jene große mechanische Bewegung, die er in Gang bringt. Sonst hat er göttliche Züge: er ist ewig, selbstgenug, allein und ganz bei sich selbst; wobei man an den Gott des Xenophanes denkt.

Es ist noch zu berichten, wie dieser Nus die Kritik hervorgerufen hat, schon bei Platon im ›Phaidon‹ 97aff.; Diels-K. A 47. Da erzählt Sokrates, wie er das Buch des Anaxagoras kennengelernt habe und sehr erfreut gewesen sei, weil ihm der Nus als weltbildendes Prinzip sehr zugesagt habe; und er habe erwartet, daß nun auch von diesem Prinzip her die Ursache für alles aufgewiesen würde, die er selbst im Bereich des Guten ansetzte. Aber in dieser Erwartung sei er getäuscht worden; er fand, daß Anaxagoras von dem Nus gar keinen Gebrauch machte, sondern ihn nur alles in Bewegung bringen, aber nicht die ursächliche Macht sein ließ für die Ordnung der Welt, sondern dafür würden lauter andere Dinge verantwortlich gemacht: die Luft, der Äther, das Wasser usw. – So wird hier scherzhaft und doch ganz ernst Kritik geübt, daß dieser Nus nur einen Anstoß geben soll und nicht das ist, was man erwartet: ein in dem Guten sich ausdrückendes teleologisches Prinzip, die Zweckursache, von der aus alle Ordnung verstanden werden kann; ein fester Gedanke Platons, der irgendwie bis heute gelten mag, wenn sich auch die Physik mit Recht von Zweckursachen vorsichtig zurückhält. – Ähnlich dann auch Aristoteles, ›Metaphysik‹ I 4, 985a 18, der sagt, daß dieser

Gott eigentlich nur ein *deus ex machina* sei, der da gebraucht wird, wo man keine anderen Ursachen aufweisen kann, eine Verlegenheitslösung.

Dieses Problem, mit dem sich jetzt zumal v. Fritz beschäftigt hat, besteht. Ich will nur sagen, daß ich glaube, von Anaxagoras her gesehen ist diese Kritik doch nicht berechtigt. Wir sahen schon, daß dieser Nus sich irgendwie anschließt an den Gott des Xenophanes, der durch geistige Kraft alles schwingen läßt, und von hier aus ist es klar, wie Anaxagoras, über Empedokles hinausgehend, nicht nur ein Prinzip ethischer oder psychologischer Dynamik ansetzt, sondern ein Prinzip der Vernünftigkeit. Diese große Vernunft steht am Anfang von allem, auch wenn sie nicht alles im einzelnen durchordnet. Man muß auch bedenken, daß die Bewegung, die der Nus auslöst, für den Griechen nichts nur Mechanisches ist; selbst Platon sieht die große Kreisbewegung des Kosmos noch als aller Wunder voll und höchst vernünftig. Man kann auch hinweisen darauf, daß es bei Aristoteles gerade der Erste Beweger gewesen ist, der so stark weitergewirkt hat; und bis heute ist die Frage nach dem Urgrund der Bewegung noch nicht beantwortet. Auch bei Aristoteles setzt dieser Unbewegte Beweger nur die äußerste Fixsternsphäre in Bewegung, alles andere wird durch diesen Umschwung bewegt und steht unter der Notwendigkeit. Das Problem ist viel behandelt worden. –

Diogenes von Apollonia kann ich kurz abmachen. Er war etwas jünger als Anaxagoras, sonst wissen wir nichts über ihn, obgleich er sehr berühmt war (Aristophanes hat ihn in den ›Wolken‹ verspottet, V. 225 u. 828; vgl. auch Euripides, ›Troerinnen‹ V. 884 ff.). Er war offenbar Arzt und ging in seiner Naturerklärung von physiologischen Prinzipien aus. Im Hinblick auf die Lebewesen, die alle atmen, die von der Luft durchdrungen, erwärmt und belebt werden, kommt er dazu, die Luft als die große Grundsubstanz anzusetzen. Man könnte meinen, daß er damit nur wiederholt, was Anaximenes schon früher gesagt hatte. Aber wenn man die Dinge liest, sieht man, daß er nicht einfach die Gedanken übernimmt. Das Ausgehen von der Luft als Lebensodem (der bei Anaximenes doch nur mit hineinkam) ist doch wohl etwas Neues, weiter auch die Art, wie er entwickelt, daß, damit Verschiedenes sein kann, ein Selbiges sein muß. Das zeigt schon moderne Züge, auch im sprachlichen Ausdruck. Schließlich hat bei ihm wohl als erstem Denker ein teleologisches Prinzip Bedeutung gewonnen.

Man stößt auf Begriffe wie ›Nutzen‹ und ›Schaden‹; er sagt, daß eine Verteilung ohne Vernünftigkeit nicht möglich sei bei Dingen und Wesen, und dazu sei alles so geordnet, wie es am schönsten ist. Es wird nicht deutlich, wie weit das schon seine Gesamterklärung der Welt durchsetzt, aber es ist doch sehr bedeutsam. Seine Luft ist nun Gott und intelligent, ein Prinzip gleichsam stofflicher Intelligenz. Als solches ist sie auch wieder seelisch, schon vom Sprachgebrauch her, wo *psyche* zugleich ›Hauch‹ wie ›Seele‹ bedeutet. So entwickelt er doch diesen Ansatz auf sehr neuartige Weise. –

Jetzt kommen wir zu dem entscheidenden letzten Abschnitt: der Atomistik, bei Leukipp und Demokrit. Man nimmt beide meist zusammen, und so kommt es, daß man von Leukipp wenig weiß, ja schon in der Antike bezweifeln konnte, ob es ihn überhaupt gegeben habe. Das hängt offenbar damit zusammen, daß er nichts geschrieben hat, oder wenn er etwas geschrieben hat, daß es einfach zusammengeworfen wurde mit dem großen Schriftwerk des Demokrit. Er hat angeblich eine ›Große Durchordnung‹ geschrieben, eine durchgehende Welterklärung. Jedenfalls besteht kein Zweifel an seiner Existenz sowie daran, daß er den Gedanken der Atomistik zuerst gedacht hat, wenn auch kaum zu unterscheiden von Demokrit, der die Dinge offenbar sehr energisch und groß weitergeführt hat. Von ihm wissen wir viel mehr: seine Akmé war 420/19, dann war er etwa 460 geboren; das kann stimmen. Er sei jung gewesen, als Anaxagoras schon bejahrt war. Demokrit stammt wieder aus dem Osten, aus Abdera, ist dann aber, wie auch Leukipp, nach dem Westen gegangen und hat die Schule der Abderiten gegründet, die uns vor allem durch Wielands Roman vertraut ist. Romane gab es schon in der Antike über ihn, auch einen Briefwechsel mit Hippokrates, etwas töricht: der ›lachende Philosoph‹ sei schwermütig geworden und habe einen Arzt gebraucht. Er hat eine riesige Menge von Schriften geschrieben, bei Diels-K. sind die Titel aufgeführt, nach den alexandrinischen Verzeichnissen darüber. Interessant ist dabei die Vielseitigkeit des Mannes, die aus den Themen hervorgeht, mit der er sich als echt ionischer Mensch über alle Gebiete des Wissens verbreitet hat. Zumal hat er aus der Atomistik auch eine Ethik entwickelt, die in reichen Sentenzen niedergelegt war. Wir haben eine Anzahl dieser Gnomai, darunter vieles Unechte, das die Ausgabe von Diels-K. zu scheiden versucht. Es ist eine Ethik des umfassenden Weltoptimismus, so wie auch späterhin gerade Atheisten, Materialisten und Anhänger der Atomistik zu diesem umfassenden Optimismus neigen, bis heute, wo er zu einer festen Forderung, ja zur ›Pflicht‹ für seine Anhänger geworden ist. So beginnen hier bestimmte große Linien, die dann durchgehen.

Ich muß nun versuchen, da ich es nicht mehr vorführen kann, das, was diese beiden Neues gedacht haben, doxographisch darzustellen. Aber ich weise unbedingt hin auf einen Satz, den wir von Leukipp bezeugt haben, Fr. 2 (es gibt nur zwei): »Kein Ding entsteht aufs Geratewohl, sondern alles entsteht aufgrund eines Verhältnisses *(logos)* und unter Einwirkung der Notwendigkeit *(ananke)*.« Dieser wichtige Satz ist die erste wirklich präzise Formulierung dessen, was wir heute Naturgesetz nennen. Es ist interessant, daß dieser Gedanke, der erst viel später aufkommt und mit dem die Antike auch weiter nicht gern gearbeitet hat, hier in dieser Betrachtungsweise doch einfach notwendig ist und gefaßt wird vom Logos her und der Ananke, die auch noch bei Platon bei der eigentlichen Begründung ins Sein hinein eine Rolle spielt.

Über die Lehre der beiden lesen Sie am besten Diels-K. 67 A 7/8, wo es kurz um folgendes geht: Parmenides liegt vor mit seinem großen Sein, das ewig, unteilbar, unbewegt, kompakt und eins ist und in einer riesigen Kugel alles umfaßt. Alle Späteren sind genötigt, sich mit diesem Ansatz auseinanderzusetzen und damit fertig zu werden, indem sie auf die Erfahrungen hinblicken, die all das zeigen, was das Sein nicht haben soll: Mannigfaltigkeit, Bewegung, Veränderung usw. Wir sahen, wie schon Anaxagoras genötigt war, das Problem in anderer Weise anzugreifen, und das wird jetzt gleichsam abgeschlossen. – Theophrast sagt, daß Leukipp den Parmenides ›gehört‹ habe, d.h. von ihm abhängig sei, und nun habe er zwar die Tatsache eines solchen Einen angenommen, aber nicht als Umfassendes, sondern winzig klein, nicht als ein Eines, sondern als unendlich Vieles. Von der Kleinheit der Atome hatten wir schon bei Anaxagoras gehört, bei dem auch schon der Gedanke der Qualität in den Blick gekommen war. So wird nun von diesen beiden Denkern, Leukipp wie auch Demokrit, die Tatsache des Seins des Parmenides als ein kompaktes, ewiges usw. anerkannt, aber nicht als ein umfassendes, sondern hineinprojiziert in die letzte Kleinheit und die unendliche, grenzenlose Vielheit. Dieser merkwürdige Denkprozeß ergibt die Atome folgerecht aus dem Sein des Parmenides. Das ist schon in der Antike gesehen worden, so merkwürdig es ist, daß die Grundlagen dieser Theorie (mit der wir uns noch beschäftigen müssen) aus dem groß gedachten Sein des Parmenides kommen. Schon Theophrast und auch Aristoteles sagen, wenn Leukipp dieses Sein dem Parmenides zugab und in Einklang zu bringen suchte mit den Phänomenen, so mußte er erkennen, daß Bewegung nicht sein könne ohne ein Leeres, das ein Nichtseiendes ist. Und so konnte er nicht anders, als statt des großen Seienden kleine kompakte Einzelseiende anzunehmen und um sie herum das Leere, das es bei dem umfassenden Sein des Parmenides nicht geben konnte. Damit hat man nun zwei Prinzipien: das Volle, die Kompaktheit, und daneben die andere Weise der Substanz, das Leere. Es ist ein Problem, das von größter Bedeutung geworden ist für die folgenden Jahrhunderte bis in die neueste Zeit, auch im Hinblick auf theologische Fragen, weil die Annahme einer absoluten Leere die Allgegenwart Gottes in Frage zu stellen schien. Das wurde schließlich damit entschieden, daß ein approximativ Leeres experimentell nachgewiesen wurde, womit zugleich die Dampfmaschine erfunden wurde und damit die Grundlage alles dessen, was wir als moderne Naturphysik und Technik kennen. Dies Problem, vor dem die Griechen immer zurückgescheut sind, erscheint hier als ein denkerisch notwendiges. – Hübsch ist dabei, wie Demokrit genötigt ist, mit dem Leeren gleichsam ein Nichtseiendes anzunehmen und ihm eine Art von Sein zuzubilligen, in auch sprachlich sehr gewaltsamer Form. Auch die neuere Philosophie stand vor der Frage, ein Wort zu suchen, das dem Sein wie dem Nichtsein gegenübersteht, nicht ist und doch nicht Nichts ist. Da bildet Demokrit von *oudén*, ›nichts‹, das Kunstwort *den*.

Damit sind eigentlich alle Prinzipien bestimmt, die von Parmenides zur Atomphysik führen, und alles andere ist nun einfach. Jetzt ist es das Grenzenlose, das eindringt in die kleinen Einzelnen, die einfach da sind, so wie auch Bewegung und Leere einfach da sind (es wird nicht weiter nach einem Ursprung davon gefragt), und aus ihnen kommt nun alles zustande, indem sie zusammenstoßen. Das geschieht auch hier nach einem Wirbel, der aber nicht mehr auf den Nus zurückgeführt wird, sondern irgendwie beginnt, und alles weitere geschieht dann nach dem Logos und der Notwendigkeit. So wirkt dieser Wirbel wie eine riesige Zentrifuge, in der aber nicht das Schwere nach außen kommt, sondern umgekehrt: es sammelt sich im Mittelpunkt. Solch falsches Denken findet sich öfter in der antiken Physik. Diese Bewegung führt also zum Mischen und Trennen, und daraus ergeben sich schließlich die Welt und die Dinge, wie ich es jetzt nicht im einzelnen durchgehen kann. Noch hingewiesen sei darauf, daß jetzt das Atom auch genannt wird, das nicht unendlich klein ist, aber eben *atomon*, nicht weiter zerteilbar, der Forderung des Parmenides entsprechend, daß das Sein kompakt sein muß. Es hat eine gewisse Größe, sonst aber keine Qualitäten, von denen ausdrücklich gesagt wird, daß das alles nur durch *nomos* entsteht, also für uns, rein subjektiv. Damit ist, nach der vorübergehenden Substantivierung der Qualitäten, die alte Rangfolge wieder richtig eingeordnet. Aber etwas haben die Atome doch, nämlich Gestalt, und zwar offenbar verschiedenartige. Eine dreifache Möglichkeit der Verschiedenheit im atomaren Bereich wird angegeben (Aristoteles ›Metaphysik‹ I 4, 985 b 4ff.; Diels-K. A 6): wir können sie unterscheiden (wie an einem Vergleich mit Buchstaben durchgeführt wird) nach der ›Gestalt‹, ionisch *rhysmos* = *schema*, etwa A und N; zweitens nach der ›Anordnung‹, *diathigē* oder *taxis*, wie AN oder NA; und drittens nach der Lage im Raum, *tropē* oder *thesis*, so wie ein umgelegtes N zu Z wird. Durch diese Möglichkeiten innerhalb der Atome entsteht eine gewisse Unterschiedlichkeit in der Welt.

Interessant ist, wie nun die sinnlichen Wahrnehmungen gedeutet werden und schließlich auch das Denken. Es gibt jetzt keinen Nus mehr als selbstbestehendes göttliches Denken, wenn man auch noch von Göttern spricht. Die Sinneswahrnehmung folgt auch aus der Atomlehre, vgl. Leukipp A 30: Leukipp, Demokrit und Epikur hätten Wahrnehmung und Denken davon hergeleitet, daß Bildchen der Dinge von außen herankämen. Die Körper haben gewisse Ausflüsse, die strömen irgendwie durch die Welt und kommen auf uns zu in Form von kleinen Abbildern, die, wenn sie aufs Auge treffen, ein Bild ergeben; bei anderen Sinnen ist es ähnlich. Theophrast hatte davon ausführlich gesprochen in seiner Sinneslehre. Sowohl Denkakte wie Wahrnehmungen sind danach rein körperliche Vorgänge, wenn nicht materialisiert, so doch somatisiert, und das ist das Entscheidende und Konsequente an dieser Welterklärung. Interessant ist, wie das *phronein* erklärt wird, das höhere Denken, nicht nur *noein*, sondern im Sinne von Vernünftigsein. Es gibt da eine hübsche kurze Stelle bei Demokrit A 135, 58: »In bezug auf das *phronein* habe er sich so weit geäußert, daß es entstehe, wenn die Seele sich symmetrisch verhält in der Mischung.« – Also alles das, was das Ethos begründet, beruht auf einer bestimmten Mischung der Seele, und wenn sie besonders harmonisch und symmetrisch ist, der Mensch aus einer inneren Symmetrie lebt, dann denkt er auch einsichtsvoll; ein Gedanke, der sehr gewirkt hat. Man denke etwa an das Wort Winckelmanns: »Der Mensch denkt so, wie er gemacht ist«, was auch nicht rein materialistisch zu deuten ist.

Diese bis ins Letzte durchgeführte, energische, abstrakte und doch wieder konkrete Konsequenz letztlich aus der Lehre des Parmenides hat, wie wir wissen, in der Welt eine unerhörte Wirkung gehabt, über Epikur und Lukrez, dessen Bedeutung heute nicht mehr so bekannt ist, die aber ungeheuer gewesen sein muß, wenn etwa ein französischer Adliger mit seinem Buch in der Hand ruhig aufs Schaffott gestiegen ist. Aber auch auf die Naturwissenschaft, die primär notwendig materialistisch ist, hat sie außerordentlich gewirkt. All das ist letztlich Fortwirkung jener großen Vision des Parmenides, des IST IST, von dem keiner nach ihm mehr wegkam; wenn auch vereinfacht, vergröbert und dadurch erst anwendbar gemacht. –

Wir stehen damit am Ende des Weges, den wir gegangen sind, und haben ein Ende erreicht auch jenes Denkgeschehens, dessen weiterer Gang nun von ganz anderer Seite her beeinflußt wird, der Sophistik und vor allem Sokrates, der nicht mehr auf das Seiende geblickt, sondern gefragt hat nach den Zielen des Handelns und der höchsten Tüchtigkeit und Bestheit, der Arete und dem Agathon. Es ist ein neuer Weg, der zunächst ein praktischer ist, vor allem in der Sophistik, die den Menschen möglichst ertüchtigen will, damit er etwas werden kann. Das wird von Sokrates in anderem Sinne aufgegriffen, bei Platon wieder anders, und das führt dazu, daß nun in dem Guten und Besten erkannt wird ein Existentielles ersten Ranges. Überall ist das Gute dem weniger Guten seinsmäßig überlegen, schon der gute Apfel dem schlechteren, und so auf allen Gebieten, bis zum guten Menschen, der auch die größere Seinskraft und Überlegenheit hat. So wird nun im Gut-Sein ein hohes Prinzip des Seins überhaupt gesehen. Gut ist etwas, das in seiner Substanz wie Funktion die Höchstform erfüllt. Damit wird gleichsam ein neues Tor geöffnet und ein neuer Ausgangspunkt gewonnen für die Frage nach dem Sein von ganz anderer Seite her als der Betrachtung des Kosmos, der vor Augen liegt: vom Handeln und – grob gesprochen – der Ethik, genauer: der politischen Ethik. Da knüpft Platon an und kann nichts anderes tun, als das Gute und die Bestheit so zu verstehen, daß sie höchsten Seinscharakter haben und also die Urbilder von allem Seienden sein müssen. Damit stößt er auf die Bewegung und das Sein, die alten Gegensätze, faßt es aber nun so, daß diese Welt der Bewegung und Veränderung Abbildcharakter hat und teilhat an dem Reich jener großen eigentlichen Seiendheiten und Urbilder. So kommt es zur Ideenlehre, nach der diese Seiendheiten wirklich existieren und alles andere nur Abbilder davon sind. Wenn wir uns das Ganze verdeutlichen, so kann kein Zweifel sein, daß auch Platon aufs stärkste von Parmenides beeinflußt ist, den er auch von allen Älteren am meisten schätzt.

Ich will es am Schluß in einem Schema zusammenfassen:

Von dem Sein des Parmenides aus führt ein Weg zur Kosmologie über Anaxagoras, Leukipp, Demokrit, auf dem das Sein im Kleinsten bewahrt bleibt, wobei durch Bewegung, Mischung und Trennung die Welt der Dinge entsteht. Das führt in seiner Konsequenz zum Materialismus. Ein anderer Weg geht über die Welt des Handelns und der Ethik bei Platon zum Sein in der Transzendenz, dem *agathon* und den *aretai*, an dem das veränderliche und bewegte Sein nur teilhat und dessen Abbild es ist. Dieser Weg führt zum Idealismus. Man kann noch hinzufügen, daß auch Platon Atome kennt, aber nicht körperlich kompakt, sondern geistig, geometrisch. Der Gesamtkosmos wird dann, im ›Timaios‹, von der Seele her abgeleitet und, ebenfalls pythagoreisch, mit dem Begriff der Harmonie verbunden.

Auf diesen beiden Straßen führt die Philosophie dann weiter, nachdem sich einmal an dem Sein des Parmenides dieser Gegensatz entwickelt hatte. Die ganze Philosophiegeschichte bleibt im Grunde in dieser Thematik, und es ist interessant, wie etwa in der modernsten Philosophie Heidegger die Seinsfrage wieder neu und in großer Form ins Bewußtsein gerufen hat.

Anhang

Hier bringe ich als Anhang die letzte Kollegstunde, die Wolfgang Schadewaldt nach fünfundvierzig Jahren Lehrtätigkeit am 12.12.72 gehalten hat. Die damalige Vorlesung über die Vorsokratik mußte nach dieser Stunde, die als Einleitung für den Teil ›Die griechische Sprache als Quellgrund der griechischen Philosophie‹ gedacht war, durch eine erste schwere Krankheit abgebrochen werden. Um anderes fertig zu stellen, hat er die Lehrtätigkeit bis zu seinem Tode 1974 nicht mehr aufgenommen. – Diese Kollegstunde trägt auch insofern einen besonderen Charakter, daß sie, im Gegensatz zu den anderen Tübinger Vorlesungen, von ihm vor dem Kollegtag diktiert, dann allerdings noch mit vielen Randbemerkungen versehen wurde, die jetzt hier in den Text einbezogen sind. Wolfgang Schadewaldt befand sich damals in intensivster geistiger Auseinandersetzung mit dem gerade auf seinem ersten Höhepunkt angelangten Strukturalismus, für die diese Kollegstunde ein lebendiges Zeugnis ist. – Ich danke Herrn Professor Heinz Happ, der mir bei der Wiedergabe dieser Kollegstunde mit seinem Rat freundlichst geholfen hat. Maria Schadewaldt

Sprache als vorphilosophischer Denkvorgang

1.

Zwischen Sprechen und Denken besteht ein besonderer Zusammenhang, den ich im Augenblick nicht weiter präzisieren will. Doch kann man sagen: Denkgeschehen wirkt sich unmittelbar aus im Sprachgeschehen. Es gibt kein Denken an sich selbst ohne Sprache, und Sprachgeschehen gründet allemal auf Denkgeschehen. Alles wesentliche, neue und erneuernde Denken setzt ein vorgängiges Denk-Sprachgeschehen voraus, und der Fortschritt des Denkgeschehens wirkt sich umgekehrt in einem Fortschritt des Sprachgeschehens aus: die Sprache ändert sich unter dem Einfluß eines Neudenkens in der Gesellschaft, und zwar in dem Maße und in der Art, wie sich im fortschreitenden Denkgeschehen das Seiende und das Sein progressiv fortschreitend bemerkbar macht.

Diesen engen Zusammenhang von Sprechen und Denken hat grundlegend Humboldt gesehen; er spricht von Sprache und ›Geist‹. Sein Ansatz ist in vielfachen Modifizierungen weitergebildet worden, zum Beispiel von Pott, in der Psychologie von Wilhelm Wundt, dann von Karl Vossler, Weißgerber und Wittgenstein. Und es ist klar, daß auch Heidegger hier entscheidend gewirkt hat. Er spricht von der Sprache als ›Lichtung des Seins‹

und hat den Ausdruck geprägt, daß der Denker wie ein Ackermann im Saatfeld der Sprache seine Furchen zieht.

2.

Nun gibt es kein Denken ohne Gedachtes, d.h. Denken ist immer Denken von etwas und hat damit einen unmittelbaren Bezug auf das Seiende – das Sein des Seienden. Auf der anderen Seite ist es der Mensch, der denkt, d.h. das Denken – wie auch das Sprechen – geschieht aus dem Dasein (des Menschen). Das heißt weiter: im Denken geschieht eine Begegnung von Dasein und Seiendem (Sein des Seienden). Diese Begegnung von Dasein und Sein ist Sprache als Logos, und dieser konkretisiert sich, manifestiert sich in der Sprache im Laut-Geschehen, der *phoné*, und zwar dem artikulierten Lautgeschehen. Aristoteles unterscheidet in der Sprache *eidos* und *hyle* wie bei einer Münze, wobei die *phoné* das Metall darstellt und der *logos* das Gepräge, das, was ein Wort erst ausmacht. Jedenfalls besteht eine geheime Assoziation zwischen Stimme und Vorstellung, die zunächst zufällig sein kann, wenn ein neues Wort gebildet wird, sich dann aber fest in die Sprache einbetten kann. – Lautgeschehen ist immer bereits artikuliertes Lautgeschehen, und als solches der sprachliche Ort der Manifestation jener Begegnung von Dasein und Sein.

3.

Die so verstandene Sprache als Logos+Phoné ist ein humanum humanissimum (und es ist schon einigermaßen grotesk, wenn eine Wissenschaft von der Sprache im Anspruch exakter Wissenschaftlichkeit ausgerechnet den Menschen aus der Sprache ausklammern will). Die Sprache als ein Urhumanum setzt sowohl den Menschen und das spezifisch menschliche Dasein voraus wie sie zugleich überhaupt erst den Menschen ermöglicht und am Leben erhält. Das Phänomen der Sprache und des Sprechens findet sich in der Natur nur beim Menschen vor, und der Mensch könnte nicht als Mensch existieren ohne Sprache (die Erscheinung des Taubstummen spricht nicht dagegen).

Ich habe nun nicht die Absicht, mich hier mit dem Problem der

Entstehung der Sprache und der Sprachen zu beschäftigen, was eine ziemlich spekulative Angelegenheit wäre. Doch so viel, glaube ich, kann festgestellt werden: das Tier spricht nicht, der Mensch spricht. Ja er wird bei Aristoteles und sonst definiert als ›das Lebewesen, das Sprache hat‹: *zoon logon echon*. Das Tier spricht nicht, weil es, wie ein Biologe humorvoll gesagt hat, ›nischt zu sagen hat‹. Ernsthaft gesagt: es hat die Sprache und das Sprechen nicht nötig, weil es in seine spezifische Umwelt eingepaßt ist und in ihr ohne sprachliche Verständigung lebensdienlich handeln kann. So haben die Tiere zwar einen großen Reichtum an lautlichen Ausdrucksmitteln (was man als ›Tiersprache‹ zumal bei Primaten wie Delphinen in hochinteressanter Weise untersucht hat), aber das ›Sprechen‹ der Tiere kommt nur in dreifacher Form vor: 1. als rein physiologisch bedingte Lautgebungen (Schreie bei Furcht, Schnurren bei innerem Behagen), 2. als vielfältiger, auf diesen rein physiologischen Lautgebungen beruhender Ausdruck der Stimmungen und Affekte (sehr differenziert beim domestizierten Hund), und 3. als bewußt oder reaktiv angewandte Lautgebungen in dem Sinne von Signalen (z. B. der Furchtschrei als transformiertes Warnsignal). Die höchste Form des Sprechens, die die Tiere erreichen, ist das Signalisieren. Mit diesen Mitteln, wozu eine reiche Bewegungssprache kommt, befinden sich die Tiere in einem naturgegebenen Einverständnis, das dann bei ihnen die zumal bei Gruppen- und Herdentieren erforderliche Verständigung ermöglicht.

Der Mensch, für dessen Heraufkommen nach neueren biologischen Forschungen (ich berufe mich hier auf das im einzelnen ausgezeichnete Buch von Gerhard Heberer ›Der Ursprung des Menschen, unser gegenwärtiger Wissensstand‹, 1972) das Sich-Erheben in die aufrechte Ganghaltung, das Freiwerden der Hände und die größere Umschau des Blicks entscheidend ist – dazu kommt noch die Verlagerung des Gehirns –, ist damit aus dem festen Eingepaßtsein in eine spezifische Umwelt herausgegangen und mit seinem Dasein in einen sehr weiten Horizont sich immer erweiternder Freiheitsgrade eingetreten. Aus dem naturhaften Einverständnis miteinander ist er herausgetreten und für sein Überleben darauf angewiesen worden, sich eine neue, spezifische Umwelt zu schaffen. Für dieses Schaffen seiner spezifisch menschlichen Umwelt hat er das *Werkzeug* entwickelt (als Beginn aller Technik) – das Werkzeug, das als die Verlängerung und Ergänzung der Hand verstanden werden kann. Und er hat zweitens gleichsam als die Verlängerung, Ergänzung und enorme Differenzierung des Sehens die Sprache entwickelt. (Darüber Wichtiges in dem großartigen Werk des Philosophen und Soziologen Arnold Gehlen: ›Der Mensch‹, jetzt neunte Auflage 1971.) Die Sprache, die der Mensch so entwickelt hat, entsprechend dem Werkzeug in seiner Hand, ist das entschiedenste Organon der menschlichen *Weltbewältigung*, in dem Augenblick, wo der Mensch, aus dem natürlichen Einklang mit der Natur herausgetreten und in eine neue, höchst prekäre Freiheit gestellt, *vor* die Welt gestellt ist und nun, um überhaupt überleben zu können, die Welt aus seinem Dasein heraus bewältigen muß.

Sprache ist also auf keinen Fall spontaner Ausdruck des Daseins oder spontane Nachahmung von Welterscheinungen, sondern das, was die menschliche Sprache gegenüber aller ›Tiersprache‹ erst als *Sprache* konstituiert, ist, weit über den Lautausdruck und das Signalisieren hinausgehend, das *Nennen* und *Benennen*. ›Das (ist) das‹ (z.B. ein Beutetier oder ein Feind), oder ›dort (ist) das‹ (z.B. ein Futterplatz oder ein Hindernis). Was sich in diesem Nennen und Benennen (›das-das‹) vollzieht, ist nicht nur eine hochinteressante Einordnung des unmittelbar vor dem Auge Auftauchenden (des *tóde ti*) mit einem Generellen (›das ist Baum‹), sondern es hat darüber hinaus den Charakter des ›*Erkennens*‹ und sodann des ›*Wiedererkennens*‹ – also einer Operation logischer Art. – Vielleicht darf ich hier etwas berichten, das mich sehr bewegt hat. Mein Freund Heidegger erzählte mir, er sei vor einiger Zeit plötzlich in der Bahn bewußtlos geworden und erst Tage später im Krankenhaus wieder aufgewacht. Er konnte aber zunächst noch nicht sprechen, und solange er das nicht konnte, sah er zwar Gestalten um sich, wußte aber nicht, was sie bedeuteten, sondern erst als das Sprachvermögen zurückkam, erkannte er sie als Ärzte, Schwestern usw. Nicht jede Aphasie hat diesen Charakter, aber es ist doch bedeutsam, daß hier erst mit der Sprache das Wiedererkennen gegeben war. So ist das Beispiel immerhin sehr instruktiv.

Auf Grund dieses Nennens und Benennens und Erkennens und Wiedererkennens im wiederholten Nennen wird der Mensch im weiteren Akt fähig zur – sprachlichen – *Mitteilung*, und zwar der differenzierten Mitteilung. Und diese Möglichkeit der sprachlichen Mitteilung führt im Bereich der menschlichen Kommunikation über signalisierende Schreie und deutende Bewegungen hinaus zu *Verständigung*. Die Verständigung ist zunächst und weit hinaus bis in die modernen und modernsten Bereiche unserer Zweckwelt (Informationstheorie eingeschlossen) allerdings das, was die Sprache als Mittel leistet. Sie dient aber nicht bloß als Werkzeug dem Zweck der Mitteilung, sondern sie ist in einem umfassenderen Sinn *organon*, auch in den zweckfreien Bereichen des Spiels, der Unterhaltung, des Plauderns, des Schwätzens, des Singens, der Dichtung mit einem letzten uns heute auch noch vorschwebenden Ziel: der Gewinnung eines durch die Menschwerdung verlorenen und neu zu erwerbenden *Einverständnisses*. Die Gewinnung dieses Einverständnisses durch die Sprache wäre ein letztes, höchstes und höchst politisches Ziel der Sprache: Vollendung der Sprache – Vollendung des Menschen.

Hat man dies vor Augen, so sieht man, daß es äußerst kurz gedacht ist, die Sprache primär als ein Mittel der Verständigung zu definieren. Sie *ist* ein Mittel oder Organon der Verständigung, aber Verständigung gibt es nur als Verständigung *über* etwas. Die Eignung der Sprache als Mittel der Verständigung setzt voraus jenen *Weltbezug* der Sprache, jene Bedeutung der Sprache als Weltbewältigung, jenes Erkennen und Wiedererkennen schaffende, von der Sprache geleistete Nennen und Benennen des Seienden bis hin zum Sein des Seienden.

4.

Ist die Sprache zu verstehen als jene Begegnung von Dasein und Sein im ›mittleren‹ Konkretisierungsort des Lautgeschehens, in Assoziierung der Vorstellung (des Vorgestellten) mit dem Laut, *onoma* + *phoné* (*eidos* und *hyle*), so läßt die einzelne Sprache im Sinne der Weltbewältigung sich verstehen als ein Entwurf des Daseins auf die andrängende und an sich amorphe Fülle der Erscheinungen. Die einzelne Sprache als ein Organon des Verständnisses und der Kommunikation innerhalb einer abgegrenzten Gesellschaft setzt ein vorgängiges gemeinsames Weltverständnis dieser Gesellschaft voraus. Durch die Art, wie verschieden strukturierte Gesellschaften aus der Notwendigkeit ihres Daseins in ihrer Sprache einen verschieden artikulierten Entwurf auf die andrängende Fülle der an sich amorphen Erscheinungen bilden, manifestieren sie ein je in ihrer Weise verschiedenes Weltverständnis und bilden sie eine je in ihrer Weise verschieden strukturierte Sprachwelt, die sich in dem ihnen spezifischen Lautgeschehen manifestiert, ob willkürlich oder natürlich (*thesei* oder *physei*), bleibe dahingestellt (vgl. Platons Kratylos).

Wir überblicken heute aufgrund der allgemeinen Sprachforschung die verschiedenen Typen des menschlichen Sprachbaus. Diese Sprachtypen (die isolierenden, agglutinierenden, inkorporierenden, flektierenden) sind zu verstehen als je weltbewältigende Entwürfe des jeweiligen gesellschaftlichen Daseins auf die andrängende Fülle der Erscheinungen des Seienden. Und alle diese verschiedenen Entwürfe stehen in einem rein menschlichen Sinne auf der gleichen Stufe, insofern sie ein verschiedenes menschliches Dasein in ihrem Entwurf auf die andrängende Erscheinungsfülle des Seienden konkretisieren. Ich habe mich ein wenig in meinen jahrelangen Überlegungen über diese Dinge mit den ganz andersartigen Daseinsentwürfen in anderen Sprachbereichen beschäftigt, zum Beispiel mit der chinesischen Lyrik, für die mir eine Interlinearversion half, da ich dies für mein Buch über die griechische Lyrikerin Sappho brauchte. Ferner habe ich mich genau mit Dietrich Westermanns Buch über die Kpelle abgegeben. Westermann bringt, auch in Interlinearversion, Beispiele und zeigt, wie dieses westafrikanische Volk in erstaunlicher Weise mit ganz anderen Mitteln als die Semiten und Indogermanen für sein höchst beachtliches Weltverständnis auskommt. Es ist durchaus so, daß eine Fülle wertvoller Eigentümlichkeiten des menschlichen Daseins, die in den uns vertrauteren indogermanischen und semitischen Sprachen nicht eigentlich realisiert werden, in solchen andersartigen Sprachen in großartiger Weise da sind. Die verschiedenen Sprachen sind gleichsam verschiedene Ausschnitte aus der Fülle des Seienden. Um aber hier das zugrunde zu legen, was wir kennen, so ist der Weltentwurf der indogermanischen und insbesondere der griechischen Sprache, um die es uns ja in dieser Vorlesung geht, dadurch charakterisiert, daß das Griechische einen eigentümlich rational seinsadäquaten, einen *ontologischen* Charakter hat. Das präformiert in zunächst durchaus sprachimmanenter, unterirdischer Weise das spätere Philosophieren der Griechen. Das heißt, daß diese Sprache über alle sonstigen schönen und reichen, auf menschlichen Beziehungen und menschlichen oder religiösen Gestimmtheiten aufruhenden anderen Sprachbereiche hinaus zur Dominante hat, wie sich das Sein als Seiendes im denkenden Dasein des Menschen in immer größerer Differenziertheit und Ausdrücklichkeit bemerkbar macht. Sie befindet sich von ihrem Anfang an fast schon auf dem Weg zum späteren aristotelischen *on hē on*. Die Sprache als Sprache *(glotta)* ist hier *logos*, *ratio*. (Hierüber hat in der neueren Sprachforschung am interessantesten gehandelt: Johannes Lohmann, Gesammelte Schriften, Musike und Logos, Freiburg 1970, vergleiche ferner Bruno Snell, der in mehreren einschlägigen Schriften Wichtiges zur griechischen Sprache gesagt hat.)

5.

Eine Analyse der griechischen Sprache, wie ich sie hier versuche, gründet sich damit einmal auf den Humboldtschen Gedanken, daß Sprechen und Denken eine Einheit bilden, so wie Humboldt dies in seiner grundlegenden Abhandlung ›Über die Verschiedenheit des menschlichen Sprachbaus‹ (in der Einleitung zu den Kawi-Sprachen) niedergelegt hat. Doch versteht Humboldt bei seiner Gleichung von Sprache und Geist unter dem, was er ›Geist‹ nennt, die besondere nationale Strukturiertheit eines Volkes. Es ist klar, daß Humboldt hier getragen ist von Herders Entdeckung des ›Volksgeists‹. Ich frage demgegenüber viel enger, aber auch bestimmter, nach dem, was die Sprache im Zusammenhang von Sprechen und Denken für das Weltverständnis des Menschen *leistet*. Das letztlich romantische, eben auf Herder zurückgehende Verhältnis von Sprache und Volksgeist wurde noch am Beginn unseres Jahrhunderts von bedeutenden Gelehrten vertreten (so dem Romanisten Karl Vossler in ›Frankreichs Kultur im Spiegel seiner Sprachentwicklung‹, 1913, ²1929. Vergleiche aus neuerer Zeit: Ernst Gamillscheg, ›Sprache und Kulturwandlungen‹ in ›Die neueren Sprachen‹, 1953 und Mario Wandruszka, ›Der Geist der französischen Sprache‹, 1959). Doch halte ich das Unterfangen, eben zum Beispiel des sonst so verdienten Karl Vossler, in diesem Fall für ziemlich fragwürdig, da es sehr schwer, wenn nicht unmöglich ist, das komplexe Gebilde einer Sprache mit dem komplexen Gebilde einer nationalen Kultur ineins zu setzen. Ebenso bedenklich erscheint mir der alte Traum, mit Hilfe der Etymologie und ihrer Ausdeutung in den Wörtern tiefste Seinswahrheiten zu entdecken, was bei Martin Heidegger zu einer Art

Methode des eigenen Denkens geworden ist. Heidegger geht dabei auf die alte Physis-Lehre zurück, die Platon in dem Streit, ob die *onomata* (Namen) *physei* oder *thesei* (den Dingen *von Natur* anhaftend oder *durch Übereinkunft* festgesetzt) seien, in seinem Dialog ›Kratylos‹ behandelt, wo er mit einer Unzahl von Etymologien ernsthaft ›spielt‹, oft abenteuerlich (z.B. *aer* von *aeireon*), dabei aber allerdings eine ganze Ontologie des Seienden von den Göttern über die Naturerscheinungen bis zu den ethischen und intellektuellen Begriffen verfolgt und aufbaut. Ich frage dem gegenüber lediglich nach dem Verhältnis von Sprache und Denken und meine allerdings, daß hier sich klar aufzeigbare Zusammenhänge erkennen und überzeugend darstellen lassen. Auch glaube ich, daß in diesem engen Bezugssystem von Sprache und Denken Beziehungen sichtbar gemacht werden können, die die griechische Sprache als ein *kat exochen* ontologisches System der Weltbewältigung durch das griechische Dasein als Präformation des späteren, ausdrücklich gewordenen und an den Tag getretenen griechischen Philosophierens ausweisen.

6.

Doch bin ich, glaube ich, an dieser Stelle Ihnen eine jedenfalls kurze Stellungnahme gegenüber derjenigen Richtung der gegenwärtigen Sprachwissenschaft schuldig, die sich *Strukturalismus* nennt und heute vielfach mit dem Anspruch auftritt, die einzige mögliche Sprachwissenschaft zu sein. Dieser Strukturalismus in der Sprachwissenschaft kann sich auf die ungeheuer klärenden sprachtheoretischen Erwägungen von Ferdinand de Saussure berufen (Vorlesungen posthum 1916 veröffentlicht), der in dem Bestreben, von der rein historischen Sprachwissenschaft abzukommen, eine Fülle wichtigster und grundlegendster Unterscheidungen für die nicht diachrone, sondern synchrone Sprachbetrachtung gelegt hat. In der Begründung der sogenannten generativen oder transformatorischen Grammatik hat dann der Amerikaner Chomskÿ (viele Publikationen seit 1957) fruchtbarste Wege der Sprachbetrachtung gewiesen. Er griff auf Humboldts wichtige Feststellung zurück, daß das Wunder der Sprache sei, wie sie mit begrenzten Mitteln Unbegrenztes zum Ausdruck bringen könne, und entwickelte Methoden, um zu zeigen, wie der Sprechende aus

Regeln Sprechen ›erzeugt‹. Im ganzen hat der Strukturalismus, der in neuerer Zeit freilich auch erheblicher Kritik unterworfen wurde (wie schon durch T.B.W. Reid, ›Historical Philology and linguistic science‹ Oxford 1959), andererseits vielfache Erweiterungen erfahren und Diskussionen hervorgerufen hat, wie etwa durch meinen Tübinger Kollegen Eugenio Coseriu, sehr zu respektierende Ergebnisse aufzuweisen. Doch beruhen seine Erfolge, soweit ich sehe, vielfach auf der Reduktion dessen, was Sprache ist oder Sprache sein soll. Es bleibt nur ein Instrumentarium der Sprache in vielen Fällen übrig, nämlich Phonologie, Morphologie und Semantik, wobei man die Semantik, in Amerika etwa bei Fodor-Katz, nur äußerst vorsichtig in Angriff nimmt. Ich habe das selbst erlebt, als ich wegen des Goethe-Wörterbuchs mit Katz korrespondierte und wir das Problem des mechanischen Übersetzens besprachen. Die Aufgabe der Linguistik allerdings wäre es, ein brauchbares Instrumentarium umfassender einheitlicher semantischer Strukturen bereitzustellen. Ich nenne dazu die Arbeiten von Hansjakob Seiler und Peter Harzmann (1967). Innerhalb eines solchen Instrumentariums der Sprache läßt sich dann allerdings weitgehend eine exakte Beschreibung aller Verhältnisse und Bezüge, die zwischen den einzelnen sprachlichen Ausdrucksmitteln herrschen, eben der Struktur, durchführen, doch dieses eben nur durch die Reduktion auf das Instrumentarium. Was sich dabei ergibt, ist höchst aufschlußreich.

Die eben besprochenen Reduktionen, die in einigen, nicht in allen Richtungen der modernen Sprachwissenschaften vorgenommen werden, rechtfertigt man oft damit, daß man den so reduzierten Gegenstand dann ebenso exakt beschreiben könne, wie es bei den Naturwissenschaften der Fall ist. Die Frage aber ist, was es für das Wesen der Sprache bedeutet, die nun einmal, wie ich sagte, ein humanum humanissimum ist. Es war ein grundlegender Fortschritt, daß die Chemie einmal den Ansatz irgendeiner nicht recht faßbaren Lebenskraft reduziert hat auf das Messen und Wägen der chemischen Erscheinungen, daß die Astronomie einmal die Astrologie beiseite gelegt hat, und sich ebenso die Biologie auf die reine Genetik konzentriert hat. Allein es scheint, bei dem chemischen Geschehen und den Bewegungen und Wirkungen der Himmelskörper war jene Ausklammerung des Menschlichen durch die Sache gegeben. In der Biologie wird dies bereits problematisch. Etwas ganz anderes aber scheint es zu sein, die

Sprache im eigentlichen Sinn zu entmenschen, da sie ihrem Wesen nach ein humanum ist, und eine Sprachwissenschaft zu kreieren, die sich dadurch konstituiert, daß sie sich ebenso vom denkenden Subjekt wie vom intendierten Gegenstand distanziert. Die Frage ist hier, ob durch diese Reduktion, die allerdings eine gewisse ›Exaktheit der Aussage‹ ermöglicht, nicht zugleich das Phänomen der Sprache so reduziert wird, daß es überhaupt nicht mehr Sprache ist, sondern daß lediglich hier sehr interessante und gewiß auch wichtige Aussagen nicht über die Sprache, sondern das Instrumentarium der Sprache gegeben werden. Dies alles ist anzuerkennen, aber es ist zugleich auch hervorzuheben, daß dem widersprochen werden muß, daß eine solche reduzierte Sprachbetrachtung einzig und allein exakte Sprachwissenschaft sei. Wissenschaft ist nicht nur exakte Wissenschaft, sondern exakte Wissenschaft ist ein Teil einer einem besonderen Gegenstand angemessenen Wissenschaft, so wie das Aristoteles einmal am Beginn seiner Nikomachischen Ethik sehr klar zum Ausdruck bringt, nämlich daß der Exaktheitsgrad einer Wissenschaft sich durchaus von dem Gegenstand und dem Beweisziel der Wissenschaft her definiert. Von einem Grobschmied wird man nicht die Präzision eines Uhrmachers verlangen, und ein Zimmermann ist kein Fourniertischler. Es gibt eben viele Aspekte, das Wesen der Sprache zu beschreiben (was eben mit dem komplexen Wesen der Sprache zusammenhängt), und eine Beschreibung der Sprache, die von dem engen Kontakt von Sprache und Denken ausgeht, ist nicht deswegen weniger wissenschaftlich, weil sie für sich selbst nicht den Anspruch erhebt, exakt zu sein. Ich halte es nicht für richtig, mit dem Anspruch auf letzte Exaktheit die Sprachbetrachtung unangemessen zu verengen und alle, die anderer Meinung sind, als Troglodyten abzutun. *›alethes doxa meta logu‹* ist die Definition, die Platon von der Wissenschaft gibt; ›Klarer Eindruck in Verbindung mit Rechenschaftsabgabe‹ ist auch für uns das, was wir für unsere sprachphysiognomische Betrachtung als Wissenschaftlichkeit in Anspruch nehmen.

Um dies abzuschließen, will ich den letzten Satz der Rede von Reid zitieren. »Weder der deskriptive Sprachwissenschaftler noch der Philologe sollte sich irgendwelche Illusionen machen, in bezug auf Wissenschaftlichkeit mit jenen Disziplinen zu konkurrieren, die es nicht mit Menschen, sondern mit Dingen zu tun haben. Und doch können beide mit Recht behaupten, daß sie eine Wissenschaft betreiben, die sowohl menschlich wie humanistisch ist.« – Nun, ich halte das, was ich hier entwickelt habe, für einen möglichen Aspekt der Sprache – neben anderen.

Bibliographie

Hier werden in einem ersten Teil (I) die in der Vorlesung ausdrücklich genannten sowie die damals als bekannt vorausgesetzten Bücher und Abhandlungen unter den Namen der Autoren zur bequemeren Orientierung in alphabetischer Reihenfolge aufgeführt. Als zweiter Teil (II) folgt dann für die näher Interessierten in der Reihenfolge der Vorlesungsabschnitte das seit 1960/61 bzw. 1972 zum jeweiligen Thema neu Erschienene, soweit möglich bis Anfang 1978. Daß zumal das Neuere nur in Beispielen genannt werden kann, versteht sich bei der Fülle der Einzel-Untersuchungen und der Verschiedenartigkeit der Ausrichtungen von selbst. Doch mag das hier Gebotene immerhin als Hilfsmittel dienen, die Problemlage in den Griff zu bekommen und sich des Standorts zu vergewissern, von dem aus man die vor Jahren in Tübingen gehaltene Vorlesung so oder so nutzen kann.

Maria Schadewaldt

I

Albert, H., *Die Lehre vom Ethos in der griechischen Musik*, Leipzig 1899.
Albrecht, E., *Vom Nutzen des Studiums der griechischen Philosophie*, SB Berlin, Kl. f. Philosophie, Geschichte, Staats-, Rechts- u. Wirtschaftswiss. 1966, 5.
Arens, H., s. Teil II: Sprache
Aristoteles, *Metaphysik*, griech. Text, hrsg. v. W. Jaeger, Oxford 1960.
–, *Physik*, griech. Text, hrsg. v. W. D. Ross, Oxford 1956.
–, *Rhetorik*, griech. Text, hrsg. v. W. D. Ross, Oxford 1959.
Die deutschen Übersetzungen am besten in:
Aristoteles, *Werke in deutscher Übersetzung*, hrsg. v. E. Grumach, Akademie-Verlag Berlin (übersetzt und reich dokumentiert und kommentiert, soweit erschienen). s. Dirlmeier, F., *Nikomachische Ethik; Eudemische Ethik;* Flashar, H., *Problemata.*
Leichter zugänglich in den kleineren Ausgaben der Bibliothek der Alten Welt, Zürich; auch bei Reclam. Die jeweils angeführte Paginierung erfolgt wie üblich nach der alten Standard-Ausgabe der Preußischen Akademie der Wissenschaften von Immanuel Becker, Berlin 1831; unveränd. Nachdr. Berlin 1960.

Bechtel, F., *Über die Bezeichnung der sinnlichen Wahrnehmungen in den indogermanischen Sprachen*, Weimar 1879.
Becker, O./Hofmann, J. E., *Geschichte der Mathematik*, Bonn 1951.
Becker, O., *Das mathematische Denken der Antike*, Göttingen 1957.
–, *Zur Geschichte der griechischen Mathematik*, hrsg., Wege der Forschung (weiter zitiert: WdF) XXXIII, Darmstadt 1965.
–, *Die Aktualität des pythagoräischen Gedankens*, in: Die Gegenwart der Griechen im neueren Denken, Festschr. f. H. G. Gadamer, Tübingen 1960.
Becker, Otfr., *Das Bild des Weges und verwandte Vorstellungen im frühgriechischen Denken*, in: Hermes Einzelschriften 4, 1937.
Bröcker, W., *Die Geschichte der Philosophie vor Sokrates*, Frankfurt 1965.
Bühler, K., *Sprachtheorie. Die Darstellung der Funktion der Sprache*, Jena 1934, ²1965.
Burnet, J., *Early Greek Philosophy*, London-Edinburg 1892, 1930; deutsche Übers. Else Schenkl, *Die Anfänge der griechischen Philosophie*, Leipzig-Berlin 1913.

Capelle W., *Die Vorsokratiker. Die Fragmente und Quellenberichte*, Stuttgart 1940.
–, *Die griechische Philosophie* I, Berlin 1922; 3. bearb. Aufl. 1971.
–, *Die Nilschwelle* (betrifft Thales), in: N. Jahrb. f. d. klass. Altertum 17, 1914, 333 ff.
Cassirer, E., *Philosophie der symbolischen Formen*, 3 Bde., Berlin 1923–31; Darmstadt ⁴1964.
–, *Wesen und Wirkung des Symbolbegriffs*, Darmstadt 1956.
Croce, B., *Ästhetik als Wissenschaft des Ausdrucks und allgemeine Linguistik*, Leipzig 1905.

Curtius, E. R., *Europäische Literatur und lateinisches Mittelalter*, Bern 1961.

Deichgräber, K., *Parmenides' Auffahrt zur Göttin des Rechts. Untersuchungen zum Prooimion seines Lehrgedichts*, Akademie Mainz, Wiesbaden 1959.
–, *Anaximander von Milet*, in: Hermes 75, 1950, 10 ff.
Diels, H., *Die Fragmente der Vorsokratiker*, 3 Bde., Berlin 1903, 5. Aufl. hrsg. und z. T. neu übersetzt v. W. Kranz 1934–37, [9]1959, Nachdruck Zürich-Dublin 1972; mit Einführung und Bibliographie v. G. Plamböck, Hamburg 1957, [2]1963.
–, *Doxographi Graeci*, Berlin 1879.
–, *Kleine Schriften zur Geschichte der antiken Philosophie*, hrsg. v. W. Burkert, Darmstadt 1969.
Diller, H., *Kleine Schriften zur antiken Literatur*, München 1971 (weiter zitiert als Kl. Schr.).
–, *Opsis adelon ta phainomena*, in: Hermes 67, 1932, 14ff.; Kl. Schr. 119 ff.
–, *Der griechische Naturbegriff*, N. Jahrb. f. Antike u. deutsche Bildung 2, 1939, 241 ff.; Kl. Schr. 144 ff.
–, *Die philosophiegeschichtliche Stellung des Diogenes von Apollonia*, in: Hermes 76, 1941, 359ff.; Kl.Schr. 162 ff.
–, *Hesiod und die Anfänge der griechischen Philosophie*, in: Antike und Abendland 2, 1946, 140 ff.; abgedruckt in: Hesiod, WdF XLIV, Darmstadt 1966; Kl.Schr. 19 ff.
–, *Besprechung v. H. Fränkel, Dichtung und Philosophie des frühen Griechentums*, DLZ 76, 1955, 410; Kl.Schr. 108 ff.
–, *Der vorphilosophische Gebrauch von kosmos und kosmein*, in: Festschr.f. Bruno Snell, München 1956; Kl.Schr. 73 ff.
Dirlmeier, F., *Der Satz des Anaximandros von Milet*, in: Rhein. Mus. 87, 1938, 376; jetzt: Um die Begriffswelt der Vorsokratiker, WdF IX, Darmstadt 1968, 88 ff.
–, *Aristoteles, Nikomachische Ethik* (übersetzt u. begrifflich reich kommentiert), in: Aristoteles Werke in deutscher Übersetzung, hrsg. v. E. Grumach, Akademie-Verlag Berlin, Bd. 6, 1956.
–, *Aristoteles, Eudemische Ethik*, ebd. Bd. 7, 1962.
Dornseiff, F., *Kleine Schriften I, Antike und alter Orient. Interpretationen*, Leipzig 1956.

Ehelolf, H., s. Otten, H.: *Keilschriften-Urkunden*.
Empedokles, s. Kranz, W.
Ehrenberg, V., *Die Rechtsidee im frühen Griechentum. Untersuchungen zur Geschichte der werdenden Polis*, Leipzig 1921.
–, *Anfänge des griechischen Naturrechts*, in: Archiv f. Gesch. d. Philosophie 35, 1923, 119 ff.; jetzt: Polis und Imperium, Zürich 1965, 359 ff.
Eissfeldt, O., *Ras Schamra und Sanchuniathon*, Halle 1939.
–, *Phoiniker*, RE XX 1941, 350 ff.
Finck, F. N., *Die Haupttypen des Sprachbaus*, in: Aus Natur und Geisteswelt 268, Leipzig-Berlin 1909, [3]1936.

Fischer-Lexikon: *Sprachen*, hrsg. v. H. F. Wendt, Frankfurt 1961 (bringt die Sprachfamilien in ihrer Verschiedenheit, aber auch Isoglossen und soziologisch bedingte Fachsprachen).
Flashar, H., *Aristoteles, Problemata physika* (übersetzt u. kommentiert), in: Aristoteles Werke in deutscher Übersetzung, hrsg. v. E. Grumach, Bd. 19, Berlin 1962.
Fodor, J. A./Katz, J. J., *The Structure of Language*, hrsg., Englewood Cliffs 1964.
Fränkel, H., *Die homerischen Gleichnisse*, Göttingen 1921; 2. Aufl. (mit Literaturverzeichnis u. Nachwort) hrsg. v. E. Heitsch, Göttingen-Zürich 1977.
–, *Wege und Formen frühgriechischen Denkens. Literarische und philosophiegeschichtliche Studien*, hrsg. v. F. Tietze, München 1955; 2. erweiterte Aufl. München 1960 (weiter zitiert als: Wege u. Formen).
–, *Xenophanes-Studien* I u. II, in: Hermes 60, 1925, 174 ff.; Wege u. Formen 335 ff. (leicht geändert).
–, *Parmenides-Studien*, in: Göttinger Nachrichten 1930, 153 ff.; Wege u. Formen 157 ff. (leicht geändert, Teil III neu).
–, *Heraclitus on the notion of a generation* und *A thought pattern of Heraclitus*, Am. Journ. Phil. 59, 1938, 89 ff. und 309 ff.; deutsch: Wege u. Formen, *Heraklit über den Begriff der Generation*, 251 ff. und *Eine Heraklitische Denkform* (mit Zusätzen), 253 ff.
–, *Heraclitus on God and the phenomenal world, in:* Am. Phil. Assoc. 69, 1938, 230 ff.; Wege u. Formen: *Heraklit über Gott und die Erscheinungswelt* (wenig verändert), 237 ff.
–, *Zeno of Elea's atttacks on plurality* I u. II, in: Am. Journ. Phil. 63, 1942, 1 ff. und 193 ff.; Wege u. Formen: Zenon von Elea im Kampf gegen die Vielheit (revidiert), 198 ff.
–, *Dichtung und Philosophie des frühen Griechentums*, in: Am. Phil. Assoc.Monogr. 1951; 3. u. 4. durchgesehene Aufl. München 1969; 1976.
–, *Besprechung eines Buchs über Anaxagoras* (D. Ciurnelli), in: Wege u. Formen 284 f.
Friedländer, P., *Platon*, 2 Bde., Berlin 1928–1930; 2. Aufl. 3 Bde. 1954–1960; 3. Aufl. Bd. I u. II 1964 (s. I 233 zu Heidegger, aletheia).
Fritz, K. v., *Philosophie und sprachlicher Ausdruck bei Demokrit, Platon und Aristoteles*, New York-Leipzig-Paris-London 1938, Nachdruck Darmstadt 1963.
–, *Pythagorean Politics in Southern Italy*, New York 1940.
–, *Pythagoras, Pythagoreer und Pythagoreismus bis zum Ende des 4. Jh. v. Chr.*, in: RE XXIV 1, 1963, 172 ff.
–, *Mathematiker und Akusmatiker bei den alten Pythagoreern*, SB München 1960, Heft II.
–, *Die Rolle des Nous* (nous und noein von Homer bis Demokrit), in: Class, Philol. 38, 1943, 79 ff.; 40, 1945, 223 ff.; 41, 1946, 12 ff.; jetzt in: Um die Begriffswelt der Vorsokratiker, Darmstadt 1968, 246 ff.

Gadamer, H. G., *Um die Begriffswelt der Vorsokratiker*, hrsg., WdF IX, Darmstadt 1968 (weiter zitiert: Begriffsw. d. Vors.).
–, *Antike Atomtheorie*, in: Zeitschr. f. d. gesamte Naturwissenschaft 3, 1935, 81 ff.; Begriffsw. d. Vors. 512 ff.

–, *Zur Vorgeschichte der Metaphysik,* in: Anteile. Martin Heidegger zum 60. Geburtstag, Frankfurt 1950, 51 ff.; Begriffsw. d. Vors. 364 ff.
–, *Retraktationen zum Lehrgedicht des Parmenides,* in: Varia Variorum, Festschr. f. Karl Reinhardt, Münster-Köln 1952, 58 ff.
–, *Über das Göttliche im frühen Denken der Griechen,* in: Das Altertum und jedes neue Gute. Festschr. f. Wolfgang Schadewaldt zum 70. Geburtstag, Stuttgart 1970, 397 ff.
–, *Über die Naturanlage des Menschen zur Philosophie,* Vortrag bei Entgegennahme des Reuchlinpreises der Stadt Pforzheim 1971, jetzt in: Vernunft im Zeitalter der Wissenschaft, Frankfurt 1976, 110 ff.
–, *Wahrheit und Methode. Grundzüge einer philosophischen Hermeneutik,* Tübingen 1960, ^{2}1965.
Gamillscheg, E., s. Teil II: Sprache.
Gehlen, A., *Der Mensch. Seine Natur und seine Stellung in der Welt,* Wiesbaden ^{11}1976.
–, *Anthropologische Forschung,* Reinbek 1961.
Gigon, O., *Der Ursprung der griechischen Philosophie von Hesiod bis Parmenides,* Basel 1945, Basel-Stuttgart ^{2}1968.
–, *Untersuchungen zu Heraklit,* Leipzig 1935.
–, *Die Theologie der Vorsokratiker,* in: La notion du divin, Entr. Fondation Hardt, Tome 1, Genf 1954.
–, *Grundprobleme der antiken Philosophie,* München 1959, ^{2}1966.
Gomperz, Th., *Griechische Denker,* 3 Bde., Leipzig 1896–1909, ^{3}1911–1913.
Güterbock, H. G., *Kumarbi. Mythen vom churritischen Chronos aus den hethitischen Fragmenten zusammengestellt, übersetzt und erklärt,* in: Istanbuler Schriften 16, Zürich-New York 1946 (mit Literatur über die Ras-Schamra-Epen).
–, *The Song of Ullikummi,* Revised Text for the Hittite Version of an Hurrian Myth, in: Journ. of Cuneiform Studies 5, 1951 u. 6, 1952. Zu weiterem s. Lesky und Eissfeldt.
Gundert, H., *Pindar und sein Dichterberuf,* in: Frankfurter Studien 10, Frankfurt 1935.
Guthrie, W. K. C. *Aristotle as a historian of philosophy,* in: Journ. Hell. Stud. 77, 1957, 101 ff.
–, *A History of Greek Philosophy,* Cambridge, Bd. I *The early Presocratics and the Pythagoreans,* 1962, Bd. II *The presocratic tradition from Parmenides to Democritus,* 1965.
–, *The Greeks and their Gods,* London 1950.

Hampe, R., *Die Gleichnisse Homers und die Bildkunst seiner Zeit,* Tübingen 1952.
Hasse, H./Scholz, H., *Die Grundlagenkrisis der griechischen Mathematik,* Charlottenburg 1928.
Heath, Th. L., *A History of Greek Mathematics,* Bd. I Oxford 1921.
–, *A Manual of Greek Mathematics,* Oxford 1931; New York 1963.
Heberer, G., *Der Ursprung des Menschen. Unser gegenwärtiger Wissensstand,* Stuttgart 1968, neu bearb. u. erw. 4. Aufl. 1975.
Hegel, G. W. F., *Vorlesungen über die Geschichte der Philosophie,* Jub. Ausg. hrsg. v. H. Glockner, Stuttgart 1927–32, Bd. 17–19.

Heiberg, I. L., *Geschichte der Mathematik und der Naturwissenschaften im Altertum*, in: Handb. d. Altertumswissenschaft 5. Abt. 1. Teil, Bd. 2, München 1925, Nachdruck 1960.
Heidegger, M., *Vorträge und Aufsätze*, Pfullingen ^{2}1959.
–, *Holzwege*, Frankfurt ^{4}1963.
–, *Vom Wesen der Wahrheit*, Frankfurt 1943, ^{4}1967.
–, *Sein und Zeit*, Halle 1927, Tübingen ^{14}1977 (zu aletheia 212 f.).
–, *Platons Lehre von der Wahrheit. Mit einem Brief über den Humanismus*, Bern 1947, ^{2}1954.
–/Fink, E., *Heraklit. Seminar Wintersemester 1966/1967*, Frankfurt/M. 1970.
Heisenberg. W., *Die Plancksche Entdeckung und die philosophischen Grundlagen der Atomlehre*, in: Jahrb. d. Max-Planck-Ges. 1958, jetzt in: Schritte über Grenzen, München 1971, 20 ff.
–, *Wandlungen in den Grundlagen der exakten Naturwissenschaften*, Stuttgart 1949, ^{9}1958.
–, *Physics and Philosophy*, Gifford Lectures 1955/56; deutsch: *Physik und Philosophie*, Frankfurt/M. 1959.
–, *Schritte über Grenzen*, München 1971.
Heraklit, *Urworte der Philosophie*, neu geordnete und übersetzte Fragmente v. G. Burckhardt, Wiesbaden 1957.
Herder, J. G., *Über den Ursprung der Sprache*, Berlin 1772 (von der Berliner Akademie preisgekrönt), jetzt: Stuttgart 1975.
Hesiod, *Theogonia*, griech. Text hrsg. v. M. L. West, Oxford 1966.
–, *Erga*, griech. Text hrsg. v. M. L. West, Oxford 1978.
–, *Theogonia, Opera et Dies, Scutum*, hrsg. v. F. Solmsen, Oxford 1970.
–, *Sämtliche Gedichte*, übersetzt und erläutert v. W. Marg, Zürich 1970.
–, *Hesiod*, hrsg. v. E. Heitsch (Sammelband), Darmstadt 1966.
Heuss, A., *›Vorgeschichte‹ und ›archaisch‹*, in: Antike und Abendland 2, 1946, 26 ff.
Hirzel, R., *Themis, Dike und Verwandtes. Ein Beitrag zur Geschichte der Rechtsidee bei den Griechen*, Leipzig 1907.
Hölscher, U., *Untersuchungen zur Form der Odyssee*, in: Hermes Einzelschriften 6, 1939.
–, *Der Logos bei Heraklit*, in: Varia Variorum, Festschr. f. Karl Reinhardt, Münster-Köln 1952, 69 ff.
–, *Anfängliches Fragen.* Studien zur frühen griechischen Philosophie, Göttingen 1968 (weiter zitiert: Anf. Fr.).
–, *Anaximander und der Anfang der Philosophie*, in: Hermes 81, 1953, 257 ff. u. 385 ff.; jetzt in: Anf. Fr. 9 ff.
–, *Grammatisches zu Parmenides*, in: Hermes 84, 1956, 385 ff.; jetzt: *Parmenides*, Anf. Fr. 90 ff.
Hoffmann, O., *Geschichte der griechischen Sprache*, Berlin 1911, 3. Aufl. bearb. v. A. Debrunner, Berlin 1953.
Hofmann, J. E., *Geschichte der Mathematik 1*, Berlin 1953, 2. verbesserte u. vermehrte Aufl. 1963 (mit ausgezeichnetem Sachverständnis und umfassender Bibliographie).
Homer, *Ilias*, griech. Text hrsg. v. D. B. Monro u. Th. W. Allen, Oxford I 1969, II 1971.
–, *Odyssee*, griech. Text, hrsg. v. Th. Allen, Oxford 1958/62.

Von den zahlreichen deutschen Übersetzungen seien nur genannt: J. H. Voss, *Ilias*, Wien-München-Basel 1959; *Odyssee* ebd. 1959. W. Schadewaldt, *Die Ilias*, Frankfurt/M. 1975, *Die Odyssee*, Reinbek 1958 u. weitere Auflagen; Zürich 1966.
Hoppe, E., *Mathematik und Astronomie im klassischen Altertum*, Heidelberg 1911.
Howald, E./Grünwald, M., *Die Anfänge der abendländischen Philosophie, Fragmente und Lehrberichte der Vorsokratiker*, eingeleitet v. E. Howald, übertragen von M. Grünwald (in kluger Auswahl der Fragmente und mit beachtenswerten Anmerkungen), Zürich 1949.
–, *Die Anfänge der europäischen Philosophie*, München 1925.
Humboldt, W. v., *Über die Verschiedenartigkeit des menschlichen Sprachbaus und ihren Einfluß auf die geistige Entwicklung des Menschengeschlechts*, in der Einleitung des Werks: *Über die Kawisprache auf der Insel Java*, 3 Bde., Berlin 1836–1840; jetzt Nachdruck der 2. Aufl., hrsg. v. A. F. Pott 1880, Hildesheim 1974.
–, *Über das Entstehen der grammatischen Formen und ihren Einfluß auf die Ideenentwicklung*, 1821, jetzt: Humboldt, Werke in 5 Bänden, hrsg. v. A. Flitner u. K. Giel, Bd. III, Darmstadt 1969.

Jaeger, W., *Solons Eunomie*, in: SB Berlin 1926, 69 ff.; jetzt: Scripta minora I, Rom 1960, 315 ff.
–, *Vom Ursprung und Kreislauf des philosophischen Lebensideals*, in: SB Berlin 1928, 390 ff.; jetzt: Scripta minora I 347 ff.
–, *Paideia* I, Berlin 1933, [3]1954.
–, *The Theology of the Early Greek Philosophers*, Gifford Lectures, translated from the German manuscript by E. Robinson, Oxford 1947; deutsch *Die Theologie der frühen griechischen Denker*, Stuttgart 1953, Nachdruck Darmstadt 1964.
Jaspers, K., *Von der Wahrheit*, München 1947.
Joël, K., *Geschichte der antiken Philosophie*, Bd. 1, Tübingen 1921.

Kainz, F., s. Teil II: Sprache
Kant, I., *Versuch, den Begriff der negativen Größen in die Weltweisheit einzuführen*, 1763, jetzt: Werke, hrsg. v. W. Weischedel, Darmstadt 1963, Bd. I. 779 ff.
Katz, J. J. s. Fodor.
Kern, O., *Orphicorum fragmenta*, Berlin 1922, Nachdruck 1963.
Kieckers, E., *Historische griechische Grammatik*, 4 Bde., Berlin-Leipzig 1925/26 (nicht überholt).
–, *Die Sprachstämme der Erde*, Heidelberg 1931.
Kirk, G. S., *Heraclitus. The cosmic fragments*, Cambridge 1957.
–, /Stockes, M. C., *Parmenides' Refutation of Motion*, in: Phronesis 5, 1960, 1 ff.
–, /Raven, J. E., *The Presocratic Philosophers*, A critical history with a selection of texts, Cambridge 1957, [2]1960.
Kleinknecht, H., *Platonisches im Homer*, in: Gymnasium 65, 1958, 59 ff.
Krämer, H.-J., *Arete bei Platon und Aristoteles. Zum Wesen und zur Geschichte der platonischen Ontologie*, Amsterdam 1959, [2]1967 (Kap. V: Platon und Parmenides).

Krahe, H., *Indogermanische Sprachwissenschaft*, Berlin [4]1962.
Kranz, W., *Empedokles. Antike Gestalt und romantische Neuschöpfung*, Zürich 1949.
–, *Die griechische Philosophie*, Leipzig 1941, durchgesehene Ausg. München 1971.
–, *Vorsokratische Denker. Auswahl aus dem Überlieferten*, griech. u. deutsch, Berlin-Frankfurt 1949.
Kretschmer, P., *Einleitung in die Geschichte der griechischen Sprache*, Göttingen 1896.
Kullmann, W., *Das Wirken der Götter in der Ilias*, Berlin 1956.
–, *Zenon und die Lehre des Parmenides*, in: Hermes 86, 1958, 157 ff.
Kurtz, E., *Interpretationen zu den Logos-Fragmenten Heraklits*, Diss. Tübingen 1959, jetzt: Spudasmata XVII, Hildesheim 1971.

Lassalle, F., *Die Philosophie Herakleitos des Dunklen von Ephesos*, 2 Bde., Berlin 1858, jetzt: Werke, hrsg. v. Schirmer, Leipzig 1905, Bd. 6.
Latte, K., *Heiliges Recht*, Tübingen 1920, Neudruck Aalen 1964.
–, *Der Rechtsgedanke im archaischen Griechentum*, in: Antike und Abendland 2, 1946, 63 ff.
Lessing, G. E., *Laokoon*, jetzt: Werke Bd. 6, hrsg. v. H. G. Göpfert, Darmstadt 1974 (Kap. VIII über die Schildbeschreibung Homers).
Lesky, A., *Geschichte der griechischen Literatur*, Bern [3]1971.
–, *Thalatta. Der Weg der Griechen zum Meer*, Wien 1947.
–, *Gesammelte Schriften*, hrsg. v. W. Kraus, Bern-München 1966 (weiter zitiert: Ges.Schr.).
–, *Das Kumarbi-Epos*, in: Anz. f. d. Altertumswiss. 2, 1949, 91 f.
–, *Hethitische Texte und griechischer Mythos*, Anz. Öst. Akad. d. Wiss. 1950, 137 ff.; Ges.Schr. 356 ff.
–, *Zum hethitischen und griechischen Mythos*, Eranos 52, 1954, 8 ff.; Ges.Schr. 372 ff.
–, *Griechischer Mythos und Vorderer Orient*, Saeculum VI 1955, 35 ff.; Ges.Schr. 379 ff.
Lohmann, J., *Martin Heideggers ontologische Differenz und die Sprache*, in: Lexis 1, 1948, 49 ff.
–, *Über den paradigmatischen Charakter der griechischen Kultur*, in: Die Gegenwart der Griechen im neueren Denken, Festschr. f. H. G. Gadamer zum 60. Geburtstag, Tübingen 1960.
–, s. auch Teil II: Sprache.

Malten, L., *Die Sprache des menschlichen Antlitzes im frühen Griechentum*, Berlin 1961.
Minar, E. L. *The logos of Heraclitus*, in: Class.Philol. 34, 1939, 323 ff.
–, *Early Pythagorean Politics*, Baltimore 1942.
Misch, G., *Der Weg in die Philosophie*, Leipzig 1926, 2. stark erweiterte Aufl. München 1950.
Mugler, C., *Le problème d'Anaxagore*, in: Rev. Et. Gr. 69, 1956, 314 ff.
–, *La lumière et la vision dans la poésie grecque*, in: Rev. Et. Gr. 73, 1960, 40 ff.
–, s. auch Teil II: Homer

Nestle, W., *Die Vorsokratiker in Auswahl,* übersetzt u. hrsg., Jena 1908.
Nilsson, M. P., *Opuscula Selecta,* 3 Bde., Lund 1951–1960.
–, *Griechischer Glaube,* München 1950.
–, *Geschichte der griechischen Religion,* 2 Bde., in: Handb. d. Altertumswiss. V 2, 1 ³1967.
Nietzsche, F., *Was ich den Alten verdanke,* jetzt: Werke, hrsg. v. K. Schlechta, München ⁶1969, Bd. II, 1027 ff.
–, *Die Philosophie im tragischen Zeitalter der Griechen,* 1873; jetzt ebd. Bd. III, 349 ff.

Otten, H., *Keilschriften-Urkunden aus Boghazkoi 33,* Berlin 1943 (Otten hat die von H. Ehelolf begonnenen Samlungen fortgeführt).
–, *Vorderasiatische Mythen als Vorläufer griechischer Mythenbildung,* in: Forschungen und Fortschritte 25, 1949, 145 ff.
–, *Mythen vom Gotte Kumarbi,* Akad. d. Wiss. Berlin, Inst. f. Orientforschung 3, 1950.
Otto, W. F., *Die Götter Griechenlands. Das Bild des Göttlichen im Spiegel des griechischen Geistes,* Bonn 1929, ⁴1956.
–, *Dionysos. Mythos und Kultus,* Frankfurt 1933, Darmstadt ³1960.
–, *Hesiodea,* in: Varia Variorum, Festschr. f. Karl Reinhardt, Münster-Köln 1952, 49 f.
–, *Theophania. Der Geist der altgriechischen Religion,* Reinbek 1956.
–, *Die Manen oder von den Urformen des Totenglaubens,* Berlin 1923, Darmstadt ²1958.
–, *Das Wort der Antike. Aufsätze und Vorträge,* hrsg. v. K. v. Fritz, Stuttgart 1962.
–, *Die Gestalt und das Sein,* Darmstadt 1958.

Philippson, P., *Genealogie als mythische Form. Studien zur Theogonie des Hesiod,* Symbolae Oslo. Fasc. Suppl. VII, 1936, jetzt in: Hesiod, hrsg. v. E. Heitsch, Darmstadt 1966, 641 ff.
Pindar, griech. Text hrsg. v. B. Snell, Leipzig 1949, ⁴1964; *Pindar, Siegesgesänge und Fragmente,* griech.-deutsch hrsg. u. übers. v. O. Werner, München 1967; deutsch: *Siegeslieder,* Deutsche Übertragungen, zusammengestellt v. U. Hölscher, Frankfurt-Hamburg 1962.

Raven, J. E., *Pythagoreans and Eleatics,* London 1948, Nachdruck Amsterdam 1966.
–, The Basis of Anaxagoras' Cosmology, in: Class.Quart. 48, 1954, 123 ff.
–, s. Kirk/Raven
Regenbogen, O., *Kleine Schriften,* hrsg. v. F. Dirlmeier, München 1961.
–, *DAIMONION PSYCHES PHOS. E. Rohdes Psyche und die neuere Kritik. Ein Beitrag zum homerischen Seelenglauben,* in: Synopsis. Festgabe f. Alfred Weber, Heidelberg 1948, 361 ff.; Kl. Schr. 1 ff.
–, *Eine Forschungsmethode antiker Naturwissenschaft* (vor allem Beilage IV *Der Klepshydravergleich des Empedokles),* in: Quellen und Studien zur Geschichte der Mathematik I 2, Berlin 1930, 121 ff.; Kl.Schr. 140 ff.
–, *Rezension von W. Jaeger: Die Theologie der frühen griechischen Denker,* in: Gnomon 27, 1955, 305 ff.
–, *Gedenkrede auf E. Rohde,* Kl. Schr. 576 ff.

Reidemeister, K., *Die Arithmetik der Griechen*, Leipzig 1948.
Reinhardt, K., *Parmenides und die Geschichte der griechischen Philosophie*, Bonn 1916, Frankfurt/M. ³1977.
–, *Heraklits Lehre vom Feuer*, in: Hermes 77, 1942, 1 ff., jetzt in: Vermächtnis der Antike. Gesammelte Essays zu Philosophie und Geschichtsschreibung, hrsg. v. K. Becker, Göttingen 1960, ²1966.
–, *Heraclitea*, in: Hermes 77, 1942, 225 ff.; jetzt: Vermächtnis der Antike 72 ff.; Um die Begriffswelt der Vorsokratiker, 1968, 177 ff.
–, *Von Werken und Formen. Vorträge und Aufsätze*, Godesberg 1948.
–, *Empedokles, Orphiker und Physiker*, in: Class.Phil. 45, 1950, 170 ff.
–, *Tradition und Geist. Gesammelte Essays zur Dichtung*, hrsg. v. C. Becker, Göttingen 1960.
Riezler, K., *Das homerische Gleichnis und der Anfang der Philosophie*, in: Die Antike 12, 1936, 253 ff.; jetzt: Um die Begriffswelt der Vorsokratiker 1968, 1 ff.
–, *Parmenides*, Frankfurt/M. 1934, ²1959.
Robin, L., *La pensée grecque et les origines de l'esprit scientifique*, avec une bibliographie comp.p.P.M. Schuhl, Paris 1963.
Rohde, R., *Psyche. Seelenkult und Unsterblichkeitsglaube der Griechen*, 2 Bde., Freiburg-Leipzig-Tübingen 1890–94, Nachdruck Darmstadt 1961.
–, *Einige Vorstellungen der alten Hellenen von der Fortdauer des Menschen nach dem Tode*, Tübinger Universitätsrede 21.2.1882.

Schadewaldt, W., *Hellas und Hesperien. Gesammelte Schriften zur Antike und zur neueren Literatur*, Zürich-Stuttgart 1960, ²1970, 2 Bde. (weiter zitiert als HuH).
–, *Theia, die Mutter des Sonnengotts. Die fünfte Isthmische Ode Pindars*, in: Wirklichkeit und Reflexion. Festschr. f. Walter Schulz, Pfullingen 1973, 355 ff.
–, *Lebenszeit und Greisenalter im frühen Griechentum*, in: Die Antike 9, 1933, 282 ff.; HuH I 109 ff.
–, *Von Homers Welt und Werk*, Leipzig 1944, Stuttgart ⁴1965.
–, *Legende von Homer dem fahrenden Sänger. Ein altgriechisches Volksbuch*, übersetzt und erläutert, Leipzig 1942, Sonderausgabe Potsdam 1947, Neuausgabe Zürich 1959.
–, *Die homerische Gleichniswelt und die kretisch-mykenische Kunst*, in: Von Homers Welt und Werk 130 ff.
–, *Die Begriffe Natur und Technik bei den Griechen. Drei Beiträge zum Selbstverständnis der Technik in unserer Zeit*, Göttingen 1960; HuH II 512 ff.
–, *Das Weltmodell der Griechen*, in: Neue Rundschau 68, 1957, 187 ff. HuH I 601 ff.
–, *Platon und Kratylos, Ein Hinweis*. in: Philomathes. Studies and Essays in the Humanities in Memory of Philip Merlan, Den Haag 1971, 3 ff.; HuH I 626 ff.
–, *Die Empedokles-Tragödie Hölderlins*, in: Hölderlin-Jahrb. II, 1958/60, Tübingen 1960, 40 ff.; HuH II 261.

Schleiermacher, F., *Herakleitos der Dunkle von Ephesos, dargestellt aus den Trümmern seines Werks und den Zeugnissen der Alten*, in: Mus. d. Altertumswiss. 1, 1808, jetzt: Sämtliche Werke, 3. Abt. Bd. 2, Berlin 1838.
Schmidt, W., *Die Sprachformen und Sprachkreise der Erde*, Heidelberg 1926.
Scholz, H., s. Hasse.
Schulz, W., *Das Problem der Aporie in den Tugenddialogen Platos*, in: Die Gegenwart der Griechen im neueren Denken, Festschr. f. H. G. Gadamer, Tübingen 1960, 261 ff.
Schweitzer, B., *Studien zur Entstehung des Porträts bei den Griechen*, SB Leipzig 1939, 8 ff., jetzt: Zur Kunst der Antike. Ausgewählte Schriften, unter Mitarbeit v. H. V. Herrmann hrsg. v. U. Hausmann, Bd. II, 1963, 115 ff.
–, *Die Bildniskunst der römischen Republik, Weimar 1948.*
Snell, B., *Gesammelte Schriften*, hrsg. v. H. Erbse, Göttingen 1966.
–, *Die Sprache Heraklits*, in: Hermes 61, 1926, 353 ff.; Ges.Schr. 129 ff.
–, *Heraklits Fragment 10*, in: Hermes 76, 1941, 84 ff.; Ges.Schr. 152 ff.
–, *Von der Bedeutung der griechischen Denkformen für das Abendland*, in: Actus Congressus Madvigiani 1956, II Kopenhagen 1958, 47 ff.
–, *Die Ausdrücke für den Begriff des Wissens in der vorplatonischen Philosophie*, in: Philolog.Unters. 29, Berlin 1924.
–, *Die Entdeckung des Geistes. Studien zur Entstehung des europäischen Denkens bei den Griechen*, Hamburg 1946, 3. erw. Aufl. 1955 (weiter zitiert als Entd.d.G.).
–, *Gleichnis, Vergleich, Metapher, Analogie. Die Entwicklung vom mythischen zum logischen Denken*, in: Entd.d.G. 258 ff.
–, *Die naturwissenschaftliche Begriffsbildung im Griechischen*, in: Philosoph. Anz. 3, 1929, 243 ff.; jetzt in: Entd.d.G. 299 ff.; Um die Begriffswelt der Vorsokratiker, Darmstadt 1968, 21 ff.
–, *Der Aufbau der Sprache*, Hamburg 1952, 2. durchges. u. erw. Aufl. 1961.
Solmsen, F., *Kleine Schriften*, 2 Bde., Hildesheim 1968 (weiter zitiert als Kl.Schr.).
–, *Hesiod and Aeschylos*, in: Cornell Studies in Class.Phil. 30, New York 1949.
–, *Chaos and apeiron*, in: Studi Italiani di Filologia Classica 63, 1950, 235 ff.; Kl.Schr. I 68 ff.
–, *Aristotle and Presocratic Cosmogony*, in: Harvard Studies in Class. Philol. LXIII 1958, 265 ff. = Festschr. f. Werner Jaeger; Kl.Schr. I 356 ff.
Spengler, Oswald, *Der metaphysische Grundgedanke der heraklitischen Philosophie*, Diss. Halle 1914.
Stenzel, J., *Metaphysik des Altertums*, in: Handb. d. Philosophie, München 1931.
–, *Philosophie der Sprache*, ebd. 1934.
–, *Zur Entwicklung des Geistbegriffs in der Philosophie*, Darmstadt 1956; Kl.Schr. 127 ff. und: Um die Begriffswelt der Vorsokratiker, Darmstadt 1968, 214 ff.
–, *Kleine Schriften zur griechischen Philosophie*, Darmstadt 1956, ^{3}1966.

Tannery, P., *Pour l'histoire de la Science Hellène*, Paris 1887.
Theiler, W., *Zur Geschichte der teleologischen Naturbetrachtung bis auf Aristoteles*, Zürich-Leipzig 1925, ²1965 (mit Vorwort u. Index).

Überweg-Prächter, *Geschichte der Philosophie des Altertums*, Neuauflagen und Bearbeitungen von Überwegs *Grundriß der Geschichte der Philosophie*, 3 Bde., Berlin 1862–66, Basel-Stuttgart ¹³1951, Nachdr. Darmstadt 1960. Neue, völlig revidierte Ausgabe in Vorbereitung.

Vlastos, G., *The Physical Theory of Anaxagoras*, in: The Philosoph. Rev. LIX 1950, 31 ff.
–, *Ethics and Physics in Democritus*, ebd. LIV 1945, 578 ff.; LV 1946, 33 ff.
–, *On Heraclitus*, in: Am. Journ. Philol. 76, 1955, 337 ff.
Van der Waerden, B. L., *Zenon und die Grundlagenkrisis der griechischen Mathematik*, in: Mathem. Annalen CXVII 1940, 141 ff.
–, *Die Harmonielehre der Pythagoreer*, in: Hermes 78, 1943, 163 ff.
–, *Die Arithmetik der Pythagoreer*, in: Mathem. Ann. CXX 1947/9, 127 ff.; 676 ff.
–, *Ontwakende Wetenschap*, Groningen 1950; deutsche Übersetzung v. Helga Habicht-Van der Waerden, *Erwachende Wissenschaft*, mit Zusätzen vom Verfasser, Basel-Stuttgart 1956, ²1965.
–, *Pythagoreische Wissenschaft*, in: RE XXIV 277 ff.

Windelband, W., *Geschichte der alten Philosophie*, in: Handb. d. klass. Altertumswiss. V1, 1, München 1888; 4. Aufl. bearb. v. A. Goedekemeyer: *Geschichte der abendländischen Philosophie im Altertum*, 1923, Nachdruck 1963.

Zeller, E., *Die Philosophie der Griechen in ihrer geschichtlichen Entwicklung*, 3 Bde., Leipzig 1845–52; ⁴1892 ff. (erweitert auf 6 Bde.), ⁶1920 bearb. v. W. Nestle, Nachdruck Hildesheim 1963, Aalen ¹⁴1971.

II

Zum Allgemeinen: Anfänge der Philosophie und Wissenschaft
(geordnet nach Erscheinungsjahr)

Sarton, G., *A History of Science*, 2 Bde., Cambrigde/Mass. 1959, New York 1964.
Lorenzen, P., *Die Entstehung der exakten Wissenschaften*, Berlin 1960.
Guazzoni Foà, V., *Attualità dell'ontologia eleatica*, Turin 1961.
Burkert, W., *Weisheit und Wissenschaft. Studien zu Pythagoras, Philolaos und Platon*, in: Erlanger Beiträge zur Sprach- und Kunstwissenschaft 10, Nürnberg 1962.
Vernant, J. P., *Les origines de la pensée grecque*, Paris, 1962.
Zeppi, St., *Studi sulla filosofia presocratica*, Florenz 1962.
Michaelides, K., *Mensch und Kosmos in ihrer Zusammengehörigkeit bei den frühen griechischen Denkern*, Diss. München 1962.

Luria, S., *Anfänge des griechischen Denkens,* aus dem Russischen übertragen v. P. Helms, Berlin 1963.
Szabó, A., *Der mathematische Begriff und das sogenannte ›geometrische‹ Mittel,* in: Maia 15, 1963, 219 ff.
Totok, W., *Handbuch der Geschichte der Philosophie* 1, Altertum. Unter Mitarb. v. H. Schröer, Frankfurt 1964 (ausführl. Bibliographie bis 1964).
Wehrli, F. *Hauptrichtungen des griechischen Denkens,* Zürich-Stuttgart 1964.
Schottländer, R. *Früheste Grundsätze der Wissenschaft bei den Griechen,* Dt. Akad. d. Wiss. Berlin, Sektion Altertumswiss. 43, 1964.
Schmitz, H., *System der Philosophie,* Bd. 1, Bonn 1964 (Kap. 1, § 5: Vorsokratiker: Parmenides, Heraklit), Bd. 3,2 (Empedokles, Heraklit) 1969.
Sambursky, S., *Das physikalische Weltbild der Antike,* Zürich 1965.
Cleve, F. M., *The giants of pre-sophistic Greek philosophy. An attempt to reconstruct their thoughts,* 2 Bde., Den Haag 1965, ²1969.
Leinfellner, W., *Die Entstehung der Theorie. Eine Analyse des kritischen Denkens in der Antike,* Freiburg 1965.
Bochner, S., *The role of mathematics in the rise of science,* Princeton 1966.
Boman, Th. *Das hebräische Denken im Vergleich mit dem griechischen Denken,* Oslo 1952, 4. neubearb. u. erw. Aufl. Göttingen 1966.
Oedingen, K., *Parallelen zwischen asiatischem und europäischem Denken,* in: Tijdschrift voor filosofie 28, 1966, 339 ff.
Mayr, F. K., *Geschichte der Philosophie* Bd. 1 *Antike,* Kevelaer 1966.
Dicks, D. R., *Solstices, equinoxes, and the presocratics,* in: Journ. Hell. Stud. 86, 1966, 26 ff.
Minar, E. L., *Pre-Socratic studies 1953–1966.* Class. world 60, 1966, 143 ff.
Kröber, G. (Hrsg.), *Wissenschaft und Weltanschauung in der Antike. Von den Anfängen bis Aristoteles,* Berlin 1966.
Ley, H., *Geschichte der Aufklärung und des Atheismus 1: Altertum,* Berlin 1966.
Parker, G. F., *A short account of Greek Philosophy from Thales to Epicurus,* London 1967.
Defradas, J., *Une image présocratique du temps,* in : Rev. Et. Gr. 80, 1967, 152 ff.
Hildebrandt, K., *Frühe griechische Denker. Eine Einführung in die vorsokratische Philosophie,* in: Abh. z. Philosophie, Psychologie u. Pädagogik 45, Bonn 1968.
Mansley Robinson, J., *An introduction to early Greek philosophy. The chief fragments and ancient testimony with connecting commentary,* Boston 1968.
Carbonara Naddel, M., *Scienza e metafisica nei primi filosofi greci,* in: Logos 1, 1969, 114 ff.
Guthrie, W. K. C., *A History of Greek Philosophy, Bd. 3: The Fifth century enlightenment,* Cambridge 1969.
Szabó, A., *Anfänge der griechischen Mathematik,* München-Wien 1969.
Adkins, A. W. H., *From the Many to the One. A study of personality and views of human nature in the context of ancient Greek society, values and beliefs,* London 1970.

Furley, D. J./Allen, R. E. (Hrsg.), *Beginning of philosophy. Studies in presocratic philosophy,* London 1970 (mit Beiträgen v. Cherniss, Cornford, Vlastos, Popper, Kirk, Diarmid, Guthrie, Lloyd, Hölscher, Heidel, v. Fritz).

Hager, F. P., *Der Geist und das Eine. Unters. u. Problem des höchsten Prinzips als Geist oder als Eines in der griechischen Philosophie,* Bern-Stuttgart 1970.

Ramnoux, C., *Études présocratiques,* Paris 1970.

Fritz, K. v., *Grundprobleme der Geschichte der antiken Wissenschaft,* Berlin-New York 1971.

Krafft, F., *Geschichte der Naturwissenschaft 1, Die Begründung einer Wissenschaft von der Natur durch die Griechen,* Freiburg 1971.

Stokes, M. C., *One and many in presocratic philosophy,* Cambridge/Mass. 1971.

West, M. L., *Early Greek philosophy and the orient,* Oxford 1971.

Anton, J. P./Kustas, G. L., ed., *Collected Essays,* Albany 1971 (darunter in vereinzelten Zeitschriften erschienene Aufsätze zu den Vorsokratikern).

Sweeney, L., *Infinity in the presocratics. A bibliographical and philosophical study,* Den Haag 1972.

Gigon, O., *Studien zur antiken Philosophie,* hrsg. v. A. Graeser, Berlin 1972.

Hussey, E., *The presocratics,* London 1972.

Finley, M. I., *The ancient Economy,* Berkeley 1973.

Babut, D., *La religion des philosophes grecs de Thalès aux Stoiciens,* Paris 1974.

Mourelatos, A. P. D., *The presocratics. A collection of critical essays,* New York 1974 (die einzelnen Aufsätze verschiedener Autoren an ihrem Ort).

Strube, I., *Erfahrungen und Theorien über chemische Vorgänge in der Zeit von Thales bis Platon,* in: Hellenische Poleis 4, 1974, 1822 ff.

Wussing, H., *Zur Grundlagenkrisis der griechischen Mathematik,* ebd. 1974 ff.

Stückelberger, A., *Empirische Ansätze in der antiken Atomphysik,* in: Arch. Kulturgesch. 56, 1974, 124 ff.

Allen, R. E./Furley, D. J., *Studies in presocratic philosophy 2, The Eleatics and Pluralists,* London 1975.

Müller, A., *Theorie – Kritik oder Bildung? Abriß der Geschichte der antiken Philosophie von Thales bis Cicero,* Darmstadt 1975.

Stegmüller, W., *Hauptströmungen der Gegenwartsphilosophie,* Stuttgart 1975 (bezieht sich auch auf Vorsokratiker).

Des Places, E., *Chronique de la Philosophie réligieuse de Grecs,* Bull. Budé 4, 4, 1975, 531 ff.

Solmsen, F., *Intellectual experiments of the Greek Enlightenment,* Princeton 1975.

Hölscher, U., *Der Sinn vom Sein in der älteren griechischen Philosophie,* SB Heidelberg 1976.

Plessner, M., *Vorsokratische Philosophie und griechische Alchemie in arabisch-lateinischer Überlieferung,* hrsg. v. H. Franke, Wiesbaden 1975 (Nachwirkung der Vorsokratiker im Islam. Bekanntlich ist in neuerer

Zeit aus arabischen Texten neues Quellenmaterial für die Vorsokratiker erschlossen worden.).
Röd, W., *Die Philosophie der Antike 1. Von Thales bis Demokrit,* München 1976.
Saltzer, W. G., *Theorien und Ansätze in der griechischen Astronomie, im Kontext benachbarter Wissenschaften betrachtet,* Wiesbaden 1976.
Becker, W./Hübner, K. (Hrsg.), *Objektivität in den Natur- und Geisteswissenschaften,* Hamburg 1976.
Gadamer, H. G., *Vernunft im Zeitalter der Wissenschaft,* Frankfurt 1976.
Uhde, B., *Erste Philosophie und menschliche Unfreiheit. Studien zur Geschichte der Ersten Philosophie von den Anfängen bis Aristoteles,* Wiesbaden 1976.

Dichtung als keimende Philosophie
Pöschl, V., *Bibliographie zur antiken Bildersprache,* bearb. v. H. Gärtner u. W. Heyke, Heidelberg 1964.
Weber, F. J., s. Thales.

Homer
Havelock, E. A., *Parmenides und Odysseus,* in: Harvard Studies 63, 1958, 133 ff.
Lesky, A., *Göttliche und menschliche Motivation im homerischen* Epos, SB Heidelberg 1961 H. 4.
Mugler, C., *La lumière et la vision dans la poésie grecque,* Rev. Et. Gr. 73, 1960, 40 ff.
–, *Les origines de la science grecque chez Homère. L'homme et l'Univers physique,* Paris 1963.
Detienne, M., *Homère, Hésiode et Pythagore.* s. Pythagoras.
Classen, C. J., *The creator in Greek thought from Homer to Plato,* in: Class. et Mediaev. 23, 1963, 1 ff.
Kakridis, J. T., *Erdichtete Ekphrasen. Ein Beitrag zur homerischen Schildbeschreibung,* Wiener Studien 76, 1963, 7 ff.
Accame, S., *L'invocazione alla Musa e la ›verità‹ in Omero e in Esiodo,* in: Riv. Fil. 91, 1963, 257 ff.; 385 ff.
Hellwig, B., *Raum und Zeit im homerischen Epos,* in: Spudasmata 2, Hildesheim 1964.
Schudoma, I., *Raum und Natur bei Homer,* in: Synusia, Festschr. f. W. Schadewaldt, Pfullingen 1965, 1 ff.
Forderer, M., *Der Sänger in der homerischen Schildbeschreibung,* ebd. 23 ff.
Treu, M., *Licht und Leuchtendes in der archaischen griechischen Poesie,* in: Stud. Gener. 18, 1965, 83 ff.
Graz, L., *pyr. le feu dans l'Iliade et l'Odyssée,* Paris 1965.
Moulinier, L., *Psyche. Zum homerischen Seelenglauben,* Universitas 21, 1966, 1077 ff.
Kudlien, F., *Der Beginn des medizinischen Denkens bei den Griechen von Homer bis Hippokrates,* Zürich-Stuttgart 1967.
Pazdernik, V., *Main aspects of philosophy of law from Homer to Aischylos,* in: Antiquitas Graeco-Romana, Prag 1968, 53 ff.

Kullmann, W., *Vergangenheit und Zukunft in der Ilias*, in: Poetica 2, 1968, 15 ff.
Schadewaldt, W., *Homer und das Dichterische*, Privatdruck der Reihe ›Geistige Begegnungen in der Böttcherstraße‹, 50. Vortrag, Bremen 1971. Erweitert gehalten als Eitremvorlesung Oslo 1972. Erschienen auf norwegisch, übers. v. Ø. Andersen: *Homer og det dikteriske*, in: Idé og Tanke, Oslo 1977.
Krehmer, W., *Zur Begegnung zwischen Odysseus und Athene im 13. Buch der Odyssee*, Erlangen-Nürnberg 1973.
Bremer, D., *Die Epiphanie des Gottes in den homerischen Hymnen und Platons Gottesbegriff*, in: Zeitschr. f. Religions- u. Geistesgesch. 27, 1975, 1 ff.
–, *Licht und Dunkel in der frühgriechischen Dichtung. Interpretationen zur Vorgeschichte der Lichtmetaphysik*, in: Archiv f. Begriffsgesch. Suppl. 1, 1976.
Schmidt, M., *Die Erklärungen zum Weltbild Homers und zur Heroenzeit in den bT-Scholien zur Ilias*, München 1976.
Levet, J., *Le vrai et le faux dans la pensée grecque archaique. Etude de vocabulaire*. Tome I: *Présentation générale. Le vrai et le faux dans les épopées homériques*, Paris 1976.

Solon

Büchner, K., *Solons Musengedicht*, in: Hermes 87, 1959, 163 ff.
Hommel, H., *Solon. Staatsmann und Dichter*, in: Tübinger Forschungen 15, 1964, 1 ff.; jetzt: Symbola 1, 23 ff., Hildesheim 1976.
Ruschenbusch, E., *SOLONOS NOMOI*, in: Class.Philol. 58, 1963, 136 ff.
–, *Die Fragmente des Solonischen Gesetzeswerkes*, Wiesbaden 1966.

Hesiod

Stokes, M. C., *Hesiod and Milesian Cosmogonie*, in: Phronesis 7, 1962, 1 ff.; 8, 1963, 1 ff.
Solmsen, F., *Hesiodic Motifs in Plato*, in: Hésiode et son influence, Entr. sur l'Antiquité Classique VII 1962; jetzt: Kleine Schriffen 1, Hildesheim 1968, 82 ff.
Schwabl, H., *Weltschöpfung*, in: RE Suppl. IX 1962, 1433 ff.
–, *Hesiod und Parmenides*, in: Rhein. Mus. 106, 1963, 134 ff.
–, *Hesiods Theogonie*, SB Wien 1966.
Walcot, P., *Hesiod and the Law*, in: Symbola Oslo. 38, 1963, 5 ff.
Erbse, H., *Orientalisches und Griechisches in Hesiods Theogonie*, in: Philologus 108, 1964, 4 ff.
Troxler, H., *Sprache und Wortschatz Hesiods*, Zürich 1964.
Rexine, J. E., *Centrality of Zeus in Hesiod*, in: Class. Bull. 42, 1966, 37 ff.
Havelock, E. A., *Thoughtful Hesiod*, in: Yale Class.Stud. 20, 1966, 61 ff.
Görgemanns, H./Schmidt, E. A. (Hrsg.), *Studien zum antiken Epos*, in: Beitr. z. klass. Phil. 72, 1976.
Peron, J., *L'analyse des notions abstraites dans les Traveaux et les Jours d'Hésiode*, in: Rev. Et. Gr. 89, 1976, 265 ff.

Sprache
Zu den »je weltbewältigenden Entwürfen der verschiedenen Sprachtypen«. Herr Professor Tilemann Grimm macht mich freundlicherweise auf neuere Bestrebungen aufmerksam, den besonderen ›Weltentwurf‹ der chinesischen Sprache zu erfassen. Dazu s. Grimm, Tilemann, *Denken und Dichten im Chinesischen,* Vortrag gehalten auf dem XX. Deutschen Orientalistentag 1977 (im Erscheinen begriffen: Suppl. Bd. der *Zeitsch. d. dt. morgenländischen Ges.)*
Auf den wieder anderen ›Entwurf‹ der mittelafrikanischen Sprachen kam der Präsident der Republik Senegal, Leopold Sedar Senghor zu sprechen, auf dem in Dakar (Senegal) gehaltenen Internationalen Kongreß der Academia Latinitati inter omnes gentes fovendae, April 1977. Er ging, abgesehen von seinem Hauptthema des Kampfes zwischen Rom und dem schwarzen Afrika, auch »auf neue Theorien ein, die Beziehungen zwischen den vorindogermanischen Mittelmeersprachen, wie dem Baskischen und den Berbersprachen, und den altägyptischen und afrikanischen Sprachen feststellen wollen«, konnte aber vor allem den Erfolg vorführen lassen, den ein lebendig gesprochenes Latein bei der Jugend der Gymnasien Senegals hat, die so das »Wesen« des europäischen Menschen kennenlernen.
Leopold Sedar Senghor: »Im Gegensatz zu den europäischen Weißen sind die afrikanischen Menschen Menschen der Emotion und Intuition. Das drückt sich auch in unseren Sprachen aus! Ich sage nicht, daß die einen Sprachen den andern überlegen sind, ich spreche nur von der Notwendigkeit, daß sie sich gegenseitig ergänzen müssen.« (aus einem in Rom 1973 gehaltenen Vortrag, *Le Sénégal, le Latin et les Humanités classiques;* das Ganze ein Bericht von *Viktor Pöschl* in: Gnomon 49, 1977, 637).
Schon in die Vorlesung von 1960 einbezogen sind:

Legge, J., *Shi-king,* chinesischer Text mit englischer Interlinearversion, London 1880.

Westermann, D. *Die Kpelle. Ein Negerstamm in Liberia,* Leipzig-Göttingen 1921.

–, *Die westlichen Sudansprachen,* Berlin 1927.

Thurnwald, R., *Die menschliche Gesellschaft,* 5 Bde., in: Ethnosoziologische Grundlagen, Berlin 1931–34.

Gutmann, B., *Die Stammeslehren der Dschagga mit genau übersetzten Texten,* München 1932.

–, *Aufbau und Sinn der Völkerwissenschaft,* SB Berlin 1947/48.

Da die Vorlesung 1972 vor den Stunden abgebrochen werden mußte, in denen ausführlicher auf den gerade in einer neuen Entwicklung sich befindenden Strukturalismus in der Sprachforschung, auf die Weiterentwicklung der phänomenologisch-ontologischen Sprachphilosophie sowie die gerade neu entstehende sprachanalytische Philosophie mit ihrer formalen Semantik (Verstehen der Wort-Bedeutung und ihrer Nicht-Gegenständlichkeit) einzugehen beabsichtigt war, folgen der Übersichtlichkeit wegen jetzt vor und nach 1960 bzw. 1972 erschienene Werke, die in diesen Zusammenhang gehören. Das über die griechische Sprache zu Sagende wäre, wenn auch in neuer Durchdringung und Formulierung, der Substanz nach im Jahre 1972 von Schadewaldt sicher so gesagt worden, wie er es in der Vorlesung 1960/61 vorgetragen hat.

Hinweise auf die Hauptrichtungen der Sprachbetrachtung und Sprachforschung
Die nach Humboldt zunächst wichtigen Wendungen durch:
Pott, A. F., *Etymologische Forschungen auf dem Gebiet der indogermanischen Sprachen*, Lemgo 1833–36, erweitert zu 6. Bd. 1859 ff.
Steinthal, H., *Die Classification der Sprachen dargestellt als die Entwicklung der Sprachidee*, Berlin 1850.
–, *Charakteristik der hauptsächlichsten Typen des Sprachbaus*, Berlin 1860; neu bearb. v. Mistelli, F., 1893.
Croce, B., s. Teil I
Vossler, K., *Positivismus und Idealismus in der Sprachwissenschaft*, Heidelberg 1904.
–, *Frankreichs Kultur im Spiegel seiner Sprachentwicklung*, Heidelberg [3]1913.
Weissgerber, L., *Muttersprache und Geistesbildung*, Göttingen 1929.
Kainz, F., *Psychologie der Sprache*, 3. Bde. Stuttgart 1941–44.
–, *Philosophische Etymologie und historische Semantik*, SB Wien 1969.
Porzig, W., *Der Begriff der inneren Sprachform*, in: Indogerman. Forschungen 4, 1923, 164 ff.
–, *Die Namen für Satzinhalte im Griechischen und Indogermanischen*, Berlin 1942.
–, *Das Wunder der Sprache*, Bern [2]1957, München [5]1971.
Wartburg, W.v., *Einführung in die Methode der Sprachwissenschaft*, Halle 1943.
Gamillscheg, E. *Sprache und Kulturwandlung*, in: Die neueren Sprachen, Frankfurt 1953.
Snell, B., s. Teil I
Arens, H., *Sprachwissenschaft. Der Gang ihrer Entwicklung von der Antike bis zur Gegenwart*, Freiburg-München 1955, [2]1969.
Wandruszka, M., *Der Geist der französischen Sprache*, Reinbek 1959, [2]1969.
–, *Sprachen, vergleichbar und unvergleichbar*, München 1969.
Heidegger, M., *Unterwegs zur Sprache*, Pfullingen 1959.
Weizsäcker, C. F. v., *Sprache als Information*, Vortrag München 1959; jetzt in: Die Einheit der Natur, München 1971, 39 ff.; u. in: Voraussetzungen d. naturwiss. Denkens, Freiburg 1972, 196 ff.
–, *Die Sprache der Physik*, Vortrag 1959, jetzt in: Die Einheit der Natur, 88 ff.
Sprache und Wirklichkeit, Essays, ausgewählt aus den Jahrbb. d. Bayerischen Akad. d. Schönen Künste: ›Die Sprache‹ (1959) u. ›Wort und Wirklichkeit‹ (1960), München 1967 (mit Beiträgen von Buber, Heisenberg, Heidegger, Burckhardt, Schadewaldt, Weidlé, Guardini, v. Weizsäcker, Jünger, Geordiades, W. F. Otto, Graf Podewils).
Löwith, K., *Die Sprache als Vermittler von Mensch und Welt*, Bern 1959.

Zur letzten Vorlesung 1972 (s. Anhang) mit den dort aufgeworfenen Problemen durch neuere Richtungen der Sprachbetrachtung
Saussure, F. de, *Cours de linguistique générale*, nach Vorlesungen Saussures posthum herausgeg. v. Ch. Bally u. A. Sechehaye, Paris-Lausanne 1916. – (Nach neuerer kritischer Durchsicht der Vorlesungsnach-

schriften, s. Godel, R., Les sources manuscrites du cours de F. de S., Genf 1957); eine neue französische Ausgabe: F. de Saussure, Cours de linguistique générale, édition critique par R. Engler, 4 Bde. Wiesbaden ab 1960.

–, *Grundfragen der allgemeinen Sprachwissenschaft,* deutsche Übersetzung der franz. Ausgabe von 1916 durch L. Lommel, Berlin 1931, 2. Aufl. neu besorgt durch P. v. Polenz, Berlin 1967.

Wittgenstein, L., *Tractatus logico-philosophicus,* in Kurzform in: Österreich. Annalen zur Naturphilosophie, Wien 1921, als ausgeformte Abhandlung zweisprachig, London 1922 (deutsch: Wittgenstein, danebenstehend englisch übers. von F. P. Ramsey. Bedeutsames Vorwort von B. Russel). Deutsche Ausgabe: Wittgenstein, Schriften 1 mit Beiheft, Frankfurt 1960. Erste deutsche Einzelausgabe, Frankfurt 1963.

–, *Philosophical investigations* (deutsch-englisch, wie oben), posthum London 1951 (darin von Wittgenstein selber z. T. verworfen der frühere tractatus).

–, *Philosophische Grammatik,* Schriften IV, Frankfurt 1969; 1973.

–, *Philosophische Untersuchungen,* Schriften 1, Frankfurt 1960; 1971. (Übers. d. Investigations s. oben).

Hjelmslev, L., *Omkring sprogteoriens grundlaeggelse,* Kopenhagen 1943, übers. v. Withfield, Fr. J., *Prolegomena to a theory of language,* Baltimore 1953.

Jakobson, R., *The phonemic and grammatical aspects of language in their interrelations.* Actes du VIième Congrès international des linguistes, Paris 1948.

–, *Fundamentals of language,* Den Haag 1956.

Whorf, B. L., *Language, Thought and Reality,* Cambridge/Mass. 1956, deutsch: *Sprache, Denken und Wirklichkeit,* Reinbek [4]1963.

Chomsky, N., *Aspects of the Theory of syntax,* Cambridge/Mass. 1957, deutsch: *Aspekte der Syntaxtheorie,* Frankfurt 1969.

Brown, R. W., / Dulaney, D. E., *A Stimulus-Response Analysis of Language and Meaning,* in: Henle, P., Language, Thought and Culture, Ann Arbor 1958; dt. in: *Sprache, Denken, Kultur,* Frankfurt 1975, 72 ff.

Reid, T. B. W., *Historical philology and linguistic science,* Oxford 1960.

Martinet, A., *Eléments de linguistique générale,* Paris 1960, deutsch: *Grundzüge der allgemeinen Sprachwissenschaft,* Stuttgart 1963.

Frege G., *Funktion, Begriff und Bedeutung,* hrsg. v. G. Patzig, Göttingen 1962 (Aufsätze von Frege, Jena 1891 u. 1892).

Lohmann, J., *Panlinguistik,* in: Studia Linguistica, Lund 1962.

Fodor/Katz, s. Teil I.

Sebag, L., *Marxisme and Structuralisme,* Paris 1964, deutsch gekürzt in: Marxismus und Strukturalismus, Frankfurt 1967.

Hartmann, P., *Begriff und Vorkommen von Struktur in der Sprache,* in: Festschr. f. Trier, J., Meisenheim 1964.

Lohmann, J., *Philosophie und Sprachwissenschaft,* Berlin 1965.

Jakobson, R., *Fundamentals of Language,* Den Haag 1956, deutsch: *Grundlagen der Sprache,* Berlin 1960.

–, *Probleme der Literatur und Sprachforschung,* in: Kursbuch 5, Berlin 1966, 74 ff.

Bierwisch, M., *Strukturalismus, Geschichte, Probleme und Methoden*, ebd. 77 ff.
Lefebvre, H., *Claude Levi-Strauss et le nouvel Eleatisme*, in: L'homme et la société, Paris 1966, Nr. 1–4.
Coseriu, E., *Einführung in die strukturelle Linguistik*. Tübinger Vorlesungen, Tübingen 1968.
–, *Sprache. Strukturen und Funktionen*, Tübingen 1970.
Lefebvre, H., *Au-delà du structuralisme*, Paris 1971.
Lohmann, J., *Musiké und Logos. Aufsätze zur griechischen Philosophie und Musiktheorie*, Stuttgart 1970.
Szemerényi, O., *Richtungen der modernen Sprachwissenschaft I, Von Saussure bis Bloomfield*, Heidelberg 1971.
Helbig, G., *Geschichte der neueren Sprachwissenschaft*, Reinbek 1974.
Fränkel, H., Grammatik und Sprachwirklichkeit, München 1974.
Savigny, E. v., *Die Philosophie der normalen Sprache*, Frankfurt 1974.
Christmann, H. H., *Idealistische Philologie und moderne Sprachwissenschaft*, München 1974.
Jakobson, R., *Aufsätze zur Linguistik und Poetik*, München 1974.
Holenstein, E., *Roman Jakobsons phänomenologischer Strukturalismus*, Frankfurt 1975.
Oppitz, M., *Notwendige Beziehungen. Abriß der strukturalen Anthropologie*, Frankfurt 1975.
Tugendhat, E., *Vorlesungen zur Einführung in die sprachanalytische Philosophie*, Frankfurt 1976.
Gipper, H., und Schwarz, H., *Bibliographisches Handbuch zur Sprachinhaltsforschung, in alphabet. Folge mit Besprechungen und Hinweisen bis 1977*, 20 Lieferungen, Opladen 1977.

Begriffe
(Nach Begriffen geordnet. Die Titel als Beispiele, da vieles Einschlägige unter anderen Abschnitten eingeordnet)
Prinzipiell: Metapher-Begriff
Blumenberg, H., *Paradigmen zu einer Metaphorologie*, in: Archiv f. Begriffsgesch. 6, 1960, 7 ff.
Gruber, J., *Über einige abstrakte Begriffe des frühen Griechischen*, Meisenheim 1963.

aletheia
s. Teil I: Heidegger, Bultmann, Krüger.
Luther, W., *Wahrheit und Lüge im ältesten Griechentum*, Leipzig 1935.
–, *Der frühgriechische Wahrheitsgedanke im Lichte der Sprache*, Gymn. 65, 1958, 75 ff.
–, *Wahrheit, Licht und Erkenntnis in der frühgriechischen Philosophie bis Demokrit*, in: Archiv f. Begriffsgesch. 10, 1966, 1 ff.
Mette, H. J., *Aletheia*, in: Lexikon des frühgriech. Epos, hrsg. v. B. Snell, Göttingen 1955–76.
Boeder, H., *Der frühgriechische Wortgebrauch von Logos und aletheia*, in: Archiv f. Begriffsgesch. 4, 1959, 82 ff.
Detienne, M., *Logos und aletheia*, in: Rev. Et. Gr. 73, 1960, 27 ff.
–, *Les maîtres de vérité dans la Grèce archaique*, Paris 1967.

Heitsch, E., *Die nicht-philosophische aletheia,* in: Hermes 90, 1962, 24 ff.
–, *Wahrheit als Erinnerung,* in: Hermes 91, 1963, 36 ff.
Kirscher, T., *etymos und alēthēs,* in: Philologus 109, 1965, 161 ff.

Licht – Wahrheit u. Verwandtes
Beierwaltes, W., *Lux intelligibilis. Untersuchung zur Lichtmetaphysik der Griechen,* Diss. München 1952.
Blumenberg, H., *Licht als Metapher der Wahrheit. Im Vorfeld der philosophischen Begriffsbildung,* in: Stud. gener. 10, 1957, 432 ff.
Oeler, K., *Rez. v. Beierwaltes,* in: Gnomon 31, 1959, 738 ff.
Mugler, C., s. Dichtung
Tarrant, D., *Greek Metaphors of Light,* in: Class. Quart. 10, 1960, 181 ff.
Classen, C. J., *Licht und Dunkel in der frühgriechischen Philosophie,* in: Stud. gener. 18, 1965, 47 ff.
Bremer, D., *Hinweise zum griechischen Ursprung und zur europäischen Geschichte der Lichtmetaphysik,* in: Archiv f. Begriffsgesch. 17, 1973, 7 ff.
–, *Licht als universales Darstellungsmedium.* Materialien und Bibliographie, in: Archiv f. Begriffsgesch. 18, 1974, 185 ff.
Striker, G., *Kritērion tēs alethēias,* Göttingen 1974.

akribeia
Kurz, D., *akribeia. Das Ideal der Exaktheit bei den Griechen bis Aristoteles,* Göppingen 1970.

aretē
Aujac, G., *Sur une définition d'aretē,* in: Rev. Et. Gr. 82, 1969, 390 ff.
Beeretz, F. L., *Aretē im Denken der Vorsokratiker. Ein Beitrag zum Lexikon der Vorsokratiker,* in: philosophia 5/6, 1975/76, 157 ff.

arché
Lumpe, A., *Der Terminus Prinzip* (arche) *von den Vorsokratikern bis auf Aristoteles,* in: Archiv f. Begriffsgesch. 1, 1955, 104 ff.
Gadamer, H. G., *Bericht über die Arbeitstagung vom März 1961,* Archiv f. Begriffsgesch. 9, 1964, 47 ff.

atē
Stallmach, J., *Ate. Zur Frage des Selbst- und Weltverständnisses des frühgriechischen Menschen,* Meisenheim 1968.

dialegesthai – Dialektik
Sichirollo, L., *dialegesthai–Dialektik. Von Homer bis Aristoteles,* mit einem Anhang: *Hegel und die griechische Welt,* Hildesheim 1966.
Machovec, D., *Die Bedeutung des Prinzips der Dialektik der Begriffsentwicklung für das Studium der alten Philosophie und für den terminologischen Ausbau der gegenwärtigen Wissenschaft und Philosophie,* in: Antiquitas Graeco-Romana, Prag 1068, 241 ff.

dike – dikaiosyne
Havelock, E. A. *dikaiosynē. An essay in Greek intellectual history,* in: Phoinix 23, 1969, 49 ff.

Gagarin, M., *Dike in archaic Greek thought,* in: Cl. Phil. 69, 1974, 188 ff.
Lloyd-Jones, H., *The justice of Zeus,* London 1976.

Harmonie
Gigon, O., *Zum antiken Begriff der Harmonie,* in: Stud. gener. 19, 1966, 539 ff.

kalyptein (kryptein)
Dyer, R. R., *The use of kalypto in Homer,* in: Glotta 42, 1964, 29 ff.

kosmos
Kranz, W., *Kosmos,* in: Archiv f. Begriffsgesch. 2, 1955–57.
Kerschensteiner, J., *Kosmos. Quellenkritische Untersuchungen zu den Vorsokratikern,* in: Zetema 30, München 1962.
Michaelidis, K., *Mensch und Kosmos in ihrer Zusammengehörigkeit bei den frühen griechischen Denkern,* München 1962.
Gladigow, B., *Sophia und Kosmos. Untersuchungen zur Frühgeschichte von sophos und sophie,* in: Spudasmata 1, Hildesheim 1964.

phronesis
Gigon, O., *Phronesis und Sophia in der Nikomachischen Ethik des Aristoteles,* in: Festschr. f. J. de Vogel, Assen 1974.
Solmsen, F., *Hesiodic PHRONESIS,* in: Cl. Ph. 71, 1976, 252.

physis, phye, phyesthai
Heinimann, F., *Nomos und Physis, Herkunft und Bedeutung einer Antithese im griechischen Denken,* Basel 1945, [2]1965.
Lasso de la Vega, J. S., *Notas sobre physis,* in: Actas del II Congr. esp. de est. clás. 1964, 178 ff.
Mannsperger, D., *Physis bei Platon,* Berlin 1969 (mit vorplaton. Dichtung und vorsokrat. Philosophie, S. 285 ff.).
Kuhn, R., *Physis, ein geschichtlicher Beitrag zu ihrem Verständnis in der alten Theologie (Chalkedon),* Diss. Freiburg 1970 (darin auch physis in der vorchrist. griech. Philosophie).

Sein-Substanz
Testa, A., *Essere e divenire nei monisti presocratici. Eleatismos. Eraclito di Efeso, Filosofi ionici,* Bologna 1966.
Klowski, J., *Das Entstehen der Begriffe Substanz und Materie,* in: Arch. Gesch. d. Philos. 48, 1966, 23 ff.

sophia
Bollack, J., *Une histoire de sophiē,* in: Rev. Et. Gr. 81, 1968, 550 f.
Gladigow, B., s. Kosmos
Kerferd, E. B., *The images of the wise man in Greece in the period before Platon,* in: Festschr. f. G. Verbeke I, Leuwen 1976, 17 ff.

thaumazein
Mette, H. J., *Schauen und Staunen,* in: Glotta 39, 1961, 49 ff.
García Gual, D., *Sobre el thaumazein del filósofo,* in : Actas del III congressó de estudios class. 2, 1969, 195 ff.

Die milesischen Denker
Zusammenfassungen:
Frenkian, A. M., *Les doxographies et les fragments des Milésiens*, in: Stud. class. 6, 1964, 7 ff.
Eggers Lan, C./Julía, V. E., *Los filósofos de Mileto. Textos y commentarios*, Buenos Aires 1975.

Thales
West, M. L., *Three presocratic cosmologies* (darunter Thales), in: Cl. Qu. 13, 1963, 154 ff.
Classen, C. J., *Thales*, RE Suppl. X, 1965, 930 ff.
Lahaye, R., *La philosophie ionienne, l'école du Milet. Thalès, Anaximandre, Héraclite d'Ephèse*, Paris 1966.
Weber, F. J., *Der Anfang der griechischen Philosophie: Thales oder die Dichter?* Jahresbericht der Vereinigung ehemaliger Theodorianer, Paderborn 1967, 39 ff.
Gladikow, B., *Thales und der diabētēs*, in: Hermes 96, 1968, 264 ff.
Hartner, W., *Eclipse periods and Thales' prediction of a solar eclipse. Historic truth and modern myth*, in: Centaurus 14, 1969, 60 ff.
Lloyd, G. E. R., *Early Greek science from Thales to Aristoteles*, London 1970.
Jedynak, St., *Tales i Anaksymander*, in: Meander 28, 1973, 431 ff.

Anaximander
Kahn, Ch. H., *Anaximander and the Origins of Greek Cosmology*, New York 1960.
Fränkel, H., *Wege und Formen*, s. Teil I
Classen, C. J., *Anaximander*, in: Hermes 90, 1962, 159 ff.
Solmsen, F., *Anaximander's Infinite. Traces and influences*, in: Archiv f. Gesch. d. Philosophie 44, 1962, 109 ff.
Dormuth-Thoma, E., *Vom Wesen des Apeiron. Ontologie des Grundes in der Kontroverse zwischen Aristoteles und der Vorsokratik*, Diss. München 1962.
Burkert, W., *Iranisches bei Anaximandros*, in: Rhein. Mus. 106, 1963, 97 ff.
Gottschalk, H. B., *Anaximanders Apeiron*, in: Phronesis 10, 1965, 37 ff.
Guariglia, O. N., *Anaximandro di Mileto*, in: Anales de filol. clás. 9, 1964/65, 23 ff.
Classen, C. J., *kion lithos* (Erde=Säulentrommel), in: Cl. Rev. 16, 1966, 275 f.
Lahaye, R., s. Thales
O'Brien, D., *Anaximander's measurements*, in: Cl. Qu. 17, 1967, 423 ff.
Sinnige, Th. G., *Matter and infinity in the presocratic schools and Plato*, Assen 1968.
Dicks, D. R., *On Anaximander's figures*, in: Journ. Hell. Stud. 89, 1969, 120.
Hall, J. J., *prēstēros aulos* (Glutwindröhre des Anaximander), in: Journ. Hell. Stud. 89, 1969, 57 ff.
O'Brien, D., *Anaximander and Dr. Dicks* (zu Dicks), in: Journ. Hell. Stud. 90, 1970, 198 f.

Krafft, F., *Anaximandros,* in: Die Großen der Weltgeschichte 1, Zürich 1971, 284 ff.
Michaelidis, K. O., *Kosmos und Ethos bei Anaximander und Heraklit,* in: Philosophia 1, 1971, 141 ff.
Plass, P., *A note on prēstēros aulos,* in: Journ. Hell. Stud. 92, 1972, 179 f.
Babut, D., *Le divin et les dieux dans la pensée d'Anaximandre,* in: Rev. Et. Gr. 85, 1972, 1 ff.
Kahn, Ch. H., *Anaximander's Fragment: The universe governed by law,* in: Mourelatos (Hrsg.), The presocratics. A collection of critical essays, New York 1974 (im Folg.: Mour. coll. essays).

Anaximenes
Wisniewski, B., *Sur la signification du aēr d'Anaximène,* in: Stud. Ital. 35, 1963, 112 ff.
Longrigg, J., *A note on Anaximenes' fragment 2 D. K.,* in: Phronesis 9, 1964, 1 ff.
–, *krystalloeidos,* in: Cl. Qu. 15, 1965, 249 ff.
Schwabl, H., *Anaximenes und die Gestirne,* in: Wien. Stud. 79, 1966, 33 ff.
Brind'Amour, P., *Note sur Anaximène (Frg. Diels-K. 13a, 14 Aetius),* in: Rev. Phil. 43, 1969, 96 ff.
Bicknell, P. J., *Anaximenes' astronomy,* in: Acta classica 12, 1969, 53 ff.
Klowski, J., *Ist der aer des Anaximenes als eine Substanz konzipiert?,* in: Hermes 100, 1972, 131.

Pythagoras und die Pythagoreer
Becker, Osk., s. Teil I
Burkert, W., *Weisheit und Wissenschaft,* s. Allgemeines
Detienne, M., *Homère, Hésiode et Pythagore, Poésie et philosophie dans le pythagorisme ancien.* Avant-propos de P. Boyancé, Brüssel 1962.
–, *De la pensée religieuse à la pensée philosophique. La notion de ›Daimon‹ dans le pythagorisme ancien,* Paris 1963.
Albrecht, M. v., *Iamblichos, Pythagoras, Legende, Lehre, Lebensgestaltung, Griechisch und Deutsch,* hrsg., übers. u. eingel., Zürich 1963.
Ilting, K. H., *Zur Philosophie der Pythagoreer,* in: Archiv f. Begriffsgesch. 9, 1964, 103 ff.
Pitagorici. *Testimonianze e frammenti. fasc 3. Pitagorici anonimi e risonanze pitagoriche,* A cura di Maria Timpanaro Cardini, Florenz 1964.
Iamblichi, *De vita pythagorica liber,* rec. Nauck, 1884, Nachdruck Amsterdam 1965.
Philip, J. A., *The pythagorean theory of the derivation of magnitudes,* in: Phoinix 20, 1966, 32 ff.
–, *Pythagoras and early Pythagoreanism,* in: Phoinix Suppl. 7, Toronto 1966.
Arcese, L., *La condenna del suicido nelf' etica pitagorica,* in: Helikon 6, 1966, 679 ff.
Jensen, S. S., *Dualism and demonology. The function of demonology in Pythagorean and Platonic thought.* With an introd. on some aspects of the general theory of metaphysical and religious dualism and an

appendix on the interpretation and Pythagorean background of Plato's Republic 524d–526c, Kopenhagen 1966.
Boyancé P., *Note sur l'éther chez les Pythagoriciens, Platon et Aristote*, in: Rev. Et. Gr. 80, 1967, 202 ff.
Keyserling, A., *Pythagoreismus und neuzeitliche Wissenschaft*, in: Antiquitas Graeco-Romana, Prag 1968, 513 ff.
Burkert, W., *Orpheus und die Vorsokratiker*, in: Antike u. Abendland 14, 1968, 101 ff.
–, s. Parmenides
Cuccioli Melloni, R., *Ricerche sul pitagorismo 1. Biografia di Pitagora*, Bologna 1969.
Szabó, A., *Wie kamen die Pythagoreer zu dem Satz Eucl. Elem. II 5?*, in: Acta antiqua 17, 1969, 149 ff.
Thesleff, H., *Pythagoreans in the light and shadows of recent research*, Papers pres. at the Donnerian Symposion on Mysticism, 7.9.1968, Stockholm 1970, 77 ff.
Melero, A., *Pythagorica*, in: Emerita 39, 1971, 425 ff.
Cornford, F. M., *Mysticism and science in the Pythagorean tradition*, in: Mour. coll. essays, 1974, 135 ff.
Kahn, Ch. H., *Pythagorean philosophy before Plato*, ebd. 161 ff.

Die Eleaten
Zusammenfassend:
Szabó, A., *Die Philosophie der Eleaten und der Aufbau von Euklids Elementen*, in: philosophia 1, 1971, 195 ff.
Schwabl. H./Wiesner, J., *Die Eleaten, Forschungsbericht 2*, in: Anz. Ak. Wien 25, 1972, 1 ff.
Allen, R. E./Furley, D. J., *Studies in presocratic Philosophy, 2: The Eleatics and pluralists*, London 1975.

Xenophanes
Defradas, J., *Le Banquet de Xénophane*, in: Rev. Et. Gr. 75, 1962, 344 ff.
Ziegler, K., *Xenophanes von Kolophon. Ein Revolutionär des Geistes*, in: Gymn. 72, 1965, 289 ff.
Heitsch, E., *Das Wissen des Xenophanes*, in: Rhein. Mus. 109, 1966, 193 ff.
Spanár, J., *War der Gott des Xenophanes sphairoeidēs (kugelförmig)?* in: Listy filologické 89, 1966, 238 ff.
Bicknell, P. J., *Xenophanes' account of solar eclipses*, in: Eranos 65, 1967, 73 ff.
Herzog, K., *Metaphysische Probleme in der Astronomie des Xenophanes*, in: Kant-Studien 58, 1967, 399 ff.
Calogero, G., *Xenophanes und Aischylos*, in: Studien über den Eleatismus. Geburt und Auflösung des Seinsproblems, als Anhang (mit Rez. von K. v. Fritz), Hildesheim 1968.
Jaspers, K., *Xenophanes*, in: Discordia concors, Festschr. f. Edgar Bonjour, Basel-Stuttgart 1968, 595 ff.
Giannini, A., *Una voce di dissenso nel mondo greco antico*, Alla Bottega 6, 1968, 10 ff.
Falus, R., *La démonstration de l'idée de dieu chez Xénophane*, in: Acta antiqua acad. scient. Hungar. 19, 1971, 233 ff.

Lefebvre, H., *Claude Lévi-Strauss et le nouvel éléatisme*, in: Au-delà du structuralisme (Rückgriff der Strukturalismus-Diskussion auf die Eleaten), Paris 1971.
Keulen, H., *Xenophanes von Kolophon und die Emanzipation des Individuums*, in: Anregung. Zeitschr. f. Gymnasialpädagogik 6, 1972, 368 ff.
Deligiorgis, St., *Between philosophy and literature. Perspectives on Xenophanes*, in: Platon 25, 1973, 258 ff.
Decleva Caizzi, F., *Senofane e il problema della conoscenza*, in: Riv. Fil. 102, 1974, 145 ff.
Montenari, E., *De Melisso, Xenophane, Gorgias, 977a 4 ff., nota essegetica e testuale*, in: Stud. Ital. 46, 1974, 235 ff.
Fränkel, H., *Xenophanes' Empiricism and his critic of Knowledge (B 34)*, Mour. coll. ess. 1974, 118 ff.

Parmenides

Breuninger, A., *Parmenides und der frühe Platon*, Diss. Tübingen 1959.
Hölscher, U., *Parmenides. Vom Wesen des Seienden*, Frankfurt 1961.
Wiśniewski, B., *La théorie de la connaissance de Parménide*, in: Stud. Ital. 35, 1963, 199 ff.
Schwabl, H., *Hesiod und Parmenides*, in: Rhein. Mus. 106, 1963, 134 ff.
Long, A. A., *The principles of Parmenides' cosmogony*, in: Phronesis 8, 1963, 90 ff.
Jüngel, E., *Zum Ursprung der Analogie bei Parmenides und Heraklit*, Berlin 1964.
Tugwell, S., *The way of truth*, in: Cl. Qu. 14, 1964, 36 ff.
Saltzer, W. G., *Parmenides, Leukippos und die Grundlegung der epikurischen Physik und Ethik bei Lukrez*, Diss. Frankfurt 1964.
Tarán, L., *Parmenides. A text with translation, commentary and critic essays*, Princeton 1964.
Mansfeld, J., *Die Offenbarung des Parmenides und die menschliche Welt*, Assen 1964.
Verdenius, W. J., *Parmenides. Some comments on his poem*, Groningen 1942, Neudruck mit neuem Vorwort Amsterdam 1964.
Guthrie, W. K., *A history of Greek philosophy, Vol. 2: The presocratic tradition from Parmenides to Democritus*, Cambridge 1965.
Mansfeld, J., *Parmenides Fr. B 2, 1*, in: Rhein. Mus. 109, 1966, 95 ff.
Merlan, Ph., *Neues Licht auf Parmenides*, in: Arch. Gesch. Philos. 48, 1966, 267 ff.
Heinrich, K., *Parmenides und Jona. Vier Studien über das Verhältnis von Philosophie und Mythologie*, Frankfurt 1966.
Verdenius, W. J., *Der Logosbegriff bei Heraklit und Parmenides*, in: Phronesis 11, 1966, 81 ff.
Bicknell, P. J., *Parmenides' refutation of motion and an implication*, in: Phronesis 12, 1967, 1 ff.
–, *A new arrangement of some Parmenidian verses*, in: Symb. Oslo. 42, 1968, 44 ff.
Santillana, G. de, *Prologue to Parmenides, 1. The way of clarity, 2. Venus will now say a few words*, Lectures in Memory L. Taft Semple, Princeton 1967, 43 ff.

Calogero, G., *Studien über den Eleatismus. Geburt und Auflösung des Seinsproblems in der griechischen Philosophie. Von Parmenides bis zum ›Parmenides‹*, Hildesheim 1967/68.
Coxon, A. H., *The text of Parmenides frg. 1, 3*, in: Cl. Qu. 18, 1968, 69.
Burkert, W., *Das Proömium des Parmenides und die Katabasis des Pythagoras*, in: Phronesis 14, 1969, 1 ff.
Meijer, P. A., *Das Methodologische im 5. Fragment des Parmenides*, in: Class. et Mediaev. 30, 1969, 192 ff.
Clark, R. J., *Parmenides and senseperception*, in: Rev. Et. Gr. 82, 1969, 14 ff.
Wilson, J. R., *Parmenides B 8, 4*, in: Cl. Qu. 20, 1970, 32 ff.
Somville, P., *Hypotyposes parménidiennes*, in: Tijdschrift voor filosofie 32, 1970, 488 ff.
Heitsch, E., *Gegenwart und Evidenz bei Parmenides. Aus der Problemgeschichte der Aequivokation*, Wiesbaden 1970.
Rist, J. M., *Parmenides and Plato's Parmenides*, in: Cl. Qu. 20, 1970, 221 ff.
Wiesner, J., *Die Negation der Entstehung des Seienden. Studien zu Parmenides B 8, 5–21*, in: Arch. Gesch. Philos. 52, 1970, 1 ff.
Mourelatos, P. D., *The route of Parmenides. A study of word, image, and argument in the fragments*, New Haven-London 1970.
Bormann, K., *Parmenides. Untersuchungen zu den Fragmenten*, Hamburg 1971.
Solmsen, F., *Parmenides and the description of perfect beauty in Plato's Symposium*, in: Am. Journ. Phil. 92, 1971, 62 ff.
Whittaker, J., *God time being. Two studies in the transcendental tradition in Greek philosophy* (darunter: Parmenides fr. 8, 5), in: Symb. Oslo. fasc. Suppl. 23, Oslo 1971.
Kember, O., *Right and left in the sexual theories of Parmenides*, in: Journ. Hell. Stud. 91, 1971, 70 ff.
Weizsäcker, C. F. v., *Parmenides und die Graugans*, in: Die Einheit der Natur, Studien, München 1971, 441 ff.
–, *Parmenides und die Quantentheorie*, ebd. 466 ff.
Vitali, R., *Il phyn di Parménide*, in: Studi urbinati 46, 1972, 303 ff.
Sauvage, M., *Parménide ou la sagesse impossible. Présentation*, (Text u. franz. Übers.), Paris 1973.
Furley, D. J., *Notes on Parmenides*, in Exegesis and Argument. Studies in Greek Philosophy, pres. to G. Vlastos, Assen 1973, 1 ff.
Mourelatos, A. P., *Heraclitus, Parmenides and the naive metaphysics of things*, ebd. 16 ff.
Bollack, J./Wismann, H., *Le moment théorique. Parménide frg. 8, 42–49*, in: Rev. d. sciences humaines 39, 1974, 203 ff.
Owen, G. E. L., *Plato and Parmenides on the timeless present*, in: Mour. coll. ess. 1974, 271 ff.
Reinhardt, K., *The relation between two parts of Parmenides' poem*, ebd. 312 ff.
Mourelatos, A. P. D., *The deceptive words of Parmenides' doxa*, ebd. 312 ff.
Heitsch, E., *Evidenz und Wahrscheinlichkeitsaussagen bei Parmenides*, in: Hermes 102, 1974, 411 ff.
Mugler, Ch., *Der Schatten des Parmenides*, in: Hermes 103, 1975, 144 ff.

Andriopoulos, D. Z., *Parmenides' Frgm. B 16 and his theory of perceiving and knowing*, in: Actes de la XII. Conférence Eirene (Okt. 1972 Bukarest), Amsterdam 1975, 553 ff.
Capizzi, A., *La porta di Parmenide. Due saggi per una nuova lettura del poema*, in: Filologia e critica 14, Rom 1975.
Mourelatos, A. P. D., *Determinacy and indeterminacy as the key contrast in Parmenides*, in: Lampas 8, 1975, 334 ff.
Jantzen, J., *Parmenides zum Verhältnis von Sprache und Wirklichkeit*, in: Zetemata 63, München 1976.
Osier, J., *Parmenides and the Pythagoreans*, in: Class. Bull. 52, 1976, 65 ff.
Prier, R. A., *Archaic logic. Symbol and structure in Heraclitus, Parmenides and Empedocles*, Den Haag-Paris 1976.
Townsley, A. L., *Some comments on Parmenides' Eros*, in: Eos 64, 1976, 153 ff.
Heitsch, E., *Parmenides*, in: Gymn. 84, 1977, 1 ff.
Graeser, A., *Parmenides über Sagen und Denken*, in: Mus. Helv. 34, 1977, 145 ff.

Zenon

Booth, N. B., *Were Zeno's Arguments a Reply to Attacks upon Parmenides?*, in: Phronesis 2, 1957, 1 ff.
Kullmann, W., *Zenon und die Lehre des Parmenides*, in: Hermes 86, 1958, 157 ff.
Schramm, W., *Die Bedeutung der Bewegungslehre des Aristoteles für seine beiden Lösungen der Zenonischen Paradoxien*, Frankfurt 1962.
Bicknell, P. J., *Zeno's arguments on motion*, in: Acta class. 6, 1963, 81 ff.
Lee, H. N., *Are Zeno's Paradoxes based on a mistake?* in: Mind 74, 1965, 563 ff.
Vlastos, G., *A note on Zeno's Arrow*, in: Phronesis 11, 1966, 3 ff.
–, *Zeno's Race course*, in: Journ. Hist. Philos. 4, 1966, 95 ff.
Grünbaum, A., *Modern Science and Zeno's Paradoxes*, Middletown 1967.
Solmsen, F., *The tradition about Zeno of Elea re-examined*, in: Phronesis 16, 1971, 116 ff; jetzt in: Mour. coll. ess. 1974, 368 ff.
Marcovich, M., *Zeno, not Heraclitus*, in: Cl. Phil. 69, 1974, 46 ff.
Furley, D. J., *Zeno and indivisible magnitudes*, in: Mour. coll. ess., 1974, 353 ff.

Heraklit

s. Teil I: Heidegger, Gigon, Kirk
Marcovich, M., *On Heraclitus fr. 66 DK.*, in: Third intern. congr. of class. studies, London 1959.
Wheelwright, Ph., *Heraclitus*, Princeton 1959, New York 1964.
Winterhalder, L., *Das Wort Heraklits*, Fragmente übers. u. erklärt, Erlenbach-Zürich 1962.
Buffière, F., *Héraclite: Allégories d'Homère*, Paris-Zürich 1962.
Kolloquium über den altgriechischen Philosophen Heraklit und seine Lehre (Dieckhoff, Mende, Irmscher, Altheim, Stiehl, Schrot, Trillitzsch, Werner, Schmidt, Barth), in: Wiss. Zeitschr. Univ. Leipzig II, 1962, 544 ff.

Deichgräber, K., *Rhythmische Elemente im Logos des Heraklit*, Wiesbaden 1963.
Walzer, R., *Raccolta dei frammenti e trad. italiana*, Florenz 1939, Nachdruck Hildesheim 1963.
Jüngel, E., *Zum Ursprung der Analogie bei Parmenides und Heraklit*, Berlin 1964.
Haussleiter, J., *Zum Tode des Heraklit von Ephesos*, in: Das Altertum 10, 1964, 9 ff.
Brun, J., *Héraclite*, Paris 1965.
Marcovich, M., *Heraklit*, in: RE Suppl. X 1965, 246 ff.
Heidegger-Fink-Seminar 1966/67, s. Teil I Heidegger
Igal, J., *Una reminiscencia homerica en Heraclito?* (gegenstrebige Leier und Bogen), *Estudio comparativo de Odisea 21, 406 ff. y Héraclito frg. 51*, in: Perfecit 1, 1967, 121 ff.
Ramnoux, C., *Héraclite ou l'homme entre les choses et les mots*, Paris ²1968.
West, M. L., *A pseudofragment of Heraclitus*, in: Cl. Rev. 18, 1968, 257 ff.
Schavernoch, M., *Studien zur Sprache Heraklits*, Diss. Wien 1968.
Bakker, R., *Heideggers interpretatie van de Logos bij Herakleitos*, in: Tijdschrift v. filosofie 31, 1969, 290 ff.
Holwerda, D., *Helios en Dike bij Heraclitus. De fragmenten 28, 120, 16, 94, 63 en 23*, Groningen 1969.
Janda, J., *Die Berichte über Heraklits Lehre bei Diogenes Laertios*, in: Listy filologické 92, 1969, 97 ff.
Bollack, M., *Un désaccord de forme. Lucrèce et Héraclite*, in: Actes du 8ième congr. (5.–10. April 1968), Paris 1969, 383 ff.
Spanár, J., *Der Materialismus des Herakleitos von Ephesos*, in: Universitas Comeniana, graecolatina et orientalia 1, 1969, 3 ff.
Spanár, J., *Der Logosbegriff bei Herakleitos von Ephesos*, ebd. 2, 1970, 3 ff.
Wisniewski, B., *Heraclitea*, in: Quad. Urbinati di cul. class. 9, 1970, 135 ff.
Rousseau, Ph., *Les vrais termes de l'antithèse. Héraclite Frg. 19. 34. 87*, in: Rev. Et. Gr. 83, 1970, 283 ff.
Roussos, E. N., *Heraklit-Bibliographie*, Darmstadt 1971.
Tugwell, S., *Heraklitus frg. 98*, in: Cl. Qu. 21, 1971, 32.
Boserup, I., *Zu Philodems de pietate und Heraklit frg. 80*, in: Zeitschr. Papyr. 8, 1971, 109 ff.
Holz, H. H., *Heraklit*, in: Die Großen der Weltgeschichte 1, Zürich 1971, 418 ff.
Beikos, Th., *Heraclitus Frg. 52*, in: philosophia 1, 1971, 155 ff.
Lallot, J., *Héraclite frg. 29: La source de gloire*, in: Rev. Et. Gr. 84, 1971, 281 ff.
Michaelidis, K. P., *Heraklit*, s. Anaximander
Ramfos, St., *Héraclite. Le cercle de la mort*, in: philosophia 1, 1971, 176 ff.
Mondolfo, R./Tarán, L., *Eraclito, Testimonianze e imitazioni* (eingeleitet, ital. übers. u. kommentiert), Florenz 1972.
Bollack, J./Wismann, H., *Héraclite ou la séparation*, Paris 1972 (enthält auch griech. u. franz. Text der Fragmente).
Logothetes, K. I., *Herakleitos kai hē demiourgos tou kosmou aitia*, in:Festschr. f. K. Merentitis, Athen 1972, 253 ff.
Mourelatos, A. P. D., *Heraclitus*, s. Parmenides
Falus, F., *Harmoniē phanerē*, in: Acta antiqua 20, 1972, 1 ff.

Holwerda, D., *Ad Heracliti fragm. 58,* in: Stud. Class. zu Ehren von Qu. Cataudella 1, Catania 1972, 133 ff.
Moulines, U., *Un problema de interpretación: la significatión del logos en Heráclito,* in: Bol. inst. de estud helénicos 6, 1972, 77 ff.
Marcovich, M., *Problems heracliteos,* in: Emerita 41, 1973, 449 ff.
Lallot, J./Wisman, H., *Le jugement cassé. Her. frg. 28,* in: Rev. Phil. 48, 1974, 65 ff.
Castanos de Medicis, St., *Actualité de la pensée d'Héraclite,* in: philosophia 4, 1974, 137 ff.
Mansfeld, J., *Heraclitus in usum delphini,* in: Lampas 8, 1975, 364 ff. (holländ.).
Verdenius, W. J., *Some aspects of Heraclitus' anthropology,* in: Image of man, Festschr. f. G. Verbeke, Leuwen 1976, 29 ff.
Long, A. A., *Heraclitus and stoicism,* in: philosophia 5/6, 1975/76, 133 ff.
Roussos, E., *›Archilochos kai Herakleitos‹, Ereuna stis pēgēs tou philosophou,* ebd. 103 ff.
Prier, R., s. Parmenides

Empedokles

Detienne, M., *La démonologie d'Empédocle,* in: Rev. Et. Gr. 72, 1959, 1 ff.
Zafiropulo, J., *Les théories d'Empédocle et leur contexte,* Tallone 1962.
Minar, E. L., *Cosmic periods in the philosophy of Empedokles,* in: Phronesis 8, 1963, 127 ff.
O'Brien, D., *Empedocles frg. 35, 14–15,* in: Cl. Rev. 15, 1965, 1 ff.
Bollack, J., *Empédocle vol. 1, Introduction à l'ancienne physique,* Paris 1965.
Solmsen, F., *Love and Strife in Empedocles' cosmology,* in: Phronesis 10, 1965, 109 ff.; kl. Schr. I, 277 ff.
Zuntz, G., *De Empedoclis librorum numero coniectura,* in: Mnemosyne 18, 1965, 365.
–, *Empedokles frg. 137* (Tieropfer), in: Wien. Stud. 79, 1966, 38 ff.
West, M. L., *Zōros in Empedokles,* in: Cl. Rev. 16, 1966, 135 ff.
Brun, J., *Empédocle,* Paris 1966.
Long, A. A., *Thinking and sense-perception in Empedocles. Mysticism or materialism?,* in: Cl. Qu. 60, 1966, 256 ff.
Hoffmann-Loss, H., *Die Wiedergabe der Empedokleischen Physik durch Aristoteles,* Diss. Göttingen 1966.
Seeck, G. A., *Empedokles B 17, 9–13; B 8; B 100 bei Aristoteles,* in: Hermes 95, 1967, 28 ff.
Solmsen, F., *Zōros in Empedocles,* in: Cl. Rev. 17, 1967, 245 f.
Degani, E., *Empedokles 16, 2* (Streit, Liebe, Lebenszeit), in: Univ. di Cagliari Quaderni dell'ist. di fil. grec. 2, 1967, 5 f.
Biès, J., *Empédocle d'Agrigente et l'orient,* in: Bull. Budé 27, 1968, 365 ff.
Wilford, F. A., *Embryological analogies in Empedocles' cosmogony,* in: Phronesis 13, 1968, 108 ff.
O'Brien, D., *Empedocles' Cosmic Cycle. A reconstruction from the frgm. and secondary sources,* Cambridge 1969.
Brink, C. O., *Horace and Empedocles' temperature. A rejected fragment of Empedocles,* in: Phoinix 23, 1969, 138 ff.

Bollack, J. (s. o.), *Empédocle, Vol. 2, Les origines. Ed. et trad. des fragments et des témoignages; Vol. 3, Les origines 1.2*, Paris 1969.
Wismann, H., *Le métier de Philologue*, in: Critique 276, 1970, 462 ff.
Lüth, J. Chr., *Die Struktur des Wirklichen im Empedokleischen System ›Über die Natur‹*, Meisenheim 1970.
O'Brien, D., *The effect of a simile, Empedocles' theories of seeing and breathing*, in: Journ. Hell. Stud. 90, 1970, 140 ff.
Hershbell, J. P., *Plutarch as a source for Empedocles re-examined*, in: Am. Journ. Phil. 92, 1971, 156 ff.
Krafft, F., *Anaxagoras und Empedokles*, in: Die Großen der Weltgeschichte 1, 1971, 466 ff.
Mühl, M., *Über die Mißgeschöpfe bei Empedokles*, in: Rhein. Mus. 114, 1971, 289 ff.
Defradas, J., *Un nouvel Empédocle?*, in: Rev. Et. Gr. 86, 1973, 212 ff.
Kahn, Ch. H., *Religion and natural philosophy in Empedocles' doctrine of the soul*, in: Mour. coll. essays, 1974, 426 ff.
Longrigg, J., *Empedocles' fertil fish. Frg. B 74*, in: Journ. Hell. Stud. 94, 1974, 173 f.
van der Ben, N., *The poem of Empedocles' ›peri physeos‹. Towards a new edition of all the fragments*, Amsterdam 1975.
Bodrero, E., *Il principio fondamentale del sistema die Empedocle. Studio preceduto da un saggio bibliografico e dalla trad. dei frammenti Empedoclei*, Rom 1975 (anastat. Neudruck der Ausgabe von 1904 ff.).
Flashar, H., *Empedokles Frg. 111 und seine Stellung im Lehrgedicht über die Natur*, in: Actes de la XIIième conférence Eirene, Amsterdam 1975, 547 ff.
Gallavotti, C., *Empedocle nei papiri ercolanesi*, in: Le monde grec. Hommages Préaux 1, Brüssel 1975, 153 ff.
Booth, N. B., *A mistake to be avoided in the interpretation of Empedocles frg. 100*, in: Journ. Hell. Stud. 96, 1976, 147 f.
Prier, R. A., *Empedocles 17, 1–13, a suggested reconstruction and interpretation*, in: Platon 28, 1976, 214 ff.
–, s. Parmenides

Die Atomisten und Teleologen

Régnell, H., *Ancient views on the nature of life. Three studies in the philosophies of the atomists, Plato and Aristotle*, Lund 1967.
Edmunds, L., *Necessity, chance, and freedom in the early atomists*, in: Phoinix 26, 1972, 342 ff.
Jürss, F./Müller, R./Schmidt, E. G. (Hrsg.), *Griechische Atomisten. Texte und Kommentare zum materialistischen Denken der Antike*, Leipzig 1973.

Anaxagoras

Bargrave-Weaver, D., *The cosmogony of Anaxagoras*, in: Phronesis 4, 1959, 77 ff.
Bloch, K., *Anaxagoras und die Atomistik*, in: Class. et Mediaev. 1959, 1 ff.
Reesor, M. E., *The meaning of Anaxagoras*, in: Class. Philol. 55, 1960, 1 ff.
Strang, C., *The physical theory of Anaxagoras*, in: Archiv f. Gesch. d. Philos. 45, 1963, 101 ff.

Gershenson, D. E./Greenberg, D. A., *Anaxagoras and the birth of Physics*, New York-London-Toronto 1964.
Kucharski, P., *Anaxagore et les idées biologiques de son siècle*, in: Revue de la France et de l'Etranger 154, 1964, 137 ff.
Stokes, M., *On Anaxagoras, 1. Anaxagoras' theory of matter*, in: Archiv f. Gesch. d. Philos. 47, 1965, 1 ff.; 2. *The order of cosmogony*, 217 ff.
Lanza, D., *Il pensiero di Anassagora*, in: Mem. dell'Ist. Lombardo 29, 1965, 223 ff.
Romano, F., *Anassagora*, Padua 1965.
Zoumpos, A. N., *Einiges zu den homoiomereiai des Anaxagoras*, in: Platon 17, 1965, 221 ff.
Lanza, D. *Anassagora, testimonianze e frammenti*. Introd., trad. e comm., Florenz 1966.
Mayor, D., *El trabaja fisico e intelectual en Anaxagoras*, in: Helikon 7, 1967, 419 ff.
O'Brien, D., *The relation of Anaxagoras and Empedocles*, in: Journ. Hell. Stud. 88, 1968, 93 ff.
Carbonara Naddel, M., *Spermata, nous, chremata nella dottrina di Anassagora*, Neapel 1969.
Cataudella, Q., *Sul frammento di Anassagora 59 (46) B 21 B*, in: Festschr. f. A. Ronconi, Rom 1970, 69 ff.
Krafft, F., *Anaxagoras und Empedokles*, in: Die Großen der Weltgesch. 1971, 466 ff.
Fritz, K. v., *Der Nous des Anaxagoras*, in: Grundprobleme der antiken Wissenschaft, Berlin-New York 1971, 576 ff.
Held, D. T., *The fragments of Anaxagoras. Some problems textual and philosophical*, Diss. Brown Univ. 1972.
Sider, D., Anaxagoras on the size of the sun, in: Cl. Phil. 68, 1973, 128 ff.
Cleve, F. M., *The philosophy of Anaxagoras as reconstructed*, Den Haag 1973.
Allen/Furley s. Eleaten
Vlastos, G., *The physical theory of Anaxagoras*, in: Mour. coll. ess. 1974, 459 ff.
Kerferd, G. B., *Anaxagoras and the concept of matter before Aristotle*, ebd. 489 ff.
Schofield, M., *Doxographica Anaxagorea*, in: Hermes 103, 1975, 1 ff.
Marcovich, M., *Anaxagoras B 14*, in: Hermes 104, 1976, 240 f.
Muñoz Valle, I., *La réplica de Anáxagoras a la teoría eleática del ser*, in: Riv. di filos. neo-scolastic. 68, 1976, 20 ff.
–, *Le problème des omoioméries dans le Système d'Anaxagore*, in: Ant. Cl. 45, 1976, 587 ff.

Diogenes von Apollonia
Hüffmeier, F., *Teleologische Weltbetrachtung bei Diogenes von Apollonia*, in: Philologus 107, 1963, 131 ff.
Solmsen, F., *Diogenes of Apollonia, Frgm. B 3*, in: Cl. Rev. 20, 1970, 6 ff.
Cappelleti, F. J., *Los Fragmentos de Diogenes de Apolonia*, Caracas 1975.
–, *Diogenes de Apolonia y la segunda filosofia jonica*, Maracaibo 1974.

Leukipp und Demokrit
Stenzel, J., *Leukippos,* in: RE XII, 2, 1925, 2266 ff.
Kerschensteiner, J., *Zu Leukippos A I,* in: Hermes 87, 1959, 441 ff.
Potaga, A., *Zur Philosophie Demokrits. Ein Beitrag zur Analyse grundlegender Begriffe seines Systems,* Diss.masch.schr. Insbruck 1961.
Altheim. F./Stiel, R., *Neue Bruchstücke Demokrits aus dem Arabischen,* in: Kolloquium über den altgriechischen Philosophen Heraklit und seine Lehre, Wiss. Zeitschr. Univ. Leipzig II, 1962.
Luria, S., *Heraklit und Demokrit,* in: Das Altertum 9, 1963, 195 ff.
Ferguson, J., *On the date of Democritus,* in: Symb. Oslo. 40, 1965, 17 ff.
McGibbon, D., *The religious thought of Democritus,* in: Hermes 93, 1965, 385 ff.
Nizan, P., *Les matérialistes de l'antiquité. Démocrite, Epicure, Lucrèce,* Nouv. éd. suivi de textes choisis de Démocrite, Epicure et Lucrèce, Paris 1965.
Furley, D., *Two studies in the Greek atomists, 1. Indivisible magnitudes,* Princeton 1967.
Cole, Th., *Democritus and the sources of Greek anthropology,* Ann Arbor 1967.
Kupis, B., *Leukippos z. Miletu twórca atomizmu greckiego,* in: Meander 22, 1967, 529 ff.
–, *Atomistyka Leukipposa,* in: Meander 23, 1968, 80 ff.
–, *Swiat i czlowiek w nauce Leukipposa. Kosmogonia i kosmologia,* ebd. 99 ff.
Strohmaier, G., *Demokrit über die Sonnenstäubchen. Ein neues Fragment in arabischer Überlieferung,* in: Philologus 112, 1968, 1 ff.
Luce, J. V., *An argument of Democritus about language,* in: Cl. Rev. 19, 1969, 3 ff.
West, M. L., *The sayings of Democritus,* ebd. 142 ff.
Krafft, F., *Chernika problemata. Vermutungen zum Titel einer Schrift Demokrits,* in: Wissenschaft, Wirtschaft, Technik, Studien z. Gesch., W. Treue z. 60. Geb., München 1969, 448 ff.
Kullmann, W., *Zur Nachwirkung des homo-mensura-Satzes bei Demokrit und Epikur,* in: Arch. Gesch. Philos. 51, 1969, 128 ff.
Bicknell, P. J., *Democritus' theory of precognition,* in: Rev. Et. Gr. 82, 1969, 318 ff.
Ley, H. de, *doxis ameipsyrisme, anamnesis,* Gedenkband für Leemans, Brügge 1970, 185 f.
Okál, M., *Le sens des expressions utilisées par Démocrite pour désigner les goûts,* in: Listy filologické 93, 1969, 208 ff.
Luria, S., *Democritea. Collegit, emendavit, interpretatus,* Leningrad 1970.
Bicknell, P. J., *Demokritos' parapsychology again,* in: Rev. Et. Gr. 83, 1970, 301 ff.
Eisenberger, H., *Demokrits Vorstellung vom Sein und Wirken der Götter,* in: Rhein. Mus. 113, 1970, 141 ff.
Holz, H. H., *Demokrit,* in: Die Großen der Weltgeschichte 1, 1971, 648 ff.
Gigon, O., *Platon und Demokrit,* in: Mus. Helv. 29, 1972, 153 ff.
Bōros, Th. K., *en bythō he aletheia, Demokr. 117,* in: philosophia 2, 1972, 137 ff.

–, *The ethical fragments of Democritus. The problem of the authenticity,* in: Hellenika 26, 1973, 193 ff.
Marcovich, M., *Democritus on gods,* in: Zeitschr. Papyr. 19, 1975, 244 ff.
Herter, H., *Thukydides und Demokrit über tyche,* in: Wiener Stud. 10, 1976, 106 ff.
Burkert, W., *Air imprints or eidola, Democritus' aetiology of vision,* in: Illinois Class. Studies 2, 1977, 97 ff.

Nachwort des Herausgebers

Wolfgang Schadewaldt (1900–1974), Professor für Klassische Philologie und das Nachleben der Antike, hat ein reiches Schriftwerk hinterlassen: Arbeiten zu Homer, Pindar und Sappho, zur griechischen Geschichtsschreibung, Tragödie und Komödie, aber auch – um nur das Wichtigste zu nennen – zu Shakespeare, Goethe, Hölderlin und Rilke. Einer weiteren Öffentlichkeit ist Schadewaldt vor allem durch seine Übersetzungen des Homer, des Aischylos, Sophokles, Aristophanes bekannt, sowie durch eine Reihe von Aufsätzen und Vorträgen, in denen er das Fortwirken des Griechischen in der deutschen und europäischen Geistesgeschichte behandelt und dabei auch zu Gegenwartsfragen, etwa zu Problemen der Erziehung und der technischen Entwicklung, Stellung genommen hat.

Und doch hat Schadewaldt sich selbst nicht eigentlich als Schriftsteller, sondern vor allem als Lehrer verstanden, und der mündlichen akademischen Lehre hat er den Hauptteil seiner Kraft gewidmet. Den gebürtigen Berliner hat sein Weg über Königsberg (wohin er schon mit 28 Jahren als Professor berufen wurde), Freiburg, Leipzig und Berlin nach dem Zweiten Weltkrieg schließlich nach Tübingen geführt, wo er in den Jahren zwischen 1950 und 1972 eine glänzende Lehrtätigkeit entfaltete, die weit über den engeren Kreis seines Fachgebiets hinaus Beachtung gefunden hat. Diese Tübinger Vorlesungen sollen nun in einer Reihe von Bänden publiziert werden.

Die hier als erste der Reihe vorgelegte Vorlesung von 1960/61 über die Anfänge der griechischen Philosophie nimmt im Vorlesungswerk Schadewaldts eine gewisse Sonderstellung ein. Sie ist in dieser drei Semester umfassenden Form nur einmal gehalten worden. In einer früheren, einsemestrigen Vorlesung von 1956 konnte aus Zeitmangel vieles nur knapp behandelt werden, und zumal die Interpretation der Fragmente mußte dabei zu kurz kommen. Die für 1972 geplante und begonnene Wiederholung wurde schon bald durch Schadewaldts Erkrankung unterbrochen und ist unvollendet geblieben.

Das ist um so bedauerlicher, als Schadewaldt nie etwas über diesen Gegenstand veröffentlicht hat. Während die große griechische Dichtung und Geschichtsschreibung regelmäßig wiederkehrende Themen seiner Vorlesungen bildeten und auch in zahlreichen Veröffentlichungen behandelt wurden, blieb die Beschäftigung mit griechischer Philosophie den Seminaren und Übungen vorbehalten, und nur wenige gedruckte Arbeiten geben davon Zeugnis. Der Grund dafür ist vielleicht, daß Schadewaldts Hauptinteresse nicht so sehr den einzelnen Denkern galt als vielmehr dem, was er selbst das ›Denkgeschehen‹ genannt hat: jene große, mit den Griechen beginnende geistige Bewegung, die für alles Spätere so folgenreich werden sollte. Immer wieder werden in Schadewaldts Werk diese großen Linien durchverfolgt, wenn er sich dabei auch nie im Allgemeinen verliert, sondern durchaus von den konkreten Erscheinungen ausgeht.

Das ist es auch, was den besonderen Charakter dieser Vorlesung ausmacht. Die einzelnen Denker werden nicht isoliert oder im Rahmen einer speziellen Philosophie- oder Wissenschaftsgeschichte gesehen, sondern im Zusammenhang jenes Geschehens, das sich in ihnen manifestiert, wobei doch jeder mit der nur ihm eigenen Leistung seinen einmaligen, unverwechselbaren Ort hat. Die Aufdeckung dieser großen Zusammenhänge, die letztlich bis zu uns selbst hinreichen, war es wohl auch, was damals die Hörer so bewegt hat, daß gerade diese Vorlesung ihnen unvergeßlich geblieben ist. –

Schadewaldt hat seine Vorlesungen nicht schriftlich ausgearbeitet. Auch wenn Manuskripte früherer Vorlesungen bereits vorlagen, hat er sie nicht einfach übernommen, sondern jede einzelne Kollegstunde völlig neu durchdacht und nach gründlicher Vorbereitung dann frei gehalten. Ich habe die Vorlesungen stenographisch mitgeschrieben. Diese Nachschriften in ihrer ursprünglichen Form sind heute im Besitz des Philologischen Seminars in Tübingen.

Bei der Herausgabe der Vorlesungen konnte es nicht darum gehen, aufgrund der Nachschriften nun das Buch zu schreiben, das Schadewaldt vielleicht selbst einmal geschrieben hätte – das ist unmöglich –, sondern nur darum, das damals Gesprochene möglichst treu zu bewahren, gleichsam eine Dokumentation zu geben von jenen Vorlesungen, die damals einen weiten Hörerkreis angezogen und beeindruckt haben. Das war nur möglich unter Beibehaltung des mündlichen Charakters dieser Vorlesungen. Es ist also nicht versucht worden, das gesprochene Wort auf die sachlich-wissenschaftliche Aussage zu reduzieren (die heute vielleicht in manchen Punkten überholt sein mag). Das bedeutet, daß auch gelegentliche Wiederholungen und Überschneidungen in Kauf genommen wurden, wo man sie nicht fortlassen konnte, ohne den Gedankengang empfindlich zu stören. Jede einzelne Vorlesungsstunde bildet einen geschlossenen Zusammenhang und durchläuft eine bestimmte Kurve. Diese gedanklichen Strukturen wären durch eine Beschränkung auf das jeweils ›neu‹ Gesagte zerstört worden. Das bedeutet konkret, daß manche Gedanken, die später ausführlich behandelt werden, in der Einleitung gleichsam vorweggenommen sind, wo man sie aber kaum entbehren könnte. So zumal die Interpretation der wichtigsten griechischen Begriffe, wie etwa *aletheia*, mit denen von Anfang an ständig gearbeitet wird, auch wenn sie dann in dem Kapitel ›Grundbegriffe‹ noch einmal zusammengefaßt erscheinen. Weggelassen wurden lediglich didaktisch bedingte größere Wiederholungen am Beginn der Stunden, sofern sie nicht neue, weiterführende Gesichtspunkte enthielten, und ebenso die Zusammenfassungen am Beginn eines neuen Semesters, die für neu hinzukommende Hörer bestimmt waren und für den Leser überflüssig sind.

Nicht geändert wurde auch die Art, wie Schadewaldt oft von der Interpretation eines Vorgängers ausgeht, an der in Zustimmung wie Widerspruch dann die eigene Auffassung entwickelt wird. Sachlich kommt es auch dabei gelegentlich zu Wiederholungen oder Exkursen. Andererseits ist erfahrungsgemäß gerade diese Form der Auseinandersetzung mit der Forschung für den Lernenden eine gute Einführung in die Methode philologischer Interpretation.

Nur zwei größere editorische Eingriffe waren notwendig. Einmal wurden einige Partien im ersten Teil durch die entsprechenden Partien der Vorlesung von 1972 ersetzt, der letzten Vorlesung Schadewaldts überhaupt, die mitten in dem Kapitel über die Sprache abbricht. Da er selbst die Dinge dort aufgrund der früheren Fassung neu und oft straffer formuliert hat, schien es mir richtig, sie in dieser letzten, authentischen Form vorzulegen. – Die zweite größere Änderung betrifft das Kapitel über Heraklits Feuerlehre. Hier war Schadewaldt zunächst der älteren Auffassung von einem periodisch wiederkehrenden Weltbrand bei Heraklit gefolgt, hatte aber dann seine Meinung geändert und dieselben Fragmente noch einmal unter anderen Gesichtspunkten interpretiert. Ein solcher Umweg wäre für den Leser nicht nur ermüdend, sondern wohl auch verwirrend gewesen. Von den beiden Fassungen wurde daher überwiegend die zweite gebracht, wobei aber auf die Meinungsänderung am Anfang kurz verwiesen wurde.

Gerade hier zeigt sich besonders deutlich, was auch sonst überall spürbar wird: daß Schadewaldts Gedanken auf dem Gebiet der vorsokratischen Philosophie noch nicht abgeschlossen waren. Er hat sich in den darauf folgenden Jahren immer wieder mit diesen Problemen beschäftigt, und wäre die Vorlesung 1972 vollendet worden, sähe vielleicht manches anders aus. In dieser Hinsicht ist die hier veröffentlichte Fassung nicht so sehr ein Bericht über feststehende Forschungsresultate, als vielmehr ein lebendiges Zeugnis von Schadewaldts eigenem wissenschaftlichen Denken, das sich im Umgang mit den Gegenständen wie im Gegenüber mit seinen Hörern fortschreitend entfaltete. Darum sind auch die zahlreichen Übersetzungen der Zeugnisse und Fragmente nicht so ausgefeilt wie Schadewaldts sonstige Übersetzungen, sondern ›gesprochen‹, aus dem Augenblick entstanden, oft interpretierend, ergänzend oder zusammenfassend. Dieser Charakter des Momentanen und Vorläufigen durfte bei der Herausgabe nicht durch Glättung verwischt werden, wenn nicht der Eindruck einer falschen Endgültigkeit entstehen sollte. –

Zum einzelnen: Die Einteilung in Vorlesungsstunden ist beibehalten, wobei die Stunden mit arabischen Zahlen überschrieben wurden. Das ergibt sich folgerecht aus dem, was über die Bewahrung der mündlichen Struktur gesagt wurde. Bei einer Gliederung rein nach Gegenstandsbereichen hätten die ›Nahtstellen‹ stärker ausgeglichen oder fortgelassen werden müssen, ohne daß dadurch wirklich eine neue Einheit entstanden wäre. Die großen, mit römischen Zahlen bezeichneten Teile bilden je den Inhalt eines Semesters.

Griechische Worte werden durchgehend in deutscher Umschrift gegeben, um dem Leser, der nicht Griechisch kann, die Benutzung zu erleichtern. Viele dieser Worte sind ohnehin in die philosophische Terminologie eingegangen. Ebenso folgt die Akzentsetzung nicht dem Griechischen, sondern dient rein praktischen Bedürfnissen der Aussprache und Betonung. Akzente und Längenbezeichnungen (ein Strich über dem Vokal) werden nur dort gesetzt, wo ein Wort zum erstenmal oder nach längerer Zeit wieder erscheint oder wo falsche Betonung mißverständlich wäre, wie etwa bei *arché*. Griechische und lateinische Wörter sind kursiv gesetzt. Ein einmal erklärter Begriff kann dann auch als Terminus gebraucht werden, also großgeschrieben und ohne kursive Hervorhebung.

Bei allen Problemen stilistischer wie philologischer Art hat mir Frau Maria Schadewaldt mit großer Sachkenntnis und unermüdlicher Hilfsbereitschaft zur Seite gestanden, wofür ich ihr hier meinen herzlichen Dank aussprechen möchte. Frau Schadewaldt hat auch den Anhang besorgt: den Text der letzten Kollegstunde Schadewaldts von 1972 sowie die Bibliographie. Wir beide danken dem Leiter des Suhrkamp Verlags, Herrn Siegfried Unseld, der uns mit Rat und Tat unterstützt hat und ohne dessen Initiative die Veröffentlichung dieser Vorlesungen nicht zustande gekommen wäre.

Tübingen, Mai 1978 *Ingeborg Schudoma*

suhrkamp taschenbücher wissenschaft
Philosophie

Adorno: Ästhetische Theorie. stw 2
– Drei Studien zu Hegel. stw 110
– Einleitung in die Musiksoziologie. stw 142
– Kierkegaard. stw 74
– Die musikalischen Monographien. stw 640
– Negative Dialektik. stw 113
– Noten zur Literatur. stw 355
– Philosophie der neuen Musik. stw 239
– Philosophische Terminologie. Bd. 1/2. stw 23/50
– Prismen. stw 178
– Soziologische Schriften I. stw 306
Materialien zur ästhetischen Theorie Th. W. Adornos. Hg. von Lindner/Lüdke. stw 122
Adorno-Konferenz 1983. Hg. von v. Friedeburg/Habermas. stw 460
Analytische Handlungstheorie, *siehe Beckermann und Meggle*
Apel: Der Denkweg des Charles S. Peirce. stw 141
– Transformation der Philosophie. Bd. 1/2. stw 164/165
Apel (Hg.): Sprachpragmatik und Philosophie. stw 375
Avineri: Hegels Theorie des modernen Staates. stw 146
Barth: Wahrheit und Ideologie. stw 68
Bateson: Geist und Natur. stw 691
– Ökologie des Geistes. stw 571
Batscha/Saage (Hg.): Friedensutopien. Kant–Fichte–Schlegel–Görres. stw 267
Beckermann (Hg.): Analytische Handlungstheorie. Bd. 2. stw 489
– *siehe auch Meggle*
Benjamin: Der Begriff der Kunstkritik. stw 4
– Charles Baudelaire. stw 47
– Ursprung des deutschen Trauerspiels. stw 225
Materialien zu Benjamins Thesen ›Über den Begriff der Geschichte‹. Hg. v. Bulthaup. stw 121
– *siehe auch Schweppenhäuser*
– *siehe auch Tiedemann*
Berkeley: Schriften über die Grundlagen der Mathematik. stw 496
Bloch: Werkausgabe in 17 Bdn. stw 550-566
– Bd. 1 Spuren. stw 550
– Bd. 2 Thomas Münzer. stw 551
– Bd. 3 Geist der Utopie. Zweite Fassung. stw 552
– Bd. 4 Erbschaft dieser Zeit. stw 553
– Bd. 5 Das Prinzip Hoffnung. 3 Bde. stw 554
– Bd. 6 Naturrecht und menschliche Würde. stw 555
– Bd. 7 Das Materialismusproblem. stw 556
– Bd. 8 Subjekt–Objekt. stw 557
– Bd. 9 Literarische Aufsätze. stw 558
– Bd. 10 Philosophische Aufsätze. stw 559
– Bd. 11 Politische Messungen. stw 560
– Bd. 12 Zwischenwelten in der Philosophiegeschichte. stw 561

201/1/8.87

- Bd. 13 Tübinger Einleitung in die Philosophie. stw 562
- Bd. 14 Atheismus im Christentum. stw 563
- Bd. 15 Experimentum Mundi. stw 564
- Bd. 16 Geist der Utopie. Erste Fassung. stw 565
- Bd. 17 Tendenz–Latenz–Utopie. stw 566
- Leipziger Vorlesungen zur Geschichte der Philosophie. stw 567-570
- Bd. 1 Antike Philosophie. stw 567
- Bd. 2 Philosophie des Mittelalters und der Renaissance. stw 568
- Bd. 3 Neuzeitliche Philosophie 1. stw 569
- Bd. 4 Neuzeitliche Philosophie 2. stw 570

Blumenberg: Die Genesis der kopernikanischen Welt. 3 Bde. stw 352
- Das Lachen der Thrakerin. stw 652
- Die Legitimität der Neuzeit. stw 24/79/174
- Säkularisierung und Selbstbehauptung. (1. u. 2. Teil von »Legitimität«) stw 79
- Der Prozeß der theoretischen Neugierde. (3. Teil von »Legitimität«) stw 24
- Aspekte der Epochenschwelle (4. Teil von »Legitimität«) stw 174
- Die Lesbarkeit der Welt. stw 592
- Schiffbruch mit Zuschauer. stw 289

Böhler/Kuhlmann (Hg.): Kommunikation und Reflexion. stw 408

Böhler/Nordenstam/Skirbekk (Hg.): Die pragmatische Wende. stw 631

Böhme: Philosophieren mit Kant. stw 642

Böhme/Böhme: Das Andere der Vernunft. stw 542

Bubner: Geschichtsprozesse und Handlungsnormen. stw 463
- Handlung, Sprache und Vernunft. stw 382

Bungard/Lenk (Hg.): Technikbewertung. Philosophische und psychologische Perspektiven. stw 684
- *siehe auch Lenk*

Castoriadis: Durchs Labyrinth. stw 435

Condorcet: Entwurf einer historischen Darstellung der Fortschritte des menschlichen Geistes. stw 175

Danto: Analytische Geschichtsphilosophie. stw 328

Derrida: Grammatologie. stw 417
- Die Schrift und die Differenz. stw 177

Descombes: Das Selbe und das Andere. stw 346

Dilthey: Der Aufbau der geschichtlichen Welt in den Geisteswissenschaften. stw 354

Materialien zur Philosophie Wilhelm Diltheys. Hg. von Rodi/Lessing. stw 439

Duerr: Ni Dieu – ni mètre. stw 541

Euchner: Naturrecht und Politik bei John Locke. stw 280

Fahrenbach: Die Philosophie Ernst Blochs im zeitgenössischen Kontext. stw 675

201/2/8.87

201/3/8.87

– Bd. 11 Berliner Schriften. stw 611
– Bd. 12 Philosophie der Geschichte. stw 612
– Bd. 13 Ästhetik 1. stw 613
– Bd. 14 Ästhetik 2. stw 614
– Bd. 15 Ästhetik 3. stw 615
– Bd. 16 Philosophie der Religion 1. stw 616
– Bd. 17 Philosophie der Religion 2. stw 617
– Bd. 18 Geschichte der Philosophie 1. stw 618
– Bd. 19 Geschichte der Philosophie 2. stw 619
– Bd. 20 Geschichte der Philosophie 3. stw 620
– Registerband. stw 621

Materialien zu Hegels ›Phänomenologie des Geistes‹. stw 9

Materialien zu Hegels Rechtsphilosophie. Bd. 1/2. stw 88/89
– *siehe auch Avineri*
– *siehe auch Jakobson/Gadamer/Holenstein*
– *siehe auch Jamme/Schneider*
– *siehe auch Kojève*
– *siehe auch Lukács*
– *siehe auch Taylor*

Herder: Auch eine Philosophie der Geschichte. stw 623

Hobbes: Leviathan. stw 462

Höffe: Ethik und Politik. stw 266
– Sittlich-politische Diskurse. stw 380
– Strategien der Humanität. stw 540

d'Holbach: System der Natur. stw 259

Holenstein: Menschliches Selbstverständnis. stw 534

Honneth/Jaeggi (Hg.): Theorien des Historischen Materialismus 1. stw 182
– Arbeit, Handlung, Normativität. Historischer Materialismus 2. stw 321

Honneth/Joas (Hg.): Kommunikatives Handeln. Beiträge zu Jürgen Habermas »Theorie des kommunikativen Handelns«. stw 625

Jakobson/Gadamer/Holenstein: Das Erbe Hegels II. stw 440

Jamme/Schneider (Hg.): Mythologie der Vernunft. stw 413

Joas (Hg.): Das Problem der Intersubjektivität. stw 573

Kant: Werke in zwölf Bänden.
– Bd. 1 Vorkritische Schriften 1. stw 186
– Bd. 2 Vorkritische Schriften 2. stw 187
– Bd. 3/4 Kritik der reinen Vernunft 1/2. stw 55
– Bd. 5 Schriften zur Metaphysik und Logik 1. stw 188
– Bd. 6 Schriften zur Metaphysik und Logik 2. stw 189
– Bd. 7 Kritik der praktischen Vernunft. stw 56
– Bd. 8 Metaphysik der Sitten. stw 190
– Bd. 9 Schriften zur Naturphilosophie. stw 191
– Bd. 10 Kritik der Urteilskraft. stw 57
– Bd. 11 Schriften zur Anthropologie 1. stw 192
– Bd. 12 Schriften zur Anthropologie 2/Register. stw 193

Materialien zu Kants Rechtsphilosophie. stw 171

Materialien zu Kants »Kritik der reinen Vernunft«. stw 58

Kant zu ehren. stw 61
– *siehe auch Batscha/Saage*
– *siehe auch Böhme*

201/4/8.87

Kenny: Wittgenstein. stw 69
Kojève: Hegel. stw 97
Kosík: Die Dialektik des Konkreten. stw 632
Kuhlmann (Hg.): Moralität und Sittlichkeit. stw 595
Lange: Geschichte des Materialismus. 2 Bde. stw 70
Lenk: Zur Sozialphilosophie der Technik. stw 414
– Zwischen Wissenschaftstheorie und Sozialwissenschaft. stw 637
Locke: Zwei Abhandlungen. stw 213
Lorenzen: Grundbegriffe technischer und politischer Kultur. stw 494
– Konstruktive Wissenschaftstheorie. stw 93
– Methodisches Denken. stw 73
Lukács: Der junge Hegel. 2 Bde. stw 33
Mandeville: Die Bienenfabel. stw 300
Marquard: Schwierigkeiten mit der Geschichtsphilosophie. stw 394
Mead: Geist, Identität und Gesellschaft. stw 28
– *siehe auch Joas*
Meggle (Hg.): Analytische Handlungstheorie. Bd. 1. stw 488
– *siehe auch Beckermann*
Merleau-Ponty: Die Abenteuer der Dialektik. stw 105
Millar: Vom Ursprung des Unterschieds in den Rangordnungen und Ständen der Gesellschaft. stw 483
Neurath: Wissenschaftliche Weltauffassung, Sozialismus und Logischer Empirismus. stw 281
Oelmüller: Die unbefriedigte Aufklärung. stw 263
Pannenberg: Wissenschaftstheorie und Theologie. stw 676
Parmenides: Vom Wesen des Seienden. stw 624
Peirce: Phänomen und Logik der Zeichen. stw 425
– *siehe auch Apel*
Piaget: Einführung in die genetische Erkenntnistheorie. stw 6
– Weisheit und Illusionen der Philosophie. stw 539
– *siehe auch Furth*
Plessner: Die verspätete Nation. stw 66
Polanyi, M.: Implizites Wissen. stw 543
Pothast: Die Unzulänglichkeit der Freiheitsbeweise. stw 688
Pothast (Hg.): Freies Handeln und Determinismus. stw 257
Quine: Grundzüge der Logik. stw 65
Rawls: Eine Theorie der Gerechtigkeit. stw 271
Ricœur: Die Interpretation. stw 76
Ritter: Metaphysik und Politik. stw 199
Rorty: Der Spiegel der Natur: Eine Kritik der Philosophie. stw 686
Sandkühler (Hg.): Natur und geschichtlicher Prozeß. stw 397
Schadewaldt: Die Anfänge der Geschichtsschreibung bei den Griechen. stw 389
– Die Anfänge der Philosophie bei den Griechen. stw 218
Scheidt: Die Rezeption der Psychoanalyse in der deutschsprachigen Philosophie vor 1940. stw 589

201/5/8.87

Schelling: Ausgewählte Schriften. stw 521-526
- Bd. 1 Schriften 1794-1800. stw 521
- Bd. 2 Schriften 1801-1803. stw 522
- Bd. 3 Schriften 1804-1806. stw 523
- Bd. 4 Schriften 1807-1834. stw 524
- Bd. 5 Schriften 1842-1852. Erster Teilband. stw 525
- Bd. 6 Schriften 1842-1852. Zweiter Teilband. stw 526
- Über das Wesen der menschlichen Freiheit. stw 138
- *siehe auch Frank*
- *siehe auch Frank/Kurz*
- *siehe auch Sandkühler*

Schleiermacher: Hermeneutik und Kritik. stw 211

Schlick: Allgemeine Erkenntnislehre. stw 269
- Fragen der Ethik. stw 477
- Philosophische Logik. stw 598
- Die Probleme der Philosophie in ihrem Zusammenhang. stw 580

Schmidt, S. J. (Hg.): Wissen ohne Erkenntnis. stw 636

Schnädelbach: Philosophie in Deutschland 1831-1933. stw 401
- Vernunft und Geschichte. stw 683

Schnädelbach (Hg.): Rationalität. stw 449

Scholem: Die jüdische Mystik. stw 330
- Von der mystischen Gestalt der Gottheit. stw 209
- Zur Kabbala und ihrer Symbolik. stw 13

Schopenhauer: Sämtliche Werke. stw 661-665
- Bd. 1 Die Welt als Wille und Vorstellung 1. stw 661
- Bd. 2 Die Welt als Wille und Vorstellung 2. stw 662
- Bd. 3 Kleinere Schriften. stw 663
- Bd. 4 Parerga und Paralipomena 1. stw 664
- Bd. 5 Parerga und Paralipomena 2. stw 665

Materialien zu Schopenhauers ›Die Welt als Wille und Vorstellung‹. Hg. von Spierling. stw 444

Schwemmer: Ethische Untersuchungen. stw 599
- Handlung und Struktur. stw 669
- Philosophie der Praxis. stw 331

Schweppenhäuser (Hg.): Benjamin über Kafka. stw 341

Serres: Der Parasit. stw 677

Sextus Empiricus: Grundriß der pyrrhonischen Skepsis. stw 499

Simmel: Das individuelle Gesetz. stw 660

Singer: Verallgemeinerung in der Ethik. stw 647

Skirbekk (Hg.): Wahrheitstheorien. stw 210

Sorel: Über die Gewalt. stw 360

Strauss, L.: Naturrecht und Geschichte. stw 216

Taylor: Hegel. stw 416

Theunissen: Sein und Schein. stw 314

Theunissen (Hg.): Materialien zur Philosophie Kierkegaards. stw 241

Tiedemann: Dialektik im Stillstand. stw 445

201/6/8.87

201/7/8.87